Eva Heckmann, Sven Jungmann, Petra Kunz

Rechtsanwaltsfachangestellte

3. Ausbildungsjahr

2. Auflage

Die in diesem Produkt gemachten Angaben zu Unternehmen (Namen, Internet- und E-Mail-Adressen, Handelsregistereintragungen, Bankverbindungen, Steuer-, Telefon- und Faxnummern und alle weiteren Angaben) sind i. d. R. fiktiv, d. h., sie stehen in keinem Zusammenhang mit einem real existierenden Unternehmen in der dargestellten oder einer ähnlichen Form. Dies gilt auch für alle Kunden, Lieferanten und sonstigen Geschäftspartner der Unternehmen wie z. B. Kreditinstitute, Versicherungsunternehmen und andere Dienstleistungsunternehmen. Ausschließlich zum Zwecke der Authentizität werden die Namen real existierender Unternehmen und z. B. im Fall von Kreditinstituten auch deren IBANs und BICs verwendet.

Die in diesem Werk aufgeführten Internetadressen sind auf dem Stand zum Zeitpunkt der Drucklegung. Die ständige Aktualität der Adressen kann vonseiten des Verlages nicht gewährleistet werden. Darüber hinaus übernimmt der Verlag keine Verantwortung für die Inhalte dieser Seiten.

service@westermann.de
www.westermann.de

Bildungsverlag EINS GmbH
Ettore-Bugatti-Straße 6-14, 51149 Köln

ISBN 978-3-427-**41339**-4

westermann GRUPPE

© Copyright 2019: Bildungsverlag EINS GmbH, Köln

Das Werk und seine Teile sind urheberrechtlich geschützt. Jede Nutzung in anderen als den gesetzlich zugelassenen Fällen bedarf der vorherigen schriftlichen Einwilligung des Verlages.

Vorwort

Liebe Auszubildende,

im 3. Ausbildungsjahr umfasst der Rahmenlehrplan für den Ausbildungsberuf Rechtsanwaltsfachangestellte/-r[1] die folgenden Lernfelder:

- Lernfeld 11: Rechtsbehelfs- und Rechtsmittelverfahren begleiten
- Lernfeld 12: Vorgänge in der Zwangsvollstreckung bearbeiten
- Lernfeld 13: In familien- und erbrechtlichen Angelegenheiten tätig werden
- Lernfeld 14: Besondere Verfahren bearbeiten

Das Lehrbuch möchte Ihnen die Inhalte dieser Lernfelder anschaulich und praxisorientiert vermitteln. Dazu dienen die jedem Lernfeld vorangestellten Einstiegssituationen, zahlreiche Beispiele im Text, grafische Darstellungen und tabellarische Übersichten. Mit der Bearbeitung der Übungsaufgaben, die sich jedem Kapitel anschließen, können Sie das Gelernte wiederholen und vertiefen.

Unter BuchPlusWeb finden Sie ergänzende Materialien zu diesem Titel. Geben Sie auf der Internetseite www.westermann.de die ISBN in das Suchfeld ein und klicken Sie auf den Schriftzug BuchPlusWeb.

In Ihrer späteren Berufspraxis als Rechtsanwaltsfachangestellte/-r werden die Überwachung von Verfahrensabläufen und Fristen ebenso wie die eigenständige Vorbereitung der Abrechnung der Rechtsanwaltsvergütung Schwerpunkte Ihrer Tätigkeit sein. Auch die Zwangsvollstreckung ist ein Tätigkeitsbereich, in dem von Ihnen selbstständiges Arbeiten erwartet werden wird.

Selbst wenn familien- und erbrechtliche Angelegenheiten und die in Lernfeld 14 beschriebenen besonderen Verfahren nicht zum Kerngeschäft „Ihrer" Kanzlei zählen sollten, ist das Verständnis von Zusammenhängen und Grundstrukturen der verschiedenen Rechtsgebiete von großer Bedeutung. Es wird Ihnen helfen, sich später weitere und Ihnen bislang unbekannte Rechtsbereiche und deren Systematik eigenständig erschließen zu können.

Bei der Ausübung Ihres Berufs werden Sie immer wieder neuen Herausforderungen ausgesetzt sein und mit Rechts- und Gesetzesänderungen konfrontiert werden. Verfolgen Sie also auch nach Abschluss Ihrer Ausbildung das aktuelle Geschehen – bleiben Sie am Ball!

Wir wünschen Ihnen viel Erfolg bei der Erarbeitung der Lerninhalte des 3. Ausbildungsjahres und einen guten Start ins Berufsleben als Rechtsanwaltsfachangestellte/-r.

Die Autoren

---

1 Aus Gründen der besseren Lesbarkeit wird in diesem Lehrbuch die männliche Form verwendet. Selbstverständlich sind immer beide Geschlechter gleichzeitig angesprochen.

Inhaltsverzeichnis

Lernfeld 11: Rechtsbehelfs- und Rechtsmittelverfahren 11

1	Rechtsbehelfe	12
1.1	Rechtsmittel	12
1.1.1	Berufung	12
1.1.2	Revision	20
1.1.3	Sofortige Beschwerde	24
1.2	Sonstige Rechtsbehelfe.	27
1.2.1	Erinnerung..	27
1.2.2	Rechtsbeschwerde.	28
1.2.3	Wiedereinsetzung in den vorigen Stand.	29
1.2.4	Widerspruch gegen den Mahnbescheid.	32
1.2.5	Nichtzulassungsbeschwerde	34
1.2.6	Einspruch...	35
2	**Vergütungsberechnung im Rechtsbehelfs- und Rechtsmittelverfahren**	39
2.1	Gebührenberechnung für die Berufung	39
2.1.1	Prüfung der Erfolgsaussicht	40
2.1.2	Vergütungsberechnung für den Anwalt des Berufungsklägers	41
2.1.3	Vergütungsberechnung für den Anwalt des Berufungsbeklagten	43
2.1.4	Terminsgebühr	44
2.1.5	Gebühren der I. und der II. Instanz – Anrechnung	47
2.1.6	Einigungsgebühr...	48
2.2	Gebührenberechnung für die Revision	49
2.3	Gebührenberechnung für die sofortige Beschwerde	53
2.4	Gebührenberechnung für die Erinnerung......................	54
2.5	Gebührenberechnung für die Rechtsbeschwerde................	56
2.6	Gebührenberechnung für die Wiedereinsetzung in den vorigen Stand	57
2.7	Gebührenberechnung für den Widerspruch gegen den Mahnbescheid	58
2.8	Gebührenberechnung für die Nichtzulassungsbeschwerde	58
2.9	Gebührenberechnung für den Einspruch	59
2.9.1	Gegen einen Vollstreckungsbescheid..........................	59
2.9.2	Gegen ein Versäumnisurteil	60

Lernfeld 12: Vorgänge in der Zwangsvollstreckung bearbeiten 62

1	Grundsätze und Voraussetzungen der Zwangsvollstreckung	64
1.1	Verfahrensgrundsätze der Zwangsvollstreckung	64
1.2	Voraussetzungen der Zwangsvollstreckung	65
1.2.1	Titel...	65
1.2.2	Vollstreckungsklausel	69
1.2.3	Zustellung	71

2	**Organe der Zwangsvollstreckung**	73
2.1	Der Gerichtsvollzieher	73
2.2	Das Vollstreckungsgericht	79
2.3	Das Prozessgericht des ersten Rechtszuges	80
2.4	Das Grundbuchamt	80
3	**Sachaufklärung und Vermögensauskunft des Schuldners**	82
3.1	Bedeutung der Sachaufklärung	82
3.2	Vermögensauskunft des Schuldners	83
3.2.1	Voraussetzungen und Ablauf des Verfahrens zur Abnahme der Vermögensauskunft nach *§ 802f ZPO*	83
3.2.2	Folgen der Nichtabgabe der Vermögensauskunft	85
3.3	Das Schuldnerverzeichnis nach *§§ 882b ff. ZPO*	86
4	**Arten der Zwangsvollstreckung**	88
4.1	Zwangsvollstreckung in das bewegliche Vermögen wegen Geldforderungen (Mobiliarvollstreckung)	89
4.1.1	Zwangsvollstreckung in körperliche Sachen	89
4.1.2	Zwangsvollstreckung in Forderungen und andere Vermögensrechte	102
4.2	Zwangsvollstreckung in unbewegliches Vermögen wegen Geldforderungen (Liegenschafts- oder Immobiliarvollstreckung)	131
4.2.1	Zwangshypothek (Sicherungshypothek – *§§ 866 ff. ZPO*)	132
4.2.2	Zwangsversteigerung *(§§ 15 ff. ZVG)*	134
4.2.3	Zwangsverwaltung *(§§ 146 ff. ZVG)*	141
4.3	Zwangsvollstreckung wegen anderer Ansprüche	144
4.3.1	Erwirkung der Herausgabe von Sachen	144
4.3.2	Erwirkung von Handlungen	146
4.3.3	Erwirkung von Duldungen und Unterlassungen	148
4.3.4	Erwirkung der Abgabe einer Willenserklärung	148
5	**Einwendungen gegen Zwangsvollstreckungsmaßnahmen**	150
5.1	Erinnerung *(§ 766 ZPO)*	150
5.2	Sofortige Beschwerde *(§§ 793, 567–572 ZPO)*	153
5.3	Vollstreckungsabwehrklage *(§ 767 ZPO)*	154
5.4	Drittwiderspruchsklage *(§ 771 ZPO)*	156
5.5	Klage auf vorzugsweise Befriedigung *(§ 805 ZPO)*	156
6	**Einstweiliger Rechtsschutz – Arrest und einstweilige Verfügung**	158
6.1	Arrest	158
6.2	Einstweilige Verfügung	163
6.3	Rechtbehelfe und Rechtsmittel	166
7	**Gebührenrechtliche Aspekte**	167
7.1	Ausgewählte Gebührentatbestände und Gegenstandswerte in der Zwangsvollstreckung	167
7.2	Besondere Angelegenheiten	175
7.3	Kostenfestsetzung nach *§ 788 ZPO*	177
7.4	Verrechnung von Zahlungseingängen	180

| 8 | Vorrang des Insolvenzverfahrens gegenüber der Einzelzwangsvollstreckung | 183 |

Lernfeld 13: In familien- und erbrechtlichen Angelegenheiten tätig werden 188

1	Familie – Familienrecht	190
1.1	Verwandtschaft	190
1.1.1	Abstammung	190
1.1.2	Rechtliche Elternschaft	191
1.1.3	Adoption	191
1.1.4	Wirkungen der Verwandtschaft	192
1.2	Ehe	192
1.2.1	Verlöbnis	193
1.2.2	Eheschließung	193
1.2.3	Ehewirkungen	194
1.2.4	Ende der Ehe	195
1.3	Lebenspartnerschaft	196
1.4	Nicht eheliche Lebensgemeinschaft	196

2	Unterhalt	197
2.1	Unterhaltsverhältnis – Anspruchsgrundlagen	198
2.1.1	Verwandte	198
2.1.2	Ehegatten	199
2.1.3	Eingetragene Lebenspartner	200
2.1.4	Nicht verheiratete Eltern	200
2.2	Höhe des Unterhalts	200
2.2.1	Bedarf	201
2.2.2	Bedürftigkeit	208
2.2.3	Leistungsfähigkeit	210
2.2.4	Außergerichtliche Geltendmachung	211
2.3	Rangfragen	215
2.4	Auskunft	216
2.5	Sozialleistungen und Unterhalt	218
2.5.1	Subsidiaritätsprinzip	218
2.5.2	Übergang von Unterhaltsansprüchen	219

3	Trennung und Scheidung	221
3.1	Mandatsannahme	222
3.2	Trennung	224
3.2.1	Ehewohnung nach Trennung	225
3.2.2	Gewaltschutz	225
3.2.3	Haushaltsgegenstände nach Trennung	226
3.2.4	Gemeinsame Kinder	227
3.2.5	Trennungs- und Kindesunterhalt	228
3.2.6	Vermögensauseinandersetzung	229
3.2.7	Steuer	230
3.3	Scheidung	232
3.3.1	Versorgungsausgleich	232
3.3.2	Zugewinnausgleich	233

3.3.3	Nachehelicher Unterhalt	237
3.3.4	Ehewohnung und Haushaltsgegenstände nach Scheidung	238
4	**Die Familie im staatlichen Kontext**	**240**
4.1	Schutz und Förderung	241
4.2	Wächteramt	241
4.3	Vormundschaft, Ergänzungspflegschaft	242
4.4	Betreuung	243
5	**Das familiengerichtliche Verfahren**	**245**
5.1	Gerichtsaufbau	245
5.2	Verfahrensvorschriften	245
5.3	Besonderheiten	246
5.3.1	Bezeichnung	246
5.3.2	Örtliche Zuständigkeit	247
5.3.3	Öffentlichkeit	247
5.3.4	Anwaltszwang	248
5.4	Allgemeine Familiensachen	248
5.4.1	Antrags- und Amtsverfahren	248
5.4.2	Beteiligte	249
5.4.3	Amtsermittlung und Freibeweis	250
5.4.4	Beschleunigungsgebot	250
5.4.5	Kostenentscheidung in allgemeinen Familiensachen	251
5.5	Ehesachen	251
5.5.1	Ehescheidungsantrag	252
5.5.2	Verbundverfahren Versorgungsausgleich	254
5.5.3	Andere Folgesachen	257
5.5.4	Kostenentscheidung in Ehesachen und Verbundverfahren	258
5.6	Familienstreitsachen	258
5.7	Einstweiliger Rechtsschutz	259
5.8	Übersicht über die Verfahrensgrundsätze in Familiensachen	259
5.9	Rechtsmittel	260
6	**Vergütung und Kosten in Familiensachen**	**264**
6.1	Gegenstandswerte in Familiensachen	265
6.1.1	Ehesachen und Verbundverfahren	265
6.1.2	Selbstständige Verfahren	267
6.2	Vergütung außergerichtlich – Beratungshilfe	268
6.3	Vergütung gerichtlich – Verfahrenskostenhilfe	270
6.4	Gerichtskosten	271
6.5	Kostenfestsetzung	272
7	**Erbfolge**	**273**
7.1	Gesetzliche Erbfolge	274
7.1.1	Verwandtenerbrecht	274
7.1.2	Ehegattenerbrecht	275
7.2	Gewillkürte Erbfolge	277
7.3	Pflichtteil	277

8	**Das Testament**	**279**
8.1	Testierfähigkeit	279
8.2	Form	280
8.2.1	Eigenhändiges Testament	280
8.2.2	Öffentliches Testament	280
8.2.3	Nottestament	281
8.3	Gemeinschaftliches Testament	281
8.4	Anordnungen	282
8.4.1	Erbeinsetzung und Enterbung	282
8.4.2	Vermächtnis	282
8.4.3	Auflage	282
8.4.4	Weitere Anordnungen	283
8.5	Widerruf	283
8.6	Unterscheidung: der Erbvertrag	284
9	**Der Erbe**	**285**
9.1	Ausschlagung	285
9.2	Erbenhaftung und Beschränkung	286
9.3	Nachlasspflegschaft	287
9.4	Erbengemeinschaft	288
9.5	Erbschein	288
10	**Verfahren und Vergütung in erbrechtlichen Angelegenheiten**	**289**
10.1	Verfahren in erbrechtlichen Angelegenheiten	290
10.1.1	Verfahren der freiwilligen Gerichtsbarkeit	290
10.1.2	Zivilprozessuale Verfahren	291
10.1.3	Weitere Verfahren	291
10.2	Vergütung in erbrechtlichen Angelegenheiten	292
Lernfeld 14: Besondere Verfahren bearbeiten		**294**
1	**Arten der Gerichtsbarkeit**	**295**
2	**Die Verwaltungsgerichtsbarkeit**	**298**
2.1	Verwaltungsverfahren	299
2.2	Widerspruchsverfahren	301
2.3	Gerichtsaufbau	304
2.4	Verfahrensablauf	304
2.4.1	Hauptsacheverfahren	304
2.4.2	Eilverfahren	306
2.5	Rechtsmittel	308
2.6	Vergütung und Kosten	309
2.6.1	Gegenstandswert	310
2.6.2	Vergütung	311
2.6.3	Kostentragung und Kostenfestsetzung	315
2.6.4	Kosten des Vorverfahrens und Gerichtskosten	316
3	**Die Sozialgerichtsbarkeit**	**319**
3.1	Verwaltungsverfahren	321
3.2	Widerspruchsverfahren	322

3.3	Gerichtsaufbau	324
3.4	Verfahrensablauf	324
3.4.1	Hauptsacheverfahren	324
3.4.2	Eilverfahren	327
3.5	Rechtsmittel	328
3.6	Vergütung und Kosten	329
3.6.1	Gegenstandswert	330
3.6.2	Vergütung	331
3.6.3	Kostentragung und Kostenfestsetzung	335
3.6.4	Kosten des Vorverfahrens und Gerichtskosten	336
4	**Die Finanzgerichtsbarkeit**	**337**
4.1	Verwaltungsverfahren	338
4.2	Einspruchsverfahren	338
4.3	Gerichtsaufbau	339
4.4	Verfahrensablauf	339
4.4.1	Hauptsacheverfahren	339
4.4.2	Eilverfahren	340
4.5	Rechtsmittel	341
4.6	Vergütung und Kosten	342
4.6.1	Gegenstandswert	342
4.6.2	Vergütung	342
4.6.3	Kostentragung und Kostenfestsetzung	344
4.6.4	Kosten des Vorverfahrens und Gerichtskosten	344
5	**Die Arbeitsgerichtsbarkeit**	**345**
5.1	Gerichtsaufbau	347
5.2	Verfahrensablauf	348
5.2.1	Ausschlussfristen	348
5.2.2	Obligatorisches vorgerichtliches Verfahren	350
5.2.3	Urteils- und Beschlussverfahren	350
5.2.4	Eilverfahren	353
5.3	Rechtsmittel	353
5.3.1	Rechtsmittel im Urteilsverfahren	354
5.3.2	Rechtsmittel im Beschlussverfahren	355
5.4	Vergütung und Kosten	355
5.4.1	Gegenstandswert	355
5.4.2	Vergütung	356
5.4.3	Kostentragung und Kostenfestsetzung	357
5.4.4	Gerichtskosten	358
6	**Das selbstständige Beweisverfahren**	**360**
6.1	Anwendungsbereich	361
6.2	Zulässigkeit	362
6.3	Verfahrensablauf	362
6.4	Rechtsmittel	363
6.5	Vergütung und Kosten	364
Sachwortverzeichnis		**367**
Bildquellenverzeichnis		**371**

Lernfeld 11:
Rechtsbehelfs- und Rechtsmittelverfahren

Situation

In die Kanzlei von Rechtsanwältin Isabel Tarp kommt Christian Schneider und legt ein Urteil des Amtsgerichts vor. Danach wurde er verurteilt, an Bernd Köster und Elisabeth Vinn einen Betrag in Höhe von 1 800,00 € nebst Zinsen ab dem 1. Juni 20.. zu zahlen. Darüber hinaus hat er die Kosten des Rechtsstreits zu tragen.

Christian Schneider ist mit der Entscheidung nicht einverstanden, da das Gericht seiner Ansicht nach seine vorgelegten Beweise teilweise überhaupt nicht oder nur unzureichend gewürdigt hat. Alle Beweise hat Christian Schneider feinsäuberlich in einem Ordner sortiert und stellt ihn Rechtsanwältin Isabel Tarp zur Verfügung.

Rechtsanwältin Isabel Tarp sieht sich daraufhin das Urteil und den Beweisordner kursorisch an und teilt die Meinung von Christian Schneider, dass das Amtsgericht nicht nur einiges übersehen, sondern einige Beweise auch falsch bewertet hat.

Christian Schneider will von der Rechtsanwältin wissen, was er gegen dieses Urteil unternehmen kann und wie seine Erfolgsaussichten sind.

1 Rechtsbehelfe

Das Zivilprozessrecht kennt eine Reihe von Rechtsbehelfen, d. h. Möglichkeiten, gegen einen nachteiligen Rechtszustand mit dem Ziel vorzugehen, diesen aufzuheben bzw. abzuändern. **Rechtsbehelf** ist dabei der Oberbegriff, unter den auch die einzigen **Rechtsmittel i. S. der ZPO** wie die Berufung, die Revision und die Beschwerde fallen.

Was unterscheidet nun die Rechtsmittel von den sonstigen Rechtsbehelfen?

Rechtsmittel sind besondere förmliche Rechtsbehelfe mit **Suspensiveffekt** und **Devolutiveffekt**. Das bedeutet, dass einerseits der Eintritt der formellen Rechtskraft der bisherigen Entscheidung gehemmt, also nicht vollzogen werden kann (Suspensiveffekt). Andererseits soll die Rechtsmittelentscheidung durch die *nächsthöhere Instanz* gefällt werden (Devolutiveffekt). Die Berufung im Zivilprozess findet vor dem Landgericht oder Oberlandesgericht statt, soweit das Urteil von einem Amtsgericht angegriffen wird.

> **Rechtskraft bedeutet die grundsätzliche Unanfechtbarkeit einer Entscheidung.**

Im Gegensatz dazu wird bei den sonstigen Rechtsbehelfen um eine Nachprüfung der gerichtlichen Entscheidung *in der gleichen Instanz* ersucht.

1.1 Rechtsmittel

1.1.1 Berufung

Zulässigkeit

Die **Berufung** findet gegen die im ersten Rechtszug erlassenen Endurteile der Amts- oder Landgerichte statt *(§ 511 Abs. 1 ZPO)*. Die Berufung ist gemäß *§ 511 Abs. 2 ZPO* nur zulässig, wenn

- der Wert des Beschwerdegegenstandes 600,00 € übersteigt oder
- das Gericht des ersten Rechtszuges die Berufung im Urteil zugelassen hat.

Beispiel:

Torsten Schuck wird vom Amtsgericht verurteilt, an Stefanie Liebig 1 700,00 € zu zahlen. Daraufhin legt er wegen 1 100,00 € Berufung ein. Torsten Schuck ist also in Höhe von 1 700,00 € beschwert, da er diese nach dem Gerichtsurteil zu zahlen hat. Da er aber nur in Höhe von 1 100,00 € Berufung einlegt, handelt es sich dabei um den Wert des Beschwerdegegenstandes.

Das Gericht des ersten Rechtszuges lässt die Berufung nach *§ 511 Abs. 4 ZPO* zu, wenn

- die Rechtssache **grundsätzliche Bedeutung** hat oder die Fortbildung des Rechts oder die **Sicherung einer einheitlichen Rechtsprechung** eine Entscheidung des Berufungsgerichts erfordert und
- die Partei durch das Urteil mit mehr als 600,00 € beschwert ist.

Das Berufungsgericht prüft bei einer Berufung den gesamten Fall noch einmal, und zwar nicht nur in rechtlicher, sondern auch in tatsächlicher Hinsicht. Dies bedeutet, dass gegebenenfalls das Berufungsgericht die Beweisaufnahme wiederholen sowie eigene Tatsachen feststellen muss. Somit unterscheidet sich eine Berufung von der Revision, bei der das Ausgangsurteil nur in rechtlicher Hinsicht überprüft werden muss.

Zuständigkeit des Gerichts

Sachlich zuständig ist für erstinstanzliche Urteile des Amtsgerichts grundsätzlich das Landgericht *(§ 72 GVG)*, für erstinstanzliche Urteile des Landgerichts das Oberlandesgericht *(§ 119 Abs. 1 Nr. 2 GVG)*. Im Rahmen der Tätigkeit haben also der Rechtsanwalt oder seine Mitarbeiter zunächst zu prüfen, welches Gericht für eine Berufungseinlegung zuständig wäre.

 Das Amtsgericht als Familiengericht entscheidet nicht durch Urteil, sondern durch Beschluss. Deshalb ist dagegen keine Berufung, sondern nur Beschwerde möglich.

Bezug nehmend auf die *Einstiegssituation* kann Rechtsanwältin Isabel Tarp Christian Schneider raten, Berufung vor dem zuständigen Landgericht einzulegen. Dies ist möglich, da die Berufungssumme mit einem Wert von 1 800,00 € erreicht ist und sonstige Hemmnisse nicht zu erkennen sind. Aufgrund der Sachverhaltsschilderung sind die Aussichten, in der Berufungsinstanz zu gewinnen, sehr positiv zu bewerten.

Fristen

Die Berufung ist gemäß *§ 517 ZPO* innerhalb eines Monats ab Zustellung des Urteils *(§§ 310 ff. ZPO)* einzulegen. Sie kann wegen ihres Charakters als Notfrist nicht verlängert werden. Sie beginnt mit der ordnungsgemäßen Zustellung des Urteils in vollständig abgefasster Form. Damit auch für ein fehlerhaftes oder nicht ordnungsgemäß zugestelltes Urteil die Monatsfrist zu laufen beginnt und damit einer Rechtskraft zugeführt werden kann, beginnt die Frist *spätestens* mit dem Ablauf von fünf Monaten nach der wirksamen Verkündung des erstinstanzlichen Urteils.

Die Berechnung der Berufungsfrist bestimmt sich nach dem *§ 222 ZPO* i. V. m. den allgemeinen Reglungen in *§§ 187 ff. BGB*. Die Monatsfrist endet also mit Ablauf des Tages des auf die Zustellung folgenden Monats, der seiner Zahl nach dem Zustellungstag entspricht. Die zur Fristwahrung notwendige Handlung darf grundsätzlich bis zum Ablauf des letzten Tages (24:00 Uhr) vorgenommen werden.

Beispiel:
Das amtsgerichtliche Urteil wird am 2. Februar zugestellt. Ende der Berufungsfrist ist der 2. März, 24:00 Uhr.

Fehlt der entsprechende Monatstag (beispielsweise im kurzen Monat Februar), so endet die Frist mit dem Ablauf des letzten Monatstages.

Beispiele:

- *Das landgerichtliche Urteil wird am 31. Januar zugestellt. Ende der Berufungsfrist ist der 28. Februar oder der 29. Februar (Schaltjahr), 24:00 Uhr.*
- *Das landgerichtliche Urteil wird am 28. Februar zugestellt. Ende der Berufungsfrist ist der 28. März (nicht 31. März).*

Handelt es sich jeweils bei dem Endtag um einen Sonn-, Feier- oder Samstag, so läuft die Frist am folgenden Werktag ab *(§ 193 BGB)*.

Beispiele:

- *Das amtsgerichtliche Urteil wird am Samstag, den 14. Mai, zugestellt. Ende der Berufungsfrist ist der 16. Juni, 24:00 Uhr.*
- *Ein Urteil des Amtsgerichts wird dem Beklagten am Dienstag, 24. November, zugestellt. Die Frist für die Einlegung der Berufung beträgt einen Monat ab Zustellung. Das entsprechende Datum im Folgemonat ist Sonntag, 24. Dezember. Am 25. und 26. Dezember sind Weihnachtsfeiertage. Der nächste Werktag ist Dienstag, 27. Dezember. Die Berufungsfrist läuft ab am 27. Dezember um 24:00 Uhr.*

Die Berufung ist innerhalb zweier Monate ab Zustellung zu begründen *(§ 520 Abs. 2 ZPO)*.

Beispiel:
Das landgerichtliche Urteil wird am 30. Januar zugestellt. Ende der Berufungsbegründungsfrist ist der 30. März, 24:00 Uhr.

Diese Frist kann auf Antrag verlängert werden. Ein Prozessbevollmächtigter darf mit der Bewilligung einer erstmals beantragten Verlängerung der Berufungsbegründungsfrist rechnen, wenn er zur Begründung des Verlängerungsantrags darauf verweist, dass eine ausreichende Rücksprache mit dem Mandanten und die notwendige Beschaffung von Unterlagen innerhalb der Berufungsbegründungsfrist nicht hätten erfolgen können. In der Regel reicht die pauschale Berufung auf einen dieser Gründe in der Antragsschrift aus; eine weitere Substantiierung oder Glaubhaftmachung ist nach Ansicht des Bundesgerichtshofs (BGH) nicht erforderlich.

Der BGH hat auch entschieden, wie die Frist zu berechnen ist, wenn diese zur Begründung der Berufung um einen bestimmten Zeitraum verlängert wird und der letzte Tag der ursprünglichen Frist auf einen Samstag, Sonntag oder allgemeinen Feiertag fällt. Grundsätzlich beginnt der verlängerte Teil der Frist erst mit dem Ablauf des nächstfolgenden Werktages.

Was aber, wenn das Berufungsgericht die Begründungsfrist bis zu einem konkret bezeichneten Tag verlängert? Dann braucht keine Berechnung der Frist zu erfolgen. Denn in einem Fall, in dem das Berufungsgericht die Begründungsfrist bis zu einem konkret bezeichneten Tag verlängert hat, kommt es auf den Beginn irgendeiner, so auch der verlängerten Frist, überhaupt nicht an.

Beispiel:
Das landgerichtliche Urteil wurde am 2. November des Jahres zugestellt. Der Prozessbevollmächtigte legt am 1. Dezember per Fax Frist wahrend Berufung beim zuständigen Oberlandesgericht ein und beantragt, die Begründungsfrist um mindestens drei Wochen zu verlängern, da noch diverse Unterlagen beschafft werden müssen. Das OLG verlängert

daraufhin die Begründungsfrist bis zum 31. Januar des Folgejahres. In diesem Fall ist die zu notierende Frist der 31. Januar des Folgejahres.

Es sind demnach also zwei Fristen von elementarer Bedeutung, die im Fristenbuch o. Ä. in der Kanzlei notiert und kontrolliert werden müssen. Die Frist zur Einlegung der Berufung und die Berufungsbegründungsfrist.

 Die Berufungsfrist und die Berufungsbegründungsfrist sind im Fristenkalender zu notieren und zu überwachen.

Zu empfehlen ist, um Missverständnissen vorzubeugen und die Fristenkontrolle zu erleichtern, immer einen Antrag auf Fristverlängerung bis zu einem kalendermäßig bestimmten Tag zu stellen und beispielsweise nicht zu beantragen, die Frist „… um einen Monat zu verlängern".

Beispiel:
Ich beantrage, die Berufungsbegründungsfrist bis zum 15. Juli 20.. zu verlängern.

Form

Die Form der *§§ 519, 130 ZPO* ist unbedingt zu wahren und eine beglaubigte Abschrift des angefochtenen Urteils beizufügen. Die Berufungsschrift **muss** daher enthalten:

- die Bezeichnung des Urteils, gegen das die Berufung gerichtet wird
- die Erklärung, dass gegen dieses Urteil Berufung eingelegt werde

Darüber hinaus sollen die Schriftsätze enthalten:

- die Bezeichnung der Parteien und ihrer gesetzlichen Vertreter nach Namen, Stand oder Gewerbe, Wohnort und Parteistellung; die Bezeichnung des Gerichts und des Streitgegenstandes; die Zahl der Anlagen
- die Anträge, welche die Partei in der Gerichtssitzung zu stellen beabsichtigt
- die Angabe der zur Begründung der Anträge dienenden tatsächlichen Verhältnisse
- die Erklärung über die tatsächlichen Behauptungen des Gegners
- die Bezeichnung der Beweismittel, derer sich die Partei zum Nachweis oder zur Widerlegung tatsächlicher Behauptungen bedienen will, sowie die Erklärung über die von dem Gegner bezeichneten Beweismittel
- die Unterschrift der Person, die den Schriftsatz verantwortet; bei Übermittlung durch einen Telefaxdienst (Telekopie) die Wiedergabe der Unterschrift in der Kopie

Begründung

Die Berufung kann bereits in der Berufungsschrift begründet werden, muss jedoch nicht.

Es gibt verschiedene Möglichkeiten Berufung einzulegen. Der einfachste Antrag geht dahin, Berufung zur Wahrung der Berufungsfrist einzulegen und dabei keine weiteren inhaltlichen Anträge zu stellen.

Muster: Berufung (1)

Rechtsanwalt Uli Reddemann, Buchenweg 3, 00000 Waldstadt   Waldstadt, 15.07.20..

Landgericht Hamburg
Sievekingplatz 1
20355 Hamburg

Az.: noch nicht bekannt (Az. des AG Hamburg-Blankenese: 500 C 550/16)

In Sachen Lichtenbarg, Stefan ./. Linkhorst, Demian

Berufung

Stefan Lichtenbarg, Rugenbarg 222, 22549 Hamburg

– Beklagter und Berufungskläger –

Prozessbevollmächtigter: Rechtsanwalt Uli Reddemann, Buchenweg 3, 00000 Waldstadt

g e g e n
Demian Linkhorst, Sandmoorweg 2a, 22559 Hamburg

– Kläger und Berufungsbeklagter –

Prozessbevollmächtigter: –

Namens und in Vollmacht des Beklagten und Berufungsklägers lege ich hiermit gegen das am 19.06.20.. verkündete und am 08.07.20.. zugestellte Urteil des Amtsgerichts Hamburg-Blankenese, Az. 500 C 550/16

Berufung

ein.

Anträge und Begründung bleiben einem gesonderten Schriftsatz vorbehalten.
Es wird gebeten, die Geschäftsnummer alsbald bekannt zu geben.
Eine beglaubigte Urteilsabschrift wird in der Anlage (nur per Post) überreicht.

(Reddemann)
Rechtsanwalt

Alternativ kann im Rahmen der Berufungseinlegung diese auch gleich mit den notwendigen Anträgen versehen und begründet werden. Sofern man jedoch zunächst nur Frist wahrend Berufung eingelegt hat, muss diese dann nachfolgend auch begründet werden.

Muster: Berufung (2)

Rechtsanwalt Uli Reddemann, Buchenweg 3, 00000 Waldstadt   Waldstadt, 25.09.20..

Landgericht Hamburg
Sievekingplatz 1
20355 Hamburg

Az.: 311 S 155/15 (Az. des AG Hamburg-St. Georg: 911 C 8/16)

In Sachen Rickert, Wilhelmine ./. Neubart, Mario

begründe ich namens der Klägerin die mit Schriftsatz vom 04.09.20.. eingelegte Berufung gegen das Urteil des Amtsgerichts Hamburg-St. Georg, Az. 911 C 8/16 mit folgenden Anträgen:

> Unter Abänderung des am 29.08.20.. verkündeten Urteils des
> AG Hamburg-St. Georg, Az.: 911 C 8/16, den Beklagten zu verurteilen,
> die Wohnung Ilextwiete 440, 22111 Hamburg, Obergeschoss Mitte,
> nebst einem Zimmer zu räumen und an die Klägerin geräumt herauszugeben.

Ferner wird beantragt,

> der Klägerin von jeder vollstreckungsfähigen Entscheidung eine
> vollstreckbare Ausfertigung zu erteilen.

B e g r ü n d u n g :
===============

Das Amtsgericht hat zu Unrecht den Klageantrag abgewiesen, den die Klägerin mit ihrer Berufung weiter verfolgt. Das Urteil wird daher in vollem Umfang der Überprüfung durch das Berufungsgericht gestellt. Im Einzelnen wird Folgendes gerügt:

1. Das Amtsgericht hat in der mündlichen Verhandlung den Prozessbevollmächtigten der Klägerin überhaupt nicht nach einem schutzwürdigen Interesse der Klägerin befragt.

In der ca. fünfminütigen Sitzung erklärte der Vorsitzende lediglich, dass die außergerichtliche Kündigung unwirksam sei. Auf Nachfrage des Unterzeichners, ob dies auch für die im Prozess erklärte nochmalige Kündigung gelte, erklärte der Vorsitzende, dies könne er im Augenblick nicht beurteilen. Stattdessen erklärte er nunmehr für beide Parteien überraschend, dass die Klage ohnehin aus Gründen, die in der Prozessstandschaft lägen, unzulässig sei. Weitere Erklärungen dazu gab er nicht ab. Nach dem klägerischen Schriftsatz vom 13.05.20.. hätte das Amtsgericht seine Bedenken zur Aktivlegitimation präzisieren müssen.

Aus diesem Grunde liegt hier ein Verstoß gegen den Anspruch auf rechtliches Gehör (vgl. BVerfGE 84, 188/90, NJW 1994, S. 1274) und damit ein Verstoß gegen § 139 ZPO vor.

Das Amtsgericht hätte seine Bedenken den Parteien vorab in einem Hinweisbeschluss mitteilen müssen und der Klägerin Gelegenheit geben, sich zu erklären. Dies erst im Termin quasi in einem Nebensatz zu äußern, widerspricht ordnungsgemäßer Prozessführung.

2. Soweit das Amtsgericht hier eine gewillkürte Prozessstandschaft annimmt, wird dann folgerichtig darauf hingewiesen, dass zu deren Voraussetzungen ein schutzwürdiges Eigeninteresse der Klägerin gehört (Zöller, vor §§ 50, Rn. 44 ff.). Richtig ist auch, dass ein rechtsschutzwürdiges Eigeninteresse an der Prozessführung gegeben ist, wenn die Entscheidung Einfluss auf die eigene Rechtslage des Prozessführungsbefugten hat (vgl. BGH, NJW 2009, S. 1215). Hierzu genügt auch ein wirtschaftliches Interesse (vgl. BGHZ 119, 242; BGH, NJW 1995, S. 3186).

Im vorliegenden Fall hat die Klägerin am gesamten Mietobjekt Ilextwiete ein lebenslanges grundbuchrechtlich verbrieftes Nießbrauchrecht und damit ein schutzwürdiges Eigeninteresse an der Prozessführung (vgl. BGH, Urteil vom 23.01.2009, V ZR 197/07 zu den Erhaltungspflichten des Nießbrauchers), wie durch anliegenden Grundbuchauszug (Grundbuch Horn Geest, Band 34, Blatt 000852, S. 1 und 7) bewiesen wird.

B e w e i s: Anlage K10 – Grundbuchauszug Horn Geest – 2 Seiten

Die Zulässigkeit der Klage dürfte damit bewiesen sein.

3. Materiell rechtlich bleibt nochmals festzuhalten, dass der Beklagte seit Jahren durch erhebliche (insbesondere) nächtliche Lärmbelästigungen (u.a. Türen schmeißen, Geschirr zerschlagen, laute Musik usw.) auffällt, sodass eine Nachtruhe der anderen Mieter im Haus unmöglich ist. Es liegt insoweit ein vertragswidriger Gebrauch durch den Beklagten vor, der zur erfolgten Kündigung berechtigte.

Dies wurde alles eingehend unter Beweis gestellt.

Sofern es zu einem Gerichtstermin kommt, wird schon jetzt beantragt, die Klägerin, die bereits über 90 Jahre alt ist, vom persönlichen Erscheinen zu entbinden.

4. Auf das gesamte erstinstanzliche Vorbringen der Klägerin, insbesondere in den Schriftsätzen vom 18.03.20.., 13.05.20.. und 29.05.20.. einschließlich der dortigen Beweisantritte wird ergänzend Bezug genommen.

Sollte das Berufungsgericht in der einen oder anderen Frage eine Ergänzung des Vortrags für erforderlich halten, wird um richterlichen Hinweis nach § 139 ZPO gebeten.

(Reddemann)
Rechtsanwalt

Vertritt die Kanzlei den Berufungsbeklagten, ist die Berufungsschrift des Berufungsklägers zu überprüfen und gegebenenfalls der Antrag zu stellen, die Berufung zurückzuweisen.

Muster: Berufung (3)

Rechtsanwalt Uli Reddemann, Buchenweg 3, 00000 Waldstadt   Waldstadt, 18.05.20..

Landgericht Itzehoe
Theodor-Heuss-Platz 3
25524 Itzehoe

Az.: 340 S 122/16 (Az. des AG Elmshorn: 123 C 455/16)

In Sachen Hund, Norbert ./. Schönfelder, Saskia

wird beantragt,
die Berufung zurückzuweisen.

B e g r ü n d u n g :
==============
Das amtsgerichtliche Urteil ist sachlich und rechtlich nicht zu beanstanden. Auf die zutreffenden Entscheidungsgründe, das Terminsprotokoll und den Schriftsatz vom 25.03.20.. wird ausdrücklich Bezug genommen, um Wiederholungen zu vermeiden.

Der Kläger trägt nunmehr eindeutig falsch vor, indem er behauptet, dass die Beklagte die Neuverlegung des Parketts durchgeführt habe. Dies ist nachweislich falsch und auch durch den Vortrag der Streitverkündeten hinreichend belegt. Eine Zurechnung im Hinblick auf die Beklagte ist ausgeschlossen.

Im Kaufrecht ist anerkannt, dass der Vorlieferant, von dem der Verkäufer die Kaufsache seinerseits erworben hat, nicht Erfüllungsgehilfe des Verkäufers in dessen Verhältnis zum Käufer ist (vgl. BGH, Urteil vom 12.01.1989 – III ZR 231/87). Insoweit ist die Entscheidungsfindung des Amtsgerichts nicht zu beanstanden.

Die Berufung ist daher zurückzuweisen.

Sofern das Gericht weiteren Vortrag für erforderlich hält, wird um richterlichen Hinweis gebeten.

(Reddemann)
Rechtsanwalt

Folge

Ist die Berufung unzulässig, wird sie verworfen. Die Verwerfung der Berufung als unzulässig kann nach *§ 522 Abs. 1 ZPO* entweder durch Beschluss oder durch Urteil ergehen. Erfolgt sie durch Beschluss, ist dagegen gemäß *§ 522 Abs. 1 S. 4 ZPO* die Rechtsbeschwerde eröffnet, und zwar unabhängig von der Wertgrenze des *§ 26 Nr. 8 EGZPO* (BGH, Beschluss vom 4. September 2002 – VIII ZB 23/02). Erfolgt die Verwerfung durch Urteil, so ist dagegen das Rechtsmittel der Nichtzulassungsbeschwerde statthaft, und zwar auch dann, wenn die ansonsten für die Nichtzulassungsbeschwerde geltende Wertgrenze von 20 000,00 € nicht überschritten ist.

Das Berufungsgericht soll die zulässige Berufung gemäß *§ 522 Abs. 2 ZPO* durch Beschluss unverzüglich zurückweisen, wenn es einstimmig davon überzeugt ist, dass

- die Berufung offensichtlich keine Aussicht auf Erfolg hat,
- die Rechtssache keine grundsätzliche Bedeutung hat,
- die Fortbildung des Rechts oder die Sicherung einer einheitlichen Rechtsprechung eine Entscheidung des Berufungsgerichts nicht erfordert und
- eine mündliche Verhandlung nicht geboten ist.

Eine zulässige und begründete Berufung führt in aller Regel zur Änderung des angefochtenen Urteils.

Hinsichtlich des Prüfungsumfangs ist darauf zu achten, dass neue Tatsachen nur eingeschränkt zugelassen werden *(§§ 529, 531 ZPO)*.

Anschlussberufung

Der Berufungsbeklagte kann sich der Berufung anschließen *(§ 524 ZPO)*. Die Anschließung erfolgt durch Einreichung der Berufungsanschlussschrift beim Berufungsgericht.

Die Anschließung ist auch statthaft, wenn der Berufungsbeklagte auf die Berufung verzichtet hat oder die Berufungsfrist verstrichen ist. Sie ist zulässig bis zum Ablauf der dem Berufungsbeklagten gesetzten Frist zur Berufungserwiderung.

Die Anschlussberufung muss in der Anschlussschrift begründet werden *(§ 524 Abs. 3 ZPO)*.

Die Anschließung verliert ihre Wirkung, wenn die Berufung zurückgenommen, verworfen oder durch Beschluss zurückgewiesen wird *(§ 524 Abs. 4 ZPO)*.

1.1.2 Revision

Zulässigkeit

Die Revision ist ein Rechtsmittel, mit dem die rechtliche Überprüfung eines Berufungsurteils des Landgerichts oder des Oberlandesgerichts durch den Bundesgerichtshof (BGH) begehrt wird *(§§ 542–566 ZPO)*. Die Nachprüfung beschränkt sich darauf, ob eine Gesetzesbestimmung nicht oder nicht richtig angewendet ist (Revisionsgrund; *§§ 545–547 ZPO*), und zwar auf der Grundlage des vom Berufungsgericht festgestellten Tatbestandes. Dies bedeutet, dass die Revision im Gegensatz zur Berufung keine Tatsacheninstanz ist und kein neuer Sachvortrag, der also nicht schon in der Berufungsinstanz in das Verfahren eingeführt wurde, berücksichtigt wird.

Die Revision findet gegen die in der Berufungsinstanz erlassenen Endurteile statt *(§ 542 Abs. 1 ZPO)*.

Die Revision findet nur statt, wenn sie

- das Berufungsgericht in dem Urteil oder
- das Revisionsgericht auf Beschwerde gegen die Nichtzulassung

zugelassen hat *(§ 543 ZPO)*.

Die Revision ist zuzulassen, wenn

- die Rechtssache grundsätzliche Bedeutung hat oder
- die Fortbildung des Rechts oder die Sicherung einer einheitlichen Rechtsprechung eine Entscheidung des Revisionsgerichts erfordert.

Das Revisionsgericht ist an die Zulassung durch das Berufungsgericht gebunden.

Beispiel:
Paul Körner klagt in II. Instanz vor dem OLG Celle gegen Tom Breuer. Das OLG entscheidet gegen Paul Körner. Der Senat lässt aber die Revision zum BGH ausdrücklich zu, da es abweichende Entscheidungen zur gleichen rechtlichen Thematik vom OLG München und vom OLG Düsseldorf gibt.

Fristen

Die Frist für die Einlegung der Revision (Revisionsfrist) beträgt einen Monat; sie ist eine Notfrist und beginnt mit der Zustellung des in vollständiger Form abgefassten Berufungsurteils, spätestens aber mit dem Ablauf von fünf Monaten nach der Verkündung *(§ 548 ZPO).*

Beispiel:
Fristbeginn ist die Zustellung, beispielsweise der 4. Mai (§ 548 ZPO). Beginn der Fristberechnung ist der Tag danach, also der 5. Mai, 00:00 Uhr (§ 187 Abs. 1 BGB). Fristende (Monatsfrist) ist der 4. Juni, 24:00 Uhr (§ 188 Abs. 2 BGB).

Form

Die Revision wird durch Einreichung der Revisionsschrift bei dem Revisionsgericht eingelegt. Die Revisionsschrift muss nach *§ 549 Abs. 1 ZPO* enthalten:

- die Bezeichnung des Urteils, gegen das die Revision gerichtet wird
- die Erklärung, dass gegen dieses Urteil Revision eingelegt werde

Darüber hinaus sollen die Schriftsätze nach *§§ 549 Abs. 2, 130 ZPO* enthalten:

- die Bezeichnung der Parteien und ihrer gesetzlichen Vertreter nach Namen, Stand oder Gewerbe, Wohnort und Parteistellung; die Bezeichnung des Gerichts und des Streitgegenstandes; die Zahl der Anlagen
- die Anträge, welche die Partei in der Gerichtssitzung zu stellen beabsichtigt
- die Angabe der zur Begründung der Anträge dienenden tatsächlichen Verhältnisse
- die Erklärung über die tatsächlichen Behauptungen des Gegners
- die Bezeichnung der Beweismittel, derer sich die Partei zum Nachweis oder zur Widerlegung tatsächlicher Behauptungen bedienen will, sowie die Erklärung über die von dem Gegner bezeichneten Beweismittel
- die Unterschrift der Person, die den Schriftsatz verantwortet; bei Übermittlung durch einen Telefaxdienst (Telekopie) die Wiedergabe der Unterschrift in der Kopie

Muster: Revision

Rechtsanwalt am BGH Jürgen Trumpf, Rechtsweg 1,   Karlsruhe, 13.11.20..
77777 Karlsruhe

Bundesgerichtshof
Herrenstraße 45 a
76133 Karlsruhe

Az.: Es wird gebeten, die Geschäftsnummer alsbald bekannt zu geben.

In Sachen Timmert, Rainer ./. Bramfeld, Thomas

Revisionsschrift

Rainer Timmert, Osdorfer Born 111, 22549 Hamburg

       – Beklagter und Berufungskläger und Revisionskläger –

Prozessbevollmächtigter II. Instanz: Rechtsanwalt Uli Reddemann,
                                               Buchenweg 3, 00000 Waldstadt

gegen

Thomas Bramfeld, Horster Weg 222, 22559 Hamburg

       – Kläger und Berufungsbeklagter und Revisionsbeklagter –

Prozessbevollmächtigter II. Instanz: Rechtsanwältin Isabel Tarp,
                                               Bielefelder Straße 12, 22589 Hamburg

Für den Beklagten lege ich gegen das Urteil des Oberlandesgerichts Hamburg, verkündet am ..., zugestellt am ..., Aktenzeichen I. Instanz: ..., Aktenzeichen II. Instanz: ..., das zugelassene Rechtsmittel der

Revision

ein.

Anträge und Begründung bleiben einem gesonderten Schriftsatz vorbehalten.

Es wird gebeten, die Geschäftsnummer alsbald bekannt zu geben.

Das vollständige Urteil des OLG Hamburg vom ..., dessen Rückgabe erbeten wird, sowie beglaubigte Abschriften sind beigefügt.

(Trumpf)
Rechtsanwältin am BGH

Begründung

Der Revisionskläger muss die Revision begründen. Die Revisionsbegründung ist, sofern sie nicht bereits in der Revisionsschrift enthalten ist, in einem Schriftsatz bei dem Revisionsgericht einzureichen *(§ 551 ZPO)*.

Die Revisionsbegründung muss enthalten:

- die Erklärung, inwieweit das Urteil angefochten und dessen Aufhebung beantragt werde (Revisionsanträge)
- die Angabe der Revisionsgründe, und zwar:
  - die bestimmte Bezeichnung der Umstände, aus denen sich die Rechtsverletzung ergibt
  - soweit die Revision darauf gestützt wird, dass das Gesetz in Bezug auf das Verfahren verletzt sei, die Bezeichnung der Tatsachen, die den Mangel ergeben

Folge

Ist eine Revision zulässig und begründet, kann das Revisionsgericht vorherige Entscheidungen ganz oder teilweise aufheben oder abändern. Zudem kann die Revisionsinstanz den Rechtsstreit an die Vorinstanz zur erneuten Verhandlung und Entscheidung zurückverweisen. Sofern es keiner weiteren Klärungen bedarf, kann ein Revisionsgericht auch eine eigene Entscheidung fällen. In diesen Fällen ist von sogenanntem „Durchentscheiden" die Rede. Bleibt die Revision hingegen erfolglos, tritt mit ihr die Rechtskraft des angegriffenen Urteils ein, die ansonsten durch ihr Einlegen gehemmt ist.

Sprungrevision

Eine besondere Form der Revision stellt die sogenannte Sprungrevision dar. Gegen die im ersten Rechtszug erlassenen Endurteile, die ohne Zulassung der Berufung unterliegen, findet auf Antrag unter Übergehung der Berufungsinstanz unmittelbar die Revision (Sprungrevision) nach *§ 566 Abs. 1 ZPO* statt, wenn

- der Gegner in die Übergehung der Berufungsinstanz einwilligt und
- das Revisionsgericht die Sprungrevision zulässt.

Der Antrag auf Zulassung der Sprungrevision sowie die Erklärung der Einwilligung gelten als Verzicht auf das Rechtsmittel der Berufung.

Die Zulassung ist durch Einreichung eines Schriftsatzes (Zulassungsschrift) bei dem Revisionsgericht zu beantragen *(§ 566 Abs. 2 ZPO)*.

Die Sprungrevision ist nach *§ 566 Abs. 4 ZPO* nur zuzulassen, wenn

- die Rechtssache grundsätzliche Bedeutung hat oder
- die Fortbildung des Rechts oder die Sicherung einer einheitlichen Rechtsprechung eine Entscheidung des Revisionsgerichts erfordert.

Die Sprungrevision kann nicht auf einen Mangel des Verfahrens gestützt werden.

Da die Revision nur über einen beim BGH zugelassenen Anwalt erfolgen kann und die Anzahl dieser mit nur knapp 50 sehr begrenzt ist, wird für das weitere Verfahren auf spezielle Literatur verwiesen.

1.1.3 Sofortige Beschwerde

Sind Berufung und Revision gegen eine gerichtliche Entscheidung der Amts- und Landgerichte in der ersten Instanz (insbesondere Beschlüsse und Verfügungen gemäß *§ 329 ZPO*) nicht zulässig, so können diese durch sofortige Beschwerde nach *§ 567 ZPO* einer gerichtlichen Kontrolle unterzogen werden. Gegen Entscheidungen über Kosten (Kostenbeschluss nach *§ 91a ZPO*) ist die Beschwerde nur zulässig, wenn der Wert des Beschwerdegegenstands 200,00 € übersteigt *(§ 567 Abs. 2 ZPO)*. Der Beschwerdegegner kann sich der Beschwerde anschließen, selbst wenn er auf die Beschwerde verzichtet hat oder die Beschwerdefrist verstrichen ist. Die Anschließung verliert ihre Wirkung, wenn die Beschwerde zurückgenommen oder als unzulässig verworfen wird *(§ 567 Abs. 3 ZPO)*. Die sofortige Beschwerde ist, soweit keine andere Frist bestimmt ist, binnen einer Notfrist von zwei Wochen bei dem Gericht, dessen Entscheidung angefochten wird, oder bei dem Beschwerdegericht durch Einreichung einer Beschwerdeschrift einzulegen.

Beispiel:
Der Beschluss des Gerichts wird am Donnerstag, 3. Mai, zugestellt. Die Frist für die sofortige Beschwerde läuft am Donnerstag, 17. Mai, um 24:00 Uhr ab (§§ 188 Abs. 2, 187 Abs. 1 BGB).

Eine Verlängerung oder Verkürzung von Notfristen ist nicht möglich.

Die Beschwerdeschrift muss die Bezeichnung der angefochtenen Entscheidung sowie die Erklärung enthalten, dass Beschwerde gegen diese Entscheidung eingelegt werde. Die Notfrist beginnt, soweit nichts anderes bestimmt ist, mit der Zustellung der Entscheidung, spätestens mit dem Ablauf von fünf Monaten nach der Verkündung des Beschlusses *(§ 569 ZPO)*.

Die Beschwerde kann gemäß *§ 569 Abs. 3 ZPO* auch durch Erklärung zu Protokoll der Geschäftsstelle eingelegt werden, wenn

1. der Rechtsstreit im ersten Rechtszug nicht als Anwaltsprozess zu führen ist oder war,
2. die Beschwerde die Prozesskostenhilfe betrifft oder
3. sie von einem Zeugen, Sachverständigen oder Dritten erhoben wird.

Sofern das Gericht oder der Vorsitzende, dessen Entscheidung angefochten wird, die Beschwerde für begründet erachtet, so haben sie ihr abzuhelfen; andernfalls ist die Beschwerde unverzüglich dem Beschwerdegericht vorzulegen *(§ 572 ZPO)*. Die Entscheidung über die Beschwerde ergeht ebenfalls durch Beschluss.

Beispiel:
Partei A und Partei B haben einen Prozess vor dem Landgericht geführt, im Rahmen des Verfahrens dann aber die Hauptsache übereinstimmend für erledigt erklärt. Das Gericht hat daraufhin nach § 91a ZPO über die Kosten des Rechtsstreits durch Beschluss entschieden und darin die Kosten gegeneinander aufgehoben. Dies bedeutet, jede Partei trägt die eigenen Anwaltskosten (soweit entstanden) selbst und die Gerichtskosten trägt jede Partei zur Hälfte.

Partei A ist mit dieser Entscheidung nicht einverstanden und legt über ihren Anwalt sofortige Beschwerde beim Landgericht ein. Dieses überprüft seine eigene Entscheidung nochmals und kann ihr abhelfen, also die Entscheidung ändern oder die Sache dem Beschwerdegericht – hier das Oberlandesgericht – zur Klärung vorlegen.

Muster: Sofortige Beschwerde

(Das Amtsgericht hatte es abgelehnt, ein selbstständiges Beweisverfahren durchzuführen.)

Rechtsanwalt Uli Reddemann, Buchenweg 3, 00000 Waldstadt   Waldstadt, 10.11.20..

Amtsgericht Hamburg-Harburg
Buxtehuder Str. 9
21073 Hamburg

Az.: 333 C 140/16

In Sachen Trimm, Susanne u. a. ./. Ransberg, Klaus

wird gegen den Beschluss des AG Hamburg-Harburg vom 02.11.20.. die

sofortige Beschwerde,

hilfsweise das zulässige Rechtsmittel eingelegt.

Soweit das Amtsgericht der Entscheidung nicht selbst abhilft, wird die Vorlage beim LG Hamburg beantragt.

B e g r ü n d u n g :
==============
Der Antrag der Antragsteller ist nach § 485 Abs. 2 ZPO zulässig.
Unverständlich und nicht hinnehmbar ist bereits, dass das Amtsgericht die Antragsteller nicht vor Erlass des Beschlusses auf seine möglichen Einwände hingewiesen hat, § 139 ZPO.

Darüber hinaus verkennt das Amtsgericht, dass in einem selbstständigen Beweisverfahren der Sachvortrag eines Antragstellers hinsichtlich des Hauptanspruchs, zu dessen Geltendmachung die Begutachtung dienen soll, grundsätzlich nicht auf Schlüssigkeit oder Erheblichkeit zu prüfen ist, vgl. BGH III ZB 33/04, und insoweit der Begriff des „rechtlichen Interesses" sehr weit zu fassen ist.

In der vorliegenden Sache waren die Parteien unstreitig durch Mietvertrag verbunden. Die Antragsteller beabsichtigen Schadensersatz aus diversen Rechtspositionen gegen den Antragsgegner, aufgrund der eindeutigen Schadstoffbelastung in den Wohnräumen geltend zu machen. Insoweit ist sowohl das Rechtsverhältnis, der mögliche Prozessgegner als auch der Anspruch eindeutig zu bestimmen, sodass ein rechtliches

Interesse nicht zu verneinen ist. Zu allen Schadensersatzpositionen hätten die Antragsteller in einem möglichen Hauptsacheverfahren umfassend vorzutragen.

Der Wert der Sachen soll ja nun gerade aufgrund der Unkenntnis der Antragsteller im Hinblick auf den aktuellen Zeitwert im Rahmen dieses Verfahrens unverzüglich ermittelt werden, insoweit können und müssen die Antragsteller auch keine Angaben zum Wert machen. Den Antragstellern liegt bereits eine gutachterliche Stellungnahme des Gutachters Dipl.-Ing. Manfred Block und eines Privatgutachters zur Schadstoffbelastung vor. Diese werden jedoch erst soweit erforderlich in einem Hauptsacheverfahren vorgelegt werden. Der Mieterverein zu Hamburg hat den Antragsgegner allerdings bereits mit Schreiben vom 05.05.20.. auf die erheblich schadstoffbelastete Wohnung hingewiesen.

B e w e i s: ASt. 1 – Schreiben vom 05.05.20..

Dass die Gegenseite dies nunmehr weiterhin bestreitet, ist auch vor dem Hintergrund, dass mehrere Vormieter das Gleiche erlebt haben und krank geworden sind, irrelevant.

Die Antragsteller haben hier aus mehreren Gründen ein rechtliches Interesse, den Wert der Gegenstände ermitteln zu lassen. Die Gegenstände wurden aufgrund ihrer Schadstoffbelastung vom Hausstand isoliert und extra eingelagert, sind also örtlich und räumlich begrenzt anhand der Liste bestimmbar, was hinreichend ist.

Hierfür zahlen die Antragsteller monatlich 218,50 € an Lagerkosten, was ein zügiges Verfahren im Rahmen der Beweissicherung erforderlich macht und nicht ein langwieriges Hauptsacheverfahren nach sich ziehen sollte.

Den Antragstellern ist nunmehr zur Vermeidung eines gerichtlichen Verfahrens daran gelegen, auch die Schadensersatzpositionen hinsichtlich des Hausstandes zu ermitteln, um den Antragsgegner außergerichtlich alle Positionen aufzugeben und soweit möglich eine Einigung zu erzielen und einen Rechtsstreit zu vermeiden.

Der Antragsgegner kann nicht darauf verwiesen werden, dies in einem Hauptsacheverfahren zu tun. Auch ist es den Antragstellern mangels Quittungen, Rechnungen usw. nicht möglich, Schätzwerte für den eingelagerten Hausstand anzugeben, insbesondere nicht vor dem Hintergrund, dass sich mehrere antike Möbel unter den zu begutachtenden befinden und insoweit der aktuelle Zeitwert festzustellen ist.

(Reddemann)
Rechtsanwalt

Gegen die im ersten Rechtszug durch Beschluss ergangenen Endscheidungen der **Amtsgerichte als Familiengerichte** findet ebenfalls das Rechtsmittel der Beschwerde statt (*§ 58 FamFG*).

Die Beschwerde steht nach *§ 59 Abs. 1 FamFG* jedem zu, der durch den Beschluss in seinen Rechten beeinträchtigt ist. In vermögensrechtlichen Angelegenheiten ist die Beschwerde aber nur zulässig, wenn

Sonstige Rechtsbehelfe

- der Wert des Beschwerdegegenstandes 600,00 € übersteigt oder
- wenn das Gericht des ersten Rechtszugs die Beschwerde zugelassen hat *(§ 61 FamFG)*.

Die Beschwerde ist nach *§ 63 Abs. 1 FamFG*, soweit gesetzlich keine andere Frist bestimmt ist, binnen einer Frist von einem Monat einzulegen. Die Frist beträgt nach *§ 63 Abs. 2 FamFG* zwei Wochen, wenn sie sich gegen folgende Entscheidungen richtet:

- Endentscheidungen im Verfahren der einstweiligen Anordnung oder
- Entscheidungen über Anträge auf Genehmigung eines Rechtsgeschäfts

1.2 Sonstige Rechtsbehelfe

1.2.1 Erinnerung

Gegen Entscheidungen des beauftragten oder ersuchten Richters *(§§ 361, 362 ZPO)* oder des Urkundsbeamten der Geschäftsstelle kann die Entscheidung des Gerichts im Wege der Erinnerung beantragt werden *(§ 573 ZPO)*. Entscheidungen des Rechtspflegers fallen nicht unter § 573 ZPO. Im Grundsatz gelten für sie die allgemeinen Vorschriften des § 11 Abs. 1 RPflG. Die Erinnerung ist innerhalb einer Notfrist von zwei Wochen schriftlich oder zu Protokoll der Geschäftsstelle einzulegen. Anwaltszwang besteht nicht *(§ 573 Abs. 1 S. 2 ZPO, § 78 Abs. 3 ZPO)*.

Eine Verlängerung oder Verkürzung von Notfristen ist nicht möglich. Notfristen laufen trotz des Ruhens des Verfahrens weiter. Bei Versäumung einer Notfrist ist Wiedereinsetzung in den vorigen Stand möglich.

Gegen die im ersten Rechtszug ergangene Entscheidung des Gerichts über die Erinnerung findet die sofortige Beschwerde statt *(§ 573 Abs. 2 ZPO)*. Die Erinnerung nach § 573 ZPO spielt im erstinstanzlichen Verfahren in der Praxis keine besondere Rolle.

LF 11 Kap. 1.1.3

Beispiel:
Tanja Benkendorf hat vor dem Amtsgericht ein Urteil erstritten. Der Urkundsbeamte der Geschäftsstelle weigert sich jedoch, die Vollstreckungsklausel zu erteilen. Nunmehr ist nach § 573 ZPO die Erinnerung das korrekte Rechtsmittel. Es entscheidet das Prozessgericht; gegen dessen Entscheidung ist die sofortige Beschwerde gemäß § 573 Abs. 2 ZPO statthaft.

Muster: Erinnerung

Rechtsanwalt Uli Reddemann, Buchenweg 3, 00000 Waldstadt   Waldstadt, 01.06.20..

Amtsgericht Hamburg-Blankenese
Dormienstraße 7
22587 Hamburg

Az.: 444 C 190/16

In Sachen Müller, Stefan u. a. ./. Benkendorf, Anja
wird gegen den Beschluss des AG Hamburg-Blankenese vom 27.05.20.. die

> **Erinnerung**
>
> nach § 573 ZPO, hilfsweise das zulässige Rechtsmittel eingelegt.
>
> Ich beantrage,
>
> unter Aufhebung des angefochtenen Beschlusses den Urkundsbeamten der Geschäftsstelle anzuweisen, die Vollstreckungsklausel auf dem Urteil vom 29.04.20.., Az. 444 C 190/16, anzubringen.
>
> B e g r ü n d u n g :
> ===============
> Ausweislich des vorgelegten Vollstreckungstitels ist der Schuldner verpflichtet, 5 000,00 € an die Gläubigerin zu zahlen. Dieser Verpflichtung ist der Schuldner bisher nicht nachgekommen, weshalb die Gläubigerin mit Antrag vom 02.05.20.. die Ausfertigung einer Vollstreckungsklausel auf dem Vollstreckungstitel beantragte.
>
> Der Urkundsbeamte der Geschäftsstelle hat mit dem angefochtenen Beschluss vom 27.05.20.. die Ausfertigung der Klausel ohne nachvollziehbare Begründung verweigert. Die Auffassung des Urkundsbeamten ist aus nachfolgenden Gründen jedoch unzutreffend: ...
>
> Zum Nachweis der Richtigkeit der Angaben der Gläubigerin wird auf die vorliegende Prozessakte Bezug genommen.
> Sofern der Urkundsbeamte der Erinnerung nicht aus den vorstehenden Gründen abhilft, möge diese das Prozessgericht entscheiden.
>
> (Reddemann)
> Rechtsanwalt

1.2.2 Rechtsbeschwerde

Gegen einen Beschluss ist nach *§ 574 Abs. 1 ZPO* (oder *§ 70 FamFG*) die Rechtsbeschwerde statthaft, wenn

- dies im Gesetz ausdrücklich bestimmt ist oder
- das Beschwerdegericht, das Berufungsgericht oder das Oberlandesgericht im ersten Rechtszug sie in dem Beschluss zugelassen hat.

In den Fällen des Absatzes 1 Nr. 1 ist nach *§ 574 Abs. 2 ZPO* die Rechtsbeschwerde nur zulässig, wenn

- die Rechtssache grundsätzliche Bedeutung hat oder
- die Fortbildung des Rechts oder die Sicherung einer einheitlichen Rechtsprechung eine Entscheidung des Rechtsbeschwerdegerichts erfordert.

Nach *§ 574 Abs. 3 ZPO* ist in den Fällen des Absatzes 1 Nr. 2 die Rechtsbeschwerde zuzulassen, wenn die Voraussetzungen des Absatzes 2 vorliegen. Das Rechtsbeschwerdegericht ist an die Zulassung gebunden.

Beispiel:
Das Amtsgericht hatte den Erlass eines Pfändungs- und Überweisungsbeschlusses mit der Begründung abgelehnt, dem Rechtsanwalt entstünden bei der Zwangsvollstreckung in eigener Sache keine Gebühren und Auslagen. Das Landgericht hat die dagegen gerichtete sofortige Beschwerde als unbegründet zurückgewiesen. Auf die dann erhobene Gehörsrüge nach § 321a ZPO hat die Einzelrichterin die Rechtsbeschwerde wegen der grundsätzlichen Bedeutung der Sache zugelassen.

Die **Zivilprozessordnung** sieht ausnahmslos keine Beschwerde gegen die Nichtzulassung einer Rechtsbeschwerde vor. Der Weg einer außerordentlichen Beschwerde ist nicht eröffnet (BGHZ 150, 133 ff.) und verfassungsrechtlich auch nicht geboten (vgl. BVerfGE 107, 395 ff.).

Der Rechtsbeschwerdegegner kann sich nach *§ 574 Abs. 4 ZPO* bis zum Ablauf einer Notfrist von einem Monat nach der Zustellung der Begründungsschrift der Rechtsbeschwerde durch Einreichen der Rechtsbeschwerdeanschlussschrift beim Rechtsbeschwerdegericht anschließen, auch wenn er auf die Rechtsbeschwerde verzichtet hat, die Rechtsbeschwerdefrist verstrichen oder die Rechtsbeschwerde nicht zugelassen worden ist. Die Anschlussbeschwerde ist in der Anschlussschrift zu begründen. Die Anschließung verliert ihre Wirkung, wenn die Rechtsbeschwerde zurückgenommen oder als unzulässig verworfen wird.

Da die Rechtsbeschwerde ebenso wie die Nichtzulassungsbeschwerde nur durch einen beim BGH zugelassenen Rechtsanwalt eingelegt und begründet werden kann, wird diesbezüglich auf weiter gehende Spezialliteratur verwiesen.

1.2.3 Wiedereinsetzung in den vorigen Stand

Ein nicht unwesentlicher Teil von Anwaltsfehlern betrifft Fristversäumnisse. Von großer Bedeutung ist daher die Wiedereinsetzung in den vorigen Stand, die dagegen in gewissem Maße Hilfe bietet. Die Wiedereinsetzung wird in Klausuren meist mit Fristberechnungsfragen kombiniert *(§ 222 ZPO i. V. m. §§ 187 ff. BGB)*. War eine Partei ohne ihr Verschulden verhindert, eine Notfrist oder die Frist zur Begründung der Berufung, der Revision, der Nichtzulassungsbeschwerde oder der Rechtsbeschwerde oder die Frist des *§ 234 Abs. 1 ZPO* einzuhalten, so ist ihr auf Antrag Wiedereinsetzung in den vorigen Stand zu gewähren, d. h., nur dann ist der Antrag begründet.

Beispiel:
Wiedereinsetzungsgründe können sein: Unfall, plötzliche schwere Erkrankung, Krankenhausaufenthalt, Briefverlust durch die Post, unrichtige Auskunft von Gerichtspersonen

Ein Fehlen des Verschuldens wird vermutet, wenn eine Rechtsbehelfsbelehrung unterblieben oder fehlerhaft ist *(§ 233 ZPO)*. Die Wiedereinsetzung muss innerhalb einer zweiwöchigen Frist beantragt werden. Die Frist beträgt einen Monat, wenn die Partei verhindert ist, die Frist zur Begründung der Berufung, der Revision, der Nichtzulassungsbeschwerde oder der Rechtsbeschwerde einzuhalten *(§ 234 ZPO)*. Eine Fristverlängerung ist nicht möglich *(§ 224 Abs. 2 ZPO)*.

Die Form des Antrags auf Wiedereinsetzung richtet sich nach den Vorschriften, die für die versäumte Prozesshandlung gelten. Der Antrag muss die Angabe der die Wiedereinsetzung begründenden Tatsachen enthalten; diese sind bei der Antragstellung oder im Verfahren über den Antrag glaubhaft zu machen. Innerhalb der Antragsfrist ist die versäumte Prozesshandlung nachzuholen; ist dies geschehen, so kann Wiedereinsetzung auch ohne

Antrag gewährt werden. Die Frist beginnt mit dem Tag, an dem das Hindernis behoben ist. Nach Ablauf eines Jahres, von dem Ende der versäumten Frist an gerechnet, kann die Wiedereinsetzung nicht mehr beantragt werden *(§ 236 ZPO)*. Über den Antrag auf Wiedereinsetzung entscheidet das Gericht, dem die Entscheidung über die nachgeholte Prozesshandlung zusteht *(§ 237 ZPO)*.

Wichtig ist, dass sich die Partei gemäß *§ 85 Abs. 2 ZPO* Fehler des Anwalts, d. h. auch Fehler von Sozien oder juristischen Mitarbeitern wie Referendaren, zurechnen lassen muss.

Die Partei muss sich jedoch nicht Fehler von Erfüllungsgehilfen des Anwalts (Rechtsanwaltsfachangestellte, Büroangestellte) zurechnen lassen, da *§ 278 BGB* in der ZPO nicht gilt.

Gerade um diese Fehler geht es jedoch häufig in der Praxis. Dem Anwalt darf kein Organisations- und Überwachungsverschulden zur Last liegen: Er muss also insbesondere für einwandfreie Büroorganisation und/oder Fristenkontrolle sorgen, z. B. durch Fristenbuch, Unterrichtung, Beaufsichtigung und Kontrolle der Angestellten, und deren Einhaltung glaubhaft machen.

Ansonsten haftet der Rechtsanwalt für ein Verschulden persönlich bzw. durch seine Berufshaftpflichtversicherung, die er zwingend nach *§ 51 BRAO* haben muss. Die Mindestversicherungssumme liegt bei 250 000,00 €. Der selbstständige oder angestellte Anwalt bekommt seine Zulassungsurkunde nur dann, wenn er einen entsprechenden Schutz nachweisen kann. Die Zulassung wird widerrufen, wenn kein Versicherungsschutz mehr besteht.

Eine Entscheidung über den Wiedereinsetzungsantrag ergeht in der Regel zusammen mit der Entscheidung über die Hauptsache in der dafür vorgesehenen Form: § 238 Abs. 1 ZPO, d. h. durch Beschluss, wo die Hauptsache keine mündliche Verhandlung erfordert, sonst durch Urteil. Vom Gericht tenoriert würde beispielsweise: *„Der Wiedereinsetzungsantrag des Beklagten gegen die Versäumung der Frist zur Berufung gegen das Urteil ... wird zurückgewiesen und die Berufung gegen das Urteil ... als unzulässig verworfen."*

Tenor: der Teil einer gerichtlichen Entscheidung, der den wesentlichen Entscheidungsinhalt zusammenfassend umschreibt, also z. B., ob der Beklagte verurteilt wird, an den Kläger die eingeklagte Summe zu bezahlen, oder ob die Klage abgewiesen wird.

Beispiel:
Die Beklagte hat gegen das ihr am 22. Oktober 20.. zugestellte Urteil am 14. November 20.. Berufung eingelegt, diese jedoch erst nach Ablauf der Berufungsbegründungsfrist am 5. Januar 20.. begründet. Gegen die Versäumung der Berufungsbegründungsfrist hat sie Wiedereinsetzung in den vorigen Stand beantragt und zur Begründung vorgetragen, ursächlich für die Fristversäumung sei ein Versehen der Kanzleiangestellten Petra Engel, einer zuverlässigen und mit dem Fristenwesen vertrauten Kraft. Der Prozessbevollmächtigte der Beklagten habe bei Zustellung des Urteils die schriftliche Anweisung erteilt, den Ablauf der Berufungsfrist und den der Berufungsbegründungsfrist (22. Dezember 20..), jeweils mit Vorfrist, im Fristenkalender zu vermerken. Die Kanzleiangestellte Petra Engel habe auf dem Aktenvermerk hinsichtlich beider Fristen einen Erledigungsvermerk angebracht, versehentlich aber nur die Berufungsfrist nebst Vorfrist, nicht dagegen die Berufungsbegründungsfrist im Kalender eingetragen. Zur Glaubhaftmachung hat die Beklagte Ablichtung des betreffenden Aktenvermerks sowie eine eidesstattliche Versicherung der Kanzleiangestellten Petra Engel vorgelegt.

Hierzu hat der BGH zum Az. VIII ZB 32/04 nach Rechtsbeschwerde entschieden: Nach dem Vorbringen der Beklagten im Wiedereinsetzungsverfahren ist Ursache der Fristversäumung ein Versehen der zuverlässigen und mit dem Fristenwesen vertrauten Kanzleiangestellten Petra Engel bei der Ausführung der ihr schriftlich erteilten Anweisung zur Notierung der Berufungsbegründungsfrist. Dass es sich hierbei um ein Versehen handelte, hat die Kanzleiangestellte Petra Engel eidesstattlich versichert. Konkrete Umstände, die Zweifel an der Glaubhaftigkeit ihrer eidesstattlichen Versicherung begründen könnten, hat das Berufungsgericht nicht festgestellt. Damit ist ein Geschehensablauf glaubhaft gemacht, bei dem nach der ständigen Rechtsprechung des Bundesgerichtshofs Wiedereinsetzung in den vorigen Stand zu gewähren ist. Soweit das Berufungsgericht darüber hinaus zur Glaubhaftmachung eines Versehens die Darlegung von Gründen fordert, die das Versehen erklären könnten, überspannt es die an die Glaubhaftmachung eines Wiedereinsetzungsgrundes zu stellenden Anforderungen.

Muster: Berufungseinlegung und Wiedereinsetzung in den vorigen Stand

Rechtsanwalt Uli Reddemann, Buchenweg 3, 00000 Waldstadt   Waldstadt, 05.05.20..

Landgericht Stuttgart
Urbanstr. 20
70182 Stuttgart

Az.: neu (Az. des Amtsgerichts: 433 C 123/16)

Berufung und Wiedereinsetzungsantrag

In dem Rechtsstreit Kromholtz, Sven, Hofweg 17, 70138 Stuttgart

– Kläger und Berufungsbeklagter –

Prozessbevollmächtigter: -

gegen

Reinecke, Alexander, Thiesstraße 23, 70122 Stuttgart

– Beklagter und Berufungskläger –

Prozessbevollmächtigter: Rechtsanwalt Uli Reddemann, Buchenweg 3, 00000 Waldstadt

lege ich gegen das am 01.04.20.. verkündete, dem Berufungskläger am 08.04.20.. zugestellte Urteil des Amtsgerichts Stuttgarts

Berufung

ein, mit dem Antrag,

die Klage unter Aufhebung des angefochtenen Urteils abzuweisen.
Eine Ausfertigung/Kopie des angefochtenen Urteils ist in der Anlage beigefügt.

Wegen der Versäumung der Berufungsfrist beantrage ich zudem

> **Wiedereinsetzung in den vorigen Stand**.
>
> Es wird angeregt, das Verfahren zunächst auf die Verhandlung und Entscheidung über den Wiedereinsetzungsantrag zu beschränken.
>
> B e g r ü n d u n g :
> ===============
> Das angefochtene Urteil wurde dem Beklagten am 8. April 20.. zugestellt. Dieser war jedoch wegen einer Erkrankung vom 7. April 20.. bis 29. April 20.. im Krankenhaus. Anliegend füge ich ärztliche Bescheinigung bei.
>
> G l a u b h a f t m a c h u n g :   Ärztliche Bescheinigung vom 29.04.20..
>
> Ihm war es deshalb nicht möglich, innerhalb der gesetzten Frist Kontakt zu dem Unterzeichner aufzunehmen, sodass fristgerecht Berufung hätte eingelegt werden können. Aus diesem Grunde ist nunmehr eine Wiedereinsetzung in den vorigen Stand geboten.
>
> Beglaubigte und einfache Abschrift anbei.
>
>
> (Reddemann)
> Rechtsanwalt

1.2.4 Widerspruch gegen den Mahnbescheid

Das Mahnverfahren wird durch Einreichung eines Antrags auf Erlass eines Mahnbescheids eingeleitet. Aufgrund dieses Antrags wird ein Mahnbescheid erlassen, welcher dem Antragsgegner förmlich durch die Post zugestellt wird. Der Antrag kann ohne Zuhilfenahme eines Anwaltes gestellt werden.

Der Antragsgegner hat nach Zustellung des Mahnbescheids zwei Wochen lang Zeit, entweder die durch den Antragsteller geltend gemachte Forderung zu begleichen oder Widerspruch einzulegen *(§ 692 Abs. 1 Nr. 3 ZPO)*. Dieser Widerspruch kann schriftlich auch ohne den amtlichen Vordruck eingelegt werden. Es empfiehlt sich jedoch aus Gründen einer zügigen Bearbeitung möglichst das vom Mahngericht zur Verfügung gestellte Formular zu verwenden.

Hinweis: Ab 1.1.2020 darf der Vordruck von Rechtsanwälten und registrierten Inkassodienstleistern nicht mehr verwendet werden.
Zukünftig können diese Rechtsbehelfe über www.online-mahnantrag.de direkt erstellt und bearbeitet werden.
Erfolgt die Übermittlung eines Antrags aus dem be A kann die Antragsdatei heruntergeladen und als Anlage zur beA-Nachricht übermittelt werden.

Muster: Amtliches Widerspruchsformular

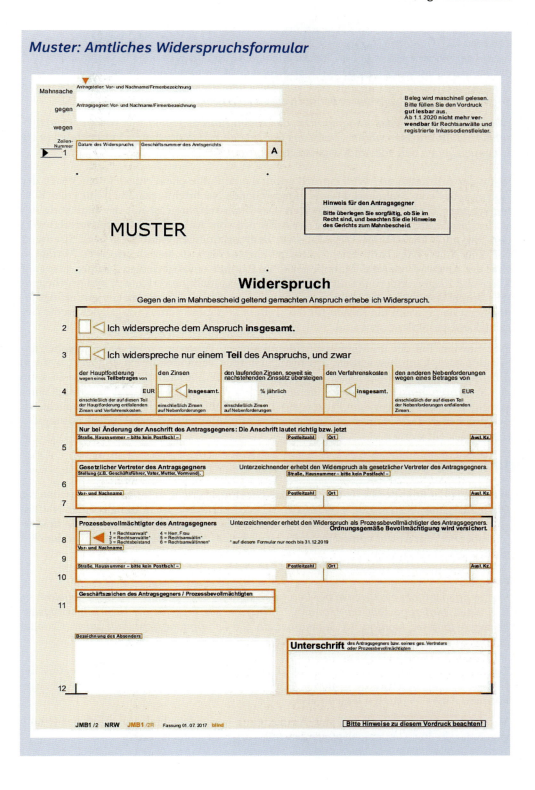

Rechtsbehelfe

Beispiel:
Wurde der Mahnbescheid am 17. Januar zugestellt, läuft die Frist am 31. Januar, 24:00 Uhr, ab. Wenn der Antragsgegner beispielsweise erst am 4. Februar Widerspruch einlegt, ist dieser eigentlich verspätet. Solange aber vom Mahngericht noch kein Vollstreckungsbescheid erlassen worden ist, wird dieser dennoch als wirksam behandelt und beachtet.

Wäre zum Zeitpunkt des Widerspruchs durch den Antragsgegner der Vollstreckungsbescheid bereits erlassen worden, hätte das Gericht den Widerspruch des Antragsgegners als Einspruch gegen den Vollstreckungsbescheid gewertet.

> LF 11 Kap. 1.2.6

Wenn der Antragsgegner Widerspruch gegen den Mahnbescheid eingelegt hat, erhält der Antragsteller vom Mahngericht eine entsprechende Nachricht zusammen mit einer Kostenrechnung für ein streitiges Verfahren. Das Mahnverfahren ist mit der Einlegung des Widerspruchs abgeschlossen. Wenn der Anspruch vom Antragsteller weiter verfolgt werden soll, muss ein streitiges Verfahren vor dem zuständigen Gericht (je nach Streitwert vor dem Amts- oder Landgericht) durchgeführt werden. In diesem streitigen Verfahren wird der Anspruch aus dem Mahnbescheid im Rahmen eines normalen Zivilprozesses mit Klage und Klageerwiderung und eventueller Beweisaufnahme verhandelt und gegebenenfalls durch Vergleich oder Urteil entschieden. Eine Abgabe an dieses Gericht erfolgt jedoch erst dann, wenn die Kosten für das weitere Verfahren vom Antragsteller an die Gerichtskasse gezahlt worden sind.

Falls nur ein Teil der im Mahnbescheid enthaltenen Forderung vom Antragsgegner anerkannt wird, kann hinsichtlich des restlichen Teils **Teilwiderspruch** eingelegt werden, d. h., der Widerspruch wird dann auf den strittigen Teil beschränkt. In diesem Fall kann das Verfahren hinsichtlich des widersprochenen Teils nur durch Durchführung eines streitigen Verfahrens vor dem Prozessgericht fortgeführt werden, bezüglich des nicht widersprochenen Teils kann vom Antragsteller Antrag auf Erlass eines Vollstreckungsbescheids gestellt werden.

1.2.5 Nichtzulassungsbeschwerde

Die Nichtzulassung der Revision durch das Berufungsgericht unterliegt der Beschwerde (Nichtzulassungsbeschwerde – § 544 ZPO). Die Beschwerde ist innerhalb einer Notfrist von einem Monat nach Zustellung des in vollständiger Form abgefassten Urteils, spätestens aber bis zum Ablauf von sechs Monaten nach der Verkündung des Urteils bei dem Revisionsgericht einzulegen.

Beispiel:
Ein Landgericht fällt ein Urteil in der Berufungsinstanz, die Revision wird nicht zugelassen. Das Urteil wird zugestellt am Montag, 13. August. Die Frist für die Nichtzulassungsbeschwerde läuft am Montag, 13. September, ab. Die Begründungsfrist läuft am 15. Oktober ab, da der 13. Oktober ein Samstag ist.

Das Revisionsgericht ist immer der BGH, sodass sich die Partei bei der Einlegung der Nichtzulassungsbeschwerde gemäß § 78 Abs. 1 ZPO immer durch einen beim BGH zugelassenen Anwalt vertreten lassen muss.

Mit der Beschwerdeschrift soll eine Ausfertigung oder beglaubigte Abschrift des Urteils, gegen das die Revision eingelegt werden soll, vorgelegt werden.

Die Beschwerde ist innerhalb von zwei Monaten nach Zustellung des in vollständiger Form abgefassten Urteils, spätestens aber bis zum Ablauf von sieben Monaten nach der Verkündung des Urteils zu begründen.[1]

Das Revisionsgericht entscheidet über die Beschwerde durch Beschluss. Der Beschluss soll kurz begründet werden; von einer Begründung kann abgesehen werden, wenn sie nicht geeignet wäre, zur Klärung der Voraussetzungen beizutragen, unter denen eine Revision zuzulassen ist, oder wenn der Beschwerde stattgegeben wird. Die Entscheidung über die Beschwerde ist den Parteien zuzustellen.

Die Einlegung der Beschwerde hemmt die Rechtskraft des Urteils. Wird der Beschwerde gegen die Nichtzulassung der Revision stattgegeben, so wird das Beschwerdeverfahren als Revisionsverfahren fortgesetzt. In diesem Fall gilt die form- und fristgerechte Einlegung der Nichtzulassungsbeschwerde als Einlegung der Revision. Mit der Zustellung der Entscheidung beginnt die Revisionsbegründungsfrist.

Ist die Revision aufgrund einer Nichtzulassungsbeschwerde zugelassen worden, kann zur Begründung der Revision auf die Begründung der Nichtzulassungsbeschwerde Bezug genommen werden.

1.2.6 Einspruch

Gegen einen Vollstreckungsbescheid

Gegen einen Vollstreckungsbescheid kann Einspruch eingelegt werden. Dies ist in den folgenden Fällen sinnvoll:

- Dem Antragsteller oder der Antragstellerin steht die Forderung
    - überhaupt nicht,
    - nicht in der geltend gemachten Höhe oder
    - nicht zum jetzigen Zeitpunkt zu.
- Der Antragsteller oder die Antragstellerin nimmt eine falsche Person in Anspruch.

Der Einspruch gegen den Vollstreckungsbescheid muss bei dem Gericht, das den Vollstreckungsbescheid erlassen hat, eingelegt werden:

- schriftlich oder
- bei der Geschäftsstelle des Gerichts zur Niederschrift

Dies kann formlos geschehen.

---

1 *Im Rahmen dieses Werks wird auf ein Muster verzichtet, da die Komplexität der Begründung einer Nichtzulassungsbeschwerde den Ausbildungsrahmen sprengen würde. Es wird daher auf die einschlägige Spezialliteratur verwiesen, sofern der spätere Arbeitgeber in diesem Bereich tätig ist.*

Rechtsbehelfe

Muster: Einspruch gegen Vollstreckungsbescheid

Rechtsanwalt Uli Reddemann, Buchenweg 3, 00000 Waldstadt   Waldstadt, 01.09.20..

Amtsgericht Köln
Luxemburger Str. 101
50939 Köln

Az.: 222 C 123/16

In Sachen Ramm, Thomas ./. Wesseling, Björn

erhebe ich für den Antragsgegner gegen den am 28.08.20.. erlassenen Vollstreckungsbescheid des Amtsgerichts Köln

Einspruch.

Rein vorsorglich **beantrage** ich hiermit überdies, die Zwangsvollstreckung vorläufig einzustellen.

B e g r ü n d u n g :
==============
Der Antragsteller hat gegen den Antragsgegner keinerlei Ansprüche. Ausweislich der beigefügten Anlage 1 war Vertragspartner des Antragstellers Herr Stefan Ramm und nicht der hier in Anspruch genommene Thomas Ramm. Die Forderung des Antragstellers kann somit nicht gegen den Antragsgegner geltend gemacht werden.

Aus diesem Grunde ist der Vollstreckungsbescheid aufzuheben.

(Reddemann)
Rechtsanwalt

 Ein Einspruch gegen den Vollstreckungsbescheid schiebt eine Zwangsvollstreckung nicht hinaus. Hat das Gericht schon Maßnahmen der Zwangsvollstreckung eingeleitet, kann Vollstreckungsschutz beim zuständigen Gericht beantragt werden.

Die Frist für den Einspruch gegen den Vollstreckungsbescheid beträgt zwei Wochen nach Zustellung des Vollstreckungsbescheids *(§§ 700, 339 ZPO)*.

 Wurde gegen den Mahnbescheid verspätet Widerspruch erhoben, wertet das Gericht dies als Einspruch gegen den Vollstreckungsbescheid.

Gegen ein Versäumnisurteil

Grundgedanke der Regelungen zum Versäumnisurteil ist es, eine Entscheidung im Rechtsstreit auch dann herbeizuführen, wenn eine Partei (Kläger oder Beklagter) ihre Mitwirkung in diesem unterlässt. Das Gesetz unterscheidet hierbei zwischen dem Versäumnisurteil gegen den Kläger *(§ 330 ZPO)* und den Beklagten *(§ 331 ZPO)*. Der wesentliche Unterschied liegt darin, dass gegenüber dem säumigen Kläger keine Schlüssigkeitsprüfung erfolgt. Auch gegen ein solches Versäumnisurteil kann Einspruch eingelegt werden *(§ 338 ZPO)*.

Beim Einlegen eines Einspruchs ist insbesondere die Frist von zwei Wochen nach Zustellung des Versäumnisurteils zu beachten *(§ 339 ZPO)*. Wird also innerhalb dieser zwei Wochen kein Einspruch eingelegt, ist das Versäumnisurteil rechtskräftig.

Der Einspruch wird durch Einreichung der Einspruchsschrift bei dem Prozessgericht eingelegt *(§ 340 ZPO)*.

Die Einspruchsschrift muss enthalten:

- die Bezeichnung des Urteils, gegen das der Einspruch gerichtet wird
- die Erklärung, dass gegen dieses Urteil Einspruch eingelegt werde

Soll das Urteil nur zum Teil angefochten werden, so ist der Umfang der Anfechtung zu bezeichnen.

In der Einspruchsschrift hat die Partei ihre Angriffs- und Verteidigungsmittel, soweit es nach der Prozesslage einer sorgfältigen und auf Förderung des Verfahrens bedachten Prozessführung entspricht, sowie Rügen, die die Zulässigkeit der Klage betreffen, vorzubringen. Auf Antrag kann der Vorsitzende für die Begründung die Frist verlängern, wenn nach seiner freien Überzeugung der Rechtsstreit durch die Verlängerung nicht verzögert wird oder wenn die Partei erhebliche Gründe darlegt.

Muster: Einspruch gegen Versäumnisurteil

Rechtsanwalt Uli Reddemann, Buchenweg 3, 00000 Waldstadt   Waldstadt, 09.06.20..

Amtsgericht Leipzig
Bernhard-Göring-Straße 64
04275 Leipzig

Az.: 43 CA 212/16

In Sachen Rohde, Lothar ./. Emmrich, Veronika

wird gegen das am 22.05.20.. verkündete, dem Beklagten am 30.05.20.. zugestellte Versäumnisurteil

Rechtsbehelfe

Einspruch

eingelegt.

Darüber hinaus wird beantragt,

die Zwangsvollstreckung aus dem Versäumnisurteil ohne – hilfsweise gegen – Sicherheitsleistung einzustellen.

Anträge und Begründung folgen in einem gesonderten Schriftsatz.

(Reddemann)
Rechtsanwalt

Übungsaufgaben

1. Nennen Sie drei Rechtsmittel.
2. Worin besteht der wesentliche Unterschied zwischen Rechtsbehelfen und Rechtsmitteln?
3. Gegen welche Entscheidungen kann Berufung eingelegt werden?
4. Erläutern Sie, wann eine Berufung zulässig ist.
5. Erläutern Sie in einem Satz, was bei Berufung und Revision vom Gericht überprüft wird.
6. Gegen welche Entscheidungen kann die sofortige Beschwerde eingelegt werden?
7. Wann ist eine Rechtsbeschwerde gemäß *§ 574 ZPO* statthaft? Welche weiteren Voraussetzungen müssen erfüllt sein?
8. Unter welchen Voraussetzungen ist es möglich, eine Fristversäumung rückgängig zu machen?
9. Welche Möglichkeiten hat der Antragsgegner, sich gegen einen Mahnbescheid bzw. Vollstreckungsbescheid zu wehren?
10. Nennen Sie die Möglichkeit, mit der sich Prozessparteien gegen die Nichtzulassung der Revision durch das Gericht wehren können.

2 Vergütungsberechnung im Rechtsbehelfs- und Rechtsmittelverfahren

Es gelten zunächst die grundsätzlichen Anforderungen an eine ordnungsgemäße Gebührenrechnung.

Der Gegenstandswert der anwaltlichen Tätigkeit bestimmt sich gemäß *§ 23 Abs. 1 S. 1 RVG* nach dem Wert, der für die Gerichtsgebühren festgesetzt worden ist. Zu beachten ist, dass dieser Wert gemäß *§ 32 Abs. 1 RVG* sowohl für Anwalt als auch Auftraggeber bindend ist. Für den Fall, dass ein Wert für die Gerichtsgebühren nicht vorliegt, kann der Anwalt oder der Auftraggeber nach *§ 33 RVG* eine Wertfestsetzung beantragen.

LF 4
Kap. 7.3.5

2.1 Gebührenberechnung für die Berufung

Die einschlägigen Gebührentatbestände für das Berufungsverfahren finden sich in *Teil 3, Abschnitt 2, Unterabschnitt 1 des Vergütungsverzeichnisses (VV) RVG*.

In der Berufungsinstanz fallen ebenso wie in der Eingangsinstanz gegebenenfalls drei Gebühren an:

1. Verfahrensgebühr nach Nr. 3200 (1,6)
2. Terminsgebühr nach Nr. 3202 (1,2)
3. Einigungsgebühr nach Nr. 1000, 1004 (1,3)

Das Berufungsverfahren beginnt

- für den Anwalt des Berufungsklägers mit Einlegung der Berufung und
- für den Anwalt des Berufungsbeklagten mit dem ersten auftragsgemäßen Tätigwerden nach Entgegennahme der gegnerischen Berufungsschrift.

 Soweit der Anwalt noch gar keinen Auftrag hatte, Berufung einzulegen, sondern nur prüfen soll, ob eine Berufung Aussicht auf Erfolg hat, und er danach von der Einlegung der Berufung abrät, ist jedoch nicht nach *Teil 3 VV*, sondern nach *Teil 2 VV* abzurechnen.

Für diesen Fall erhält der Anwalt dann lediglich eine Prüfungsgebühr nach *Nr. 2100 VV* in Höhe von 0,5 bis 1,0. Das Ergebnis der Prüfung ist unerheblich, sodass es bei der Gebühr nach *Nr. 2100 VV* auch verbleibt, wenn der Anwalt von der Durchführung des Berufungsverfahrens abrät. Bei einer durchschnittlichen Angelegenheit kann die Rechtsmittelprüfungsgebühr in Höhe von 0,75 geltend gemacht werden.

Ist die Prüfung der Erfolgsaussicht mit einer schriftlichen Gutachtenausarbeitung verbunden, fällt eine 1,3-Gebühr nach *Nr. 2101 VV* an.

Vergütungsberechnung im Rechtsbehelfs- und Rechtsmittelverfahren

2.1.1 Prüfung der Erfolgsaussicht

Ohne Verfahrensauftrag

Möchte ein Mandant lediglich, dass sein Anwalt die Erfolgsaussicht der Berufung prüft, liegt noch kein Verfahrensauftrag hinsichtlich des Berufungsverfahrens vor. Die Gebühren richten sich in diesem Fall nach *Teil 2 VV RVG*.

Beispiel:
Tayfun Bilgin möchte, dass sein Anwalt die Erfolgsaussicht der Berufung prüft. Ein Verfahrensauftrag liegt nicht vor. Bei einer durchschnittlichen Angelegenheit und einem Wert von 10 000,00 € kann wie folgt abgerechnet werden:

Rechtsanwaltsvergütungsberechnung berechnet nach dem Rechtsanwaltsvergütungsgesetz (RVG)	
1. Rechtsmittelprüfungsgebühr, Nr. 2100 VV (0,75) Wert: 10 000,00 €	418,50 €
2. Pauschale für Post- u. Telekommunikationsdienstleistungen, Nr. 7002 VV	20,00 €
Zwischensumme	438,50 €
3. 19 % Umsatzsteuer, Nr. 7008 VV	83,32 €
Gesamtbetrag	521,82 €

Mit Verfahrensauftrag – Anrechnung

Wird dem Anwalt nach positiver Prüfung anschließend ein Verfahrensauftrag erteilt, so ist die Prüfungsgebühr auf die spätere Verfahrensgebühr anzurechnen *(Anm. zu Nr. 2100 VV RVG)*.

Beispiel:
Rechtsanwältin Isabel Tarp hat die Erfolgsaussichten einer Berufung geprüft und erhält daraufhin den Auftrag, Berufung einzulegen. Im anschließenden Berufungsverfahren (Wert: 20 000,00 €) kommt es zu einer mündlichen Verhandlung.

1. Prüfungsverfahren

Rechtsanwaltsvergütungsberechnung berechnet nach dem Rechtsanwaltsvergütungsgesetz (RVG)	
1. Rechtsmittelprüfungsgebühr, Nr. 2100 VV (0,75) Wert: 20 000,00 €	556,50 €
2. Pauschale für Post- u. Telekommunikationsdienstleistungen, Nr. 7002 VV	20,00 €
Zwischensumme	576,50 €
3. 19 % Umsatzsteuer, Nr. 7008 VV	109,54 €
Gesamtbetrag	686,04 €

2. Berufungsverfahren

Rechtsanwaltsvergütungsberechnung berechnet nach dem Rechtsanwaltsvergütungsgesetz (RVG)	
1. Verfahrensgebühr, Nr. 3200 VV (1,6) Wert: 20 000,00 €	630,70 €
2. Terminsgebühr, Nr. 3202 VV (1,2) Wert: 20 000,00 €	890,40 €
3. Pauschale für Post- u. Telekommunikationsdienstleistungen, Nr. 7002 VV	20,00 €
Zwischensumme	1 541,10 €
4. 19 % Umsatzsteuer, Nr. 7008 VV	292,81 €
Gesamtbetrag	1 833,91 €

Die Gebühr *Nr. 3200 VV* in Höhe von 1 187,20 € ist durch Anrechnung der Gebühr *Nr. 2100 VV* in Höhe von 556,50 € erloschen.

2.1.2 Vergütungsberechnung für den Anwalt des Berufungsklägers

Volle Verfahrensgebühr

Für den Anwalt des Berufungsklägers beginnt das Berufungsverfahren durch Einreichung der Berufungsschrift bei dem Berufungsgericht *(§ 519 Abs. 1 ZPO)*.

Beispiel:
Rechtsanwalt Roland Theiß hat für seinen Mandanten Rüdiger Wimmer gegen ein Urteil des Amtsgerichts (Wert: 3 000,00 €) auftragsgemäß zunächst zur Fristwahrung Berufung beim zuständigen Landgericht eingelegt. Nach eingehender Prüfung und nach Rücksprache mit Rüdiger Wimmer nimmt Rechtsanwalt Roland Theiß die Berufung noch vor Ablauf der Berufungsbegründungsfrist zurück.

Hier entsteht die volle Verfahrensgebühr nach *Nr. 3200 VV*.

Rechtsanwaltsvergütungsberechnung berechnet nach dem Rechtsanwaltsvergütungsgesetz (RVG)	
1. Verfahrensgebühr, Nr. 3200 VV (1,6) Wert: 3 000,00 €	321,60 €
2. Pauschale für Post- u. Telekommunikationsdienstleistungen, Nr. 7002 VV	20,00 €
Zwischensumme	341,60 €
3. 19 % Umsatzsteuer, Nr. 7008 VV	64,90 €
Gesamtbetrag	406,50 €

Beschränkte Berufung – mehrere Auftraggeber

Sofern die Berufung beschränkt wird, richtet sich die Abrechnung gemäß *§ 47 Abs. 1 S. 1 RVG* nach dem Wert des beschränkten Auftrags. Wird die Berufung begründet, entstehen dadurch keine weiteren Gebühren, da die volle Gebühr bereits durch die Einlegung der Berufung ausgelöst worden ist.

Vergütungsberechnung im Rechtsbehelfs- und Rechtsmittelverfahren

Beispiel:
Kevin Körner und Mauro Rizzoli sind vom Landgericht verurteilt worden, 14 500,00 € an Deniz Demirci zu zahlen. Gegen diese Verurteilung legt der Anwalt von Kevin Körner und Mauro Rizzoli zunächst Frist wahrend Berufung ein, ohne Anträge zu stellen.
In seiner späteren Berufungsbegründung beantragt er nach Prüfung die Abänderung des erstinstanzlichen Urteils, soweit Kevin Körner und Mauro Rizzoli zur Zahlung von mehr als 5 000,00 € verurteilt wurden. Nach einem Hinweisbeschluss des Gerichts wird die Berufung zurückgenommen.

Die Abrechnung hat hier nach dem Wert 9 500,00 € (14 500,00 € − 5 000,00 €) zu erfolgen, da der gestellte Antrag maßgebend ist. Da mehrere Auftraggeber vertreten werden, gilt auch in der Rechtsmittelinstanz nach *Nr. 1008 VV RVG* eine Erhöhung um 0,3 je weiterem Auftraggeber, maximal 2,0.

Rechtsanwaltsvergütungsberechnung
berechnet nach dem Rechtsanwaltsvergütungsgesetz (RVG)

1. Verfahrensgebühr, Nr. 3200 VV (1,6)	
Wert: 9 500,00 €	892,80 €
Erhöhung mehrere Auftraggeber, Nr. 1008 VV (0,3)	
Wert: 9 500,00 €	167,40 €
2. Pauschale für Post- u. Telekommunikationsdienstleistungen, Nr. 7002 VV	20,00 €
Zwischensumme	1 080,20 €
3. 19 % Umsatzsteuer, Nr. 7008 VV	205,24 €
Gesamtbetrag	1 285,44 €

Ermäßigte Verfahrensgebühr

Wenn der Anwalt den Auftrag erhält, Berufung einzulegen, hat er zunächst die Erfolgsaussichten zu prüfen und sein Ergebnis der Mandantschaft mitzuteilen. Sofern die Berufung danach keine oder nur geringe Aussicht auf Erfolg hat, wird der Anwalt abraten und der Mandant in der Regel davon absehen, Berufung einzulegen. Die Vergütung des Anwalts richtet sich nunmehr nach *Nr. 3200, 3201 Nr. 1 VV RVG* und es entsteht nur eine reduzierte 1,1-Verfahrensgebühr.

Beispiel:
Rechtsanwältin Ines Loose hat von Tobias Reichardt den Auftrag bekommen, Berufung beim Landgericht gegen ein Urteil des Amtsgerichts (Herausgabeklage, Wert: 1 800,00 €) einzulegen. Nach eingehender Prüfung rät sie jedoch von einer Berufung ab, die dann auch nicht mehr durchgeführt wird.

Rechtsanwaltsvergütungsberechnung
berechnet nach dem Rechtsanwaltsvergütungsgesetz (RVG)

1. Verfahrensgebühr, Nr. 3201, 3200 VV (1,1)	
Wert: 1 800,00 €	165,00 €
2. Pauschale für Post- u. Telekommunikationsdienstleistungen, Nr. 7002 VV	20,00 €
Zwischensumme	185,00 €
3. 19 % Umsatzsteuer, Nr. 7008 VV	35,15 €
Gesamtbetrag	220,15 €

 Wenn der erstinstanzlich Unterlegene zunächst nur Frist wahrend Berufung einlegt und diese dann, ohne dass sie begründet wurde, zurücknimmt, fällt ebenfalls nur eine Gebühr nach *Nr. 3201 VV RVG* an.

2.1.3 Vergütungsberechnung für den Anwalt des Berufungsbeklagten

Volle Verfahrensgebühr

Für den Anwalt des Berufungsbeklagten beginnt das Berufungsverfahren nach *Vorbemerkung 3 Abs. 2 VV RVG* bereits mit Betreiben des Geschäfts einschließlich der Informationsannahme. Voraussetzung für die Entstehung der Verfahrensgebühr ist, dass der Anwalt für den Beklagten die Abwehr der Klage übernehmen soll und der Anwalt irgendeine Tätigkeit zur Ausführung dieses prozessbezogenen Auftrags vorgenommen hat.

Beispiel:
Rechtsanwältin Hatice Soysal legt für ihren Mandanten Theo Mester gegen die erstinstanzliche Verurteilung des Landgerichts zur Zahlung von 27 500,00 € Berufung beim Oberlandesgericht ein und beantragt, das Urteil aufzuheben und die Klage abzuweisen.

Hier entsteht ebenfalls die 1,6-Verfahrensgebühr nach *Nr. 3200 VV.*

Rechtsanwaltsvergütungsberechnung
berechnet nach dem Rechtsanwaltsvergütungsgesetz (RVG)

1. Verfahrensgebühr, Nr. 3200 VV (1,6)	
Wert: 27 500,00 €	1 380,80 €
2. Pauschale für Post- u. Telekommunikationsdienstleistungen, Nr. 7002 VV	20,00 €
Zwischensumme	1 400,80 €
3. 19 % Umsatzsteuer, Nr. 7008 VV	266,15 €
Gesamtbetrag	1 666,95 €

Ermäßigte Verfahrensgebühr

Sofern es an einem Schriftsatz fehlt, der Sachanträge oder Sachvortrag enthält, entsteht lediglich die ermäßigte 1,1-Verfahrensgebühr nach *Anmerkung Abs. 1 Nr. 1 zu Nr. 3201 VV.* Dies ist der Fall, wenn

- der Anwalt sich gegenüber dem Gericht legitimiert und lediglich mitteilt, dass er seinen Mandanten im Berufungsverfahren vertritt,
- der Anwalt des Berufungsbeklagten auf Anfrage des Gerichts einer Verlängerung der Berufungsbegründungsfrist nach *§ 520 Abs. 2 S. 2 ZPO* widerspricht,
- der Anwalt dem Gericht lediglich mitteilt, dass die Parteien sich auf eine vergleichsweise Erledigung des Rechtsstreits verständigt haben, den Vergleichstext mitteilt und darauf hinweist, dass das Gericht das Zustandekommen und den Inhalt im Beschlusswege festhalten kann.

Es handelt sich dabei lediglich um einen das Verfahren vor dem Gericht betreffenden Antrag.

Beispiel:
Bilal Günes hat seine Klage vor dem Amtsgericht gegen Alexander Heintz gewonnen (Wert: 3 000,00 €). Alexander Heintz legt nunmehr durch seinen Anwalt Berufung zum Landgericht ein. Bilal Günes beauftragt seinen Anwalt, sich zunächst nur bei Gericht zu legitimieren und seine Verteidigungsbereitschaft anzuzeigen.

Hier entsteht nur die 1,1-Verfahrensgebühr, da die Bestellung des Anwalts im Berufungsverfahren noch keinen Sachantrag darstellt.

Rechtsanwaltsvergütungsberechnung
berechnet nach dem Rechtsanwaltsvergütungsgesetz (RVG)

1. Verfahrensgebühr, Nr. 3201, 3200 VV (1,1) Wert: 3 000,00 €	221,10 €
2. Pauschale für Post- u. Telekommunikationsdienstleistungen, Nr. 7002 VV	20,00 €
Zwischensumme	241,10 €
3. 19 % Umsatzsteuer, Nr. 7008 VV	45,81 €
Gesamtbetrag	286,91 €

Hätte der Anwalt zusammen mit seiner Bestellung bereits die Zurückweisung der Berufung beantragt, wäre die volle 1,6-Verfahrensgebühr angefallen. Eine Berufungsbegründung ist dafür nicht erforderlich.

2.1.4 Terminsgebühr

Volle Gebühr

Es gibt mehrere Möglichkeiten für den Anwalt (sowohl des Berufungsklägers als auch des Berufungsbeklagten), im Berufungsverfahren neben der Verfahrensgebühr auch die volle 1,2-Terminsgebühr nach *Nr. 3202 VV RVG* zu verdienen. Dies ist nach *Vorbemerkung 3 Abs. 3 VV* der Fall, wenn

- der Anwalt im Berufungsverfahren an einem gerichtlichen Termin vor dem Senat bzw. der Kammer teilnimmt,
- er an Besprechungen mitwirkt, die auf die Vermeidung oder Erledigung des Verfahrens gerichtet sind, auch ohne Beteiligung des Gerichts. Dies gilt nicht für Besprechungen mit dem Auftraggeber.

Gebührenberechnung für die Berufung

Beispiel:
Leander Pollmann lässt von seinem Anwalt gegen seine erstinstanzliche Verurteilung zur Zahlung von 8 000,00 € Berufung einlegen und begründen. Noch vor der mündlichen Verhandlung wird die Berufung in Höhe von 3 000,00 € zurückgenommen.

Hier verdienen beide Anwälte die Verfahrensgebühr nach *Nr. 3200 VV* und die Terminsgebühr nach *Nr. 3202 VV*, allerdings aufgrund der Teilrücknahme nur nach dem geringeren Wert.

Rechtsanwaltsvergütungsberechnung
berechnet nach dem Rechtsanwaltsvergütungsgesetz (RVG)

1. Verfahrensgebühr, Nr. 3100 VV (1,3)
   Wert: 8 000,00 € .... 592,80 €
2. Terminsgebühr, Nr. 3104 VV (1,2)
   Wert: 5 000,00 € .... 363,60 €
3. Pauschale für Post- u. Telekommunikationsdienstleistungen, Nr. 7002 VV ... 20,00 €
   Zwischensumme .... 976,40 €
4. 19 % Umsatzsteuer, Nr. 7008 VV .... 185,52 €
   Gesamtbetrag .... 1 161,92 €

Die Terminsgebühr entsteht auch dann nach *Anmerkung Abs. 1 zu Nr. 3202 VV i. V. m. Anmerkung Abs. 1 Nr. 1 zu Nr. 3104 VV* vollumfänglich, wenn im Einverständnis mit den Parteien oder gemäß *§ 307 ZPO* durch Anerkenntnisurteil ohne mündliche Verhandlung entschieden oder ein schriftlicher Vergleich geschlossen wird.

Beispiel:
Jakob Brunner lässt von seiner Anwältin gegen seine erstinstanzliche Verurteilung zur Zahlung von 20 000,00 € Berufung einlegen und begründen. Im Einverständnis der Parteien entscheidet das Gericht im schriftlichen Verfahren.

Neben der Verfahrensgebühr nach *Nr. 3200 VV* entsteht die 1,2-Terminsgebühr hier nach *Anmerkung 2 zu Nr. 3202 VV i. V. m. Anmerkung Abs. 1 Nr. 1 zu Nr. 3104 VV*.

Rechtsanwaltsvergütungsberechnung
berechnet nach dem Rechtsanwaltsvergütungsgesetz (RVG)

1. Verfahrensgebühr, Nr. 3200 VV (1,6)
   Wert: 20 000,00 € .... 1 187,20 €
2. Terminsgebühr, Nr. 3202 VV (1,2)
   Wert: 20 000,00 € .... 890,40 €
3. Pauschale für Post- u. Telekommunikationsdienstleistungen, Nr. 7002 VV ... 20,00 €
   Zwischensumme .... 2 097,60 €
4. 19 % Umsatzsteuer, Nr. 7008 VV .... 398,54 €
   Gesamtbetrag .... 2 496,14 €

Reduzierte Gebühr

Die Terminsgebühr *Nr. 3202 VV* reduziert sich nach *Nr. 3203 VV* auf eine 0,5-Terminsgebühr, wenn der Anwalt

- nur einen Termin wahrnimmt, in dem eine Partei oder ein Beteiligter, im Berufungsverfahren der Berufungskläger, im Beschwerdeverfahren der Beschwerdeführer, nicht erschienen oder nicht ordnungsgemäß vertreten ist,
- lediglich einen Antrag auf Versäumnisurteil oder zur Prozess-, Verfahrens- oder Sachleitung stellt.

Beispiel:
Miguel Verdejo-Espinosa lässt von seinem Anwalt gegen seine erstinstanzliche Verurteilung zur Zahlung von 6 000,00 € Berufung einlegen und begründen. Der Anwalt des Berufungsklägers erscheint allerdings nicht zum Termin zur mündlichen Verhandlung, sodass ein die Berufung zurückweisendes Versäumnisurteil ergeht.

In diesem Fall fällt nur eine 0,5-Terminsgebühr an.

Rechtsanwaltsvergütungsberechnung
berechnet nach dem Rechtsanwaltsvergütungsgesetz (RVG)

1. Verfahrensgebühr, Nr. 3200 VV (1,6) Wert: 6 000,00 €	566,40 €
2. Terminsgebühr, Nr. 3203, 3202 VV (0,5) Wert: 6 000,00 €	177,00 €
3. Pauschale für Post- u. Telekommunikationsdienstleistungen, Nr. 7002 VV	20,00 €
Zwischensumme	763,40 €
4. 19 % Umsatzsteuer, Nr. 7008 VV	145,05 €
Gesamtbetrag	908,45 €

 Wichtig: Bei einer Säumnis des Berufungsbeklagten ist eine Ermäßigung nicht vorgesehen, da das Gericht ohnehin die Begründetheit der Berufung von Amts wegen prüfen muss.

Keine Terminsgebühr

Die Terminsgebühr entsteht **nicht**, wenn

- das Gericht nach *§ 522 Abs. 1* oder *§ 2 ZPO* entscheidet,
- nur noch über die Kosten gemäß *§ 128 Abs. 3 ZPO* entschieden wird.

Beispiel 1:
Der Anwalt von Thomas Beil hat gegen die erstinstanzliche Verurteilung seines Mandanten zur Zahlung von 14 000,00 € Berufung eingelegt und diese begründet. Das zuständige Landgericht verwirft die Berufung jedoch nach § 522 Abs. 1 ZPO ohne mündliche Verhandlung.

In diesem Fall fällt keine Terminsgebühr an, da in *Anmerkung Abs. 1 zu Nr. 3202 VV i. V. m Anmerkung Abs. 1 Nr. 1 zu Nr. 3104 VV* eine Entscheidung nach *§ 522 Abs. 1 Nr. 3 ZPO* nicht erwähnt ist.

Rechtsanwaltsvergütungsberechnung
berechnet nach dem Rechtsanwaltsvergütungsgesetz (RVG)

1. Verfahrensgebühr, Nr. 3200 VV (1,6) Wert: 14 000,00 €	1 040,00 €
2. Pauschale für Post- u. Telekommunikationsdienstleistungen, Nr. 7002 VV	20,00 €
Zwischensumme	1 060,00 €
3. 19 % Umsatzsteuer, Nr. 7008 VV	201,40 €
Gesamtbetrag	1 261,40 €

Beispiel 2:
Arno Daniel hat in erster Instanz verloren und über seinen Anwalt Frist wahrend Berufung eingelegt. Der Anwalt empfiehlt nach Prüfung des erstinstanzlichen Urteils, die Klagforderung aus dem Urteil in Höhe von 3 500,00 € zu zahlen, was Arno Daniel unverzüglich erledigt. Die eingelegte Berufung wird zurückgenommen. Die Gegenseite stellt einen Kostenantrag bei Gericht.

In diesem Fall entscheidet das Gericht nur noch nach *§ 128 Abs. 3 ZPO* ohne mündliche Verhandlung über die Kosten. Eine Terminsgebühr entsteht nicht.

Rechtsanwaltsvergütungsberechnung
berechnet nach dem Rechtsanwaltsvergütungsgesetz (RVG)

1. Verfahrensgebühr, Nr. 3200 VV (1,6) Wert: 3 500,00 €	403,20 €
2. Pauschale für Post- u. Telekommunikationsdienstleistungen, Nr. 7002 VV	20,00 €
Zwischensumme	423,20 €
3. 19 % Umsatzsteuer, Nr. 7008 VV	80,41 €
Gesamtbetrag	503,61 €

2.1.5 Gebühren der I. und der II. Instanz – Anrechnung

Gemäß *§ 15 Abs. 1 RVG* entgelten die Gebühren die gesamte Tätigkeit des Rechtsanwalts vom Auftrag bis zur Erledigung einer Angelegenheit. In gerichtlichen Verfahren kann er die Gebühren in jedem Rechtszug fordern *(§ 15 Abs. 2 S. 2 RVG)*. Zum jeweiligen Rechtszug gehören dabei auch Neben- und Abwicklungstätigkeiten, die der Gesetzgeber anhand von Regelbeispielen in *§ 19 Abs. 1 RVG* präzisiert hat. Daraus ergibt sich auch, welche Tätigkeiten er als zum Rechtszug gehörig ansieht.

Gemäß *§ 17 Nr. 1 RVG* ist das Berufungsverfahren gegenüber dem erstinstanzlichen Verfahren eine eigene Angelegenheit. Dies bedeutet, dass die Gebühren der I. und der II. Instanz jeweils gesondert anfallen und abgerechnet werden.

Vergütungsberechnung im Rechtsbehelfs- und Rechtsmittelverfahren

Beispiel:
Rechtsanwalt Jan Kudela hat Lutz Wolter in einem Rechtsstreit vor dem Amtsgericht vertreten. Dort sind die Verfahrensgebühr nach Nr. 3100 VV RVG und die Terminsgebühr nach Nr. 3104 VV RVG nach einem Streitwert in Höhe von 3 500,00 € angefallen. Wenn Rechtsanwalt Jan Kudela nunmehr Lutz Wolter auch in einer Berufungsinstanz in der mündlichen Verhandlung vertritt, werden die bereits entstandenen Gebühren nach Nr. 3100 VV und 3104 VV nicht auf die in der II. Instanz anfallenden Gebühren nach Nr. 3200 VV (Verfahrensgebühr) und Nr. 3202 VV (Terminsgebühr) angerechnet, sondern bleiben bestehen.

I. Instanz

Rechtsanwaltsvergütungsberechnung
berechnet nach dem Rechtsanwaltsvergütungsgesetz (RVG)

1. Verfahrensgebühr, Nr. 3100 VV (1,3)	
Wert: 3 500,00 €	327,60 €
2. Terminsgebühr, Nr. 3104 VV (1,2)	
Wert: 3 500,00 €	302,40 €
3. Pauschale für Post- u. Telekommunikationsdienstleistungen, Nr. 7002 VV	20,00 €
Zwischensumme	650,00 €
4. 19 % Umsatzsteuer, Nr. 7008 VV	123,50 €
Gesamtbetrag	773,50 €

II. Instanz

Rechtsanwaltsvergütungsberechnung
berechnet nach dem Rechtsanwaltsvergütungsgesetz (RVG)

1. Verfahrensgebühr, Nr. 3200 VV (1,6)	
Wert: 3 500,00 €	403,20 €
2. Terminsgebühr, Nr. 3202 VV (1,2)	
Wert: 3 500,00 €	302,40 €
3. Pauschale für Post- u. Telekommunikationsdienstleistungen, Nr. 7002 VV	20,00 €
Zwischensumme	725,60 €
4. 19 % Umsatzsteuer, Nr. 7008 VV	137,86 €
Gesamtbetrag	863,46 €

2.1.6 Einigungsgebühr

Auch im Berufungsverfahren kann wie bereits erstinstanzlich eine 1,3-Einigungsgebühr nach *Nr. 1000, 1004 VV* anfallen. Der Wert bemisst sich nach den im Berufungsverfahren anhängigen Gegenständen. Kommt es im Rahmen des Verfahrens auch über nicht anhängige Gegenstände zu einer Einigung, entsteht neben der 1,3-Einigungsgebühr aus dem Wert der im Berufungsverfahren anhängigen Gegenstände auch aus dem Mehrwert eine 1,5-Einigungsgebühr nach *Nr. 1000 VV.*

Beispiel:
Der Beklagte lässt gegen seine erstinstanzliche Verurteilung zur Zahlung von 15 000,00 € Berufung einlegen. In der mündlichen Verhandlung einigen sich die Prozessparteien über die Klageforderung und beziehen auch weiter gehende bislang nicht anhängige Forderungen in Höhe von 5 000,00 € mit in den Vergleich ein.

In diesem Fall entsteht aus dem Wert 15 000,00 € nach *Nr. 3200 VV* eine 1,6-Verfahrensgebühr und eine 1,1-Verfahrensgebühr nach *Nr. 3201 VV* aus dem Wert 5 000,00 €. Die Terminsgebühr nach *Nr. 3202 VV* entsteht aus dem Gesamtwert 20 000,00 €.

Die Einigungsgebühr entsteht nach *Nr. 1004 VV* zu 1,3 aus dem Wert der im Berufungsverfahren anhängigen Gegenstände und nach *Nr. 1000 VV* zu 1,5 nach dem Wert der nicht anhängigen Gegenstände. Auch in diesem Fall ist *§ 15 Abs. 3 RVG* zu beachten:

§ 15 Abs. 3 RVG Sind für Teile des Gegenstands verschiedene Gebührensätze anzuwenden, entstehen für die Teile gesondert berechnete Gebühren, jedoch nicht mehr als die aus dem Gesamtbetrag der Wertteile nach dem höchsten Gebührensatz berechnete Gebühr.

Rechtsanwaltsvergütungsberechnung
berechnet nach dem Rechtsanwaltsvergütungsgesetz (RVG)

1. Verfahrensgebühr, Nr. 3200 VV (1,6)
   Wert: 15 000,00 €, eigentlich 1 040,00 €
2. Verfahrensgebühr, Nr. 3201, 3200 VV (1,1)
   Wert: 5 000,00 €, eigentlich 333,30 €   1 187,20 €
3. Terminsgebühr, Nr. 3202 VV (1,2)
   Wert: 20 000,00 €   890,40 €
4. Einigungsgebühr, Nr. 1000, 1004 VV (1,3)
   Wert: 15 000,00 €, eigentlich 845,00 €
5. Einigungsgebühr, Nr. 1000 VV (1,5)
   Wert: 5 000,00 €, eigentlich 454,50 €   1 113,00 €
6. Pauschale für Post- u. Telekommunikationsdienstleistungen, Nr. 7002 VV   20,00 €
Zwischensumme   3 210,60 €
7. 19% Umsatzsteuer, Nr. 7008 VV   610,01 €
Gesamtbetrag   3 820,61 €

Die Verfahrensgebühr *Nr. 3200, 3201 VV* wurde gemäß *§ 15 Abs. 3 RVG* (nicht mehr als 1,6 aus dem Wert 20 000,00 €) auf insgesamt 1 187,20 € gekürzt.

Die Einigungsgebühr *Nr. 1000, 1004 VV* wurde gemäß *§ 15 Abs. 3 RVG* (nicht mehr als 1,5 aus dem Wert 20 000,00 €) auf insgesamt 1 113,00 € gekürzt.

2.2 Gebührenberechnung für die Revision

Die einschlägigen Gebührentatbestände für die Revision finden sich in *Teil 3, Abschnitt 2, Unterabschnitt 2 VV RVG*. Das Revisionsverfahren ist nach *§ 17 Nr. 1 RVG* ein neuer Rechtszug. Der Anwalt kann eine Verfahrens-, eine Termins- und eine Einigungsgebühr verdienen.

Da im Revisionsverfahren vor dem Bundesgerichtshof gemäß § 78 ZPO grundsätzlich Postulationszwang besteht, ist in Zivilsachen die 2,3-Verfahrensgebühr nach Nr. 3208 VV der Regelfall.

 Unter Postulationsfähigkeit versteht man die Fähigkeit, vor Gericht auftreten und Prozesshandlungen vornehmen zu können. Postulationsfähig ist im Parteiprozess die prozessfähige Partei und im Anwaltsprozess der von der Partei bevollmächtigte Anwalt.

Beispiel:
BGH-Anwalt Max Schrewe legt auftragsgemäß gegen die Verurteilung des Berufungsbeklagten zur Zahlung von 35 000,00 € Revision ein. Nach Hinweis des Gerichts wird diese zurückgenommen, ohne dass es bereits zu einem Termin gekommen ist.

Rechtsanwaltsvergütungsberechnung
berechnet nach dem Rechtsanwaltsvergütungsgesetz (RVG)

1. Verfahrensgebühr, Nr. 3208, 3206 VV (2,3)	
Wert: 35 000,00 €	2 157,40 €
2. Pauschale für Post- u. Telekommunikationsdienstleistungen, Nr. 7002 VV	20,00 €
Zwischensumme	2 177,40 €
3. 19 % Umsatzsteuer, Nr. 7008 VV	413,71 €
Gesamtbetrag	2 591,11 €

Endet der Auftrag vorzeitig, erhält der Anwalt nach Nr. 3207 VV die Verfahrensgebühr nur in Höhe von 1,1. Sofern der Anwalt am BGH zugelassen ist und sich die Parteien wie im Regelfall auch nur durch einen am BGH zugelassenen Anwalt vertreten lassen können, wird nach Nr. 3207, 3209 VV allerdings eine 1,8-Verfahrensgebühr verdient. Eine vorzeitige Erledigung des Auftrags ist beispielsweise dann gegeben, wenn der Anwalt zunächst Frist wahrend Revision einlegt und diese dann ohne Begründung wieder zurückzieht.

Beispiel:
Rechtsanwältin Carmen Méndez ist von ihrer Mandantin beauftragt worden, Revision einzulegen (Wert: 25 000,00 €). Nach Prüfung rät sie jedoch davon ab, sodass die Revision nicht mehr eingelegt wird.

Rechtsanwaltsvergütungsberechnung
berechnet nach dem Rechtsanwaltsvergütungsgesetz (RVG)

1. Verfahrensgebühr, Nr. 3209, 3206 VV (1,8)	
Wert: 25 000,00 €	1 418,40 €
2. Pauschale für Post- u. Telekommunikationsdienstleistungen, Nr. 7002 VV	20,00 €
Zwischensumme	1 438,40 €
3. 19 % Umsatzsteuer, Nr. 7008 VV	273,30 €
Gesamtbetrag	1 711,70 €

Für die Wahrnehmung eines Termins erhält der Anwalt nach *Nr. 3210 VV* eine 1,5-Terminsgebühr.

Beispiel:
Kanzlei Zuckermann hat für den zur Zahlung von 75 000,00 € verurteilten Berufungsbeklagten Revision eingelegt. Über diese wird beim BGH mündlich verhandelt.

Rechtsanwaltsvergütungsberechnung
berechnet nach dem Rechtsanwaltsvergütungsgesetz (RVG)

1. Verfahrensgebühr, Nr. 3208, 3206 VV (2,3)	
Wert: 75 000,00 €	3 065,90 €
2. Terminsgebühr, Nr. 3210 VV (1,5)	
Wert: 75 000,00 €	1 999,50 €
3. Pauschale für Post- u. Telekommunikationsdienstleistungen, Nr. 7002 VV	20,00 €
Zwischensumme	5 085,40 €
4. 19 % Umsatzsteuer, Nr. 7008 VV	966,23 €
Gesamtbetrag	6 051,63 €

Für den Fall, dass der **Anwalt des Revisionsklägers** nicht erscheint oder der Revisionskläger nicht ordnungsgemäß vertreten ist, und stellt der Anwalt des Revisionsbeklagten daraufhin lediglich

- einen Antrag auf Erlass eines Versäumnisurteils gegen den Revisionskläger oder
- Anträge zur Prozess- oder Sachleitung,

so entsteht nur eine 0,8-Terminsgebühr nach *Nr. 3211 VV*. Dies gilt auch dann, wenn das Gericht von Amts (also ohne Antrag) wegen zur Prozess- oder Sachleitung entscheidet.

Beispiel:
Marek Jakubowski hatte durch seinen Anwalt gegen seine Verurteilung zur Zahlung von 40 000,00 € Revision einlegen lassen. Sein Anwalt erscheint im Termin jedoch nicht, sodass auf Antrag des Revisionsbeklagten ein zurückweisendes Versäumnisurteil ergeht.

Rechtsanwaltsvergütungsberechnung
berechnet nach dem Rechtsanwaltsvergütungsgesetz (RVG)

1. Verfahrensgebühr, Nr. 3208, 3206 VV (2,3)	
Wert: 40 000,00 €	2 329,90 €
2. Terminsgebühr, Nr. 3211, 3210 VV (0,8)	
Wert: 40 000,00 €	810,40 €
3. Pauschale für Post- u. Telekommunikationsdienstleistungen, Nr. 7002 VV	20,00 €
Zwischensumme	3 160,30 €
4. 19 % Umsatzsteuer, Nr. 7008 VV	600,46 €
Gesamtbetrag	3 760,76 €

Vergütungsberechnung im Rechtsbehelfs- und Rechtsmittelverfahren

Für den Fall, dass der **Anwalt des Revisionsbeklagten** nicht erscheint oder der Revisionsbeklagte nicht ordnungsgemäß vertreten ist und

- gegen ihn ein Versäumnisurteil ergeht oder
- lediglich Anträge zur Prozess- oder Sachleitung gestellt werden,

entsteht nach *Nr. 3210 VV* immer eine 1,5-Terminsgebühr.

Beispiel:
Rechtsanwältin Maren Pius hat für ihren zur Zahlung von 65 000,00 € verurteilten Mandanten Revision eingelegt. Da niemand im Termin für den Revisionsbeklagten erscheint, ergeht Versäumnisurteil.

Rechtsanwaltsvergütungsberechnung
berechnet nach dem Rechtsanwaltsvergütungsgesetz (RVG)

1. Verfahrensgebühr, Nr. 3208, 3206 VV (2,3)	
Wert: 65 000,00 €	2 870,40 €
2. Terminsgebühr, Nr. 3210 VV (1,5)	
Wert: 65 000,00 €	1 872,00 €
3. Pauschale für Post- u. Telekommunikationsdienstleistungen, Nr. 7002 VV	20,00 €
Zwischensumme	4 762,40 €
4. 19 % Umsatzsteuer, Nr. 7008 VV	904,86 €
Gesamtbetrag	5 667,26 €

Sofern im Revisionsverfahren eine Einigung über die dort anhängigen Ansprüche getroffen wird, entsteht nach *Nr. 1000, 1004 VV* eine 1,3-Einigungsgebühr.

Beispiel:
Anwaltskanzlei Werfel legt für den zur Zahlung von 80 000,00 € verurteilten Berufungsbeklagten Revision ein. Im Termin vor dem BGH einigen sich die Parteien.

Rechtsanwaltsvergütungsberechnung
berechnet nach dem Rechtsanwaltsvergütungsgesetz (RVG)

1. Verfahrensgebühr, Nr. 3208, 3206 VV (2,3)	
Wert: 80 000,00 €	3 065,90 €
2. Terminsgebühr, Nr. 3210 VV (1,5)	
Wert: 80 000,00 €	1 999,50 €
3. Einigungsgebühr, Nr. 1004, 1000 VV (1,3)	
Wert: 80 000,00 €	1 732,90 €
4. Pauschale für Post- u. Telekommunikationsdienstleistungen, Nr. 7002 VV	20,00 €
Zwischensumme	6 818,30 €
5. 19 % Umsatzsteuer, Nr. 7008 VV	1 295,48 €
Gesamtbetrag	8 113,78 €

Soweit Ansprüche mit in die Einigung einbezogen werden, die nicht im Revisionsverfahren anhängig sind, erhält der Anwalt

- eine 1,0-Einigungsgebühr nach *Nr. 1000,1003 VV*, soweit die Ansprüche erstinstanzlich anhängig sind,
- eine 1,5-Einigungsgebühr nach *Nr. 1000 VV*, soweit die Ansprüche nicht anhängig sind.

Auch hier ist *§ 15 Abs. 3 RVG* zu beachten, d. h., insgesamt darf die Summe der Einigungsgebühren eine Gebühr aus dem Höchstsatz nach dem Gesamtstreitwert nicht übersteigen.

Beispiel:
Rechtsanwalt Knut Hauser legt für den zur Zahlung von 50 000,00 € verurteilten Berufungsbeklagten Revision ein. Im Termin vor dem BGH einigen sich die Parteien und beziehen eine weitere bislang nicht gerichtlich anhängige Forderung über 30 000,00 € ein.

Rechtsanwaltsvergütungsberechnung
berechnet nach dem Rechtsanwaltsvergütungsgesetz (RVG)

1. Verfahrensgebühr, Nr. 3208, 3206 VV (2,3)
   Wert: 50 000,00 €, eigentlich 2 674,90 €
2. Verfahrensgebühr, Nr. 3209, 3206 VV (1,8)
   Wert: 30 000,00 €, eigentlich 1 553,40 €   3 065,90 €
3. Terminsgebühr, Nr. 3210 VV (1,5)
   Wert: 80 000,00 €   1 999,50 €
4. Einigungsgebühr, Nr. 1000 VV (1,5)
   Wert: 30 000,00 €, eigentlich 1 294,50 €
5. Einigungsgebühr, Nr. 1004, 1000 VV (1,3)
   Wert: 50 000,00 €, eigentlich 1 511,90 €   1 999,50 €
6. Pauschale für Post- u. Telekommunikationsdienstleistungen, Nr. 7002 VV   20,00 €
Zwischensumme   7 084,90 €
7. 19 % Umsatzsteuer, Nr. 7008 VV   1 346,31 €
Gesamtbetrag   8 431,03 €

Die Verfahrensgebühr *Nr. 3208, 3209 VV* wurde gemäß *§ 15 Abs. 3 RVG* (nicht mehr als 2,3 aus dem Wert 80 000,00 €) auf insgesamt 3 065,90 € gekürzt.

Die Einigungsgebühr *Nr. 1000, 1004 VV* wurde gemäß *§ 15 Abs. 3 RVG* (nicht mehr als 1,5 aus dem Wert 80 000,00 €) auf insgesamt 1 999,50 € gekürzt.

2.3 Gebührenberechnung für die sofortige Beschwerde

Die einschlägigen Gebührentatbestände für die sofortige Beschwerde finden sich in der *Nr. 3500 ff. VV RVG*. Der Anwalt erhält nach *Nr. 3500 VV* bereits durch Prüfung der Erfolgsaussicht einer Beschwerde eine 0,5-Verfahrensgebühr. Die Einreichung eines Schriftsatzes bei Gericht ist dafür nicht erforderlich.

Der Anwalt des Beschwerdegegners muss zumindest die Beschwerdeschrift entgegengenommen und diese geprüft haben, um die Gebühr zu verdienen. Sofern im Beschwerdeverfahren ausnahmsweise ein Termin (gerichtlicher Termin, Sachverständigentermin, Besprechungstermin mit Gegner) stattfindet, verdient der Anwalt nach *Nr. 3513 VV* auch eine 0,5-Terminsgebühr. Hinzu kommen kann auch eine 1,0-Einigungsgebühr nach *Nr. 1000 VV*.

Beispiel:
Das Amtsgericht hat Ralf Berk und Florian Esser als Gesamtschuldner gemäß § 91a ZPO durch Beschluss die Kosten des erstinstanzlichen Verfahrens auferlegt. Ihr Anwalt legt auftragsgemäß nach § 91a Abs. 2 ZPO dagegen Beschwerde ein. Der Beschwerdewert beträgt 1 200,00 €.

Die Verfahrensgebühr erhöht sich nach *Nr. 1008 VV* auf 0,8.

Rechtsanwaltsvergütungsberechnung berechnet nach dem Rechtsanwaltsvergütungsgesetz (RVG)	
1. Verfahrensgebühr, Nr. 3500 VV (0,5)	
Wert: 1 200,00 €	57,50 €
Erhöhung mehrere Auftraggeber, Nr. 1008 VV (0,3)	
Wert: 1 200,00 €	34,50 €
2. Pauschale für Post- u. Telekommunikationsdienstleistungen, Nr. 7002 VV	18,40 €
Zwischensumme	110,40 €
3. 19 % Umsatzsteuer, Nr. 7008 VV	20,98 €
Gesamtbetrag	131,38 €

 Zu beachten ist, dass der Gegenstandswert des Beschwerdeverfahrens nicht mit dem des Hauptsacheverfahrens identisch sein muss.

Beispiel:
In einem Verfahren vor dem Landgericht beträgt der Streitwert 10 000,00 €. Die Parteien streiten sich über die Eignung eines gerichtlichen Sachverständigen. Im Rahmen der Streitigkeit legt eine Partei Beschwerde gegen die Beauftragung des vom Gericht zugelassenen Sachverständigen ein. Das Landgericht setzt daraufhin den Wert des Beschwerdeverfahrens auf 2 000,00 € fest.

2.4 Gebührenberechnung für die Erinnerung

Die einschlägigen Gebührentatbestände für die Erinnerung finden sich ebenfalls in der *Nr. 3500 ff. VV RVG*. Geregelt ist eine gesonderte Vergütung nur für Angelegenheiten nach *Teil 3, Abschnitt 5 VV*.

In Erinnerungsverfahren kann der Anwalt eine 0,5-Verfahrensgebühr nach *Nr. 3500 VV* verdienen. Vertritt der Anwalt mehrere Auftraggeber wegen desselben Gegenstands, erhöht sich die Gebühr nach *Nr. 1008 VV* um 0,3 je weiterem Auftraggeber, höchstens jedoch um 2,0.

Beispiel:

Rechtsanwalt Mustafa Erdal wurde von seinem Mandanten beauftragt, gegen einen Kostenfestsetzungsbeschluss Erinnerung einzulegen, da der zuständige Rechtspfleger die geltend gemachten Fahrtkosten nicht berücksichtigt hat. Der Gegenstandswert beläuft sich auf 120,00 €.

Rechtsanwaltsvergütungsberechnung
berechnet nach dem Rechtsanwaltsvergütungsgesetz (RVG)

1. Verfahrensgebühr, Nr. 3500 VV (0,5)	
Wert: 120,00 €	22,50 €
2. Pauschale für Post- u. Telekommunikationsdienstleistungen, Nr. 7002 VV	4,50 €
Zwischensumme	27,00 €
3. 19 % Umsatzsteuer, Nr. 7008 VV	5,13 €
Gesamtbetrag	32,13 €

Theoretisch kann der Anwalt nach *Nr. 3513 VV* auch eine 0,5-Terminsgebühr und nach *Nr. 1000, 1003 VV* eine Einigungsgebühr verdienen, was in der Praxis jedoch sehr selten vorkommt.

Beispiel:

Rechtsanwältin Pia Groß wurde von ihrem Mandanten beauftragt, gegen die Festsetzung der Parteiauslagen in Höhe von 190,00 € Erinnerung einzulegen. Sie ruft daraufhin den Gegenanwalt an und einigt sich mit ihm dahin gehend, dass die Kosten zur Hälfte übernommen werden.

Rechtsanwaltsvergütungsberechnung
berechnet nach dem Rechtsanwaltsvergütungsgesetz (RVG)

1. Verfahrensgebühr, Nr. 3500 VV (0,5)	
Wert: 190,00 €	22,50 €
2. Terminsgebühr, Nr. 3513 VV (0,5)	
Wert: 190,00 €	22,50 €
3. Einigungsgebühr, Nr. 1003, 1000 VV (1,0)	
Wert: 190,00 €	45,00 €
4. Pauschale für Post- u. Telekommunikationsdienstleistungen, Nr. 7002 VV	18,00 €
Zwischensumme	108,00 €
5. 19 % Umsatzsteuer, Nr. 7008 VV	20,52 €
Gesamtbetrag	128,52 €

 Zu beachten ist, dass der Gegenstandswert des Erinnerungsverfahrens wie bei der sofortigen Beschwerde nicht mit dem des Hauptsacheverfahrens identisch sein muss.

Es kommt vor, dass der Anwalt sowohl gegen den Kostenfestsetzungsbeschluss der I. Instanz als auch gegen den Kostenfestsetzungsbeschluss der II. Instanz Erinnerung einlegt. Hierbei handelt es sich dann um zwei verschiedene Erinnerungsverfahren, die gesondert abzurechnen sind.

Vergütungsberechnung im Rechtsbehelfs- und Rechtsmittelverfahren

Beispiel:
Die Anwaltskanzlei Rink legt für ihren Mandanten Erinnerung gegen die Festsetzung des erstinstanzlichen Verfahrens (Wert: 130,00 €) und Erinnerung gegen die Festsetzung des Berufungsverfahrens (Wert: 200,00 €) ein.

Erinnerung I. Instanz

Rechtsanwaltsvergütungsberechnung
berechnet nach dem Rechtsanwaltsvergütungsgesetz (RVG)

1. Verfahrensgebühr, Nr. 3500 VV (0,5) Wert: 130,00 €	22,50 €
2. Pauschale für Post- u. Telekommunikationsdienstleistungen, Nr. 7002 VV	4,50 €
Zwischensumme	27,00 €
3. 19% Umsatzsteuer, Nr. 7008 VV	5,13 €
Gesamtbetrag	32,13 €

Erinnerung II. Instanz

Rechtsanwaltsvergütungsberechnung
berechnet nach dem Rechtsanwaltsvergütungsgesetz (RVG)

1. Verfahrensgebühr, Nr. 3500 VV (0,5) Wert: 200,00 €	22,50 €
2. Pauschale für Post- u. Telekommunikationsdienstleistungen, Nr. 7002 VV	4,50 €
Zwischensumme	27,00 €
3. 19% Umsatzsteuer, Nr. 7008 VV	5,13 €
Gesamtbetrag	32,13 €

2.5 Gebührenberechnung für die Rechtsbeschwerde

Von Sonderreglungen abgesehen, die hier nicht behandelt werden sollen, finden sich die Gebührenregelungen zur Rechtsbeschwerde in *Teil 3, Abschnitt 5 VV* und den dortigen *Nr. 3502, 3503* und *3516 VV RVG*.

Das Verfahren über die in *Teil 3 Abschnitt 5 VV* geregelten Rechtsbeschwerden stellt nach § 17 Nr. 1 RVG eine eigene Gebührenangelegenheit dar. Mehrere Rechtsbeschwerden sind nach *§ 15 Abs. 2 RVG* jeweils gesonderte Angelegenheiten.

Der Anwalt erhält nach *Nr. 3502 VV* für das Betreiben des Geschäfts eine 1,0-Verfahrensgebühr. Diese reduziert sich nach *Nr. 3503 VV* auf 0,5, wenn der Auftrag vorzeitig endet. Obwohl im Verfahren der Rechtsbeschwerde kein gerichtlicher Termin vorgesehen ist, kann durch außergerichtliche Verhandlungen zwischen den Anwälten nach *Vorbemerkung 3 Abs. 3 S. 3 Nr. 2 VV RVG* auch eine Terminsgebühr nach *Nr. 3516 VV* entstehen. Eher theoretisch möglich ist auch eine Einigungsgebühr nach *Nr. 1003 VV*, obwohl diese in der Praxis kaum vorkommt.

Beispiel:
Rechtsanwalt Adam Tibor wird im Kostenfestsetzungsverfahren von seinen beiden gesamtschuldnerisch auch in die Kosten verurteilen Mandanten beauftragt, gegen die Beschwerdeentscheidung des Landgerichts, mit der Kosten für ein vorgerichtliches Sachverständigengutachtens in Höhe von 2 000,00 € gesamtschuldnerisch festgesetzt worden sind, Rechtsbeschwerde einzulegen.

Rechtsanwaltsvergütungsberechnung
berechnet nach dem Rechtsanwaltsvergütungsgesetz (RVG)

1. Verfahrensgebühr, Nr. 3502 VV (1,0)	
Wert: 2 000,00 €	150,00 €
Erhöhung mehrere Auftraggeber, Nr. 1008 VV (0,3)	
Wert: 2 000,00 €	45,00 €
2. Pauschale für Post- u. Telekommunikationsdienstleistungen, Nr. 7002 VV	20,00 €
Zwischensumme	215,00 €
3. 19 % Umsatzsteuer, Nr. 7008 VV	40,85 €
Gesamtbetrag	255,85 €

2.6 Gebührenberechnung für die Wiedereinsetzung in den vorigen Stand

Das Verfahren auf Wiedereinsetzung in den vorigen Stand gehört gebührenrechtlich noch zum Rechtszug des Verfahrens *(§ 19 Abs. 1 S. 1 RVG)*. Dies bedeutet, dass der Anwalt keine gesonderten Gebühren verlangen kann, wenn er bereits Prozessbevollmächtigter ist. Er verdient dann nur die ohnehin entstandene Verfahrensgebühr nach *Nr. 3100 VV RVG* oder gegebenenfalls zudem eine Terminsgebühr, sofern die Voraussetzungen dafür vorliegen.

Beispiel:
Die Anwaltskanzlei Knauer ist beauftragt worden, für den Mandanten Max Arnold Berufung gegen ein erstinstanzliches Urteil (Wert: 3 500,00 €) einzulegen. Aufgrund eines Büroversehens wird die Berufungsfrist um einen Tag versäumt. Nunmehr wird von Rechtsanwalt Lars Knauer Wiedereinsetzung in den vorigen Stand beantragt und die Säumnis begründet.

Rechtsanwaltsvergütungsberechnung
berechnet nach dem Rechtsanwaltsvergütungsgesetz (RVG)

1. Verfahrensgebühr, Nr. 3200 VV (1,6)	
Wert: 3 500,00 €	403,20 €
2. Pauschale für Post- u. Telekommunikationsdienstleistungen, Nr. 7002 VV	20,00 €
Zwischensumme	423,20 €
3. 19 % Umsatzsteuer, Nr. 7008 VV	80,41 €
Gesamtbetrag	503,61 €

2.7 Gebührenberechnung für den Widerspruch gegen den Mahnbescheid

Die einschlägigen Gebührentatbestände für die Vertretung des Antragsgegners im Mahnverfahren finden sich in der *Nr. 3307 VV RVG*.

Die Gebühr nach *Nr. 3307 VV* ist eine 0,5-Verfahrensgebühr, mit der auch eine eventuelle Widerspruchsbegründung abgegolten ist. Bei mehreren Auftraggebern erhöht sich nach *Nr. 1008 VV* die Gebühr um jeweils 0,3 je weiterem Auftraggeber.

Beispiel:
Gegen Arno Wesel und Tobias Paulus als Gesamtschuldner ist ein Mahnbescheid über 2 950,00 € ergangen. Gegen diesen legt Rechtsanwalt Gerd Reuter Widerspruch beim zuständigen Mahngericht ein.

Rechtsanwaltsvergütungsberechnung
berechnet nach dem Rechtsanwaltsvergütungsgesetz (RVG)

1. Verfahrensgebühr, Nr. 3307 VV (0,5) Wert: 2 950,00 €	100,50 €
Erhöhung mehrere Auftraggeber, Nr. 1008 VV (0,3) Wert: 2 950,00 €	60,30 €
2. Pauschale für Post- u. Telekommunikationsdienstleistungen, Nr. 7002 VV	20,00 €
Zwischensumme	180,80 €
3. 19 % Umsatzsteuer, Nr. 7008 VV	34,35 €
Gesamtbetrag	215,15 €

2.8 Gebührenberechnung für die Nichtzulassungsbeschwerde

Die einschlägigen Gebührentatbestände für die Nichtzulassungsbeschwerde nach *§ 544 ZPO* finden sich in der *Nr. 3506 ff. VV RVG*.

Das Verfahren über die Nichtzulassungsbeschwerde stellt gegenüber dem Berufungsverfahren gemäß *§ 18 Abs. 1 Nr. 3 RVG* eine eigene gebührenrechtliche Angelegenheit dar, in der der Anwalt gesonderte Gebühren erhält.

Im Regelfall nach *§ 78 Abs. 1 S. 3 ZPO* können sich die Parteien nur durch einen am BGH zugelassenen Anwalt vertreten lassen. Nach *Nr. 3508 VV* erhält der Anwalt für seine Tätigkeit eine 2,3-Verfahrensgebühr. Bei mehreren Auftraggebern erhöht sich nach *Nr. 1008 VV* die Gebühr um jeweils 0,3 je weiterem Auftraggeber.

Beispiel:
Ulf Zeidler und Olga Schmidt sind in einem Verfahren vor dem OLG als Gesamtschuldner zu einer Zahlung von 65 000,00 € verurteilt worden. Eine Revision wird nicht zugelassen. Sie beauftragen daraufhin einen BGH-Anwalt, gegen das Urteil Nichtzulassungsbeschwerde einzulegen. Die Beschwerde wird vom BGH zurückgewiesen.

In diesem Fall erhöht sich gemäß *Nr. 1008 VV* die 2,3-Verfahrensgebühr nach *Nr. 3506, 3508 VV* auf 2,6.

Rechtsanwaltsvergütungsberechnung
berechnet nach dem Rechtsanwaltsvergütungsgesetz (RVG)

1. Verfahrensgebühr, Nr. 3508 VV (2,3)
   Wert: 65 000,00 €   2 870,40 €
   Erhöhung mehrere Auftraggeber, Nr. 1008 VV (0,3)
   Wert: 65 000,00 €   374,40 €
2. Pauschale für Post- u. Telekommunikationsdienstleistungen, Nr. 7002 VV   20,00 €
Zwischensumme   3 264,80 €
3. 19 % Umsatzsteuer, Nr. 7008 VV   620,31 €
Gesamtbetrag   3 885,11 €

2.9 Gebührenberechnung für den Einspruch

2.9.1 Gegen einen Vollstreckungsbescheid

Sobald gegen einen Vollstreckungsbescheid Einspruch eingelegt wird, findet nach *§ 700 Abs. 3 ZPO* eine Überleitung in das streitige Verfahren statt. Daher löst der Einspruch für den Anwalt des Antragsgegners die Gebühren nach *Nr. 3100 ff. VV RVG* aus.

Beispiel:
Gegen Klaus Dahlmann ist ein Vollstreckungsbescheid in Höhe von 2 950,00 € ergangen. Gegen diesen legt Rechtsanwalt Theo Schmidt Einspruch beim zuständigen Mahngericht ein. Im Anschluss daran nimmt die Gegenseite die Klage zurück.

Hier entsteht die Verfahrensgebühr nach *Nr. 3100 VV*. Der Einspruch ist bereits ein Sachantrag, der die volle Gebühr auslöst *(Nr. 3101 Nr. 1 VV)*.

Rechtsanwaltsvergütungsberechnung
berechnet nach dem Rechtsanwaltsvergütungsgesetz (RVG)

1. Verfahrensgebühr, Nr. 3100 VV (1,3)
   Wert: 2 950,00 €   261,30 €
2. Pauschale für Post- u. Telekommunikationsdienstleistungen, Nr. 7002 VV   20,00 €
Zwischensumme   281,30 €
3. 19 % Umsatzsteuer, Nr. 7008 VV   53,45 €
Gesamtbetrag   334,75 €

2.9.2 Gegen ein Versäumnisurteil

Sofern im ersten Termin oder im schriftlichen Vorverfahren durch das Gericht ein Versäumnisurteil erlassen wird, entsteht nach *Nr. 3104, 3105 VV RVG* eine 0,5-Terminsgebühr. Wenn dann nach Einspruch des Beklagten ein neuer Termin anberaumt wird, zu dem der Beklagte selbst oder ein Vertreter und der Anwalt erscheinen, entsteht eine 1,2-Terminsgebühr nach *Nr. 3104 VV RVG*.

Beispiel:
Rechtsanwältin Anja Merz ist im Gegensatz zu ihrer Mandantin Anne Friedrichs als Beklagte im ersten Gerichtstermin erschienen. Gegen Anne Friedrichs ergeht ein Versäumnisurteil über Zahlung von 10 000,00 €. Rechtsanwältin Anja Merz legt für Anne Friedrichs Einspruch ein, sodass es zu einem neuen Gerichtstermin kommt, bei dem sowohl Anja Merz als auch Anne Friedrichs anwesend sind und verhandeln.

Rechtsanwältin Anja Merz hatte im ersten Termin eine 0,5-Terminsgebühr verdient, die mit Teilnahme am zweiten Termin zu einer voll 1,2-Terminsgebühr wird.

Rechtsanwaltsvergütungsberechnung
berechnet nach dem Rechtsanwaltsvergütungsgesetz (RVG)

1. Verfahrensgebühr, Nr. 3100 VV (1,3) Wert: 10 000,00 €	725,40 €
2. Terminsgebühr, Nr. 3104 VV (1,2) Wert: 10 000,00 €	669,60 €
3. Pauschale für Post- u. Telekommunikationsdienstleistungen, Nr. 7002 VV	20,00 €
Zwischensumme	1 415,00 €
4. 19 % Umsatzsteuer, Nr. 7008 VV	268,85 €
Gesamtbetrag	1 683,85 €

Übungsaufgaben

1. Wo finden Sie die einschlägigen Gebührentatbestände für das Berufungsverfahren?

2. Welche Verfahrensgebühr verdient der Anwalt im Berufungsverfahren grundsätzlich?
   a Was ändert sich an der Verfahrensgebühr, wenn der Anwalt den Auftrag hatte, die Berufung einzulegen, der Mandant den Auftrag vor Einlegung der Berufung jedoch zurückzieht?
   b Was ändert sich an der Verfahrensgebühr, wenn Berufung eingelegt wird, sie dann jedoch ohne Begründung zurückgenommen wird?

3. Im Termin zur mündlichen Verhandlung über die Berufung erscheint für den Berufungsbeklagten niemand. Der anwaltlich vertretene Berufungskläger erwirkt ein Versäumnisurteil. Ermitteln Sie die Terminsgebühr des Berufungsklägeranwalts.

4. Stellen Sie die einschlägigen Gebührentatbestände im Revisionsverfahren dar.

5. Erläutern Sie die unterschiedliche Verfahrensgebühr, die der Anwalt bei einer sofortigen Beschwerde und bei einer Rechtsbeschwerde erhält. Warum ist die Verfahrensgebühr nicht identisch?

6. Till Meier klagt gegen Rolf Mertens auf Herausgabe eines Wohnmobils im Wert von 20 000,00 €. Nachdem die Klage in erster Instanz abgewiesen wurde, legt Till Meier Berufung ein. In der mündlichen Verhandlung vor dem OLG einigen sich die Parteien. Erstellen Sie die Gebührenrechnung für den Anwalt von Till Meier.

7. Rechtsanwalt Hans Geißen wird vom seinem Mandanten mit der Prüfung der Erfolgsaussicht einer Beschwerde beauftragt. Die Auszubildende der Kanzlei, Svenja Schüller, meint, dass Rechtsanwalt Hans Geißen eine 0,7-Verfahrensgebühr in Ansatz bringen kann. Stimmt das?

8. Wo finden Sie die einschlägigen Gebührentatbestände für die Vertretung des Antragsgegners im Mahnverfahren?

9. Welche Gebühren löst der Einspruch für den Anwalt des Antragsgegners aus?

Lernfeld 12:
Vorgänge in der Zwangsvollstreckung bearbeiten

Situation

Der auszubildende Rechtsanwaltsfachangestellte Robert Brand hat in den ersten beiden Ausbildungsjahren die meisten Aufgabengebiete in der Kanzlei Schröder kennengelernt und möchte sich in Abstimmung mit seiner Ausbilderin in den Bereich „Zwangsvollstreckung" einarbeiten.

Robert kennt die verschiedenen Möglichkeiten, wie eine Forderung tituliert werden kann. Doch auch nach Beendigung eines Mahnverfahrens oder streitigen Verfahrens wenden sich viele Mandanten erneut an die Rechtsanwaltskanzlei, da der jeweilige Schuldner seine Forderungen noch immer nicht erfüllt hat.

Mandant Martin Siebert und Mandantin Luise Köhn sind beide in Besitz eines Vollstreckungstitels und beauftragen die Kanzlei Schröder mit der Einleitung von Zwangsvollstreckungsmaßnahmen. Martin Siebert weiß, dass der Schuldner seiner Forderung Eigentümer eines Mietshauses ist. Luise Köhn hingegen hat keine Informationen über die Vermögensverhältnisse ihres Schuldners.

Rechtsanwältin Heike Schröder erklärt Robert, wie in den beiden vorliegenden Fällen vorzugehen ist. Dabei erfährt Robert, dass ein vollstreckbarer Titel allein meist noch nicht ausreicht, um mit der Zwangsvollstreckung zu beginnen. Man benötigt außerdem eine vollstreckbare Ausfertigung des Titels, es sei denn, es handelt sich um einen Vollstreckungsbescheid, einen Arrest oder eine einstweilige Verfügung, aus denen vollstreckt werden soll. Der Titel selbst muss dem Schuldner zugestellt werden.

Wenn alle Voraussetzungen für die Einleitung der Zwangsvollstreckung gegeben sind, muss entschieden werden, welches Vollstreckungsorgan beauftragt wird. Luise Köhn wird wahrscheinlich mithilfe eines Gerichtsvollziehers zunächst herausfinden wollen, ob ihr Schuldner pfändbare Gegenstände besitzt bzw. über Forderungen gegen Dritte verfügt. Die Pfändung und Versteigerung von Sachen blieben im Zuständigkeitsbereich des Gerichtsvollziehers. Wenn als Drittschuldner ein Arbeitgeber ermittelt wird, können Lohn oder Gehalt gepfändet werden. In diesem Fall wäre das Vollstreckungsgericht zuständig.

Martin Siebert könnte ebenfalls beim Vollstreckungsgericht einen Pfändungs- und Überweisungsbeschluss beantragen, um die Mieteinnahmen pfänden zu lassen. Reicht das nicht aus, würde es gegebenenfalls zur Zwangsversteigerung der Immobilie kommen.

Robert erkundigt sich, warum Martin Siebert nicht sofort die Zwangsversteigerung beantragt, und erfährt, dass die Pfändung und Versteigerung einer Immobilie ein langwieriges Verfahren sein können, dessen Verlauf nur bedingt kalkulierbar ist.

Interessiert verfolgt Robert in den folgenden Wochen den Verlauf der beiden Zwangsvollstreckungsverfahren. Rechtsanwältin Heike Schröder weist ihren Auszubildenden darauf hin, welche Fristen zu beachten sind und welche Möglichkeiten ein Schuldner hat, die Zwangsvollstreckung abzuwenden.

Robert möchte noch mehr über Schutzrechte von Gläubiger und Schuldner sowie über weitere Vollstreckungsmaßnahmen wissen. Mithilfe von Gesetzestexten und durch Einsichtnahme in die Akten der Kanzlei Schröder erarbeitet sich der auszubildende Rechtsanwaltsfachangestellte einen umfassenden Überblick über Vorgänge im Rahmen der Zwangsvollstreckung.

1 Grundsätze und Voraussetzungen der Zwangsvollstreckung

Das Verfahren der Einzelzwangsvollstreckung ist im 8. Buch der Zivilprozessordnung geregelt, ergänzt durch die Vorschriften des Gesetzes über die Zwangsversteigerung und Zwangsverwaltung für die Vollstreckung in unbewegliches Vermögen.

Einzelzwangsvollstreckung bedeutet, dass ein einzelner Gläubiger oder mehrere Gläubiger unabhängig voneinander gegen einen Schuldner vollstrecken.

Dagegen bezeichnet man als **Gesamtvollstreckungsverfahren (Insolvenzverfahren)** ein gemeinsames Verfahren aller Gläubiger mit dem Ziel einer gleichmäßigen Gläubigerbefriedigung nach Quoten. Geregelt ist dieses Verfahren in der Insolvenzordnung.

Das Lernfeld 12 befasst sich im Wesentlichen mit der Einzelzwangsvollstreckung. In Kapitel 8 werden die Möglichkeiten des Insolvenzverfahrens unter besonderer Berücksichtigung der Verbraucherinsolvenz angesprochen.

1.1 Verfahrensgrundsätze der Zwangsvollstreckung

Vollstreckungsanspruch

Der Vollstreckungstitel begründet den Anspruch eines Gläubigers gegen den Staat als Träger der Vollstreckungsgewalt, die Zwangsvollstreckung durchzuführen. Bei Vorliegen der gesetzlichen Voraussetzungen für die Zwangsvollstreckung sind die Vollstreckungsorgane verpflichtet, die vom Gläubiger beantragte Vollstreckungshandlung gegen den Schuldner vorzunehmen.

Dispositionsgrundsatz

Der Gläubiger ist „Herr des Verfahrens", d. h., er bestimmt durch Antrag, ob, wann und wie vollstreckt wird. Er kann seinen Antrag zurücknehmen, Ratenzahlungen akzeptieren oder mit dem Schuldner vollstreckungsbeschränkende Vereinbarungen abschließen.

Rechtliches Gehör

Der Schuldner ist vor der Pfändung grundsätzlich nicht zu hören. Vor einer Forderungspfändung ist die Anhörung des Schuldners gemäß § 834 ZPO sogar verboten. Nach dem Vollstreckungsakt erhält er Gelegenheit, gegen die erfolgte Maßnahme vorzugehen.

Rangverhältnis der Gläubiger

Eine zeitlich frühere Pfändung hat Vorrang vor einer nachfolgenden.

Grundsatz der Verhältnismäßigkeit

Die Zwangsvollstreckung in das bewegliche Vermögen darf grundsätzlich nicht weiter ausgedehnt werden, als zur Deckung der Forderung des Gläubigers sowie der Kosten der Zwangsvollstreckung erforderlich ist. Als Ausnahme gilt, wenn der Wert des einzigen pfändbaren Gegenstands die zu vollstreckende Forderung nebst Kosten weit übersteigt.

Vermögenshaftung

Der Schuldner haftet grundsätzlich mit seinem gesamten Vermögen und kann aus diesem Grund zur Abgabe einer umfassenden Vermögensauskunft gegenüber dem Gerichtsvollzieher verpflichtet werden.

Schutz des Schuldners

Der Gesetzgeber garantiert dem Schuldner das Existenzminimum und schützt ihn vor einer Kahlpfändung. Die ZPO legt fest, welche Sachen unpfändbar sind, und im Bundesgesetzblatt werden alle zwei Jahre neue Pfändungsfreigrenzen bekannt gegeben, die an den jeweiligen Grundfreibetrag bei der Einkommensteuer angepasst werden.

Kosten der Zwangsvollstreckung

Der Schuldner trägt die Kosten. Der Gerichtsvollzieher kann einen Vorschuss vom Gläubiger fordern.

1.2 Voraussetzungen der Zwangsvollstreckung

 Zwangsvollstreckung bedeutet die Anwendung staatlicher Gewalt zur Durchsetzung von Ansprüchen eines Gläubigers gegenüber einem Schuldner.

Voraussetzungen dafür sind

- ein vollstreckbarer **Titel**,
- die mit einer **Vollstreckungsklausel** versehene Ausfertigung des Titels,
- die **Zustellung** des Titels an den Schuldner.

1.2.1 Titel

Endurteile

Vollstreckbare Urteile müssen **rechtskräftig** oder für **vorläufig vollstreckbar** erklärt sein *(§ 704 ZPO)*. Sie müssen einen vollstreckungsfähigen Inhalt haben, d. h. auf eine Leistung des Schuldners gerichtet sein (Leistungsurteile).

Rechtskräftig ist ein Urteil bereits mit der Verkündung, wenn beide Parteien in der mündlichen Verhandlung auf Rechtsmittel verzichtet haben, andernfalls nach Ablauf der Rechtsmittel- bzw. Rechtsbehelfsfrist.

Der Nachweis der formellen Rechtskraft erfolgt durch ein **Rechtskraftzeugnis**, erteilt von der Geschäftsstelle des Prozessgerichts. Bei Endurteilen, gegen die ein Rechtsmittel möglich ist, kann das Rechtskraftzeugnis erst bei Vorliegen eines **Notfristzeugnisses** (Bescheinigung des Rechtsmittelgerichts) nach Ablauf der Rechtsmittelfrist erteilt werden *(§ 706 ZPO)*.

Aus nicht rechtskräftigen Urteilen kann bereits vollstreckt werden, wenn das Prozessgericht die Urteile für vorläufig vollstreckbar erklärt (Regelfall). Damit soll verhindert werden, dass der Schuldner

- pfändbare Gegenstände beseitigt und/oder
- die Zwangsvollstreckung verzögert (z. B. durch erfolgloses Einlegen von Rechtsmitteln).

Die vorläufige Vollstreckbarkeit muss entweder

- ausdrücklich im Urteilstenor angeordnet *(§§ 708, 709 ZPO)* oder
- durch Beschluss des Berufungs- bzw. Revisionsgerichts ausgesprochen werden *(§§ 537, 558 ZPO)*.

Man unterscheidet:

Gegen Sicherheitsleistung
Grundsätzlich sind Urteile nur gegen Sicherheitsleistung für vorläufig vollstreckbar zu erklären *(§ 709 ZPO)*, da sie noch bis zum Eintritt der Rechtskraft angefochten werden können. Im Falle der Abänderung des Urteils zugunsten des Beklagten ist der Kläger zum Ersatz des Vollstreckungsschadens verpflichtet *(§ 717 Abs. 2 ZPO)*.

Die Höhe der Sicherheitsleistung richtet sich nach der vollstreckbaren Hauptforderung nebst Zinsen, anderen Nebenforderungen, Kosten und Gebühren. Die genaue Bestimmung von Art und Höhe der Sicherheitsleistung liegt im Ermessen des Gerichts *(§ 108 ZPO)*.

Beispiel für Urteilstenor:
1. Der Beklagte wird verurteilt, an den Kläger 3 000,00 € nebst Zinsen in Höhe von fünf Prozentpunkten über dem Basiszinssatz seit dem 1. Juli 20.. zu zahlen.
2. Der Beklagte hat die Kosten des Rechtsstreits zu tragen.
3. Das Urteil ist gegen Sicherheitsleistung in Höhe von 3 600,00 € vorläufig vollstreckbar.

Mit Eintritt der Rechtskraft des für vorläufig vollstreckbar erklärten Urteils hat der Gläubiger Anspruch auf Rückerhalt der geleisteten Sicherheit. Auf Antrag und Vorlage des Rechtskraftzeugnisses ordnet das Gericht die Rückgabe an *(§ 715 Abs. 1 ZPO)*.

Ohne Sicherheitsleistung
Ohne Sicherheitsleistung werden gemäß *§ 708 ZPO* beispielsweise folgende Urteile für vorläufig vollstreckbar erklärt:

- Anerkenntnis- und Verzichtsurteile
- Versäumnisurteile
- Urteile im Urkundenprozess
- Urteile in Streitigkeiten zwischen Mieter und Vermieter
- Urteile über bestimmte Renten- und Unterhaltsansprüche
- Urteile über vermögensrechtliche Streitigkeiten bis 1 250,00 €

Voraussetzungen der Zwangsvollstreckung

 Aber: Der Schuldner kann in den Fällen des *§ 708 Nr. 4–11 ZPO* durch Sicherheitsleistung die Vollstreckung gegebenenfalls abwenden *(§ 711 ZPO)*.

Beispiel für Urteilstenor:

1. Der Beklagte wird verurteilt, an den Kläger 1 100,00 € nebst Zinsen in Höhe von fünf Prozentpunkten über dem Basiszinssatz seit dem 1. April 20.. zu zahlen.
2. Der Beklagte hat die Kosten des Rechtsstreits zu tragen.
3. Das Urteil ist ohne Sicherheitsleistung vorläufig vollstreckbar.
4. Der Beklagte darf die Vollstreckung durch Sicherheitsleistung in Höhe von 1 750,00 € abwenden, wenn nicht der Kläger Sicherheit in gleicher Höhe leistet.

Andererseits kann das Gericht unter folgender Voraussetzung den **Gläubiger** von der Leistung einer gemäß *§ 709 ZPO* zu erbringenden Sicherheit befreien: Der Gläubiger macht in einem Antrag glaubhaft, dass er die Sicherheit nicht leisten könne, aber durch Aussetzung der Vollstreckung einen schweren Nachteil (z. B. Leistung wird dringend für Lebenshaltung benötigt) erleiden würde *(§ 710 ZPO)*.

Wie aus den bisher genannten Vorschriften erkennbar ist, sieht der Gesetzgeber bei der Regelung der vorläufigen Vollstreckbarkeit die **Interessen des Gläubigers** als vorrangig an. Deshalb ist *§ 712 ZPO*, wonach der Schuldner durch eigene Sicherheitsleistung die Durchführung der Zwangsvollstreckung abwenden kann, als **Ausnahmeregelung** zu verstehen. Dies gilt auch bei gleichzeitiger Sicherheitsleistung des Gläubigers. Gemäß *§ 712 Abs. 2 ZPO* ist dem Antrag des Schuldners nicht zu entsprechen, wenn ein überwiegendes Interesse des Gläubigers entgegensteht.

 Anträge nach den *§§ 710, 711 S. 3* und *712 ZPO* sind **vor Schluss** der mündlichen Verhandlung zu stellen *(§ 714 ZPO)*.

Sicherungsvollstreckung

Beispiel:
Sophie Bach, Komplementärin der Firma Bach KG, strebt die Zwangsvollstreckung aus einem im Vormonat ergangenen Urteil gegen Lothar Leitner an. Dieser wurde verurteilt, an die Bach KG 4 500,00 € aus einem Werkvertrag zu zahlen, was er trotz wiederholter Aufforderung bisher nicht getan hat. Das Urteil wurde für vorläufig vollstreckbar gegen eine Sicherheitsleistung in Höhe von 5 000,00 € erklärt.

Aufgrund weiterer ausstehender Zahlungen sowie eigener Verbindlichkeiten sieht sich Sophie Bach nicht in der Lage, die Sicherheit zu leisten. Einen entsprechenden Antrag nach § 711 ZPO hätte sie vor Schluss der mündlichen Verhandlung stellen müssen (§ 714 ZPO).

Das heißt, die Vollstreckung kann erst nach Eintritt der Rechtskraft des Urteils beginnen.

Allerdings sieht der Gesetzgeber eine Möglichkeit vor, dass Sophie Bach zumindest den **Rang** ihres Anspruchs gegen Lothar Leitner sichern kann. Das ist von Bedeutung, wenn es weitere Gläubiger gibt, die ebenfalls die Zwangsvollstreckung betreiben.

Von der Zwangsvollstreckung gegen Sicherheitsleistung ist die Sicherungsvollstreckung zu unterscheiden.

Die **Sicherungsvollstreckung** nach *§ 720a ZPO* ermöglicht einem Gläubiger, der **wegen einer Geldforderung** die Zwangsvollstreckung betreiben möchte, aber die Sicherheitsleistung **nicht** erbringen kann, dennoch das Vermögen des Schuldners **pfänden** zu lassen.

Das heißt, die Vollstreckung kann auch ohne Sicherheitsleistung beginnen.

Beispiel:
Im Beispiel der Bach KG könnte Sophie Bach einen Pfändungsbeschluss in das Arbeitseinkommen von Lothar Leitner beantragen.

Die Vorschrift ist auf Urteile anwendbar, die nur gegen Sicherheitsleistung vorläufig vollstreckbar sind. Sie stellt eine Ausnahme dar, denn nach *§ 751 Abs. 2 ZPO* darf mit der Zwangsvollstreckung grundsätzlich erst begonnen werden, wenn die Sicherheitsleistung nachgewiesen und die Abschrift dieser Urkunde bereits zugestellt ist oder gleichzeitig zugestellt wird.

 Aber: Der Schuldner kann die Sicherungsvollstreckung durch Leistung einer Sicherheit abwenden *(§ 720a Abs. 3 ZPO).*

Der Vorteil der Sicherungsvollstreckung für den Gläubiger besteht in der **rangwahrenden Wirkung** der Pfändung.

Eine Befriedigung des Gläubigers – im Beispiel der Bach KG wäre es die Überweisung des gepfändeten Arbeitseinkommens – kann jedoch erst erfolgen, wenn

- die Sicherheit geleistet wurde *(§ 720a Abs. 1 S. 2 ZPO)* bzw.
- das Urteil rechtskräftig geworden ist (bei Anwendung von *§ 720a Abs. 3 ZPO*).

 Mit der Sicherungsvollstreckung kann – wenn die übrigen allgemeinen Voraussetzungen der Zwangsvollstreckung vorliegen – nicht sofort mit bzw. nach der Zustellung des Titels an den Schuldner begonnen werden. Es ist eine sogenannte Wartefrist einzuhalten. Der Titel muss dem Schuldner mindestens zwei Wochen vor Beginn der Zwangsvollstreckung zugestellt worden sein *(§ 750 Abs. 3 ZPO).*

Weitere Vollstreckungstitel

Neben dem Urteil gibt es eine Reihe anderer Titel, aus denen die Zwangsvollstreckung betrieben werden kann. Der *§ 794 ZPO* nennt die wichtigsten Titel, einschließlich des Europäischen Zahlungsbefehls sowie Titeln, die in einem anderen Mitgliedsstaat der Europäischen Union ergangen bzw. bestätigt worden sind *(§ 794 Abs. 1 Nr. 6–9 ZPO)*.

Weitere Vollstreckungstitel sind

- Prozessvergleiche *(§ 794 Abs. 1 Nr. 1 ZPO)*,
- Anwaltsvergleiche (Voraussetzung siehe *§ 796a ZPO*),
- Kostenfestsetzungsbeschlüsse *(§ 794 Abs. 1 Nr. 2 ZPO)*,
- Vollstreckungsbescheide *(§ 794 Abs. 1 Nr. 4 ZPO)*,

- vollstreckbare notarielle Urkunden mit Unterwerfungsklausel, z. B. bei Ansprüchen aus Hypothek oder Grundschuld *(§ 794 Abs. 1 Nr. 5 ZPO)*,
- Arrestbefehle und einstweilige Verfügungen *(§§ 928, 936 ZPO)*,
- Beschlüsse des Familiengerichts *(§ 86 FamFG)*.

Für die Zwangsvollstreckung im Ausland wurde 2015 eine Neuregelung für alle Mitgliedsstaaten der Europäischen Union beschlossen, die das Verfahren vereinfachen und damit beschleunigen soll.

Folgende Neuerungen sind aufgrund der EU-Verordnung Nr. 1215/2012 zum 10. Januar 2015 in Kraft getreten:

- Wegfall des Verfahrens zur Vollstreckbarerklärung (Exequaturverfahren) im Mitgliedsstaat, in dem die Zwangsvollstreckung stattfinden soll
- keine Übersetzung des gesamten Vollstreckungstitels
- Vollstreckung im EU-Ausland mittels Vorlage einer im Inland (Ursprungsland) ausgestellten Vollstreckungsbescheinigung (Bescheinigung ist gegebenenfalls zu übersetzen)

Der Gläubiger hat aufgrund dieses vereinfachten Verfahrens bessere Aussichten, seine Ansprüche gegen den Schuldner grenzüberschreitend durchzusetzen.

Beispiel:
Gläubiger Anton Steiner aus Wien hat gegen Schuldner Lukas Hofer aus Graz einen Titel erwirkt, aus dem er die Zwangsvollstreckung vollziehen möchte. Anton Steiner erhält die Mitteilung, dass Lukas Hofer zwischenzeitlich nach München verzogen ist. Unter Vorlage des Titels und der Vollstreckungsbescheinigung kann Anton Steiner einen zuständigen deutschen Gerichtsvollzieher bzw. das deutsche Vollstreckungsgericht mit der Zwangsvollstreckung in das Vermögen des Lukas Hofer beauftragen.

Aber auch der Schuldner ist im Zusammenhang mit der grenzüberschreitenden Vollstreckung nicht schutzlos. Mit einem Versagungsantrag kann er Einwände gegen die Zwangsvollstreckung vorbringen. Ausschließlich zuständig ist bei einer Vollstreckung in Deutschland das Landgericht am allgemeinen Gerichtsstand des Schuldners – im oben genannten Beispiel wäre es das Landgericht München (Wohnsitz des Lukas Hofer).

1.2.2 Vollstreckungsklausel

Die **Vollstreckungsklausel** ist die amtliche Bescheinigung, dass die Zwangsvollstreckung aus dem vorliegenden Titel zulässig ist.

Der Gläubiger beantragt formlos eine vollstreckbare Ausfertigung des Titels und damit gleichzeitig die Vollstreckungsklausel.

Die **vollstreckbare Ausfertigung** *(§ 724 ZPO)* ist die amtliche Abschrift (vgl. § 49 BeurkG) des Titels, versehen mit der Vollstreckungsklausel.

§ 725 ZPO Die Vollstreckungsklausel:
„Vorstehende Ausfertigung wird dem usw. (Bezeichnung der Partei) zum Zwecke der Zwangsvollstreckung erteilt"
(...)

Nicht die Urschrift (diese bleibt bei den Gerichtsakten), sondern eine **Ausfertigung** des Schuldtitels wird mit der Klausel versehen *(§ 724 ZPO)*, und zwar:

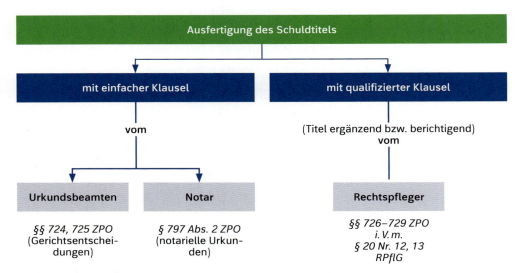

Das Klauselerteilungsverfahren ist ein eigenständiges prozessuales Verfahren; es ist nicht Bestandteil des Zwangsvollstreckungsverfahrens und verfügt deshalb über eigene Organe und Rechtsbehelfe.

Das Vollstreckungsorgan kann sich durch das Vorhandensein der Vollstreckungsklausel auf die materielle Rechtmäßigkeit des titulierten Anspruchs verlassen. Es prüft nur die formellen Voraussetzungen.

Zuständig für die Erteilung **einfacher** Klauseln ist der **Urkundsbeamte** des ersten Rechtszuges, es sei denn, der Rechtsstreit ist bei einem höheren Gericht anhängig. Dann wird die Klausel vom Urkundsbeamten dieses Gerichts erteilt *(§ 724 Abs. 2 ZPO)*.

Im Falle notarieller Urkunden wird die Vollstreckungsklausel vom Notar, der die Urkunde verwahrt, erteilt *(§ 797 Abs. 2 ZPO)*.

Die Erteilung sogenannter **qualifizierter** Klauseln erfordert die vorherige Prüfung bestimmter Voraussetzungen. Deshalb ist gemäß § 20 Nr. 12, 13 RPflG die Zuständigkeit des **Rechtspflegers** gegeben. Qualifizierte Klauseln bestätigen beispielsweise die Zulässigkeit der Zwangsvollstreckung für und gegen Rechtsnachfolger bzw. für und gegen Nacherben *(§§ 727, 728 ZPO)*.

 Bei Erteilung einer qualifizierten Klausel ist neben der Zustellung des Titels auch die Zustellung der Vollstreckungsklausel als Voraussetzung für die Zwangsvollstreckung erforderlich *(§ 750 Abs. 2 ZPO)*.

Um den Schuldner vor wiederholter Zwangsvollstreckung zu schützen, soll grundsätzlich **nur eine** vollstreckbare Ausfertigung erteilt werden. Wenn jedoch der Gläubiger seinerseits ein Rechtsschutzbedürfnis geltend macht, sind gemäß *§ 733 ZPO* nach Prüfung und Berücksichtigung aller Umstände des jeweiligen Einzelfalls weitere vollstreckbare Ausfertigungen zulässig.

So kann der Gläubiger neben einer Sach- oder Forderungspfändung gleichzeitig die Pfändung in das unbewegliche Vermögen des Schuldners betreiben, wofür er mehrere vollstreckbare Ausfertigungen benötigt.

Grundsätzlich **ohne** Vollstreckungsklausel sind z. B. vollstreckbar:

- Vollstreckungsbescheide (Ausnahme siehe *§ 796 Abs. 1 ZPO*)
- Arrestbefehle und einstweilige Verfügungen (Ausnahmen siehe *§§ 929 Abs. 1, 936 ZPO*)
- vereinfachte Kostenfestsetzungsbeschlüsse (*§ 105 ZPO*)

1.2.3 Zustellung

Zustellung ist die Bekanntgabe eines Dokuments an eine Person in der gesetzlich vorgeschriebenen Form. Sie dient als Nachweis von Zeit und Art der Übergabe *(§§ 166–195 ZPO)*.

Der Vollstreckungstitel ist grundsätzlich **vor Beginn** bzw. **gleichzeitig mit Beginn** der Vollstreckungsmaßnahme zuzustellen *(§ 750 Abs. 1 ZPO)*.

Eine mit dem Beginn der Zwangsvollstreckung gleichzeitig erfolgende Zustellung ist nur bei der Vollstreckung durch den Gerichtsvollzieher möglich.

Einer Zustellung der Vollstreckungsklausel bedarf es nur, wenn es sich um eine qualifizierte Klausel handelt *(§ 750 Abs. 2 ZPO)*. In diesen Fällen ist dem Schuldner eine **Abschrift der vollstreckbaren Ausfertigung** zuzustellen.

Erst nach Befriedigung des Gläubigers erhält der Schuldner das Original der vollstreckbaren Ausfertigung (vgl. *§ 757 ZPO*).

Ausnahmen von der Regel, dass mit Zustellung des Titels die Zwangsvollstreckung beginnen kann, sind in den *§§ 750 Abs. 3* und *798 ZPO* festgelegt. Zugunsten des **Schuldners** ist eine **Wartefrist von zwei Wochen** vor Beginn folgender Zwangsvollstreckungsmaßnahmen einzuhalten:

- Sicherungsvollstreckung nach *§ 720a i. V. m. § 750 Abs. 3 ZPO*
- Kostenfestsetzungsbeschluss nach *§ 794 Abs. 1 Nr. 2 i. V. m. § 798 ZPO*
- Anwaltsvergleich nach *§ 794 Abs. 1 Nr. 4b i. V. m. § 798 ZPO*
- Urkunden nach *§ 794 Abs. 1 Nr. 5 i. V. m. § 798 ZPO*

Andererseits sieht der Gesetzgeber zugunsten des **Gläubigers** vor, dass ohne vorherige oder gleichzeitige Zustellung des Titels mit der Zwangsvollstreckung begonnen werden kann, wenn es sich um

- Arrestbefehle *(§ 929 Abs. 3 ZPO)*,
- einstweilige Verfügungen *(§ 936 ZPO)* oder
- Vorpfändung *(§ 845 i. V. m. § 802a Abs. 2 Nr. 5 ZPO)* handelt.

Grundsätze und Voraussetzungen der Zwangsvollstreckung

Nachdem nun festgestellt ist, warum und wann der Vollstreckungstitel und gegebenenfalls die Klausel zugestellt werden müssen, bleibt noch zu klären, **wer** zustellt.

Urteile werden **von Amts wegen** zugestellt *(§ 317 Abs. 1 ZPO)*; ebenso gerichtliche Beschlüsse, die einen Vollstreckungstitel bilden *(§ 329 Abs. 3 ZPO)*.

Vollstreckungsbescheide werden von Amts wegen zugestellt, wenn nicht die Zustellung **im Parteibetrieb** beantragt wurde *(§ 699 Abs. 4 ZPO)*.

Bei anderen Titeln kommt grundsätzlich die Zustellung auf Betreiben des Gläubigers in Betracht. Dazu gehören z. B.

- Prozessvergleiche *(§ 794 Abs. 1 Nr. 1 ZPO)*,
- Anwaltsvergleiche *(§ 794 Abs. 1 Nr. 4b ZPO)*,
- gerichtliche oder notarielle Urkunden *(§ 794 Abs. 1 Nr. 5 ZPO)*.

Eine weitere Art der Zustellung ist die **öffentliche Zustellung**. Bei Vorliegen der Voraussetzungen kann das Gericht diese Variante bewilligen *(§ 186 Abs. 1 ZPO)*.

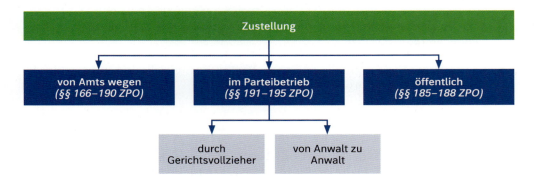

Übungsaufgaben

1. Erklären Sie die Begriffe „Vollstreckungstitel" und „vollstreckbare Ausfertigung".
2. Nennen Sie drei Titel, die grundsätzlich keiner Vollstreckungsklausel bedürfen.
3. Lea Schulz schuldet Ulli Fuchs 1 100,00 € zuzüglich Zinsen aus einem Kaufvertrag. Da Lea Schulz nicht zahlt, möchte Ulli Fuchs seine Forderung durch Zwangsvollstreckung eintreiben.

   Erläutern Sie, welche Voraussetzungen dafür erforderlich sind.
4. Erklären Sie, wann ein Urteil bereits bei Verkündung rechtswirksam sein kann.
5. Welche Urteile werden für vorläufig vollstreckbar gegen Sicherheitsleistung erklärt?

6. Schätzen und begründen Sie, wie hoch eine Sicherheitsleistung sein wird, wenn aus einem Urteil über 2 000,00 € vollstreckt wird.

7. Welche Urteile werden ohne Sicherheitsleistung für vorläufig vollstreckbar erklärt?

8. Kai Berger möchte gegen Susanne Neuenhaus die Zwangsvollstreckung aus einem gegen Sicherheitsleistung für vorläufig vollstreckbar zu erklärenden Urteil betreiben und teilt ihr das vor Beginn der Verhandlung mit.

   Gibt es für Susanne Neuenhaus eine Möglichkeit, die Zwangsvollstreckung abzuwenden, wenn durch die Vollstreckungsmaßnahme ein nicht zu ersetzender Nachteil für sie eintreten würde?

9. In einer Rechtssache hat Torsten Berthold aus dem gegen Sicherheitsleistung für vorläufig vollstreckbar erklärten Urteil die Zwangsvollstreckung betrieben. Das Urteil ist mittlerweile rechtskräftig geworden, da der Gegner kein Rechtsmittel eingelegt hat.

   Was muss Torsten Berthold veranlassen, damit er seine Sicherheitsleistung zurückerhält?

2 Organe der Zwangsvollstreckung

2.1 Der Gerichtsvollzieher

 Der Gerichtsvollzieher ist ein dem Amtsgericht zugeordneter Beamter, der mit Zustellungen, Ladungen und Vollstreckungen betraut wird *(§ 154 GVG)*. Er übt hoheitliche Gewalt aus, gegebenenfalls mit polizeilicher Unterstützung *(§ 758 ZPO)*.

Haupttätigkeitsfelder des Gerichtsvollziehers sind die Zwangsvollstreckung wegen Geldforderungen in bewegliche körperliche Sachen, die Herausgabe körperlicher Sachen und die Abnahme der Vermögensauskunft des Schuldners.

Mit der Reform der Sachaufklärung wurde ein neues Tätigkeitsfeld des Gerichtsvollziehers geschaffen. Der Vorrang der Mobiliarvollstreckung wurde zugunsten der Informationsbeschaffung über Vermögenswerte des Schuldners aufgegeben, d.h., der Schuldner kann nun bereits **vor** einem Pfändungsversuch zur Abgabe von Informationen verpflichtet werden.

Die Regelbefugnisse des Gerichtsvollziehers nach § 802a ZPO sind:

- Versuch einer gütlichen Erledigung der Sache *(§ 802b ZPO)*
- Einholen der Vermögensauskunft des Schuldners *(§ 802c ZPO)*
- Einholen von Auskünften Dritter über das Vermögen des Schuldners *(§ 802 Abs. 1 ZPO)*
- Pfändung und Verwertung körperlicher Sachen *(§§ 808, 814 ZPO)*
- Vorpfändung *(§ 845 ZPO)*

Außerdem ist der Gerichtsvollzieher sachlich zuständig für:

- Erwirken der Herausgabe beweglicher Sachen *(§§ 883, 884 ZPO)*
- Erwirken der Herausgabe/Räumung von Grundstücken *(§ 885 ZPO)*
- Zustellungen auf Betreiben der Partei *(§§ 191 ff. ZPO)*

Der Gerichtsvollzieher handelt im Auftrag des Gläubigers *(§ 753 Abs. 1 ZPO)*. Seit dem 1. April 2016 ist dazu gemäß *§ 5 GVFV* (Gerichtsvollzieherformular-Verordnung) zwingend ein **Formular** zu verwenden (vollständiges Formular siehe BuchPlusWeb). Für einen Auftrag, der ausschließlich die Zustellung eines Schriftstücks zum Inhalt hat, gilt der Formularzwang nicht *(§ 1 Abs. 2 GVFV)*.

Der Gläubiger entscheidet, welche Aufträge er dem Gerichtsvollzieher erteilt und in welcher Reihenfolge oder Kombination der Gerichtsvollzieher sie ausführen soll, siehe folgenden Auszug der Seite 5 des Gerichtsvollzieherformulars.

Auszug: Gerichtsvollzieherformular, S. 5, N

N	Angaben zur Reihenfolge bzw. Kombination der einzelnen Aufträge
N1	☐ Die Aufträge _____ werden ohne Angabe einer Reihenfolge erteilt. (Bezeichnung der Module bitte angeben)
N2	☐ Der Pfändungsauftrag soll **vor** weiteren Aufträgen durchgeführt werden.
N3	☐ Der Pfändungsauftrag soll **nach** Abnahme der Vermögensauskunft durchgeführt werden.

Quelle: Vollstreckungsauftrag an die Gerichtsvollzieherin/den Gerichtsvollzieher. In: www.justiz.de. URL: https://justiz.de/formulare/zwi_bund/vollstreckunggerichtsvollzieher_GV6.pdf [Stand: 17.09.2018.]

Bezug nehmend auf die *Einstiegssituation* könnte die Mandantin Luise Köhn die Kanzlei Schröder bitten, in ihrem Namen einen Gerichtsvollzieher zunächst mit dem Einholen der Vermögensauskunft des Schuldners nach *§ 802c ZPO* zu beauftragen. Danach hat der Schuldner alle ihm gehörenden Vermögensgegenstände anzugeben.

Die Abnahme der Vermögensauskunft wird dem Schuldner mit einer Frist von **zwei Wochen** angekündigt. Damit erhält der Schuldner die Gelegenheit, vorher die Forderung von Luise Köhn zu begleichen *(§ 802f ZPO)*.

Würde bei einer Forderung in Höhe von 1 350,00 € nach 75 Zinstagen der Gegenstandswert 1 361,54 € betragen, käme es zu folgender Gebührenabrechnung nach dem **Rechtsanwaltsvergütungsgesetz (RVG)** i.V.m. dem **Vergütungsverzeichnis (VV)** in der Fassung vom 1. August 2013:

Rechtsanwaltsvergütung für Vermögensauskunft	
Gegenstandswert: 1 361,54 € gemäß § 25 Abs. 1 Nr. 4 RVG	
1. Verfahrensgebühr §§ 2, 13 RVG, Nr. 3309 VV (0,3)	
Wert: 1 361,54 €	34,50 €
2. Pauschale für Post- u. Telekommunikationsdienstleistungen, Nr. 7002 VV	6,90 €
Zwischensumme	41,40 €
3. 19% Umsatzsteuer, Nr. 7008 VV	7,87 €
Gesamtbetrag	49,27 €

Luise Köhn könnte auch einer Ratenzahlung zustimmen und diese Möglichkeit im Gerichtsvollzieherformular auf Seite 3 angeben:

Auszug: Gerichtsvollzieherformular, S. 3, E

E	gütliche Erledigung (§ 802b der Zivilprozessordnung – ZPO)
E 1	☐ Ich bin einverstanden, dass die folgende Zahlungsfrist gewährt wird: _____
E 2	☐ Mit der Einziehung von Teilbeträgen bin ich einverstanden. ☐ Ratenhöhe mindestens _____ Euro ☐ monatlicher Turnus ☐ sonstiger Turnus: _____
E 3	☐ Ich bin mit einer Abweichung von den Zahlungsmodalitäten nach dem Ermessen der Gerichtsvollzieherin/des Gerichtsvollziehers einverstanden.
E 4	sonstige Weisungen ☐ _____
E 5	☐ Der Auftrag beschränkt sich auf die gütliche Erledigung.

Quelle: Vollstreckungsauftrag an die Gerichtsvollzieherin/den Gerichtsvollzieher. In: www.justiz.de. URL: https://justiz.de/formulare/zwi_bund/vollstreckunggerichtsvollzieher_GV6.pdf [Stand: 17.09.2018.]

Allerdings könnte Luise Köhn – vor Inanspruchnahme des Gerichtsvollziehers – zunächst Rechtsanwältin Heike Schröder beauftragen, mit dem Schuldner eine Ratenzahlung zu vereinbaren. Bei einer Forderung in Höhe von 1 350,00 € und einem Gegenstandswert von 1 361,54 € nach 75 Zinstagen käme es zu folgender Gebührenabrechnung nach *RVG i. V. m. dem Vergütungsverzeichnis (VV)* in der Fassung vom 1. August 2013:

Rechtsanwaltsvergütung für Ratenzahlungsvereinbarung Gegenstandswert: 1 361,54 € gemäß § 25 Abs. 1 Nr. 4 RVG	
1. Verfahrensgebühr §§ 2, 13 RVG, Nr. 3309 VV (0,3) Wert: 1 361,54 €	34,50 €
2. Einigungsgebühr §§ 2, 13 RVG, Nr. 1000 VV (1,5) Wert: 272,31 € gemäß § 31b RVG	67,50 €
3. Pauschale für Post- u. Telekommunikationsdienstleistungen, Nr. 7002 VV	20,00 €
Zwischensumme	122,00 €
4. 19 % Umsatzsteuer, Nr. 7008 VV	23,18 €
Gesamtbetrag	145,18 €

Damit würde am Tag der Ratenzahlungsvereinbarung eine Forderung in Höhe von **1 506,72 €** (1 361,54 € + 145,18 €) bestehen. Hinzu kämen die laufenden Zinsen bis zur vollständigen Tilgung. Würde der Schuldner eine monatliche Rate von 500,00 € zahlen, wäre die Schuld nach vier Monaten getilgt.

Sollte die Forderung nach Fristablauf nicht beglichen und auch keine Ratenzahlungsvereinbarung zustande gekommen sein, wäre die Abnahme der **Vermögensauskunft** durch den Gerichtsvollzieher zu veranlassen. Die Richtigkeit und Vollständigkeit der Angaben sind vom Schuldner zu Protokoll **an Eides statt** zu versichern *(§ 802c Abs. 3 ZPO).*

Aufgrund der Angaben kann Luise Köhn entscheiden, welche Art der Zwangsvollstreckung sie wählt, um die Befriedigung ihrer Forderungen durchzusetzen.

Verweigert der Schuldner grundlos die Vermögensauskunft, erlässt das Gericht auf Antrag des Gläubigers einen Haftbefehl zur Erzwingung der Abgabe *(§ 802g ZPO)*.

Die Abnahme der Vermögensauskunft muss jedoch nicht in jedem Fall vorher angekündigt werden. Wenn der Gläubiger den Gerichtsvollzieher zunächst beauftragt, beim Schuldner eine Sachpfändung durchzuführen, kann dieser Auftrag mit der Abnahme der Vermögensauskunft kombiniert werden, für den Fall, dass die Sachpfändung erfolglos verläuft. Gemäß *§ 807 ZPO* kann der Gerichtsvollzieher im Anschluss an den fruchtlosen Versuch der Sachpfändung die Vermögensauskunft abweichend vom *§ 802f ZPO* **sofort** abnehmen.

Ein Auszug der Seite 4 des Gerichtsvollzieherformulars veranschaulicht die Varianten der Beauftragung des Gerichtsvollziehers durch den Schuldner im Zusammenhang mit der Abnahme der Vermögensauskunft des Schuldners:

Auszug: Gerichtsvollzieherformular, S. 4, G und H

G Abnahme der Vermögensauskunft (bitte Hinweise in der Anlage 2 des Formulars beachten)

G 1 ☐ nach den §§ 802c, 802f ZPO (ohne vorherigen Pfändungsversuch)

G 2 ☐ nach den §§ 802c, 807 ZPO (nach vorherigem Pfändungsversuch)
Sofern der Schuldner wiederholt nicht anzutreffen ist,
☐ bitte ich um Rücksendung der Vollstreckungsunterlagen.
☐ beantrage ich, das Verfahren zur Abnahme der Vermögensauskunft nach den §§ 802c, 802f ZPO einzuleiten.

G 3 ☐ erneute Vermögensauskunft nach § 802d ZPO (wenn der Schuldner bereits innerhalb der letzten zwei Jahre die Vermögensauskunft abgegeben hat)
Die Vermögensverhältnisse des Schuldners haben sich wesentlich geändert, weil
_____
_____
_____

Zur Glaubhaftmachung füge ich bei:
_____
_____
_____

G 4 weitere Angaben im Zusammenhang mit der Vermögensauskunft
☐ _____

H ☐ **Erlass des Haftbefehls nach § 802g ZPO**
Bleibt der Schuldner dem Termin zur Abgabe der Vermögensauskunft unentschuldigt fern oder weigert er sich ohne Grund, die Vermögensauskunft zu erteilen, beantrage ich den Erlass eines Haftbefehls nach § 802g Absatz 1 ZPO. Die Gerichtsvollzieherin/den Gerichtsvollzieher bitte ich, den Antrag an das zuständige Amtsgericht weiterzuleiten und dieses zu ersuchen, nach Erlass des Haftbefehls diesen an
☐ den Gläubiger ☐ den Gläubigervertreter zu übersenden.
☐ die zuständige Gerichtsvollzieherin/den zuständigen Gerichtsvollzieher weiterzuleiten. Gegenüber der Gerichtsvollzieherin/dem Gerichtsvollzieher stelle ich den Antrag auf Verhaftung des Schuldners.

Quelle: Vollstreckungsauftrag an die Gerichtsvollzieherin/den Gerichtsvollzieher. In: www.justiz.de. URL: https://justiz.de/formulare/zwi_bund/vollstreckunggerichtsvollzieher_GV6.pdf [Stand: 17.09.2018.]

Robert Brand (siehe *Einstiegssituation*) möchte nun wissen, ob ein Gläubiger oder eine Gläubigerin auch ohne anwaltliche Hilfe die Zwangsvollstreckung betreiben kann. Rechtsanwältin Heike Schröder erklärt ihrem Auszubildenden, dass ein Zwangsvollstreckungsverfahren sehr formalistisch ist. Für einen Laien ist es schwierig zu wissen und zu entscheiden, welche Anträge wann, wo und in welcher Reihenfolge zu stellen sind. Ein Rechtsanwalt erspart dem Gläubiger zeitaufwendige Korrespondenzen mit dem Gericht oder dem Gerichtsvollzieher. Zudem sind die Rechtsanwaltsgebühren in einem Vollstreckungsverfahren überschaubar und werden letztendlich dem Schuldner auferlegt.

Beispiel:
Bei einer Hauptforderung von 635,00 € zuzüglich Zinsen würden folgende Rechtsanwaltsgebühren für die Sachpfändung entstehen:

Sachpfändung Gegenstandswert: 643,98 € gemäß § 25 Abs. 1 Nr. 1 RVG	
1. Verfahrensgebühr §§ 2, 13 RVG, Nr. 3309 VV (0,3) Wert: 643,98 €	24,00 €
2. Pauschale für Post- u. Telekommunikationsdienstleistungen, Nr. 7002 VV	4,80 €
Zwischensumme	28,80 €
3. 19% Umsatzsteuer, Nr. 7008 VV	5,47 €
Gesamtbetrag	34,27 €

Sollte jedoch ein Gläubiger oder eine Gläubigerin genaue Vorstellungen über den Ablauf eines Zwangsvollstreckungsverfahrens haben, steht einer eigenständigen Beauftragung des Gerichtsvollziehers nichts im Wege. Zur Veranschaulichung erklärt Rechtsanwältin Heike Schröder ihrem Auszubildenden an einem Beispiel, bei dem eine Gläubigerin ohne die Inanspruchnahme eines Rechtsanwalts die Zwangsvollstreckung betreibt, wie ein Gerichtsvollzieher vorgeht und was unternommen werden kann, wenn der Schuldner nicht wie gewünscht reagiert.

Beispiel:
Gläubigerin Meret Krahl hat einen Vollstreckungstitel über 575,00 € gegen Schuldner Ingo Beier und beauftragt Gerichtsvollzieher Jonas Conrad mit der Zwangsvollstreckung. Meret Krahl ist sicher, dass in der Wohnung von Ingo Beier wertvolle pfändbare Gegenstände vorhanden sind und dass er außerdem über genügend Bargeld verfügt. Deshalb erteilt sie einen Vollstreckungsauftrag zur Pfändung und Verwertung körperlicher Sachen. Sollte wider Erwarten die Pfändung fruchtlos verlaufen, soll der Gerichtsvollzieher sofort die Vermögensauskunft abnehmen.

Anhand der Erläuterungen der Rechtsanwältin fertigt Robert eine Übersicht an, um sich alle erwähnten Schritte besser einprägen zu können.

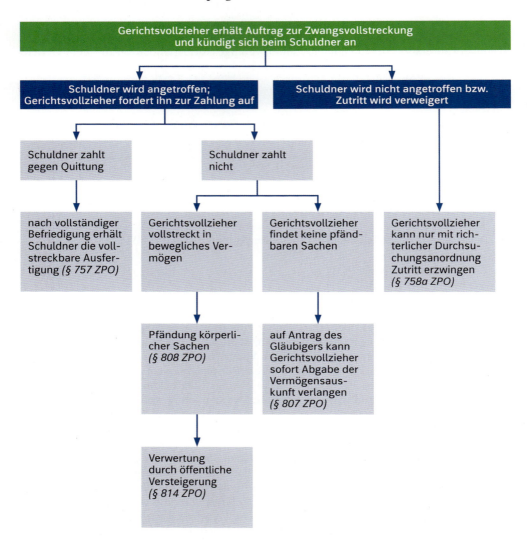

Für den Fall, dass der Schuldner zwar zahlungswillig ist, aber die geschuldete Summe nicht sofort aufbringen kann, wird der Gerichtsvollzieher dem Schuldner eine Zahlungsfrist einräumen oder eine Tilgung durch Teilleistungen (Ratenzahlung) gestatten, sofern der Gläubiger – im obigen Fall Meret Krahl – dies nicht ausgeschlossen hat (*§ 802b Abs. 2 ZPO*). Wenn dieser Versuch fehlschlägt, kommt es zur Sachpfändung nach *§ 808 ZPO* oder zur Abnahme der Vermögensauskunft nach *§ 807 ZPO*.

Ergibt der Inhalt der Vermögensauskunft die Möglichkeit einer Forderungspfändung oder einer Pfändung in unbewegliches Vermögen, liegt die Zuständigkeit nicht beim Gerichtsvollzieher. Der Gläubiger muss seinen Auftrag beim Vollstreckungsgericht einreichen.

2.2 Das Vollstreckungsgericht

 Das **Vollstreckungsgericht** ist das Amtsgericht, in dessen Bezirk das Vollstreckungsverfahren stattfinden soll, d. h. grundsätzlich am allgemeinen Gerichtsstand des Schuldners *(§ 764 i. V. m. § 828 ZPO)*.

 Bei allen im *Buch 8 der ZPO* angegebenen Gerichtsständen handelt es sich um **ausschließliche** Zuständigkeiten *(§ 802 ZPO)*.

Funktionell zuständig ist in der Regel der **Rechtspfleger** *(§ 20 Nr. 17 RPflG)*. Dem **Richter** vorbehalten sind die Entscheidungen über Vollstreckungsschutzanträge und über Erinnerungen gegen die Art und Weise der Zwangsvollstreckung sowie die Anordnung einer Haft oder die Durchsuchung einer Wohnung.

Sachliche Zuständigkeit:

- Zwangsvollstreckung in Forderungen *(§§ 828 ff., 930 Abs. 1 S. 3 ZPO)*
- Entscheidungen über
  - Zulassung der Austauschpfändung *(§ 811a Abs. 2 ZPO)*
  - Antrag auf andere Verwertungsart *(§ 825 Abs. 1 ZPO)*
  - Antrag auf Versteigerung durch andere Person (nicht Gerichtsvollzieher) *(§ 825 Abs. 2 ZPO)*
- Zwangsversteigerung und Zwangsverwaltung einer Immobilie *(§§ 866 ff. ZPO)*
- Sequesterbestellung bei Herausgabeanspruch auf eine unbewegliche Sache *(§ 848 Abs. 1 ZPO)*
- Verteilungsverfahren, wenn hinterlegter Betrag nicht ausreicht *(§§ 872 ff. ZPO)*
- Erlass einer Durchsuchungsanordnung[1] *(§ 758a ZPO)*
- Erlass des Haftbefehls[1] *(§ 802g ZPO)*
- Entscheidung über Vollstreckungserinnerung[1] *(§ 766 ZPO)*
- Entscheidung über Vollstreckungsschutzantrag des Schuldners[1] *(§ 765a ZPO)*

 Um Forderungen des Schuldners gegenüber einem Dritten (Drittschuldner) zu realisieren, muss der Gläubiger beim Vollstreckungsgericht den Erlass eines Pfändungs- und Überweisungsbeschlusses beantragen.

Der Pfändungs- und Überweisungsbeschluss ist *kein* Vollstreckungstitel.

---

[1] funktionelle Zuständigkeit des Richters

Organe der Zwangsvollstreckung

2.3 Das Prozessgericht des ersten Rechtszuges

 Das Prozessgericht des ersten Rechtszuges ist das Gericht, bei dem der Gläubiger sein Urteil erstritten hat. Handelt es sich dabei um ein Landgericht, ist der Zwangsvollstreckungsantrag von einem Anwalt zu stellen.

Sachliche Zuständigkeit:

- Zwangsvollstreckung zur Erwirkung von Handlungen, Duldungen und Unterlassungen *(§§ 887 ff. ZPO)*
- Klage auf Erteilung der Vollstreckungsklausel *(§ 731 ZPO)*
- Klage wegen Unzulässigkeit der Vollstreckungsklausel *(§ 768 ZPO)*
- Vollstreckungsabwehrklage *(§§ 767, 785, 786 ZPO)*
- Anordnung der Einstellung/Aufhebung der Zwangsvollstreckung *(§ 769 Abs. 1 ZPO)*

Funktionell zuständig ist der **Richter**.

Beispiel „Zwangsvollstreckung zur Erwirkung von Handlungen":
Vermieter Ronald Sulzer ist durch Urteil des Amtsgerichts Freiberg verurteilt worden, eine defekte Stromleitung bei seiner Mieterin Juliane Gerold zu reparieren, was er trotz wiederholter Aufforderung bisher nicht erledigt hat. Juliane Gerold beantragt beim Prozessgericht des ersten Rechtszuges, die Handlung auf Kosten des Schuldners selbst vorzunehmen bzw. einen Dritten zu beauftragen.

→ *Die Vollstreckung erfolgt durch Ermächtigung der Gläubigerin/Mieterin.*

2.4 Das Grundbuchamt

 Das **Grundbuchamt** ist das Vollstreckungsorgan für Eintragungen in das Grundbuch infolge der Zwangsvollstreckung. Das Grundbuch wird bei dem Amtsgericht geführt, in dessen Bezirk das betroffene Grundstück liegt *(§ 1 GBO)*.

Das Grundbuchamt ist sachlich zuständig für die Eintragung einer

- Zwangshypothek *(§§ 866, 867 ZPO),*
- Pfändung einer Hypothekenforderung *(§ 830 ZPO),*
- Pfändung einer Reallast, Grundschuld, Rentenschuld *(§ 857 Abs. 6 ZPO).*

Funktionell zuständig ist der **Rechtspfleger** *(§ 3 Nr. 1h RPflG).*

Durch die Eintragung einer Zwangshypothek sichert sich der Gläubiger im Falle einer Versteigerung einen Vorrang im Vergleich zu anderen Gläubigern ohne Rangsicherung sowie weiteren Gläubigern, die ihre Rechte nach ihm in das Grundbuch eintragen lassen.

Die Rangfolge von Grundstücksrechten richtet sich nach der Reihenfolge ihrer Eintragung in der jeweiligen Abteilung des Grundbuchs *(§ 879 BGB)*. Dabei ist nach den *§§ 17, 45 GBO* zu beachten, dass eine früher **beantragte** Grundbucheintragung den besseren Rang erhält, auch wenn als Ausnahmefall eine später beantragte Eintragung vorher ausgeführt wird.

Die Zwangshypothek ist eine reine Sicherungsmaßnahme; zur Befriedigung des Gläubigers bedarf es der Verwertung durch Zwangsverwaltung oder Zwangsversteigerung (vgl. Zuständigkeit des Vollstreckungsgerichts).

LF 12 Kap. 2.2

 Eine Zwangshypothek kann nur eingetragen werden, wenn die Forderung des Gläubigers 750,00 € übersteigt *(§ 866 Abs. 3 ZPO)*.

Die Forderung wird durch Zwangshypothek nicht ausgeglichen, aber dinglich abgesichert.

Übungsaufgaben

1. Welches Vollstreckungsorgan ist in folgenden Fällen jeweils sachlich zuständig?
   a Pfändung eines Gemäldes
   b Eintragung einer Zwangshypothek
   c Räumung einer Wohnung
   d Pfändung von Lohnforderungen
   e Zwangsversteigerung eines Mehrfamilienhauses
   f Erwirkung von Unterlassungen
   g Einholen der Vermögensauskunft des Schuldners
   h Verwertung gepfändeter Sachen durch öffentliche Versteigerung

2. Jonathan Kaufmann hat einen Vollstreckungstitel gegen Katharina Albrecht erwirkt. An welches Vollstreckungsorgan sollte sich Jonathan Kaufmann wenden, wenn er keinerlei Informationen über die Vermögensverhältnisse von Katharina Albrecht hat?

3. Für welche Vollstreckungshandlungen ist im Falle der sachlichen Zuständigkeit des Vollstreckungsgerichts
   a der Rechtspfleger,
   b der Richter

   funktionell zuständig?

4. Welche Regelbefugnisse hat der Gerichtsvollzieher aufgrund eines Vollstreckungsauftrages sowie einer vorliegenden vollstreckbaren Ausfertigung des Titels?

3 Sachaufklärung und Vermögensauskunft des Schuldners

3.1 Bedeutung der Sachaufklärung

Das **Gesetz zur Reform der Sachaufklärung in der Zwangsvollstreckung** hat zu weitreichenden Änderungen des 8. Buches der Zivilprozessordnung geführt.

Die Beschaffung von Informationen über den Schuldner zur Beitreibung titulierter Forderungen wurde erleichtert; die Führung des Schuldnerverzeichnisses zentralisiert und automatisiert.

Seit dem 1. Januar 2013 ist es nicht mehr Sache des Gläubigers, den Aufenthaltsort des Schuldners zu ermitteln. Der Gerichtsvollzieher ist nach § 755 Abs. 1 ZPO berechtigt, Wohn- bzw. Aufenthaltsorte des Schuldners bei der Meldebehörde zu erheben. Voraussetzung dafür ist das Vorliegen eines Vollstreckungsauftrags und der vollstreckbaren Ausfertigung des Titels.

Ist die Ermittlung des Aufenthaltsortes über die Meldebehörde nicht möglich, darf der Gerichtsvollzieher nach § 755 ZPO Auskünfte beim Ausländerzentralregister, bei der Ausländerbehörde, bei der gesetzlichen Rentenversicherung sowie beim Kraftfahrt-Bundesamt einholen.

Wenn der Aufenthaltsort bekannt ist, könnte der Gerichtsvollzieher im Auftrag des Gläubigers – bei Vorliegen aller Voraussetzungen für die Zwangsvollstreckung – die Pfändung und Verwertung körperlicher Sachen vornehmen. So sah es das Vollstreckungsrecht seit dem 19. Jahrhundert vor. Das Gemälde „Die Hausratsauflösung" aus dem 19. Jahrhundert zeigt die typische Vorgehensweise in der damaligen Zeit.

Die Hausratsauflösung, Skandinavien, 19. Jahrhundert; Darstellung einer Pfändung

Doch in der heutigen Zeit sind in vielen Haushalten kaum wertintensive pfändbare Sachen vorhanden. Die meisten Gegenstände sind unpfändbar (Haushaltgeräte, Mobiliar, Computer, Fernsehgerät, Fahrzeug) oder die Verwertungskosten übersteigen den Wert der pfändbaren Gegenstände. Die Pfändung von Lohnforderungen und Bankguthaben ist in der Regel effektiver. Der Zugriff auf diese Vermögenswerte im Rahmen der Forderungspfändung war nach früherem Recht erst nach erfolglosem Sachpfändungsversuch möglich. Mit der Reform der Sachaufklärung wurde der Ablauf des Zwangsvollstreckungsverfahrens an die bestehenden Verhältnisse angepasst – der Informationsbeschaffung wurde Vorrang eingeräumt.

Das bedeutet für den Gläubiger, dass er im Zwangsvollstreckungsauftrag konkret angeben muss, welche Aufgaben nach § 802a Abs. 2 ZPO der Gerichtsvollzieher erledigen soll. Lediglich ohne gesonderten Auftrag kann und soll der Gerichtsvollzieher in jeder Lage des Verfahrens auf eine **gütliche Erledigung des Verfahrens** bedacht sein *(§ 802b Abs. 1 ZPO)*.

Der Gerichtsvollzieher kann durch Einräumen einer Zahlungsfrist oder durch eine Ratenzahlungsvereinbarung den Aufschub der Zwangsvollstreckung ermöglichen. Grundsätzlich ist die Zustimmung des Gläubigers dazu erforderlich.

Die Zustimmung zu oben genannter Zahlungsvereinbarungen wird nach § 802 Abs. 2 S. 1 ZPO als gegeben angesehen, sofern der Gläubiger im Antrag nicht ausdrücklich darauf hinweist, dass er mit dem Abschluss einer Zahlungsvereinbarung nicht einverstanden ist.

Hat der Gläubiger Kenntnis über die Vermögensverhältnisse des Schuldners, wird er den Gerichtsvollzieher entweder mit der Pfändung und Verwertung körperlicher Sachen beauftragen oder mit der Zustellung eines vorläufigen Zahlungsverbots (Vorpfändung – § 845 ZPO).

Die wesentliche Errungenschaft der Reform der Sachaufklärung besteht jedoch darin, dass der Gläubiger den Gerichtsvollzieher zu Beginn des Zwangsvollstreckungsverfahrens mit der Abnahme der Vermögensauskunft des Schuldners beauftragen kann, um danach zu entscheiden, in welche Vermögensbestandteile es sich lohnt zu vollstrecken.

Örtlich zuständig für die Abnahme der Vermögensauskunft ist der Gerichtsvollzieher bei dem Amtsgericht, in dessen Bezirk der Schuldner zum Zeitpunkt der Auftragserteilung seinen Wohnsitz oder Aufenthaltsort hat *(§ 802e Abs. 1 ZPO)*.

3.2 Vermögensauskunft des Schuldners

3.2.1 Voraussetzungen und Ablauf des Verfahrens zur Abnahme der Vermögensauskunft nach *§ 802f ZPO*

Voraussetzungen für die Abnahme der Vermögensauskunft sind:

- Ein vollstreckbarer Titel ist dem Schuldner zugestellt worden.
- Die vollstreckbare Ausfertigung des Titels und der Vollstreckungsauftrag des Gläubigers liegen dem Gerichtsvollzieher vor.
- Der Schuldner ist nicht in der Lage, die titulierte Forderung innerhalb von **zwei Wochen** zu begleichen und eine Ratenzahlungsvereinbarung ist nicht zustande gekommen.

Die oben genannte Frist von zwei Wochen für die Begleichung der Forderung wird vom Gerichtsvollzieher gesetzt. Gleichzeitig bestimmt er für den Fall, dass die Forderung nach Ablauf der Frist nicht beglichen ist und auch keine Ratenzahlung erfolgt, einen zeitnahen Termin zur Abgabe der Vermögensauskunft.

Mit der Ladung ist der Schuldner nach *§ 802f Abs. 3 ZPO* darüber zu belehren,

- welche Angaben vom Schuldner gefordert werden *(§ 802c Abs. 2 ZPO)*,
- welche Rechte und Pflichten für den Schuldner bestehen,
- welche Folgen eine unentschuldigte Terminssäumnis hat,
- welche Folgen eine Verletzung der Auskunftspflichten hat sowie
- über die Möglichkeit der Einholung von Auskünften Dritter nach *§ 802l ZPO* und
- über die Eintragung in das Schuldnerverzeichnis bei Voraussetzungen nach *§ 882c ZPO*.

Hatte der Gläubiger den Gerichtsvollzieher bereits mit der Sachpfändung beauftragt und ist dieser Pfändungsversuch erfolglos verlaufen, kann der Gerichtsvollzieher auf Antrag des Gläubigers nach § 807 Abs. 1 ZPO die Vermögensauskunft – abweichend von *§ 802f Abs. 1 ZPO* – sofort abnehmen.

In der Vermögensauskunft hat der Schuldner nach *§ 802c Abs. 1 und 2 ZPO* neben Angaben zur Person (Geburtsname, Geburtsdatum, Geburtsort bzw., wenn es sich bei dem Schuldner um eine juristische Person oder eine Personenvereinigung handelt, Firma, Handelsregisternummer und Sitz) alle ihm gehörenden Vermögensgegenstände (körperliche Sachen, Forderungen, Rechte, Grundstücke usw.) anzugeben.

Außerdem hat der Schuldner Auskunft zu erteilen über

- entgeltliche Veräußerungen an nahestehende Personen innerhalb der letzten **zwei Jahre**,
- unentgeltliche Leistungen des Schuldners innerhalb der letzten **vier Jahre** (betrifft nicht geringwertige Gelegenheitsgeschenke).

Nur offensichtlich unpfändbare Sachen nach *§ 811 Abs. 1 ZPO* brauchen nicht angegeben werden, es sei denn, dass eine Austauschpfändung nach *§ 811a ZPO* in Betracht kommt.

Der Gerichtsvollzieher errichtet aus den Angaben des Schuldners das Vermögensverzeichnis als elektronisches Dokument, welches dem Schuldner vorzulesen oder zur Durchsicht am Bildschirm vorzulegen ist *(§ 802f Abs. 5 ZPO)*. Nach *§ 802c Abs. 3 ZPO* hat der Schuldner die Richtigkeit der Angaben **an Eides statt** zu versichern, d.h., er macht sich strafbar, wenn er vorsätzlich oder fahrlässig falsche bzw. unvollständige Angaben macht *(§§ 156, 161 StGB)*.

Das Vermögensverzeichnis hinterlegt der Gerichtsvollzieher beim zuständigen zentralen Vollstreckungsgericht und leitet dem Gläubiger unverzüglich einen Ausdruck zu *(§ 802f Abs. 6 i. V. m. § 802k Abs. 1 ZPO)*.

Übersicht der zentralen Vollstreckungsgerichte	
Bundesland	**Amtsgericht**
Baden-Württemberg	Karlsruhe
Bayern	Hof
Berlin	Berlin-Mitte
Brandenburg	Nauen
Bremen	Bremerhaven
Hamburg	Hamburg
Hessen	Hünfeld
Mecklenburg-Vorpommern	Neubrandenburg
Niedersachsen	Goslar

Übersicht der zentralen Vollstreckungsgerichte	
Bundesland	Amtsgericht
Nordrhein-Westfalen	Hagen
Rheinland-Pfalz	Kaiserslautern
Saarland	Saarbrücken
Sachsen	Zwickau
Sachsen-Anhalt	Dessau-Roßlau
Schleswig-Holstein	Schleswig
Thüringen	Meiningen

Gemäß § 802d ZPO ist der Schuldner zu einer erneuten Abgabe der Vermögensauskunft innerhalb von **zwei Jahren** nur verpflichtet, wenn wesentliche Veränderungen der Vermögensverhältnisse glaubhaft gemacht werden. Demzufolge wird ein Vermögensverzeichnis beim zentralen Vollstreckungsgericht zwei Jahre lang gespeichert und anschließend gelöscht, wenn nicht vorher eine erneute Vermögensauskunft abzugeben ist *(§ 802k Abs. 1 S. 4 ZPO)*.

Die Vermögensverzeichnisse können bundesweit beim gemeinsamen Vollstreckungsportal der Länder im Internet eingesehen und abgerufen werden. Neben dem Gerichtsvollzieher sind die in *§ 802k Abs. 2 ZPO* genannten Vollstreckungsbehörden und Gerichte einsichtsberechtigt.

3.2.2 Folgen der Nichtabgabe der Vermögensauskunft

Erscheint der Schuldner unentschuldigt nicht zum Termin der Abgabe der Vermögensauskunft oder verweigert er die Abgabe der Vermögensauskunft ohne Grund, erlässt das Gericht auf Antrag des Gläubigers einen Haftbefehl, um damit die Abgabe der Vermögensauskunft zu erzwingen *(§ 802g Abs. 1 ZPO)*.

Die Verhaftung erfolgt durch den Gerichtsvollzieher *(§ 802g Abs. 2 ZPO)*.

Es handelt sich hierbei um den Vollzug eines zivilrechtlichen Haftbefehls. Dieser stellt keine Sanktion dar, sondern dient als Beugemittel. Das heißt, der Schuldner kann zu jeder Zeit die Wirkung des Haftbefehls abwenden, indem er die Vermögensauskunft abgibt *(§ 802i ZPO)*.

Der Haftbefehl muss innerhalb von **zwei Jahren** vollzogen werden *(§ 802h Abs. 1 ZPO)*; die Dauer der Haft darf **sechs Monate** nicht übersteigen *(§ 802j Abs. 1 ZPO)*.

Unabhängig von der Möglichkeit, dass der Schuldner sich doch noch zur Abgabe der Vermögensauskunft entschließt, kann der Gerichtsvollzieher auf Antrag des Gläubigers auch Auskünfte

- bei den **Trägern der gesetzlichen Rentenversicherungen**,
- beim **Bundeszentralamt für Steuern** und
- beim **Kraftfahrt-Bundesamt**

einholen. Dasselbe gilt, wenn die in der Vermögensauskunft angegebenen Vermögensgegenstände eine vollständige Befriedigung des Gläubigers nicht erwarten lassen *(§ 802l Abs. 1 ZPO)*.

3.3 Das Schuldnerverzeichnis nach §§ 882b ff. ZPO

 Das Schuldnerverzeichnis ist das Verzeichnis der Personen, deren Eintragung
- der Gerichtsvollzieher – von Amts wegen – gemäß *§ 882c ZPO*,
- die Vollstreckungsbehörde gemäß *§ 284 Abs. 9 AO*,
- das Insolvenzgericht gemäß *§ 26 Abs. 2 InsO*

angeordnet hat.

Während nach altem Recht bis 2012 jeder Schuldner, der zur Abgabe der Vermögensauskunft (früher eidesstattliche Versicherung bzw. Offenbarungseid) verpflichtet war, in das Schuldnerverzeichnis eingetragen wurde, hat sich auch diesbezüglich die Rechtslage mit der Reform der Sachaufklärung geändert.

Eine Eintragung erfolgt nur, wenn

- der Schuldner seiner Pflicht zur Abgabe der Vermögensauskunft nicht nachkommt,
- sich aus dem Vermögensverzeichnis offensichtlich keine vollständige Befriedigung des Gläubigers ableiten lässt **oder**
- die Forderung nicht innerhalb eines Monats nach Abgabe der Vermögensauskunft beglichen wird, es sei denn, es existiert ein Zahlungsplan nach § 802b ZPO (§ 882c Abs. 1 ZPO).

Auch der Erlass eines Haftbefehls nach § 802g ZPO wird demzufolge nicht mehr in das Schuldnerverzeichnis eingetragen. Die Eintragung erfolgt erst, wenn die Vollstreckung als **endgültig gescheitert** gilt.

Der Gesetzgeber vollzieht somit eine klare Trennung zwischen

- Informationsbeschaffung des Gläubigers *(§§ 802a ff. ZPO)* und
- rechtlichen Folgen einer erfolglosen Zwangsvollstreckung für den Schuldner *(§§ 882b ff. ZPO)*.

Die Aussagekraft des Schuldnerverzeichnisses wurde deutlich erhöht. Wer als Schuldner im Schuldnerverzeichnis eingetragen ist, hat an Kreditwürdigkeit verloren. Er wird keine Kredite mehr erhalten und im sonstigen Geschäftsverkehr erhebliche Nachteile hinnehmen müssen. Es liegt daher in den meisten Fällen im Interesse des Schuldners, die Eintragung in das Schuldnerverzeichnis zu verhindern oder zu verzögern.

Eine Löschung der Eintragung erfolgt grundsätzlich nach Ablauf von **drei Jahren** *(§ 882e Abs. 1 ZPO)*. Eine vorzeitige Löschung kann erfolgen, wenn die vollständige Befriedigung des Gläubigers nachgewiesen wird oder der Eintragungsgrund weggefallen ist *(§ 882 Abs. 3 ZPO)*.

Das Schuldnerverzeichnis wird von den zentralen Vollstreckungsgerichten der Länder geführt *(§ 882h Abs. 1 ZPO)*. Eine wesentliche Neuerung besteht darin, dass Gläubiger **bundesweit** Kenntnis über eventuelle Einträge im Schuldnerverzeichnis erlangen können. Die Einsicht in das zentrale Schuldnerregister über das gemeinsame Vollstreckungsportal der Länder im Internet ist jedem gestattet, der ein berechtigtes Interesse dafür darlegt *(§ 882f Abs. 1 ZPO)*.

Das Portal ist seit dem 1. Januar 2013 unter **www.vollstreckungsportal.de** verfügbar. Die Einsichtnahme ist kostenpflichtig. Sie wird nur registrierten Nutzern gewährt und erfolgt ausschließlich in elektronischer Form.

Übungsaufgaben

1. Unter welchen Voraussetzungen kann der Gläubiger die Abgabe der Vermögensauskunft des Schuldners verlangen?
2. Worin besteht der Unterschied bei der Abgabe der Vermögensauskunft nach *§ 802f ZPO* und *§ 807 ZPO*?
3. Welche Vorteile hat die Reform der Sachaufklärung für den Gläubiger hinsichtlich der Informationsbeschaffung gebracht?
4. Schuldner Tobias Jörgens aus Leipzig wird zur Abgabe der Vermögensauskunft geladen.
   a Welcher Gerichtsvollzieher ist zuständig?
   b Welche Auskünfte muss der Schuldner in der Vermögensauskunft erteilen?
   c Wodurch bestätigt der Schuldner die Richtigkeit und Vollständigkeit seiner Angaben?
   d Wie geht das Verfahren weiter, wenn der Schuldner nicht zum Termin erscheint?
5. Wo werden die Vermögensverzeichnisse hinterlegt und wo ist eine Einsichtnahme möglich?
6. Wo wird das Schuldnerverzeichnis geführt und wo kann Einsichtnahme erfolgen?
7. Wer hat die Berechtigung zur Einsichtnahme
   a in das Vermögensverzeichnis eines Schuldners?
   b in das Schuldnerverzeichnis?

4 Arten der Zwangsvollstreckung

Bei der Durchsetzung von Ansprüchen eines Gläubigers gegen einen Schuldner handelt es sich nicht in jedem Fall um Geldforderungen. Es kann auch die zwangsweise Herausgabe von Gegenständen, das Erwirken sowie das Dulden oder Unterlassen von Handlungen angestrebt werden.

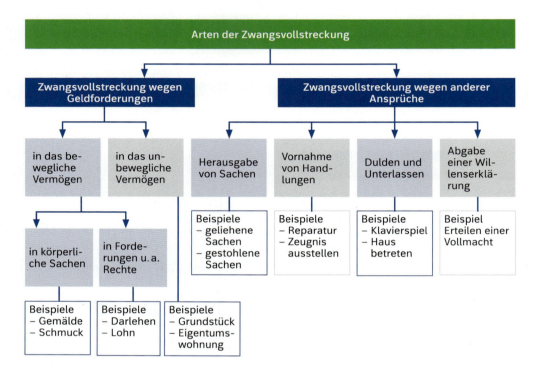

4.1 Zwangsvollstreckung in das bewegliche Vermögen wegen Geldforderungen (Mobiliarvollstreckung)

4.1.1 Zwangsvollstreckung in körperliche Sachen

Diese Art der Zwangsvollstreckung erfolgt durch Pfändung und Verwertung.

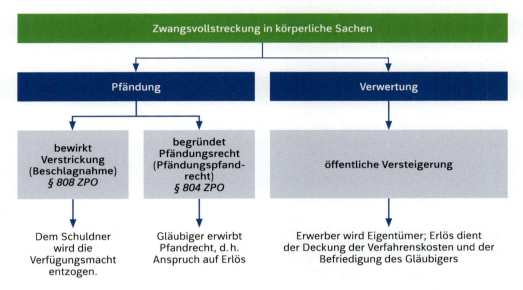

Das Vollstreckungsorgan ist der **Gerichtsvollzieher** *(§§ 753 ff., 808 ff., 814 ff. ZPO)*.

Pfändung

 Sachpfändung bedeutet staatliche Beschlagnahme von Gegenständen zum Zwecke der Verwertung.

Gepfändet werden können

- Sachen, die sich im Gewahrsam des Schuldners befinden *(§ 808 Abs. 1 ZPO)*,
- Sachen, die sich im Gewahrsam des Gläubigers oder eines zur Herausgabe bereiten Dritten befinden *(§ 809 ZPO)*,
- Früchte, die von dem Boden noch nicht getrennt sind, solange nicht ihre Beschlagnahme im Wege der Zwangsvollstreckung in das unbewegliche Vermögen erfolgt ist *(§ 810 ZPO)*.

 Der Gerichtsvollzieher ist auch zuständig für die Pfändung von **Früchten**, die noch nicht vom Boden getrennt und somit noch Bestandteil des Grundstücks sind. Die sogenannten „Früchte auf dem Halm" unterliegen nicht der Immobiliar-, sondern der Mobiliarvollstreckung.

Bezug nehmend auf die *Einstiegssituation* möchte der Auszubildende Robert Brand genau wissen, wie der Gerichtsvollzieher vorgeht, wenn er den Auftrag für eine Sachpfändung erhält. Rechtsanwältin Heike Schröder erklärt den möglichen Ablauf eines solchen Verfahrens anhand eines vorliegenden Falles.

Beispiel:
Ulf Barth, Inhaber eines Schnellrestaurants, schuldet Marie Pilz 1 060,00 €. Der Schuldtitel wurde Ulf Barth zugestellt. Die vollstreckbare Ausfertigung des Schuldtitels liegt dem Gerichtsvollzieher vor.

Der Gerichtsvollzieher ist zuständig für die Sachpfändung (§ 808 ZPO), wird aber erst tätig, wenn der **Zwangsvollstreckungsauftrag** *(schriftlich oder elektronisch – § 753 ZPO i. V. m. § 3 GVFV – Gerichtsvollzieherformular-Verordnung) vorliegt.*

Zunächst fordert der Gerichtsvollzieher Ulf Barth zur Zahlung auf. Nach Zahlung des gesamten Betrages erhält der Schuldner eine **Quittung** *sowie die* **vollstreckbare Ausfertigung des Schuldtitels** *(§ 757 Abs. 1 ZPO); zahlt der Schuldner nur einen Teilbetrag, wird diese Zahlung auf dem Titel vermerkt und eine Quittung über diesen Betrag ausgehändigt.*

Zahlt Ulf Barth nicht und kommt es auch zu keiner Ratenzahlungsvereinbarung, nimmt der Gerichtsvollzieher die **Sachpfändung** *vor. Mit der Pfändung tritt die* **Verstrickung** *der gepfändeten Sachen ein.*

Verstrickung bedeutet Beschlagnahme von Sachen, d. h. Sicherstellung von Gegenständen und Entzug der freien Verfügungsmacht des Gewahrsamsinhabers durch hoheitlichen Akt gegen den Willen des Gewahrsamsinhabers. Mit der Verstrickung entsteht ein **Pfändungspfandrecht**.

Der Gerichtsvollzieher beschlagnahmt im Auftrag des Gläubigers die gepfändeten Gegenstände, indem er nach *§ 808 ZPO*

- die Sache an sich nimmt oder
- ein Pfandsiegel anbringt.

Exkurs

Auf dem amtlichen Pfandsiegel war früher der Bundesadler als Wappentier abgebildet. Spöttisch wurde dies im Zusammenhang mit der unvermeidlichen Zwangsvollstreckung abgewandelt in „Pleitegeier" oder auch „Kuckuck". Diese abwertende Bezeichnung hat sich bis heute im Sprachgebrauch erhalten.

Pfandsiegel

Im Falle des *§ 810 ZPO* (Pfändung ungetrennter Früchte) oder bei Pfändung von Lagerbeständen u. Ä. erfolgt die Kennzeichnung an dem Ort der Pfändung durch eine vom Gerichtsvollzieher gesiegelte und unterschriebene Pfandanzeige *(§ 82 Abs. 2 GVGA – Gerichtsvollziehergeschäftsanweisung).*

Verletzungen der durch Pfandsiegel oder Pfandanzeige gekennzeichneten Verstrickung können als **Verstrickungsbruch** *(§ 136 StGB)* oder gegebenenfalls als **Verwahrungsbruch** *(§ 133 StGB)* geahndet werden.

Der Gerichtsvollzieher hat **besondere Pfändungsvoraussetzungen** zu beachten, d. h., die Pfändung muss
 I. zur rechten Zeit,
 II. am rechten Ort,
 III. in rechter Art und Weise und
 IV. im rechten Umfang
erfolgen.

I. Zur rechten Zeit
Der Gerichtsvollzieher nimmt Vollstreckungshandlungen in der Regel **werktags zwischen 06:00 Uhr und 21:00 Uhr** vor. An Sonn- und Feiertagen sowie zu Nachtzeiten darf eine Pfändung nur aufgrund einer besonderen richterlichen Anordnung erfolgen *(§ 758a Abs. 4 ZPO)*.

Beispiel:
Handelt es sich – wie im obigen Beispiel des Ulf Barth, Inhaber eines Schnellrestaurants – bei dem Ort der Vollstreckung um eine Gaststätte, ist die Pfändung gegebenenfalls auch nach 21:00 Uhr erlaubt. Will Gläubigerin Marie Pilz gezielt auf die Tageseinnahmen des Schnellrestaurants zugreifen, muss sie dem Gerichtsvollzieher eine Weisung zur Kassenpfändung erteilen.

II. Am rechten Ort
Überall dort, wo sich die Vermögensmasse des Schuldners befindet, kann gepfändet werden. Das bedeutet, dass gepfändet werden kann, wenn sich die Sache im Gewahrsam des Schuldners befindet, z.B. in der Wohnung oder in seinen Geschäftsräumen *(§ 808 ZPO)*, aber auch im Gewahrsam eines zur Herausgabe bereiten Dritten oder des Gläubigers *(§ 809 ZPO)*.

Der Gerichtsvollzieher prüft nicht das Eigentum, sondern nur den Gewahrsam *(§ 808 Abs. 1 ZPO)*.

Eine Ausnahme stellt das **evidente Dritteigentum** dar. Nach § 71 Abs. 2 GVGA pfändet der Gerichtsvollzieher Sachen nicht, die **offensichtlich** zum Vermögen eines Dritten gehören, z.B. das Abendkleid der Ehefrau oder das Transportgut eines Frachtführers. Allerdings kann der Gerichtsvollzieher auch diese Sachen pfänden, wenn der Gläubiger dies ausdrücklich verlangt bzw. wenn der Dritte erklärt, dass er der Pfändung nicht widerspreche.

III. In der rechten Art und Weise
Der Gerichtsvollzieher nimmt die zu pfändenden Sachen in Besitz. Geld, Kostbarkeiten und Wertpapiere nimmt der Gerichtsvollzieher sofort an sich *(§ 808 Abs. 2 S. 1 ZPO)*. Andere Sachen werden beim Schuldner belassen. Die Wirksamkeit der Pfändung ist durch Anlegen von Siegeln oder auf andere Art und Weise ersichtlich zu machen. Das Pfandsiegel muss haltbar an der Sache angebracht sein, d. h. nicht mit einem leicht zu entfernenden Klebeband, und es soll bei gewöhnlicher Betrachtung erkennbar sein, also nicht an der Rückseite eines Schranks *(§ 82 Abs. 1 GVGA)*.

Beispiel (in Bezugnahme auf oben genanntes Beispiel):
Die Wohnung von Ulf Barth darf der Gerichtsvollzieher grundsätzlich nur mit Zustimmung des Schuldners bzw. eines **Dritten** *(Personenkreis wie in § 178 ZPO) oder – wenn Zustimmung fehlt – nach Einholen einer* **richterlichen Durchsuchungsanordnung** *(§ 758a Abs. 1 S. 1 ZPO) durchsuchen. (Ausnahme: siehe § 758a Abs. 1 S. 2 ZPO).*

Arten der Zwangsvollstreckung

*Im vorliegenden Fall pfändet der Gerichtsvollzieher in der Wohnung von Ulf Barth 500,00 €
Bargeld und ein antike Truhe; die Sachen befinden sich **im Gewahrsam** des Schuldners:*

1. *Das Geld wird sofort mitgenommen – § 808 Abs. 1 ZPO –; der Gerichtsvollzieher wird **unmittelbarer** Fremdbesitzer.*
2. *Die Truhe wird mit einer Pfandsiegelmarke versehen – § 808 Abs. 2 ZPO –; Ulf Barth ist **unmittelbarer**, der Gerichtsvollzieher **mittelbarer** Fremdbesitzer.*

*Ulf Barth gilt als Gewahrsamsinhaber und Besitzer der Sachen, auch wenn er die Wohnung mit seiner Ehefrau oder Lebenspartnerin teilt (§ 739 ZPO). Der Gerichtsvollzieher prüft nicht, ob der Schuldner Eigentümer der Sachen ist. Die Pfändung unterbleibt nur, wenn der Schuldner **offensichtlich** nicht der Eigentümer ist, z. B. wenn der Gerichtsvollzieher Dienstbekleidung der Ehefrau vorfindet.*

*Das gepfändete Geld ist der Gläubigerin Marie Pilz auszuhändigen (§ 815 Abs. 1 ZPO); die Verwertung **(öffentliche Versteigerung)** der Truhe ist frühestens eine Woche nach Pfändung möglich (§ 816 Abs. 1 ZPO).*

 Ohne Inbesitznahme bzw. ordnungsgemäße Kenntlichmachung ist die Pfändung unheilbar nichtig *(§ 808 Abs. 2 S. 2 ZPO).*

IV. Im rechten Umfang

 Nicht alle Vermögenswerte eines Schuldners sind pfändbar.

Einer der Verfahrensgrundsätze der Zwangsvollstreckung ist der **Grundsatz der Verhältnismäßigkeit**.

 Eine Pfändung und Verwertung ist nur zulässig, wenn sie zu einer teilweisen Befriedigung des Gläubigers führen kann. Eine nutzlose Pfändung ist unzulässig, ebenso eine unnötige Überpfändung (vgl. § 803 ZPO). Auch darüber hinaus hat das BVerfG in einzelnen Fallkonstellationen den Grundsatz der Verhältnismäßigkeit bejaht (…). Unabhängig von diesen einzelnen Fällen ist aber kein allgemeiner Grundsatz der Verhältnismäßigkeit in der Zwangsvollstreckung anzuerkennen. Eine Abwägung zwischen dem Vorteil für den vollstreckenden Gläubiger und dem Nachteil für den Schuldner gibt es daher nicht. Der Gläubiger darf z. B. auch wegen einer Bagatellforderung vollstrecken und dem Schuldner einen hohen Vollstreckungsschaden zufügen.

Quelle: Germelmann, Claas-Hinrich/Matthes, Hans-Christoph/Prutting, Hans: Arbeitsgerichtsgesetz (ArbGG) Kommentar, 8. Auflage, München, C. H. Beck Verlag, 2013, S. 141

Zwangsvollstreckung in das bewegliche Vermögen wegen Geldforderungen (Mobiliarvollstreckung)

1. Verbot der Überpfändung *(§ 803 Abs. 1 S. 2 ZPO)*

Die Pfändung darf nicht weiter ausgedehnt werden, als es zur Befriedigung des Gläubigers und zur Deckung der Kosten der Zwangsvollstreckung erforderlich ist.

Beispiel:
Der Gerichtsvollzieher hat einen Zwangsvollstreckungsauftrag über 2 000,00 € und findet beim Schuldner ein antikes Möbelstück im Wert von 30 000,00 € und einen Teppich im Wert von 4 000,00 € vor.

Der Gerichtsvollzieher darf nur den Teppich pfänden, ansonsten läge Überpfändung vor.

Würde als einziger pfändbarer Gegenstand das antike Möbelstück vorhanden sein, wäre die Beschlagnahme **keine** Überpfändung. Ergibt die Verwertung einen Erlösüberschuss, so erhält diesen der Schuldner.

Wenn ein wertintensiver Gegenstand wegen einer wesentlich geringeren Forderung gepfändet wird, kann dieser Gegenstand vor der Verwertung wegen einer weiteren Forderung eines anderen Gläubigers ebenfalls gepfändet werden. Es handelt sich dabei um eine **Anschlusspfändung** *(§ 826 ZPO)*. Der Gerichtsvollzieher erklärt, dass er die bereits gepfändete Sache für seinen Auftraggeber gleichfalls pfändet. Die Erklärung ist in das Pfändungsprotokoll *(§ 762 ZPO)* aufzunehmen. Hinsichtlich der Befriedigung der Gläubiger aus dem Erlös ist danach eine Rangfolge zu beachten; der Gläubiger, für den zuerst gepfändet wurde, rangiert vor späteren Gläubigern.

Pfändet der Gerichtsvollzieher wegen mehrerer Vollstreckungsaufträge bei demselben Schuldner **zur gleichen Zeit**, sind alle Aufträge – unabhängig vom Zeitpunkt des Eingangs – gleichrangig. Der Erlös wird im Verhältnis der Forderungen aufgeteilt *(§ 827 Abs. 3 ZPO)*.

2. Verbot der zwecklosen Pfändung *(§ 803 Abs. 2 ZPO)*

Eine Pfändung darf nicht stattfinden, wenn bei der Verwertung der zu pfändenden Gegenstände kein Überschuss über die Kosten der Zwangsvollstreckung zu erwarten ist. Wenn in den letzten drei Monaten ein Pfändungsversuch gegen den Schuldner fruchtlos verlaufen ist oder der Schuldner im oben genannten Zeitraum die Vermögensauskunft abgegeben hat, aus der keine pfändbaren Gegenstände ersichtlich sind, erteilt der Gerichtsvollzieher dem Gläubiger eine sogenannte Unpfändbarkeitsbescheinigung *(§ 32 Abs. 1 GVGA)*.

In der Geschäftsanweisung für Gerichtsvollzieher (GVGA) heißt es:

§ 32 Abs. 1 S. 1 und 2 GVGA Wurde der Gerichtsvollzieher mit einer Pfändung beauftragt (§ 803 ZPO) und hat er begründeten Anhalt dafür, dass die Zwangsvollstreckung fruchtlos verlaufen werde, so sendet er dem Gläubiger unverzüglich den Schuldtitel mit einer entsprechenden Bescheinigung zurück, wenn der Gläubiger nicht zugleich weitere Aufträge erteilt hat. Dabei teilt er dem Gläubiger mit, dass er den Auftrag zur Vermeidung unnötiger Kosten als zurückgenommen betrachtet.

3. Verbot der Kahlpfändung *(§ 811 Abs. 1 ZPO)*

Aus sozialen Gründen finden sich in mehreren Gesetzen Pfändbarkeitsbeschränkungen an bestimmten Sachen des Vollstreckungsschuldners. Dem Schuldner und seiner Familie soll eine wirtschaftliche Existenz erhalten werden. Er soll ein bescheidenes, der Würde des Menschen entsprechendes Leben führen können (vgl. *Art. 1 Grundgesetz*).

In der Zivilprozessordnung ist der Pfändungsschutz dahin gehend geregelt, dass Sachen, die dem persönlichen Gebrauch oder Haushalt bzw. zur Fortsetzung einer Erwerbstätigkeit dienen, unpfändbar sind *(§§ 811 ff. ZPO)*. Dazu gehören neben Kleidung und Haushaltsgegenständen auch auf **vier Wochen** erforderliche Nahrungs-, Feuerungs- und Beleuchtungsmittel bzw. der zur Beschaffung erforderliche Geldbetrag. Die Robe eines Rechtsanwalts darf ebenso wenig gepfändet werden wie das Instrument eines Musikers.

Wenn hingegen der Schuldner täglich mit seinem Pkw zur Arbeit fährt, kann geprüft werden, ob die Benutzung öffentlicher Verkehrsmittel zumutbar ist. In diesem Fall könnte auch der Pkw gepfändet werden.

Nach *§ 811c Abs. 1 ZPO* dürfen Haustiere nicht gepfändet werden; *§ 811c Abs. 2* sieht eine Ausnahme vor, falls das Tier einen hohen Wert hat und die Unpfändbarkeit für den Gläubiger eine Härte darstellen würde.

Besonderheiten

- **Vorwegpfändung**

Eine Besonderheit stellt die Vorwegpfändung nach *§ 811d ZPO* dar. Sie kommt zur Anwendung, wenn feststeht, dass eine Sache **innerhalb eines Jahres** pfändbar wird. Trotz Pfändung darf der Schuldner die Sache weiterhin nutzen.

Beispiel:
Ein Vollstreckungsschuldner betreibt eine Spedition, die er im folgenden Jahr aus Altersgründen aufgeben möchte. Die zum Verkauf vorgesehenen Fahrzeuge können vorweg gepfändet werden.

- **Taschenpfändung**

Im Zuge der Sachpfändung kann der Gerichtsvollzieher im Auftrag des Gläubigers auch eine sogenannte Taschenpfändung, d. h. eine körperliche Durchsuchung der vom Schuldner getragenen Kleidung, vornehmen. Der Gerichtsvollzieher darf hierbei auch Dinge pfänden, die der Schuldner in Taschen, Geldbörsen oder sonstigen Behältnissen mit sich führt.

Da jedoch eine Taschenpfändung einen Eingriff in die Persönlichkeitsrechte des Schuldners darstellt, wird sie nur in Ausnahmefällen angewendet, vor allem wenn es Gründe für die Annahme gibt, dass der Schuldner Geld, Schmuck oder andere wertvolle Gegenstände verbirgt, um sie der Zwangsvollstreckung zu entziehen.

Soll die Taschenpfändung in den Räumen Dritter (auch in Geschäftsräumen) durchgeführt werden, bedarf es einer Durchsuchungsanordnung nach *§ 758a ZPO*.

Einer besonderen Anordnung des Richters bedarf es, wenn die Durchsuchung in der Wohnung des Schuldners gegen dessen Willen erfolgen soll *(§ 61 Abs. 10 GVGA)*.

Zwangsvollstreckung in das bewegliche Vermögen wegen Geldforderungen (Mobiliarvollstreckung)

- **Austauschpfändung**

   Der Auszubildende Robert Brand ist bei der Aufzählung von Befugnissen des Gerichtsvollziehers und im Zusammenhang mit der Abgabe der Vermögensauskunft schon mehrfach mit dem Begriff „Austauschpfändung" konfrontiert worden und bittet Rechtsanwältin Heike Schröder um Erläuterung dieser besonderen Form der Pfändung. Heike Schröder sucht dazu eine Akte heraus, um an einem konkreten Beispiel den Ablauf zu erklären:

   Beispiel:
   Ein früherer Mandant, Konrad Sohr, hatte einen Vollstreckungstitel über 6 500,00 € gegen die Schuldnerin Lisa Berthold erwirken lassen. Lisa Berthold war Kosmetikvertreterin und besaß außer ihrem Pkw, mit dem sie ihre Kundinnen aufsuchte, kein pfändbares Vermögen. Nach § 811 Nr. 5 ZPO wäre der Pkw grundsätzlich unpfändbar gewesen, da es sich um einen Gegenstand handelte, den Lisa Berthold zur Fortsetzung ihrer Erwerbstätigkeit benötigte.

   Der Pkw, den Lisa Berthold fuhr, war ein fast neuer BMW Kombi mit einem aktuellen Wert von 33 000,00 €.

   Rechtsanwältin Heike Schröder riet ihrem Mandanten, beim Vollstreckungsgericht die Zulassung einer Austauschpfändung zu beantragen.

   Die Austauschpfändung ermöglicht den Zugriff auf eine nach *§ 811 Nr. 1, 5 oder 6 ZPO* an sich unpfändbare Sache. Allerdings setzt die Austauschpfändung nach *§ 811a Abs. 1 ZPO* voraus, dass der Gläubiger dem Schuldner vor Wegnahme der Sache ein Ersatzstück, das dem Verwendungszweck genügt, oder den zur Beschaffung erforderlichen Geldbetrag überlässt.

   Über die Zulässigkeit einer Austauschpfändung entscheidet das Vollstreckungsgericht auf Antrag des Gläubigers. Die Austauschpfändung soll nur dann zugelassen werden, wenn der zu erwartende Vollstreckungserlös den Wert des Ersatzstückes erheblich übersteigt *(§ 811a Abs. 2 ZPO)*.

   Beispiel:
   Im Fall Konrad Sohr gegen Lisa Berthold hatten sich die Beteiligten dahin gehend geeinigt, dass Lisa Berthold bei ihrem Autohändler ein anderes Fahrzeug aussuchte, das weniger als 20 000,00 € kostete, und Konrad Sohr den erforderlichen Betrag zur Verfügung stellte, bevor der BMW gepfändet wurde. Das Vollstreckungsgericht erteilte per Beschluss seine Zustimmung. Die spätere Verwertung des BMW ergab einen Überschuss über die Forderungen von Konrad Sohr. Der überschüssige Betrag ging an Lisa Berthold.

Pfändungsprotokoll

Über jede Vollstreckungshandlung hat der Gerichtsvollzieher ein Protokoll aufzunehmen. Diese in § 762 ZPO formulierte Pflicht des Gerichtsvollziehers dient der Beweissicherung sowie der Information der Beteiligten und ist damit eine wichtige Grundlage für die Kontrolle des Verfahrens der Zwangsvollstreckung. Die ZPO-Vorschrift wird konkretisiert durch die Bestimmungen der **Gerichtsvollziehergeschäftsanweisung (GVGA)**. Vollstreckungshandlungen sind nach § 63 Abs. 1 S. 2 GVGA alle Handlungen, die der Gerichtsvollzieher zum Zwecke der Zwangsvollstreckung vornimmt. Dazu gehören z. B.

- die Aufforderung zur Zahlung,
- das Betreten der Wohnung des Schuldners,

- die Durchsuchung der Wohnung,
- das Wegschaffen gepfändeter Sachen sowie
- deren Verwertung.

Das Protokoll ist unmittelbar nach der jeweiligen Vollstreckungshandlung aufzunehmen.

Besondere Vorschriften sind z. B. aufgeführt in

- § 86 GVGA für das Pfändungsprotokoll,
- § 96 GVGA für das Versteigerungsprotokoll und
- § 99 GVGA für das Protokoll beim freihändigen Verkauf.

Verwertung

 Verwertung einer beweglichen Sache bedeutet in der Regel Veräußerung dieser Sache im Wege der öffentlichen Versteigerung durch den Gerichtsvollzieher.

Nach Wahl des Gerichtsvollziehers erfolgt die öffentliche Versteigerung

- vor Ort (Präsenzversteigerung) oder
- im Internet über eine Versteigerungsplattform *(§ 814 Abs. 2 ZPO)*.

Nach Inkrafttreten des **Gesetzes über die Internetversteigerung in der Zwangsvollstreckung** und der entsprechenden Rechtsverordnungen der Länder (vgl. *§ 814 Abs. 3 ZPO*) besteht seit 2010 neben der öffentlichen Präsenzversteigerung die Möglichkeit, gepfändete Gegenstände über die Versteigerungsplattform www.justiz-auktion.de zu versteigern.

Die Internetversteigerung bietet z. B. folgende Vorteile gegenüber der herkömmlichen Versteigerung vor Ort:

- wesentlich geringere Versteigerungskosten (Pfändungshemmnis nach *§ 803 Abs. 2 ZPO* entfällt damit in den meisten Fällen)
- keine zeitliche Begrenzung bei Onlineversteigerung
- weltweites Bieten möglich
- höherer Versteigerungserlös durch größere Anzahl von Interessenten

Die Versteigerung auf oben genannter Plattform wird von Justizbehörden und von Gerichtsvollziehern durchgeführt. Nach den **Allgemeinen Versteigerungsbedingungen der Justiz-Auktion** können sowohl Sachen nach Vorschriften des Privatrechts als auch nach Vorschriften des öffentlichen Rechts sowie des Zwangsvollstreckungsrechts versteigert werden.

 Bei einer Versteigerung nach den Vorschriften des öffentlichen Rechts und des Zwangsvollstreckungsrechts ist eine Gewährleistung ausgeschlossen (§ 806 ZPO).

Der Verlauf der Versteigerung ist in den *§§ 816–819 ZPO* sowie den *§§ 92–96 GVGA* geregelt. Der Gerichtsvollzieher bestimmt den Termin zur öffentlichen Versteigerung in der Regel sogleich bei der Pfändung. Zeit und Ort der Versteigerung und die Bezeichnung der zu versteigernden Gegenstände sind öffentlich bekannt zu machen *(§ 816 Abs. 3 ZPO)*. Die Versteigerung darf nicht vor Ablauf einer Woche seit dem Tage der Pfändung erfolgen, es sei denn, Gläubiger und Schuldner haben sich auf eine frühere Versteigerung geeinigt.

Der Gerichtsvollzieher führt die Verwertung nach den §§ 814–825 ZPO ohne einen besonderen Auftrag des Gläubigers durch. Nach *§ 91 Abs. 2 GVGA* ist die Verwertung auch dann vorzunehmen, wenn der Schuldner verstorben oder das Insolvenzverfahren über sein Vermögen eröffnet worden ist. Ein Aufschub ist nur zulässig, wenn eine Zahlungsvereinbarung nach *§ 802b ZPO* geschlossen wird. Dies ist in jeder Lage des Verfahrens möglich, auch noch kurz vor einem bereits bestimmten Versteigerungstermin, es sei denn, der Gläubiger hat den Abschluss einer Zahlungsvereinbarung ausgeschlossen *(§ 91 Abs. 3 GVGA)*.

Im Falle einer Versteigerung vor Ort stellt der Gerichtsvollzieher die zu versteigernden Sachen zunächst zur Besichtigung bereit *(§ 94 Abs. 1 GVGA)*. Der Termin beginnt mit der Bekanntgabe der Versteigerungsbedingungen. Danach werden die Pfandstücke nach ihrer Reihenfolge im Pfändungsprotokoll aufgerufen und der Gerichtsvollzieher fordert zum Bieten auf. Der Meistbietende erhält nach dreimaligem Aufruf den Zuschlag, sofern das Gebot dem nach *§ 817a ZPO* geforderten Mindestbetrag entspricht oder diesen übersteigt.

Das **Mindestgebot** ist entweder

- die Hälfte des gewöhnlichen Verkaufswertes der Sache

    oder

- der Gold- oder Silberwert im Falle von Gold- und Silbersachen.

Die Übergabe der zugeschlagenen Sache erfolgt nach Erteilung des Zuschlags, wenn das Kaufgeld vorher gezahlt worden ist oder bei Ablieferung gezahlt wird *(§ 817 Abs. 2 ZPO)*. Das Eigentum wird durch rechtsgestaltenden Hoheitsakt übertragen.

> Im Unterschied zu den grundsätzlichen Vorschriften des BGB erwirbt der Ersteher im Wege der öffentlichen Versteigerung auch dann das Eigentum an der ersteigerten Sache, wenn er weiß, dass der Gegenstand nicht Eigentum des Schuldners gewesen ist (vgl. *§ 935 Abs. 2 BGB*).

Wird der Zuschlag aufgrund **Nichterreichens des Mindestgebots** nicht erteilt, bleibt das Pfandrecht des Gläubigers bestehen. Er kann einen neuen Versteigerungstermin anberaumen oder eine anderweitige Verwertung nach *§ 825 ZPO* beantragen. Bei Gold- und Silbersachen kann ein freihändiger Verkauf Erfolg bringen. Auch dabei ist als Mindestbetrag die Hälfte des gewöhnlichen Verkaufswertes einzuhalten.

> Grundsätzlich gelten auch bei der Internetversteigerung die Vorschriften der Präsenzversteigerung. Jedoch sind die Regelungen über Ort und Termin nicht anwendbar.

Neben der Präsenzversteigerung und der Versteigerung über die Internetplattform kann auf **Antrag des Gläubigers oder des Schuldners** eine gepfändete Sache auf eine andere Art und Weise oder an einem anderen Ort verwertet werden *(§ 825 ZPO)*. In einem solchen Fall darf der Gerichtsvollzieher die Sache ohne Zustimmung des Antragsgegners jedoch nicht vor Ablauf von zwei Wochen nach dessen Kenntnisnahme verwerten.

Als **Formen der anderweitigen Verwertung** zeigt *§ 91 Abs. 1 S. 2 GVGA* folgende Möglichkeiten auf:

1. freihändiger Verkauf durch den Gerichtsvollzieher *(§§ 97–99 GVGA)*
2. freihändiger Verkauf durch einen Dritten – gegebenenfalls unter Festsetzung eines Mindestpreises

3. Übereignung an den Gläubiger zu einem bestimmten Preis
4. Versteigerung durch den Gerichtsvollzieher an einem anderen Ort, als nach § 816 Abs. 2 ZPO vorgesehen ist

Freihändiger Verkauf ist nach § 97 GVGA zulässig beispielsweise bei Gold- und Silbersachen, wenn bei der Versteigerung kein Gebot abgegeben worden ist, das den Gold- und Silberwert erreicht (vgl. § 817a ZPO), sowie auf Antrag des Gläubigers oder des Schuldners (§ 825 Abs. 1 ZPO). Nach § 98 Abs. 4 GVGA kann der Verkauf auch an den Gläubiger erfolgen.

Beispiel:
Gläubiger Martin Hauser betreibt gegen Schuldner Lothar Bergmann die Zwangsvollstreckung aus einem Versäumnisurteil. Der zuständige Gerichtsvollzieher pfändet in der Wohnung des Schuldners ein Gemälde eines bekannten holländischen Malers. Martin Hauser ist selbst an dem Kunstwerk interessiert und möchte es erwerben. Die Möglichkeit der Übereignung nach § 825 ZPO i. V. m. § 91 GVGA ist gegeben. – Eine weitere Variante wäre, dass Martin Hauser an der öffentlichen Versteigerung teilnimmt und das Gemälde selbst ersteigert (vgl. § 817 Abs. 4 ZPO).

Verteilung des Versteigerungserlöses
Grundsätzlich ist der Versteigerungserlös nach Abzug der Kosten dem Gläubiger bis zur Höhe seiner titulierten Ansprüche abzuliefern. Reicht der Erlösüberschuss nicht aus, so wird der Gläubiger eine weitere Vollstreckungsmaßnahme beantragen. Übersteigt der Erlösüberschuss die Forderungen des Gläubigers, erhält der Schuldner den Differenzbetrag.

Abwandlungen nach § 827 ZPO – Verfahren bei mehrfacher Pfändung:

a) Anschlusspfändung nach *§ 826 ZPO*: Beim Schuldner wurde zu **unterschiedlichen Zeitpunkten** für **mehrere Gläubiger** gepfändet.
   → **Rangfolge**: Die Gläubiger werden in der zeitlichen Reihenfolge der **Pfändung** befriedigt, **nicht** nach der Reihenfolge des Eingangs der Aufträge zur Pfändung.

Beispiel:
Gerichtsvollzieher Ilkay Öztürk pfändete beim Schuldner Leon Sieber eine Hi-Fi-Anlage, und zwar für

1. *Erich Scholz am **10. Oktober** wegen einer Kaufpreisforderung in Höhe von 800,00 €,*
2. *Mirko Schulz am **12. Oktober** wegen einer Schadensersatzforderung in Höhe von 400,00 €,*
3. *Dieter Schulze am **13. Oktober** wegen einer Darlehensforderung in Höhe von 200,00 €.*

Die Versteigerung der Anlage erbrachte einen Erlös von 1 160,00 €.

Die Gerichtsvollzieherkosten betrugen insgesamt 110,00 €.

Gerichtsvollzieher Ilkay Öztürk verteilt wie folgt:

	Versteigerungserlös	1 160,00 €
–	Kosten des Gerichtsvollziehers	110,00 €
=	Verbleibender Erlös	1 050,00 €

Die Gläubiger erhalten in der Reihenfolge:
1. *Erich Scholz*   800,00 €
2. *Mirko Schulz*   250,00 €
3. *Dieter Schulze*   0,00 €

b) Beim Schuldner wurde **gleichzeitig** für **mehrere Gläubiger** gepfändet.
   → Erlös ist **im Verhältnis der Forderungen** zu verteilen.

Beispiel:
Beispiel wie oben, aber Gerichtsvollzieher Ilkay Öztürk hat für alle drei Gläubiger gleichzeitig gepfändet.

Die nach Abzug seiner Kosten verbleibenden 1 050,00 € werden wie folgt verteilt:

Summe aller Forderungen	1 400,00 €	=	100 %
Zu verteilender Erlös	1 050,00 €	=	75 %, d. h., jeder Gläubiger erhält 75 % seiner titulierten Forderung

1. *Erich Scholz erhält*   600,00 €
2. *Mirko Schulz erhält*   300,00 €
3. *Dieter Schulze erhält*   150,00 €

Wenn der Erlös wie in den oben genannten Beispielen nicht ausreicht, um alle Gläubiger zu befriedigen, so kann ein Gläubiger ohne Zustimmung der übrigen verlangen, vor den anderen befriedigt zu werden *(§ 827 Abs. 2 ZPO)*. Er kann auch eine andere Verteilung als nach dem Verhältnis der Forderungen zueinander verlangen *(§ 827 Abs. 3 ZPO)*. Der Gerichtsvollzieher hat sodann die Sachlage unter Hinterlegung des Erlöses dem Vollstreckungsgericht anzuzeigen *(§ 827 Abs. 2 ZPO)*. Dem Gerichtsvollzieher wird damit die Entscheidung über die Verteilung des Erlöses unter den Gläubigern abgenommen. Es wird von Amts wegen ein **gerichtliches Verteilungsverfahren** nach §§ 872 ff. ZPO eingeleitet.

Für das **Verteilungsverfahren** ist das jeweilige Amtsgericht als Verteilungsgericht zuständig *(§ 872 ZPO)*.

Arten der Zwangsvollstreckung

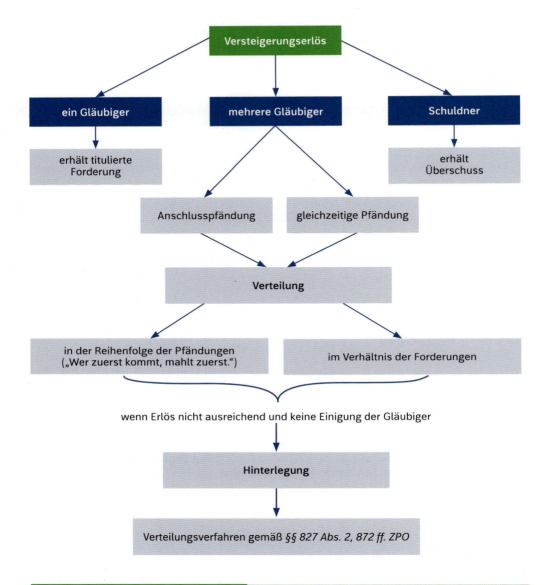

Übungsaufgaben

1. Was versteht man unter Sachpfändung und wer führt sie durch?
2. Welche Wirkungen hat die Pfändung einer körperlichen Sache für Schuldner und Gläubiger?
3. Was kann der Gerichtsvollzieher tun, wenn der Schuldner ihm den Zugang zu seiner Wohnung verwehrt?
4. Zu welcher Uhrzeit darf der Gerichtsvollzieher beim Schuldner pfänden und in welchen Fällen darf von dieser Vorschrift abgewichen werden?

Zwangsvollstreckung in das bewegliche Vermögen wegen Geldforderungen (Mobiliarvollstreckung)

5. Wozu fordert der Gerichtsvollzieher den Schuldner auf, bevor er mit der Pfändung beginnt?

6. Wie erfolgen Pfändung und Verwertung
   a von 1 000,00 € Bargeld,
   b eines Diamantringes,
   c eines antiken Schreibtisches?

7. Der Gerichtsvollzieher findet bei einer Schuldnerin, einer alleinerziehenden Mutter von drei Kindern, folgende Sachen vor:
   a ein wertvolles Gemälde
   b 500,00 € Bargeld
   c eine Nähmaschine
   d den mit Rubinen verzierten Ehering ihrer verstorbenen Großmutter

   Darf der Gerichtsvollzieher oben genannte Sachen pfänden?

8. Beim Gerichtsvollzieher gehen folgende Zwangsvollstreckungsaufträge ein, die beide gegen denselben Schuldner gerichtet sind:

   1. am 6. November der Auftrag des Gläubigers Guido Brand wegen einer Forderung von 850,00 €

   2. am 19. November der Auftrag des Gläubigers Ferdinand Pilz wegen einer Forderung von 1 100,00 €

   Am 8. Dezember geht der Gerichtsvollzieher wegen der beiden Aufträge zum Schuldner Ingo Roth, um in dessen Habe zu vollstrecken. Er pfändet eine große geschnitzte Weihnachtspyramide.

   Begründen Sie, ob es sich hierbei um eine gleichzeitige Pfändung oder eine Anschlusspfändung handelt.

9. Wie unterscheiden sich gleichzeitige Pfändung und Anschlusspfändung hinsichtlich der Erlösverteilung?

10. Was versteht man unter Austauschpfändung und unter welchen Voraussetzungen ist sie zulässig?

11. Bei Schuldner Niko Kraus ist ein wertvoller Teppich gepfändet worden. Der Gläubiger möchte ihn selbst erwerben. Welche Möglichkeiten hat er?

12. Wie hoch ist das Mindestgebot bei Versteigerung folgender Sachen:
    a bei einem Gemälde mit gewöhnlichem Verkaufswert von 3 400,00 €,
    b bei einem Armband mit gewöhnlichem Verkaufswert von 280,00 €, bei dem Gold im Wert von 160,00 € verarbeitet worden ist?

13. Elke Süß schuldet Alexander Pfau 600,00 € und Felix Gomez 2 000,00 €. Sie hat von ihrem Freund einen Hometrainer zu einem Preis von 2 100,00 € geschenkt bekommen (gewöhnlicher Verkaufswert zum Zeitpunkt der Pfändung betrug 1 500,00 €). Nach erfolgter Pfändung soll die Anlage nun versteigert werden. Leyla Amin ist die einzige Interessentin für den Hometrainer und bietet 700,00 €.

    Kommt es zum Zuschlag und damit zur teilweisen Befriedigung eines Gläubigers oder beider Gläubiger?

14. Worin besteht der Vorteil der Internetversteigerung gegenüber der Präsenzversteigerung?
15. Nach erfolgter Versteigerung gepfändeter Sachen ergibt sich ein Erlös, der nicht zur Befriedigung aller Gläubiger ausreicht.

    Wie wird der Gerichtsvollzieher verfahren, wenn sich die Gläubiger nicht einigen?

4.1.2 Zwangsvollstreckung in Forderungen und andere Vermögensrechte

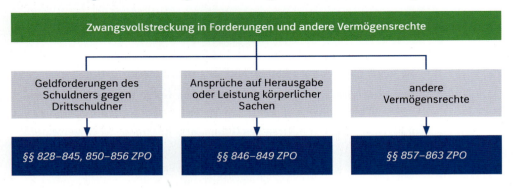

Pfändung und Überweisung von Geldforderungen

Die sogenannte **Forderungspfändung** ist in der Regel wirksamer als eine Pfändung in körperliche Sachen. Im Unterschied zur Mobiliarvollstreckung, bei welcher der Gerichtsvollzieher im Auftrag des Gläubigers direkt in das Vermögen des Schuldners pfändet, greift bei der Zwangsvollstreckung in Geldforderungen der Gläubiger auf eine Forderung zu, die dem Schuldner gegen einen Dritten (Drittschuldner) zusteht.

Die Pfändung und Überweisung einer Geldforderung wird durch einen **Pfändungs- und Überweisungsbeschluss (PfÜB)** bewirkt, den der Gläubiger bei Vorliegen aller Voraussetzungen für eine Zwangsvollstreckung beim zuständigen Vollstreckungsgericht, d. h. grundsätzlich beim Amtsgericht am allgemeinen Gerichtsstand des Schuldners, beantragt (*§ 828 ZPO*). Funktionell zuständig für den Erlass des Pfändungs- und Überweisungsbeschlusses ist der Rechtspfleger (*§ 20 Nr. 17 RPflG*).

Der *§ 829 ZPO* bestimmt, wie bei der Zwangsvollstreckung wegen einer **Geldforderung des Gläubigers** die Pfändung einer **Geldforderung des Schuldners** gegen einen Drittschuldner zu vollziehen ist. Im Absatz 1 heißt es:

§ **§ 829 Abs. 1 ZPO** Soll eine Geldforderung gepfändet werden, so hat das Gericht dem Drittschuldner zu verbieten, an den Schuldner zu zahlen. Zugleich hat das Gericht an den Schuldner das Gebot zu erlassen, sich jeder Verfügung über die Forderung, insbesondere ihrer Einziehung, zu enthalten.

Mit der **Pfändung** erlangt der Gläubiger ein Pfandrecht an der Geldforderung des Schuldners gegen den Drittschuldner *(§ 829 i. V. m. § 804 Abs. 1 ZPO)*, d. h., zur Befriedigung des Gläubigers kommt es noch nicht. Dazu bedarf es noch der **Überweisung** *(§ 835 ZPO)*.

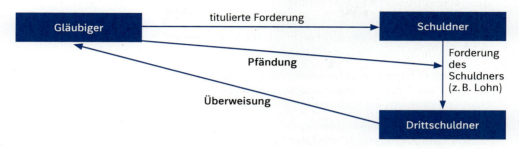

 Drittschuldner ist im Zwangsvollstreckungsrecht der Schuldner einer gepfändeten Forderung, d. h., er ist der **Schuldner des Vollstreckungsschuldners**.

Als Drittschuldner gelten alle natürlichen oder juristischen Personen, gegen die der Vollstreckungsschuldner Forderungen hat. Drittschuldner können neben dem Arbeitgeber des Schuldners beispielsweise auch Banken, Sparkassen, Versicherungsträger (z. B. bei Rentenansprüchen oder Ansprüchen aus privaten Versicherungen) sein sowie das Finanzamt bei Steuererstattungsansprüchen oder andere Personen, die dem Vollstreckungsschuldner ihrerseits Geld schulden.

Ablauf des Verfahrens:

1. **Antrag auf Erlass eines Pfändungs- und Überweisungsbeschlusses**

    Für die Antragstellung ist seit dem 1. November 2014 ausschließlich die überarbeitete Fassung des Formulars aus Anlage 2 zu § 2 S. 1 Nr. 2 ZVFV (Zwangsvollstreckungsformular-Verordnung) zu verwenden. Nur wenn für den beabsichtigten Antrag keine zweckmäßige Eintragungsmöglichkeit in dem Formular besteht, kann ein geeignetes Freifeld oder eine Anlage genutzt werden (BGH-Beschluss VII ZB 22/15 vom 4. November 2015).

    Dem Antrag sind folgende Anlagen beizufügen:

    - die vollstreckbare Ausfertigung des Titels
    - die Zustellungsurkunde
    - gegebenenfalls der Nachweis der Sicherheitsleistung bzw. der Rechtskraftvermerk
    - die bisherigen Vollstreckungsunterlagen zum Nachweis der bereits entstandenen Vollstreckungskosten

2. **Erlass des Pfändungsbeschlusses und des Überweisungsbeschlusses**

     Der Pfändungs- und Überweisungsbeschluss ist kein Vollstreckungstitel gegen den Drittschuldner.

Nach Prüfung aller Voraussetzungen für die Zwangsvollstreckung sowie der Bestimmtheit der geltend gemachten Forderung entscheidet der Rechtspfleger über den Antrag des Gläubigers – ohne Anhörung des Schuldners *(§ 834 ZPO)* – und erlässt den **Pfändungs- und Überweisungsbeschluss.**

 Der Rechtspfleger prüft nicht, ob die Forderung noch besteht.

Obwohl es sich um zwei voneinander unabhängige Beschlüsse handelt, wird in der Praxis meist der Überweisungsbeschluss mit dem Pfändungsbeschluss zusammen beantragt und es ergeht ein einheitlicher Pfändungs- und Überweisungsbeschluss (PfÜB).

LF 12
Kap. 1.2.1

Soll jedoch die Zwangsvollstreckung in eine Forderung als **Sicherungsvollstreckung** nach *§ 720a ZPO* erfolgen, wird der Gläubiger zunächst nur den Pfändungsbeschluss beim Vollstreckungsgericht beantragen. Die gepfändete Forderung wird beschlagnahmt und damit der Pfändungsrang gesichert. Die Verwertung (Überweisungsbeschluss) wird dann später beantragt, gegebenenfalls nach Vorliegen des Rechtskraftzeugnisses.

Der **Pfändungs- und Überweisungsbeschluss** beinhaltet

- den titulierten Anspruch,
- die Bezeichnung von Gläubiger und Schuldner (bzw. deren Vertreter),
- den durchzusetzenden Anspruch (Gläubigerforderung), untergliedert nach
  a) Hauptforderung,
  b) Nebenforderungen,
  c) Zinsen,
  d) vorgerichtlichen Kosten,
  e) festgesetzten Kosten (unter Beachtung der Verzinsung),
  f) bisherigen Zwangsvollstreckungskosten,
  g) Kosten des Verfahrens,
- den Drittschuldner,
- die Bezeichnung der Forderung, die gepfändet werden soll,
- den Ausspruch der Pfändung,
- das Verbot an den Drittschuldner, an den Schuldner die gepfändete Forderung zu leisten *(§ 829 Abs. 1 S. 1 ZPO),*
- das Gebot an den Schuldner, sich jeglicher Verfügung über die Forderung zu enthalten *(§ 829 Abs. 1 S. 2 ZPO),*
- die Bankverbindung des Gläubigers.

3. Zustellung des Pfändungs- und Überweisungsbeschlusses

Die Zustellung an den Drittschuldner erfolgt nicht von Amts wegen, sondern **im Parteibetrieb durch den Gerichtsvollzieher** *(§§ 191 ff. i. V. m. § 829 Abs. 2 S. 1 ZPO).* Der Gläubiger hat die Zustellung an den Drittschuldner zu veranlassen, d. h., er kann selbst den Gerichtsvollzieher damit beauftragen oder bereits im Pfändungsantrag die Vermittlung durch die Geschäftsstelle in die Wege leiten *(§ 829 Abs. 2 S. 1 i. V. m. § 192 Abs. 3 ZPO).* Gleiches gilt, wenn nur ein Pfändungsbeschluss, aber noch kein Überweisungsbeschluss erlassen wurde.

Mit der Zustellung des Pfändungsbeschlusses an den Drittschuldner ist die Pfändung und damit das Pfändungspfandrecht des Gläubigers an der Forderung bewirkt *(§§ 829 Abs. 3 ZPO)*. Zugleich ist mit dem Zugang beim Drittschuldner der Pfändungsrang gesichert *(§ 804 Abs. 3 ZPO)*, wenn dies nicht bereits durch die Zustellung eines **vorläufigen Zahlungsverbotes** *(§ 845 ZPO)* realisiert wurde.

Die Zustellung an den Schuldner erfolgt grundsätzlich *nach* der Zustellung an den Drittschuldner (vgl. *§ 121 Abs. 1 und 3 GVGA*).

4. Verwertung

Bei der Beantragung des **Überweisungsbeschlusses** hat der Gläubiger gemäß *§ 835 ZPO* die Wahl zwischen zwei Verwertungsmöglichkeiten, und zwar

a) Überweisung zur Einziehung oder
b) Überweisung an Zahlungs statt.

Die **Überweisung zur Einziehung** stellt den Normalfall dar. Die Forderung bleibt dabei Vermögensbestandteil des Schuldners. Erst die Zahlung des Drittschuldners an den Gläubiger führt zum Erlöschen der Forderung des Gläubigers. Sollte der Drittschuldner die Forderung nicht realisieren können, kann der Gläubiger erneut gegen den Schuldner vorgehen.

Dagegen hat die **Überweisung an Zahlungs statt** die Wirkung einer Abtretung im Sinne des *§ 398 BGB*, d. h., die Forderung geht nach *§ 401 BGB* mit allen Nebenrechten, einschließlich der Kosten auf den Gläubiger über. Mit dem Forderungsübergang gilt der Gläubiger als befriedigt, unabhängig davon, ob und inwieweit der Drittschuldner tatsächlich zahlt. Der Gläubiger trägt in diesem Fall das Risiko der Zahlungsunfähigkeit oder -unwilligkeit des Drittschuldners und kann auch, z.B. bei späterer Insolvenz des Drittschuldners, keine weiteren Schritte gegen den Schuldner unternehmen.

Die Überweisung an Zahlungs statt kommt in der Praxis selten vor.

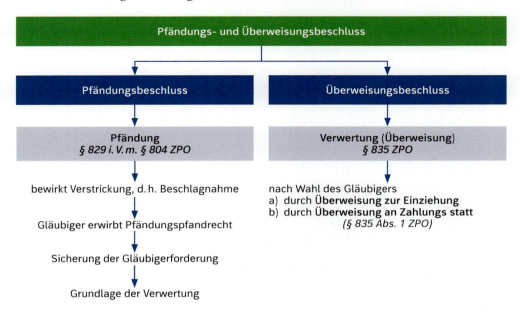

Informationen darüber, ob Pfändung und Verwertung tatsächlich zur Befriedigung des Schuldners führen können, erhält der Gläubiger auf Verlangen nach Zustellung des Pfändungsbeschlusses bzw. des Pfändungs- und Überweisungsbeschlusses an den Drittschuldner. Dazu dient die sogenannte **Drittschuldnererklärung**, die durch den Drittschuldner abzugeben ist.

Bezug nehmend auf die *Einstiegssituation* bestünde für den Mandanten Martin Siebert, dessen Schuldner Eigentümer eines Mietshauses ist, die Möglichkeit, einen Pfändungs- und Überweisungsbeschluss zu beantragen, um sich aus den Mieteinnahmen zu befriedigen.

Drittschuldner sind in diesem Fall die **Mieter**. Der Beschluss ist allen Mietern zuzustellen; sie gelten als Gesamtschuldner.

Neben der Verpflichtung der Drittschuldner, Auskünfte nach *§ 840 ZPO* zu erteilen, hat der Schuldner nach *§ 836 Abs. 3 ZPO* dem Gläubiger die zur Geltendmachung der Forderung **notwendigen Auskünfte** zu erteilen und die entsprechenden Urkunden – insbesondere die Mietverträge – vorzulegen. Der Gläubiger sollte diese Verpflichtung in den Antrag auf Erlass eines Pfändungs- und Überweisungsbeschlusses aufnehmen.

Beispiel:
Die Forderung von Martin Siebert (siehe Einstiegssituation) beträgt 1 345,00 € zuzüglich Zinsen in Höhe von fünf Prozentpunkten über dem Basiszinssatz. Durch den Erlass des Pfändungs- und Überweisungsbeschlusses kämen folgende Rechtsanwaltsgebühren und Gerichtskosten hinzu:

Pfändungs- und Überweisungsbeschluss Gegenstandswert 1 353,12 € gemäß § 25 Abs. 1 Nr. 1 RVG	
1. Verfahrensgebühr §§ 2, 13 RVG, Nr. 3309 VV (0,3) Wert: 1 353,12 €	34,50 €
2. Pauschale für Post- u. Telekommunikationsdienstleistungen, Nr. 7002 VV	6,90 €
Zwischensumme	41,40 €
3. 19 % Umsatzsteuer, Nr. 7008 VV	7,87 €
Zwischensumme	49,27 €
4. Gerichtskosten § 3 GKG, Nr. 2111 KV	20,00 €
Endsumme	69,27 €

Falls der Schuldner versucht, sich der Pfändung durch Antrag auf Pfändungsschutz nach *§ 851b ZPO* zu entziehen, wäre zu überprüfen, ob der Gläubiger parallel zur Pfändung die Zwangsversteigerung, Zwangsverwaltung oder die Eintragung einer Sicherungshypothek anstreben sollte, wenn es sich wie im oben genannten Fall um eine Immobilie handelt.

Erklärungspflicht des Drittschuldners *(§ 840 ZPO)*
Gemäß *§ 840 Abs. 1 ZPO* ist der Drittschuldner **auf Verlangen** des Gläubigers verpflichtet, über die Forderung Auskunft zu erteilen, und zwar,

- ob und inwieweit er die Forderung als begründet anerkenne und Zahlung zu leisten bereit sei;
- ob und welche Ansprüche andere Personen an die Forderungen machen;
- ob und wegen welcher Ansprüche die Forderung bereits für andere Gläubiger gepfändet sei;

- ob – im Falle einer Kontopfändung – innerhalb der letzten zwölf Monate im Hinblick auf das Konto, dessen Guthaben gepfändet worden ist, nach § 850 Abs. 1 ZPO die Unpfändbarkeit des Guthabens angeordnet worden ist und

- ob es sich bei dem Konto, dessen Guthaben gepfändet worden ist, um ein Pfändungsschutzkonto im Sinne des § 850k Abs. 7 ZPO handelt.

Der Drittschuldner hat die Wahl, dem Gerichtsvollzieher die Fragen **sofort** bei Zustellung des Pfändungsbeschlusses zu beantworten (deshalb wird der Pfändungs- und Überweisungsbeschluss **persönlich** zugestellt – § 829 Abs. 2 S. 2 ZPO) oder **binnen zwei Wochen** nach Zustellung die Erklärung schriftlich abzugeben (§ 840 Abs. 1 und 3 ZPO).

Die Aufforderung zur Erklärung nach *§ 840 ZPO* ist in die Zustellungsurkunde aufzunehmen und kann deshalb nur im Wege der persönlichen Zustellung bewirkt werden *(§ 121 Abs. 2 S. 2 und 3 GVGA).*

Die Drittschuldnererklärung an sich ist **kein einklagbarer Anspruch** des Gläubigers. Allerdings haftet der Drittschuldner dem Gläubiger für den aus der Nichterfüllung entstandenen Schaden (§ 840 Abs. 2 S. 2 ZPO). Bei schuldhafter Verletzung der Auskunftspflicht ist der Drittschuldner zum Ersatz des Schadens verpflichtet, der dem Gläubiger bis zur verspäteten Auskunft entstanden ist. Der Umfang der Schadensersatzpflicht bestimmt sich nach § 249 BGB, bei Vorsatz gemäß § 826 BGB.

Wurde die Aufforderung zur Drittschuldnerauskunft entsprechend den gesetzlichen Vorschriften durch den Gerichtsvollzieher zugestellt und erfolgt dennoch keine ordnungsgemäße Erklärung und auch keine Zahlung durch den Drittschuldner, so kann der Gläubiger **Leistungsklage** am allgemeinen Gerichtsstand des Drittschuldners erheben (**Drittschuldnerklage**).

Bei der Geltendmachung gepfändeten Arbeitseinkommens ist das Arbeitsgericht zuständig *(§§ 2–5 ArbGG).*

Pflicht zur Streitverkündung *(§ 841 ZPO)*
Gemäß § 841 ZPO ist der Gläubiger verpflichtet, dem Schuldner gerichtlich den Streit zu verkünden (vgl. *§§ 72 ff. ZPO*).

Streitverkündung bedeutet die förmliche Benachrichtigung eines Dritten über einen anhängigen Prozess durch eine Partei *(§ 72 Abs. 1 ZPO).*

Für den Fall des ungünstigen Ausgangs des Rechtsstreits sichert sich der Gläubiger (Kläger der Drittschuldnerklage) durch die Streitverkündung einen Anspruch auf Gewährleistung oder Schadloshaltung gegen einen Dritten (Schuldner/Streitverkündungsempfänger).

Die Streitverkündung erfolgt durch Einreichung eines Schriftsatzes beim Prozessgericht, in dem der Grund der Streitverkündung und der Stand des Prozesses angegeben werden, und wird dem Streitverkündeten (Schuldner) von Amts wegen zugestellt (§ 73 ZPO). Der Gegner des Streitverkünders (Drittschuldner) erhält eine Abschrift.

Mögliche **Reaktionen des Streitverkündungsempfängers** (Schuldner) nach § 74 ZPO sind:

- Er tritt dem Streitverkünder bei und nimmt die Stellung eines Nebeninterventen ein *(§ 67 ZPO)*.
- Er tritt dem Gegner des Verkünders (Drittschuldner) bei und wird dessen Nebenintervent.
- Er tut nichts.

Unabhängig von der Reaktion des Streitverkündungsempfängers kann dieser sich später nicht darauf berufen, dass der Rechtsstreit unrichtig entschieden worden sei *(§§ 68, 74 ZPO)*.

Die Streitverkündung verursacht **keine zusätzlichen Rechtsanwaltsgebühren**; sie ist mit der Verfahrensgebühr *(Nr. 3100 VV RVG)* abgegolten. Zustellgebühren hat der Streitverkünder zu tragen; diese können jedoch im Folgeprozess als Nebenkosten geltend gemacht werden. Dem Streitverkündungsempfänger entstehen nur dann Kosten, wenn er dem Rechtsstreit beitritt *(§ 101 ZPO)*.

Vorpfändung – vorläufiges Zahlungsverbot *(§ 845 ZPO)*

Schon vor der Pfändung kann der Gläubiger verhindern, dass der Drittschuldner pfändbare Beträge an den Schuldner auszahlt. Dazu bedarf es lediglich eines vollstreckbaren Schuldtitels, d. h., allein die Verkündung eines Urteils mit vollstreckbarem Inhalt ist ausreichend.

Vorläufiges Zahlungsverbot bedeutet die Sicherung der Forderung vor Wirksamwerden der Pfändung ohne Inanspruchnahme des Vollstreckungsgerichts.

Für diese Rangsicherung lässt der Gläubiger durch den Gerichtsvollzieher die Benachrichtigung an den Drittschuldner und an den Schuldner darüber zustellen, dass eine Pfändung bevorstehe.

Die Benachrichtigung enthält

- die Aufforderung an den Drittschuldner, nicht an den Schuldner zu zahlen, sowie
- die Aufforderung an den Schuldner, nicht über die Forderung zu verfügen.

Mit **Zustellung an den Drittschuldner** ist die Vorpfändung wirksam.

Es muss noch **keine vollstreckbare Ausfertigung** des Titels vorliegen und der **Titel muss nicht zugestellt** sein *(§ 802a Abs. 2 Nr. 5 ZPO)*.

Die Mitteilung an den Drittschuldner hat die Wirkung eines **Arrests** *(§ 930 ZPO)*, d. h., die Forderung gilt als beschlagnahmt, wodurch der **Pfändungsrang** gesichert ist, sofern die endgültige Pfändung innerhalb **eines Monats** bewirkt wird *(§ 845 Abs. 2 ZPO)*.

Beispiel:
Firma A schuldet Gläubiger Z aus einem Kaufvertrag 12 000,00 €, die über Forderungspfändung eingezogen werden sollen, denn Firma A hat gegenüber Firma B eine Forderung aus einem Werkvertrag in Höhe von 24 000,00 €.

Zwangsvollstreckung in das bewegliche Vermögen wegen Geldforderungen (Mobiliarvollstreckung)

Aus der von Gläubiger Z angeforderten Drittschuldnererklärung der Firma B ergibt sich, dass diese Forderung schon mehrfach gepfändet ist, und zwar durch

1. Gläubiger X:
   - vorläufiges Zahlungsverbot über 5 000,00 €, zugestellt an Drittschuldnerin (Firma B) am 20. September 20.., zugestellt an Schuldnerin (Firma A) am 18. September 20.., und
   - PfÜB, zugestellt an Drittschuldnerin (Firma B) am 22. Oktober 20.., zugestellt an Schuldnerin (Firma A) am 19. Oktober 20.. .

2. Gläubiger Y:

   PfÜB über 8 000,00 €, zugestellt an Drittschuldnerin (Firma B) am 15. Oktober 20.., zugestellt an Schuldnerin (Firma A) am 19. Oktober 20.. .

3. Gläubiger Z:
   - vorläufiges Zahlungsverbot über 12 000,00 €, zugestellt an Drittschuldnerin (Firma B) am 16. Oktober 20.., zugestellt an Schuldnerin (Firma A) am 19. Oktober 20.., und
   - PfÜB, zugestellt an Drittschuldnerin (Firma B) am 16. November 20.., zugestellt an Schuldnerin (Firma A) am 17. November 20.. .

Unter Berücksichtigung der Wirkung des vorläufigen Zahlungsverbots, sofern die Pfändung binnen eines Monats nach Zustellung des vorläufigen Zahlungsverbots erfolgt ist, werden die Gläubiger in folgender Reihenfolge befriedigt:

1. Rang: Gläubiger Y erhält den vollen Betrag über 8 000,00 €, da der PfÜB am **15. Oktober 20..** zugestellt wurde.
2. Rang: Gläubiger Z erhält den vollen Betrag über 12 000,00 €, da das vorläufige Zahlungsverbot am **16. Oktober 20..** zugestellt wurde und PfÜB fristgerecht zugegangen ist.
3. Rang: Gläubiger X erhält die übrigen 4 000,00 €, da das vorläufige Zahlungsverbot wirkungslos ist und erst die Zustellung des PfÜB am **22. Oktober 20..** einen Rangplatz erzielte.

Gläubiger X könnte jedoch verlangen, dass die Drittschuldnerin (Firma B) den gesamten Betrag hinterlegt (§ 853 ZPO) und damit von Amts wegen das **Verteilungsverfahren** gemäß §§ 872 ff. ZPO eingeleitet würde.

Verteilungsverfahren (§§ 872 ff. ZPO)

Hat ein Schuldner nicht nur einen Gläubiger, sondern mehrere, reicht der in der Verwertung erwirtschaftete Erlös meist nicht zur Befriedigung aller Gläubiger aus. Sind die Rangverhältnisse entsprechend § 804 Abs. 3 ZPO bestimmt, wird nach dem **Prioritätsprinzip** verteilt. Dennoch kann ein Gläubiger eine andere Verteilung verlangen, weil er beispielsweise die Wirksamkeit der Pfändung bzw. Vorpfändung eines vorrangigen Gläubigers bestreitet. Einigen sich die Gläubiger nicht, so muss bei einem Streit um die Rangverhältnisse in einem formellen Verfahren entschieden werden, wie der Erlös verteilt wird. Diese Situation kann sowohl bei der Vollstreckung durch den Gerichtsvollzieher im Falle von Mehrfachpfändungen als auch bei dem Zahlungsverlangen mehrerer Gläubiger an den Drittschuldner eintreten. Auf Verlangen eines Gläubigers ist dann der Erlös zu hinterlegen und das Verteilungsverfahren tritt ein. Damit werden Gerichtsvollzieher bzw. Drittschuldner entlastet, da sie nicht selbst die möglicherweise mit schwierigen Problemen behaftete Streitfrage entscheiden müssen.

Der Anwendungsbereich erstreckt sich demzufolge sowohl auf

- die Tätigkeit des Gerichtsvollziehers nach *§§ 827 Abs. 2, 3 und 854 Abs. 2, 3 ZPO* als auch
- die Forderungsvollstreckung nach *§ 853 ZPO* bei Hinterlegung durch den Drittschuldner.

Die nachfolgenden Bestimmungen gelten nur für die Verteilung des Erlöses bei der Zwangsvollstreckung in bewegliches Vermögen *(§ 872 ZPO)*, nicht für die Erlösverteilung im Rahmen des Zwangsversteigerungsverfahrens bei unbeweglichem Vermögen.

Ablauf des Verfahrens:
1. Das zuständige Verteilungsgericht (Amtsgericht) erlässt nach Eingang der Sachlage an alle beteiligten Gläubiger die Aufforderung, binnen einer Frist von **zwei Wochen** eine Berechnung ihrer Forderungen einzureichen *(§ 873 ZPO)*.
2. Nach Ablauf dieser Frist stellt das Gericht einen Teilungsplan für den Betrag auf, der nach Abzug der Kosten des Verfahrens zur Verfügung steht *(§ 874 ZPO)*.
3. Danach wird ein Termin zur Erklärung über den Teilungsplan sowie die Ausführung der Verteilung bestimmt. Spätestens **drei Tage** vor dem Termin ist den Beteiligten die Einsicht in den Plan zu gewähren *(§ 875 Abs. 1 ZPO)*.
4. Gegen den Teilungsplan kann Widerspruch eingelegt werden *(§ 876 S. 2 ZPO)*.
5. Wird kein Widerspruch erhoben bzw. über erhobene Widersprüche im Termin Einigung erzielt, kann der Teilungsplan ausgeführt werden. Die hinterlegten Beträge können an die Gläubiger ausgezahlt werden *(§ 876 S. 1 ZPO)*.
6. Wird über den Widerspruch keine Einigung erzielt, muss der widersprechende Gläubiger ohne weitere Aufforderung binnen einer Frist von einem Monat dem Amtsgericht nachweisen, dass er gegen den bzw. die entsprechenden Gläubiger Widerspruchsklage erhoben hat. Weist er die Klageerhebung nicht nach, wird der Teilungsplan ohne Rücksicht auf den Widerspruch ausgeführt *(§ 878 Abs. 1 ZPO)*.

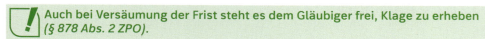
Auch bei Versäumung der Frist steht es dem Gläubiger frei, Klage zu erheben *(§ 878 Abs. 2 ZPO)*.

7. Weist er die Klageerhebung nach und hat die Klage Erfolg, sodass der Gläubiger ein entsprechendes Urteil vorlegen kann, wird der Teilungsplan entsprechend dem Urteil geändert und ausgeführt.

Pfändung von Arbeitseinkommen *(§ 850a–i ZPO)*

Eine der häufigsten Zwangsvollstreckungsmaßnahmen im Rahmen der Forderungspfändung ist die Pfändung des Arbeitseinkommens des Schuldners.

Als **Arbeitseinkommen** werden Bezüge für Dienstleistungen aller Art bezeichnet. Dazu gehören z. B. auch die Altersrente und Hinterbliebenenbezüge *(§ 850 Abs. 2 und 3 ZPO)*. Einkommen aus **nichtselbstständiger** Arbeit ist besonders geschützt, d. h., es ist nur begrenzt pfändbar *(§§ 850 ff. ZPO)*.

Bezug nehmend auf die *Einstiegssituation* könnte sich aus der Vermögensauskunft, die der Gerichtsvollzieher im Auftrag der Mandantin Luise Köhn beim Schuldner abgenommen hat, die Möglichkeit der Lohnpfändung beim Arbeitgeber des Schuldners ergeben. Der Auszubildende Robert Brand erkundigt sich bei Rechtsanwältin Heike Schröder, ob in diesem Fall eine Befriedigung der Mandantin aussichtsreicher sei als im Rahmen der Sachpfändung und Versteigerung. Rechtsanwältin Heike Schröder erklärt, dass die Frage nicht mit Ja oder Nein zu beantworten sei, sondern dass einerseits die Höhe des Arbeitseinkommens eine Rolle spiele, da es Pfändungsfreibeträge gibt, und andererseits die zu erwartenden Versteigerungserlöse bei einer Sachpfändung geschätzt werden müssten.

Zwar weiß Mandantin Luise Köhn aus dem Ergebnis der Abnahme der Vermögensauskunft, wer der Arbeitgeber des Schuldners ist, aber es muss nun geprüft werden, wie hoch der pfändbare Betrag ist, denn Arbeitseinkommen sind nur begrenzt pfändbar, gegebenenfalls überhaupt nicht. Die Pfändungsschutzvorschriften sollen es dem Schuldner ermöglichen, ein menschenwürdiges Leben zu führen, und dienen damit dem öffentlichen Interesse an einer sozialen Sicherung des Schuldners.

Der pfändbare Betrag ergibt sich aus der Bekanntmachung zu den *§§ 850c* und *850f* der Zivilprozessordnung (Pfändungsfreigrenzenbekanntmachung im Bundesgesetzblatt). Laut § 850c Abs. 2 a ZPO verändern sich zum 1. Juli eines jeden zweiten Jahres die unpfändbaren Beträge in Anlehnung an die Entwicklung des steuerlichen Grundfreibetrags nach § 32a EStG (Einkommensteuergesetz). Das heißt aber auch, dass sie sich nicht verändern, wenn der steuerliche Grundfreibetrag gleich bleibt (siehe Tabelle unten).

Wie hoch der pfändbare Betrag eines Schuldners ist, kann der Tabelle im Anhang zu § 850c ZPO entnommen werden. Dazu muss zunächst das Nettoeinkommen des Schuldners ermittelt werden. Des Weiteren hängt die Höhe des pfändbaren Betrages von der Anzahl der Personen ab, denen der Schuldner aufgrund einer gesetzlichen Verpflichtung Unterhalt zu zahlen hat. Bei gesetzlicher Unterhaltsverpflichtung erhöht sich der unpfändbare Betrag *(§ 850c Abs. 1 S. 2 ZPO)*.

> **!** Wenn eine gesetzliche Unterhaltspflicht besteht, der Schuldner jedoch den Unterhalt nicht gewährt, erhöht sich der ermittelte pfändbare Betrag gemäß § 850c Abs. 2 S. 1 ZPO.

Die folgende Tabelle zeigt die Entwicklung der Pfändungsfreigrenzen seit dem 1. Januar 2002 in Abhängigkeit von der Anzahl der unterhaltsberechtigten Personen:

Gültigkeits-zeitraum	Pfändungsfreier Betrag (Nettolohn monatlich) bei Unterhaltspflicht für ... Personen bis unter ... in €						Mehrbetrag über ... € ist voll pfändbar
	0	1	2	3	4	5 und mehr	
01.01.2002–30.06.2005	940,00 €	1290,00 €	1480,00 €	1680,00 €	1870,00 €	2070,00 €	2851,00 €
01.07.2005–30.06.2011	990,00 €	1360,00 €	1570,00 €	1770,00 €	1980,00 €	2190,00 €	3020,60 €
01.07.2011–30.06.2013	1030,00 €	1420,00 €	1640,00 €	1850,00 €	2070,00 €	2280,00 €	3154,15 €

Arten der Zwangsvollstreckung

Gültigkeitszeitraum	Pfändungsfreier Betrag (Nettolohn monatlich) bei Unterhaltspflicht für ... Personen bis unter ... in €						Mehrbetrag über ... € ist voll pfändbar
	0	1	2	3	4	5 und mehr	
01.07.2013–30.06.2015	1 050,00 €	1 440,00 €	1 660,00 €	1 880,00 €	2 100,00 €	2 320,00 €	3 203,67 €
01.07.2015–30.06.2017	1 080,00 €	1 480,00 €	1 710,00 €	1 930,00 €	2 160,00 €	2 380,00 €	3 292,09 €
01.07.2017–30.06.2019	1 140,00 €	1 570,00 €	1 800,00 €	2 040,00 €	2 280,00 €	2 520,00 €	3 475,79 €
	Liegt der Nettolohn des Schuldners unter den angegeben Beträgen, kann der Lohn nicht gepfändet werden.						

Robert Brand stellt beim Betrachten obiger Tabelle fest, dass die Beträge zwischen 2002 und 2011 nicht alle zwei Jahre geändert wurden. Rechtsanwältin Heike Schröder erklärt, dass die Anpassung der Beträge nicht immer eine Änderung bedeuten muss.

An folgendem Beispiel erläutert Rechtsanwältin Heike Schröder ihrem Auszubildenden, dass die Lohnpfändung nicht in jedem Fall sinnvoll ist.

Beispiel:
Schuldner Kai Arthur hat ein monatliches Nettoeinkommen in Höhe von 1 950,00 €. Seine Familie, die er unterhalten muss, besteht aus seiner Ehefrau, die über kein eigenes Einkommen verfügt, und zwei Kindern im Alter von fünf und acht Jahren. Aus der Tabelle zu § 850c ZPO (im Anhang der ZPO) ist ersichtlich, dass sein Nettoeinkommen bei einer gesetzlichen Unterhaltspflicht für drei Personen unpfändbar ist.

Robert Brand kann dies auch aus der obigen Tabelle erkennen. Bei Betrachtung des Zeitraums vom 1. Juli 2017 bis 30. Juni 2019 müsste der Schuldner bei einer Unterhaltspflicht für drei Personen ein monatliches Nettoeinkommen in Höhe von mindestens 2 040,00 € beziehen, damit ein Teil davon gepfändet werden könnte.

Selbst wenn der Schuldner ein Einkommen hat, das nicht gänzlich vor Pfändung geschützt ist, kann es sein, dass der pfändbare Betrag dennoch nicht zu einer Befriedigung des Gläubigers führt. Dies ist der Fall, wenn das Einkommen des Schuldners bereits von einem oder mehreren Gläubigern mit entsprechender Rangsicherung gepfändet worden ist.

Der Auszubildende Robert Brand interessiert sich sehr für die Lohnpfändungen, die aus den Kanzleiakten ersichtlich sind, und findet folgende Beispiele, die er mit Rechtsanwältin Heike Schröder rechnerisch nachvollzieht:

Beispiel 1:
Julia Schneider hatte 2015 gegen Hannelore Fischer einen Prozess gewonnen und ihr lag ein vollstreckbarer Titel über 860,00 € vor, ebenso die vollstreckbare Ausfertigung des Titels. Das Urteil war Hannelore Fischer zugestellt worden. Die Vermögensauskunft hatte ergeben, dass Hannelore Fischer zwar keine pfändbaren Gegenstände besaß, aber über pfändbares Arbeitseinkommen verfügte. Die Schuldnerin war alleinstehend und hatte keine Unterhaltsverpflichtungen. Ihr monatliches Nettoeinkommen betrug 1 236,00 € (Stand Oktober 2015).

Zwangsvollstreckung in das bewegliche Vermögen wegen Geldforderungen (Mobiliarvollstreckung)

Aus der Tabelle zum § 850c ZPO (Stand 1. Juli 2015 bis 30. Juni 2017) kann Robert Brand den monatlich pfändbaren Betrag in Höhe von **109,28 €** (jeweils aktuelle Pfändungstabelle im BuchPlusWeb) entnehmen und feststellen, dass nach acht Monaten Lohnpfändung die Schuld von Hannelore Fischer getilgt war.

Beispiel 2:
Das Arbeitseinkommen von Henry Kaul sollte ab Januar 2016 aufgrund von 1 060,00 € titulierten Schulden gegenüber der Firma Grund GmbH gepfändet werden. Das Nettoeinkommen des Schuldners betrug zum Zeitpunkt der Pfändung 2 765,00 €; Henry Kaul leistete für drei Personen Unterhalt.

Den pfändbaren Betrag in Höhe von **249,49 €** kann Robert Brand erneut problemlos der zu oben genanntem Zeitpunkt gültigen Pfändungstabelle entnehmen – in diesem Fall in einer anderen Spalte – und bestätigen, dass die Schulden von Henry Kaul nach fünf Monaten Lohnpfändung getilgt waren.

Beispiel 3:
Die Architektin Olivia Bauer beantragte im Mai 2018 die Zwangsvollstreckung gegen Maximilian Bastians wegen Forderungen in Höhe von 1 145,00 €. Der Schuldner hatte zu dieser Zeit ein Nettoeinkommen von 3 680,00 €; er war verheiratet (Ehefrau ohne eigenes Einkommen) und hatte eine Tochter.

In der Akte liest der Auszubildende Robert Brand, dass der monatlich pfändbare Betrag 872,91 € betrug und dass demzufolge im ersten Pfändungsmonat bereits ein großer Teil der Forderungen beglichen war und im zweiten Pfändungsmonat nur noch 272,09 € zu zahlen waren. Das kann er allerdings nicht mit einem kurzen Blick in die Tabelle nachvollziehen. Rechtsanwältin Heike Schröder erklärt ihm die Ermittlung des Betrages.

Die Tabelle zu § 850c ZPO endet im Zeitraum 1. Juli 2017 bis 30. Juni 2019 bei einem Nettoeinkommen von 3 475,79 € (jeweils aktuelle Pfändungstabelle im BuchPlusWeb). Der Teil des Arbeitseinkommens, der diesen in § 850c Abs. 2 S. 2 ZPO erläuterten Betrag (abzulesen am Ende der Pfändungstabelle zu § 850c ZPO) übersteigt, wird bei der Berechnung des unpfändbaren Betrages nicht berücksichtigt – er ist also voll pfändbar. Im Beispiel 3 wäre demnach zu berechnen:

$$3\,680{,}00\ € - 3\,475{,}79\ € = 204{,}21\ €$$

Zu diesem pfändbaren Betrag muss nun noch der Betrag aus der Tabelle – unter Berücksichtigung von zwei unterhaltsberechtigten Personen – addiert werden:

$$204{,}21\ € + 668{,}70\ € = 872{,}91\ €$$

Zur Ermittlung oder Überprüfung der Richtigkeit des pfändbaren Betrages kann auch ein Pfändungsrechner verwendet werden.

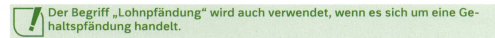

Quelle: Pfändungsrechner. In: www.dejure.org. https://dejure.org/gesetze/ZPO/850c.html#Pfaendungsrechner [Stand: 01.07.2017.]

> ⚠ Der Begriff „Lohnpfändung" wird auch verwendet, wenn es sich um eine Gehaltspfändung handelt.

Der Umfang einer Lohnpfändung wird vom Vollstreckungsgericht grundsätzlich durch Bezugnahme auf die Tabelle nach § 850c Abs. 3 S. 2 ZPO im Pfändungsbeschluss beschrieben. Dieser sogenannte **Blankettbeschluss** ist eine Besonderheit bei der Pfändung von Arbeitseinkommen. Er soll sowohl den Gläubiger als auch die Gerichte entlasten, indem er dem **Drittschuldner** die volle Verantwortung überträgt, die konkrete Höhe der pfändbaren und an den Gläubiger zu leistenden Beträge zu berechnen.

Der Gesetzgeber geht davon aus, dass der Arbeitgeber bei der Lohnabrechnung monatliche Veränderungen (steuerliche, tarifliche oder individuelle) ohnehin erfasst und so den jeweils aktuellen Nettolohn und damit das sogenannte **Pfändungsnetto** (bereinigtes Nettoeinkommen) ermitteln kann. Damit lässt sich der im jeweiligen Monat pfändbare Betrag unter Verwendung der Pfändungstabelle errechnen.

Gäbe es diese Regelung nicht, müsste der Gläubiger jeden Monat bzw. bei jeder Veränderung – Kenntnis davon vorausgesetzt – einen neuen Pfändungsbeschluss erwirken.

Bezug nehmend auf die *Einstiegssituation* würde der Auszubildende Robert Brand gern am Beispiel der Mandantin Luise Köhn nachvollziehen, wie vorzugehen wäre, wenn sie sich entschiede, das Gehalt des Schuldners pfänden zu lassen, und welche Gebühren anfallen würden.

Rechtsanwältin Heike Schröder erklärt, dass auch in diesem Fall ein vorläufiges Zahlungsverbot sinnvoll ist. Sollten noch andere Gläubiger ihre Forderungen gegenüber demselben Schuldner geltend machen, könnte mit wenig Aufwand der Pfändungsrang von Luise Köhn zum Zeitpunkt der Zustellung an den Drittschuldner gesichert werden. Wie bereits allgemein zum Thema **Vorpfändung/vorläufiges Zahlungsverbot** erläutert, bedarf es dazu weder der Erteilung einer vollstreckbaren Ausfertigung noch der Zustellung des Schuldtitels an den Schuldner (vgl. § 802a Abs. 2 Nr. 5 ZPO).

Luise Köhn könnte unmittelbar danach bzw. gleichzeitig den Erlass eines Pfändungs- und Überweisungsbeschlusses beim zuständigen Vollstreckungsgericht beantragen, es sei denn, sie möchte erst den Inhalt der Drittschuldnererklärung zur Kenntnis nehmen. Allerdings ist die Frist zur Zustellung des Pfändungs- und Überweisungsbeschlusses an den Drittschuldner zu beachten – **ein Monat** ab Zustellung des vorläufigen Zahlungsverbotes an den Drittschuldner (§ 845 Abs. 2 ZPO) –, um den Pfändungsrang nicht zu verlieren.

Gebührenrechtlich stellt das vorläufige Zahlungsverbot **keine besondere Angelegenheit** dar und löst demzufolge keine 0,3-Verfahrensgebühr *Nr. 3309 VV* aus. Mit dem nachfolgenden Pfändungs- und Überweisungsbeschluss wird **eine** gebührenrechtliche Angelegenheit gebildet.

Pfändungs- und Überweisungsbeschluss
Gegenstandswert 1 361,54 € gemäß § 25 Abs. 1 Nr. 1 RVG

1. Verfahrensgebühr §§ 2, 13 RVG, Nr. 3309 VV (0,3)
   Wert: 1 361,54 €   34,50 €
2. Pauschale für Post- u. Telekommunikationsdienstleistungen, Nr. 7002 VV   6,90 €
Zwischensumme   41,40 €
3. 19% Umsatzsteuer, Nr. 7008 VV   7,87 €
Endsumme   49,27 €

Im Rahmen der Kostenfestsetzung können jedoch zusätzliche anwaltliche Honorarforderungen im Zusammenhang mit dem vorläufigen Zahlungsverbot geltend gemacht werden (vgl. *§ 788 ZPO*).

Ermittlung des pfändbaren Betrags durch den Drittschuldner

In der Vergangenheit hatte der Drittschuldner die Wahl, den pfändbaren Teil des Arbeitseinkommens nach der Bruttomethode oder nach der Nettomethode zu berechnen. Durch beide Methoden wurde das bereinigte Nettoeinkommen ermittelt.

> Das Bundesarbeitsgericht hat mit Urteil vom 17. April 2013, Az.: 10 AZR 59/12, entschieden, dass bei der Lohnpfändung – entgegen der bis zu diesem Zeitpunkt herrschenden Praxis – nur noch die **Nettomethode** anzuwenden ist.

Berechnung des Pfändungsnettos:

1. Abzug unpfändbarer Bezüge

   Unpfändbar sind u. a. folgende in *§ 850a ZPO* genannten Teile des Arbeitseinkommens:

   - die Hälfte der Vergütung für Mehrarbeit
   - Urlaubsgeld
   - Zuwendungen aus Anlass eines besonderen Betriebsereignisses, soweit sie den Rahmen des Üblichen nicht übersteigen
   - Aufwandsentschädigungen, Auslösungsgelder und sonstige soziale Zulagen für auswärtige Beschäftigungen
   - Entgelt für selbst gestelltes Arbeitsmaterial
   - Gefahrenzulagen sowie Schmutz- und Erschwerniszulagen, soweit diese Bezüge den Rahmen des Üblichen nicht übersteigen
   - Weihnachtsvergütungen bis zum Betrag der Hälfte des monatlichen Arbeitseinkommens, höchstens aber bis zum Betrag von 500,00 €

Ebenfalls unpfändbar sind vermögenswirksame Leistungen (§ 2 Abs. 7 Vermögensbildungsgesetz i. V. m. § 851 ZPO).

2. Abzug von Steuern und Sozialversicherungsbeiträgen

Abzuziehen sind nach § 850e Nr. 1 ZPO die Beträge, die aufgrund steuerlicher und sozialrechtlicher Vorschriften vom Arbeitnehmer abzuführen sind, insbesondere

- Lohn- und Kirchensteuer,
- der Solidaritätszuschlag,
- der Arbeitnehmeranteil an den Sozialversicherungsbeiträgen.

Strittig war vor oben genanntem Grundsatzurteil, welcher Betrag bei der Berechnung der Steuern und Sozialabgaben zugrunde gelegt werden soll.

 Das bereinigte Nettoeinkommen muss nicht mit dem steuerlichen Nettoeinkommen identisch sein.

Nach der seit 2013 verbindlichen Regelung zur Anwendung der **Nettomethode** werden zunächst die unpfändbaren Bezüge vom Bruttoeinkommen abgezogen. Für den verbleibenden Betrag werden die Lohnsteuer und Sozialversicherungsbeiträge fiktiv ermittelt und abgezogen. Aus dem damit ermittelten pfändbaren Einkommen wird der Pfändungsbetrag mithilfe der Pfändungstabelle festgestellt.

Bei der bis 2013 vorherrschenden **Bruttomethode** wurden vom Gesamtbrutto die unpfändbaren Bezüge sowie die Sozialversicherungsbeiträge und Steuern – bezogen auf das Gesamtbrutto, d. h. einschließlich der unpfändbaren Bezüge – abgezogen. Mit dieser Methode wurden die auf die unpfändbaren Bezüge entfallenden Steuern und Sozialversicherungsbeiträge zweimal abgezogen.

Das Bundesarbeitsgericht begründete seine Entscheidung damit, dass die Nettomethode zu plausiblen und dem Gesetzeszweck dienenden Ergebnissen führe, den mit den Pfändungsschutzvorschriften beabsichtigten sozialen Schutz des Schuldners sichere und die mit der Bruttomethode einhergehende Benachteiligung des Pfändungsgläubigers vermeide.

Beispiel:
Kurt Ludwig ist unverheiratet und hat keine Kinder. Gegen ihn liegt ein vollstreckbarer Titel über einen Betrag von 1 200,00 € vor und es soll in sein Arbeitseinkommen gepfändet werden. Sein monatlicher Bruttogrundlohn beträgt 2 500,00 €. Im Juni 2016 gewährt der Arbeitgeber ein Urlaubsgeld von 500,00 €. Hinzu kommen 100,00 € Überstundenvergütung sowie 100,00 € Auslösungen. Insgesamt beträgt das Bruttoeinkommen damit 3 200,00 €.
Zunächst werden von dieser Summe die unpfändbaren Beträge abgezogen:

	Bruttoeinkommen insgesamt	3 200,00 €
–	50 % der Überstundenvergütung	50,00 €
–	Auslösungen	100,00 €
–	Urlaubsgeld	500,00 €
=		2 550,00 €

Bei der Bruttomethode würden dann die Steuern und Sozialversicherungsbeiträge aus dem Gesamtbrutto von 3 200,00 € abgezogen, während bei der Nettomethode fiktive Abgaben für den Betrag von 2 550,00 € ermittelt und abgezogen werden.

	Bruttomethode	Nettomethode
Bruttoeinkommen (gesamt)	3 200,00 €	3 200,00 €
abzüglich (unpfändbare Bezüge)	650,00 €	650,00 €
Zwischenergebnis	2 550,00 €	2 550,00 €
abzüglich Steuern	558,37 € (aus 3 200,00 €)	fiktiv 368,30 € (aus 2 550,00 €)
abzüglich Sozialabgaben	677,60 € (aus 3 200,00 €)	fiktiv 539,97 € (aus 2 550,00 €)
bereinigtes Netto	1 314,03 € (2 550,00 € − 1 235,97 €)	1 641,73 € (2 550,00 € − 908,27 €)
pfändbarer Betrag (Juni 2016)	165,28 €	396,28 €

*Bei Anwendung der Nettomethode konnte im Juni 2016 ein Betrag von **396,28 €** gepfändet und überwiesen werden – nach der Bruttomethode wären es nur **165,28 €** gewesen.*

An diesem Beispiel ist auch erkennbar, dass der monatlich pfändbare Betrag aufgrund unterschiedlicher Höhe des Lohnes bzw. Gehalts variiert. Urlaubsgeld wird nicht in jedem Monat gezahlt und auch Überstundenvergütung und andere Einkünfte oder auch Abschläge sind jeweils neu zu berechnen. Dadurch wird die Bedeutung des Blankettbeschlusses deutlich, nach dem der Drittschuldner zuständig ist für die Ermittlung des jeweils pfändbaren Betrages.

In der Praxis ist die Ermittlung des dem pfändbaren Betrag zugrunde liegenden Nettoeinkommens meist noch wesentlich komplexer als im vorgenannten Beispiel und stellt hohe Anforderungen an den Drittschuldner. Aber auch das Vollstreckungsgericht kann bei Vorliegen von Informationen, die beispielsweise der Vermögensauskunft des Schuldners zu entnehmen sind, auf Antrag des Gläubigers oder auch des Schuldners Festlegungen zur Veränderung von Beträgen treffen.

Das Institut für Wissenschaft und Wirtschaft (IWW) hat empfohlen, im amtlichen PfÜB-Formular auf Seite 8 oder 9 unter der Rubrik „Sonstige Anordnungen" folgende Formulierung als nicht amtlichen Hinweis einzufügen:

Empfohlene Eintragung in amtliches PfÜB-Formular

„Es wird angeordnet, dass bei der Berechnung des pfändbaren Einkommens nach § 850e Nr. 1 S. 1 ZPO die sogenannte Nettomethode anzuwenden ist. Die der Pfändung entzogenen Bezüge sind mit ihrem Bruttobetrag vom Gesamteinkommen abzuziehen. Ein erneuter Abzug der auf diesen Bruttobetrag entfallenden Steuern und Abgaben erfolgt nicht (BAG 17. April 2013, 10 AZR 59/12, VE 13, 153)." (Ursprungstext des Urteils verändert)

Unabhängig davon, ob die Vollstreckungsgerichte diesen nicht amtlichen Hinweis einfügen oder nicht, sollte der Gläubiger den Drittschuldner auf die BGA-Rechtsprechung hinweisen. Für den Fall, dass der Drittschuldner nicht nach der vorgeschriebenen Berechnungsmethode vorgeht, ist Drittschuldnerklage beim Arbeitsgericht geboten.

Besonderheiten zur genauen Ermittlung des pfändbaren Arbeitseinkommens und des pfändbaren Betrages sind:

- Bezieht der Schuldner **mehrere Arbeitseinkommen**, z.B. bei Ausübung von zwei Teilzeitjobs, sind diese auf Antrag des Gläubigers vom Vollstreckungsgericht bei der Pfändung zusammenzurechnen. Gleichzeitig muss der Gläubiger beantragen, aus welchem Einkommen der pfändbare Betrag entnommen werden soll *(§ 850e Nr. 2 ZPO)*.
- Nach § 850e Nr. 2a ZPO sind auf Antrag auch **Ansprüche auf laufende Geldleistungen** nach dem Sozialgesetzbuch mit Arbeitseinkommen zusammenzurechnen.
- Der Drittschuldner hat nach § 850e Nr. 3 ZPO **Naturalleistungen** mit Geldleistungen zusammenzurechnen. Dies gilt beispielsweise auch für geldwerte Vorteile wie die private Nutzung eines Firmen-Pkw bzw. bei Überlassung einer Firmenwohnung.
- Während einerseits die bereits erwähnten unpfändbaren Bezüge nach *§ 850a ZPO* zu berücksichtigen sind, erklärt der Gesetzgeber andererseits bestimmte Einkommensteile für **zusätzlich pfändbar**, wenn es sich um die **Pfändung wegen eines Unterhaltsanspruchs** handelt.
- Im Falle einer Vollstreckung wegen gesetzlicher Unterhaltsansprüche gegen den Schuldner gilt der Gläubiger als **bevorrechtigt**. Die privilegierte Pfändung nach *§ 850d ZPO* setzt eine Antragstellung des Gläubigers voraus, dass der Pfändungsschutz auf den notwendigen Unterhalt beschränkt wird.

 Das Arbeitseinkommen des Schuldners ist ohne die Beschränkung des *§ 850c ZPO* pfändbar. Dem Schuldner ist ein notwendiger Unterhalt zu belassen *(§ 850d Abs. 1 S. 2 ZPO)*.

Beispielsweise muss dem Schuldner von den in § 850a Nr. 1, 2 und 4 ZPO genannten Bezügen mindestens die Hälfte des unpfändbaren Betrages, z.B. von der Mehrarbeitsvergütung nicht die Hälfte, sondern ein Viertel, verbleiben *(§ 850d Abs. 1 S. 2 2. HS ZPO)*.

Im Gegensatz zur Pfändung eines nicht bevorrechtigten Gläubigers nach *§ 850c ZPO*, bei welcher der Drittschuldner Bezug auf die Pfändungstabelle durch den Blankettbeschluss nimmt, muss bei der privilegierten Lohnpfändung der dem Schuldner verbleibende unpfändbare Betrag durch das **Vollstreckungsgericht** in einem Pfändungsbeschluss genau bestimmt werden.

Beispiel:
Maxim Sokolow ist verheiratet und hat ein acht Jahre altes Kind. Sein monatlicher Bruttolohn beträgt 2800,00 €. Im Februar wird wegen Unterhalts an seinen unehelichen Sohn ein Pfändungs- und Überweisungsbeschluss zugestellt. In dem Beschluss heißt es: „... dem Schuldner ist monatlich ein unpfändbarer Betrag von 850,00 € zu belassen. Von dem darüber hinausgehenden Betrag ist für den Gläubiger die Hälfte pfändbar."

Zwangsvollstreckung in das bewegliche Vermögen wegen Geldforderungen (Mobiliarvollstreckung)

 Treffen Unterhaltspfändungen mit gewöhnlichen Pfändungen zusammen, ist zu beachten, dass die Unterhaltspfändungen den anderen nicht im Rang vorgehen, sondern dass sie dadurch privilegiert sind, dass den pfändenden Unterhaltsgläubigern Befriedigung aus dem sogenannten Vorrechtsbereich zusteht. Dies ist der Betrag zwischen dem absolut unpfändbaren Betrag, den das Vollstreckungsgericht festlegt, und dem nach § 850c ZPO pfändbaren Betrag.

Wenn also im obigen Beispiel eine gewöhnliche Pfändung gegen Maxim Sokolow (z. B. wegen einer nicht bezahlten Rechnung eines Versandhauses) einen Monat **vor der Unterhaltspfändung** wirksam erfolgt wäre, bliebe das Versandhaus auf Rangplatz 1. Bei dieser Pfändung würde aber der Tabellenwert des § 850c ZPO herangezogen, wohingegen bei der Unterhaltspfändung – zwar auf Rang 2 – in den vom Vollstreckungsgericht festgelegten Vorrechtsbereich gepfändet werden kann.

- Ebenfalls bevorrechtigt ist der Gläubiger wegen einer Forderung aus einer vorsätzlich begangenen **unerlaubten Handlung**. Auf Antrag des Gläubigers kann das Vollstreckungsgericht auch in einem solchen Fall den pfändbaren Teil des Arbeitseinkommens ohne Rücksicht auf die nach § 850c ZPO vorgesehen Beschränkungen festlegen (*§ 850f Abs. 2 ZPO*).

- Der unpfändbare Betrag kann zugunsten des Schuldners auf dessen Antrag durch das **Vollstreckungsgericht** dahin gehend geändert werden, dass ihm ein Teil des pfändbaren Betrages belassen wird, wenn
    - der Schuldner besondere Gründe und Bedürfnisse nachweisen kann **und**
    - überwiegende Belange des Gläubigers nicht entgegenstehen (*§ 850f Abs. 1 ZPO*).

- Eine weitere Entscheidung obliegt dem **Vollstreckungsgericht** hinsichtlich der Berücksichtigung von Personen, denen der Schuldner aufgrund gesetzlicher Verpflichtungen Unterhalt gewährt. Hat eine Person, der Unterhalt gewährt wird, eigene Einkünfte, so kann der Gläubiger beantragen, dass diese Person bei der Berechnung des unpfändbaren Teils des Arbeitseinkommens ganz oder teilweise unberücksichtigt bleibt (*§ 850c Abs. 4 ZPO*).

Beispiel:
Zur Begleichung seiner Schulden wird bei Paul Lubig im Februar 2018 eine Lohnpfändung durchgeführt. Er hat ein Nettoeinkommen von 3 270,00 €, ist verheiratet und hat zwei Kinder (für alle drei Personen unterhaltspflichtig).

Ermittlung des monatlich pfändbaren Betrages:

Nettoeinkommen	3 270,00 €
Pfändbarer Betrag bei Unterhaltspflicht für drei Personen	370,21 €

Für den Fall, dass der Gläubiger Kenntnis davon erhält, dass die Ehefrau des Schuldners Heimarbeit für ein Übersetzungsbüro leistet und monatlich ein eigenes Einkommen erzielt, kann er einen Antrag nach § 850c Abs. 4 ZPO stellen.

Eine unterhaltsberechtigte Person bleibt bei der Rechtsprechung in der Regel gänzlich unberücksichtigt, wenn ihr Einkommen mindestens dem vollstreckungsrechtlichen Grundfreibetrag nach § 850c ZPO entspricht. Ist das Einkommen niedriger, entscheidet das Gericht auf Antrag des Gläubigers nach billigem Ermessen, ob diese Person bei der Berechnung des unpfändbaren Teils des Arbeitseinkommens gegebenenfalls teilweise unberücksichtigt bleibt.

Entscheidet das Gericht im obigen Beispiel, dass die Ehefrau bei der Pfändung in das Arbeitseinkommen ihres Mannes unberücksichtigt bleibt, erhöht sich der pfändbare Betrag auf 588,70 € (pfändbarer Betrag bei Unterhaltspflicht für zwei Personen laut gültiger Tabelle im Februar 2018).

Pfändungsschutz bei sonstigen Vergütungen *(§ 850i ZPO)*

Durch das **Gesetz zur Reform des Kontopfändungsschutzes** wurde mit Wirkung vom 1. Juli 2010 die Gleichstellung von Schuldnern, die nicht über regelmäßige Arbeitseinkommen aus festen Dienst- bzw. Arbeitsverträgen verfügen, bewirkt. Damit wurde der Pfändungsschutz auf „sonstige Einkünfte, die kein Arbeitseinkommen sind" erweitert.

Was konkret unter **„sonstigen Einkünften"** zu verstehen ist, wurde im BGH-Beschluss vom 26. Juni 2014 Az. IX ZB 88/13 folgendermaßen formuliert:

> **Aus dem BGH-Beschluss vom 26. Juni 2014 Az. IX ZB 88/13**
> Der Pfändungsschutz für sonstige Einkünfte erfasst alle **eigenständig erwirtschafteten Einkünfte**.

Mit dieser Vorschrift werden Schuldner mit nicht wiederkehrenden Vergütungen für geleistete Dienste geschützt. Das betrifft beispielsweise Ansprüche von freiberuflich Tätigen wie Ärzte, Rechtsanwälte, Notare, Künstler, deren Honorare grundsätzlich **ohne Beschränkung pfändbar** sind.

> Ohne Pfändungsschutzantrag unterliegen die in *§ 850i ZPO* genannten Einkünfte uneingeschränkt dem Vollstreckungszugriff.

Nach *§ 850i Abs. 1 ZPO* hat das Gericht dem Schuldner **auf dessen Antrag** während eines angemessenen Zeitraums so viel zu belassen, als ihm verbleiben würde, wenn sein Einkommen aus laufendem Arbeits- oder Dienstlohn bestünde.

Dabei wird geprüft, wann der Schuldner mit weiteren Einkünften rechnen kann, aus denen sein Unterhalt und der seiner Familie bestritten werden kann. Das Gericht berücksichtigt die gesamten wirtschaftlichen Verhältnisse des Schuldners, insbesondere sonstige Verdienstmöglichkeiten und Vermögen. Bei der Entscheidung über den Antrag auf Pfändungsschutz wird auch die Situation des Gläubigers betrachtet. Sollten überwiegende Belange des Gläubigers entgegenstehen, z. B. wenn dieser sich selbst in einer Notlage befindet, kann der Antrag des Schuldners abgelehnt werden *(§ 850i Abs. 1 S. 3 ZPO)*.

Pfändungsschutz für Kontoguthaben *(§ 850k ZPO)*

Im Juli 2010 wurde das Pfändungsschutzkonto eingeführt, d. h., jeder Inhaber eines Girokontos kann seither von seiner Bank oder Sparkasse die Umwandlung seines Kontos in ein P-Konto (Pfändungsschutzkonto) verlangen.

> Seit dem 1. Januar 2012 besteht **Kontopfändungsschutz** nur noch bei Inanspruchnahme eines P-Kontos.

Jede natürliche Person darf nur über *ein* P-Konto verfügen. Wenn der Kunde die Umwandlung seines Girokontos in ein P-Konto beantragt, hat er dem Kreditinstitut vertraglich zu versichern, dass er kein weiteres P-Konto unterhält *(§ 850k Abs. 8 ZPO)*. Um die Richtigkeit der Versicherung zu überprüfen, kann das Kreditinstitut Auskunft bei der SCHUFA einholen.

Unterhält der Schuldner mehrere P-Konten, ordnet das Vollstreckungsgericht auf Antrag des Gläubigers an, welches Konto als Pfändungsschutzkonto bestehen bleibt. Über diese Entscheidung sind alle Drittschuldner zu informieren *(§ 850k Abs. 9 ZPO)*.

Das P-Konto kann trotz einer vorliegenden Pfändung eröffnet bzw. ein Girokonto in ein Pfändungsschutzkonto umgewandelt werden. Es wird als Guthabenkonto geführt.

> **Gesetzlich ist das Kreditinstitut nur dazu verpflichtet, bereits bestehende Girokonten auf Antrag umzuwandeln** *(§ 850k Abs. 7 S. 2 ZPO)*. **Es besteht kein Rechtsanspruch auf die Eröffnung eines P-Kontos.**

Allerdings hat sich die Kreditwirtschaft bereits im Jahr 1995 selbst verpflichtet, grundsätzlich jedem Kunden ein Guthabenkonto zur Verfügung zu stellen, das sogenannte „Girokonto für Jedermann". Ein solches „Jedermann-Konto" kann anschließend in ein P-Konto umgewandelt werden. Probleme gab es jedoch hinsichtlich fehlender rechtlicher Verbindlichkeit für die Banken. Personen, die sich in einer finanziellen Notlage befanden, bei denen ein negativer SCHUFA-Eintrag vorlag oder die keinen festen Wohnsitz nachweisen konnten, wurde häufig ein Guthabenkonto verwehrt.

Zur Gewährleistung einer einheitlichen europäischen Regelung verabschiedete das Europäische Parlament im Jahr 2014 eine Richtlinie, nach der **jeder europäische Bürger**, der sich legal in Europa aufhält, einen **Zugang zu einem Girokonto** haben muss, und zwar **unabhängig** von seinem **Wohnort** und seiner **finanziellen Situation**. Mit der geforderten Umsetzung innerhalb von zwei Jahren wurde damit der gesetzliche Anspruch für alle EU-Bürger auf ein Girokonto ab dem Jahr 2016 definiert.

Das Gesetz zur Umsetzung der Richtlinie über die Vergleichbarkeit von Zahlungskontoentgelten, den Wechsel von Zahlungskonten sowie den Zugang zu Zahlungskonten mit grundlegenden Funktionen, das als Artikelgesetz insbesondere das **Zahlungskontengesetz** (ZKG) enthält, wurde am 18. April 2016 im Bundesgesetzblatt verkündet. Zum 18. Juni 2016 traten die Regelungen zum Basiskonto in Kraft.

Nach § 31 ZKG hat jeder Verbraucher mit rechtmäßigem Aufenthalt in der Europäischen Union, einschließlich Personen ohne festen Wohnsitz und Asylsuchende, das Recht auf ein Basiskonto. Der Vorteil der Umwandlung eines Girokontos in ein Pfändungsschutzkonto besteht für den Kontoinhaber hauptsächlich darin, dass er ohne Antragstellung unbürokratisch vor Pfändung bis zu einem festgelegten Betrag geschützt ist. Der pauschale Basisschutz je Kalendermonat entspricht dem Grundfreibetrag nach der Tabelle zu § 850c ZPO, d. h. 1 133,80 € ab 1. Juli 2017 bis 30. Juni 2019 (jeweils aktuelle Pfändungstabelle im BuchPlusWeb).

Weist der Schuldner nach, dass er aufgrund gesetzlicher Verpflichtung Unterhalt gewährt, erhöht das Geldinstitut den monatlichen Pfändungsfreibetrag. Des Weiteren können auf das Konto eingehendes Kindergeld und bestimmte Sozialleistungen nach Vorlage entsprechender Bescheinigungen freigestellt werden *(§ 850k Abs. 2 ZPO)*.

Arten der Zwangsvollstreckung

Bescheinigung
nach § 850k Abs. 5 ZPO über die gemäß § 850k Abs. 2 ZPO
im jeweiligen Kalendermonat nicht erfassten Beträge
auf einem Pfändungsschutzkonto

I. Bezeichnung der bescheinigenden Person oder Stelle nach § 850k Abs. 5 Satz 2 ZPO	Name
	Straße / Hausnummer
	Postleitzahl / Ort
	Ansprechpartner
	
	Die Bescheinigung wird erteilt als
	☐ geeignete Person gemäß § 305 Abs. 1 Nr. 1 InsO
	☐ geeignete Stelle gemäß § 305 Abs. 1 Nr. 1 InsO
	    Anerkennende Behörde/ Gericht: _____
	    Datum des Bescheids: _____ Aktenzeichen: _____
	☐ Arbeitgeber ☐ Sozialleistungsträger ☐ Familienkasse	

II. Angaben zum Kontoinhaber und Pfändungsschutzkonto	Kontoinhaber / Geburtsdatum Anschrift Kreditinstitut Kontonummer oder IBAN	
III. Ermittlung des pfändungsfreien Betrages	☒ **Grundfreibetrag** des Schuldners (= Kontoinhaber) derzeit[1] (§ 850k Abs. 1 Satz 1 ZPO in Verbindung mit § 850c Abs. 1 S. 1 u. Abs. 2a ZPO) in Höhe von	**1.133,80 €**
	☐ **Weiterer Freibetrag** derzeit[1] in Höhe von **426,71 € für die erste Person**, der aufgrund Gesetzes Unterhalt gewährt wird (§ 850k Abs. 2 Nr. 1a ZPO) <u>oder</u> für die der Schuldner Leistungen nach SGB II / XII entgegennimmt (§ 850k Abs. 2 Nr. 1b ZPO) in Höhe von	
	☐ **Weiterer Freibetrag** derzeit[1] in Höhe von jeweils **237,73 €** für ☐ eine ☐ zwei ☐ drei ☐ vier weitere Person(en), der aufgrund Gesetzes Unterhalt gewährt wird (§ 850k Abs. 2 Nr. 1a ZPO) <u>oder</u> für die der Schuldner Leistungen nach SGB II / XII entgegennimmt (§ 850k Abs. 2 Nr. 1b ZPO) in Höhe von	
	☐ **Laufende Geldleistungen** zum Ausgleich des durch einen Körper- oder Gesundheitsschaden bedingten Mehraufwandes (§ 850k Abs. 2 Nr. 2 ZPO in Verbindung mit § 54 Abs. 3 Nr. 3 SGB I) in Höhe von	
	☐ **Kindergeld** für (§ 850k Abs. 2 Satz 1 Nr. 3 ZPO) ☐ Kind 1 geboren im Monat/Jahr ___ / ___ in Höhe ☐ Kind 2 geboren im Monat/Jahr ___ / ___ in Höhe ☐ Kind 3 geboren im Monat/Jahr ___ / ___ in Höhe ☐ Kind 4 geboren im Monat/Jahr ___ / ___ in Höhe ☐ Kind 5 geboren im Monat/Jahr ___ / ___ in Höhe ☐ weitere Kinder[2] (Anzahl ___) in Höhe in Höhe von	
	☐ **Andere Geldleistung(en) für Kinder** - z. B. Kinderzuschlag und vergleichbare Rentenbestandteile (§ 850k Abs. 2 Nr. 3 ZPO) in Höhe von	
	Pfandfreier monatlicher Sockelbetrag	
	☐ **Einmalige Sozialleistungen** (§ 850k Abs. 2 Nr. 2 ZPO) in Höhe von	**+**

_____   _____
(Ort, Datum)   (Unterschrift/ Stempel der bescheinigenden Person oder Stelle)

[1] die Freibeträge können sich jeweils zum 1.7. in den ungeraden Jahren ändern
[2] sind auf einem Zusatzblatt gesondert aufgelistet

Arbeitsgemeinschaft Schuldnerberatung der Verbände (AG SBV) vom 09.02.2010 in Absprache mit der Deutschen Kreditwirtschaft (DK) – Stand: 01.07.2017

Die Musterbescheinigung steht unter einer Creative Commons Namensnennung-Keine Bearbeitung 3.0 Deutschland Lizenz [http://creativecommons.org/licenses/by-nd/3.0/de/]

Quelle: Bescheinigung nach § 850k Abs. 5 ZPO über die gemäß § 850k Abs. 2 ZPO im jeweiligen Kalendermonat nicht erfassten Beiträge auf einem Pfändungsschutzkonto. In: www.infodienst-schuldnerberatung.de (01.07.2017). URL: www.infodienst-schuldnerberatung.de/wp-content/uploads/AGSBV_P-Konto_ Bescheinigung_2017-0701.pdf [19.09.2018.]

Das Vollstreckungsgericht kann außerdem auf Antrag abweichende pfändungsfreie Beträge festsetzen *(§ 850k Abs. 4 ZPO)*.

Wie bei der Lohnpfändung können auch auf dem P-Konto weitere unpfändbare Beträge berücksichtigt werden, wie beispielsweise die in *§ 850a ZPO* genannten Bezüge.

Beispiel:
Gegen Michael Fischer läuft ein Zwangsvollstreckungsverfahren. Michael Fischer unterhält ein P-Konto, auf das sein Arbeitslosengeld I eingeht. Sein letzter Arbeitgeber schuldet ihm aus dem vergangenen Jahr noch Aufwandsentschädigungen in Höhe von 380,00 € sowie die Weihnachtsvergütung in Höhe von 600,00 €. Der Gesamtbetrag von 980,00 € soll im folgenden Monat auf Michael Fischers Konto überwiesen werden.

Um die Aufwandsentschädigung sowie 500,00 € der Weihnachtsvergütung vor Pfändung zu schützen, muss Michael Fischer einen Antrag beim Vollstreckungsgericht stellen. Darin wird er u. a. formulieren:

> ### Auszug aus Antrag beim Vollstreckungsgericht
>
> (...) Bei meinem Konto handelt es sich um ein Pfändungsschutzkonto gemäß § 850k ZPO. Auf diesem Pfändungsschutzkonto ist der Grundfreibetrag gemäß § 850k Abs. 1 ZPO in Höhe von 1 133,80 € vor Pfändung geschützt.
>
> Im April 2018 erhalte ich jedoch als Nachzahlung 380,00 € Aufwandsentschädigung sowie 600,00 € Weihnachtsvergütung. Oben genannter Freibetrag ist damit nicht ausreichend.
>
> Ich beantrage, die zusätzliche Weihnachtsvergütung gemäß § 850a Nr. 4 ZPO bis zu einem Betrag in Höhe von 500,00 € sowie die Aufwandsentschädigung in Höhe von 380,00 € gemäß § 850a Nr. 3 ZPO zusätzlich zu dem oben genannten pfandfreien Betrag im April freizugeben und die Pfändung insoweit aufzuheben. (...)

Für den Fall, dass trotz beigefügter Unterlagen (Pfändungsbeschluss, Bescheinigung über ALG I, Schreiben des früheren Arbeitgebers usw.) eine sofortige Entscheidung nicht möglich sein sollte, wäre es sinnvoll, gleichzeitig die einstweilige Einstellung der Zwangsvollstreckung nach § 732 ZPO zu beantragen und darzulegen, dass die Auszahlung des zusätzlichen Betrages dringend erforderlich ist.

Aus dem Fallbeispiel ergibt sich allgemein die Frage, wie lange der Schuldner über den pfändungsfreien Betrag auf seinem Konto verfügen kann. In *§ 850k Abs. 1 S. 1 ZPO* ist geregelt, dass dies jeweils **bis zum Ende des Kalendermonats** möglich ist. Hat jedoch der Schuldner trotz eines entsprechenden Guthabens den Freibetrag nicht ausgeschöpft, kann er über dieses Guthaben **im Folgemonat** zusätzlich pfändungsfrei verfügen *(§ 850k Abs. 1 S. 3 ZPO)*.

Mit dieser Regelung soll der Schuldner in die Lage versetzt werden, in begrenztem Umfang Guthaben anzusparen und für Leistungen bezahlen zu können, die nicht monatlich zu vergüten sind.

Wenn das übertragene Guthaben im Folgemonat nicht verbraucht wird, ist es an den Gläubiger auszuzahlen.

Beispiel:
Dem alleinstehenden kinderlosen Schuldner Clemens Müller werden 1 150,00 € monatliches Arbeitseinkommen auf sein Pfändungsschutzkonto überwiesen. Für Miete, Strom und Heizkosten hat er monatlich 550,00 € zu zahlen. Außerdem fallen Versicherungsbeiträge in Höhe von 150,00 € an. Für Leistungen des täglichen Bedarfs verbraucht Clemens Müller 300,00 €, d. h., er hat sein Guthaben nicht vollständig verbraucht – es bleibt ein Betrag von 150,00 € auf dem Pfändungsschutzkonto.

Im Folgemonat kommen zu den 150,00 € Guthaben wieder 1 150,00 € Arbeitseinkommen hinzu. Mit insgesamt 1 300,00 € ist zwar der pfändungsfreie Basisbetrag in Höhe von 1 133,80 € (Stand 2018) überschritten. Aber nach § 850k Abs. 1 S. 3 ZPO bleibt Clemens Müller weiterhin von einer Pfändung verschont. Verfügt er jedoch auch im Folgemonat nicht über den zusätzlichen Betrag, muss das Kreditinstitut die Differenz (1 300,00 € – 1 133,80 € = 166,20 €) an den Gläubiger abführen.

Von dieser Möglichkeit des Ansparguthabens im Folgemonat ist die **Auszahlungssperre bei künftigen Guthaben** nach § 835 Abs. 4 ZPO zu unterscheiden. Diese Regelung gilt für Beträge, die zum Ende eines Monats auf dem P-Konto eingehen, aber erst für den Folgemonat bestimmt sind, insbesondere Leistungen zur Sicherung des Lebensunterhalts. Hierzu existiert folgendes BGH-Urteil:

Aus dem BGH-Urteil vom 4. Dezember 2014 Az. IX ZR 115/14
Gepfändetes Guthaben auf einem Pfändungsschutzkonto, das erst nach Ablauf des auf den Zahlungseingang folgenden Kalendermonats an den Gläubiger geleistet werden darf, kann, soweit der Schuldner hierüber in diesem Kalendermonat nicht verfügt und dabei seinen Pfändungsfreibetrag nicht ausschöpft, in den übernächsten Monat nach dem Zahlungseingang übertragen werden und erhöht dort den Pfändungsfreibetrag.

Beispiel:
Die Sozialleistungen der Schuldnerin Julia Paulus in Höhe von 1 000,00 € für den Monat Februar 2018 werden bereits Ende Januar ihrem P-Konto gutgeschrieben. Im Februar verfügt Julia Paulus über einen Betrag in Höhe von 800,00 €. Der nicht verbrauchte Betrag von 200,00 € plus der Ende Februar wiederum eingehende Betrag in Höhe von 1 000,00 € übersteigen den Grundfreibetrag von 1 133,80 €. Jedoch bestimmt § 835 Abs. 4 ZPO, dass der Restbetrag erst nach Ablauf des übernächsten Monats nach Zahlungseingang an den Gläubiger ausgezahlt werden darf. Für den Monat März erhöht sich der Freibetrag einmalig auf 1 333,80 €.

Praxistipp: Da es in der Praxis hin und wieder zu Irritationen in der Auslegung der Regelungen bei den Übernahmebeträgen kommt, ist einem Schuldner, dessen Konto gepfändet wird, zu raten, bis zum Monatsende über sein Kontoguthaben zu verfügen.

Zwangsvollstreckung in Spareinlagen (§§ 829, 835, 836 ZPO)

Spareinlagen sind Guthaben auf einem Sparkonto, die nicht für den Zahlungsverkehr bestimmt sind.

Das Kreditinstitut erteilt darüber eine Urkunde, in der Regel das **Sparbuch**. Das Sparbuch ist ein „hinkendes Inhaberpapier" oder „qualifiziertes Legitimationspapier" und zählt nicht zu den in *§ 808 Abs. 1 ZPO* genannten Wertpapieren. Wenn der Gerichtsvollzieher während einer Sachpfändung ein Sparbuch vorfindet und vorläufig in Besitz nimmt, so handelt es sich um eine sogenannte Hilfspfändung nach *§ 106 GVGA*. Das Sparbuch ist dem Schuldner zurückzugeben, wenn nicht der Gläubiger innerhalb eines Monats den Pfändungsbeschluss über die zugrunde liegende Forderung bewirkt hat und dieser dem Drittschuldner (Kreditinstitut) zugestellt ist.

Forderungen aus Sparguthaben sind wie andere Geldforderungen durch Pfändungsbeschluss nach *§ 829 ZPO* pfändbar. Die Pfändung wird wirksam mit der Zustellung des Beschlusses an das Kreditinstitut. Die Verwertung erfolgt durch Überweisungsbeschluss nach *§ 835 ZPO*.

Bei **Sparbüchern** besteht jedoch eine Besonderheit, da das Sparbuch eine auf den Namen eines bestimmten Gläubigers (des Sparers) ausgestellte Schuldurkunde ist. Das Kreditinstitut ist gemäß *§ 808 Abs. 2 S. 1 BGB* nur gegen Vorlage der Urkunde (Sparbuch) zur Auszahlung verpflichtet, kann aber zusätzlich die Legitimation des Inhabers überprüfen.

Bei der Zwangsvollstreckung hat der Schuldner nach *§ 836 Abs. 3 S. 1 ZPO* die Sparurkunde an den Pfändungsgläubiger herauszugeben. Der Gläubiger kann eine diesbezügliche Anordnung durch das Vollstreckungsgericht verlangen.

Verweigert der Schuldner die Herausgabe, kann diese auf Antrag des Gläubigers nach *§ 836 Abs. 3 S. 5 ZPO* durch den Gerichtsvollzieher gemäß *§ 883 ZPO* erzwungen werden. Als Vollstreckungstitel dient dabei der Überweisungsbeschluss.

Sollte die Sparurkunde nicht auffindbar sein, so ist der Schuldner auf Antrag des Gläubigers verpflichtet, an Eides statt zu versichern, dass die Urkunde nicht in seinem Besitz ist und er auch nicht weiß, wo sie sich befindet *(§ 883 Abs. 2 ZPO)*. Zuständig für die Abnahme der **eidesstattlichen Versicherung** ist nach *§ 802e ZPO* der Gerichtsvollzieher. Anschließend muss der Gläubiger die Sparurkunde im Wege des Aufgebotsverfahrens für kraftlos erklären lassen *(§§ 466 ff. FamFG i. V. m. § 808 Abs. 2 BGB)*. Zweck dieses Verfahrens ist es, die Vorlegung der Urkunde zu ersetzen, d.h., dem Vollstreckungsgläubiger die Geltendmachung seines Rechts trotz Verlustes der Urkunde zu ermöglichen.

Befindet sich nach Angabe des Schuldners die Urkunde bei einem Dritten, kann der Gläubiger von ihm die Herausgabe verlangen. Sollte der Dritte dazu nicht bereit sein, kann der Gläubiger den Herausgabeanspruch gegen den Dritten nach *§ 886 ZPO* pfänden und sich überweisen lassen und danach die Herausgabe betreiben.

Die Vorgehensweise bei der Pfändung von Spareinlagen, nachgewiesen durch die entsprechende Urkunde, findet ebenso Anwendung bei der Zwangsvollstreckung in andere Forderungen, über die Urkunden existieren.

Herauszugebende Urkunden können zum Beispiel sein:

- Versicherungspolicen
- Arbeitsverträge
- Leistungsbescheide der Arbeitsagentur
- Rentenbescheide
- Vereinbarungen über Sicherungsabtretungen
- Schuldanerkenntnisse
- Belege über Ratenzahlungen

Zwangsvollstreckung in Ansprüche auf Herausgabe oder Leistung körperlicher Sachen *(§§ 846–849 ZPO)*

Auch bei der Vollstreckung in **Ansprüche auf Herausgabe individuell bestimmter oder die Leistung der Gattung nach bestimmter körperlicher Sachen** handelt es sich um Zwangsvollstreckung wegen Geldforderungen. Dem Gläubiger geht es also nicht darum, die Sache zu erhalten – wie im Falle der Herausgabevollstreckung nach § 883 ZPO –, sondern um deren Verwertung, um sich aus dem Erlös zu befriedigen.

 Der zugrunde liegende Vollstreckungstitel muss auf eine Geldforderung gerichtet sein.

Der § 846 ZPO richtet sich einerseits auf Herausgabeansprüche des Schuldners gegen einen nicht zur Herausgabe dieser Sache bereiten Dritten (Besitzverschaffungsansprüche) und andererseits auf Leistungsansprüche (gesetzliche bzw. vertragliche Übereignungsansprüche).

Nach § 846 ZPO gelten hierbei die Vorschriften über Zwangsvollstreckung in Geldforderungen unter Beachtung der in den §§ 847–849 ZPO angegebenen Sonderregelungen. Auch bei dieser Art der Forderungspfändung benötigt man einen Pfändungs- und Überweisungsbeschluss.

Wenn der Schuldner noch nicht Eigentümer war, z. B. wenn die Übereignung bei einem ansonsten erfüllten Kaufvertrag noch nicht erfolgte, erwirbt er Eigentum mit Herausgabe durch den Drittschuldner.

Es soll also der **Anspruch** eines Schuldners gegen den Drittschuldner **auf Herausgabe oder Leistung einer Sache** an den Schuldner gepfändet und danach die **Sache verwertet** werden.

Der Pfändungsbeschluss muss den herauszugebenden Gegenstand bzw. die Gegenstände genau bezeichnen. Der § 847 Abs. 1 ZPO regelt die besondere Vorgehensweise, d. h., im Pfändungsbeschluss ist anzuordnen, dass die Sache an einen vom Gläubiger zu beauftragenden **Gerichtsvollzieher** herauszugeben ist. Das Vollstreckungsgericht hat die Herausgabe anzuordnen, ohne dass der Gläubiger dies gesondert beantragt.

Die Pfändung und Überweisung des Herausgabeanspruchs dienen lediglich der Vorbereitung der Zwangsvollstreckung in die Sache selbst, da erst die Verwertung der Sache zur Befriedigung des Gläubigers führt. Eine Überweisung an Zahlungs statt ist bei der Zwangsvollstreckung in Herausgabeansprüche nicht gegeben *(§ 849 ZPO)*, da der Gläubiger keinen Anspruch auf die Sache selbst hat, sondern auf den Erlös, der bei der Verwertung (in der Regel durch Versteigerung) erzielt wird.

Hat der Drittschuldner die Sache an den Gerichtsvollzieher herausgegeben, geht das Pfandrecht, das durch die Pfändung des Anspruchs begründet worden ist, in ein **Pfändungspfandrech**t an der Sache über *(§ 124 Abs. 3 GVGA)*. Einer erneuten Pfändung bedarf es nicht.

Beispiel:
Sarah Blum hat gegen Bert Passlak einen vollstreckbaren Titel über einen Betrag in Höhe von 3 000,00 €. Nach erfolglosem Zwangsvollstreckungsversuch beim Schuldner erfährt Sarah Blum aus der nachträglich beantragten Vermögensauskunft, dass der Schuldner seinen Pkw seinem Sohn überlassen (geliehen) hat. Der Sohn ist in dem Fall der Drittschuldner.

Zwangsvollstreckung in das bewegliche Vermögen wegen Geldforderungen (Mobiliarvollstreckung)

Der Anspruch des Bert Passlak auf Herausgabe des Fahrzeugs kann von Sarah Blum gepfändet werden. Auf Antrag von Sarah Blum stellt das Vollstreckungsgericht dem Drittschuldner einen Pfändungs- und Überweisungsbeschluss zu, in dem gemäß § 847 ZPO die Herausgabe des Pkw an den Gerichtsvollzieher zur Verwertung angeordnet wird. Der Gerichtsvollzieher versteigert das Fahrzeug und der Erlös wird an den Gläubiger – hier Sarah Blum – ausgezahlt.

Der Pfändungsbeschluss ermächtigt den Gerichtsvollzieher nicht, die Herausgabe der Sache zu erzwingen, wenn der Drittschuldner sie verweigert. In einem solchen Fall ist Klage gegen den Drittschuldner auf Herausgabe geboten *(§ 124 Abs. 2 GVGA)*.

Auf die Verwertung der Sache sind nach *§ 847 Abs. 2 ZPO* die Vorschriften über die Verwertung gepfändeter Sachen anzuwenden. Dazu muss der gepfändete Anspruch dem Gläubiger zur Einziehung überwiesen sein. Der Gerichtsvollzieher verwertet die Sachen nach den *§§ 814 ff. ZPO*. Bei beweglichen Sachen ordnet das Vollstreckungsgericht die Herausgabe an den Gerichtsvollzieher zur Verwertung an *(§ 847 ZPO)*.

Bei Pfändung eines Anspruchs auf Herausgabe einer **unbeweglichen Sache** bestellt das Vollstreckungsgericht auf Antrag des Gläubigers einen Sequester (Treuhänder), an den die Herausgabe bzw. Auflassung erfolgen soll *(§ 848 ZPO)*. Für die Zwangsvollstreckung in die herausgegebene Sache gelten die Vorschriften für die Zwangsvollstreckung in unbewegliche Sachen *(§ 848 Abs. 3 ZPO)*.

Zwangsvollstreckung in andere Vermögensrechte *(§§ 857–863 ZPO)*

Mit dem Begriff „andere Vermögensrechte" bezeichnet § 857 ZPO die Rechte, die sich nicht auf Sachen, Forderungen oder Immobilien beziehen.

Pfändbar nach dieser Vorschrift sind selbstständige Vermögensrechte, die dem Gläubiger nach erfolgter Pfändung und Überweisung zu einer Befriedigung oder zumindest Sicherung seiner Geldforderung verhelfen.

Beispiele:
Patentrechte, Urheberrechte, Lizenzen, Anteile an Gesellschaftsvermögen (GbR, OHG, KG, GmbH-Anteil), Grundschuld, Miteigentum an beweglichen Sachen, Miterbenanteile, Anwartschaftsrechte (z. B. bei Kauf unter Eigentumsvorbehalt oder Sicherungsübereignung)

Für die Pfändung sonstiger Vermögensrechte des Schuldners gelten die *§§ 828–856 ZPO* entsprechend.

Der Pfändungsbeschluss enthält danach das an den Schuldner gerichtete Verbot, sich jeder Verfügung über das Recht zu enthalten *(§ 829 Abs. 1 S. 2 ZPO)*, und das an den Drittschuldner gerichtete Verbot, an den Schuldner zu leisten *(§ 829 Abs. 1 S. 1 ZPO)*.

Beispiel:
Nora Bart hat unter Eigentumsvorbehalt der Firma Köhler GmbH Dekorationsartikel (Bilder, kleine Skulpturen und einen Wandbrunnen) im Wert von 8 048,00 € gekauft. Die Raten sind innerhalb von zwölf Monaten zu zahlen; zwei Raten sind noch offen.

Nora Bart schuldet außerdem dem Kunstmaler Joachim Kaiser für einen Auftrag 4 000,00 €. Die Begleichung der Rechnung soll im Wege der Zwangsvollstreckung erwirkt werden. Außer den oben genannten Dekorationsartikeln gibt es in der Wohnung keine wertvollen Gegenstände. Die Dekorationsartikel gehören jedoch vor der endgültigen Bezahlung nicht zum Vermögen von Nora Bart.

Da sich die Gegenstände aber in ihrem Besitz befinden, könnte der Gerichtsvollzieher sie nach § 808 ZPO pfänden. Dann wäre allerdings die Firma Köhler GmbH als Vorbehaltsverkäufer berechtigt, das noch an den Sachen bestehende Eigentum im Wege der Drittwiderspruchsklage nach § 771 ZPO geltend zu machen.

Lösungsmöglichkeit:
Das Anwartschaftsrecht von Nora Bart an den gekauften Dekorationsartikeln unterliegt der Pfändung nach den §§ 857, 829 ZPO. Zur wirksamen Beschlagnahme muss die Rechtspfändung durch eine Sachpfändung des Gerichtsvollziehers ergänzt werden, d. h. die Pfändung der unter Eigentumsvorbehalt stehenden Sachen.

Die Pfändung des Anwartschaftsrechts erfolgt durch Pfändungsbeschluss, der dem Drittschuldner (Köhler GmbH) zugestellt wird (§ 829 Abs. 3 ZPO). Mit der Pfändung des Anwartschaftsrechts erhält der Gläubiger (Joachim Kaiser) die Befugnis, die offenen zwei Raten an die Köhler GmbH zu zahlen. Damit wird die Eigentumsübertragung an Nora Bart herbeigeführt.

Die Sachpfändung sowie die Verwertung der Dekorationsartikel erfolgen nach den allgemeinen Bestimmungen (§§ 808 ff. ZPO).

Drittschuldner ist nicht nur der Schuldner des Vollstreckungsschuldners, sondern jeder Dritte, dessen Rechtsstellung von der Pfändung betroffen ist.

Beispiele dafür sind

- die Miteigentümer bei der Pfändung eines Miteigentumsanteils,
- die Miterben bei der Pfändung eines Erbteils sowie
- der Veräußerer bei der Pfändung des Anwartschaftsrechts des Vorbehaltskäufers einer beweglichen Sache.

Grundsätzlich wird die Pfändung durch Zustellung des Pfändungsbeschlusses an den Drittschuldner wirksam *(§ 829 Abs. 3 ZPO)*. Besondere Bestimmungen gelten bei den sogenannten **drittschuldnerlosen Rechten**, z. B. Eigentümergrundschuld, Patent- und Urheberrechte. Nach *§ 857 Abs. 2 ZPO* wird die Pfändung in Fällen, bei denen es keinen Drittschuldner gibt, durch die Zustellung des Pfändungsbeschlusses an den Schuldner bewirkt.

Zwangsvollstreckung in das bewegliche Vermögen wegen Geldforderungen (Mobiliarvollstreckung)

Übungsaufgaben

1. Gläubiger Arne Ahrens strebt die Zwangsvollstreckung in eine Forderung des Schuldners Rüdiger Billen an.
   a Wer ist außer Arne Ahrens und Rüdiger Billen noch Beteiligter der Zwangsvollstreckung?
   b Welches Vollstreckungsorgan ist für das Verfahren zuständig?
   c Welchen Antrag stellt Arne Ahrens?
   d Welche Unterlagen sind dem Antrag beizufügen?
   e Wann gilt die Pfändung als bewirkt?
   f Wie erfolgt die Verwertung der gepfändeten Forderung?

2. Worin besteht die Bedeutung des vorläufigen Zahlungsverbots im Rahmen der Forderungspfändung?

3. Schuldner Xaver Mohr hat gegen Firma Y eine Forderung in Höhe von 3 250,00 €. Diese Forderung soll gepfändet werden, und zwar von mehreren Gläubigern. Aus der Drittschuldnererklärung der Firma Y geht hervor, dass Schuldner Xaver Mohr den Gläubigern Anton Auer, Berta Buchwald und Constantin Cerci Geldbeträge schuldet.

   Folgende Informationen liegen vor:
   - Anton Auer hat am 7. Januar 20.. durch den Gerichtsvollzieher ein vorläufiges Zahlungsverbot über 550,00 € an die Drittschuldnerin zustellen lassen. Am 6. Februar 20.. wurde an die Drittschuldnerin der Pfändungs- und Überweisungsbeschluss zugestellt.
   - Auf Antrag von Berta Buchwald wurde an die Drittschuldnerin am 10. Januar 20.. ein Pfändungs- und Überweisungsbeschluss über 3 000,00 € zugestellt.
   - Constantin Cerci hat am 11. Januar 20.. durch den Gerichtsvollzieher ein vorläufiges Zahlungsverbot über 600,00 € an die Drittschuldnerin zustellen lassen. Am 29. Januar 20.. wurde an die Drittschuldnerin der Pfändungs- und Überweisungsbeschluss zugestellt.

   Wie werden die 3 250,00 € auf die Gläubiger verteilt?

4. Sollte bei einer mehrfachen Pfändung (z. B. wie in Aufgabe 3) einer der Gläubiger nicht mit der Art und Weise der Aufteilung einverstanden sein, wie könnte er vorgehen und wie würde danach weiter verfahren?

5. Gegen Ellen Keller liegen mehrere Vollstreckungstitel vor:
   a Hilmar Bender hat dem Arbeitgeber von Frau Keller ein vorläufiges Zahlungsverbot über 360,00 € am 14. Januar 20.. zustellen lassen.
   b Ein Pfändungs- und Überweisungsbeschluss zugunsten Tim Wächter über einen Betrag von 590,00 € wurde dem Arbeitgeber am 28. Januar 20.. zugestellt.

   Monatlich pfändbar sind 108,40 €.

   Welcher der beiden Gläubiger wird unter welcher Voraussetzung den pfändbaren Betrag zuerst erhalten?

Arten der Zwangsvollstreckung

6. Armin Stark hat eine titulierte Forderung gegen Eva Brendel über 1 659,00 € und möchte in deren Arbeitseinkommen pfänden.
   a Welche Erklärungen muss der Arbeitgeber auf Antrag von Armin Stark abgeben und welche Frist ist dabei einzuhalten?
   b Was kann Armin Stark unternehmen, wenn der Arbeitgeber die Auskünfte verweigert und auch nicht zahlt?
   c Welches Gericht ist in diesem Fall zuständig und wodurch erfährt Eva Brendel von der Vorgehensweise?

7. Elena Pfau hat eine titulierte Forderung gegen Arthur Grau über 1 989,00 € und möchte in dessen Arbeitseinkommen pfänden. Nachdem die Drittschuldnerauskunft ergeben hat, dass das Arbeitseinkommen nicht anderweitig gepfändet wird, möchte Elena Pfau wissen, wie lange es dauert, bis die gesamte Forderung beglichen ist. Arthur Grau hat ein Nettoeinkommen von 3 970,00 €. Er ist verheiratet und hat zwei Kinder (für alle drei Personen unterhaltspflichtig).

   Wie hoch ist der monatlich pfändbare Betrag und wie lange muss Elena Pfau warten, bis die gesamte Schuld getilgt ist?

8. Der Kunstmaler Benno Grün hat bei der Modern Art KG Schulden in Höhe von 3 950,00 €, über die ein Vollstreckungstitel erwirkt wurde. Für ein vor Kurzem fertiggestelltes Gemälde hat Benno Grün seinerseits eine Forderung in Höhe von 3 500,00 € gegenüber Restaurantinhaber Jack Mothes. Gegenwärtig hat er keine gewinnbringenden Aufträge und hofft, dass er im nächsten halben Jahr genügend Einkommen erzielt, um für sich und seine Tochter den Lebensunterhalt bestreiten zu können.

   Wie kann Benno Grün erreichen, dass durch die Modern Art KG seine Forderung gegenüber Jack Mothes nicht vollständig gepfändet wird?

9. Vanessa Klein hat gegen den Vater ihres Kindes Unterhaltsforderungen geltend gemacht. Nach Zustellung des Pfändungs- und Überweisungsbeschlusses an den Arbeitgeber erfährt sie aus der Drittschuldnererklärung, dass das Einkommen bereits durch einen anderen Gläubiger gepfändet worden ist, dessen Forderung aus einem Kaufvertrag weit höher als die ausstehenden Unterhaltsbeträge ist.

   Wie ist die gesetzliche Regelung beim Aufeinandertreffen gewöhnlicher und bevorrechtigter Pfändungen hinsichtlich der Rangfolge und der pfändbaren Beträge?

10. Worin unterscheidet sich ein Pfändungsschutzkonto von einem „normalen" Girokonto?

11. Welcher Betrag wird durch ein P-Konto vor Pfändung geschützt?

12. Der Gerichtsvollzieher teilt dem Vollstreckungsgläubiger mit, dass er bei Ausführung des Sachpfändungsauftrags lediglich das Sparbuch des Schuldners vorgefunden und mitgenommen hat.

    Was muss der Gläubiger, der den Gerichtsvollzieher zunächst nur mit der Sachpfändung beauftragt hatte, veranlassen, um sich aus dem Sparguthaben befriedigen zu können?

13. Aus der Vermögensauskunft hat Gläubiger Jakob Schulz erfahren, dass Schuldner Fritz Bellmann Sparguthaben hat. Im Rahmen des Zwangsvollstreckungsverfahrens soll Fritz Bellmann sein Sparbuch herausgeben. Er behauptet, das Sparbuch sei nicht auffindbar, womöglich sei es beim letzten Umzug verloren gegangen.

    Was muss Jakob Schulz veranlassen, um sich aus dem Sparguthaben des Schuldners befriedigen zu können?

14. Julius Kohl schuldet Norman Fichtl 4 000,00 €. Norman Fichtl möchte in das Vermögen des Julius Kohl vollstrecken und erfährt, dass dieser von seinem letzten Barvermögen ein Segelboot für 16 000,00 € von einer Privatperson gekauft hat. Das Segelboot wurde bereits bezahlt, befindet sich aber noch auf dem Wassergrundstück des Verkäufers Benjamin Schneider.

    Was ist zu veranlassen, damit Norman Fichtl seine 4 000,00 € erhält?

15. Die Studentin Aylin Vogt hat unter Eigentumsvorbehalt per Ratenzahlungsvertrag bei der Firma Auster GmbH eine Standuhr zum Preis von 1 070,00 € gekauft. Zur Barzahlung hat sie nicht die nötigen Mittel. Außerdem schuldet sie einer früheren WG-Mitbewohnerin Susanne Frey 800,00 €, die auf Rückzahlung drängt und bereits einen Vollstreckungsbescheid gegen Aylin Vogt erwirkt hat.

    Welche Möglichkeit der Zwangsvollstreckung hat Susanne Frey, wenn sie weiß, dass Aylin Vogt außer der Standuhr keine wertvollen Sachen besitzt?

4.2 Zwangsvollstreckung in unbewegliches Vermögen wegen Geldforderungen (Liegenschafts- oder Immobiliarvollstreckung)

Gegenstand der Liegenschaftsvollstreckung bzw. Immobiliarvollstreckung sind

- Grundstücke,
- grundstücksgleiche Rechte (z. B. Erbbaurecht, Wohnungseigentum, Bergwerkseigentum),
- im Schiffsregister eingetragene Schiffe und Schiffsbauwerke,
- Gegenstände, auf die sich bei Grundstücken und Berechtigungen die Hypothek, bei Schiffen oder Schiffsbauwerken die Schiffshypothek erstreckt, insbesondere das dem Eigentümer gehörende Zubehör des Grundstücks *(§ 865 ZPO)*.

> Auf Grundstückszubehör nach *§§ 97, 98 BGB* kann nur im Wege der Immobiliarvollstreckung zugegriffen werden, obwohl es sich um bewegliche Sachen handelt *(§ 865 Abs. 2 S. 1 ZPO)*.

Dem Gläubiger stehen drei Arten der Zwangsvollstreckung in unbewegliches Vermögen wegen Geldforderungen zur Verfügung *(§ 866 ZPO)*.

Rechtsquellen sind

- ZPO für die Eintragung einer Zwangshypothek und
- ZVG (Gesetz über Zwangsversteigerung und -verwaltung) für die Verfahren der Zwangsversteigerung und der Zwangsverwaltung.

4.2.1 Zwangshypothek (Sicherungshypothek – *§§ 866 ff. ZPO*)

Die Zwangshypothek ist für den Gläubiger in erster Linie ein Sicherungsmittel und steht einer vertraglich bestellten Sicherungshypothek gleich. Die Eintragung einer Zwangshypothek in das Grundbuch ist eine Vollstreckungsmaßnahme, die durch ein Grundbuchgeschäft vollzogen wird. Die Zwangshypothek ist eine Buchhypothek.

Auf Antrag des Gläubigers wird die Sicherungshypothek in das Grundbuch eingetragen *(§ 867 Abs. 1 ZPO)*. Voraussetzung ist, dass die Forderung **mehr als 750,00 €** beträgt *(§ 866 Abs. 3 ZPO)*. Die Zwangshypothek führt nicht zur Befriedigung des Gläubigers, sondern zur dinglichen Sicherung der Forderung und damit der Sicherung eines besseren Ranges für eine eventuell nachfolgende Zwangsversteigerung.

Sachlich zuständig für die Eintragung ist das **Grundbuchamt** *(§ 1 Abs. 1 GBO)*.

Örtlich zuständig ist das Grundbuchamt, in dessen Bezirk das Grundstück liegt *(§ 1 Abs. 1 GBO)*. Liegt ein Grundstück in dem Bezirk mehrerer Grundbuchämter, so wird das zuständige Grundbuchamt durch das nächsthöhere Gericht bestimmt *(§ 1 Abs. 2 GBO i. V. m. § 5 FamFG)*.

Funktionell zuständig ist der **Rechtspfleger** *(§ 3 Nr. 1h RPflG)*.

Die Eintragung wird auf dem vollstreckbaren Titel vermerkt und dient als Nachweis bei einer späteren Zwangsversteigerung zur Befriedigung aus dem Grundstück *(§ 867 Abs. 3 ZPO)*. Ein weiterer Duldungstitel ist nicht erforderlich.

Vorteile einer Zwangshypothek

- Sie sichert dem Gläubiger im Falle einer späteren Zwangsversteigerung des Grundstücks einen besseren Rang (Rangklasse 4 nach *§ 10 Abs. 1 Nr. 4 ZVG*) im Vergleich zu ungesicherten persönlichen Forderungen von Gläubigern der Rangklasse 5 sowie Forderungen der Rangklassen 6 bis 9.

- Eine Sicherungshypothek ist im Grundbuch ausdrücklich als solche zu bezeichnen (§ 1184 Abs. 2 BGB). Das erschwert sowohl die Veräußerung an Dritte als auch eine Beleihung. Damit übt sie Druck auf den Schuldner aus, die Sicherungshypothek durch Zahlung an den Gläubiger abzulösen.

- Nach Eintragung einer Zwangshypothek ist die Zwangsvollstreckung eingeleitet, d. h., der Gläubiger kann entscheiden – sofern er nicht noch abwarten möchte –, ob er die Zwangsverwaltung oder die Zwangsversteigerung beantragt.

- Der Gläubiger kann aufgrund der Rangsicherung gegebenenfalls darauf warten, dass auf Antrag eines anderen Gläubigers das Zwangsversteigerungsverfahren eingeleitet wird.

- Ohne eigenen Antrag wird der eingetragene Zwangshypotheken-Gläubiger Beteiligter des späteren Zwangsversteigerungsverfahrens (§ 9 Nr. 1 ZVG).

Sollte der Gläubiger nicht schnellstens auf Erfüllung seiner Forderungen drängen, könnte er also zunächst auf das aufwendige und nur bedingt kalkulierbare Zwangsversteigerungsverfahren verzichten und mit überschaubaren Gebühren für die Eintragung der Zwangshypothek darauf warten, dass der Schuldner seine Forderung begleicht bzw. ein anderer Gläubiger die Zwangsversteigerung beantragt.

Beispiel:
Der Mandant Martin Siebert (siehe Einstiegssituation) hatte keinen Erfolg bei dem Versuch der Forderungspfändung der Mieteinnahmen. Auf Antrag des Schuldners wurde nach § 851b ZVG die Pfändung der Miete aufgehoben, da er diese Einkünfte für Instandsetzungsarbeiten benötigte.

Auf Anraten von Rechtsanwältin Heike Schröder entschloss sich Martin Siebert, eine Zwangshypothek ins Grundbuch eintragen zu lassen.

Für die Eintragung einer Zwangshypothek wegen seiner Forderung in Höhe von 1 353,12 € einschließlich Zinsen würden nach RVG i. V. m. dem Vergütungsverzeichnis (VV) in der Fassung vom 1. August 2013 folgende Rechtsanwaltsgebühren anfallen:

Eintragung einer Zwangshypothek Gegenstandswert 1 353,12 € gemäß § 25 Abs. 1 Nr. 1 RVG	
1. Verfahrensgebühr §§ 2, 13 RVG, Nr. 3309 VV (0,3) Wert: 1 353,12 €	34,50 €
2. Pauschale für Post- u. Telekommunikationsdienstleistungen, Nr. 7002 VV	6,90 €
Zwischensumme	41,40 €
3. 19% Umsatzsteuer, Nr. 7008 VV	7,87 €
Endsumme	49,27 €

Martin Siebert teilte dem Schuldner vorab seine Entscheidung mit, in der Hoffnung, der Schuldner würde endlich zahlen. Schließlich würden noch weitere Kosten entstehen, die gänzlich dem Schuldner auferlegt würden. Da der Schuldner nicht reagierte, kam es zur Eintragung der Zwangshypothek.

4.2.2 Zwangsversteigerung *(§§ 15 ff. ZVG)*

Ziel des Zwangsversteigerungsverfahrens ist es, ein Grundstück oder ein grundstücksgleiches Recht im Wege der Immobiliarzwangsvollstreckung zu veräußern, um die Forderung des Gläubigers, der die Zwangsvollstreckung betreibt – und gegebenenfalls auch die Forderungen anderer Gläubiger – aus dem Versteigerungserlös zu befriedigen.

Sachlich zuständig für das Verfahren ist das Amtsgericht als **Vollstreckungsgericht** *(§ 15 ZVG)*.

Örtlich zuständig ist das Vollstreckungsgericht, in dessen Bezirk das Grundstück belegen ist *(§ 1 Abs. 1 i. V. m. § 35 ZVG)*. Wie bereits bei der Eintragung einer Zwangshypothek erläutert, ist die Zuständigkeit für die Versteigerung gegebenenfalls bei *einem* Amtsgericht für die Bezirke mehrerer Amtsgerichte konzentriert *(§ 1 Abs. 2 ZVG)*.

Funktionell zuständig ist der **Rechtspfleger** *(§ 3 Nr. 1i RPflG)*.

Eine Zwangsversteigerung kann jeder Gläubiger, dessen Forderung tituliert ist, beantragen. Da jedoch das Zwangsversteigerungsverfahren in der Regel ein langwieriger und nur bedingt kalkulierbarer Prozess ist, sollte sich ein Gläubiger überlegen, ob er sich wegen einer geringen Forderung für diese Art der Zwangsvollstreckung entscheidet. So entschied sich auch Mandant Martin Siebert (siehe *Einstiegssituation*), für den eine Zwangshypothek ins Grundbuch eingetragen worden war, zunächst gegen weitere Maßnahmen.

Grund der meisten Zwangsversteigerungsverfahren ist die Tatsache, dass ein Immobilienbesitzer seine Darlehensraten nicht mehr zahlen kann und der Gläubiger – in den meisten Fällen die Bank – die Immobilie versteigern lässt. Einem Zwangsversteigerungsantrag gehen dabei meist intensive Bemühungen seitens des Gläubigers und des Schuldners voraus, diese Zwangsmaßnahme zu verhindern.

Beispiel:
Markus Scholz lebt in seiner Eigentumswohnung, für die er ein Darlehen bei der Sparkasse aufgenommen hatte. Durch Verlust seines Arbeitsplatzes geriet er in Schwierigkeiten, seinen Zahlungsverpflichtungen nachzukommen. Er machte sich daraufhin kundig, was passieren könnte:

Die Sparkasse könnte bei Zahlungsverzug das Darlehen kündigen. Die gesamte noch ausstehende Forderung würde damit sofort zur Zahlung fällig. Könnte Markus Scholz den Betrag nicht aufbringen, würde die Sparkasse die Zwangsversteigerung der Immobilie beantragen. Daraufhin würde ein Zwangsversteigerungsvermerk in das Grundbuch eingetragen, d. h., die Wohnung würde beschlagnahmt.

Markus Scholz hat außerdem erfahren, dass bei einer Zwangsversteigerung meist ein geringerer Erlös erzielt wird als im freihändigen Verkauf. Da die meisten Kreditinstitute eigene Makler haben, die sich um den Verkauf von Immobilien kümmern, deren Besitzer die Raten nicht mehr aufbringen können, vereinbart er einen Termin mit seinem Sparkassen-Berater, um mit ihm eine Lösung seines Problems zu finden.

Sollte es keine Möglichkeit geben, durch Umschuldung oder Stundung das Zahlungsproblem aus einem Darlehensvertrag zu beseitigen, könnte das Kreditinstitut den freihändigen Verkauf der Immobilie in die Wege leiten, wenn so ein höherer Betrag erzielt werden kann als bei der drohenden Zwangsversteigerung. Damit wäre sowohl dem Schuldner als auch dem Kreditgeber gedient.

Allerdings muss ein Schuldner – in obigem Beispiel Markus Scholz – damit rechnen, dass auch das Kreditinstitut keinen Käufer für eine Immobilie zu dem jeweils ausgeschriebenen Kaufpreis findet. In diesen Fällen kommt es dann doch zur Zwangsversteigerung.

Ablauf des Zwangsversteigerungsverfahrens

Der Verfahrensablauf ist im Zwangsversteigerungsgesetz (ZVG) geregelt.

Die Zwangsversteigerung setzt einen vollstreckbaren Titel gegen den Eigentümer voraus und wird eingeleitet durch einen **Antrag des Gläubigers** bei dem Vollstreckungsgericht, in dessen Bezirk das zu versteigernde Grundstück belegen ist *(§ 1 ZVG)*.

Nach *§ 16 ZVG* soll der Antrag

- das Grundstück,
- den Eigentümer,
- den Anspruch und
- den vollstreckbaren Titel

bezeichnen.

Das Gericht ordnet durch **Beschluss** nach Prüfung der allgemeinen Voraussetzungen der Zwangsvollstreckung die Zwangsversteigerung an und veranlasst die Eintragung der Anordnung in das Grundbuch *(§ 15 ZVG)*. Der Beschluss bewirkt die **Beschlagnahme** des Grundstücks zugunsten des betreibenden Gläubigers *(§ 20 Abs. 1 ZVG)*, die ihrerseits die Wirkung eines **Veräußerungsverbots** hat *(§ 23 Abs. 1 ZVG)*.

Die Anordnung wird wirksam entweder

- zum Zeitpunkt der Zustellung des Beschlusses beim Schuldner **oder**
- zum Zeitpunkt des Zugangs des Ersuchens um Eintragung des Versteigerungsvermerks beim Grundbuchamt, sofern auf das Ersuchen die Eintragung demnächst erfolgt *(§ 22 Abs. 1 ZVG)*,

in Abhängigkeit davon, welches Ereignis früher eintritt.

 Nach *§ 26 ZVG* hat eine nach Beschlagnahme bewirkte Veräußerung des Grundstück auf den Fortgang des Verfahrens gegen den Schuldner keinen Einfluss, sofern die Zwangsversteigerung von einem **dinglichen Gläubiger** – meist Bank bzw. Sparkasse – betrieben wird.

Dem Auszubildenden Robert Brand (siehe *Einstiegssituation*) erscheint die Tatsache etwas widersprüchlich, dass einerseits nach § 23 ZVG ein Veräußerungsverbot durch die Beschlagnahme eingetreten ist und andererseits nach § 26 ZVG eine Veräußerung nach Beschlagnahme möglich ist.

Rechtsanwältin Heike Schröder erläutert ihrem Auszubildenden kurz die Unterschiede zwischen einem **dinglich** und einem **persönlich** betreibenden Gläubiger sowie die verschiedenen Auswirkungen im Falle einer Veräußerung **nach Beschlagnahme** des Grundstücks:

- **Dinglich** betreibende Gläubiger sind Gläubiger, deren Ansprüche im Grundbuch eingetragen und gesichert sind. Es handelt sich in der Regel um Hypotheken- oder Grundschuldgläubiger. Sie sind im Rang besser gestellt als persönlich betreibende Gläubiger.

Ein Erwerb des Grundstücks ist trotz Verfügungsverbot nach § 23 ZVG grundsätzlich möglich, wenn im Falle einer Versteigerung auf Betreiben eines **dinglichen** Gläubigers der Versteigerungsvermerk erst später in das Grundbuch eingetragen wurde *(§§ 135, 136 und 892 BGB)*. Die Versteigerung wird unverändert – auch ohne Umschreibung des Vollstreckungstitels – fortgesetzt.

- **Persönlich** betreibende Gläubiger sind Gläubiger, deren Ansprüche tituliert, aber nicht durch eine Eintragung im Grundbuch abgesichert sind.

Vollstreckt ein Gläubiger wegen einer **persönlichen** Forderung und wird eine Eigentumsübertragung vor dem Versteigerungsvermerk in das Grundbuch eingetragen, hat das Vollstreckungsgericht das Versteigerungsverfahren einzustellen bzw. nach Fristablauf aufzuheben *(§ 28 Abs. 1 ZVG)*.

Wenn dem Erwerber die Grundstücksbeschlagnahme bekannt war *(§ 892 Abs. 1 BGB)*, kann ihn der betreibende Gläubiger auf Duldung der Zwangsvollstreckung verklagen *(§ 1147 BGB)* und die Fortsetzung des eingestellten Verfahrens unter Einhaltung der Frist nach § 31 Abs. 1 ZVG beantragen.

Der Auszubildende Robert Brand möchte nun wissen, wie das Zwangsversteigerungsverfahren weitergeht, nachdem das Grundstück beschlagnahmt und der Versteigerungsvermerk im Grundbuch eingetragen wurde.

Rechtsanwältin Heike Schröder fasst den weiteren Ablauf wie folgt zusammen:

- In Vorbereitung der Versteigerung wird der Grundstückswert (Verkehrswert) vom Vollstreckungsgericht, in der Regel nach Anhörung von Sachverständigen, festgesetzt *(§ 74a Abs. 5 ZVG)*.
- Das Vollstreckungsgericht bestimmt einen Versteigerungstermin, zu dem alle Beteiligten geladen werden. Der Zeitraum zwischen Anberaumung des Termins und dem Termin soll nach *§ 36 Abs. 2 ZVG* nicht mehr als sechs Monate betragen.

Beteiligte am Zwangsversteigerungsverfahren sind nach *§ 9 ZVG*

  – der betreibende Gläubiger,
  – der Schuldner und
  – Personen, für die ein Recht im Grundbuch eingetragen ist, z. B. Grundpfandrechte, Dienstbarkeiten oder Reallasten.

Weitere Personen können ihre Ansprüche bis zum Beginn des Versteigerungstermins anmelden und gelten damit auch als Beteiligte.

- Der zuständige Rechtspfleger des Vollstreckungsgerichts leitet den öffentlichen Versteigerungstermin mit dem **Aufruf der Sache** ein *(§ 66 Abs. 1 ZVG)* und gibt den Ablauf bekannt:

  1. **Bekanntmachungen** über Grundstücksnachweisungen, den bzw. die betreibenden Gläubiger, Ansprüche, Zeit der Beschlagnahme, Grundstückswert, Anmeldungen, Feststellung des geringsten Gebots und Versteigerungsbedingungen sowie Hinweis auf den bevorstehenden Ausschluss weiterer Anmeldungen *(§ 66 Abs. 1 ZVG)*
  Daran anschließend fordert das Gerichte zur Abgabe von Geboten auf *(§ 66 Abs. 2 ZVG)*.

2. **Bietzeit** von **mindestens 30 Minuten** zur Abgabe von Geboten im Versteigerungstermin *(§ 73 Abs. 1 S. 1 ZVG)*
Die Versteigerung muss jedoch so lange fortgesetzt werden, bis ungeachtet der Aufforderung des Gerichts kein Gebot mehr abgegeben wird *(§ 73 Abs. 1 S. 2 ZVG)*. Das letzte Gebot wird vom Gericht zum Schluss der Versteigerung mittels dreimaligen Aufrufs verkündet *(§ 73 Abs. 2 ZVG)*.

3. **Anhörung** der anwesenden Beteiligten zum Zuschlag *(§ 74 ZVG)*.

- Entweder im Versteigerungstermin oder in einem späteren Termin entscheidet das Gericht durch **Beschluss** über den **Zuschlag**. Verkündet wird entweder der Zuschlag oder die Versagung des Zuschlags.

- Der Beschluss, durch den der Zuschlag erteilt wird, ist ein Vollstreckungstitel auf Räumung und Herausgabe des Grundstücks *(§ 93 Abs. 1 ZVG)*.

- Durch den Zuschlag wird der Ersteher Eigentümer des Grundstücks gemäß *§ 90 ZVG*. Dieser Eigentumsübergang ist unabhängig von einer Eintragung im Grundbuch.

- Nach der Erteilung des Zuschlags bestimmt das Gericht einen Termin zur **Verteilung des Versteigerungserlöses** *(§§ 105 ff. ZVG)*, es sei denn, die Beteiligten einigen sich außergerichtlich *(§ 143 ZVG)*.

- Im Falle der Festlegung des gerichtlichen Verteilungstermins hat der Ersteher den ermittelten Barbetrag **(Bargebot)** vorab durch Überweisung oder Einzahlung auf ein Konto der Gerichtskasse zu entrichten *(§ 49 Abs. 3 ZVG)*.

- Im Verteilungstermin wird der Teilungsplan aufgestellt *(§ 113 ZVG)*, gegen den nach § 115 ZVG Widerspruch eingelegt werden kann.

- Der Teilungsplan wird durch Zahlung an die Berechtigten ausgeführt *(§ 117 ZVG)*.

- Eintragung ins Grundbuch erfolgt nach Ausführung des Teilungsplanes *(§ 130 ZVG)*.

Um den soeben beschriebenen Verfahrensablauf im Detail nachvollziehen zu können, folgen einige Begriffserklärungen und Erläuterungen.

Begriffserklärungen und Erläuterungen zum Verfahrensablauf

Was ist das geringste Gebot?
Das geringste Gebot umfasst die dem Anspruch des betreibenden Gläubigers **vorgehenden Rechte** sowie die **Kosten des Verfahrens** *(§ 44 ZVG)*.

Beispiel:
Gläubigerin Azra Nasit betreibt die Zwangsvollstreckung gegen den Schuldner Harald Pahl wegen einer vollstreckbaren Kaufpreisforderung in Höhe von 40 000,00 €. Das Grundstück des Schuldners soll auf Antrag der Gläubigerin zwangsversteigert werden.

Im Grundbuch sind auf dem Grundstück folgende Rechte eingetragen:

Abt. III	Nr. 1	Hypothek zugunsten der A-Bank	30 000,00 €
	Nr. 2	Grundschuld zugunsten der B-Bank	20 000,00 €

Außerdem schuldet Harald Pahl der Gemeinde 6 000,00 € Anliegerbeiträge.

Für das Verfahren werden Kosten in Höhe von 2 500,00 € angesetzt.

Arten der Zwangsvollstreckung

Berechnung des geringsten Gebots:

	Verfahrenskosten	2 500,00 €	§ 109 Abs. 1 ZVG
+	Anliegerbeiträge	6 000,00 €	§ 10 Abs. 1 Nr. 3 ZVG
+	Hypothek	30 000,00 €	§ 10 Abs. 1 Nr. 4 ZVG
+	Grundschuld	20 000,00 €	§ 10 Abs. 1 Nr. 4 ZVG
=	**Geringstes Gebot**	**58 500,00 €**	§ 44 ZVG

*Alle oben genannten Rechte, einschließlich der Verfahrenskosten, gehen der Gläubigerin Azra Nasit vor, d. h., ihr **Rangplatz** kommt erst danach (vgl. § 10 Abs. 1 Nr. 5 ZVG).*

→ *Die Berechnung des geringsten Gebots erfolgt durch das Vollstreckungsgericht nach §§ 10 ff. ZVG.*

Rangfolge der Gläubiger nach § 10 ZVG aus folgenden (vereinfacht dargestellten) Ansprüchen	
Rang 1	**Erhaltungs- und Verbesserungsaufwendungen** (für Gläubiger, der Zwangsverwaltung betreibt)
Rang 1 a	**Ansprüche auf Kostenersatz** (nach Insolvenzordnung)
Rang 2	**Ansprüche von Wohnungseigentümern**
Rang 3	**öffentliche Lasten** (z. B. rückständige Grundsteuern, Zinsen)
Rang 4	**dingliche Rechte** (z. B. Hypotheken, Grundschulden, wiederkehrende Leistungen)
Rang 5	**persönliche Gläubigeransprüche**
Rang 6	**dem Gläubiger gegenüber unwirksame Ansprüche**
Ränge 7, 8	**ältere Ansprüche**

Werden in einem Zwangsversteigerungstermin Rechte trotz Aufforderung nicht rechtzeitig angemeldet, so rangieren sie hinter den aufgeführten Rangklassen 1 bis 8.

Was bedeutet Bargebot?

Nach *§ 49 ZVG* ist das Bargebot der **Teil des geringsten Gebots**, der zur Deckung der Verfahrenskosten *(§ 109 ZVG)* sowie der im *§ 10 Nr. 1–3* und im *§ 12 Nr. 1, 2 ZVG* bezeichneten Ansprüche bestimmt ist. Für den Fall, dass das Meistgebot höher ist als das geringste Gebot, erhöht sich das Bargebot um die Differenz zwischen beiden.

 Der Meistbietende muss den das geringste Gebot übersteigenden Mehrbetrag bis zum Meistgebot sowie die Verfahrenskosten *(§ 109 Abs. 1 ZVG)* u. a. Ansprüche nach *§ 10 Nr. 1–3 ZVG* bar zahlen *(§ 49 Abs. 1 ZVG)*.

Im obigen Beispiel kann nur das Mindest-Bargebot ermittelt werden, da kein Meistgebot vorliegt. Es errechnet sich wie folgt:

	Verfahrenskosten	2 500,00 €	§ 109 Abs. 1 ZVG
+	Anliegerbeiträge	6 000,00 €	§ 10 Abs. 1 Nr. 3 ZVG
=	**Bargebot**	**8 500,00 €**	§ 49 Abs. 1 ZVG

Was bedeuten Deckungsprinzip und Übernahmeprinzip?
Bei der Zwangsversteigerung gilt das **Deckungsprinzip**, wonach nur ein solches Gebot zugelassen wird, durch das die dem Anspruch des Gläubigers vorgehenden Rechte sowie die Kosten des Verfahrens gedeckt werden (**geringstes Gebot**).

Die dem betreibenden Gläubiger vorgehenden Rechte, z. B. Hypotheken mit besserem Rang, erlöschen durch die Zwangsversteigerung nicht, sondern bleiben bestehen und sie werden als Belastungen des Grundstücks vom Erwerber übernommen (**Übernahmeprinzip**), der dafür keine Barmittel aufwenden muss. Die übrigen vorgehenden Rechte und die Verfahrenskosten sind bar zu decken (**Mindest-Bargebot**).

Was sind bestehen bleibende Rechte?
Für den Bietinteressenten sind die **bestehen bleibenden Rechte** von besonderer Bedeutung, denn diese sind gedanklich zum Bargebot hinzuzurechnen. Geboten wird im Versteigerungstermin nur das Bargebot, also das, was vor dem Verteilungstermin zu zahlen ist *(§ 49 Abs. 3 ZVG)*. Der Ersteher übernimmt jedoch mit dem Zuschlag beispielsweise eingetragene Grundschulden und Hypotheken. Nach *§ 52 ZVG* bleibt ein Recht bestehen, wenn es bei der Errechnung des geringsten Gebots berücksichtigt und nicht durch Zahlung zu decken ist.

Beispiel:
Im obigen Beispiel Azra Nasit gegen Harald Pahl übernimmt der Ersteher auch die Hypothek in Höhe von 30 000,00 € sowie die Grundschuld in Höhe von 20 000,00 €, obwohl er vielleicht nur 8 500,00 € als Bargebot geboten hat.

Was passiert bei der Verhandlung über den Zuschlag?
Der Zuschlag kann nur erfolgen, wenn das **geringste Gebot** erreicht ist *(§ 44 ZVG)*.

Wenn jedoch das geringste Gebot erreicht oder überschritten ist, kann es dennoch sein, dass das abgegebene Meistgebot **unter 7/10 des Grundstückswertes** bleibt. In einem solchen Fall kann gemäß *§ 74a ZVG* die **Versagung des Zuschlages** durch einen Berechtigten, dessen Anspruch durch das Meistgebot nicht oder nur teilweise gedeckt ist, **beantragt** werden. Der Gläubiger kann auch zu diesem Zeitpunkt noch die einstweilige Einstellung des Verfahrens bewilligen.

Der Zuschlag ist **von Amts wegen** zu versagen, wenn das abgegebene Meistgebot einschließlich des Kapitalwertes der nach den Versteigerungsbedingungen bestehen bleibenden Rechte nicht die Hälfte des Grundstückswertes erreicht *(§ 85a Abs. 1 ZVG)*.

Arten der Zwangsvollstreckung

Beispiel:
Tim Hansen ist Eigentümer eines Grundstücks, dessen Wert 200 000,00 € beträgt. Er hat bei mehreren Gläubigern Schulden, die er nicht begleichen kann. Sein einziger Vermögenswert, auf den zugegriffen werden kann, ist das Grundstück.

Neben den im Grundbuch eingetragenen Gläubigern

1. AW-Bank   Hypothek über   120 000,00 €
2. Sparkasse   Grundschuld über   20 000,00 €

hat er noch Schulden gegenüber der Maler OHG in Höhe von 5 000,00 € und der Haus und Garten KG in Höhe von 600,00 € aus Werk- bzw. Kaufverträgen, für die Vollstreckungstitel (ohne Rangsicherung) existieren. Außerdem schuldet er noch Grundsteuern in Höhe von 2 100,00 € (Annahme: die Verfahrenskosten betragen 1 700,00 €).

a) Für den Fall, dass die Sparkasse die Zwangsversteigerung betreibt, betragen
  – das geringste Gebot: 1 700,00 € + 2 100,00 € + 120 000,00 €
                             = **123 800,00 €** *(§ 44 ZVG)*

  – das Mindest-Bargebot: 1 700,00 € + 2 100,00 €
                             = **3 800,00 €** *(§ 49 Abs. 1 ZVG)*

Im vorliegenden Fall findet der Versteigerungstermin statt und der einzige Interessent bietet 150 000,00 €.

Es kommt zum Zuschlag, da das Gebot 7/10 des Grundstückswertes übersteigt und somit ein Antrag auf Versagung nicht gestellt werden kann (§ 74a Abs. 1 ZVG – Umkehrschluss). Außerdem ist das Gebot ausreichend für alle beteiligten Gläubiger.

Abwandlung 1:
Würde das Meistgebot 125 000,00 € betragen, könnte es zum Zuschlag kommen, wenn nicht ein Antrag auf Versagen des Zuschlags gestellt würde, da das Gebot 7/10 des Grundstückswertes nicht erreicht.

Abwandlung 2:
Bei einem Meistgebot von 122 000,00 € käme es nicht zum Zuschlag, da es unter dem geringsten Gebot liegt.

Abwandlung 3:
Ein Meistgebot in Höhe von 95 000,00 € würde natürlich ebenfalls nicht zum Zuschlag führen, da damit weder das geringste Gebot noch die Hälfte des Grundstückspreises erreicht wären.

b) Für den Fall, dass nur die Maler OHG die Zwangsversteigerung betreibt, betragen
  – das geringste Gebot: 123 800,00 € + 20 000,00 €
                             = **143 800,00 €**

  – das Mindest-Bargebot: 1 700,00 € + 2 100,00 €
                             = **3 800,00 €**

Sofern eine Versagung des Zuschlags nach *§ 74a Abs. 1 ZVG* (Meistgebot unter 7/10 des Grundstückswertes) oder *§ 85a Abs. 1 ZVG* (Meistgebot unter 1/2 des Grundstückswertes) im ersten Termin vorliegt, fallen im zweiten Termin die Wertgrenzen. Der Zuschlag kann dann bereits erfolgen, wenn zumindest das **geringste Gebot** abgegeben wird. Für den rein rechnerischen Fall, dass bei obigem Beispiel die AW-Bank die Zwangsversteigerung betreiben würde, wären geringstes Gebot und Mindest-Bargebot gleich, und zwar 3 800,00 €. Somit könnte in dem zweiten Termin der Zuschlag für ein Gebot gegeben werden, das keinesfalls im Interesse des betreibenden Gläubigers – und natürlich auch nicht der übrigen Gläubiger – läge.

Werden im ersten Termin **keine Angebote** abgegeben, so wird ein neuer Termin anberaumt, der als neuer „erster" Termin mit den entsprechenden Wertgrenzen gilt.

An den Beispielen ist erkennbar, dass ein Meistgebot nicht immer den Vorstellungen eines oder mehrerer Gläubiger entsprechen wird. An dieser Stelle ist erneut daran zu erinnern, dass der betreibende Gläubiger **Herr des Verfahrens** ist, d. h., er ist in der Lage, das Verfahren zu jedem Zeitpunkt aufheben *(§ 29 ZVG)* oder nach einer einstweiligen Einstellung fortsetzen *(§ 31 ZVG)* zu lassen.

Eine **einstweilige Einstellung** des Verfahrens kann auf **Antrag des Schuldners** nach *§ 30a ZVG* erfolgen, wenn die Aussicht besteht, dass damit eine Versteigerung vermieden werden kann. Die Entscheidung über den Antrag ergeht durch Beschluss *(§ 30b Abs. 2 ZVG)*.

Nach *§ 30 ZVG* kann der betreibende Gläubiger ohne Begründung die einstweilige Einstellung des Verfahrens veranlassen. Laut Gesetzestext „bewilligt" er die einstweilige Einstellung. Dies kann jederzeit im Verfahren erfolgen, um außergerichtliche Verhandlungen mit dem Schuldner zu führen. Der betreibende Gläubiger kann damit auch einen Zuschlag verhindern, obwohl ein Gebot über 7/10 des Grundstückswertes abgegeben wurde.

4.2.3 Zwangsverwaltung *(§§ 146 ff. ZVG)*

Die Zwangsverwaltung ist neben der Zwangsversteigerung und der Zwangshypothek die dritte Variante der Zwangsvollstreckung in das unbewegliche Vermögen. Die Gläubiger sollen bei dieser Art der Vollstreckung nicht aus dem Grundstück, sondern aus den Erträgen des Grundstücks (z. B. Miete oder Pacht) befriedigt werden. Anstelle des Eigentümers verwaltet ein amtliches Organ – der Zwangsverwalter – das Grundstück nach wirtschaftlichen Gesichtspunkten.

Sachlich bzw. **örtlich** zuständig für die Zwangsverwaltung eines Grundstücks ist als Vollstreckungsgericht das Amtsgericht, in dessen Bezirk das Grundstück belegen ist *(§ 1 Abs. 1 ZVG)*.

Auf die Anordnung der Zwangsverwaltung finden nach *§ 146 Abs. 1 ZVG* grundsätzlich die Vorschriften über die Anordnung der Zwangsversteigerung Anwendung.

Der Zwangsverwalter wird vom Vollstreckungsgericht bestellt *(§ 150 Abs. 1 ZVG)* und hat die Verpflichtung, die Interessen aller Beteiligten bestmöglich zu wahren.

Nach *§ 152 ZVG* hat der Zwangsverwalter das Recht und die Pflicht, alle Handlungen vorzunehmen, die erforderlich sind, um das Grundstück in seinem wirtschaftlichen Bestand zu erhalten und eine ordnungsgemäße Nutzung sicherzustellen. Dazu zählen:

- Inbesitznahme des Grundstücks
- Einziehung der Miet- und Pachtzinsen
- Maßnahmen zur Erhaltung des Grundstücks
- Überprüfung des Versicherungsschutzes

Der Zwangsverwalter muss die Zwangsverwaltung gegenüber den Mietern bzw. Pächtern anzeigen und Zahlungsverbote an entsprechende Drittschuldner beantragen, sodass sie die Miete bzw. Pacht künftig an ihn und nicht mehr an den Vermieter zahlen.

Der Zwangsverwalter ist allen Beteiligten gegenüber verpflichtet, Auskunft über die Erfüllung seiner Aufgaben zu erteilen und jährlich bzw. nach Beendigung der Verwaltung Rechnung zu legen *(§ 154 S. 2 ZVG)*.

Reichen die Einnahmen aus dem Grundstück nicht zur Deckung der Ausgaben für die ordnungsgemäße Verwaltung, hat der Zwangsverwalter dies dem Gericht anzuzeigen. Daraufhin wird der betreibende Gläubiger zur Vorschussleistung aufgefordert. Das Gericht kann die Aufhebung des Verfahrens anordnen, wenn der erforderliche Geldbetrag nicht vorgeschossen wird *(§ 161 Abs. 3 ZVG)*.

Die Verwertung erfolgt durch Verteilung der Nutzungen nach dem vom Vollstreckungsgericht aufgestellten Teilungsplan *(§§ 155 ff. ZVG)*. Aus den Nutzungen des Grundstücks sind die Ausgaben der Verwaltung sowie die Kosten des Verfahrens mit Ausnahme derjenigen, die durch die Anordnung des Verfahrens oder den Beitritt eines Gläubigers entstehen, vorweg zu bestreiten. Gibt es einen Überschuss, so werden die Nutzungen an die Gläubiger nach ihrem Rang verteilt.

Die Reihenfolge bei der Verteilung ergibt sich aus der Rangordnung, vergleichbar mit der Verteilung des Erlöses beim Zwangsversteigerungsverfahren (siehe *§ 10 ZVG*). Anders als bei der Zwangsversteigerung werden jedoch nur die Rangklassen 1 bis 5 berücksichtigt und es geht nicht in erster Linie darum, die gesamte Forderung eines Gläubigers auszugleichen, sondern um Befriedigung von Ansprüchen auf laufende wiederkehrende Leistungen.

Die **Nutzungen** werden demnach in folgender Reihenfolge verteilt:

1. **Ausgaben der Verwaltung und Kosten des Verfahrens** *(§ 155 Abs. 1 ZVG)*:

    - Erhaltungsaufwendungen
    - Vergütung des Zwangsverwalters
    - Verfahrenskosten

2. **Rangklasse 1: Ansprüche des betreibenden Gläubigers** auf Erstattung geleisteter Vorschüsse für Erhaltungsaufwendungen *(§ 10 Abs. 1 Nr. 1 ZVG)*.

3. **Rangklassen 2–4: laufende wiederkehrende Leistungen** *(§ 155 Abs. 2 S. 2 ZVG)*

    - aus **Hausgeldansprüchen** *(§ 10 Abs. 1 Nr. 2 ZVG)*
    - aus **öffentlichen Lasten** des Verwaltungsobjekts *(§ 10 Abs. 1 Nr. 3 ZVG)*
      Der Verwalter hat sowohl bei den Hausgeldansprüchen als auch bei den öffentlichen Lasten nach § 153 Abs. 1 ZVG die laufenden Beträge ohne weiteres Verfahren, d.h. auch ohne Teilungsplan, zu berichtigen.
    - aus **dinglichen Rechten** nach § 10 Abs. 1 Nr. 4 ZVG, z.B. Zinsen aus Forderungen der Gläubiger aus Abteilung III (Hypotheken, Grundschulden, Rentenschulden) sowie Beträge zur allmählichen Tilgung von Schulden nach Rangfolge

4. **Rangklasse 5: Ansprüche von Gläubigern aus einem persönlichen Titel,** sofern ein Anordnungs- oder Beitrittsbeschluss vorliegt

Der Auszubildende Robert Brand (siehe *Einstiegssituation*) möchte in dem Zusammenhang wissen, wie im Rahmen der Zwangsverwaltung mit „laufenden wiederkehrenden Leistungen" und „Rückständen" zu verfahren ist. Rechtsanwältin Heike Schröder erklärt wie folgt:

Nach § 13 ZVG sind **laufende Beträge wiederkehrender Leistungen**

- der letzte vor der Beschlagnahme fällig gewordene Betrag sowie
- die später fällig werdenden Beträge.

Die weiter zurückliegenden Beträge sind **Rückstände**. Auch wenn im Zwangsverwaltungsverfahren zunächst nur die wiederkehrenden Leistungen berücksichtigt werden, bleiben beispielsweise geschuldete Grundsteuern, die zu den Rückständen zählen, weiterhin bestehen – auch gegenüber einem neuen Eigentümer im Falle der gleichzeitig beantragten Zwangsversteigerung.

Beispiel:
Im Fall Martin Siebert (siehe Einstiegssituation) bestünde bei Antrag auf Zwangsverwaltung zumindest die Möglichkeit, dass er die Zinsen auf seine titulierte Forderung erhalten würde, und das auch nur, wenn er sich durch das Eintragen der Zwangshypothek einen guten Rangplatz gesichert hat.

Übungsaufgaben

1. Welche Gesetze regeln die Vorschriften zur Immobiliarvollstreckung?
2. Welches Gericht ist sachlich und örtlich für die Immobiliarvollstreckung zuständig?
3. Welche Möglichkeiten der Zwangsvollstreckung hat ein Gläubiger, dem bekannt ist, dass der Schuldner nicht über pfändbares bewegliches Vermögen verfügt, jedoch Eigentümer eines Grundstücks ist?
4. Welche Voraussetzungen müssen für die Eintragung einer Zwangshypothek gegeben sein und welches Vollstreckungsorgan ist zuständig?
5. Fassen Sie stichpunktartig den Ablauf eines Zwangsversteigerungstermins zusammen.
6. Wie lange muss das Gericht Gelegenheit zur Abgabe von Geboten geben?
7. Welchen weiteren Verlauf nimmt ein Zwangsversteigerungsverfahren, wenn
   a kein Gebot abgegeben wird,
   b im Falle der Abgabe von Geboten das geringste Gebot nicht erreicht wird,
   c das höchste Gebot weniger als 5/10 des Grundstückswertes beträgt?
8. Horst Stramm ist Eigentümer eines Grundstücks, dessen Wert 400 000,00 € beträgt. Da er jedoch nicht in der Lage ist, Darlehen und andere Schulden an verschiedene Gläubiger zurückzuzahlen, soll auf das einzige Vermögen, das er hat – das Grundstück – mittels Zwangsversteigerung zugegriffen werden.

   Neben den Grundschuldgläubigern

   1) Invest-Bank   Grundschuld über   200 000,00 €
   2) Sparkasse   Grundschuld über   40 000,00 €

hat er noch Schulden aus Werkverträgen gegenüber der Bau GmbH in Höhe von 12 000,00 € und gegenüber der Fliesenhandel KG in Höhe von 4 000,00 €, für die Vollstreckungstitel (ohne Rangsicherung) existieren.

Außerdem schuldet er Grundsteuern in Höhe von 3 800,00 €.

a Ermitteln Sie das geringste Gebot und das Mindest-Bargebot für den Fall, dass die Sparkasse die Zwangsvollstreckung betreibt (Annahme: die Verfahrenskosten betragen 3 200,00 €).

b Wie hoch wären geringstes Gebot und Mindest-Bargebot, wenn nur die Fliesenhandel KG die Zwangsvollstreckung betreiben würde (Verfahrenskosten wie oben)?

9. Im obigen Fall (Aufgabe 8 a) findet der Versteigerungstermin statt und der einzige Interessent bietet 245 000,00 €.

a Begründen Sie kurz, ob es zum Zuschlag kommen und/oder ob das Verfahren einen anderen Verlauf nehmen könnte.

b Wie würde das Verfahren weiter verlaufen, wenn der Zuschlag nicht erteilt würde?

c Wie kommt es zur Erlösverteilung für den Fall, dass der Zuschlag erteilt wird?

10. Was bedeuten die Begriffe „Deckungsprinzip", „Übernahmeprinzip" und „bestehen bleibende Rechte" beim Zwangsversteigerungsverfahren?

11. Was ist der Grund, weshalb Zwangsverwaltung und Zwangsversteigerung gegebenenfalls parallel zueinander verlaufen und welche Rolle spielt dabei eine bereits eingetragene Zwangshypothek?

4.3 Zwangsvollstreckung wegen anderer Ansprüche

4.3.1 Erwirkung der Herausgabe von Sachen

Herausgabe bestimmter beweglicher Sachen

Beispiel:
Schuldner Bernd Schröder wurde vom Amtsgericht Bonn verurteilt, Gläubiger Bennet Mertens ein genau bestimmtes Elektrogerät herauszugeben. Bernd Schröder hat die Sache bisher nicht an Bennet Mertens übergeben. Das Urteil ist vollstreckbar. Die Zwangsvollstreckung wurde beantragt.

Möglicher Ablauf:

a) Der Gerichtsvollzieher findet die Sache beim Schuldner, nimmt sie weg und übergibt sie dem Gläubiger *(§ 883 Abs. 1 ZPO)*. Damit ist die Zwangsvollstreckung beendet.

b) Der Gerichtsvollzieher findet die Sache nicht beim Schuldner. Daraufhin gibt es folgende Möglichkeiten:

- Bernd Schröder wird auf Antrag von Bennet Mertens verpflichtet, zu Protokoll an Eides statt zu versichern, dass er das Elektrogerät nicht besitze und auch nicht wisse, wo es sich befindet *(§ 883 Abs. 2 i. V. m. § 802e ZPO)*.
- Bennet Mertens klagt auf Schadensersatz *(§ 893 ZPO)*.
- Bennet Mertens beantragt einen Pfändungs- und Überweisungsbeschluss, wenn sich die Sache im Gewahrsam eines Dritten befindet und dieser nicht zur Herausgabe bereit ist *(§§ 886, 829, 835 ZPO)*.

Herausgabe einer bestimmten Menge vertretbarer Sachen

Beispiel:
Carolin Fast wurde verurteilt, 150 Aktien eines Automobilkonzerns an Luise Tomas herauszugeben. Da diese Herausgabe nicht erfolgte, leitete Luise Tomas die Zwangsvollstreckung ein.

Möglicher Ablauf:

a) Der Gerichtsvollzieher findet die Aktien bei der Schuldnerin vor, nimmt sie weg und übergibt sie der Gläubigerin *(§ 884 i. V. m. § 883 Abs. 1 ZPO)*. Damit ist die Zwangsvollstreckung beendet.

b) Der Gerichtsvollzieher findet die Aktien nicht bei der Schuldnerin. Daraufhin gibt es folgende Möglichkeiten:

- Luise Tomas klagt auf Schadensersatz *(§ 893 ZPO)*.
- Luise Tomas beantragt einen Pfändungs- und Überweisungsbeschluss, wenn sich die Aktien im Gewahrsam eines Dritten befinden und dieser nicht zur Herausgabe bereit ist *(§§ 886, 829, 835 ZPO)*. Ist der Dritte – möglicherweise eine Bank – zur Herausgabe bereit, kann in entsprechender Anwendung des § 883 Abs. 1 ZPO die Zwangsvollstreckung betrieben werden.

 Wenn der Gerichtsvollzieher beim Schuldner keine Sachen oder Wertpapiere der geschuldeten Art vorfindet, kann der Gläubiger **nicht** die Abgabe der eidesstattlichen Versicherung verlangen. *§ 884 ZPO* erklärt nur die Anwendbarkeit von *§ 883 Abs. 1 ZPO*, nicht aber die Anwendbarkeit der Absätze 2 und 3 der Vorschrift.

Herausgabe und Räumung von Grundstücken

Beispiel:
Vermieter Konstantin von Ginkel hat gegen seinen Mieter Max Liebherr ein Räumungsurteil erstritten, da Max Liebherr seit längerer Zeit keine Miete mehr gezahlt hat. Max Liebherr reagiert nicht und wird auch in der Wohnung nicht angetroffen.

Nach § 128 Abs. 2 S. 1–3 GVGA teilt der **Gerichtsvollzieher** dem Schuldner und dem Gläubiger den Zeitpunkt mit, zu dem nach § 885 Abs. 1 ZPO dem Schuldner der Besitz entzogen und der Gläubiger in den Besitz eingewiesen wird, notfalls mit Gewalt. Eine Anwesenheit des Schuldners ist nicht erforderlich (§ 128 Abs. 2 S. 9 GVGA).

Möglicher Ablauf:

a) Bei der Räumung nach § 885 ZPO („klassische" Räumung) lässt der Gerichtsvollzieher (Sperr-)Müll durch eine Entsorgungsfirma beseitigen und das übrige Inventar von einer Spedition abholen und einlagern. Der Vermieter muss die Kosten für die Zwangsräumung zunächst vorschießen; bei mittellosen Mietern ist jedoch eine Erstattung der Kosten meist nicht zu erwarten.

b) Bei einem Zwangsvollstreckungsauftrag nach § 885a ZPO („Berliner Modell" oder auch „Berliner Räumung") macht der Vermieter sein Vermieterpfandrecht nach § 562 BGB geltend. In diesem Fall lässt der Gerichtsvollzieher alle Gegenstände in der Wohnung. Es werden nur die Schlösser ausgetauscht und die neuen Schlüssel dem Vermieter übergeben. Der Gerichtsvollzieher hat im Protokoll die frei ersichtlichen beweglichen Sachen zu dokumentieren, gegebenenfalls als Bildaufnahmen (§ 885a Abs. 2 ZPO).

- Vorteil dieser Variante: Einsparung von Kosten
- Nachteile dieser Variante:
  - Der Vermieter muss unpfändbare Gegenstände aufbewahren und auf Verlangen an den Mieter herausgeben.
  - Der Vermieter muss eine öffentliche Zwangsversteigerung zur Verwertung der pfändbaren Sachen organisieren und dabei Formvorschriften und Fristen beachten.

Das klassische Modell verursacht zwar wesentlich höhere Kosten, aber es ist für den Vermieter die sicherste und am wenigsten aufwendige Möglichkeit der Räumung.

Die „Berliner Räumung" ist eine schnelle und kostengünstige Alternative, wenn z. B. der Mieter einer Entfernung und Entsorgung des Inventars schriftlich zustimmt.

4.3.2 Erwirkung von Handlungen

Hat ein Schuldner laut Vollstreckungstitel eine Handlung vorzunehmen und erfüllt er diese Pflicht nicht, so kann der Gläubiger die Erfüllung erzwingen.

Das **Vollstreckungsorgan** ist in einem solchen Fall das **Prozessgericht erster Instanz**.

Handelt es sich beim Vollstreckungsorgan um ein Landgericht, herrscht Anwaltszwang auch bei Zwangsvollstreckungsmaßnahmen.

Zwangsvollstreckung wegen vertretbarer Handlungen *(§ 887 ZPO)*

Vertretbar sind alle Handlungen, die auch durch einen Dritten vorgenommen werden können.

Beispiel:
Vermieter Volker Veh ist durch Urteil des Amtsgerichts Köln verurteilt worden, eine dringende Reparatur bei seinem Mieter Alexander Mohr durchzuführen, was er trotz wiederholter Aufforderung bisher nicht erledigt hat.

Alexander Mohr beantragt beim Prozessgericht erster Instanz, die Handlung auf Kosten des Schuldners selbst vorzunehmen bzw. einen Dritten zu beauftragen. Er kann zugleich beantragen, den Vermieter zur Vorauszahlung der Kosten zu verurteilen (§ 887 Abs. 2 ZPO). Die Vollstreckung erfolgt durch Ermächtigung des Gläubigers (§ 887 Abs. 1 ZPO).

Zwangsvollstreckung wegen nicht vertretbarer Handlungen *(§ 888 ZPO)*

Nicht vertretbar sind Handlungen, die nicht von einem Dritten vorgenommen werden können.

Beispiel:
Arbeitgeber Thomas Dierke wurde verurteilt, der ehemaligen Angestellten Kerstin Erle ein qualifiziertes Arbeitszeugnis auszustellen, was er trotz mehrfacher Aufforderung nicht getan hat.

Kerstin Erle beantragt beim Prozessgericht erster Instanz, Zwangsmittel anzuordnen.

Zwangsmittel sind **Zwangsgeld** und **Zwangshaft** *(§ 888 Abs. 1 ZPO)*. Eine Androhung findet nicht statt *(§ 888 Abs. 2 ZPO)*.

Bei dem Zwangsgeld handelt es sich um ein sogenanntes Beugemittel, mit dem der Schuldner zur Vornahme der geschuldeten Handlung gebracht werden soll. Die Höhe des Zwangsgeldes liegt grundsätzlich im Ermessen des Gerichts.

Für den Fall, dass das Zwangsgeld nicht beigetrieben werden kann, ist die Verhängung von Zwangshaft vorgesehen. In Ausnahmefällen, bei denen die Forderung von Zwangsgeld von vornherein aussichtslos erscheint oder wenn Fluchtgefahr besteht, kommt auch die unmittelbare Festsetzung von Zwangshaft in Betracht.

Der ergehende Beschluss über die Beitreibung von Zwangsgeld und/oder die Vollstreckung der Zwangshaft ist ein eigenständiger Vollstreckungstitel nach § 794 Abs. 1 Nr. 3 ZPO, der einer **Vollstreckungsklausel** bedarf. Die Vollstreckung der Haft setzt einen Haftbefehl voraus, der auf Antrag des Gläubigers vom Prozessgericht erster Instanz erlassen und vom Gerichtsvollzieher ausgeführt wird *(§ 144 Abs. 1 Nr. 3 GVGA i. V. m. § 802g Abs. 1 ZPO)*.

Eine Erzwingung der Vornahme einer nicht vertretbaren Handlung ist nach Vollstreckung der Zwangshaft über einen Zeitraum von **sechs Monaten** nicht mehr möglich. Der Gläubiger hat dann nur noch einen Anspruch auf Leistung des Interesses (Schadensersatz) nach § 893 ZPO.

 Wenn die Zwangsvollstreckung zur Vornahme einer vertretbaren oder nicht vertretbaren Handlung nach den §§ 887 und 888 ZPO nicht mehr möglich ist, kann der Gläubiger im Wege einer Schadensersatzklage sein Interesse nach § 893 ZPO geltend machen.

Weitere Beispiele für nicht vertretbare Handlungen sind:

- Abgabe einer eidesstattlichen Versicherung nach bürgerlichem Recht *(§§ 259, 260 BGB)*
- Leistungen, die höchste geistige, wissenschaftliche oder künstlerische Befähigung voraussetzen (z. B. Kunstmaler)
- Weiterbeschäftigung eines Arbeitnehmers nach Kündigungsschutzklage

4.3.3 Erwirkung von Duldungen und Unterlassungen

Unterlässt bzw. duldet ein Schuldner eine Handlung trotz gerichtlicher Anordnung nicht, so kann der Gläubiger zur Durchsetzung seiner Forderungen **Ordnungsmittel** beantragen.

Das **Vollstreckungsorgan** ist das **Prozessgericht erster Instanz** *(§ 890 Abs. 1 ZPO)*.

Ordnungsmittel sind **Ordnungsgeld** und **Ordnungshaft** *(§ 809 Abs. 1 ZPO)*. Anders als bei den Zwangsmitteln nach § 888 ZPO sind die Ordnungsmittel vor der Verurteilung anzudrohen *(§ 890 Abs. 2 ZPO)*.

Beispiele:

- *Eugen Schönefeldt wird unter Androhung eines Ordnungsgeldes bzw. einer Ordnungshaft verboten, weiterhin Küchenabfälle auf das Grundstück seiner Nachbarin Elvira Kuhn zu kippen.*
- *Annemarie Renner wird nach Androhung eines Ordnungsgeldes bzw. einer Ordnungshaft verurteilt, Tom Willberg das Betreten ihres Grundstücks zu gestatten, damit dieser neue Wasserleitungsrohre verlegen kann.*

 Zur Beseitigung eventuellen Widerstands des Schuldners kann der Gläubiger einen Gerichtsvollzieher hinzuziehen *(§ 892 ZPO)*.

Unterlässt Eugen Schönefeldt (siehe Beispiel oben) die Handlung trotz Mitwirkung des Gerichtsvollziehers und anschließender Vollstreckung der Ordnungshaft dennoch nicht und darf Tom Willberg das Grundstück nicht betreten, obwohl alle Ordnungsmittel ausgeschöpft wurden, können auch hier nur noch Schadensersatzansprüche im Klageweg durchgesetzt werden *(§ 893 ZPO)*.

Die Schadensersatzansprüche richten sich nach den Vorschriften des materiellen Rechts (insbesondere *§§ 280 ff. BGB*). *§ 893 ZPO* gilt für titulierte Ansprüche nach *§§ 883–890 ZPO*.

4.3.4 Erwirkung der Abgabe einer Willenserklärung

Der *§ 894 ZPO* regelt die Durchsetzung eines titulierten Anspruchs auf Abgabe einer Willenserklärung.

Anders als bei der Erzwingung von nicht vertretbaren Handlungen nach *§ 888 ZPO* soll der Wille des Schuldners **nicht durch Zwangsmittel gebeugt** werden.

Nach *§ 894 ZPO* kommt es zu einer **„Fiktion der Abgabe der Willenserklärung"** im Interesse des Gläubigers, indem der Gesetzgeber festgelegt hat, dass die Willenserklärung als abgegeben gilt, sobald die Rechtskraft eines diesbezüglich ergangenen Urteils eintritt.

Die laut Urteil zu erbringende Leistung muss in der Abgabe einer Willenserklärung bestehen, d. h., dass im Gerichtsverfahren ein nach *§ 253 ZPO* bestimmter, auf die Abgabe der Willenserklärung gerichteter Antrag gestellt wurde.

Zur Erwirkung der Abgabe einer Willenserklärung nach § 894 ZPO bedarf es keiner weiteren Zwangsvollstreckungsmaßnahme.

Beispiel:
Miraç Lorch ist als gewerblicher Verkäufer Mitglied eines Onlinemarktplatzes. Einer seiner Kunden, Tom Reinhardt, hatte ein kleines Problem bei seiner letzten Bestellung, wofür sich Miraç Lorch entschuldigt und ihm sogar einen Preisnachlass gewährt hatte. Dennoch fand Miraç Lorch wenig später eine geschäftsschädigende Onlinebewertung von diesem Kunden vor. Laut AGB können derartige Bewertungskommentare dazu führen, dass das betreffende Mitglied von dem Onlinemarktplatz ausgeschlossen wird.

Nachdem Tom Reinhardt nicht auf die Aufforderung von Miraç Lorch, einer Löschung des Kommentars zuzustimmen und gegenüber dem Onlinemarktplatz-Betreiber von der Bewertung Abstand zu nehmen, reagierte, klagte Miraç Lorch auf Abgabe einer solchen Willenserklärung.

 Genügt die Verurteilung zur Abgabe einer Willenserklärung nicht dem Bestimmtheitserfordernis des § 253 Abs. 2 Nr. 2 ZPO, kann die Abgabe der geforderten Erklärung nicht nach § 888 ZPO erzwungen werden.

Übungsaufgaben

1. Wie kann ein Gläubiger in folgenden Fällen die Vollstreckung seiner Ansprüche durchsetzen und welches Vollstreckungsorgan ist jeweils zuständig?
   a Anna Frei wurde verurteilt, das Fitness-Trainingsgerät, das ihr Susanne Bender während der Urlaubszeit geliehen hatte, herauszugeben. Auch auf die titulierte Forderung von Susanne Bender reagiert Anna Frei nicht.
   b Lisa Unger hat sich für ihre Hochzeitsfeier eine große wertvolle Bodenvase von ihrer Nachbarin geliehen. Nach den Feierlichkeiten reagiert sie nicht auf die Aufforderung, die Vase zurückzugeben, sodass die Nachbarin schließlich Klage erhebt. Als der Schuldtitel vorliegt, stellt sich heraus, dass die Vase nicht mehr existiert; sie war bei Aufräumarbeiten zerbrochen.
   c Baustoffhändler Miroslav Heinen wurde verurteilt, laut gültigem Kaufvertrag zwei Tonnen Bausand mittlerer Güte an Wohnungsbauunternehmer Fred Trares zu liefern. Miroslav Heinen weigert sich weiterhin mit der Begründung, er habe den Sand nicht mehr im Sortiment.
   d Vermieter Volker Schmidt lässt trotz Verurteilung vom Amtsgericht Nürnberg die defekte Heizung in der Wohnung von Mieter Uwe Baumann nicht reparieren.
   e Der Schlagzeuger Jonas Reck probt weiterhin mit unerträglicher Lautstärke bis nach 23:00 Uhr in seiner Wohnung für die kommenden Auftritte, obwohl sein Nachbar Lars Winkler ein Gerichtsurteil erstritten hat, das diese Ruhestörung untersagt.
   f Arbeitgeber Hein Jespersen weigert sich, Harald Münzer einen schriftlichen Arbeitsvertrag auszuhändigen, obwohl dieser seit Monaten für ihn arbeitet. Harald Münzer lässt sich seinen Anspruch titulieren, aber er bekommt den Vertrag dennoch nicht.

> g Aufgrund eines vorliegenden Vollstreckungstitels gegen Steven Shaw hat dieser seine Einraumwohnung an den Vermieter Lutz Neuhaus herauszugeben und zu räumen. Weder der Schuldner noch ein Bevollmächtigter erscheint zum bekannt gegebenen Räumungstermin.
>
> 2. Albert Wehnert wurde per Gerichtsurteil bestätigt, dass seine Bank die Löschung einer Hypothek auf seinem Grundstück zu bewilligen hat. Die Bank reagiert nicht.
>
>   Wie ist die Rechtslage?
>
> 3. Elmar Jung unterlässt trotz Gerichtsurteil aufgrund der Klage eines Ehepaars mit Kindern im Vorschulalter nicht, an fast jedem Wochenende in seiner Wohnung Handwerksarbeiten mit störenden Geräuschen – Hämmern, Sägen, Bohren – durchzuführen. Selbst nach Ablauf einer Ordnungshaft hämmert, bohrt und sägt er weiter.
>
>   Was kann das Ehepaar nun noch gegen Elmar Jung unternehmen?

5 Einwendungen gegen Zwangsvollstreckungsmaßnahmen

Im Rahmen der Zwangsvollstreckung stehen den am Verfahren Beteiligten vollstreckungsinterne Rechtsbehelfe, Rechtsmittel sowie vollstreckungsrechtliche Klagen zu.

5.1 Erinnerung *(§ 766 ZPO)*

Die **Erinnerung** (Vollstreckungserinnerung) ist ein Rechtsbehelf, mit dem sowohl Gläubiger als auch Schuldner geltend machen können, dass eine Zwangsvollstreckungsmaßnahme gegen gesetzliche Vorschriften verstößt. Auch beteiligte Dritte können Erinnerung einlegen.

Ein Beteiligter, der durch eine Vollstreckungshandlung beschwert ist, kann beim Vollstreckungsgericht Erinnerung einlegen. Der Rechtsbehelf richtet sich gegen Verfahrensverstöße des Gerichtsvollziehers und gegen Maßnahmen des Vollstreckungsgerichts.

Erinnerung *(§ 766 ZPO)*

Beispiel:
Bei der Ausführung eines Sachpfändungsauftrages beschlagnahmt der Gerichtsvollzieher einen im Gewahrsam des Schuldners befindlichen Gegenstand, den der Schuldner als unpfändbar betrachtet. Der Schuldner legt Erinnerung ein. Würde der Gerichtsvollzieher den Gegenstand vor Klärung der Pfändbarkeit nicht pfänden, könnte der Gläubiger Erinnerung gegen die Art und Weise der Zwangsvollstreckung einlegen.

Das Vollstreckungsgericht (Amtsgericht, in dessen Bezirk das Vollstreckungsverfahren stattgefunden hat oder stattfinden soll – § 764 Abs. 2 ZPO) ist nach § 802 ZPO ausschließlich zuständig.

Die Erinnerung ist schriftlich oder zu Protokoll der Geschäftsstelle einzulegen; sie ist nicht fristgebunden.

Obwohl keine Frist für das Einlegen bestimmt ist, wird die Erinnerung unzulässig, wenn die Vollstreckungsmaßnahme beendet ist, z. B. im Falle einer Sachpfändung mit Ablieferung des Versteigerungserlöses an den Gläubiger.

Über die Erinnerung entscheidet der **Richter** am Vollstreckungsgericht durch **Beschluss** (vgl. § 20 Nr. 17 S. 2 RPflG).

Gegen den Beschluss kann sofortige Beschwerde beim Vollstreckungsgericht bzw. beim Beschwerdegericht (Landgericht) eingelegt werden *(§ 793 ZPO)*.

Die Erinnerung allein hat keine aufschiebende Wirkung. Um den Fortgang der Zwangsvollstreckungsmaßnahme aufzuhalten, müsste der Schuldner zeitgleich mit der Erinnerung die **einstweilige Einstellung der Zwangsvollstreckung** beantragen *(§ 766 Abs. 1 S. 2 i. V. m. § 732 Abs. 2 ZPO)*.

Die einstweilige Einstellung der Zwangsvollstreckung liegt im Ermessen des Vollstreckungsgerichts. Dabei wird überprüft, ob die schutzwürdigen Interessen des Schuldners die des Gläubigers überwiegen.

Praxistipp: Der Gläubiger sollte dem Antrag entgegentreten und darlegen, weshalb er dringend auf die Befriedigung seiner Forderung angewiesen ist.

Muster: Vollstreckungserinnerung nach § 766 ZPO

An das
Amtsgericht
– Vollstreckungsgericht –
in _____

In der Zwangsvollstreckungssache des _____

– Gläubiger und Erinnerungsführer/Erinnerungsgegner –
Verfahrensbevollmächtigte: RAe _____

g e g e n

den
– Schuldner und Erinnerungsgegner/Erinnerungsführer –
Verfahrensbevollmächtigte: RAe _____

legen wir im Namen und in Vollmacht des Gläubigers/Schuldners gegen die Art und Weise der Zwangsvollstreckung Erinnerung gemäß § 766 ZPO ein.

B e g r ü n d u n g :
================

Der Gläubiger hat gegen den Schuldner aus _____ einen Anspruch auf _____ . Die vollstreckbare Ausfertigung des Titels wurde dem Schuldner ausweislich der in der Anlage beigefügten Zustellbescheinigung am _____ zugestellt.

[Alternative 1 – Gerichtsvollzieher führt Vollstreckungsauftrag nicht aus:]

Der Gläubiger hat dem Gerichtsvollzieher am _____ den Auftrag zur Zwangsvollstreckung gegen den Schuldner erteilt. Der Gerichtsvollzieher hat die Ausführung des Auftrages mit der Begründung abgelehnt, dass _____ .

Entgegen den Darlegungen des Gerichtsvollziehers war der Vollstreckungsantrag wie beantragt auszuführen, weil _____ .

[Alternative 2 – Gerichtsvollzieher führt Vollstreckungsauftrag verfahrensfehlerhaft aus:]

Der Gläubiger hat dem Gerichtsvollzieher am _____ den Auftrag zur Zwangsvollstreckung gegen den Schuldner erteilt.

Der Gerichtsvollzieher hat in Ausführung des Auftrages am _____ in der Wohnung des Schuldners u.a. folgende Gegenstände gepfändet: _____

B e w e i s :   Vollstreckungsprotokoll vom _____

Der Gerichtsvollzieher hat dabei übersehen, dass die vorbezeichneten Gegenstände nach _____ ZPO unpfändbar sind, weil _____ .

Der Gerichtsvollzieher hat dabei übersehen, dass die allgemeinen Voraussetzungen der Zwangsvollstreckung nicht vorlagen, weil _____ .
Der Gerichtsvollzieher hat daraufhin die Zwangsvollstreckung verfahrensfehlerhaft begonnen, indem er gegen § _____ ZPO verstoßen hat, weil _____ .

[Alternative 3 – Pfändungs- und Überweisungsbeschluss ergeht verfahrenswidrig:]

Der Gläubiger hat mit dem in der Anlage in Abschrift beigefügten Antrag vom _____ den Erlass eine Pfändungs- und Überweisungsbeschlusses hinsichtlich der Forderung des Schuldners gegen _____ (Drittschuldner) aus _____ beantragt. Der Rechtspfleger hat den Pfändungs- und Überweisungsbeschluss erlassen, der dem Schuldner sodann am _____ zugestellt wurde.

Der Pfändungs- und Überweisungsbeschluss hätte nicht ergehen dürfen, weil _____ .

gez. Rechtsanwalt

Quelle: § 16 Die Rechtsbehelfe in der Zwangsvollstreckung/4. Muster: Vollstreckungserinnerung nach § 766 ZPO. In: www.haufe.de. URL: www.haufe.de/recht/deutsches-anwalt-office-premium/16-die-rechtsbehelfe-in-der-zwangsvollstreckung-4-muster-vollstreckungserinnerung-nach-766-zpo_idesk_PI17574_HI9064389.html [Stand: 06.01.2017.]

5.2 Sofortige Beschwerde (§§ 793, 567–572 ZPO)

 Die **sofortige Beschwerde** nach *§ 793 ZPO* ist ein Rechtsmittel gegen Entscheidungen des Vollstreckungsgerichts sowie des Prozessgerichts im Rahmen der Zwangsvollstreckung, die ohne mündliche Verhandlung ergehen.

Die sofortige Beschwerde richtet sich gegen

- Erinnerungsentscheidungen nach *§ 766 ZPO*,
- Entscheidungen des Prozessgerichts als Vollstreckungsorgan nach *§§ 887, 888, 890 ZPO*,
- Entscheidungen des Richters im Amtsgericht nach *§ 758a ZPO*,
- Entscheidungen des Rechtspflegers nach *§ 11 Abs. 1 RPflG i. V. m. § 793 ZPO*.

Beispiel 1:
*Mit einem Erinnerungsbeschluss entscheidet das Vollstreckungsgericht, dass der Gerichtsvollzieher angewiesen wird, die vom Gläubiger beantragte Pfändung nicht mit der Begründung zu verweigern, die zu pfändende Sache sei nach § 811 Abs. 1 Nr. 1 ZPO unpfändbar. Gegen diesen Beschluss kann der **Schuldner** sofortige Beschwerde einlegen.*

Beispiel 2:
*Gegen einen Beschluss des Prozessgerichts zur Festsetzung von Zwangsgeld nach § 888 ZPO zur Ausführung einer nicht vertretbaren Handlung ist für den **Schuldner** die sofortige Beschwerde gegeben. Wird der Antrag auf Festsetzung von Zwangsgeld abgelehnt, kann der **Gläubiger** gegen diesen Beschluss sofortige Beschwerde einlegen.*

Die sofortige Beschwerde ist nach *§ 569 Abs. 1 ZPO* innerhalb einer **Notfrist von zwei Wochen** bei dem Gericht einzulegen, dessen Entscheidung angefochten wird, oder beim Beschwerdegericht.

Gegen den Erinnerungsbeschluss aus Beispiel 1 (siehe oben) kann sofortige Beschwerde beim Vollstreckungsgericht eingelegt werden, um Abhilfe zu erwirken, oder beim zuständigen Landgericht als Beschwerdegericht *(§ 572 ZPO)*.

Gegen den Zwangsgeldbeschluss aus Beispiel 2 (siehe oben) kann sofortige Beschwerde bei dem Prozessgericht des ersten Rechtszuges oder beim Beschwerdegericht eingelegt werden *(§ 572 ZPO)*. Für die Zuständigkeit sind folgende Möglichkeiten gegeben:

a) Wurde der Beschluss von einem Amtsgericht erlassen, kann die sofortige Beschwerde bei diesem Gericht oder beim zuständigen Landgericht als Beschwerdegericht eingelegt werden.

b) Wurde der Beschluss von einem Landgericht erlassen, kann die sofortige Beschwerde bei diesem Gericht oder beim zuständigen Oberlandesgericht als Beschwerdegericht eingelegt werden.

Wird der Beschwerde nicht beim Prozessgericht abgeholfen, sondern wird sie dem Beschwerdegericht vorgelegt, sind folgende Entscheidungen gegeben:

1. Eine unbegründete Beschwerde wird zurückgewiesen, eine unzulässige Beschwerde verworfen *(§ 572 Abs. 2 ZPO)*.
2. Wird die sofortige Beschwerde als begründet erachtet, kann das Beschwerdegericht selbst entscheiden oder die Sache nach *§ 572 Abs. 3 ZPO* an das Ausgangsgericht zurückverweisen.

Die Entscheidung über die sofortige Beschwerde ergeht durch Beschluss *(§ 572 Abs. 4 ZPO)*. Unter den Voraussetzungen des *§ 574 ZPO* ist gegebenenfalls Rechtsbeschwerde möglich.

Die sofortige Beschwerde hat grundsätzlich keine aufschiebende Wirkung, es sei denn, sie hat die Festsetzung eines Ordnungs- oder Zwangsmittels zum Gegenstand *(§ 570 ZPO)*.

5.3 Vollstreckungsabwehrklage *(§ 767 ZPO)*

Die Vollstreckungsabwehrklage (Vollstreckungsgegenklage) ist eine **prozessuale Gestaltungsklage** auf Beseitigung der Vollstreckbarkeit eines Urteils oder eines anderen Titels.

Mit der Vollstreckungsabwehrklage werden materiell-rechtliche Einwendungen gegen einen Vollstreckungstitel geltend gemacht. Die Klage ist auf Unzulässigerklärung der Zwangsvollstreckung aus dem Titel gerichtet *(§ 767 Abs. 1 ZPO)*.

Es sind grundsätzlich nur die Einwendungen zulässig, deren Gründe nach Schluss der letzten mündlichen Verhandlung entstanden sind *(§ 767 Abs. 2 ZPO)*. Eine Ausnahme bildet beispielsweise die Vollstreckungsabwehrklage bei vollstreckbaren Urkunden (vgl. *§ 797 Abs. 4 ZPO)*.

Ausschließlich zuständig für die Vollstreckungsabwehrklage ist das Prozessgericht des ersten Rechtszuges *(§ 767 Abs. 1 i. V. m. § 802 ZPO)*.

Mit Klageerhebung kann der Schuldner geltend machen,

- er habe die titulierte Forderung erfüllt,
- er habe mit einer Gegenforderung wirksam aufgerechnet,
- der Gläubiger habe ihm die Forderung erlassen oder ihm Stundung gewährt.

Der Schuldner muss die Voraussetzungen für den Erfolg der Klage schlüssig darlegen (vgl. *§ 294 ZPO)*.

Vollstreckungsabwehrklage (§ 767 ZPO)

Die Vollstreckungsabwehrklage hat keine aufschiebende Wirkung, aber nach § 769 ZPO kann das Gericht auf Antrag des Schuldners die einstweilige Einstellung der Zwangsvollstreckung anordnen.

Muster: Vollstreckungsabwehrklage nach § 767 ZPO

An das
Land-/Amtsgericht

Vollstreckungsabwehrklage nach § 767 ZPO

Antrag auf einstweilige Einstellung der Zwangsvollstreckung! Bitte sofort vorlegen!

Klage (vollständiges Rubrum anführen)

wegen Unzulässigkeit der Zwangsvollstreckung

Streitwert: _____

Namens und in Vollmacht des Klägers erhebe ich Klage und kündige folgende Anträge an:

Die Zwangsvollstreckung aus dem Urteil des LG ... vom ... (Az.: ...) wird für unzulässig erklärt.

Zugleich beantrage ich, vorab im Wege der einstweiligen Anordnung nach § 769 ZPO zu beschließen, die Zwangsvollstreckung aus dem im Antrag zu 1. näher bezeichneten Urteil bis zum Erlass eines Urteils in dieser Sache einstweilen einzustellen.

B e g r ü n d u n g :
================

Der Kläger wurde im Vorprozess zur Zahlung von ... € rechtskräftig verurteilt (Beiziehung der o. a. Akten Az.: ...).

Mit dem Schreiben vom XX.XX.20.. hat der Kläger mit einer Gegenforderung die Aufrechnung erklärt (Beweis: als Anlage 1 beigefügte Kopie dieses Schreibens). Die Aufrechnungsforderung übersteigt den titulierten Anspruch, und der Kläger hat sie nach der letzten mündlichen Verhandlung des Vorprozesses erworben. Sie ergibt sich aus folgendem Sachverhalt (ausführen).

Der Beklagte bestreitet die zur Aufrechnung gestellte Forderung und hat im Schreiben an den Kläger vom XX.XX.20.. mitgeteilt, dass er die Zwangsvollstreckung ungeachtet der erklärten Aufrechnung baldmöglichst betreiben werde (Beweis: als Anlage 2 beigefügte Kopie dieses Schreibens).

Vollstreckungsabwehrklage und der Antrag auf einstweilige Einstellung der Zwangsvollstreckung sind begründet und auch geboten.

gez. Rechtsanwalt

Quelle: Gottwald/Mock: Zwangsvollstreckung, ZPO § 767/9. Muster – Antrag auf einstweilige Einstellung der Zwangsvollstreckung bei Vollstreckungsabwehrklage. In: www.haufe.de. URL: www.haufe.de/recht/deutsches-anwalt-officepremium/gottwaldmock-zwangsvollstreckung-zpo-767-vollstreck-9-muster-antrag-auf-einstweilige-einstellung-derzwangsvollstreckung-bei-vollstreckungsabwehrklage_idesk_PI17574_HI3270137.html [Stand: 09.02.2017.]

5.4 Drittwiderspruchsklage *(§ 771 ZPO)*

 Die Drittwiderspruchsklage (Interventionsklage) ist eine prozessuale Gestaltungsklage zur Feststellung der Unzulässigkeit der Zwangsvollstreckung in Gegenstände, die nicht Eigentum des Schuldners sind.

Die Drittwiderspruchsklage ermöglicht einer bisher nicht am Verfahren beteiligten Person, gegen die Zwangsvollstreckung in einen bestimmten Gegenstand aufgrund eines Rechts an der Sache vorzugehen.

Anders als bei der Vollstreckungsgegenklage geht es nicht darum, die Zwangsvollstreckung aus einem Titel vollständig einzustellen. Bei der Drittwiderspruchsklage soll nur die Zwangsvollstreckung in den Gegenstand, an dem der Kläger ein Recht zu haben behauptet, für unzulässig erklärt werden.

Beispiel:
Gerichtsvollzieherin Gertrud Stein pfändet in der Wohnung von Robert Damm eine Taucherausrüstung im Auftrag von Gläubiger Roland Fuchs. Robert Damm hat die Ausrüstung unter Eigentumsvorbehalt des Sporthauses Ehlers gekauft und zahlt monatliche Raten.

Das Sporthaus Ehlers ist demnach Eigentümer der Taucherausrüstung. Eine Vollstreckungserinnerung würde keinen Erfolg bringen, da die Gerichtsvollzieherin nach den Vorschriften der ZPO die Eigentumsverhältnisse nicht zu prüfen hat. Nach § 808 ZPO pfändet die Gerichtsvollzieherin die im Gewahrsam des Schuldners befindlichen Gegenstände. Daher ist die Pfändung der Taucherausrüstung zulässig.

Für das Sporthaus Ehlers ist nun Klage gegen Roland Fuchs geboten. Da Roland Fuchs selbst keinen Anlass für eine Klage gegeben hat – auch er musste die Eigentumsverhältnisse nicht prüfen –, wird das Sporthaus Ehlers ihn vor Erhebung der Drittwiderspruchsklage schriftlich zur Freigabe der gepfändeten Taucherausrüstung auffordern. Die tatsächlichen Eigentumsverhältnisse sind glaubhaft zu machen.

Kommt es zur Drittwiderspruchsklage, so ist ausschließlich das Amts- bzw. Landgericht zuständig, in dessen Bezirk die Zwangsvollstreckung stattfindet *(§ 771 Abs. 1 i. V. m. § 802 ZPO)*.

Die Drittwiderspruchsklage hat keine aufschiebende Wirkung, aber der Dritte kann einen Antrag auf einstweilige Einstellung der Zwangsvollstreckung nach *§ 769 ZPO* stellen *(§ 771 Abs. 3 ZPO)*.

5.5 Klage auf vorzugsweise Befriedigung *(§ 805 ZPO)*

 Die Klage auf vorzugsweise Befriedigung (Vorzugsklage) ist eine prozessuale Gestaltungsklage, durch die ein Dritter aufgrund eines besitzlosen Pfand- oder Vorzugsrechts die Befriedigung aus dem Vollstreckungserlös vor dem Vollstreckungsgläubiger beansprucht.

Anders als bei der Drittwiderspruchsklage kann der Dritte mit der Klage auf vorzugsweise Befriedigung die Pfändung der Sache, an welcher er ein besitzloses Pfandrecht oder ein Vorzugsrecht hat, nicht verhindern. Der Kläger muss ein Pfand- oder Vorzugsrecht haben,

Klage auf vorzugsweise Befriedigung *(§ 805 ZPO)*

das dem Pfändungspfandrecht des Beklagten vorgeht, und kann damit Anspruch auf den Erlös der Versteigerung oder des Verkaufs vor anderen Gläubigern vorzugsweise erheben.

Beispiel 1:
*Mieter Peter Hofmann hat bei Vermieter Daniel Krause eine Wohnung angemietet. Mit dem Mietvertrag hat Daniel Krause ein gesetzliches Pfandrecht – Vermieterpfandrecht – an den von Peter Hofmann in die Wohnung eingebrachten Sachen (§ 562 BGB) für den Fall, dass dieser mit der Miete im Rückstand ist. Da Daniel Krause keinen unmittelbaren Zugriff auf die Sachen von Peter Hofmann hat, handelt es sich um ein **besitzloses Pfandrecht**. Schuldet Peter Hofmann außerdem dem Gläubiger Tarek Prinz aus einem anderen Rechtsverhältnis, z. B. einem Kaufvertrag, Geld, so kann Tarek Prinz seine Forderung titulieren lassen und die Zwangsvollstreckung aus einem **Pfändungspfandrecht** in das Vermögen von Peter Hofmann betreiben.*

Tarek Prinz beauftragt einen Gerichtsvollzieher, der in der Wohnung von Peter Hofmann ein wertvolles Gemälde pfändet. Der Vermieter Daniel Krause kann weder der Pfändung noch der Verwertung widersprechen, aber er hat Anspruch darauf, aus dem Versteigerungserlös zuerst befriedigt zu werden.

Vor Einreichung der Klage auf vorzugsweise Befriedigung sollte der Kläger den Gläubiger auffordern, in die vorrangige Befriedigung einzuwilligen. Sollte der Gläubiger im Termin den Anspruch sofort anerkennen, würden die Kosten des Rechtsstreits dem Kläger auferlegt *(§ 93 ZPO)*.

Ausschließlich zuständig für eine Klage ist grundsätzlich das Vollstreckungsgericht, im Falle eines Streitgegenstands von mehr als 5 000,00 € das Landgericht, in dessen Bezirk das Vollstreckungsgericht seinen Sitz hat *(§ 805 i. V. m. § 802 ZPO)*.

 Neben den Einwendungen besteht für den Schuldner in besonderen Härtefällen die Möglichkeit, einen Vollstreckungsschutzantrag *(§ 765a ZPO)* zu stellen.

Übungsaufgabe

Welche Art der Einwendung wäre in folgenden Fällen angebracht und wer nimmt sie gegen wen und bei welchem Gericht in Anspruch?

a Gerichtsvollzieher Julian Baumeister pfändet wegen einer Kaufpreisforderung in Höhe von 200,00 € das Wohnmobil des Schuldners Leopold Preil im Wert von 8 000,00 € sowie eine Zeltausrüstung mit einem Wert von 550,00 €.

b Gerichtsvollzieher Walter Hartung pfändet beim Schuldner Timo Ludwig eine Multi-Media-Anlage, die dieser unter Eigentumsvorbehalt von der Firma Reich GmbH gekauft hat.

c Gerichtsvollzieher Franz Sorge hat die beim Schuldner Gustav Kamann vorgefundene antike Spieluhr deshalb nicht gepfändet, weil diese nach Auskunft der Ehefrau des Schuldners dessen Mutter gehöre.

d Gerichtsvollzieher Noel Berthold kündigt sich bei Udo Hirsch an, um die Zwangsvollstreckung aus einem Vollstreckungsbescheid der Firma Schneid KG zu betreiben. Udo Hirsch entgegnet, die Schneid KG habe ihm die Schuld erlassen, da die gelieferte Sache stark fehlerhaft war.

e Gläubiger Siegfried Ziesche hat gegen Schuldner Anton Brendel einen vollstreckbaren Titel über eine Kaufpreisforderung und betreibt die Zwangsvollstreckung. Einziger pfändbarer Gegenstand ist ein wertvoller Teppich in der Mietwohnung von Anton Brendel. Siegfried Ziesche beschlagnahmt den Teppich und versteigert ihn. Anton Brendel ist außerdem im Rückstand mit der Zahlung seiner Wohnraummiete bei Vermieter Werner Lohse. Dieser macht sein gesetzliches Pfandrecht an den eingebrachten Sachen seines Mieters geltend.

f Nach erfolgter Pfändung durch Gerichtsvollzieher Gerd Bräuer beantragt Gläubiger Xaver Vieth, die gepfändete Perlenkette durch einen anderen Gerichtsvollzieher versteigern zu lassen. Der Antrag wird abgelehnt.

6 Einstweiliger Rechtsschutz – Arrest und einstweilige Verfügung

Vorläufige Rechtsschutzmaßnahmen sind erforderlich, wenn zu befürchten ist, dass ein Schuldner sein Vermögen dem Zugriff des Gläubigers entziehen könnte. Wenn beispielsweise noch kein Vollstreckungstitel vorhanden ist und das Erkenntnisverfahren noch einige Zeit in Anspruch nehmen wird, besteht die Gefahr, dass die Realisierung des Anspruchs beeinträchtigt oder vereitelt wird.

Mit dem Arrest und der einstweiligen Verfügung hat der Gesetzgeber zwei Mittel zur Gewährleistung eines einstweiligen Rechtsschutzes geschaffen.

6.1 Arrest

 Arrest ist die Beschlagnahme einzelner Vermögensgegenstände (dinglicher Arrest) oder die Beschränkung der Bewegungsfreiheit des Schuldners (persönlicher Arrest) zur Sicherung der Zwangsvollstreckung **wegen einer Geldforderung**.

Beispiel:
Lutz Hennemann hat gegenüber Mario Fellini eine noch nicht titulierte Forderung aus einem Kaufvertrag in Höhe von 1 380,00 €. Mario Fellini hat in den letzten Monaten fast sein gesamtes Vermögen in einem Casino verspielt. Als einziges noch vorhandenes Vermögen hat er das von seinen Großeltern geerbte kleine Bauernhaus, das er vor einigen Tagen zum Verkauf auf einer Internetplattform angeboten hat. Lutz Hennemann hat den begründeten Verdacht, dass sich Mario Fellini nach dem Verkauf des Hauses ins Ausland absetzen wird, ohne vorher seine Schulden beglichen zu haben.

Lutz Hennemann könnte sofort die Zwangsvollstreckung betreiben, wenn er einen Vollstreckungstitel hätte. Da er den nicht hat, müsste er Mario Fellini zunächst verklagen oder einen Vollstreckungsbescheid erwirken. Das Klageverfahren würde zu lange dauern und beim Mahnverfahren müsste Lutz Hennemann mit einem Widerspruch rechnen, sodass es erst gar nicht zu einem Vollstreckungsbescheid käme. Mit einer Zwangsvollstreckung, die zur Befriedigung seines Anspruchs führen könnte, käme Lutz Hennemann daher zu spät.

Für solche Fälle sieht der Gesetzgeber den Arrest vor.

Nach § 916 Abs. 1 ZPO findet der Arrest zur Sicherung der Zwangsvollstreckung in das bewegliche oder unbewegliche Vermögen wegen einer Geldforderung oder wegen eines Anspruchs statt, der in eine Geldforderung übergehen kann.

> Jeder vermögensrechtliche Anspruch kann in eine Geldforderung übergehen, sofern er sich bei Nichterfüllung in einen Schadensersatzanspruch in Form von Geld verwandelt.

Beispiel:
Der Anspruch eines Käufers auf Lieferung einer Sache verwandelt sich bei Nichterfüllung in einen Schadensersatzanspruch in Form von Geld nach §§ 433 Abs. 1 S. 1, 280 Abs. 1, 281 Abs. 1, 251 Abs. 1 BGB.

Der **dingliche Arrest** findet statt, wenn die Gefahr besteht, dass ohne dessen Verhängung die Vollstreckung des Urteils vereitelt oder wesentlich erschwert werden würde *(§ 917 Abs. 1 ZPO)*.

Beim zuständigen Gericht ist ein Antrag auf Erlass eines Arrests schriftlich einzureichen bzw. zu Protokoll vor der Geschäftsstelle zu erklären *(§ 920 ZPO)*. Zuständig ist entweder das Gericht der Hauptsache (Amts- oder Landgericht in Abhängigkeit vom Streitwert) oder das Amtsgericht, in dessen Bezirk sich der mit dem Arrest zu belegende Gegenstand befindet *(§ 919 ZPO)*.

Das Gesuch soll die Bezeichnung des Anspruchs unter Angabe des entsprechenden Geldbetrages sowie die Bezeichnung des Arrestgrundes enthalten. Beides ist glaubhaft zu machen *(§ 920 ZPO)*.

Um dem Schuldner keine Gelegenheit zu geben, Vermögensgegenstände beiseite zu schaffen, erfolgen die Entscheidung über das Gesuch und die Anordnung des Arrests meist ohne mündliche Verhandlung durch Beschluss. Wurde mündlich verhandelt, entscheidet das Gericht durch Urteil *(§ 922 ZPO)*.

Der Zweck des Arrests besteht darin, schnell einen Titel zu schaffen. Der Arrestbefehl ist ein Vollstreckungstitel, aus dem in das gesamte bewegliche oder unbewegliche Schuldnervermögen vollstreckt werden kann *(§ 916 Abs. 1 ZPO)*. Er bedarf einer Vollstreckungsklausel nur dann, wenn die Vollziehung für einen anderen als den im Befehl bezeichneten Gläubiger oder gegen einen anderen Schuldner erfolgen soll *(§ 929 Abs. 1 ZPO)*.

Mit dem Erlass des Arrestbefehls ist der einstweilige Rechtsschutz noch nicht bewirkt. Dazu muss der Arrestbefehl auf erneuten Antrag des Gläubigers durch das zuständige Vollstreckungsorgan (Gerichtsvollzieher, Vollstreckungsgericht oder Grundbuchamt) vollzogen werden.

> Der Arrestbefehl ist als Vollstreckungstitel **sofort** vollstreckbar; es kann bereits **vor Zustellung des Titels** an den Schuldner und in der Regel **ohne Vollstreckungsklausel** vollstreckt werden *(§ 929 Abs. 1 und 3 ZPO)*.

Die sofortige Vollziehung verliert jedoch ihre Wirkung, wenn nicht innerhalb einer Woche nach Vollziehung die Zustellung erfolgt *(§ 929 Abs. 3 S. 2 ZPO)*. Zu beachten ist ebenfalls die Monatsfrist ab Verkündung bzw. Zustellung des Arrestbefehls nach *§ 929 Abs. 2 ZPO*.

Die Vollziehung ist nach Ablauf der Frist nicht mehr statthaft.

Nach § 934 ZPO kann der vollzogene Arrest vom Vollstreckungsgericht aufgehoben werden, insbesondere bei Hinterlegung des im Arrestbefehl festgestellten Geldbetrages.

Die Arrestvollziehung erlaubt zunächst nur eine rangwahrende Sicherung des Gläubigers, keine Verwertung. Die Vollziehung des dinglichen Arrests in bewegliches Vermögen erfolgt durch Pfändung (§ 930 ZPO), die Vollziehung in ein Grundstück durch Eintragung einer Sicherungshypothek/Arresthypothek (§ 932 ZPO).

Zur eigentlichen Befriedigung muss nun der Gläubiger einen Vollstreckungstitel erwirken, der auch eine Verwertung des gesicherten Vermögens erlaubt.

Gemäß § 926 Abs. 1 ZPO kann der Schuldner beim Arrestgericht beantragen, dem Gläubiger eine Frist zur Klageerhebung in der Hauptsache zu setzen. Der entsprechende Antrag ist zulässig, sofern die Hauptsache noch nicht rechtshängig ist und der Arrest noch besteht. Versäumt der Gläubiger die daraufhin gesetzte Klagefrist, kann der Schuldner nach § 926 Abs. 2 ZPO die Aufhebung des Arrests beantragen.

Bezug nehmend auf das oben genannte Beispiel könnte Lutz Hennemann zur vorläufigen Sicherung seiner Geldforderung folgenden Antrag stellen:

Muster: Vorläufige Sicherung der Geldforderung

An das Amtsgericht
...

Antrag auf dinglichen Arrest

In Sachen Hennemann, Lutz ./. Fellini, Mario
...

– Arrestantragsteller –

Bevollmächtigter: Rechtsanwalt ...

g e g e n
...

– Arrestantragsgegner –

wegen: A r r e s t s

beantrage ich namens und in Vollmacht meines Mandanten gegen den Antragsgegner – wegen der Dringlichkeit ausschließlich ohne mündliche Verhandlung – den Erlass folgenden Arrestbefehls:

1. Wegen einer Forderung des Antragstellers von ... € zuzüglich Zinsen in Höhe von fünf Prozentpunkten über dem Basiszinssatz seit XX.XX.20.. gegen den Antragsgegner wird der dingliche Arrest in das gesamte Vermögen des Antragsgegners angeordnet.

2. Der Antragsgegner trägt die Verfahrenskosten.

3. Die Vollziehung des Arrests wird durch Hinterlegung in Höhe von ... € durch den Antragsgegner gehemmt.

4. In Vollziehung des Arrests wird auf dem Grundstück des Antragsgegners – Grundbuch von Blatt ... Flurstück ... (Straße, Hausnummer) – eine Arresthypothek eingetragen.

Begründung:
===============

Der Antragsteller hat gegen den Antragsgegner eine Forderung aus einem Kaufvertrag über ... €. Der Erhalt des Kaufgegenstands wurde vom Antragsgegner bestätigt. Eine Zahlung erfolgte trotz mehrfacher mündlicher und schriftlicher Erinnerungen sowie einer schriftlichen Mahnung (Einschreiben mit Rückschein) am XX.XX.20.. nicht.

Beweise:

1. Kaufvertrag vom XX.XX.20.. mit Bestätigung des Erhalts am XX.XX.20..
2. Einschreiben mit Rückschein vom XX.XX.20..

Es besteht der begründete Verdacht, dass sich der Antragsgegner nach Südamerika absetzen will. Der Antragsteller und der Antragsgegner hatten viele Jahre lang einen gemeinsamen Freundeskreis und von diesen Freunden hat der Antragsteller die Information, dass der Antragsgegner nach Verkauf des Bauernhauses Deutschland verlassen wird. Den Erlös aus dem Verkauf benötige er für Reisekosten und Neuanfang in Südamerika. Der Antragsgegner hat ebenfalls gegenüber den Freunden geäußert, dass er schon mit einem Kaufinteressenten Kontakt habe und in Kürze ein Termin beim Notar anberaumt sei.

Glaubhaftmachung:

1. Eidesstattliche Versicherungen von Herrn ... und Frau ...
2. Angebot auf Webseite (Screenshot)

gez. Rechtsanwalt

Kommt es nach Prüfung durch das Arrestgericht zum Arrestbefehl und zur Eintragung der Arresthypothek und obsiegt der Kläger in dem nachfolgenden Hauptsacheverfahren, muss der Gläubiger unter Vorlage der vollstreckbaren Ausfertigung des Titels folgenden Antrag stellen:

Muster: Antrag auf Umschreibung in eine Zwangshypothek

An das Amtsgericht ...

Grundbuchamt

...

> Durch das Amtsgericht – Arrestgericht – in ... wurde durch Beschluss vom XX.XX.20.. der dingliche Arrest in das gesamte Vermögen des Schuldners angeordnet. Am XX.XX.20.. wurde durch das Grundbuchamt in Vollziehung des Arrests eine Arresthypothek auf dem Grundstück – Grundbuch von Blatt ... Flurstück ... (Straße, Hausnummer) – eingetragen.
>
> Als Anlage wird die vollstreckbare und zugestellte Ausfertigung des vollstreckbaren Urteils des Amtsgerichts ... vorgelegt und beantragt, die Arresthypothek in eine Zwangshypothek umzuschreiben.
>
> ...
>
> gez. Rechtsanwalt

Sollte in Abwandlung des oben genannten Beispiels der Gläubiger erst dann Kenntnis von den Plänen des Schuldners erlangen, wenn dieser sein Haus bereits verkauft hat, alle Formalitäten erledigt sind und das Flugticket bereits gekauft ist, wird der dingliche Arrest gegebenenfalls nicht mehr ausreichen. Da der Gläubiger nicht in Besitz eines vollstreckbaren Titels ist und er wahrscheinlich auch nicht weiß, wo sich der Erlös des Hausverkaufs befindet, ist Eile geboten, um seine Forderung doch noch sichern zu können. Der Gläubiger muss gegenüber dem Gericht glaubhaft machen, dass zusätzlich der persönliche Arrest erforderlich ist.

Der **persönliche Sicherungsarrest** nach § 918 ZPO findet nur statt, wenn der dingliche Arrest nicht ausreicht, um die gefährdete Zwangsvollstreckung in das Vermögen des Schuldners zu sichern. Der persönliche Arrest sichert die Forderung dadurch, dass er den Schuldner hindert, die künftige Vollstreckung dadurch zu vereiteln, dass er sich ins Ausland absetzt. Im Falle einer Anordnung wird der Schuldner in seiner Bewegungsfreiheit eingeschränkt.

Bei der Verhängung des persönlichen Arrests ist eine Verhältnismäßigkeitsprüfung erforderlich. Das Gericht hat dabei zu prüfen, ob eine Haftanordnung durch mildere freiheitsbeschränkende Maßnahmen ersetzt werden kann (Reiseverbot ins Ausland mit Beschlagnahme des Passes, Hausarrest mit Beschlagnahme des Personalausweises oder Meldepflicht).

Gemäß § 933 ZPO richtet sich die Vollziehung des persönlichen Arrests durch Haft nach den Vorschriften der §§ 802g, h und j Abs. 1 und 2 ZPO. Wenn die Vollziehung durch sonstige Beschränkungen der persönlichen Freiheit erfolgen soll, trifft das Arrestgericht besondere Anordnungen.

Zusammenfassung der wesentlichen Abläufe eines Arrestverfahrens:

- Das Arrestgesuch ergeht schriftlich oder zu Protokoll der Geschäftsstelle *(§ 920 ZPO)*.
- Anspruch und Arrestgrund sind glaubhaft zu machen *(§ 920 ZPO)*.
- Das Gericht entscheidet durch Beschluss (ohne mündliche Verhandlung) bzw. Urteil (nach mündlicher Verhandlung) – *§ 922 ZPO*.
- Der Arrestbefehl ist ein Vollstreckungstitel zur Sicherung einer Geldforderung (nicht zur Befriedigung) – er bedarf grundsätzlich keiner Vollstreckungsklausel *(§ 929 Abs. 1 ZPO)*.
- Die Vollziehung des Arrests ist vor Zustellung des Arrestbefehls an den Schuldner möglich *(§ 929 Abs. 3 ZPO)*, aber die Zustellung ist innerhalb einer Woche erforderlich.
- Die Vollziehung ist unstatthaft, wenn die Monatsfrist abgelaufen ist *(§ 929 Abs. 2 ZPO)*.

6.2 Einstweilige Verfügung

 Die **einstweilige Verfügung** ist ein Instrument des vorläufigen Rechtsschutzes zur Sicherung eines nicht auf Geld gerichteten Anspruchs bis zur endgültigen Entscheidung im Hauptsacheverfahren.

Beispiel:
Jochen Stein hatte seinen BMW Oldtimer auf Drängen seiner Ehefrau, die lieber ein moderneres Auto hätte, an Harry Carstens verkauft, aber bisher den Kaufpreis trotz mehrfacher Mahnung mit Fristsetzung nicht erhalten. Da Jochen Stein sich sowieso nicht gern von dem guten alten Stück getrennt hatte, wollte er ihn aufgrund des Zahlungsverzugs des Harry Carstens wieder zurückhaben. Die gesetzlichen Voraussetzungen für einen Rücktritt vom Vertrag waren gegeben. Leider reagierte der Schuldner auch auf die Rückgabeforderung nicht. Jochen Stein hatte durch einen Mitarbeiter des Schuldners erfahren, dass Harry Carstens mit dem Fahrzeug demnächst eine Urlaubsreise durch Italien antreten und danach den Oldtimer seinem auf Sardinien lebenden Sohn schenken wollte. Für ein Gerichtsverfahren zum Erwirken eines Titels zur Herausgabe war es zu spät.

Für solche Fälle sieht der Gesetzgeber die einstweilige Verfügung vor.

Grundsätzlich gelten für die Anordnung einer einstweiligen Verfügung und das weitere Verfahren dieselben Vorschriften wie für die Anordnung des Arrests und das Arrestverfahren *(§ 936 ZPO)*.

Das Gesetz unterscheidet zunächst **zwei Arten** einstweiliger Verfügungen:

1. die **Sicherungsverfügung** gemäß *§ 935 ZPO*, die zur Sicherung von Ansprüchen jeder Art mit Ausnahme von Zahlungsansprüchen dient
2. die **Regelungsverfügung**, mit der gemäß *§ 940 ZPO* Regelungen zur Abwendung wesentlicher Nachteile oder zur Verhinderung drohender Gewalt bezüglich streitiger Rechtsverhältnisse getroffen werden

Darüber hinaus hat die Rechtsprechung für bestimmte Ausnahmefälle die sogenannte **Leistungsverfügung** als eine Verfügung auf vorläufige Erfüllung anerkannt.

Beispiele für Anwendungsbereiche einer Sicherungsverfügung:
- *Herausgabe einer Sache an einen Sequester*
- *Unterlassung der Veräußerung einer Sache*
- *Eintragung einer Vormerkung zur Rangsicherung einer Sicherungshypothek*

Verfügungsgrund ist dabei die durch eine Veränderung des gegenwärtigen Zustands hervorgerufene Gefahr, dass die Verwirklichung eines Rechts des Gläubigers vereitelt oder wesentlich erschwert werden könnte *(§ 935 ZPO)*.

Herausgabeansprüche können beispielsweise durch Übereignung an Dritte, Beschädigung oder übermäßigen Gebrauch gefährdet sein. Durch die einstweilige Verfügung kann die Herausgabe an einen Sequester/Gerichtsvollzieher angeordnet werden. Auch bei Gefährdung der Ansprüche aus dem Vermieterpfandrecht kann nach Ankündigung des Mieters, er werde ausziehen, so verfahren werden.

Sachlich zuständig für den Erlass einer einstweiligen Verfügung ist nach *§§ 937 Abs. 1, 943 ZPO* grundsätzlich das Gericht der Hauptsache. In dringenden Fällen kann nach *§ 942 Abs. 1 ZPO* das Amtsgericht, in dessen Bezirk sich der Streitgegenstand befindet, eine einstweilige Verfügung erlassen.

Welche Maßnahmen zur Sicherung angeordnet werden, bestimmt das Gericht nach freiem Ermessen *(§ 938 Abs. 1 ZPO)*. Die angeordnete Maßnahme darf jedoch nicht über den Antrag des Gläubigers hinausgehen, d. h., die Hauptsache darf nicht vorweggenommen werden und der Gläubiger darf aufgrund des Sicherungscharakters grundsätzlich nicht befriedigt werden.

Auch im Falle einer **Regelungsverfügung** nach *§ 940 ZPO* steht es im Ermessen des Gerichts, welche Regelung es trifft. Aufgrund des Verbots der Vorwegnahme der Hauptsache kann eine Regelung jedoch nur für die Zeit bis zur endgültigen Entscheidung getroffen werden.

Beispiele für Anwendungsbereiche einer Regelungsvergütung:
- *Verbot der Auseinandersetzung einer Erbengemeinschaft*
- *vorläufige Regelung der Geschäftsführung*
- *Räumung von Wohnraum nur bei verbotener Eigenmacht (§ 940a ZPO)*

In der Praxis ist es nicht immer eindeutig, ob mit dem Antrag auf einstweiligen Rechtsschutz nicht doch eine endgültige Entscheidung angestrebt wird. In folgendem Auszug einer Entscheidung des OLG Frankfurt wird festgestellt, dass es bei dem Antrag auf Regelungsvergütung in Wirklichkeit um eine Leistungsverfügung geht:

OLG Frankfurt – Az. 3 W 43/09 – Beschluss vom 10. Juli 2009 Mit dem Antrag eine Versicherung zu verpflichten, bis zum rechtskräftigen Abschluss des Hauptsacheverfahrens Deckung aus einer Krankenversicherung zu gewähren, wird nicht bloß die vorläufige Regelung eines Rechtsverhältnisses, sondern die (wenn auch nur vorübergehende) Erfüllung der Verpflichtung [...] aus dem Versicherungsvertrag begehrt. Es handelt sich damit nicht um eine Regelungsverfügung nach § 940 ZPO, sondern um eine Leistungsverfügung. [...]

Die Rechtsprechung akzeptiert jedoch in Ausnahmefällen eine Leistungsverfügung als Regelungsverfügung wenn diese nur teilweise zur Vorwegnahme der Hauptsache führt, z.B. wenn angeordnet werden soll, dass ein Schuldner *vorläufig* weiter mit Strom beliefert wird.

Bezug nehmend auf das oben genannte Beispiel könnte Jochen Stein zur vorläufigen Sicherung der Herausgabe des Oldtimers folgenden Antrag stellen:

Muster: Antrag auf Erlass einer einstweiligen Verfügung mit Herausgabeanordnung

An das
Amtsgericht ...

Antrag auf Erlass einer einstweiligen Verfügung

des/der ...

– Antragsteller –

Verfahrensbevollmächtigter: Rechtsanwalt ...

g e g e n

...

– Antragsgegner –

Verfahrensbevollmächtigter: Rechtsanwalt ...

Namens und in Vollmacht meines Mandanten beantrage ich – wegen Dringlichkeit ohne vorherige mündliche Verhandlung – durch einstweilige Verfügung zu beschließen:

1. Der Antragsgegner hat das in seinem Besitz befindliche Fahrzeug (Oldtimer) der Marke ..., Fahrgestellnr. ..., mit dem polizeilichen Kennzeichen ... an den Gerichtsvollzieher ... herauszugeben.
2. Die Durchsuchung der Wohn- und Geschäftsräume sowie Garagen des Antragsgegners zur Vollstreckung der Herausgabe wird gestattet.

B e g r ü n d u n g :
==============
Der Antragsgegner hat das im Antrag näher bezeichnete Fahrzeug am XX.XX.20.. vom Antragsteller gekauft. Der Kaufpreis in Höhe von ... € sollte am XX.XX.20.. gezahlt werden.

B e w e i s : Kaufvertrag vom XX.XX.20.. in Kopie – Anlage 1

Nach Übergabe und Übereignung des Fahrzeugs an den Antragsgegner zahlte dieser den Kaufpreis nicht. Mehrfache mündliche und schriftliche Zahlungsaufforderungen, ebenso eine schriftliche Mahnung mit Fristsetzung (Einschreiben mit Rückschein) blieben erfolglos.

B e w e i s : Einschreiben mit Rückschein vom XX.XX.20.. – Anlage 2

Daraufhin trat der Antragsteller mit Schreiben vom XX.XX.20.. (Einschreiben mit Rückschein) vom Kaufvertrag zurück und verlangte vom Antragsgegner die Herausgabe des Oldtimers.

B e w e i s : Einschreiben mit Rückschein vom XX.XX.20.. – Anlage 3

> Der Antragsteller erfuhr am XX.XX.20.. von einem Mitarbeiter des Antragsgegners, dass der Antragsgegner beabsichtige, mit dem Oldtimer im nächsten Monat eine Italienrundreise zu machen und dann das Fahrzeug seinem auf Sardinien lebenden Sohn zum Geburtstag zu schenken.
>
> G l a u b h a f t m a c h u n g: Eidesstattliche Versicherung des Mitarbeiters, in Kopie – Anlage 4
>
> Der Herausgabeanspruch des Antragstellers ist durch die bevorstehende Reise des Antragsgegners sowie die Übergabe des Fahrzeugs an seinen Sohn erheblich gefährdet. Des Weiteren entstehen dem Antragsteller finanzielle Nachteile, weil das Fahrzeug durch die starke Beanspruchung auf der langen Strecke einer erheblichen Wertminderung unterliegt. Auch besteht eine erhöhte Gefahr einer Beschädigung des Fahrzeugs.
>
> ...
>
> gez. Rechtsanwalt

Ebenso wie der Arrestbefehl ist die einstweilige Verfügung sofort vollstreckbar; einer Vollstreckungsklausel bedarf es grundsätzlich nicht *(§§ 936, 928, 929 ff. ZPO)*.

6.3 Rechtbehelfe und Rechtsmittel

Sowohl die Entscheidung über den Antrag auf Arrest als auch die Entscheidung über den Antrag auf einstweilige Verfügung ergehen entweder

- durch Beschluss, sofern keine mündliche Verhandlung stattgefunden hat, oder
- durch Urteil im Falle einer mündlichen Verhandlung.

Beschluss

- sofortige Beschwerde *(§ 567 ZPO)* für den Antragsteller, wenn das Gericht das Arrest-/Verfügungsgesuch zurückweist
- Widerspruch *(§ 924 Abs. 1 ZPO)* für den Antragsgegner, wenn der beantragte Arrest angeordnet wird
- Widerspruch *(§§ 936, 924 Abs. 1 ZPO)* für den Antragsgegner, wenn eine einstweilige Verfügung ergeht

Urteil

Rechtsmittel bei Entscheidung durch Urteil ist die Berufung *(§ 511 ZPO)*.

Übungsaufgaben

1. Was ist unter der Bezeichnung „vorläufiger Rechtsschutz" zu verstehen?
2. Worin unterscheiden sich Arrest und einstweilige Verfügung hinsichtlich ihrer Ziele?
3. Welches Gericht ist sachlich für die Anordnung eines Arrests zuständig?
4. Das Gericht kann seine Entscheidung durch Beschluss oder Urteil fällen.

   Aus welchem Grund beantragt der Gläubiger meist die Entscheidung durch Beschluss?
5. Unter welchen Voraussetzungen bedürfen Arrestbefehl und einstweilige Verfügung einer Vollstreckungsklausel?
6. Innerhalb welcher Frist ist die Vollziehung des Arrests statthaft?
7. Welche Vorschrift gibt es hinsichtlich der Einleitung des Hauptsacheverfahrens zur endgültigen Entscheidung?
8. Welche Arten der einstweiligen Verfügung unterscheidet das Gesetz?
9. Bei welchem Gericht ist der Antrag auf einstweilige Verfügung grundsätzlich zu stellen und welcher Ausnahmefall ist zulässig?
10. Was kann der Schuldner gegen den Erlass eines Arrestbeschlusses bzw. einer einstweiligen Verfügung unternehmen?

7 Gebührenrechtliche Aspekte

7.1 Ausgewählte Gebührentatbestände und Gegenstandswerte in der Zwangsvollstreckung

Der Gegenstandswert bei der Zwangsvollstreckung in das bewegliche Vermögen des Schuldners ist in *§ 25 RVG* geregelt. Wird wegen einer Geldforderung vollstreckt, so bestimmt sich der Gegenstandswert grundsätzlich nach deren Höhe. Im Gegensatz zur Streitwertbestimmung für das Erkenntnisverfahren umfasst der Gegenstandswert bei der Zwangsvollstreckung auch alle Nebenforderungen, z.B. Zinsen sowie die Kosten bisheriger Vollstreckungsmaßnahmen *(§ 25 Abs. 1 Nr. 1 HS 1 RVG)*.

Soll ein bestimmter Gegenstand gepfändet werden, dessen Wert geringer ist als die Geldforderung, so bestimmt sich der Gegenstandswert nach dem geringeren Wert *(§ 25 Abs. 1 Nr. 1 HS 2 RVG)*.

Beispiel:
Melanie Fechner betreibt gegen Michael Pabst die Zwangsvollstreckung wegen einer titulierten Geldforderung in Höhe von 8 000,00 €. Der Gläubigerin ist bekannt, dass Michael Pabst eine Geldforderung gegen Lisa Baumgartner in Höhe von 3 500,00 € hat. Melanie Fechner lässt diese Forderung pfänden, d. h., der Gegenstandswert beträgt nicht 8 000,00 € zuzüglich Nebenforderungen, sondern 3 500,00 € zuzüglich Nebenforderungen.

Richten sich die Gebühren nach dem Gegenstandswert, beträgt eine volle Gebühr bei einem Gegenstandswert in Höhe von 500,00 € oder darunter 45,00 € (vgl. *§ 13 Abs. 1 RVG*). Gemäß *§ 13 Abs. 2 RVG* ist der Mindestbetrag einer Gebühr 15,00 €.

Beispiel:
Julia Mangold schuldet Sophie Bischoff 380,16 €. Ein Vollstreckungsbescheid liegt vor und Sophie Bischoff möchte mithilfe ihres Anwalts die Zwangsvollstreckung betreiben. Die volle Gebühr für den vorliegenden Gegenstandswert in Höhe von 380,16 € beträgt 45,00 €. Rein rechnerisch ergäbe sich eine 0,3-Verfahrensgebühr von 13,50 €. Da jedoch nach § 13 Abs. 2 RVG der Mindestbetrag 15,00 € ist, wird diese Gebühr verwendet.

Nachdem Robert Brand (siehe *Einstiegssituation*) mittlerweile einen guten Überblick über die Vorgänge in der Zwangsvollstreckung erhalten hat, schaut er sich noch einmal die Beispiele zur Ermittlung der Rechtsanwaltsvergütung an.

Mithilfe des *RVG* kann er nachvollziehen, wie sich beispielsweise die einzelnen Werte bei der Vergütung für die Ratenzahlung ergeben, wenn zunächst nur der Rechtsanwalt – ohne Einleitung von Vollstreckungsmaßnahmen *(Nr. 1000 VV Anmerkung Abs. 1 Nr. 2 HS 2)* – mit der Herbeiführung einer Einigung beauftragt wird:

Rechtsanwaltsvergütung für Ratenzahlungsvereinbarung Gegenstandswert: 1 361,54 € gemäß § 25 Abs. 1 Nr. 1 RVG	
1. Verfahrensgebühr §§ 2, 13 RVG, Nr. 3309 VV (0,3) 　　Wert: 1 361,54 €	34,50 €
2. Einigungsgebühr §§ 2, 13 RVG, Nr. 1000 VV (1,5) 　　Wert: 272,31 € (gemäß § 31b RVG)	67,50 €
3. Pauschale für Post- u. Telekommunikationsdienstleistungen, Nr. 7002 VV	20,00 €
Zwischensumme	122,00 €
4. 19 % Umsatzsteuer, Nr. 7008 VV	23,18 €
Gesamtbetrag	145,18 €

Der Gegenstandswert für die Ermittlung der Verfahrensgebühr ergibt sich aus *§ 25 Abs. 1 Nr. 1 RVG*, d. h. aus der Forderung der Mandantin Luise Köhn in Höhe von 1 350,00 € zuzüglich 11,54 € Zinsen.

Nach *§ 13 Abs. 1 i. V. m. Anlage 2 RVG* beträgt eine volle Gebühr für oben genannten Gegenstandswert 201,00 €, woraus sich die 0,3-Verfahrensgebühr in Höhe von 34,50 € ableitet.

Der Gegenstandswert für die Einigungsgebühr bei Zahlungsvereinbarungen ist nach *§ 31b RVG* auf **20 %** des Anspruchs begrenzt, d. h. im Falle von Luise Köhn auf 272,31 €.

Eine etwas andere Rechnung ergäbe sich, wenn Luise Köhn bereits den Gerichtsvollzieher mit der Zwangsvollstreckung beauftragt hätte. Anstelle der 1,5-Einigungsgebühr entstünde nur eine 1,0-Einigungsgebühr *(Nr. 1003 VV)*. Die Telekommunikationspauschale betrüge 20 % der entstandenen Gebühren.

 Das Verfahren vor dem Gerichtsvollzieher steht einem gerichtlichen Verfahren gleich *(Nr. 1003 VV, Anmerkung Abs. 1 S. 3).*

Ausgewählte Gebührentatbestände und Gegenstandswerte in der Zwangsvollstreckung

Rechtsanwaltsvergütung für Ratenzahlungsvereinbarung
Gegenstandswert: 1 361,54 € gemäß § 25 Abs. 1 Nr. 1 RVG

1. Verfahrensgebühr §§ 2, 13 RVG, Nr. 3309 VV (0,3) Wert: 1 361,54 €	34,50 €
2. Einigungsgebühr §§ 2, 13 RVG, Nr. 1003 VV (1,0) Wert: 272,31 € (gemäß § 31b RVG)	45,00 €
3. Pauschale für Post- u. Telekommunikationsdienstleistungen, Nr. 7002 VV (20% von 79,50 €)	15,90 €
Zwischensumme	95,40 €
4. 19% Umsatzsteuer, Nr. 7008 VV	18,13 €
Gesamtbetrag	113,53 €

In der Praxis sei immer wieder umstritten, erklärt Rechtsanwältin Heike Schröder ihrem Auszubildenden, ob die 1,0- oder die 1,5-Einigungsgebühr zu den Zwangsvollstreckungskosten zähle, die nach *§ 788 ZPO* vom Schuldner zu erstatten seien. Als Begründung wird angeführt, dass die Einigungsgebühr nicht der Durchführung oder Vorbereitung der Vollstreckung, sondern der Vermeidung dient. Des Weiteren wird darüber diskutiert, ob es überhaupt notwendig sei, dass ein Rechtsanwalt bei der Einigung mitwirken müsse (vgl. *§ 91 Abs. 2 S. 1 ZPO*).

Um diese Streitfragen auszuschließen, ist es wichtig zu **vereinbaren**, dass der Schuldner die Kosten der Einigung übernimmt. Gemäß der Entscheidung des BGH (Beschluss vom 24. Januar 2006 – VII ZB 74/05) sind die **vom Schuldner übernommenen** Kosten eines im Zwangsvollstreckungsverfahren geschlossenen Vergleichs bzw. einer Einigung notwendige Kosten der Zwangsvollstreckung und damit auch die entstandenen Vergleichs- oder Einigungsgebühren für die Einschaltung eines Rechtsanwalts.

Als nächstes Beispiel schaut sich Robert Brand die Gebührenermittlung bei der Abgabe der Vermögensauskunft für die Forderung von Luise Köhn an und findet zunächst die Übereinstimmung hinsichtlich der Berechnung der 0,3-Verfahrensgebühr:

LF 12 Kap. 2.1

Rechtsanwaltsvergütung für Vermögensauskunft
Gegenstandswert: 1 361,54 € gemäß § 25 Abs. 1 Nr. 4 RVG

1. Verfahrensgebühr §§ 2, 13 RVG, Nr. 3309 VV (0,3) Wert: 1 361,54 €	34,50 €
2. Pauschale für Post- u. Telekommunikationsdienstleistungen, Nr. 7002 VV	6,90 €
Zwischensumme	41,40 €
3. 19% Umsatzsteuer, Nr. 7008 VV	7,87 €
Gesamtbetrag	49,27 €

Rechtsanwältin Heike Schröder weist ihren Auszubildenden darauf hin, dass der Gegenstandswert in obigem Beispiel – Abnahme der Vermögensauskunft nach § 802c ZPO – zwar genauso errechnet wird wie der Gegenstandswert für die Verfahrensgebühr im Falle der Ratenzahlungsvereinbarung, bei höheren Forderungen allerdings auf 2 000,00 € begrenzt ist *(§ 25 Abs. 1 Nr. 4 RVG)*.

Gebührenrechtliche Aspekte

Beispiel:
Im Falle einer Kaufpreisforderung in Höhe von 2 500,00 € zuzüglich 8,83 € Zinsen würden die Rechtsanwaltsgebühren für die Abnahme der Vermögensauskunft folgendermaßen errechnet:

Rechtsanwaltsvergütung für Vermögensauskunft Gegenstandswert: 2 000,00 € gemäß § 25 Abs. 1 Nr. 4 RVG	
1. Verfahrensgebühr §§ 2, 13 RVG, Nr. 3309 VV (0,3) Wert: 2 000,00 €	45,00 €
2. Pauschale für Post- u. Telekommunikationsdienstleistungen, Nr. 7002 VV	9,00 €
Zwischensumme	54,00 €
3. 19% Umsatzsteuer, Nr. 7008 VV	10,26 €
Gesamtbetrag	64,26 €

Eine weitere Besonderheit stellt der Gegenstandswert für die Pfändung von künftig fällig werdendem Arbeitseinkommen wegen Rentenforderung aufgrund von Körperverletzung dar *(§ 25 Abs. 1 Nr. 1 HS 3 RVG i. V.m. § 850d Abs. 3 ZPO)*. Hierbei wird nach *§ 9 ZPO* der dreieinhalbfache Jahresbetrag als Gegenstandswert angesetzt.

Beispiel:
Wegen einer Rentenforderung aus Körperverletzung sollen monatlich 400,00 € des Arbeitseinkommens von Lothar Gerke gepfändet werden. Der Vollstreckungsauftrag wird im April 2017 erteilt. Zu diesem Zeitpunkt war der Schuldner bereits sechs Monate im Rückstand, d. h., 2 400,00 € waren bereits fällig.

Die zukünftig erst fällig werdenden Rentenansprüche sind nach § 9 ZPO mit einem Wert von 16 800,00 € (400,00 € · 42 Monate bzw. 4 800,00 € · 3,5 Jahre = 16 800,00 €) anzusetzen. Der bereits fällige Anspruch ist nach § 25 Abs. 1 Nr. 1 HS 1 RVG zu bewerten. Der Gegenstandswert der zu vollstreckenden Forderung setzt sich zusammen aus dem fälligen Anspruch sowie den künftig fällig werdenden Ansprüchen und beträgt demzufolge 2 400,00 € + 16 800,00 € = 19 200,00 €.

Folgende Tabelle zeigt eine Zusammenfassung der Gegenstandswerte im Rahmen der Mobiliarvollstreckung:

Rechtsquelle *RVG*	Vollstreckungs- auftrag wegen	Bestimmung des Gegenstandswertes
§ 25 Abs. 1 Nr. 1	Geldforderung	– Betrag der zu vollstreckenden Geldforderung einschließlich Nebenforderungen – Wert eines bestimmten zu pfändenden Gegenstands, sofern dieser geringer ist als die zu vollstreckende Geldforderung – 3,5-facher Jahresbetrag bei Pfändung von Arbeitseinkommen wegen Rentenforderung aus Körperverletzung

Ausgewählte Gebührentatbestände und Gegenstandswerte in der Zwangsvollstreckung

Rechtsquelle RVG	Vollstreckungsauftrag wegen	Bestimmung des Gegenstandswertes
§ 25 Abs. 1 Nr. 2	Herausgabe oder Leistung von Sachen	Wert der herauszugebenden oder zu leistenden Sachen, beschränkt auf den Wert, mit dem der Herausgabe- oder Räumungsanspruch nach GKG (Gerichtskostengesetz) zu bewerten ist
§ 25 Abs. 1 Nr. 3	Erwirkung von – Handlung – Duldung – Unterlassung	Wert, den die zu erwirkende Handlung, Duldung oder Unterlassung für den Gläubiger hat
§ 25 Abs. 1 Nr. 4	Erteilung der Vermögensauskunft nach § 802c ZPO	Wert der zu vollstreckenden Forderung einschließlich Nebenforderungen, jedoch höchstens 2 000,00 €
§ 31b	Erwirkung (nur) einer Zahlungsvereinbarung	20 % des Anspruchs

Im Falle von **Zwangsversteigerung und Zwangsverwaltung** bestimmt sich der Gegenstandswert in Abhängigkeit davon, wen der Rechtsanwalt vertritt:

Rechtsquelle RVG	Vollstreckungsauftrag wegen	Bestimmung des Gegenstandswertes
§ 26 RVG	Zwangsversteigerung	1. bei Vertretung des Gläubigers oder eines anderen Beteiligten nach dem Wert des dem Gläubiger oder Beteiligten zustehenden Rechts 2. bei Vertretung des Schuldners nach dem Wert des Gegenstands der Zwangsversteigerung
§ 27 RVG	Zwangsverwaltung	1. bei Vertretung des Antragstellers nach dem Anspruch, wegen dessen das Verfahren beantragt ist 2. bei Vertretung des Schuldners nach dem zusammengerechneten Wert aller Ansprüche, wegen derer das Verfahren beantragt ist

Im Zwangsversteigerungs- und im Zwangsverwaltungsverfahren entstehen Gebühren nach *Nr. 3311 VV* (0,4-Verfahrensgebühr) und *Nr. 3312 VV* (0,4-Terminsgebühr).

Gebühren bei der Zwangsvollstreckung in das bewegliche Vermögen

Die in der Mobiliarvollstreckung entstehenden Gebühren nach *Nr. 3309 VV* (0,3-Verfahrensgebühr) und *Nr. 3310 VV* (0,3-Terminsgebühr) gelten auch für das Verfahren der Eintragung einer Zwangshypothek (vgl. *Vorbemerkung 3.3.3 VV*).

Des Weiteren kann eine Einigungsgebühr entstehen, und zwar

- eine 1,5-Einigungsgebühr – *Nr. 1000 VV* –, wenn an der Einigung kein Vollstreckungsorgan beteiligt ist, oder

- eine 1,0-Einigungsgebühr – *Nr. 1003 VV* –, wenn vor Inanspruchnahme des Rechtsanwalts bereits ein Vollstreckungsorgan beauftragt worden ist (siehe Beispiele oben).

Verfahrensgebühr *Nr. 3309 VV* – ein Antragsteller
Die Verfahrensgebühr *Nr. 3309 VV* entsteht, wenn der Rechtsanwalt

- vom Gläubiger beauftragt wird, die Zwangsvollstreckung durchzuführen, oder
- vom Schuldner beauftragt wird, die Zwangsvollstreckung abzuwenden.

 Die Verfahrensgebühr entsteht einmal für jede Vollstreckungsmaßnahme, jedoch nicht für jede einzelne Tätigkeit im Zusammenhang mit dieser Maßnahme *(§ 15 Abs. 1 und 2 RVG).*

Eine Vollstreckungsmaßnahme beinhaltet gemäß *§ 18 Abs. 1 Nr. 1 RVG* weitere durch diese vorbereitete Vollstreckungshandlungen bis zur Befriedigung des Gläubigers wie beispielsweise die Bewirkung einer Vorpfändung nach *§ 845 ZPO* und den Erlass eines anschließenden Pfändungsbeschlusses. Die Verfahrensgebühr fällt bereits mit dem Auftrag für ein vorläufiges Zahlungsverbot an. Wird die Pfändung fristgerecht binnen eines Monats nach Zustellung des vorläufigen Zahlungsverbots bewirkt, bedeutet das die Fortführung der ursprünglichen Vollstreckungsmaßnahme, d.h., die Verfahrensgebühr kann nur einmal abgerechnet werden.

Wenn der Gläubiger den Rechtsanwalt mit einer Vollstreckungsandrohung beauftragt, entsteht ebenfalls bereits die Verfahrensgebühr. Kommt es zur Durchführung der angedrohten Maßnahme, wird keine weitere Gebühr ausgelöst.

Nach *§ 19 Abs. 1 RVG* gehören zu einem Zwangsvollstreckungsverfahren auch alle Vorbereitungs-, Neben- und Abwicklungstätigkeiten, z.B.

- die Vorbereitung des Antrags *(§ 19 Abs. 1 S. 2 Nr. 1 RVG)*,
- die erstmalige Erteilung der Vollstreckungsklausel, sofern deswegen keine Klage erhoben wird *(§ 19 Abs. 1 S. 2 Nr. 13 RVG)*,
- die Zustellung der in *§ 750 ZPO* genannten Urkunden (Vollstreckungstitel, Vollstreckungsklausel u.a.).

Sollte jedoch die Vollstreckungsmaßnahme dauerhaft beendet werden, weil

- der Schuldner unpfändbar ist (gegebenenfalls Unpfändbarkeitsbescheinigung nach *§ 32 Abs. 1 GVGA)*,
- der Gläubiger den Vollstreckungsauftrag zurücknimmt oder
- die Zwangsvollstreckung nach *§ 775 Nr. 1 ZPO* eingestellt wird,

dann bleibt die Verfahrensgebühr in voller Höhe bestehen, auch wenn es nicht zur Befriedigung gekommen ist. Gleiches gilt, wenn der Schuldner unmittelbar nach Erteilung des Auftrags zur Zwangsvollstreckung seine Schuld begleicht.

Verfahrensgebühr *Nr. 3309 VV* – mehrere Antragsteller
Vertritt der Rechtsanwalt mehrere Auftraggeber in derselben Angelegenheit, erhöht sich die Verfahrensgebühr nach *Nr. 1008 VV* grundsätzlich um 0,3 je weiterem Auftraggeber.

Ausgewählte Gebührentatbestände und Gegenstandswerte in der Zwangsvollstreckung

In der Anmerkung zu *Nr. 1008 VV* ist bestimmt, dass

1. bei Wertgebühren der Gegenstand der anwaltlichen Tätigkeit derselbe sein muss,
2. die Erhöhung nach dem Betrag berechnet wird, an dem die Personen gemeinschaftlich beteiligt sind, und
3. mehrere Erhöhungen einen Gebührensatz von 2,0 nicht übersteigen.

Der Höchstbetrag von 2,0 ist erst zu beachten, wenn mehr als acht Personen Auftraggeber sind.

Beispiel 1:
Rechtsanwalt Manfred Blumenhagen wird von einer Erbengemeinschaft bestehend aus drei Gläubigern mit der Durchführung der Zwangsvollstreckung gegen Schuldner Manuel Wollitz aus einem rechtskräftigen Räumungsurteil beauftragt (Gegenstandswert 5 350,00 €).

Rechtsanwaltsvergütung für Räumungsvollstreckung
Gegenstandswert: 5 350,00 € gemäß § 25 Abs. 1 Nr. 2 RVG i. V. m. § 41 Abs. 2 GKG

1. Verfahrensgebühr §§ 2, 13 RVG, Nr. 3309 VV (0,3) erhöht um 0,6 auf 0,9 gemäß Nr. 1008 VV Wert: 5 350,00 €	318,60 €
2. Pauschale für Post- u. Telekommunikationsdienstleistungen, Nr. 7002 VV	20,00 €
Zwischensumme	338,60 €
3. 19% Umsatzsteuer, Nr. 7008 VV	64,33 €
Gesamtbetrag	402,93 €

Beispiel 2:
In Abwandlung zu Beispiel 1 handelt es sich bei folgender Kostennote nicht um drei Auftraggeber, sondern um eine Erbengemeinschaft bestehend aus zwölf Personen.

Rechtsanwaltsvergütung für Räumungsvollstreckung
Gegenstandswert: 5 350,00 € gemäß § 25 Abs. 1 Nr. 2 RVG i. V. m. § 41 Abs. 2 GKG

1. Verfahrensgebühr §§ 2, 13 RVG, Nr. 3309 VV (0,3) erhöht um 2,0 auf 2,3 gemäß Nr. 1008 VV Wert: 5 350,00 €	814,20 €
2. Pauschale für Post- u. Telekommunikationsdienstleistungen, Nr. 7002 VV	20,00 €
Zwischensumme	834,20 €
3. 19% Umsatzsteuer, Nr. 7008 VV	158,50 €
Gesamtbetrag	992,70 €

Die oben genannten Beispiele beziehen sich auf ein und dieselbe Angelegenheit. Würde man Beispiel 1 dahin gehend abwandeln, dass die drei Gläubiger das Räumungsurteil gegen zwei Schuldner als Gesamtschuldner erwirkt haben, entstünden aufgrund des Vorliegens von zwei Angelegenheiten **zwei** Gebühren, die ebenfalls wieder erhöht würden, da drei Gläubiger die Zwangsvollstreckungsmaßnahme beantragt haben (vgl. BGH 22. November 1995 – VIII ARZ 4/95).

Die Gebührenabrechnung würde folgendermaßen aussehen:

Rechtsanwaltsvergütung für Räumungsvollstreckung	
Gegenstandswert: 5 350,00 € gemäß § 25 Abs. 1 Nr. 2 RVG i. V. m. § 41 Abs. 2 GKG	
1. 2 × Verfahrensgebühr §§ 2, 13 RVG, Nr. 3309 VV (0,3) 2 × erhöht um 0,6 auf 0,9 gemäß Nr. 1008 VV Wert: 5 350,00 €	637,20 €
2. 2 × Pauschale für Post- u. Telekommunikationsdienstleistungen, Nr. 7002 VV	40,00 €
Zwischensumme	677,20 €
3. 2 × 19 % Umsatzsteuer, Nr. 7008 VV	128,66 €
Gesamtbetrag	805,86 €

Die oben ermittelte Endsumme von 805,86 € stellt den Anspruch des Rechtsanwalts gegen die Auftraggeber dar. Die Schuldner erhalten je eine Kostennote über 402,93 € (siehe Beispiel 1).

 Die Vollstreckung gegen mehrere Schuldner stellt grundsätzlich mehrere Angelegenheiten dar *(§ 15 RVG)*. Nach *§ 18 Abs. 1 Nr. 1 RVG* zählt jede Vollstreckungsmaßnahme als eigene Angelegenheit.

Terminsgebühr *Nr. 3310 VV*
Neben der Verfahrensgebühr entsteht nach *Nr. 3310 VV* (siehe Anmerkung) eine 0,3-Terminsgebühr für die Teilnahme an

- einem gerichtlichen Termin,
- einem Termin zur Abgabe der Vermögensauskunft oder
- einem Termin zur Abgabe der eidesstattlichen Versicherung.

Gerichtliche Termine in Zwangsvollstreckungsverfahren finden beispielsweise im Zusammenhang mit Ordnungs- oder Zwangsgeldverfahren statt. Kommt es dabei zu einer mündlichen Verhandlung, entsteht neben der Verfahrensgebühr auch eine Terminsgebühr nach *Nr. 3310 VV*.

Einigungsgebühr *Nr. 1000 oder 1003 VV*
Eine Einigungsgebühr entsteht, wenn im Rahmen der Zwangsvollstreckung mit dem Schuldner Vereinbarungen getroffen werden, durch die der Streit oder die Ungewissheit der Parteien über ein Rechtsverhältnis beseitigt wird.

Dazu gehören

- Ratenzahlungsvereinbarung,
- Gewährung eines Zahlungsaufschubs (Zahlungsfrist) oder
- Schließen eines Vergleichs.

Wie bereits an den Beispielen zur Bestimmung des Gegenstandswertes bei Ratenzahlungsvereinbarungen erläutert, entsteht eine **1,5-Einigungsgebühr *Nr. 1000 VV***, wenn vorläufig auf Vollstreckungsmaßnahmen verzichtet wurde (Anmerkung Abs. 1 Nr. 2 HS 2).

Eine **1,0-Einigungsgebühr *Nr. 1003 VV*** entsteht, wenn zum Zeitpunkt der Einigung ein Vollstreckungsverfahren anhängig ist (dazu gehört auch ein Vollstreckungsauftrag an den Gerichtsvollzieher – Anmerkung Abs. 1 S. 3).

7.2 Besondere Angelegenheiten

Jede Vollstreckungsmaßnahme stellt mit den durch diese vorbereiteten weiteren Vollstreckungshandlungen bis zur Befriedigung des Gläubigers eine besondere Angelegenheit dar (§ 18 Abs. 1 S. 1 RVG). Vergütet wird nach § 15 Abs. 1 und 2 RVG die gesamte Tätigkeit des Rechtsanwaltes innerhalb einer Angelegenheit.

Nach § 19 Abs. 1 Nr. 1 RVG gehören auch alle Vorbereitungs-, Neben- und Abwicklungstätigkeiten zu ein und derselben Vollstreckungsmaßnahme, wenn die Tätigkeit nicht nach § 18 RVG eine besondere Angelegenheit ist. § 19 Abs. 2 RVG regelt, welche Vorbereitungshandlungen und Nebentätigkeiten zu einer Angelegenheit zählen.

Als vorbereitende Handlung löst etwa die Vollstreckungsandrohung bereits die Gebühr Nr. 3309 VV aus. Die Durchführung der angedrohten Vollstreckungsmaßnahme löst keine weitere Gebühr aus.

Beispiel:
Karin Jansen beauftragt Rechtsanwalt Jerome Paulsen mit einer Zahlungsaufforderung an Schuldner Edgar Zinn aufgrund eines vorliegenden Vollstreckungstitels. Mit der Zahlungsaufforderung soll gleichzeitig die Zwangsvollstreckung angedroht werden. Es entsteht eine 0,3-Verfahrensgebühr nach Nr. 3309 VV. Für den Fall, dass der Schuldner nicht zahlt, beauftragt der Gläubiger den Rechtsanwalt mit der Durchführung einer Sachpfändung. Eine weitere Gebühr entsteht gemäß § 18 Abs. 1 Nr. 1 RVG dadurch nicht.

Weitere vorbereitende Handlungen sind beispielsweise die Informationsbeschaffung zur Ermittlung des Aufenthaltsortes des Schuldners oder die Einsichtnahme in das Schuldnerverzeichnis.

Zu einer Zwangsvollstreckungsmaßnahme im Sinne des *§ 18 Abs. 1 Nr. 1 RVG* gehören nach *§ 19 Abs. 2 RVG* beispielsweise auch der Durchsuchungsbeschluss nach *§ 758a ZPO* sowie die Erinnerung gegen die Art und Weise der Zwangsvollstreckung nach *§ 766 ZPO*.

Beispiel:
Gregor Münzer beauftragt Rechtsanwältin Dilhan Fahi mit der Zwangsvollstreckung gegen Schuldner Ronny Dahlmann aufgrund einer titulierten Forderung in Höhe von 1 360,00 € zuzüglich bereits entstandener Vollstreckungskosten in Höhe von 265,00 €. Ronny Dahlmann beauftragt seinen Anwalt mit der Einlegung einer Erinnerung, da er der Ansicht ist, dass Gregor Münzer nur wegen der Hauptforderung und 170,00 € Nebenkosten die Vollstreckung betreiben dürfe.

Für Rechtsanwältin Dilhan Fahi bleibt es trotz des Erinnerungsverfahrens bei einer 0,3-Verfahrensgebühr (§ 19 Abs. 2 Nr. 2 RVG).

Für den Anwalt von Ronny Dahlmann löst das Erinnerungsverfahren erstmals Gebühren nach Nr. 3500 VV aus. Er kann aber nur eine 0,3-Verfahrensgebühr nach § 15 Abs. 6 RVG berechnen, und zwar aus dem Wert des Interesses, das durch die Erinnerung verfolgt wird (§ 23 Abs. 2 S. 3 i. V. m. S. 1 RVG), d. h. 95,00 €.

Zur Angelegenheit „Forderungspfändung" zählen als Vorbereitungs- und Abwicklungshandlungen ebenfalls die Androhung der Maßnahme sowie Vorpfändung, die nachfolgende Pfändung durch den Pfändungsbeschluss und das Einholen der Drittschuldnererklärung. Auch die wiederholte Vorpfändung derselben Forderung wegen Versäumung der Monatsfrist nach § 845 Abs. 2 ZPO stellt keine neue Angelegenheit dar.

Eine weitere besondere Angelegenheit stellt nach § 18 Abs. 1 Nr. 16 RVG das Verfahren zur Abnahme der Vermögensauskunft dar. Auch bei dieser Zwangsvollstreckungsmaßnahme bilden vorbereitende Handlungen mit Neben- und Abwicklungstätigkeiten eine Einheit. Eine vorbereitende Handlung könnte beispielsweise die Einsichtnahme in das Schuldnerverzeichnis sein. Beispiele für Neben- und Abwicklungstätigkeiten sind das Stellen eines Antrags auf Erlass eines Haftbefehls und das Einholen von Drittauskünften.

Beispiel:
Rechtsanwalt Olaf Bachmann beauftragt den Gerichtsvollzieher wegen einer titulierten Forderung des Gläubigers Joachim Voswinckel in Höhe von 4 000,00 € mit der Abnahme der Vermögensauskunft und für den Fall, dass der Schuldner der Pflicht zur Abgabe der Vermögensauskunft nach § 802c ZPO nicht nachkommt, mit der Einholung von Drittauskünften nach § 802l ZPO. Der Schuldner erscheint unentschuldigt nicht zum anberaumten Termin der Abnahme der Vermögensauskunft und der Gerichtsvollzieher holt die Drittauskünfte ein.

Bei oben genannten kombinierten Aufträgen – Abnahme der Vermögensauskunft und anschließende Einholung von Drittauskünften – handelt es sich um dieselbe gebührenrechtliche Angelegenheit. Die 0,3-Gebühr *Nr. 3309 VV* entsteht nur einmal. Der Höchstwert von 2 000,00 € nach *§ 25 Abs. 1 Nr. 4 RVG* gilt jedoch nicht, wenn der Gerichtsvollzieher nach § 802l ZPO neben der Abnahme der Vermögensauskunft auch beauftragt wird, Drittauskünfte einzuholen. Als Gegenstandswert gilt in diesen Fällen nach *§ 25 Abs. 1 Nr. RVG* der Gesamtwert der Forderung, d. h. in obigem Beispiel 4 000,00 €.

Beispiel:
Rechtsanwalt Olaf Bachmann könnte im Auftrag des Gläubigers nach § 802g Abs. 1 ZPO beim Vollstreckungsgericht einen Haftbefehl zur Erzwingung der Abgabe der Vermögensauskunft beantragen, wenn der Schuldner zum Termin unentschuldigt fern geblieben ist oder grundlos die Auskunft verweigert hat.

Auch diese beiden Verfahren – Abgabe der Vermögensauskunft nach *§ 802f ZPO* und das Haftbefehlsverfahren nach *§ 802g ZPO* – bilden ebenfalls nur eine gebührenrechtliche Angelegenheit (siehe Wortlaut *§ 18 Abs. 1 Nr. 16 RVG*).

Weitere Beispiele für besondere Angelegenheiten nach § 18 RVG sind:

- Vollziehungsmaßnahme wegen eines Arrests oder einer einstweiligen Verfügung *(§§ 928–934 und 936 ZPO)*, die sich nicht auf die Zustellung beschränkt *(§ 18 Abs. 1 Nr. 2 RVG)*
- Beschwerdeverfahren und Verfahren über eine Erinnerung gegen eine Entscheidung des Rechtspflegers mit Ausnahme solcher Rechtsmittel im Kostenfestsetzungsverfahren *(§ 18 Abs. 1 Nr. 3 RVG)*
- Verfahren über Einwendungen gegen die erteilte Vollstreckungsklausel nach *§ 732 ZPO* *(§ 18 Abs. 1 Nr. 4 RVG)*
- Verfahren auf Erteilung einer weiteren vollstreckbaren Ausfertigung nach *§ 733 ZPO* *(§ 18 Abs. 1 Nr. 5 RVG)*
- Verfahren über Anträge nach
  - *§ 765a ZPO* – Vollstreckungsschutz
  - *§ 851a ZPO* – Pfändungsschutz für Landwirte
  - *§ 851b ZPO* – Pfändungsschutz bei Miet- und Pachtzinsen *(§ 18 Abs. 1 Nr. 6 RVG)*

- Verfahren auf Zulassung der Austauschpfändung nach *§ 811a ZPO (§ 18 Abs. 1 Nr. 7 RVG)*
- Verfahren über einen Antrag nach *§ 825 ZPO – andere Verwertungsart (§ 18 Abs. 1 Nr. 8 RVG)*
- Verteilungsverfahren nach *§§ 858 Abs. 5, 872–877 und 882 ZPO (§ 18 Abs. 1 Nr. 10 RVG)*
- Verfahren bei Zwangsvollstreckung zur Vornahme einer Handlung durch Zwangsmittel nach *§ 888 ZPO (§ 18 Abs. 1 Nr. 13 RVG)*
- Verfahren der Abnahme der Vermögensauskunft nach *§§ 802f und 802g ZPO (§ 18 Abs. 1 Nr. 16 RVG)*

Zusammenfassung

Der gesamte Vorgang zur Durchführung der Zwangsvollstreckung, z. B. die Pfändung von Arbeitslohn, stellt grundsätzlich eine zu vergütende Maßnahme dar. Einzelne Vollstreckungshandlungen in diesem Gesamtvorgang sind dabei beispielsweise der Antrag auf Erlass eines Pfändungs- und Überweisungsbeschlusses sowie das Verlangen der Drittschuldnererklärung. Ist jedoch der gepfändete Lohn nicht ausreichend, um alle Gläubiger, die aus der Drittschuldnererklärung ersichtlich sind, zu befriedigen, so wird in der Regel der gepfändete Betrag hinterlegt. Es kommt zum Verteilungsverfahren nach *§§ 872 ff. ZPO*. Dieses Verfahren gehört nicht mehr zur ursprünglichen Zwangsvollstreckungsmaßnahme „Lohnpfändung", sondern stellt nach *§ 18 Abs. 1 Nr. 10 RVG* eine eigene zu vergütende Maßnahme dar.

Auch am Beispiel der Sachpfändung kann veranschaulicht werden, dass bestimmte dazu erforderliche Vollstreckungshandlungen nach *§ 18 RVG* eine besondere Angelegenheit darstellen können. So kann sich bei einem Pfändungsversuch des Gerichtsvollziehers die Möglichkeit einer Austauschpfändung ergeben. Ebenso kann die Pfändung gänzlich fruchtlos verlaufen, sodass der Gerichtsvollzieher auf Antrag des Gläubigers sofort die Vermögensauskunft abnehmen kann. Beide Maßnahmen – Austauschpfändung und Vermögensauskunft – sind besondere Angelegenheiten und demzufolge gesondert zu vergüten.

Es ist empfehlenswert, die Kosten der Zwangsvollstreckung durch Beschluss nach *§ 788 Abs. 2 ZPO* festsetzen zu lassen.

7.3 Kostenfestsetzung nach *§ 788 ZPO*

Die Kosten der Zwangsvollstreckung sind, sofern sie notwendig waren, grundsätzlich vom Schuldner zu tragen *(§ 788 Abs. 1 S. 1 i. V. m. § 91 ZPO)*.

Auf Antrag setzt das Vollstreckungsgericht bzw. bei Vollstreckung nach *§§ 887, 888 und 890 ZPO* das Prozessgericht die Kosten gemäß *§§ 103 Abs. 2, 104 und 107 ZPO* fest *(§ 788 Abs. 2 ZPO)*.

Die Kostenfestsetzung ist eine schnelle und kostengünstige Möglichkeit, aufgelaufene Vollstreckungskosten titulieren und verzinsen zu lassen. Gemäß *§ 104 Abs. 1 S. 2 ZPO* werden auf Antrag die festgesetzten Kosten mit fünf Prozentpunkten über dem Basiszinssatz verzinst *(§ 247 BGB)*.

Zu den Gebühren und Kosten, die sich als Vollstreckungskosten festsetzen lassen, gehören:

- Anwaltsvergütung nach RVG
- Gerichtsvollzieherkosten
- Gerichtskosten
- Kosten für das Einholen von Informationen

Die Festsetzung der Kosten ist vor allem empfehlenswert,

- wenn Streit über die Kosten besteht,
- wenn die Notwendigkeit der Kosten nicht eindeutig erkennbar ist,
- wenn aufgrund mehrerer Vollstreckungsmaßnahmen die Übersicht über die Kosten erschwert ist oder
- aus Gründen der Verjährung.

Ein weiterer Vorteil der Festsetzung der Zwangsvollstreckungskosten besteht darin, dass das Vollstreckungsverfahren beschleunigt wird, weil der Rechtspfleger diese Kosten nicht bei jeder Maßnahme erneut prüfen muss.

Muster: Kostenfestsetzung gemäß § 788 ZPO

An das
...

Antrag auf Kostenfestsetzung

der/des ...

– Gläubiger und Antragsteller –

vertreten durch: RAe

g e g e n

Firma ..., gesetzlich vertreten durch ...,

– Schuldner und Antragsgegner –

gesetzlich vertreten durch: ...

(volles Rubrum)

Namens und in Vollmacht des Antragstellers wird beantragt,

1. die Kosten der Zwangsvollstreckung – glaubhaft gemacht durch anliegende Kopien der Vollstreckungsmaßnahmen und Originale der Rechnungen/Gerichtsvollzieherbelege – in Höhe von insgesamt ... € gegen den Antragsgegner als notwendige Vollstreckungskosten festzusetzen und die Kosten mit fünf Prozent über dem Basiszinssatz ab Zustellung des Beschlusses zu verzinsen und etwaige weiter gezahlte Gerichts- oder Zustellungskosten hinzuzusetzen,

2. dem Prozessbevollmächtigten des Antragstellers eine vollstreckbare Ausfertigung des Beschlusses samt Zustellungsvermerk zu erteilen.

Begründung:
================
Mit Urteil des ...gerichts vom XX.XX.20.., Az. ..., ist der Antragsgegner (Beklagter) verurteilt worden, an den Antragsteller (Kläger) einen Betrag in Höhe von ... € zu zahlen. Kopie des Urteils ist beigefügt. Trotz Zahlungsaufforderung nebst Fristsetzung blieb eine Zahlung des Schuldners aus, sodass die Einleitung von Zwangsvollstreckungsmaßnahmen geboten war.

Beweise: Urteil ..., Kopie anbei
Anwaltliches Aufforderungsschreiben mit Vollstreckungsandrohung vom XX.XX.20.., Kopie anbei

Im Rahmen der anschließenden Zwangsvollstreckungsmaßnahmen wurden insgesamt ... *(genaue Bezeichnung, z. B. Vollstreckungsanträge, Anträge auf Pfändungs- und Überweisungsbeschlüsse)* Vollstreckungsmaßnahmen gegen den Antragsgegner eingeleitet. Sämtliche Maßnahmen haben eine Anwaltsvergütung und weitere Gerichts- und Zustellungskosten ausgelöst, die durch anliegende Kopien und Originalliquidationen dokumentiert sind.

Aus anwaltlicher Vorsorge wird erklärt und anwaltlich versichert, dass die vorgenannten festzusetzenden Vollstreckungskosten aus eigenen Mitteln verauslagt worden sind. Die Entstehung dieser Gebühren und Kosten wird anwaltlich versichert und ist damit gemäß § 104 Abs. 2 S. 2 ZPO glaubhaft gemacht. Der Antragsteller ist nicht vorsteuerabzugsberechtigt.

Beweise: Vollstreckungsanträge vom XX.XX.20.., Kopien anbei
Gerichtsvollzieherbelege vom XX.XX.20.., Originale anbei
Gerichtskostenabrechnungen/Zustellungskosten, Originale anbei

Die Anwaltsvergütung nebst Kosten und Auslagen ergeben einen Gesamtbetrag in Höhe von ... €, der antragsgemäß zu verzinsen und gegen den Schuldner gemäß § 788 ZPO festzusetzen ist. Die für die bisherigen Vollstreckungsversuche aufgewandten Kosten und Gebühren waren notwendig, um eine Beitreibung der Forderung des Antragstellers sicherzustellen.

gez. Rechtsanwalt

Quelle: Noe, Christian: Sichern Sie Vollstreckungskosten und deren Verzinsung durch Festsetzung. In: RVG professionell, Ausgabe 01/2010, S. 13. URL: www.iww.de/rvgprof/archiv/zwangsvollstreckung-sichernsie-%20vollstreckungskosten-und-deren-verzinsungdurch-festsetzung-f22110 [Stand: 09.02.2017.]

Über den Antrag auf Kostenfestsetzung entscheidet das Gericht nach Prüfung, ob es sich tatsächlich um **notwendige Kosten** handelt.

Beispiel:
Kostentragung im Zwangsversteigerungsverfahren gegen einen Schuldner (Miteigentümer eines Zweifamilienhauses)
Das Grundstück war mit vorrangigen dinglichen Rechten belastet, und zwar mit Grunddienstbarkeiten, Hypotheken und Grundschulden. Das führte zu einer Bewertung der beste-

hen bleibenden Rechte mit 256 171,64 € und das Amtsgericht setzte den bar zu zahlenden Betrag auf 114 826,02 € fest. Da kein Gebot im Versteigerungstermin abgegeben wurde, stellte das Amtsgericht das Verfahren einstweilen ein. Da die Gläubigerin innerhalb von sechs Monaten keinen Fortsetzungsantrag gestellt hatte, hob das Amtsgericht das Verfahren nach Ablauf der Frist auf.

Das Bestreben der Gläubigerin, zumindest die Kosten des Verfahrens erstattet zu bekommen, blieb erfolglos. Ihre Beschwerde gegen den Beschluss des Amtsgerichts wurde zurückgewiesen. Nach Ansicht des Beschwerdegerichts handelte es sich doch um notwendige Kosten, wogegen der Schuldner Rechtsbeschwerde beim BGH einlegte. Der BGH entschied mit Beschluss vom 9. Oktober 2014 – V ZB 25/14, dass es sich bei den Kosten des Zwangsversteigerungsverfahrens nicht um notwendige Kosten im Sinne des § 788 Abs. 1 ZPO handelte. Die Gläubigerin hätte nach Kenntnisnahme der im Grundbuch eingetragenen Belastungen erkennen müssen, dass sie durch das Verfahren keine, auch nicht eine teilweise Befriedigung ihrer Forderungen erlangen würde.

> **§** **Aus dem BGH-Beschluss vom 9. Oktober 2014 – V ZB 25/14** Kann ein Zwangsversteigerungsverfahren die Befriedigung des betreibenden Gläubigers aus dem Versteigerungserlös von vornherein erkennbar nicht einmal teilweise erreichen, sind die Kosten der Zwangsvollstreckung nicht als notwendig im Sinne von § 788 Abs. 1 ZPO anzusehen. Dass der Versteigerungsantrag des Gläubigers aufgrund der ihm bleibenden Chance freiwilliger Leistungen des Schuldners zulässig ist, ändert daran nichts.

Dennoch können auch Kosten vergeblicher Vollstreckungsmaßnahmen festgesetzt werden, sofern nicht vor Einleitung der Maßnahme deren Fehlschlagen ersichtlich war. Diese Möglichkeit wird jedoch häufig außer Acht gelassen.

Auch wenn der Schuldner die Hauptforderung erfüllt, nachdem bereits Vollstreckungskosten angefallen sind, können die Kosten festgesetzt und vollstreckt werden.

Werden die Kosten festgesetzt, dann findet die Zwangsvollstreckung aus dem **Kostenfestsetzungsbeschluss** statt.

7.4 Verrechnung von Zahlungseingängen

Sowohl bei den bereits mehrfach erwähnten Ratenzahlungsvereinbarungen als auch im Falle von Teilzahlungen ist bei der Buchung von Zahlungseingängen nach *§ 367 Abs. 1 BGB* zu verfahren, wenn nichts anderes vereinbart wurde. Wenn der Schuldner außer der Hauptleistung Zinsen und Kosten zu entrichten hat, wird eine zur Tilgung der ganzen Schuld nicht ausreichende Leistung zunächst auf die Kosten, dann auf die Zinsen und zuletzt auf die Hauptleistung angerechnet.

Beispiel:
Cornelius Renz hat gegenüber Joseph Lauer eine titulierte Forderung in Höhe von 2 450,00 € zuzüglich Zinsen seit dem 27. Mai 2015. Im Juni 2016 beauftragt Cornelius Renz Rechtsanwalt Mario Kunis, mit dem Schuldner eine Ratenzahlungsvereinbarung abzuschließen, die eine Einmalzahlung in Höhe von 500,00 € und danach monatliche Zahlungen von mindestens 150,00 € beinhalten soll. Die Vereinbarung kommt zustande und Joseph Lauer zahlt am 30. Juni 2016 den vereinbarten Teilbetrag von 500,00 € und am 1. Juli 2016 die erste monatliche Rate in Höhe von 150,00 €.

Wie diese Zahlung gemäß § 367 Abs. 1 BGB zu verbuchen ist, zeigt folgende Tabelle:

Datum	Sachverhalt	Geldeingang	Kosten	Zinsen auf Hauptforderung	Hauptforderung	Gesamt
15.05.2015	Rechnung vom 16.05.2015, verzinst mit 5 Prozentpunkten über dem Basiszinssatz seit 27.05.2015				2 450,00 €	2 450,00 €
29.06.2016	Rechtsanwaltsvergütung für Ratenzahlungsvereinbarung		238,36 €			2 688,36 €
30.06.2016	aufgelaufene Zinsen bis 30.06.2016 (4,17 % aus 2 450,00 €)			112,10 €		2 800,46 €
30.06.2016	Einmalzahlung davon auf:	–500,00 €				
	Ratenzahlungsvereinbarung		–238,36 €			
	Zinsen aus Rechnung vom 25.05.2015			–112,10 €		
	Rechnung vom 25.05.2015				–149,54 €	
			0,00 €	0,00 €	2 300,46 €	2 300,46 €
01.07.2016	aufgelaufene Zinsen bis 01.07.2016 (4,12 % aus 2 300,46 €)			0,26 €		
01.07.2016	1. Rate davon auf: Zinsen aus	–150,00 €				
	Rechnung vom 25.05.2015			–0,26 €		
	Rechnung vom 25.05.2015				–149,74 €	
			0,00 €	0,00 €	2 150,74 €	2 150,74 €

Nach Zahlungseingang der Einmalzahlung am 30. Juni 2016 und der ersten Monatsrate am 1. Juli 2016 schuldet Joseph Lauer noch 2 150,74 €. Die laufenden Zinsen bis zur vollständigen Tilgung aller Ansprüche des Gläubigers sind jeweils unter Beachtung des aktuellen Basiszinssatzes hinzuzufügen.

Entsprechend der Vorschrift des *§ 367 Abs. 1 BGB* werden auch in den darauffolgenden Monaten die Zahlungseingänge wie oben verrechnet. Der Zahlungsplan ergibt eine vollständige Tilgung der Schuld bis Oktober 2017.

Übungsaufgaben

1. Wie wird der Gegenstandswert bei Vollstreckungsmaßnahmen grundsätzlich bestimmt?

2. Welche Regelung gibt es für die Höhe des Gegenstandswertes im Falle der Abnahme der Vermögensauskunft?

3. Welche Rechtsanwaltsgebühren kommen bei der Mobiliarvollstreckung zur Anwendung?

4. In welchen Fällen wird bei der Ermittlung der Rechtsanwaltsvergütung eine Einigungsgebühr gefordert?

5. Unter welchen Voraussetzungen entsteht eine 1,0-Einigungsgebühr bzw. eine 1,5-Einigungsgebühr?

6. Frederic Wolters beauftragt Rechtsanwalt Heribert Ludwig mit der Zwangsvollstreckung wegen einer titulierten Forderung in Höhe von 6 100,00 € einschließlich Zinsen.

   Wie würde die Kostennote aussehen, wenn es zu einer Ratenzahlungsvereinbarung käme?

7. Rechtsanwalt Erich Künzel erhält von Gläubiger Lasse Grundmann den Auftrag, der Schuldnerin Ida Krahl die Zwangsvollstreckung wegen einer titulierten Forderung anzudrohen. Der Gegenstandswert beträgt 460,75 €.

   Welche Gebühr entsteht?

8. Susanne Rendel möchte die Zwangsvollstreckung wegen einer titulierten Forderung in Höhe von 27 600,00 € einschließlich Zinsen gegen Sebastian Schmidt betreiben. Sie hat keinerlei Informationen über die Vermögensverhältnisse des Schuldners. Deshalb beauftragt sie Rechtsanwältin Nora Haustein zunächst mit einer Vollstreckungsandrohung. Sollte diese Androhung nicht zur Begleichung der Schulden führen, soll die Rechtsanwältin einen Gerichtsvollzieher mit der Abnahme der Vermögensauskunft beauftragen. Sollte der Schuldner die Vermögensauskunft grundlos verweigern, soll sich ein Haftbefehl anschließen.

   Welche Rechtsanwaltsgebühren entstehen?

9. Wie würde die Kostennote für den Fall aus Aufgabe 8 aussehen, wenn Susanne Rendel die Rechtsanwältin ausschließlich mit der Beauftragung eines Gerichtsvollziehers zur Abnahme der Vermögensauskunft beauftragt hätte?

10. Welche Gebühr würde entstehen, wenn die Rechtsanwältin aus Aufgabe 8 erstmalig von Susanne Rendel wegen Erlass des Haftbefehls beauftragt wird?

8 Vorrang des Insolvenzverfahrens gegenüber der Einzelzwangsvollstreckung

Bei der Einzelzwangsvollstreckung gilt das **Prioritätsprinzip**, d. h., wer zuerst vollstreckt, wird zuerst befriedigt. Gläubiger, die später vollstrecken, sind schlechter gestellt und gehen gegebenenfalls leer aus.

Beim Insolvenzverfahren gilt der Grundsatz der **gleichmäßigen Befriedigung**. Mit der Eröffnung des Verfahrens ist das gesamte vollstreckbare Vermögen des Schuldners beschlagnahmt. Ein vom Gericht bestellter Insolvenzverwalter verwaltet und verwertet dieses Vermögen und befriedigt die Gläubiger aus dem Erlös.

In *§ 1 InsO* (Insolvenzordnung) sind die Ziele und Möglichkeiten eines Insolvenzverfahrens folgendermaßen zusammengefasst:

§ 1 InsO Das Insolvenzverfahren dient dazu, die Gläubiger eines Schuldners gemeinschaftlich zu befriedigen, indem das Vermögen des Schuldners verwertet und der Erlös verteilt oder in einem Insolvenzplan eine abweichende Regelung insbesondere zum Erhalt des Unternehmens getroffen wird. Dem redlichen Schuldner wird Gelegenheit gegeben, sich von seinen restlichen Verbindlichkeiten zu befreien.

Im Vordergrund steht die Befriedigung der Gläubiger.

Gemäß *§ 13 Abs. 1 InsO* wird das Insolvenzverfahren nur auf schriftlichen Antrag eröffnet. Antragsberechtigt sind die Gläubiger und der Schuldner.

Die Insolvenzordnung strebt keine Zerschlagung des Unternehmens an, sondern eine ökonomisch sinnvolle gemeinschaftliche Haftungsverwirklichung. Der Schuldner soll von seinen Verbindlichkeiten befreit werden, wenn möglich bei Erhaltung seiner wirtschaftlichen Existenz.

Ordnet das Gericht im Beschluss über die Eröffnung des Insolvenzverfahrens **Eigenverwaltung** an, so ist der Schuldner berechtigt, unter der Aufsicht eines Sachwalters die Insolvenzmasse zu verwalten und über sie zu verfügen *(§ 270 Abs. 1 InsO)*.

Die Anordnung setzt voraus,

- dass sie vom Schuldner beantragt worden ist und
- dass keine Umstände bekannt sind, die erwarten lassen, dass die Anordnung zu Nachteilen für die Gläubiger führen wird *(§ 270 Abs. 2 InsO)*.

Während der Dauer des Insolvenzverfahrens gilt der Grundsatz der Gleichbehandlung der Insolvenzgläubiger in Bezug auf die Insolvenzmasse. Sie steht der Gesamtheit der Insolvenzgläubiger zur Verfügung und wird vor unberechtigten Zugriffen einzelner Gläubiger geschützt.

Als Insolvenzgründe gelten

- die Zahlungsunfähigkeit *(§ 17 InsO)* sowie
- die Überschuldung *(§ 19 InsO)*.

Auch die drohende Zahlungsunfähigkeit gilt nach § 18 InsO als Eröffnungsgrund, sofern der Schuldner die Eröffnung des Insolvenzverfahrens beantragt, um eine mögliche Sanierung anzustreben.

Gemäß § 15a InsO sind juristische Personen verpflichtet, im Falle von Zahlungsunfähigkeit sowie Überschuldung einen Antrag auf Eröffnung des Insolvenzverfahrens beim zuständigen Gericht zu stellen.

Ziel des Insolvenzverfahrens ist die bestmögliche Befriedigung der Gläubiger. Dies kann einerseits durch die Verwertung und Verteilung des Schuldnervermögens an die Gläubiger erreicht werden oder andererseits durch eine abweichende Regelung im Insolvenzplan zum Erhalt des Unternehmens. Die Gläubiger entscheiden, welche Variante gewählt wird.

Das Insolvenzplanverfahren ist eine vom Gesetzgeber geschaffene Möglichkeit zur Sanierung in der Insolvenz. Nach *§ 218 Abs. 1 InsO* sind zur Vorlage eines Insolvenzplans an das Insolvenzgericht nur der Insolvenzverwalter und der Schuldner berechtigt. Jedoch kann die Gläubigerversammlung den Insolvenzverwalter beauftragen, einen Insolvenzplan auszuarbeiten und dem Gericht vorzulegen *(§ 218 Abs. 2 InsO)*. Wird der Insolvenzplan durch die Beteiligten angenommen *(§§ 244–246a InsO)* und stimmt der Schuldner ebenfalls zu, bestätigt das Insolvenzgericht den Plan, nachdem der Insolvenzverwalter, der Gläubigerausschuss und der Schuldner gehört wurden *(§ 248 InsO)*.

Tritt der Insolvenzplan in Kraft, wird das Insolvenzverfahren beendet. Im Insolvenzplan kann eine **Planüberwachung** angeordnet werden. Der Insolvenzverwalter ist danach verpflichtet, die Erfüllung des Insolvenzplans durch den Schuldner in regelmäßigen Abständen zu kontrollieren.

Gelingt es, ein Unternehmen zu sanieren, statt liquidieren zu müssen, überwiegen grundsätzlich die Vorteile für die beteiligten Gläubiger und Schuldner, z. B.

- Aufrechterhaltung der Produktion,
- Erhalt der Arbeitsplätze,
- Zahlung höherer Quoten, meist innerhalb weniger Monate (Beschleunigung durch die Möglichkeit der Eigenverwaltung),
- Beibehaltung von Geschäftsbeziehungen zu Kunden, Lieferanten und Banken.

Besonderheiten beim Verbraucherinsolvenzverfahren

Für natürliche Personen besteht grundsätzlich keine Verpflichtung zur Beantragung eines Insolvenzverfahrens (Ausnahme: Antrag auf Eröffnung des Nachlassinsolvenzverfahrens – § 1980 BGB).

Antragsberechtigt für die Eröffnung eines Verbraucherinsolvenzverfahrens sind Schuldner und Gläubiger *(§ 13 Abs. 1 InsO)*. Ein Interesse des Gläubigers zur Antragstellung kann bestehen, wenn Zwangsvollstreckungsmaßnahmen erfolglos verlaufen sind und er durch das Insolvenzverfahren zumindest eine teilweise Befriedigung erwartet. Der Gläubiger muss bei der Antragstellung glaubhaft machen, dass der Schuldner zahlungsunfähig ist, und dazu z. B. das Pfändungsprotokoll vorlegen.

Im Übrigen liegen die Vorteile des Verbraucherinsolvenzverfahrens weitestgehend beim Schuldner:

- keine weiteren Lohn- oder Kontopfändungen
- keine weiteren Besuche vom Gerichtsvollzieher
- Sicherung des Existenzminimums
- Schuldenfreiheit spätestens nach sechs Jahren
- Chance für einen Neuanfang

Nachteile wie SCHUFA-Eintrag, Kostentragung für Treuhänder und Gericht, nur noch Kreditkarten auf Guthabenbasis usw. führen jedoch bei einer Reihe von Schuldnern dazu, dass sie das Insolvenzverfahren nicht bzw. verspätet beantragen. Das heißt, es kommt zu einer weiteren Verschuldung und die Chance für Gläubiger auf Befriedigung wird immer geringer.

Sollte das Insolvenzverfahren von einem Gläubiger und nicht vom Schuldner beantragt werden, ist der Schuldner anzuhalten, seinerseits das Verfahren zu beantragen, um einen Antrag auf Restschuldbefreiung stellen zu können.

Das Verfahren der Verbraucherinsolvenz gliedert sich in sechs aufeinander folgende Stufen, die jedoch nicht alle durchlaufen werden müssen:

1. Außergerichtliches Schuldenbereinigungsverfahren
Dieses Verfahren muss stattfinden, um einen Schuldenbereinigungsplan zu erstellen und die Gesamthöhe der rückständigen Zahlungen zu ermitteln. Ziel ist die Herbeiführung einer Einigung mit den Gläubigern.

2. Gerichtliches Schuldenbereinigungsverfahren
Ist das außergerichtliche Schuldenbereinigungsverfahren gescheitert, kann der Insolvenzantrag gestellt werden. Das Gericht eröffnet das Insolvenzverfahren, wenn es ebenfalls der Meinung ist, dass der Schuldenbereinigungsplan nicht Erfolg versprechend ist.

3. Insolvenzplanverfahren
Durch dieses Verfahren wurde seit 1. Juli 2014 das Verbraucherinsolvenzverfahren deutlich flexibler. Wenn sich die Vermögensverhältnisse des Schuldners geändert haben und/oder die Gläubiger mittlerweile verhandlungsbereit sind, kann ein erneuter Einigungsversuch unternommen und die Insolvenz vorzeitig beendet werden.

4. Gerichtliches Insolvenzverfahren
Kommt es zur Eröffnung des Insolvenzverfahrens, wird ein Treuhänder bestimmt. Dieser versucht, das vorhandene Vermögen zu verwerten. Vermögen, das im Fall einer Zwangsvollstreckung pfändbar wäre, gehört zur Insolvenzmasse.

5. Wohlverhaltensphase (Abtretungsphase)
Die Wohlverhaltensphase beginnt mit der Ankündigung der Restschuldbefreiung durch das Gericht. Der Schuldner führt nur noch den pfändbaren Anteil seines Einkommens an den Treuhänder ab. Der Treuhänder zahlt vorhandene Beträge an die Gläubiger aus, sobald die gestundeten Verfahrenskosten getilgt wurden.

Im Zeitraum zwischen Beendigung des Insolvenzverfahrens und dem Ende der Abtretungsfrist hat der Schuldner eine angemessene Erwerbstätigkeit auszuüben. Wenn er ohne Beschäftigung ist, hat er sich um eine solche zu bemühen und keine zumutbare Tätigkeit abzulehnen *(§ 295 Abs. 1 InsO)*.

Spätestens **sechs** Jahre nach Eröffnung des Insolvenzverfahrens ist über eine mögliche Restschuldbefreiung zu entscheiden (BGH-Beschluss IX ZB 247/08 vom 3. Dezember 2009). Diese Frist verkürzt sich aber

- auf **drei** Jahre, wenn der Schuldner mindestens 35% der Forderungen der Insolvenzgläubiger befriedigt sowie die gesamten Verfahrenskosten in diesem Zeitraum zahlt *(§ 300 Abs. 1 Nr. 2 InsO)*, oder
- auf **fünf** Jahre, wenn der Schuldner innerhalb dieses Zeitraums zumindest die gesamten Verfahrenskosten gezahlt hat *(§ 300 Abs. 1 Nr. 3 InsO)*.

6. Restschuldbefreiung

Nach Ablauf der Wohlverhaltensphase entscheidet das Gericht über die Restschuldbefreiung. Das Gericht wird dem Antrag stattgeben, wenn der Schuldner seine Verpflichtungen erfüllt hat und keine Gründe dagegen sprechen. Die Restschuldbefreiung wirkt gegen alle Insolvenzgläubiger. Dies gilt auch für Gläubiger, die ihre Forderungen nicht angemeldet haben *(§ 301 InsO)*.

 Der Schuldner muss den Antrag auf Restschuldbefreiung mit dem Insolvenzantrag oder unverzüglich nach diesem Antrag stellen *(§ 287 Abs. 1 InsO)*.

Die seit 2014 geltende Verkürzung des Restschuldbefreiungsverfahrens stellt eine gesetzliche Regelung zugunsten des Schuldners und in vielen Fällen zuungunsten der Gläubiger dar. Damit sollen den redlichen Schuldnern noch günstigere Möglichkeiten für einen Neuanfang gegeben werden.

Gleichzeitig wurden aber auch die Rechte der Gläubiger gestärkt. Während bis zum 30. Juni 2014 die Versagung der Restschuldbefreiung nur im abschließenden Termin vor dem Insolvenzgericht beantragt werden konnte, gilt seit dem 1. Juli 2014, dass Insolvenzgläubiger jederzeit eine Versagung der Restschuldbefreiung beantragen können, wenn Gründe nach §§ 296, 297, 297a oder 298 InsO vorliegen. Wird die Restschuldbefreiung daraufhin versagt, so enden die Abtretungsfrist, das Amt des Treuhänders und die Beschränkung der Rechte der Gläubiger mit der Rechtskraft der Entscheidung *(§ 299 InsO)*.

Außerdem können Insolvenzgläubiger **innerhalb eines Jahres** nach der Rechtskraft der Entscheidung über die Restschuldbefreiung dem Schuldenerlass widersprechen *(§ 303 InsO)*.

Übungsaufgaben

1. Worin besteht der Hauptunterschied zwischen Einzelzwangsvollstreckungsverfahren und Insolvenzverfahren?
2. Welche grundlegenden Ziele werden mit einem Insolvenzverfahren angestrebt?
3. Wer kann ein Insolvenzverfahren beantragen?
4. Unter welchen Voraussetzungen kann das Gericht für das Insolvenzverfahren Eigenverwaltung anordnen?

5. Welche Vorteile bringt das Insolvenzplanverfahren und wer ist berechtigt, einen Insolvenzplan vorzulegen?
6. Erläutern Sie den Zusammenhang zwischen dem Ziel der bestmöglichen Befriedigung der Gläubiger und dem Grundsatz „Sanieren statt liquidieren" beim Insolvenzverfahren.
7. Wer kann ein Verbraucherinsolvenzverfahren beantragen?
8. Grenzen Sie Vorteile und Chancen für den Schuldner von eventuellen Nachteilen im Rahmen des Verbraucherinsolvenzverfahrens ab.
9. Erläutern Sie die Begriffe „Wohlverhaltensphase" und „Restschuldbefreiung".
10. In welchem Zeitraum und unter welchen Voraussetzungen bzw. Obliegenheiten kann sich der Schuldner von seinen Verpflichtungen befreien?

Lernfeld 13:
In familien- und erbrechtlichen Angelegenheiten tätig werden

Situation

Yasmin Kurt ist Auszubildende in der Rechtsanwaltskanzlei Meier und Kollegen. Rechtsanwältin Ira Meier ist Fachanwältin für Familienrecht.

Verzweifelt meldet sich eine neue Mandantin, Ursula Ummenhofer, bei Yasmin Kurt und bittet um einen schnellen Besprechungstermin mit Rechtsanwältin Ira Meier. Sie berichtet, dass ihr Ehemann Karl ihr nun nach 30 Jahren Ehe den Zutritt zum gemeinsamen Haus verweigert habe mit der Begründung, er brauche jetzt seine Privatsphäre. Sie sei nun vorübergehend bei einer ihrer drei gemeinsamen Töchter und deren Lebensgefährten untergekommen. Yasmin Kurt kann Ursula Ummenhofer bereits am nächsten Tag einen Termin anbieten.

Im Gespräch mit Rechtsanwältin Ira Meier erzählt Ursula Ummenhofer unter Tränen, dass sie nicht wisse, was in ihren Ehemann gefahren sei. Er verwehre ihr seit dem Vorabend nicht nur den Zutritt zum Haus, sondern habe ihr nun auch noch die Kontovollmacht entzogen. Sie sei auf dem Weg in die Kanzlei bei der Bank vorbeigegangen und dort habe man ihr erklärt, sie sei nun nicht mehr berechtigt, Geld vom Konto ihres Ehemannes abzuheben. Sie habe kein eigenes Einkommen. Ihr Ehemann sei als Fliesenleger selbstständig, sie habe sich in der Ehezeit um den Haushalt und die mittlerweile volljährigen Töchter Sandra, Karen und Tina gekümmert. Außerdem habe sie die Buchhaltung des Betriebes erledigt, ohne aber in der Firma des Ehemannes angestellt gewesen zu sein. Eine Berufsausbildung habe sie nicht.

Lernfeld 13: In familien- und erbrechtlichen Angelegenheiten tätig werden

Seit einigen Monaten wohne die 20-jährige Nichte Nina Neidhardt der Mandantin bei der Familie, da diese mit ihrer Mutter Sibylle Neidhardt, der Schwester der Mandantin, zu Hause nicht mehr zurechtgekommen sei und es ständig Streit gegeben habe. Sie habe ihrer Schwester damals einen Gefallen tun wollen und sich deshalb bereit erklärt, die Nichte bei sich aufzunehmen. Es sei in der Folgezeit aber immer wieder zu Auseinandersetzungen mit ihrem Ehemann darüber gekommen, was von der Auszubildenden Nina Neidhardt an Mitarbeit im Haushalt oder an finanzieller Beteiligung verlangt werden könne. Auch die Eltern der Mandantin, Kurt und Theresa Neidhardt, hätten sich immer wieder in die Diskussionen eingemischt. Schlussendlich hätten wohl diese dauernden Streitereien dazu geführt, dass man sich endgültig auseinandergelebt habe. Dass es derart eskalieren würde, habe sie aber nicht ahnen können. Sie wisse nun nicht mehr ein und aus.

Ursula Ummenhofer bittet Rechtsanwältin Ira Meier, ihr zu helfen.

1 Familie – Familienrecht

Wie kommen eigentlich familienrechtliche Beziehungen zustande? Welche Wirkungen ziehen diese nach sich? Welche Regelungen gelten, wenn familiäre Beziehungen enden? Das sind Fragen, mit denen Auszubildende nicht nur im Rahmen einer Mitarbeit in familien- und erbrechtlichen Angelegenheiten konfrontiert werden, sondern auch im Rahmen ihrer persönlichen Lebensführung.

 Das **Familienrecht** ist das Teilgebiet des Zivilrechts, das die Rechtsverhältnisse der durch Verwandtschaft und Ehe miteinander verbundenen Personen regelt, unabhängig vom Vorhandensein von Kindern im Haushalt und unabhängig davon, ob überhaupt ein gemeinsamer Haushalt besteht.

Die zivilrechtlichen Regelungen zum Familienrecht finden sich im *4. Buch BGB*.

1.1 Verwandtschaft

Die *§§ 1589 ff. BGB* befassen sich mit der Verwandtschaft. Verwandtschaft kann entstehen durch biologische Abstammung, als Folge rechtlicher Elternschaft oder als Folge von Adoption.

1.1.1 Abstammung

Verwandt miteinander sind Personen durch ihre Abstammung. Als Verwandtschaft in gerader Linie 1. Grades bezeichnet man das Verhältnis des Kindes zu seinen Eltern. Das Verwandtschaftsverhältnis von Geschwistern untereinander wird als Verwandtschaft in der Seitenlinie bezeichnet. Die Verwandtschaftsverhältnisse setzen sich fort und werden je nach der Anzahl der sie vermittelnden Geburten näher bezeichnet mit Verwandtschaft 1. Grades, 2. Grades usw. Bezugspunkte dabei sind die letzten gemeinsamen Vorfahren.

Beispiel:
Erika und Franz Hersfeld haben vier gemeinsame Kinder großgezogen. Mittlerweile sind sie stolze Großeltern von Lilly, Matthias und Tanja. Die Verwandtschaftsverhältnisse lassen sich wie folgt darstellen:

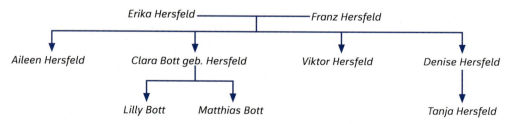

Lilly Bott ist in gerader Linie 2. Grades verwandt mit ihren Großeltern Erika und Franz Hersfeld.
Die Cousinen Lilly Bott und Tanja Hersfeld sind Verwandte der Seitenlinie 4. Grades.
Die Geschwister Aileen Hersfeld und Viktor Hersfeld sind Verwandte der Seitenlinie 2. Grades.

1.1.2 Rechtliche Elternschaft

Die rechtliche Elternschaft kann von der biologischen Elternschaft abweichen. Die Mutter eines Kindes im rechtlichen Sinn ist die Frau, die das Kind geboren hat *(§ 1591 BGB)*. Vater im rechtlichen Sinne ist nach *§ 1592 BGB* derjenige Mann, der

- zum Zeitpunkt der Geburt mit der Mutter verheiratet ist,
- das Kind anerkannt hat (wobei die Zustimmung der sorgeberechtigten Mutter zur Anerkennung erforderlich ist und keine andere Vaterschaft für das Kind bestehen darf) oder
- durch ein gerichtliches Verfahren als Vater festgestellt worden ist *(§ 1600d BGB)*. Auch hier darf keine anderweitige Vaterschaftszuordnung bestehen.

Beispiel:
Simon Sebnitz ist zeugungsunfähig. Durch eine gemeinsam initiierte Samenspende eines Dritten wird seine Ehefrau Tanja Sebnitz schwanger. Der kleine Elias wird geboren. Simon Sebnitz ist rechtlicher Vater von Elias, denn er ist zum Zeitpunkt der Geburt mit Tanja Sebnitz verheiratet. Biologischer Vater ist aber der Samenspender.

Die Vaterschaft kann gerichtlich angefochten werden. Die Vaterschaftsanfechtung zielt auf die Feststellung, dass der Mann nicht der Vater des Kindes ist. Die Vaterschaftsbeziehung wird im Falle einer erfolgreichen Anfechtung rückwirkend von Geburt des Kindes an gelöst.

Anfechtungsberechtigt ist der Mann, der als Vater des Kindes gilt, wenn seine Vaterschaft nicht gerichtlich festgestellt worden ist. Außerdem die Mutter, das Kind selbst und unter den einschränkenden Voraussetzungen des *§ 1600 Abs. 2 BGB* auch der biologische Vater, sofern er versichert, der Mutter des Kindes während der Empfängniszeit beigewohnt zu haben *(§ 1600 Abs. 1 Nr. 2 BGB)*. Diese Einschränkung verhindert, dass bei heterologer Insemination der Samen spendende Dritte ein Anfechtungsrecht erhält, denn eine „Beiwohnung" hat im Falle einer Samenspende nicht stattgefunden.

Haben der Mann und die Mutter in die Zeugung durch Samenspende ihre Einwilligung erklärt, ist eine Vaterschaftsanfechtung durch die beiden Elternteile ebenfalls ausgeschlossen *(§ 1600 Abs. 5 BGB)*.

Beispiel:
Simon Sebnitz fühlt sich mit der Verantwortung für Elias überfordert. Er trennt sich von Tanja Sebnitz und lässt Elias bei ihr zurück. Simon Sebnitz überlegt, die Vaterschaft für Elias anzufechten mit dem Argument, dass er aufgrund seiner Zeugungsunfähigkeit als genetischer Vater ohnehin nicht infrage komme. § 1600 Abs. 5 BGB verwehrt ihm diese Möglichkeit.

Ficht der biologische Vater an und wird aufgrund dieser Anfechtung festgestellt, dass die bisherige Vaterschaft nicht besteht, stellt das Gericht von Amts wegen im selben Beschluss die Vaterschaft des Anfechtenden fest.

1.1.3 Adoption

Elternschaft kann auch durch Adoption begründet werden *(§§ 1741 ff. BGB)*. Voraussetzung ist das Bestehen eines Eltern-Kind-Verhältnisses oder die Erwartung, dass ein solches entstehen wird.

Durch die **Minderjährigenadoption** erlangt ein Kind die rechtliche Stellung eines Kindes des Annehmenden, die bisherigen Verwandtschaftsverhältnisse erlöschen *(§ 1755 BGB)*. Die **Adoption eines Volljährigen** hat schwächere Wirkungen. Die bisherigen Verwandtschaftsverhältnisse erlöschen nicht, die Rechte und Pflichten aus dem Verwandtschaftsverhältnis zu der Ursprungsfamilie bleiben bestehen *(§ 1770 Abs. 2 BGB)*. Das Gericht kann aber aussprechen, dass die Adoption eines volljährigen Kindes mit den Wirkungen einer Minderjährigenadoption erfolgt, das ist nach *§ 1772 BGB* möglich, wenn

- ein minderjähriges Geschwisterteil angenommen wurde oder gleichzeitig angenommen wird,
- bereits als Minderjähriger eine Aufnahme des Anzunehmenden in die Familie des Annehmenden erfolgt ist,
- der Annehmende das Kind seines Ehegatten annimmt oder
- der Anzunehmende bei Antragseinreichung noch minderjährig war.

1.1.4 Wirkungen der Verwandtschaft

An die Verwandtschaft knüpfen verschiedene rechtliche Wirkungen an. Verwandte können verpflichtet sein, einander Unterhalt zu gewähren. Sie dürfen in bestimmten Konstellationen nicht miteinander eine Ehe eingehen. Verstirbt eine Person, können Erb- und Pflichtteilsansprüche der Verwandten infrage kommen. Je nach Grad der Verwandtschaft gibt es prozessuale Zeugnisverweigerungsrechte.

Beispiel:
Nach § 383 Abs. 1 Nr. 3 ZPO sind zur Verweigerung des Zeugnisses diejenigen berechtigt, die mit einer Partei in gerader Linie verwandt oder verschwägert, in der Seitenlinie bis zum dritten Grad verwandt oder bis zum zweiten Grad verschwägert sind oder waren.

Eltern bestimmen in der Ausgestaltung des Sorgerechts für ihre Kinder deren Namen, sie treffen die Schulwahl für ihre minderjährigen Kinder, sorgen für deren Gesundheit und bestimmen den Ort ihres Aufenthaltes. Sie verwalten außerdem das Vermögen des Kindes und handeln als dessen gesetzliche Vertreter.

Miteinander verheiratete Eltern sind grundsätzlich gemeinsam sorgeberechtigt. Auch nicht verheiratete Eltern können das Sorgerecht für ihr Kind gemeinsam ausüben. Das setzt voraus, dass eine übereinstimmende Sorgeerklärung abgegeben wird oder dass das Gericht den Eltern auf Antrag eines Elternteils das Sorgerecht gemeinsam überträgt *(§ 1626a BGB)*. Andernfalls hat die Mutter die alleinige elterliche Sorge für das nicht eheliche Kind.

Eltern haben ein Recht und eine Pflicht zum Umgang mit ihrem Kind, wenn sie nicht mit ihm in einem gemeinsamen Haushalt leben *(§ 1684 Abs. 1 BGB)*.

1.2 Ehe

Die bürgerliche Ehe kann von zwei Personen verschiedenen oder gleichen Geschlechts geschlossen werden *(§ 1353 Abs. 1 BGB)*. Die Eheschließung erfolgt auf Lebenszeit.

Eheleute sind nicht miteinander verwandt, sie sind aber durch das Band der Ehe miteinander verbunden. Rechtsvorschriften zur Ehe finden sich in den *§§ 1297 ff. BGB*.

1.2.1 Verlöbnis

 Das **Verlöbnis** ist ein Vertrag über das Versprechen zweier Personen, miteinander die Ehe eingehen zu wollen.

Das Rechtsgeschäft Verlöbnis ist an keine Form gebunden, es kann durch schlüssiges Verhalten erfolgen.

Beispiel:
- Tanja Geppert und Gert Wolf tauschen im Kreis der Familie beim festlichen Essen Verlobungsringe aus, nachdem Gert auf Knien um Tanjas Hand angehalten hat.
- Beim gemütlichen Fernsehabend beschließen Karsten Sailer und Selina Maestro zu heiraten. Sie besprechen, das im Juni des Folgejahres tun zu wollen.

Nur geschäftsfähige Personen können sich verloben, bei beschränkt Geschäftsfähigen ist die Zustimmung der gesetzlichen Vertreter erforderlich.

Das Eheschließungsversprechen ist nicht einklagbar *(§ 1297 BGB)*. Verlobte haben Zeugnis- und Aussageverweigerungsrechte. Die Verlobung führt nicht zu wechselseitigen Unterhaltsansprüchen.

Das Verlöbnis wird beendet durch einseitigen Rücktritt, der jederzeit möglich ist, durch Aufhebung in beiderseitigem Einverständnis, durch die Eheschließung oder den Tod eines Verlobten.

Wurde die Lösung des Verlöbnisses durch einen Verlobten ohne wichtigen Grund vorgenommen oder hat dieser den Rücktritt des anderen Teils verschuldet, kommen Schadensersatzansprüche in Betracht *(§§ 1298, 1299 BGB)*.

Beispiel:
Simon Kamp und Helen Dix beschließen, nach einjähriger Beziehung zu heiraten. Helen Dix geht ganz in der Planung des Hochzeitsfestes auf. Sie kauft sich ein maßgeschneidertes Brautkleid für 2 500,00 €, gibt für Einladungskarten und Tischschmuck insgesamt 800,00 € aus und investiert 2 000,00 € in die Dekoration des Festsaals. Am Vorabend der Hochzeit bekommt Simon Kamp „kalte Füße". Er erklärt, das nun doch so alles nicht gewollt zu haben, und verschwindet kurz entschlossen mit dem Flugzeug nach Mallorca zu einem Freund. Per SMS schreibt er in der Nacht noch an Helen Dix, dass er das Verlöbnis löse. Diese kann wegen ihrer Aufwendungen Schadensersatz von Simon Kamp verlangen.

Es besteht bei einer Lösung des Verlöbnisses außerdem eine Pflicht zur Rückgabe der Verlobungsgeschenke *(§ 1301 BGB)*.

1.2.2 Eheschließung

Die Eheschließung wird vor dem Standesbeamten vollzogen *(§§ 1310 ff. BGB)*. Die Eheschließenden müssen vor diesem persönlich und bei gleichzeitiger Anwesenheit erklären, die Ehe miteinander eingehen zu wollen.

Die künftigen Eheleute müssen ehefähig sein.

Familie – Familienrecht

 Die Fähigkeit zur Eingehung der Ehe (**Ehefähigkeit**) setzt Ehemündigkeit und Geschäftsfähigkeit voraus.

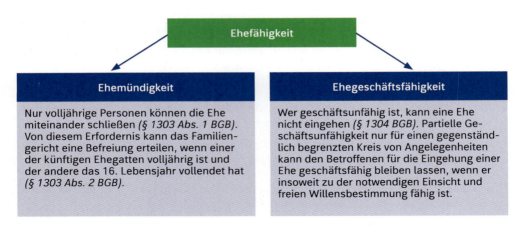

Es dürfen außerdem keine **Eheschließungshindernisse** vorliegen: Keiner der künftigen Eheleute darf (noch) verheiratet bzw. eingetragener Lebenspartner eines Dritten sein *(§ 1306 BGB)*. Verwandte in gerader Linie dürfen nicht heiraten ebenso wie Geschwister, dies gilt auch, wenn das Verwandtschaftsverhältnis durch Adoption begründet worden ist *(§§ 1307, 1308 BGB)*. § 1308 Abs. 2 BGB sieht eine Befreiungsmöglichkeit bei Geschwistern vor, wenn die Verwandtschaft in der Seitenlinie durch Adoption begründet worden ist.

1.2.3 Ehewirkungen

Bei der Eheschließung sollen sich die Ehegatten darüber erklären, welchen Ehenamen sie künftig führen möchten *(§ 1355 BGB)*. Ehename kann entweder der Geburtsname eines Ehegatten werden oder aber der zum Zeitpunkt der Eheschließung von einem Ehegatten geführte Name.

Der Ehegatte, dessen Name nicht Ehename wird, kann als Begleitname zum Ehenamen seinen bisher geführten Namen oder seinen Geburtsnamen voranstellen oder anfügen *(§ 1355 Abs. 4 BGB)*.

Beispiel:
Nina Meier geb. Schmitt und Sebastian Blumhofer heiraten. Für Nina Meier ist es die zweite Ehe. Die Ehegatten wählen den Namen des Ehemannes als Ehenamen.

Die Ehefrau kann sich für folgende Namenskonstellationen entscheiden: Blumhofer, Blumhofer-Meier, Meier-Blumhofer, Schmitt-Blumhofer oder Blumhofer-Schmitt.

Der Ehemann kann heißen: Blumhofer.

Die Ehegatten können sich aber auch dafür entscheiden, ihre bisher geführten Namen beizubehalten und keinen Ehenamen zu wählen *(§ 1355 Abs. 1 BGB)*. Haben die Ehegatten einen Ehenamen gewählt, wird dieser dann zum Geburtsnamen eines gemeinsamen Kindes *(§ 1616 BGB)*.

Ehegatten sind einander zur gegenseitigen Rücksichtnahme und Solidarität im Rahmen der ehelichen Lebensgemeinschaft verpflichtet, sie tragen füreinander Verantwortung *(§ 1353 BGB)*.

Nur aufgrund der Eheschließung besteht kein allgemeines Vertretungsrecht der Ehegatten untereinander. Im Rahmen der sogenannten „Schlüsselgewalt" ist aber jeder Ehegatte befugt, Geschäfte zur angemessenen Deckung des Lebensbedarfs mit Wirkung auch für den anderen Ehegatten vorzunehmen *(§ 1357 Abs. 1 BGB)*.

Beispiele:
Anschaffung von Lebensmitteln, Kauf von Haushaltsgegenständen, Vertragsabschluss mit einem Energieversorger

Dem Geschäftspartner gegenüber muss die Ehe nicht offengelegt werden. Unabhängig davon, ob der Geschäftspartner weiß, dass der andere verheiratet ist, treten eine Mitberechtigung und Mitverpflichtung des Ehegatten ein. Wünschen die Eheleute über diese Geschäfte zur Deckung des Lebensbedarfs hinaus eine Vertretungsberechtigung, ist wie im Verhältnis nicht verheirateter Personen untereinander eine Vollmachtserteilung möglich.

Beispiele:
- *Erteilung einer Bankvollmacht*
- *Erstellung einer sogenannten Vorsorgevollmacht, die dem Bevollmächtigten die Befugnis einräumt, über die in der Vollmacht bezeichneten Angelegenheiten zu entscheiden, wenn der Vollmachtgeber dazu selbst, z. B. in Folge einer Erkrankung, nicht mehr in der Lage ist.*

Die Eheschließung hat außerdem Auswirkungen auf das Erbrecht, sie kann zur Entstehung von Unterhaltspflichten führen und entfaltet güterrechtliche Wirkungen. Ehegatten können sich auf Zeugnisverweigerungsrechte berufen.

Die Eheschließung führt zur Begründung der Schwägerschaft mit sämtlichen Verwandten des anderen Ehegatten *(§ 1590 Abs. 1 BGB)*. Linie und Grad der Schwägerschaft bestimmen sich nach Linie und Grad der sie vermittelnden Verwandtschaft.

1.2.4 Ende der Ehe

Eine Ehe endet durch Ehescheidung, die Aufhebung der Ehe oder den Tod eines Ehegatten.

Geschieden werden kann eine Ehe, wenn sie gescheitert ist. Das ist der Fall, wenn die Lebensgemeinschaft nicht mehr besteht und auch prognostisch nicht mehr zu erwarten ist, dass die Ehegatten die Lebensgemeinschaft wieder aufnehmen *(§ 1565 Abs. 1 BGB)*.

Die Aufhebung der Ehe kann aus Gründen erfolgen, die bereits bei der Eheschließung vorlagen. *§ 1314 BGB* zählt die Gründe für eine Aufhebbarkeit abschließend auf.

Aufhebbarkeit besteht bei Eheschließung

- eines Eheunmündigen,
- eines Geschäftsunfähigen,
- eines bereits Verheirateten,
- zwischen Verwandten in gerader Linie oder Geschwistern,

- unter Formmangel, Verstoß gegen *§ 1311 BGB*,
- im Zustand der Bewusstlosigkeit oder vorübergehender Störung der Geistestätigkeit,
- in Unkenntnis darüber, dass es sich um eine Eheschließung handelt,
- eines arglistig Getäuschten, der ohne die Täuschung die Ehe nicht geschlossen hätte,
- eines durch Drohung zur Eheschließung Beeinflussten,
- zum Schein.

Beispiel:
Kerem Erkin erzählt seiner Bekannten Tamara Brandt, dass sein Aufenthaltstitel auslaufe und er in Gefahr sei, deswegen Deutschland alsbald verlassen zu müssen. Nur die Heirat mit einer deutschen Staatsangehörigen könne ihn noch vor einer Ausweisung bewahren. Tamara Brandt erklärt sich aus Mitleid zu einer Hochzeit bereit. Sie stellt aber klar, dass sie anderweitig an ihre Freundin Beate Groß vergeben sei und eine Lebensgemeinschaft oder Ähnliches mit Kerem Erkin für sie von vorneherein nicht infrage käme. Die Ehe zwischen Kerem Erkin und Tamara Brandt wäre aufhebbar, da sie rechtsmissbräuchlich nur zum Schein geschlossen werden soll.

Bis zur rechtskräftigen Aufhebung ist die Ehe vollgültig, die Aufhebung wirkt so wie eine Ehescheidung nur für die Zukunft.

Die Schwägerschaft wird durch die Auflösung der Ehe, die sie begründet hat, nicht beendet *(§ 1590 Abs. 2 BGB)*.

1.3 Lebenspartnerschaft

Die Eheschließung durch Personen gleichen Geschlechts ist in Deutschland seit dem 1. Oktober 2017 möglich. In der Zeit davor konnten gleichgeschlechtliche Paare ab dem Jahr 2001 eine eingetragene Lebenspartnerschaft eingehen. Diese war in ihren Rechtsfolgen der Ehe weitgehend nachgebildet, die Regelungen fanden sich in einem eigenen Gesetz, dem Lebenspartnerschaftsgesetz (*LPartG*). Lebenspartnerschaften können heute nicht mehr begründet werden. Mit der Öffnung des Rechtsinstituts der Ehe auch für gleichgeschlechtliche Paare wurde außerdem die Möglichkeit geschaffen, bereits bestehende Lebenspartnerschaften in eine Ehe umzuwandeln.

1.4 Nicht eheliche Lebensgemeinschaft

Die Partner einer nicht ehelichen Lebensgemeinschaft leben auf Dauer zusammen, die Gemeinschaft zeichnet sich durch eine innere Bindung aus, beide Partner stehen füreinander ein. Die Beziehung in einer nicht ehelichen Lebensgemeinschaft geht über eine bloße Wirtschafts- oder Hausgemeinschaft hinaus. Die Partner einer nicht ehelichen Lebensgemeinschaft werden als Lebensgefährten bezeichnet.

Der nicht ehelichen Lebensgemeinschaft fehlt jegliche Art von Rechtsverbindlichkeit, sie kann jederzeit beendet werden. Nach dem Ende der Gemeinschaft findet grundsätzlich kein Ausgleich von Leistungen statt, die während des Zusammenlebens von dem einen oder anderen Lebensgefährten in Bezug auf die Ausgestaltung des gemeinsamen Lebens erbracht worden sind.

Ausdrückliche Regelungen zur nicht ehelichen Lebensgemeinschaft findet man im BGB nicht. Wenn es aber um staatliche Leistungen geht, stellen einige Gesetze die nicht ehelichen Lebensgemeinschaften z. B. Eheleuten gleich. Das soll verhindern, dass Paare nur aus wirtschaftlichen Gründen von einer Eheschließung absehen.

Beispiel:
Anrechnung von Einkommen des Lebensgefährten bei der Gewährung von Leistungen nach dem Sozialgesetzbuch II („Hartz IV")

Übungsaufgaben

1. Erläutern Sie die im Zusammenhang mit der Verwandtschaft gebrauchten Begriffe „gerade Linie" und „Seitenlinie" und ordnen Sie folgende Verwandtschaftsverhältnisse zu: Cousin, Nichte, Onkel, Großmutter, Sohn.

2. Lesen Sie nochmals die *Ausgangssituation* zu Lernfeld 13. Zeichnen Sie entsprechend der Grafik auf S. 190 den Stammbaum der Eheleute Kurt und Theresa Neidhardt. Bestimmen Sie anschließend das Verwandtschaftsverhältnis und den Grad der Verwandtschaft zwischen Nina und Karen und zwischen Sandra und Theresa.

3. Franziska Felber lebt seit zwei Jahren von ihrem Ehemann Franz Felber getrennt. Durch Zufall begegnen sich die Eheleute auf dem Sportplatz, wo Franziska Felber stolz ihr neugeborenes Baby Michelle präsentiert. Später am Stammtisch gratulieren seine Sportfreunde Franz Felber überschwänglich zu seiner Tochter. Franz Felber beteuert, Franziska seit zwei Jahren nicht gesehen, geschweige denn ein Kind mit ihr gezeugt zu haben. Er meint, gehört zu haben, dass seine Ehefrau mit Winfried Wurmann eine Beziehung hatte, dieser sich jedoch nach Bekanntwerden der Schwangerschaft Hals über Kopf ins Ausland abgesetzt habe.
   a Warum gilt Franz Felber dennoch als rechtlicher Vater von Michelle?
   b Winfried Wurmann kehrt nach zwei Monaten reumütig zurück und will nun Verantwortung für Michelle übernehmen, da er überzeugt ist, der biologische Vater des Kindes zu sein. Franziska Felber hat zwischenzeitlich von erheblichen finanziellen Problemen des Winfried Wurmann erfahren und denkt, dass Michelle besser abgesichert wäre, wenn die Vaterschaft von Franz Felber fortbestehen würde. Was muss Winfried Wurmann tun, damit er gegen den Widerstand von Franziska Felber auch rechtlicher Vater von Michelle wird?

4. Sven und Bertram Henke sind verheiratet. Sven ist Zahnarzt, zur Ausstattung seiner Praxis nimmt er nach der Hochzeit einen Kredit in Höhe von 150 000,00 € auf. Nach vier Jahren trennen sich die Eheleute. Bertram Henke hat nun Angst, dass die Bank wegen der Schulden seines Ehemannes auf ihn zukommen könnte. Kann die Bank Bertram Henke zur Rückzahlung des Kredits auffordern?

5. „Eingetragener Lebenspartner" und „Lebensgefährte": Erläutern Sie den Unterschied.

2 Unterhalt

In Lebensphasen, in denen es einer Person nicht gelingt, für die notwendigen finanziellen Mittel zu sorgen, um ihren Lebensbedarf zu decken, stellt sich die Frage nach eventuellen

Unterhaltsansprüchen anderen Personen gegenüber. Die Einstiegssituation setzt an diesem Punkt an: Vordringliches Ziel muss es zunächst sein, den Lebensunterhalt der Mandantin – die ja über keinerlei eigenes Einkommen verfügt – sicherzustellen. Es ist also zu prüfen, ob Ursula Ummenhofer ein Unterhaltsanspruch ihrem Ehemann gegenüber zusteht.

2.1 Unterhaltsverhältnis – Anspruchsgrundlagen

Je nach der Person des Anspruchsberechtigten und dem Verhältnis zu der unterhaltsverpflichteten Person unterscheiden sich die gesetzlichen Anspruchsgrundlagen, aufgrund derer Unterhalt verlangt werden kann.

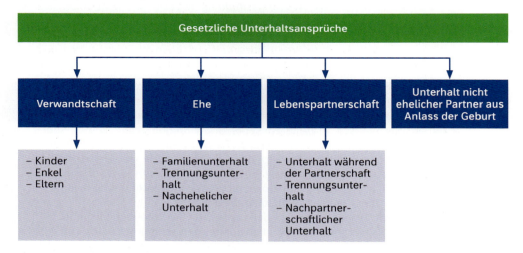

2.1.1 Verwandte

Die Unterhaltsansprüche von Kindern sind in den *§§ 1601 ff. BGB* geregelt. Nach *§ 1601 BGB* sind Verwandte in gerader Linie verpflichtet, einander Unterhalt zu gewähren. Die Unterhaltspflicht zwischen Verwandten in gerader Linie erlischt nach *§ 1615 Abs. 1 BGB* erst mit dem Tode des Berechtigten oder des Verpflichteten. Aber auch Eltern können ihren Kindern gegenüber einen Unterhaltsanspruch haben. Anspruchsgrundlage ist ebenfalls *§ 1601 BGB*.

Beispiel:
Fritz Ruland, 90 Jahre, stürzt in seiner Wohnung und zieht sich einen Oberschenkelhalsbruch zu. Eine Unterbringung im Pflegeheim wird notwendig, da sich Fritz Ruland nach dem Krankenhausaufenthalt nicht mehr selbst versorgen kann. Fritz Ruland ist gut abgesichert, er erhält neben der gesetzlichen Rente noch Zahlungen aus einem privaten Altersvorsorgevertrag, eine Betriebsrente und Pflegegeld. Dennoch kann er mit seinen monatlichen Gesamteinkünften in Höhe von 3 000,00 € die Heimkosten von 3 400,00 € monatlich nicht bestreiten. Fritz Ruland könnte möglicherweise von seinen Kindern Elternunterhalt nach § 1601 BGB verlangen.

Aber nicht nur Eltern und Kinder sind in gerader Linie miteinander verwandt, sondern auch Großeltern und Enkel. Auch in diesem Verhältnis können sich deshalb aus *§ 1601 BGB* Unterhaltsansprüche ergeben.

2.1.2 Ehegatten

Die Unterhaltsansprüche von Ehegatten untereinander sind je nach der Phase, in der sich die Ehe befindet, unterschiedlich ausgestaltet.

Einen Anspruch auf Familienunterhalt gibt es während intakter Ehe. Dieser Anspruch ist ein Naturalunterhaltsanspruch, es erfolgt keine betragsmäßige Aufschlüsselung zwischen den Familienmitgliedern.

Leben Eheleute voneinander getrennt, ergibt sich ein Anspruch auf Trennungsunterhalt aus § 1361 BGB. Der Anspruch auf Trennungsunterhalt ist ein Barunterhaltsanspruch, also auf Zahlung eines monatlichen Betrages gerichtet.

Ab Rechtskraft der Ehescheidung handelt es sich bei dem Unterhaltsanspruch des geschiedenen Ehegatten um den Anspruch auf nachehelichen Unterhalt. Die Anspruchsgrundlagen ergeben sich aus den §§ 1569 ff. BGB.

 Die Unterhaltsansprüche eines Ehegatten vor und nach Ehescheidung sind nicht identisch.

Der Anspruch auf nachehelichen Unterhalt entsteht erst mit Rechtskraft der Ehescheidung, er ist ebenfalls ein Barunterhaltsanspruch.

Grundsätzlich ist nach der Ehescheidung jeder Ehegatte selbst dafür verantwortlich, für seinen Unterhalt zu sorgen (§ 1569 BGB). Wenn ein geschiedener Ehegatte aber dazu nicht in der Lage ist, kann aus verschiedenen Gründen trotz des Grundsatzes der Eigenverantwortung ein Unterhaltsanspruch bestehen.

Die Berechtigung, vom geschiedenen Ehegatten Unterhalt fordern zu können, kann sich ergeben, wenn eine eigene Erwerbstätigkeit nicht oder nur eingeschränkt ausgeübt werden kann, weil

- ein gemeinsames Kind betreut wird *(§ 1570 BGB)*,
- altersbedingt die Ausübung einer Erwerbstätigkeit nicht mehr zumutbar ist *(§ 1571 BGB)*,
- Krankheit *(§ 1572 BGB)* oder
- Arbeitslosigkeit vorliegt *(§ 1573 Abs. 1 und 3 BGB)*,
- eine Ausbildung, Fortbildung oder Umschulung absolviert wird *(§ 1575 BGB)* oder
- aus sonstigen schwerwiegenden Gründen die Ausübung einer Erwerbstätigkeit nicht erwartet werden kann *(§ 1576 BGB)*.

Übt ein Ehegatte nach der Scheidung zwar eine Erwerbstätigkeit aus, reichen die daraus bezogenen Einkünfte aber nicht aus, damit er seinen Lebensunterhalt bestreiten kann, ergibt sich aus *§ 1573 Abs. 2 BGB* ein sogenannter Aufstockungsunterhaltsanspruch, soweit nicht bereits Unterhalt nach den *§§ 1570–1572 BGB* verlangt werden kann.

2.1.3 Eingetragene Lebenspartner

Auch hier gibt es hinsichtlich der Anspruchsgrundlagen eine Differenzierung wie beim Unterhalt für Ehegatten. Nach *§ 5 LPartG* sind Lebenspartner während des Zusammenlebens verpflichtet, zum angemessenen Unterhalt der partnerschaftlichen Lebensgemeinschaft beizutragen. Den Unterhalt während des Getrenntlebens regelt *§ 12 LPartG*, nachpartnerschaftlicher Unterhalt findet seine Regelung in *§ 16 LPartG*.

2.1.4 Nicht verheiratete Eltern

Nicht verheiratete Eltern können untereinander einen Unterhaltsanspruch haben. *§ 1615l BGB* regelt den Unterhaltsanspruch desjenigen Elternteils, der ein außerhalb einer Ehe geborenes Kind betreut.

Beispiel:
Milena Trimm trennt sich kurz nach der Geburt des gemeinsamen Sohnes Julius von ihrem Freund Karsten Jelinek. Wegen der Betreuung des Säuglings geht sie keiner Erwerbstätigkeit nach. Milena Trimm kann von ihrem ehemaligen Freund Unterhalt für sich verlangen.

Der Unterhaltsanspruch kann schon während der Schwangerschaft beginnen, frühestens vier Monate vor der Geburt des Kindes. Der Anspruch erstreckt sich auch auf die Kosten, die durch Schwangerschaft und Entbindung entstehen.

Der Unterhaltsanspruch der nicht verheirateten Mutter oder des nicht verheirateten Vaters endet drei Jahre nach der Geburt des Kindes, eine Verlängerung ist nur unter sehr eingeschränkten Voraussetzungen aus Billigkeitsgründen möglich, wenn z. B. die Kindesbelange es erfordern.

2.2 Höhe des Unterhalts

Nach der Feststellung, dass ein Unterhaltsanspruch dem Grunde nach besteht, geht es an dessen konkrete Berechnung. Für die Bestimmung der Höhe des geschuldeten Unterhaltes sind verschiedene Parameter ausschlaggebend.

Wie viel Geld benötigt die unterhaltsberechtigte Person, um den Lebensunterhalt zu bestreiten? Dieser Betrag stellt den Bedarf der Person dar. Welchen Teil des Bedarfs kann der Unterhaltsberechtigte mit eigenem Einkommen decken? Nur in Höhe des restlichen Bedarfs besteht Bedürftigkeit. Diese ist betragsmäßig aber noch nicht identisch mit dem Unterhaltsanspruch des Berechtigten. In welcher Höhe tatsächlich Unterhalt geschuldet ist, ergibt sich erst, wenn auch Feststellungen zur Leistungsfähigkeit des Unterhaltspflichtigen getroffen wurden: Ist der Unterhaltspflichtige in der Lage, den errechneten Unterhalt zu bezahlen und daneben noch für seinen eigenen Lebensunterhalt zu sorgen?

 Sobald die Anspruchsgrundlage für die Geltendmachung eines Unterhaltsanspruchs gefunden ist, ist im Weiteren nach der **Prüfungsreihenfolge „Bedarf – Bedürftigkeit – Leistungsfähigkeit"** vorzugehen.

2.2.1 Bedarf

Zum Elementarbedarf zählen alle regelmäßigen Aufwendungen für Wohnung, Ernährung, Kleidung, Bildung, Erholung, Freizeitgestaltung, Gesundheitsfürsorge, geistige und kulturelle Interessen und sonstige persönliche und gesellschaftliche Bedürfnisse.

 Der **Elementarbedarf** einer Person ist der Geldbetrag, den diese benötigt, um die Kosten der allgemeinen Lebensführung zu decken.

Es gibt zwei verschiedene Methoden, den Elementarbedarf eines Unterhaltsberechtigten zu ermitteln, einmal die Bemessung nach Pauschalen und zum anderen die konkrete Bedarfsbemessung. Welche Methode zu wählen ist, hängt davon ab, wie die Stellung des Unterhaltsberechtigten zum Unterhaltspflichtigen ist:

Bedarfsbemessung			
Methode	Unterhaltsverhältnis	Maßgebliche Vorschrift	Bezugspunkt
Pauschal	Kind	§ 1610 Abs. 1 BGB	Lebensstellung des Kindes, leitet sich von derjenigen seiner Eltern ab
	Enkel	§ 1610 Abs. 1 BGB	Lebensstellung des Enkels, leitet sich von derjenigen seiner Eltern ab
	Ehegatte, getrennt lebend oder geschieden	§§ 1361 Abs. 1, 1578 Abs. 1 BGB	Einkommens- und Vermögensverhältnisse der Ehegatten
	Eingetragener Lebenspartner, getrennt lebend oder nach Aufhebung der Lebenspartnerschaft	§§ 12 S. 1, 16 LPartG	Einkommens- und Vermögensverhältnisse der Lebenspartner
Konkret	Ehegatte zusammenlebend	§ 1360a Abs. 1 BGB	Einkommens- und Vermögensverhältnisse der Eheleute
	Eingetragener Lebenspartner, zusammenlebend	§ 5 LPartG	Einkommens- und Vermögensverhältnisse der Lebenspartner
	Elternteil	§ 1610 Abs. 1 BGB	Eigene Lebensstellung des Elternteils
	Nicht verheiratete/-r Mutter/Vater des gemeinsamen Kindes	§§ 1615l Abs. 3 S. 1, 1610 Abs. 1 BGB	Lebensstellung des das Kind betreuenden Elternteils
	Ehegatte, getrennt lebend oder geschieden bei außergewöhnlich guten Einkommensverhältnissen	§§ 1361 Abs. 1, 1578 Abs. 1 BGB	Einkommens- und Vermögensverhältnisse der Eheleute

Unterhalt

Pauschalierte Bedarfsbemessung

Die „Düsseldorfer Tabelle" ist das wichtigste Instrument zur pauschalierten Bedarfsbemessung. Die Tabelle hat keine Gesetzeskraft, sondern sie stellt eine Richtlinie dar, die bundesweit angewandt wird. Im Tabellenwerk werden unbestimmte Begriffe des Unterhaltsrechts ausgelegt, Zweck ist eine Vereinheitlichung der Unterhaltsberechnungen.

Die Tabelle wird regelmäßig aktualisiert. Meist erfolgen Anpassungen zu Beginn eines Jahres. Veröffentlicht wird die Tabelle dann in ihrer aktuellen Fassung in allen familienrechtlichen Fachzeitschriften und im Internet.

Der erste Abschnitt der Düsseldorfer Tabelle „A." befasst sich mit dem Kindesunterhalt, der zweite „B." mit dem Ehegattenunterhalt und der vierte „D." mit dem Verwandtenunterhalt und dem Unterhalt nicht verheirateter Eltern. Im Folgenden ist die Tabelle auszugsweise abgedruckt (siehe S. 203–207).

 Praxistipp: Machen Sie sich mit dem Aufbau der Düsseldorfer Tabelle vertraut, dieser bleibt auch bei Anpassungen der Beträge meist gleich!

Die Düsseldorfer Tabelle ist immer in Verbindung mit den im Bereich des jeweiligen OLG-Bezirks angewandten Leitlinien zu lesen. Diese tragen regionalen Besonderheiten Rechnung und gestalten die Grundsätze der Düsseldorfer Tabelle und die in dieser enthaltenen Berechnungsmodalitäten weiter aus.

Auszug: Düsseldorfer Tabelle (Stand: 1. Januar 2019)[1]

A. Kindesunterhalt

	Nettoeinkommen des Barunterhaltspflichtigen (Anm. 3, 4)	Altersstufen in Jahren (§ 1612a Abs. 1 BGB)				Prozentsatz	Bedarfskontrollbetrag (Anm. 6)
		0–5	6–11	12–17	ab 18		
		Alle Beträge in €					
1.	bis 1 900,00	354,00	406,00	476,00	527,00	100	880,00/1 080,00
2.	1 901,00 – 2 300,00	372,00	427,00	500,00	554,00	105	1 300,00
3.	2 301,00 – 2 700,00	390,00	447,00	524,00	580,00	110	1 400,00
4.	2 701,00 – 3 100,00	408,00	467,00	548,00	607,00	115	1 500,00
5.	3 101,00 – 3 500,00	425,00	488,00	572,00	633,00	120	1 600,00
6.	3 501,00 – 3 900,00	454,00	520,00	610,00	675,00	128	1 700,00
7.	3 901,00 – 4 300,00	482,00	553,00	648,00	717,00	136	1 800,00
8.	4 301,00 – 4 700,00	510,00	585,00	686,00	759,00	144	1 900,00
9.	4 701,00 – 5 100,00	539,00	618,00	724,00	802,00	152	2 000,00
10.	5 101,00 – 5 500,00	567,00	650,00	762,00	844,00	160	2 100,00
	ab 5 501,00	nach den Umständen des Falles					

[1] Die neue Tabelle nebst Anmerkungen beruht auf Koordinierungsgesprächen, die unter Beteiligung aller Oberlandesgerichte und der Unterhaltskommission des Deutschen Familiengerichtstages e. V. stattgefunden haben.

Anmerkungen:

1. Die Tabelle hat keine Gesetzeskraft, sondern stellt eine Richtlinie dar. Sie weist den monatlichen Unterhaltsbedarf aus, bezogen auf zwei Unterhaltsberechtigte, ohne Rücksicht auf den Rang. Der Bedarf ist nicht identisch mit dem Zahlbetrag; dieser ergibt sich unter Berücksichtigung der nachfolgenden Anmerkungen.

    Bei einer größeren/geringeren Anzahl Unterhaltsberechtigter können Ab- oder Zuschläge durch Einstufung in niedrigere/höhere Gruppen angemessen sein. Anmerkung 6 ist zu beachten. Zur Deckung des notwendigen Mindestbedarfs aller Beteiligten – einschließlich des Ehegatten – ist gegebenenfalls eine Herabstufung bis in die unterste Tabellengruppe vorzunehmen. Reicht das verfügbare Einkommen auch dann nicht aus, setzt sich der Vorrang der Kinder im Sinne von Anm. 5 Abs. 1 durch. Gegebenenfalls erfolgt zwischen den erstrangigen Unterhaltsberechtigten eine Mangelberechnung nach Abschnitt C.

2. Die Richtsätze der 1. Einkommensgruppe entsprechen dem Mindestbedarf **gemäß der Ersten Verordnung zur Änderung der Mindestunterhaltsverordnung vom 28. September 2017 (BGBl. 2017 I 3525).** Der Prozentsatz drückt die Steigerung des Richtsatzes der jeweiligen Einkommensgruppe gegenüber dem Mindestbedarf (= 1. Einkommensgruppe) aus. Die durch Multiplikation des gerundeten Mindestbedarfs mit dem Prozentsatz errechneten Beträge sind entsprechend § 1612a Abs. 2 S. 2 BGB aufgerundet. Die Bedarfssätze der vierten Altersstufe – ab 18 Jahren – entsprechen bis auf Weiteres den für 2017 maßgeblichen Werten.

3. Berufsbedingte Aufwendungen, die sich von den privaten Lebenshaltungskosten nach objektiven Merkmalen eindeutig abgrenzen lassen, sind vom Einkommen abzuziehen, wobei bei entsprechenden Anhaltspunkten eine Pauschale von 5 % des Nettoeinkommens – mindestens 50,00 €, bei geringfügiger Teilzeitarbeit auch weniger, und höchstens 150,00 € monatlich – geschätzt werden kann. Übersteigen die berufsbedingten Aufwendungen die Pauschale, sind sie insgesamt nachzuweisen.

4. Berücksichtigungsfähige Schulden sind in der Regel vom Einkommen abzuziehen.

5. Der notwendige Eigenbedarf (Selbstbehalt)

    – gegenüber minderjährigen unverheirateten Kindern,

    – gegenüber volljährigen unverheirateten Kindern bis zur Vollendung des 21. Lebensjahres, die im Haushalt der Eltern oder eines Elternteils leben und sich in der allgemeinen Schulausbildung befinden,

    – beträgt beim nicht erwerbstätigen Unterhaltspflichtigen monatlich 880,00 €, beim erwerbstätigen Unterhaltspflichtigen monatlich 1 080,00 €. Hierin sind bis 380,00 € für Unterkunft einschließlich umlagefähiger Nebenkosten und Heizung (Warmmiete) enthalten. Der Selbstbehalt soll erhöht werden, wenn die Wohnkosten (Warmmiete) den ausgewiesenen Betrag überschreiten und nicht unangemessen sind.

    Der angemessene Eigenbedarf, insbesondere gegenüber anderen volljährigen Kindern, beträgt in der Regel mindestens monatlich 1 300,00 €. Darin ist eine Warmmiete bis 480,00 € enthalten.

6. Der Bedarfskontrollbetrag des Unterhaltspflichtigen ab Gruppe 2 ist nicht identisch mit dem Eigenbedarf. Er soll eine ausgewogene Verteilung des Einkommens zwischen dem Unterhaltspflichtigen und den unterhaltsberechtigten Kindern gewährleisten. Wird er unter Berücksichtigung anderer Unterhaltspflichten unterschritten, ist der Tabellenbetrag der nächst niedrigeren Gruppe, deren Bedarfskontrollbetrag nicht unterschritten wird, anzusetzen.

7. Bei volljährigen Kindern, die noch im Haushalt der Eltern oder eines Elternteils wohnen, bemisst sich der Unterhalt nach der 4. Altersstufe der Tabelle.

   Der angemessene Gesamtunterhaltsbedarf eines Studierenden, der nicht bei seinen Eltern oder einem Elternteil wohnt, beträgt in der Regel monatlich 735,00 €. Hierin sind bis 300,00 € für Unterkunft einschließlich umlagefähiger Nebenkosten und Heizung (Warmmiete) enthalten. Dieser Bedarfssatz kann auch für ein Kind mit eigenem Haushalt angesetzt werden.

8. Die Ausbildungsvergütung eines in der Berufsausbildung stehenden Kindes, das im Haushalt der Eltern oder eines Elternteils wohnt, ist vor ihrer Anrechnung in der Regel um einen ausbildungsbedingten Mehrbedarf von monatlich 100,00 € zu kürzen.

9. In den Bedarfsbeträgen (Anmerkungen 1 und 7) sind Beiträge zur Kranken- und Pflegeversicherung sowie Studiengebühren nicht enthalten.

10. Das auf das jeweilige Kind entfallende Kindergeld ist nach § 1612b BGB auf den Tabellenunterhalt (Bedarf) anzurechnen.

B. Ehegattenunterhalt

I. Monatliche Unterhaltsrichtsätze des berechtigten Ehegatten ohne unterhaltsberechtigte Kinder (§§ 1361, 1569, 1578, 1581 BGB):

   1. gegen einen erwerbstätigen Unterhaltspflichtigen:

      a) wenn der Berechtigte kein Einkommen hat: 3/7 des anrechenbaren Erwerbseinkommens zuzüglich 1/2 der anrechenbaren sonstigen Einkünfte des Pflichtigen, nach oben begrenzt durch den vollen Unterhalt, gemessen an den zu berücksichtigenden ehelichen Verhältnissen;

      b) wenn der Berechtigte ebenfalls Einkommen hat: 3/7 der Differenz zwischen den anrechenbaren Erwerbseinkommen der Ehegatten, insgesamt begrenzt durch den vollen ehelichen Bedarf; für sonstige anrechenbare Einkünfte gilt der Halbteilungsgrundsatz;

      c) wenn der Berechtigte erwerbstätig ist, obwohl ihn keine Erwerbsobliegenheit trifft: gemäß § 1577 Abs. 2 BGB;

   2. gegen einen nicht erwerbstätigen Unterhaltspflichtigen (z. B. Rentner): wie zu 1 a, b oder c, jedoch 50 %.

II. Fortgeltung früheren Rechts:

   – *Vom Abdruck wurde abgesehen* –

III. Monatliche Unterhaltsrichtsätze des berechtigten Ehegatten, wenn die ehelichen Lebensverhältnisse durch Unterhaltspflichten gegenüber Kindern geprägt werden:

   Wie zu I bzw. II 1, jedoch wird grundsätzlich der Kindesunterhalt (Zahlbetrag; vgl. Anm. C und Anhang) vorab vom Nettoeinkommen abgezogen.

IV. Monatlicher Eigenbedarf (Selbstbehalt) gegenüber dem getrennt lebenden und dem geschiedenen Berechtigten:

   unabhängig davon, ob erwerbstätig oder nicht erwerbstätig 1 200,00 €

   Hierin sind bis 430,00 € für Unterkunft einschließlich umlagefähiger Nebenkosten und Heizung (Warmmiete) enthalten.

V. Existenzminimum des unterhaltsberechtigten Ehegatten einschließlich des trennungsbedingten Mehrbedarfs in der Regel:

   1. falls erwerbstätig: 1 080,00 €
   2. falls nicht erwerbstätig: 880,00 €

VI. 1. Monatlicher notwendiger Eigenbedarf des von dem Unterhaltspflichtigen getrennt lebenden oder geschiedenen Ehegatten unabhängig davon, ob erwerbstätig oder nicht erwerbstätig:

   a) gegenüber einem nachrangigen geschiedenen Ehegatten 1 200,00 €
   b) gegenüber nicht privilegierten volljährigen Kindern 1 300,00 €
   c) gegenüber Eltern des Unterhaltspflichtigen 1 800,00 €

   2. Monatlicher notwendiger Eigenbedarf des Ehegatten, der in einem gemeinsamen Haushalt mit dem Unterhaltspflichtigen lebt, unabhängig davon, ob erwerbstätig oder nicht erwerbstätig:

   a) gegenüber einem nachrangigen geschiedenen Ehegatten 960,00 €
   b) gegenüber nicht privilegierten volljährigen Kindern 1 040,00 €
   c) gegenüber Eltern des Unterhaltspflichtigen 1 440,00 €

   (vergl. Anm. D I)

Anmerkung zu I–III:

Hinsichtlich berufsbedingter Aufwendungen und berücksichtigungsfähiger Schulden gelten Anmerkungen A. 3 und 4 – auch für den erwerbstätigen Unterhaltsberechtigten – entsprechend. Diejenigen berufsbedingten Aufwendungen, die sich nicht nach objektiven Merkmalen eindeutig von den privaten Lebenshaltungskosten abgrenzen lassen, sind pauschal im Erwerbstätigenbonus von 1/7 enthalten.

C. Mangelfälle

– *Vom Abdruck wurde abgesehen* –

D. Verwandtenunterhalt und Unterhalt nach § 1615l BGB

I. Angemessener Selbstbehalt gegenüber den Eltern: mindestens monatlich 1 800,00 € (einschließlich 480,00 € Warmmiete) zuzüglich der Hälfte des darüber hinausgehenden Einkommens, bei Vorteilen des Zusammenlebens in der Regel 45 % des darüber hinausgehenden Einkommens. Der angemessene Unterhalt des mit dem Unterhaltspflichtigen zusammenlebenden Ehegatten bemisst sich nach den ehelichen Lebensverhältnissen (Halbteilungsgrundsatz), beträgt jedoch mindestens 1 440,00 € (einschließlich 380,00 € Warmmiete).

II. Bedarf der Mutter und des Vaters eines nicht ehelichen Kindes (§ 1615l BGB): nach der Lebensstellung des betreuenden Elternteils, in der Regel mindestens 880,00 €.

Angemessener Selbstbehalt gegenüber der Mutter und dem Vater eines nicht ehelichen Kindes (§§ 1615l, 1603 Abs. 1 BGB): unabhängig davon, ob erwerbstätig oder nicht erwerbstätig: 1 200,00 €.

Hierin sind bis 430,00 € für Unterkunft einschließlich umlagefähiger Nebenkosten und Heizung (Warmmiete) enthalten.

E. Übergangsregelung

– *Vom Abdruck wurde abgesehen* –

Quelle: Oberlandesgericht Düsseldorf, Düsseldorfer Tabelle 2019. In: www.olg-duesseldorf.nrw.de (01.01.2019). URL: http://www.olg-duesseldorf.nrw.de/infos/Duesseldorfer_Tabelle/Tabelle-2019/Duesseldorfer-Tabelle-2019.pdf [09.01.2019]

Der Bedarf eines Kindes kann den Pauschalen der Düsseldorfer Tabelle (nachfolgend: DT) entnommen werden. Die Sätze der Tabelle beruhen auf Unterhaltspflichten zwei Personen gegenüber (*DT-Anmerkung A.1.*). Bei einer geringeren oder einer höheren Anzahl Unterhaltsberechtigter ist eine Herauf- bzw. Herabstufung in Bezug auf die Einkommensgruppen vorzunehmen.

Anfallende Krankenversicherungskosten erhöhen den sich aus den Sätzen der Düsseldorfer Tabelle ergebenden Bedarf eines Kindes (*DT-Anmerkung A. 9.*).

Beispiel:
Die Eltern von Jonas (2 Jahre) leben getrennt. Sein Vater Mikail Zimmermann verdient als selbstständiger Kfz-Mechatroniker monatlich 2 100,00 € netto. Jonas ist privat krankenversichert, dafür fallen monatliche Kosten in Höhe von 49,88 € an. Jonas lebt bei seiner Mutter Valeria Zimmermann. Diese ist nicht erwerbstätig und ebenfalls unterhaltsberechtigt. Der Bedarf von Jonas ergibt sich aus Altersstufe 1/Gehaltsgruppe 2 der Düsseldorfer Tabelle (Stand: 1. Januar 2019) mit 372,00 €. Hinzuzurechnen sind die Krankenversicherungskosten, sodass von einem Gesamtbedarf in Höhe von 372,00 € zzgl. 49,88 € = 421,88 € auszugehen ist.

Wenn der Bedarf eines getrennt lebenden oder geschiedenen Ehegatten zu ermitteln ist, geht man grundsätzlich vom sogenannten **Halbteilungsgrundsatz** aus. Jedem Ehegatten ist also die Hälfte des gemeinsamen Einkommens als Bedarf zuzubilligen. Bei Einkünften aus Erwerbstätigkeit wird aber vorab ein Betrag als Erwerbstätigenbonus in Abzug gebracht. Je nach OLG-Leitlinien beträgt dieser Bonus 1/10 bis 1/7 des Erwerbseinkommens, die Düsseldorfer Tabelle geht von 1/7 aus.

Nach *Anmerkung B. IV. der DT* ist für einen nicht erwerbstätigen Ehegatten von einem Mindestbedarf in Höhe von 880,00 € auszugehen, für einen erwerbstätigen Ehegatten wird ein Mindestbedarf von 1 080,00 € zugrunde gelegt.

Beispiel 1:
In der Einstiegssituation hat Karl Ummenhofer monatliche Einkünfte aus seiner selbstständigen Tätigkeit in Höhe von 3 500,00 €. Ursula Ummenhofer hat kein Einkommen. Nach Anmerkung B. I. 1. a. der DT beträgt der Erwerbstätigenbonus 1/7, der Bedarf von Ursula Ummenhofer beläuft sich also auf 3/7 von 3 500,00 €, das sind 1 500,00 €.

Beispiel 2 (Variante von Beispiel 1):
Karl Ummenhofer bezieht Altersrente in Höhe von 2 000,00 € monatlich und außerdem noch Mieteinkünfte in Höhe von 1 500,00 € monatlich. Der Bedarf von Ursula Ummenhofer beträgt dann die Hälfte von 3 500,00 €, das sind 1 750,00 € monatlich. Ein Erwerbstätigenbonus ist nicht zu berücksichtigen.

Private Krankenversicherungskosten des Ehegatten sind nicht in der Quote enthalten, sie sind gegebenenfalls gesondert zu berücksichtigen.

Ab Rechtshängigkeit des Ehescheidungsverfahrens zählen auch Aufwendungen zur Altersvorsorge und zur Vorsorge gegen Erwerbs- und Berufsunfähigkeit zum Bedarf des den Unterhalt begehrenden Ehegatten *(§ 1361 Abs. 1 Nr. 2 BGB)*. Diese Kosten sind ebenfalls nicht in der Quote enthalten.

Konkrete Bedarfsbemessung

Möchte man den Bedarf eines unterhaltsberechtigten Elternteils ermitteln, ist eine konkrete Bedarfsberechnung erforderlich.

Beispiel:
Almut Haddis, 85 Jahre, befindet sich im Pflegeheim. Die Heimunterbringungskosten belaufen sich auf 3 500,00 € monatlich. Außerdem wendet Almut Haddis für Körper- und Kleiderpflege, Zeitschriften und sonstige Kleinigkeiten des täglichen Lebens ca. 90,00 € monatlich auf. Der Bedarf von Almut Haddis beträgt also 3 590,00 € monatlich.

Auch im Falle einer Unterhaltspflicht der nicht verheirateten Mutter eines gemeinsamen Kindes oder dem nicht verheirateten Vater eines gemeinsamen Kindes gegenüber gibt es keine gemeinsame Lebensstellung, an die man zur Bedarfsermittlung anknüpfen könnte. Deshalb wird auch hier konkret gerechnet und an die Einkommensverhältnisse des Unterhaltsberechtigten vor der Geburt angeknüpft. Nach *Anmerkung D. II. der DT* ist dabei von einem Mindestbetrag in Höhe von 880,00 € auszugehen.

Beispiel:
Die Mutter des kleinen Jonas war vor dessen Geburt Zahnarzthelferin mit einem Nettoeinkommen von 1 378,00 € monatlich. Sie lebt mit dem Vater des Kindes nicht zusammen. Nach der Geburt geht sie keiner Erwerbstätigkeit mehr nach, weil sie sich um den Säugling kümmert. Ihr Bedarf entspricht dem vor der Geburt bezogenen Einkommen.

Bei außergewöhnlich guten Einkommensverhältnissen wird auch der Bedarf eines getrennt lebenden oder geschiedenen Ehegatten konkret ermittelt. Denn dann geht man davon aus, dass nicht das gesamte Einkommen für den Lebensbedarf der Eheleute verwendet wurde, sondern dass beispielsweise aus dem laufenden Einkommen verstärkt Vermögensbildung erfolgt ist. Eine feste Grenze, wann derartige „außergewöhnlich gute" Einkommensverhältnisse vorliegen, gibt es nicht. Der vollständige Verbrauch des Familieneinkommens für

Konsumzwecke kann gerade noch vermutet werden, wenn die Nettoeinkünfte ungefähr das Doppelte der höchsten Gehaltsgruppe der DT betragen, das ist derzeit ein Betrag von monatlich 11 000,00 €. Liegt das Familieneinkommen über diesem Betrag, muss der den Unterhalt begehrende Ehegatte seinen tatsächlichen Bedarf konkret darlegen.

Beispiel:
Der Unternehmer Hans Wellenreich hat aus seinen diversen Unternehmensbeteiligungen monatliche Einkünfte von 27 000,00 €. Sein Frau Elke Wellenreich kann sich nicht darauf berufen, ihr Bedarf betrage 3/7 dieses Betrages. Sie wird ihre tatsächlichen Aufwendungen für Wohnen, Ernährung, Kosmetik, Reisen etc. aufschlüsseln müssen.

Neben dem Elementarbedarf gibt es noch weitere Bedarfsformen:

- **Mehrbedarf:** Bei Vorliegen besonderer Umstände kann zusätzlich ein Mehrbedarf bestehen, der durch den Elementarbedarf nicht abgedeckt ist. Es muss sich hierbei um regelmäßig anfallende Mehraufwendungen über einen längeren Zeitraum handeln.

Beispiele:
Nachhilfekosten, Kosten für Kinderbetreuungseinrichtungen, regelmäßig anfallende Zuzahlungen für Medikamente bei chronischer Erkrankung

- **Sonderbedarf:** Sonderbedarf ist ein nicht vorhersehbarer, unregelmäßiger außerordentlich hoher Bedarf, der nicht vorausgesehen werden kann. Er ist als selbstständiger Anspruch geltend zu machen.

Beispiel:
Kosten für eine kieferorthopädische Behandlung

- **Betreuungsbedarf:** Die tatsächliche Versorgung eines minderjährigen Kindes durch dessen Erziehung, Betreuung, Pflege, Versorgung im Krankheitsfall etc. deckt dessen Betreuungsbedarf. In der Regel deckt der Elternteil, bei dem das Kind aufwächst, den Betreuungsbedarf durch seine Versorgungsleistungen ab *(§ 1606 Abs. 3 S. 2 BGB)*. Eine Monetarisierung des Betreuungsbedarfs erfolgt nicht.

Bei minderjährigen Kindern erfüllt derjenige Elternteil, bei dem das Kind wohnt, seine Unterhaltsverpflichtung schon dadurch, dass er das Kind betreut und erzieht. Eine Barunterhaltpflicht des betreuenden Elternteils kommt deshalb nur in Ausnahmefällen in Betracht.

Mit dem Tag des 18. Geburtstages fällt der Betreuungsbedarf des Kindes weg. Das bedeutet, dass der Elternteil, der das Kind bis dahin erzogen und betreut hat, seine Verpflichtung, zum Unterhalt beizutragen, ab diesem Tag nicht mehr durch seine Betreuungsleistungen erfüllen kann. Er ist nun ebenfalls barunterhaltspflichtig. Die Höhe des von den Eltern jeweils geschuldeten Barunterhaltes richtet sich nach den beiderseitigen Einkommens- und Vermögensverhältnissen.

2.2.2 Bedürftigkeit

Bedürftigkeit liegt dann vor, wenn eine Person ihren individuellen Bedarf nicht oder nur teilweise durch eigene Einkünfte oder durch die zumutbare Verwertung eigenen Vermögens decken kann.

Beispiel:
Der individuelle Bedarf von Tanja Schmitt beträgt 880,00 € pro Monat. Eigenes Einkommen wird in Höhe von 500,00 € erzielt. Eine Ausweitung ihrer Erwerbstätigkeit ist Tanja Schmitt nicht möglich. Bedürftigkeit besteht noch in Höhe von monatlich 380,00 €.

Zunächst einmal hat jeder selbst für seinen Unterhalt zu sorgen, nämlich durch eine zumutbare Verwertung seiner Arbeitskraft. Das nennt man **Erwerbsobliegenheit**. Manchmal kann aber eine Erwerbstätigkeit nicht oder nur mit Einschränkungen ausgeübt werden. Zur Beurteilung werden verschiedene Kriterien herangezogen wie das Alter, der Gesundheitszustand, die Berufsausbildung, eine frühere Erwerbstätigkeit, Dauer der Ehe und Dauer der Trennung, die Betreuungssituation der Kinder, die wirtschaftlichen Verhältnisse usw.

Keine Erwerbsobliegenheit besteht bei
- Schülern, Studenten,
- Alten,
- Kranken,
- Eltern in dem Umfang, in dem keine Kinderbetreuungsmöglichkeiten für die Kinder zur Verfügung stehen.

Es gibt aber neben den Einkünften aus Erwerbstätigkeit noch weitere Einkunftsarten, die zur Bedarfsdeckung eingesetzt werden müssen.

Beispiele:
Renten, Zinseinkünfte, Einkünfte aus Vermietung und Verpachtung

Falls das unter Abwägung von Billigkeitsgesichtspunkten zumutbar ist, muss der Unterhaltsberechtigte gegebenenfalls nicht nur die Einkünfte aus Vermögen (z. B. Zinsen), sondern auch das Vermögen selbst für seinen eigenen Unterhalt einsetzen. Von einem minderjährigen unverheirateten Kind kann das aber nicht verlangt werden (§ 1602 Abs. 2 BGB). Ein volljähriges Kind muss dagegen auch sein Vermögen für seinen eigenen Unterhalt einsetzen.

Beispiel:
Lukas Gillner will nach dem Abitur ein Studium beginnen. Seine Großmutter hatte schon mit seiner Geburt eine Lebensversicherung für ihn abgeschlossen. Er erhält kurz vor Studienbeginn die Versicherungsleistung in Höhe von 68 000,00 € ausbezahlt. Lukas Gillner ist verpflichtet, sein Vermögen für seinen Unterhalt einzusetzen. Eine Bedürftigkeit wäre zu verneinen.

Die Unterhaltsplicht von Eltern ihren Kindern gegenüber dauert grundsätzlich solange an, bis diese eine selbstständige Lebensstellung erreicht haben und ihren Unterhalt selbst finanzieren können. Eingeschlossen ist nach der Schulausbildung auch die Phase der Ausbildung für einen Beruf, wobei das Kind im Gegenzug verpflichtet ist, die Ausbildung ernsthaft und zügig zu betreiben.

Geht das Kind keiner Ausbildung nach, ist es verpflichtet, eine Erwerbstätigkeit auszuüben. Unterhalt von den Eltern kann dann nicht mehr verlangt werden, denn das Kind ist in der Lage, sich selbst zu unterhalten, Bedürftigkeit liegt nicht mehr vor.

Wenn trotz Erwerbsobliegenheit keine Tätigkeit ausgeübt wird, wird der Unterhaltsberechtigte so behandelt, als erziele er Einkünfte. Es erfolgt eine Anrechnung fiktiven Einkommens.

Kindergeld ist gemäß *§ 1612b BGB* zur Deckung des Barbedarfs eines Kindes einzusetzen:

- zur Hälfte bei minderjährigen Kindern, die im Haushalt des anderen Elternteils leben
- bei volljährigen Kindern oder anderweitig untergebrachten minderjährigen Kindern in voller Höhe

Anspruch auf staatliches Kindergeld besteht vom 1. Januar bis 30. Juni 2019

für das 1. und 2. Kind in Höhe von	**194,00 €** monatlich,
für das 3. Kind in Höhe von	**200,00 €** monatlich und
ab dem 4. Kind in Höhe von	**225,00 €** monatlich.

Anspruch auf staatliches Kindergeld besteht ab 1. Juli 2019

für das 1. und 2. Kind in Höhe von	**204,00 €** monatlich
für das 3. Kind in Höhe von	**210,00 €** monatlich und
ab dem 4. Kind in Höhe von	**235,00 €** monatlich

Beispiel:
Jamie Selinc ist 5 Jahre alt. Sein Bedarf nach der Trennung der Eltern im Oktober 2019 ergibt sich aus der DT aus Gehaltsgruppe 2 mit 372,00 €. Anzurechnen ist das hälftige Kindergeld für ein erstes Kind in Höhe von 102,00 €, sodass Bedürftigkeit in Höhe von 270,00 € verbleibt.

2.2.3 Leistungsfähigkeit

Leistungsfähigkeit beim Unterhaltspflichtigen liegt vor, wenn dieser nach Deckung seines eigenen Unterhalts noch freie Mittel zur Verfügung hat, die er für den Unterhalt des Unterhaltsberechtigten verwenden kann.

In der Praxis besonders bedeutsam sind die Selbstbehaltssätze der Düsseldorfer Tabelle. Für Unterhaltszwecke steht nur das Einkommen eines Unterhaltspflichtigen zur Verfügung, welches seinen Selbstbehalt übersteigt. Je nach der Person des Unterhaltsberechtigten unterscheiden sich die dem Unterhaltspflichtigen zustehenden Selbstbehaltssätze.

Selbstbehaltssätze nach DT (Stand: 1. Januar 2019)			
Unterhaltsberechtigter	Selbstbehalt erwerbstätiger Unterhaltspflichtiger	Selbstbehalt nicht erwerbstätiger Unterhaltspflichtiger	Im Selbstbehalt enthaltene Wohnkosten (Warmmiete)
Privilegiertes Kind (minderjährig oder volljährig und zu Hause lebend und sich in allgemeiner Schulausbildung befindend)	1 080,00 €	880,00 €	380,00 €
Kind, nicht privilegiert	1 300,00 €	1 300,00 €	480,00 €
Ehegatte, getrennt lebend oder geschieden	1 200,00 €	1 200,00 €	430,00 €
Mutter/Vater eines nicht ehelichen Kindes	1 200,00 €	1 200,00 €	430,00 €
Eltern	1 800,00 € zzgl. 50 % des darüber hinausgehenden Einkommens	1 800,00 € zzgl. 50 % des darüber hinausgehenden Einkommens	480,00 €

Beispiel:
Ein erwerbstätiger Unterhaltspflichtiger mit einem monatlichen Nettoeinkommen von 1 400,00 € könnte also 320,00 € für den Unterhalt minderjähriger Kinder aufwenden, einem volljährigen Kind gegenüber könnte er nur noch in Höhe von 100,00 € monatlich zu Unterhaltszahlungen herangezogen werden und einem Elternteil gegenüber wäre er als komplett leistungsunfähig zu behandeln.

Übersteigen die konkreten Wohnkosten die in der Düsseldorfer Tabelle berücksichtigten Pauschalen, kann eine Erhöhung der Selbstbehaltssätze infrage kommen.

2.2.4 Außergerichtliche Geltendmachung

Eine Unterhaltsberechnung läuft schematisch ab. Nach der Ermittlung des Bedarfs geht man zur Beurteilung der Bedürftigkeit und schließlich der Leistungsfähigkeit über. Die Berechnung endet mit der Ermittlung der Zahlbeträge.

Beispiel:
Hakan Genç ist als Facharbeiter angestellt und verdient 2 200,00 € netto. Er fährt mit öffentlichen Verkehrsmitteln zur Arbeit, seine Monatskarte kostet 46,00 €. Hakan Genç lebt von seiner Ehefrau Melissa Genç und der Tochter Selina, 3 Jahre, seit einem Monat getrennt. Melissa Genç hat Einkünfte aus Vermietung in Höhe von 250,00 € monatlich, sie erhält außerdem das Kindergeld für Selina. Mit ihrer Teilzeittätigkeit als Zahnarzthelferin verdient sie monatlich weitere 600,00 €. Berufsbedingte Aufwendungen entstehen Melissa Genç nicht. Sie beauftragt den Rechtsanwalt, den Unterhalt für sich und Selina zu berechnen und Hakan Genç zur Zahlung der errechneten Beträge aufzufordern.

Der Rechtsanwalt führt aufgrund der Angaben der Mandantin im Juli 2019 folgende Berechnung durch:

	Einkommen Ehemann	2 200,00 €
−	Berufsbedingte Aufwendungen	46,00 €
=	Bereinigtes Einkommen	2 154,00 €

Kindesunterhalt für Selina:

	Bedarf Selina, 3 Jahre aus DT Gehaltsgruppe 2/Altersstufe 1	372,00 €
−	Anzurechnen ½ staatl. Kindergeld 204,00 € : 2	102,00 €
=	Bedürftigkeit Selina	270,00 €

Kontrolle Leistungsfähigkeit:

	Einkommen Ehemann bereinigt	2 154,00 €
−	Zahlbetrag Kindesunterhalt	270,00 €
=	Verbleiben	1 884,00 €

Der Selbstbehalt in Höhe von 1 080,00 € ist gewahrt.

Hakan Genç schuldet Kindesunterhalt für Selina in Höhe von 270,00 €.

Ehegattenunterhalt für Melissa Genç:

	Bereinigtes Einkommen Ehemann	2 154,00 €
–	Zahlbetrag Kindesunterhalt Selina	270,00 €
=	Verbleiben	1 884,00 €
–	1/7 Erwerbstätigenbonus	269,14 €
=	Verbleiben	1 614,86 €
	Einkommen Melissa Genç aus Vermietung	250,00 €
+	Einkommen Melissa Genç aus Erwerbstätigkeit	600,00 €
=	Gesamt	850,00 €
–	1/7 Erwerbstätigenbonus aus Erwerbseinkommen	85,71 €
=	Verbleiben	764,29 €
	Bedarf Ehefrau (1 614,86 € + 764,29 €) : 2	1 189,58 €

Bedürftigkeit Ehefrau:

	Bedarf	1 189,58 €
–	Eigenes Einkommen	764,29 €
=	Bedürftigkeit Ehefrau	425,29 €

Leistungsfähigkeit Ehemann für Ehegattenunterhalt:

	Einkommen	2 154,00 €
–	Zahlbetrag Kindesunterhalt Selina	270,00 €
–	Ehegattenunterhaltsanspruch gerundet	425,00 €
=	verbleibendes Einkommen Ehemann	1 459,00 €

Der Selbstbehalt in Höhe von 1 200,00 € ist gewahrt.

Hakan Genç schuldet Unterhalt für Selina in Höhe von 270,00 € monatlich und für Melissa Genç in Höhe von 425,00 € monatlich. Der Rechtsanwalt übersendet Hakan Genç ein entsprechendes Aufforderungsschreiben, in dem er den errechneten Unterhalt anfordert.

Teilweise nutzt der Rechtsanwalt **EDV-gestützte Berechnungsprogramme** für seine Unterhaltsberechnung. Das verbreitetste Programm ist das PC-Programm von Gutdeutsch, „Familienrechtliche Berechnungen" (C. H. Beck Verlag), welches auch als Onlineversion erhältlich ist. Insbesondere wenn die Einkommensverhältnisse stark schwanken und für länger zurückliegende Zeiträume Rückstandsberechnungen anzustellen sind, kann das eine erhebliche Arbeitserleichterung darstellen. Die EDV-gestützten Berechnungen können dann in die Schriftsätze übernommen werden.

Besteht über den zu zahlenden Unterhalt Einigkeit und wird freiwillig Unterhalt bezahlt, hat derjenige, der den Unterhalt beanspruchen kann, dennoch ein Titulierungsinteresse, um beim Ausbleiben von Unterhaltszahlungen in der Zukunft sofort Vollstreckungsmaßnahmen einleiten zu können. Eine vollstreckbare Unterhaltsurkunde kann beim Notar erstellt werden.

Die Titulierung des Unterhalts von Kindern kann in dynamisierter Form verlangt werden, sodass automatisch künftige Wechsel in der Altersstufe oder Anpassungen des Mindestunterhaltes berücksichtigt werden *(§ 1612a BGB)*. Die Prozentsätze, die mit dem ermittelten Unterhaltszahlbetrag korrespondieren, können der dritten Spalte der DT entnommen werden.

Geht es um den Unterhalt für Kinder, kann der Titel auch kostenfrei in Form einer vollstreckbaren Jugendamtsurkunde erstellt werden. Dazu sollte der Unterhaltspflichtige aufgefordert werden, soweit vorgerichtlich Einigkeit über die Höhe des geschuldeten Unterhalts hergestellt werden kann.

Muster: Aufforderung an Unterhaltspflichtigen

...

Mellmann/Mellmann

Sehr geehrter Herr Mellmann,

vielen Dank für die Übersendung Ihrer Einkommensunterlagen.

Für die gemeinsame Tochter Pia, 7 Jahre, schulden Sie ausgehend von dem von Ihnen bezogenen Nettoeinkommen derzeit Kindesunterhalt nach Gehaltsgruppe 3/Altersstufe 2 der Düsseldorfer Tabelle (Stand: 1. Januar 2019) in Höhe von 447,00 €. Abzuziehen ist das hälftige Kindergeld mit derzeit 102,00 €, sodass sich ein Zahlbetrag von 345,00 € ergibt.

Wie mir Frau Mellmann berichtet hat, haben Sie schon einen entsprechenden Dauerauftrag eingerichtet.

Bitte lassen Sie eine vollstreckbare Urkunde über ihre Unterhaltsverpflichtung erstellen. Das ist kostenfrei beim Jugendamt möglich.

Meine Mandantin hat einen Anspruch auf die Titulierung des Unterhalts in dynamisierter Form, sodass bei einer Änderung der Altersstufe oder des Mindestunterhaltes automatisch auch eine Anpassung der Zahlungsverpflichtung erfolgt.

Zu titulieren ist Ihre Unterhaltsverpflichtung in Höhe von 110 % des jeweiligen Mindestunterhaltes der jeweiligen Altersstufe abzüglich des hälftigen Kindergeldes für ein erstes Kind.

Bitte übersenden Sie mir diese Urkunde bis spätestens zum XX.XX.20...

Mit freundlichen Grüßen

Maria Heilig

Rechtsanwältin

Unterhalt

 § 59 Abs. 1 Nr. 3 SGB VIII Die Urkundsperson beim Jugendamt ist befugt, die Verpflichtung zur Erfüllung von Unterhaltsansprüchen eines Abkömmlings oder seines gesetzlichen Rechtsnachfolgers zu beurkunden, sofern der Abkömmling zum Zeitpunkt der Beurkundung das 21. Lebensjahr noch nicht vollendet hat.

Muster einer vollstreckbaren Jugendamtsurkunde

Jugendamt _____

Beglaubigte Abschrift der

Vollstreckbaren Ausfertigung

Ort, Datum:

Beurkundungsregister

Jahr: Nr.:

Urkunde über Unterhaltsverpflichtung

Gegenwärtig als Urkundsperson:
Es erscheint heute Herr/Frau

Vorname/Name/ggf. Geburtsname/Geburtsdatum/Geburtsort	
Familienstand	Staatsangehörigkeit
Postleitzahl, Ort, Straße, Hausnr.	
❏ persönlich bekannt ❏ ausgewiesen durch Personalausweis	
und nach Überzeugung der Urkundsperson geschäftsfähig.	

Nach Belehrung über die Bedeutung der Unterhaltsverpflichtungserklärung, der Dynamisierung des Unterhaltes und der Unterwerfungsklausel erklärt der/die Erschienene:

Ich bin dem Kind

Vorname/Name/Geburtsdatum/Geburtsort
Postleitzahl, Ort, Straße, Hausnr.

gegenüber nach den §§ 1601 ff. BGB unterhaltspflichtig. Deshalb verpflichte ich mich zu folgenden monatlichen Unterhaltszahlungen, zahlbar im Voraus zum ersten eines jeden Monats:

Ab	bis	% des Mindestunterhaltes der ersten Altersstufe und
ab	bis	% des Mindestunterhaltes der zweiten Altersstufe und
ab	bis	% des Mindestunterhaltes der dritten Altersstufe.

Dieser Unterhalt vermindert sich um die Hälfte des jeweiligen gesetzlichen Kindergeldes.

> Das entspricht derzeit:
> Monatlich ... €   abzüglich Kindergeldanteil ... €, aktueller Zahlbetrag damit ... €.
>
> Wegen der Erfüllung dieser Verbindlichkeit unterwerfe ich mich der sofortigen Zwangsvollstreckung aus dieser Urkunde. Ansprüche nach § 1613 Abs. 2 BGB und § 239 FamFG bleiben unberührt. Ich beantrage, dem Kind zu Händen desjenigen Elternteils, bei dem es seinen gewöhnlichen Aufenthalt hat, eine vollstreckbare Ausfertigung dieser Urkunde zu erteilen.
>
> Vorgelesen und genehmigt   (Siegel)
>
> _____   _____
> Unterschrift des Verpflichteten   Unterschrift der Urkundsperson
>
> Vorstehende, mit der Urschrift gleichlautende Ausfertigung wird dem Kind zu Händen desjenigen Elternteils, bei dem sich das Kind in Obhut befindet, zum Zwecke der Zwangsvollstreckung erteilt.
>   (Siegel)
>
> _____
> Unterschrift der Urkundsperson

Lässt der grundsätzlich zu freiwilligen Unterhaltszahlungen bereite Elternteil keine Urkunde errichten, gibt er trotz regelmäßiger Zahlungen Anlass zur Einleitung eines gerichtlichen Verfahrens.

2.3 Rangfragen

Reicht die wirtschaftliche Leistungsfähigkeit eines Unterhaltsschuldners nicht aus, an alle Unterhaltsberechtigten Unterhalt zu bezahlen, stellt sich die Frage, in welcher Reihenfolge an mehrere Personen Unterhalt zu bezahlen ist.

§ 1609 BGB gibt in Verbindung mit den entsprechenden Regelungen des **Lebenspartnerschaftsgesetzes** bei mehreren Unterhaltsberechtigten die Rangfolge vor:

1. Rang	Minderjährige Kinder und Kinder bis zum 21. Lebensjahr, die unverheiratet/nicht verpartnert sind, im Haushalt eines Elternteils leben und sich noch in der allgemeinen Schulausbildung befinden
2. Rang	Elternteile, die wegen der Betreuung eines Kindes unterhaltsberechtigt sind oder wären, sowie Ehegatten/geschiedene Ehegatten bei einer Ehe von langer Dauer oder Lebenspartner bei einer Lebenspartnerschaft von langer Dauer
3. Rang	Sonstige (geschiedene) Ehegatten oder Lebenspartner
4. Rang	Nicht privilegierte volljährige Kinder
5. Rang	Enkelkinder und weitere Abkömmlinge
6. Rang	Eltern
7. Rang	Großeltern und weitere Verwandte der aufsteigenden Linie

Beispiel:

Herman Wolbert hat drei minderjährige Kinder mit seiner getrennt lebenden Ehefrau Lena Wolbert. Lena Wolbert ist nur teilweise erwerbstätig und selbst unterhaltsbedürftig. Oscar Wolbert ist der volljährige Sohn von Herman Wolbert aus dessen erster, bereits geschiedener Ehe. Oscar Wolbert gerade sein Abitur gemacht und will nun studieren. Herman Wolbert verdient monatlich 1 890,00 € netto. Die Unterhaltsansprüche der minderjährigen Kinder summieren sich schon auf 801,00 €. Sowohl Lena Wolbert als auch Oscar Wolbert stehen den minderjährigen Kindern im Rang nach, sie werden keinen Unterhalt von Herman Wolbert verlangen können, da dieser nach Bedienung der Unterhaltsansprüche der minderjährigen Kinder nicht mehr leistungsfähig ist.

2.4 Auskunft

Sowohl für die Ermittlung des Bedarfs als auch für die Ermittlung der Bedürftigkeit und die der Leistungsfähigkeit kommt es darauf an, über die Einkommensverhältnisse sowohl des Unterhaltsberechtigten als auch des Unterhaltsverpflichteten genau Bescheid zu wissen.

 Einkommen sind alle Einkünfte in Geld oder Geldeswert, gleich welcher Art und aus welchem Anlass sie erzielt werden.

Neben den Einkünften aus Erwerbstätigkeit müssen auch alle weiteren Einkunftsarten in Betracht gezogen werden, die notfalls durch Schätzung zu monetarisieren sind.

Beispiele:
- *Renten*
- *Zinseinkünfte aus Kapitalvermögen*
- *Einkünfte aus Vermietung*
- *Geldwerter Vorteil durch die Möglichkeit der kostenlosen Nutzung eines Firmenwagens für private Zwecke*
- *Wohnvorteil durch mietfreies Wohnen im Eigenheim*
- *Einkommensteuererstattungen*

Das Gesetz gibt demjenigen, der grundsätzlich einen Unterhaltsanspruch haben könnte, ein Mittel an die Hand, sich dieses Wissen über die Einkommensverhältnisse des Unterhaltspflichtigen verschaffen zu können: den Auskunftsanspruch. Die materiell-rechtlichen Grundlagen für diesen Auskunftsanspruch finden sich in der zentralen Norm des *§ 1605 Abs. 1 BGB*, auf den auch im Falle von Unterhaltsverhältnissen außerhalb des Verwandtenunterhalts entsprechend verwiesen wird.

Die rechtzeitige Geltendmachung dieses Auskunftsanspruchs ist in zweierlei Hinsicht wichtig:

1. **Berechnungsgrundlage**: Zum einen kann ein Unterhaltsanspruch verlässlich erst berechnet werden, wenn der Unterhaltsberechtigte genaue Kenntnisse darüber hat, was der Unterhaltsverpflichtete verdient. Dazu ist er auf die Informationen des Unterhaltsverpflichteten angewiesen.

2. **Rückstand**: Zum anderen kann der Berechtigte ab dem Zeitpunkt auch für die Vergangenheit Unterhalt fordern, an dem er mit dem Auskunftsverlangen zum Zweck der Geltendmachung des Unterhaltsanspruchs an den Verpflichteten herangetreten ist, vgl. § 1613 Abs. 1 BGB.

Stehen Unterhaltsansprüche im Raum, ist zur Rechtswahrung für den Unterhalt begehrenden Mandanten deshalb unverzüglich dafür Sorge zu tragen, dass der Unterhaltsverpflichtete dazu aufgefordert wird, Auskunft zu erteilen. Das entsprechende Anschreiben an die Gegenpartei sollte zu Beweiszwecken am besten per Einschreiben versendet werden.

Der Auskunftsanspruch ist aber nicht nur einseitig ausgestaltet. Auch der Unterhaltsberechtigte hat dem Unterhaltsverpflichteten Auskunft zu erteilen. Denn dieser muss ebenso wie der Unterhaltsberechtigte in die Lage versetzt werden, beurteilen zu können, in welcher Höhe Unterhalt geschuldet ist. Dies hängt eben nicht nur von seinem eigenen Einkommen ab, sondern auch vom Einkommen desjenigen, der den Unterhalt verlangt.

Die Auskunftspflicht eines abhängig Erwerbstätigen bezieht sich auf den Zeitraum eines Jahres. Bei einem Selbstständigen kann Auskunft über einen Dreijahreszeitraum verlangt werden, denn üblicherweise sind die Einkünfte Selbstständiger stärkeren Schwankungen unterworfen (Übersicht zum Gegenstand des Auskunfts- und Belegansprochs, siehe BuchPlusWeb).

Die Auskunft dient dazu, eine Prognose darüber anstellen zu können, was der Unterhaltsschuldner oder der Unterhaltsberechtigte künftig verdienen werden.

Neben der Auskunft an sich kann auch die Vorlage von Belegen verlangt werden. So sollte man sich in aller Regel die Verdienstabrechnungen der vergangenen zwölf Monate lückenlos vorlegen lassen. Nur dann kann man Erkenntnisse über unregelmäßige Sonderzahlungen, Steuerklassenwechsel, längere Fehlzeiten durch Krankheit, Gehaltserhöhungen, Schichtzuschläge etc. gewinnen. Auf eine sorgfältige Prüfung der Auskunft und der vorgelegten Einkommensunterlagen ist besonderes Augenmerk zu legen.

Mit der Auskunftserteilung sollte der Unterhaltspflichtige in seinem Interesse auch gleich Angaben zu seinen berücksichtigungsfähigen Abzügen machen und diese auch belegen, soweit sich die Abzüge nicht ohnehin schon aus den Lohnabrechnungen ergeben.

Beispiele:
Krankenversicherungsbeiträge, Aufwendungen für Altersvorsorge, Zins- und Tilgungsraten für Darlehensverbindlichkeiten, Aufwendungen für andere Unterhaltspflichten, Fahrtkosten zur Arbeitsstelle

Der Auskunftsanspruch kann grundsätzlich alle zwei Jahre geltend gemacht werden. Vor Ablauf dieser Zeit nur, wenn sich Anhaltspunkte dafür ergeben, dass die Einkommensverhältnisse des Auskunftspflichtigen sich wesentlich verbessert haben (§ 1605 Abs. 2 BGB).

Wird der Auskunftsanspruch außergerichtlich nicht erfüllt, kann er im Rahmen eines sogenannten Stufenantrages gerichtlich geltend gemacht werden. Nach Erledigung der ersten Stufe (Auskunftsstufe) erfolgt eine Weiterführung des Antrages auf der zweiten Stufe als beziffierter Zahlungsanspruch (Leistungsstufe).

2.5 Sozialleistungen und Unterhalt

Häufig gibt es in Unterhaltsangelegenheiten Berührungspunkte zum Sozialrecht. Das Sozialrecht verfolgt unter anderem das Ziel, die Familie zu fördern und zu sichern und dem Einzelnen ein menschenwürdiges Dasein zu sichern. Das vollzieht sich auch über bedarfsabhängige finanzielle Leistungen.

Beispiele:

- *Die alleinerziehende Mutter Mia Haller erhält vom Vater des gemeinsamen Kindes Selma nach der Trennung keinen Unterhalt und beantragt deshalb Unterhaltsvorschussleistungen nach dem Unterhaltsvorschussgesetz (UVG).*
- *Der volljährige Steven Jacobs hat nach dem Abitur den Kontakt zu seinen Eltern abgebrochen. Er möchte ein Studium beginnen und beantragt die Gewährung von Leistungen nach dem Bundesausbildungsförderungsgesetz (BAföG), da er keinen Unterhalt erhält.*
- *Helene Kammerer flüchtet aufgrund von Gewalttätigkeiten ihres Mannes Bernd mit den Kindern Sophie, 6 Jahre, und Sebastian, 2 Jahre, aus der gemeinsamen Wohnung. Sie beantragt beim Jobcenter Hilfe zum Lebensunterhalt nach dem zweiten Sozialgesetzbuch (SGB II), da sie kein eigenes Einkommen bezieht. Unterhalt bezahlt Bernd Kammerer nicht, da er über den Auszug seiner Ehefrau wütend ist.*
- *Anton Kramer ist 88 Jahre alt und pflegebedürftig. Mit seiner kleinen Rente kann er die Kosten der erforderlichen Unterbringung im Pflegeheim nicht bezahlen. Anton Kammerer stellt einen Antrag beim Sozialamt auf Kostenübernahme nach dem SGB XII.*

Dienen die bedarfsabhängigen finanziellen Leistungen des Staates dem Zweck, den Lebensbedarf des Hilfebedürftigen sicherzustellen, verfolgen sie also die gleiche Zielrichtung wie der zivilrechtliche Unterhaltsanspruch. Damit stellt sich die Frage, welche Auswirkungen die Inanspruchnahme von Sozialleistungen auf den Unterhalt hat.

2.5.1 Subsidiaritätsprinzip

Bedarfsabhängige Sozialleistungen werden gewährt, wenn Einkommen und Vermögen des Leistungsempfängers nicht ausreichen, die Existenz zu sichern. Werden Unterhaltsansprüche tatsächlich erfüllt, sind diese Zahlungen Einnahmen des Hilfesuchenden, genauso wie z. B. eigene Erwerbseinkünfte, Einkünfte aus Rente etc.

Man spricht in diesem Zusammenhang von der Subsidiarität (Nachrang) der Sozialleistungen. Wer nicht bedürftig ist, hat auch keinen Anspruch auf Sozialleistungen.

Ist dem Hilfesuchenden die Realisierung von Unterhaltsansprüchen dagegen aber nicht möglich oder nicht zumutbar, kann ein Anspruch auf Sozialleistungen bestehen.

 Das **Subsidiaritätsprinzip** bedeutet, dass eine Person erst dann ein Recht auf wirtschaftliche staatliche Hilfe hat, wenn sie den Lebensunterhalt weder aus eigenen Kräften bestreiten kann, noch die Möglichkeit hat, ihren Bedarf von dritter Seite zu befriedigen, z. B. durch realisierbare Unterhaltsansprüche.

2.5.2 Übergang von Unterhaltsansprüchen

Bezieht eine an sich unterhaltsberechtigte Person bestimmte Sozialleistungen deshalb, weil zivilrechtliche Unterhaltsansprüche bestehen, die aber nicht erfüllt werden, kommt es zu einem gesetzlichen Übergang der Unterhaltsansprüche (cessio legis) auf den Sozialleistungsträger.

§ 94 Abs. 1 SGB XII Hat die leistungsberechtigte Person für die Zeit, für die Leistungen erbracht werden, nach bürgerlichem Recht einen Unterhaltsanspruch, geht dieser bis zur Höhe der geleisteten Aufwendungen zusammen mit dem unterhaltsrechtlichen Auskunftsanspruch auf den Träger der Sozialhilfe über. (...)

Vergleichbare Regelungen finden sich für die oben beschriebenen Beispielsfälle in den §§ 7 Abs. 1 S. 1 UVG, 37 Abs. 1 S. 1 BAföG, 33 Abs. 1 SGB II. Die einschlägigen gesetzlichen Vorschriften statuieren aber auch im Einzelfall zu beachtende Ausnahmen vom Anspruchsübergang für bestimmte Konstellationen.

Beispiel:
Kein Anspruchsübergang gegen an sich zivilrechtlich Unterhaltspflichtige 2. Grades (Enkel, Großeltern) nach § 94 Abs. 1 S. 3 SGB XII

Der Sozialleistungsträger tritt durch seine Leistungen bei an sich bestehenden Unterhaltsansprüchen sozusagen für den Unterhaltspflichtigen in Vorleistung. Der Anspruchsübergang bewirkt, dass es dann Aufgabe der Verwaltung ist, ausstehende Unterhaltsansprüche zu realisieren. Das nennt man Unterhaltsregress. Rückständige Unterhaltsansprüche für die Zeit des Leistungsbezuges darf der Unterhaltsberechtigte nicht mehr selbst geltend machen, insofern würde ihm bei einer Klage die Aktivlegitimation fehlen. Hinsichtlich künftiger Unterhaltsansprüche ist der Unterhaltsberechtigte aber nicht an einer Klageerhebung gehindert.

Auch der Unterhaltsverpflichtete muss den Anspruchsübergang beachten, denn der Anspruchsübergang vollzieht sich Monat für Monat neu. Nur wenn der Unterhaltspflichtige rechtzeitig zahlt, kann er also mit befreiender Wirkung an den Unterhaltsgläubiger direkt leisten.

Vom Anspruchsübergang auch umfasst ist der Anspruch auf Auskunft über das Einkommen und Vermögen des Unterhaltsschuldners. Daneben kann auch noch ein sozialrechtlicher Auskunftsanspruch treten, der von der Behörde im Verwaltungsrechtsweg geltend zu machen ist.

Sowohl als Vertreter des Unterhaltsberechtigten als auch als Vertreter des Unterhaltsverpflichteten sollte der Rechtsanwalt sich über etwaige Anspruchsübergänge rückversichern und mit den jeweiligen Sozialleistungsträgern korrespondieren. Mandanten sind auf die Möglichkeit, Sozialleistungen in Anspruch zu nehmen, hinzuweisen, wenn sich ein entsprechender Bedarf im Laufe der Beratung offenbart, weil sich beispielsweise abzeichnet, dass Unterhaltsansprüche nicht zeitnah zu realisieren sind.

Unterhalt

Übungsaufgaben

1. Welche Rolle spielen Bedarf, Bedürftigkeit und Leistungsfähigkeit im Rahmen einer Unterhaltsberechnung? Erläutern Sie die Begriffe.

2. Welche Methoden zur Bedarfsbemessung sind Ihnen bekannt? Nennen Sie je zwei Beispiele, wann die einzelne Methode zur Anwendung kommt.

3. Simon Kammerer, 19 Jahre, hat sein Abitur in der Tasche. Er ist der Auffassung, zunächst einmal genug geleistet zu haben. Seinen Tag verbringt er mit Computerspielen, Fernsehen und Treffen mit Freunden. Nach zwei Monaten geht sein Erspartes zur Neige und er überlegt, ob er seine Eltern oder seine vermögende Tante Ursula Vogt auf Unterhalt in Anspruch nehmen kann. Was werden seine Eltern und was wird die Tante einwenden?

4. Mona Lausitzer ist 3 Jahre alt. Sie lebt im Haushalt der Kindesmutter Monika Lausitzer, die das Kindergeld für Mona in Höhe von 204,00 € monatlich erhält. Flavius Kempter ist der Vater von Mona. Er verdient als Schlosser 1 900,00 € monatlich. Monika Lausitzer ist erwerbstätig und nicht unterhaltsbedürftig. Ermitteln Sie unter Anwendung der Düsseldorfer Tabelle
   a den Bedarf von Mona,
   b die Bedürftigkeit des Kindes unter Anwendung des § 1612b BGB zur Kindergeldanrechnung,
   c den Selbstbehalt des Vaters und
   d dessen Leistungsfähigkeit.

5. Rudi Keßler hat seine Unterhaltspflicht seinem Sohn Sebastian gegenüber titulieren lassen. Sie sehen hier auszugsweise die beim Jugendamt erstellte vollstreckbare Urkunde über den Kindesunterhalt:

Auszug aus der vollstreckbaren Jugendamtsurkunde

...

Ich bin dem Kind

Vorname/Name/Geburtsdatum/Geburtsort
Sebastian Keßler, geb. 14.05.2007
Postleitzahl, Ort, Straße, Hausnr.
...

gegenüber nach den §§ 1601 ff. BGB unterhaltspflichtig. Deshalb verpflichte ich mich zu folgenden monatlichen Unterhaltszahlungen, zahlbar im Voraus zum Ersten eines jeden Monats:

Ab **1. März 2015** bis **30. April 2019** 115 % des Mindestunterhaltes der zweiten Altersstufe und

ab **1. Mai 2019** bis **30. April 2025** 115 % des Mindestunterhaltes der dritten Altersstufe.

Dieser Unterhalt vermindert sich um die Hälfte des jeweiligen gesetzlichen Kindergeldes.

...

Die Mutter erhält das staatliche Kindergeld für Sebastian in Höhe von 194,00 € beziehungsweise 204,00 €.
- a Wie viel Unterhalt muss Rudi Keßler für den Monat März 2019 bezahlen?
- b Wie viel Unterhalt muss Rudi Keßler für den Monat Juli 2019 bezahlen?

6. Die Aufforderung zur Auskunftserteilung zum Zwecke der Berechnung des Unterhalts hat für den Unterhaltsberechtigten eine Doppelfunktion. Welche?

3 Trennung und Scheidung

Deutlich weniger Ehescheidungen im Jahr 2017

2017 wurden in Deutschland durch richterlichen Beschluss 153 500 Ehen geschieden. Wie das Statistische Bundesamt (Destatis) weiter mitteilt, war die Anzahl zuletzt im Jahr 1992 mit 135 000 niedriger gewesen. Gegenüber 2016 ist die Zahl der Scheidungen um knapp 9 000 oder 5,5% zurückgegangen. Einen stärkeren prozentualen Rückgang gegenüber dem Vorjahr hatte es nach der deutschen Einheit nur 2005 mit −5,6% gegeben.

Die meisten der 2017 geschiedenen Ehen (82,6% der Fälle) wurden nach einer vorherigen Trennungszeit von einem Jahr geschieden. Am häufigsten wurden Ehen geschieden, die im Jahr 2011 geschlossen wurden (knapp 8 000 oder 5,1%). Etwa 27 000 oder 17,5% aller geschiedenen Paare waren bereits mindestens im 25. Jahr verheiratet. Im Durchschnitt blickten die Paare auf 15 Jahre Ehedauer zurück.

Etwa die Hälfte der geschiedenen Ehepaare hatte minderjährige Kinder und von diesen wiederum 52,5% ein Kind, 37,5% zwei und 9,9% drei oder mehr Kinder. Insgesamt waren knapp 124 000 Minderjährige von der Scheidung ihrer Eltern im Jahr 2017 betroffen.

Die Ehefrauen stellten 51,5% der Scheidungsanträge. Sie waren bei der Scheidung im Jahr 2017 durchschnittlich 43 Jahre und 9 Monate alt. Ihre Partner waren mit 46 Jahren und 10 Monaten durchschnittlich 3 Jahre älter und stellten 40,9% der Anträge. 7,6% der Trennungsverfahren wurden von beiden Ehepartnern gemeinsam beantragt.

Vor 25 Jahren waren Ehen bereits nach durchschnittlich nur 11 Jahren und 6 Monaten geschieden worden. Mitverantwortlich hierfür war der niedrigere Anteil geschiedener Langzeitehen: 1992 wurden mit 14 000 nur gut halb so viele Paare im Jahr ihrer Silberhochzeit oder danach geschieden. Ehen wurden damals in jüngerem Alter geschlossen und auch deshalb hatte das Durchschnittsalter der Geschiedenen noch um fast 8 Jahre niedriger gelegen (Männer: etwa 39 Jahre, Frauen: etwa 36 Jahre). (…)

Quelle: Statistisches Bundesamt, Pressemitteilung Nr. 251: Deutlich weniger Ehescheidungen im Jahr 2017. In: www.destatis.de (10.07.2018). URL: www.destatis.de/DE/PresseService/Presse/Pressemitteilungen/2018/07/PD18_251_12631.html [Stand: 27.07.2018.] gekürzt

Die Trennung und Scheidung von Eheleuten ist wohl der häufigste Grund, warum Mandanten einen auf dem Gebiet des Familienrechts tätigen Rechtsanwalt aufsuchen. Anhand typischer Probleme soll in der folgenden Darstellung ein Eindruck vom Ablauf eines Scheidungsmandats und den anzuwendenden materiellen Rechtsgrundlagen vermittelt werden. Die Ausführungen zum Sorge- und Umgangsrecht gelten genauso, wenn gemeinsam sorgeberechtigte, nicht verheiratete Eltern nach einer Trennung um ihr Kind streiten.

3.1 Mandatsannahme

In welchem Stadium Mandanten bei einer Trennung und Scheidung anwaltliche Hilfe suchen, ist unterschiedlich. Manche Eheleute suchen schon während des Zusammenlebens einen Anwalt auf: Sie haben den anderen Ehegatten noch gar nicht über den Trennungsentschluss unterrichtet und wollen sich vorsorglich in alle möglichen Richtungen beraten lassen, um bei der kommenden Trennung keine Fehler zu begehen. Andere versuchen zunächst, sich selbst mit dem ehemaligen Partner zu einigen, und kommen erst, wenn es ganz konkrete Probleme gibt, z. B. bei der Auseinandersetzung von Vermögenswerten oder dem Unterhalt. Der genaue Auftragsumfang kann meist vom Mandanten selbst wegen der Komplexität des Familienrechts zu Beginn eines Gesprächs noch gar nicht artikuliert werden. Zu viele Fragen tun sich auf, die je nach der Situation des Einzelnen variieren können.

Es ist sinnvoll, in einem ausführlichen Erstgespräch mit dem Mandanten dessen persönliche Situation umfassend in alle möglichen Richtungen zu erörtern. Erst nach einem derartigen Gespräch kann der Rechtsanwalt beurteilen, in welchem Bereich konkreter Handlungs- oder weiterer Beratungsbedarf besteht. Dieser kann sich ändern oder erweitern, je nachdem, wie der Prozess der Trennung und Scheidung im Weiteren verläuft.

Da es meist um für den Mandanten existenzielle Fragen geht, ist auf eine zügige Terminvergabe und ausreichend Zeit für das erste Gespräch zu achten. Ist eine Scheidung beabsichtigt und stehen Unterhaltsansprüche im Raum, wird der Rechtsanwalt gleich zu Beginn des Auftrages die erforderlichen Daten erfassen, die er für die weitere Mandatsbearbeitung benötigt.

Muster: Zusätzliche Datenerfassung bei familienrechtlichen Mandaten

Eheschließung am		
Standesamt		
Ehevertrag abgeschlossen	Ja/Nein	
Gemeinsame Kinder	1. Name, Geburtsdatum 2. Name, Geburtsdatum 3. ……	
Getrennt seit		
	Ehefrau	Ehemann
Berufliche Tätigkeit		
Steuerklasse		
Monatliches Nettoeinkommen		
Kinder aus anderen Verbindungen	1. Name, Geburts- datum, Unterhalt 2. ……	1. Name, Geburtsdatum, Unterhalt 2. ……

Nicht nur rechtliche Fragen beschäftigen die Mandanten. Sie befinden sich durch die Trennung von dem Ehepartner in einer persönlichen Ausnahmesituation, die von den meisten Menschen als extrem belastend empfunden wird. Insbesondere, wenn auch gemeinsame Kinder betroffen sind, benötigen die Mandanten vielfach nicht nur rechtlichen Rat, sondern auch Unterstützung in Erziehungsfragen oder psychologische Beratung. Der Rechtsanwalt sollte bei entsprechenden Anhaltspunkten an die zuständigen Beratungsstellen vor Ort aufmerksam machen können. Dies können zum Beispiel die örtlichen Jugendämter oder psychologische Beratungsstellen der Wohlfahrtsverbände oder anderer Träger sein. Es ist hilfreich, aktuelles Informationsmaterial über die Angebote in der Region vorzuhalten, um die Mandanten bedarfsgerecht verweisen zu können.

Insgesamt gibt ein Mandant in einem familienrechtlichen Mandat viel von seinen persönlichen Lebensumständen preis. Der Rechtsanwalt begleitet ihn über einen längeren Zeitraum in einer schwierigen Lebensphase. Einfühlungsvermögen und Geduld müssen den manchmal emotional hoch belasteten Mandanten daher auch vonseiten der Kanzleimitarbeiter entgegengebracht werden.

Nicht selten passiert es, dass Eheleute, die sich in Trennung befinden, erklären, gemeinsam einen Anwalt beauftragen zu wollen, der für sie das Ehescheidungsverfahren durchführt und die Folgen der Trennung und Scheidung regelt. Das ist nicht möglich! Ein Rechtsanwalt ist Parteivertreter. Seine Aufgabe ist es, die Interessen seines Mandanten so wahrzunehmen, dass das für diesen wirtschaftlich günstigste Ergebnis erzielt wird. Bei Eheleuten, die ein Ehescheidungsverfahren beabsichtigen, stehen zunächst einmal immer widerstreitende Interessen im Raum.

§ 43a Abs. 4 BRAO – Grundpflichten des Rechtsanwalts Der Rechtsanwalt darf keine widerstreitenden Interessen vertreten.

Die Beauftragung eines Rechtsanwalts durch beide Ehegatten ist also ausgeschlossen.

 In der Phase der Trennung und Scheidung einer Ehe kann der Rechtsanwalt nur einen der Ehegatten beraten und vertreten!

Wenn ein Ehepartner sich an die Anwaltskanzlei wendet und um Vereinbarung eines gemeinsamen Termins bittet, ist er auf diesen Umstand hinzuweisen. In dem ersten Gespräch sollte der Mandant also ohne seinen Ehepartner erscheinen und der Anwalt sollte sich die Sicht seines Mandanten schildern lassen. Möglicherweise kommen im Gespräch Gesichtspunkte zum Vorschein, an die der Mandant zuvor noch gar nicht gedacht hat und die durchaus noch Konfliktpotenzial in sich tragen, auch wenn man bis dahin davon ausgegangen war, alles werde einvernehmlich ablaufen.

Wenn beiden Ehegatten klar ist, dass der Anwalt nur die Interessen des einen wahrnimmt, kann es im Laufe des Mandats dennoch zu einem gemeinsamen Gespräch kommen, wenn der andere Ehegatte auf eine eigene anwaltliche Vertretung verzichtet. Dann kann der Anwalt im Einverständnis mit seinem Mandanten beispielsweise beide Eheleute über den Ablauf des Ehescheidungsverfahrens informieren. Gleich zu Beginn eines Mandats ein derartiges Gespräch anzusetzen, ist aber nicht anzuraten.

3.2 Trennung

Die Trennung der Eheleute ist kein formaler Akt, sondern ein tatsächlicher. Sie setzt den Wunsch eines Ehegatten, sich vom anderen trennen zu wollen, voraus.

Zunächst ist dem anderen Ehegatten der Trennungsentschluss bekannt zu geben. In den meisten Fällen ist dies bereits erfolgt, bevor einer der Eheleute anwaltliche Beratung sucht. Falls nicht, kann dem anderen Ehegatten der Trennungsentschluss seines Partners auch durch Anwaltsschreiben bekannt gegeben werden. Sodann ist die Trennung tatsächlich umzusetzen. Dies kann durch Auszug eines Ehegatten geschehen, aber auch eine Trennung innerhalb einer gemeinsam bewohnten Wohnung ist möglich.

 § 1567 Abs. 1 BGB Die Ehegatten leben getrennt, wenn zwischen ihnen keine häusliche Gemeinschaft besteht und ein Ehegatte sie erkennbar nicht herstellen will, weil er die eheliche Lebensgemeinschaft ablehnt. Die häusliche Gemeinschaft besteht auch dann nicht mehr, wenn die Ehegatten innerhalb der ehelichen Wohnung getrennt leben.

Beispiel:
Herbert Wucherer und seine Ehefrau Pia leben in beengten finanziellen Verhältnissen. Sie leben zur Miete in einer Wohnung mit zwei Zimmern, Küche und Bad. Ein Getrenntleben im Sinne des Gesetzes können beide herstellen, indem sie sich darauf einigen, dass künftig jeder ein Zimmer ausschließlich für sich nutzt und wechselseitig keine Versorgungsleistungen (z. B. Kochen, Putzen, Wäsche waschen) mehr erbracht werden.

Das genaue Datum der Trennung ist in den Akten festzuhalten, da es z. B. für die Beurteilung der Frage, wann Ehescheidungsantrag eingereicht werden kann, bedeutsam ist.

3.2.1 Ehewohnung nach Trennung

Das Gericht kann, wenn sich die Ehegatten nicht untereinander einigen können, Regelungen zur Nutzung der Ehewohnung nach *§ 1361b BGB* für die Dauer des Getrenntlebens treffen, entweder

- durch eine räumliche Aufteilung der Ehewohnung oder
- durch Zuweisung der Ehewohnung an einen Ehegatten zur alleinigen Nutzung, falls ein Getrenntleben innerhalb einer Wohnung unzumutbar ist, wobei auch die Belange von im Haushalt lebenden Kindern zu berücksichtigen sind.

Beispiel:
Axel Ruland und seine Ehefrau Tamara leben zusammen mit den Kindern Lina, 6 Jahre, Tanja, 12 Jahre, und Karim, 14 Jahre, in einer Vier-Zimmer-Wohnung mit einer Wohnfläche von 90 m². Tamara Ruland hat ihrem Ehemann mitgeteilt, dass sie die Trennung wünsche. Radmir Ruland ist verzweifelt, er betrinkt sich nun nahezu jeden Abend nach der Arbeit und kehrt volltrunken spät abends in die Wohnung zurück. In diesem Zustand provoziert er lautstark verbale Auseinandersetzungen mit seiner Ehefrau, die schon mehrfach die Polizei um Hilfe gerufen hat. Die gemeinsamen Kinder sind durch das Verhalten ihres Vaters stark eingeschüchtert. Ein Getrenntleben innerhalb der Ehewohnung wäre in dieser Situation unzumutbar, sodass die Ehewohnung der Ehefrau zur Benutzung gemeinsam mit den Kindern zuzuweisen wäre.

Ist ein Ehegatte bereits ausgezogen, muss er dem anderen gegenüber innerhalb von sechs Monaten eine etwaige Rückkehrabsicht mitteilen. Nach Ablauf dieses Zeitraums wird unwiderleglich vermutet, dass dem in der Wohnung verbliebenen Ehegatten das alleinige Nutzungsrecht zusteht *(§ 1361b Abs. 4 BGB)*.

3.2.2 Gewaltschutz

Der Gesetzgeber hat im **Gewaltschutzgesetz (GewSchG)** Regelungen getroffen, die auf den zivilrechtlichen Schutz bei Gewalttaten, Bedrohungen und Nachstellungen abzielen. Eine familiäre Beziehung ist **nicht** Voraussetzung für die Anwendbarkeit des GewSchG.

§ 1 GewSchG – Gerichtliche Maßnahmen zum Schutz vor Gewalt und Nachstellungen
(1) Hat eine Person vorsätzlich den Körper, die Gesundheit oder die Freiheit einer anderen Person widerrechtlich verletzt, hat das Gericht auf Antrag der verletzten Person die zur Abwendung weiterer Verletzungen erforderlichen Maßnahmen zu treffen. Die Anordnungen sollen befristet werden; die Frist kann verlängert werden. Das Gericht kann insbesondere anordnen, dass der Täter es unterlässt,
  1. die Wohnung der verletzten Person zu betreten,
  2. sich in einem bestimmten Umkreis der Wohnung der verletzten Person aufzuhalten,
  3. zu bestimmende andere Orte aufzusuchen, an denen sich die verletzte Person regelmäßig aufhält,

> 4. Verbindung zur verletzten Person, auch unter Verwendung von Fernkommunikationsmitteln, aufzunehmen,
> 5. Zusammentreffen mit der verletzten Person herbeizuführen,
>
> soweit dies nicht zur Wahrnehmung berechtigter Interessen erforderlich ist.
>
> (2) Absatz 1 gilt entsprechend, wenn
>
> 1. eine Person einer anderen mit einer Verletzung des Lebens, des Körpers, der Gesundheit oder der Freiheit widerrechtlich gedroht hat oder
> 2. eine Person widerrechtlich und vorsätzlich
>   a) in die Wohnung einer anderen Person oder deren befriedetes Besitztum eindringt oder
>   b) eine andere Person dadurch unzumutbar belästigt, dass sie ihr gegen den ausdrücklich erklärten Willen wiederholt nachstellt oder sie unter Verwendung von Fernkommunikationsmitteln verfolgt.
>
> Im Falle des Satzes 1 Nr. 2 Buchstabe b liegt eine unzumutbare Belästigung nicht vor, wenn die Handlung der Wahrnehmung berechtigter Interessen dient.
>
> (3) In den Fällen des Absatzes 1 Satz 1 oder des Absatzes 2 kann das Gericht die Maßnahmen nach Absatz 1 auch dann anordnen, wenn eine Person die Tat in einem die freie Willensbestimmung ausschließenden Zustand krankhafter Störung der Geistestätigkeit begangen hat, in den sie sich durch geistige Getränke oder ähnliche Mittel vorübergehend versetzt hat.

Sind die Voraussetzungen für den Erlass einer Gewaltschutzanordnung erfüllt, kann das Gericht zum Beispiel Betretungs-, Näherungs- und Kontaktverbote erlassen.

Beispiel:
Die Eheleute Schmilling leben getrennt. Sie wohnen nach wie vor in der gleichen Ortschaft. Justus Schmilling trifft in alkoholisiertem Zustand den neuen Lebensgefährten seiner Frau auf der Straße. Diese Begegnung bringt ihn derart in Rage, dass er im Mehrparteienhaus, in der sich die Wohnung seiner Ehefrau befindet, Sturm klingelt und sich dadurch Einlass verschafft. Rena Schmilling öffnet ihre Wohnungstür nicht. Justus Schmilling rastet aus, schlägt mit der Faust den Glaseinsatz der Wohnungstür ein und schreit „Ich bringe dich um!". Rena Schmilling fühlt sich seitdem nicht mehr sicher. Das Gericht spricht auf ihren Antrag hin ein Annäherungsverbot nach dem GewSchG gegen Justus Schmilling aus, welches ihm verbietet, sich seiner Ehefrau und deren Wohnung bis auf einen Umkreis von 50 Metern zu nähern.

Die Anordnungen werden in der Regel befristet *(§ 1 Abs. 1 S. 2 GewSchG).*

3.2.3 Haushaltsgegenstände nach Trennung

 Haushaltsgegenstände sind alle beweglichen Sachen, die dem gemeinsamen Leben der Eheleute und der mit diesen zusammenlebenden Kindern dienen.

Beispiele:
Mobiliar, das für private Fahrten genutzte „Familienauto", Computer, Fotoausrüstung der Familie, auch: Haustiere

Leben die Eheleute voneinander getrennt, kann das Familiengericht bei Uneinigkeit auf Antrag die Benutzung der einzelnen Haushaltsgegenstände durch einen Ehegatten alleine regeln *(§ 1361a BGB).*

Das Gericht hat dabei eine Billigkeitsabwägung vorzunehmen. Die gerichtliche Regelung gilt allerdings zunächst nur für die Dauer des Getrenntlebens und stellt keine endgültige Auseinandersetzung dar.

3.2.4 Gemeinsame Kinder

Von der Trennung ihrer Eltern sind die gemeinsamen Kinder in besonderem Maße betroffen. Zieht ein Elternteil aus, muss zwangsläufig auch eine Entscheidung darüber erfolgen, wo die gemeinsamen Kinder künftig wohnen werden.

Die Bestimmung des Aufenthalts eines minderjährigen Kindes trifft derjenige, der das Sorgerecht für das Kind innehat *(§ 1631 BGB).* Das sind bei verheirateten Paaren Vater und Mutter des Kindes gemeinsam.

Das Recht der elterlichen Sorge kann in Teilbereiche aufgeteilt werden. Man unterscheidet Angelegenheiten der Vermögenssorge und der Personensorge. Erstere umfassen die Verwaltung des Vermögens des Kindes, letztere umfassen beispielsweise die Bestimmung des Aufenthaltes, die Namensgebung, die Einwilligung in die Veröffentlichung von Fotos, die religiöse Erziehung, die Gesundheitsfürsorge, die Auswahl der Schul- und Berufsausbildung und die Bestimmung des Umgangs des Kindes mit Dritten.

Können sich die Eltern über eine Sorgerechtsfrage nicht einigen, kann das Gericht einem Elternteil alleine das Entscheidungsrecht übertragen nach *§ 1628 BGB* oder auf Antrag nach *§ 1671 Abs. 1 BGB* einem Elternteil die elterliche Sorge ganz oder teilweise entziehen und dem anderen alleine übertragen.

Maßstab bei derartigen Entscheidungen ist in erster Linie das **Kindeswohl**. Was dem Wohl eines Kindes am besten entspricht, wird anhand verschiedener Kriterien ermittelt. Es sind Feststellungen zu treffen zu den Bindungen des Kindes, außerdem zur Frage, ob möglicherweise ein Elternteil besser in der Lage ist, das Kind in seiner Entwicklung zu fördern und zu erziehen als das andere. Maßgeblich sein kann auch die Frage, bei welchem Elternteil für das Kind die größtmögliche Kontinuität in den bisherigen Verhältnissen gewahrt bleibt und ein Umzug in einen anderen Ort, Schulwechsel etc. vermieden werden können. Die Wünsche des Kindes sind selbstverständlich ebenfalls beachtlich, sie erhalten umso mehr Gewicht in der vorzunehmenden Abwägung, je älter und reifer das Kind ist.

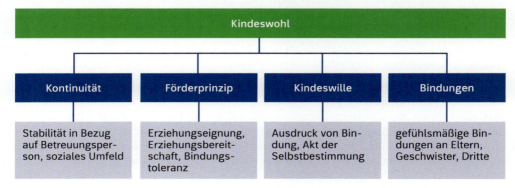

Derjenige, bei dem das Kind nach einer Trennung nicht lebt, hat ein Umgangsrecht mit seinem Kind *(§ 1684 Abs. 1 BGB)*. Während es vor einiger Zeit noch als üblich galt, dass Kinder sich vierzehntägig über das Wochenende bei dem Elternteil aufhalten, bei dem sie nicht wohnen, entwickelt sich momentan in der Gesellschaft eine größere Bereitschaft zur Flexibilität bis hin zu einem wochenweisen Wechsel der Kinder vom einen in den anderen Haushalt in Form eines nahezu gleichwertigen „Wechselmodells".

Wie der Umgang im Einzelnen ausgestaltet wird, soll sich in erster Linie an den Bedürfnissen des Kindes orientieren. Es gibt keine festen Richtlinien. Was dem einen Kind guttut, kann für ein anderes Kind schon eine Überforderung darstellen. Kommt bei einem Säugling, dessen Eltern sich schon vor der Geburt getrennt hatten, beispielsweise anfangs nur ein stundenweiser Besuchskontakt im mütterlichen Haushalt infrage, hält sich ein Kleinkind möglicherweise schon gerne mehrere Tage am Stück beim anderen Elternteil auf. Ein Teenager will sich dann aber vielleicht nicht mehr in eine starre Besuchsregelung einfügen, weil in dieser Phase der Entwicklung der Freundeskreis eine wichtige Rolle spielt und Verabredungen mit Freunden für den betreffenden Jugendlichen einen höheren Stellenwert einnehmen als eine Unternehmung mit dem anderen Elternteil. Die Regelungen sind also an den jeweiligen Entwicklungsstand des Kindes und dessen Bindungen anzupassen.

Können sich die Eltern über den Umgang nicht einigen, ist es sinnvoll, dass sie zunächst das Angebot einer Beratungsstelle in Anspruch nehmen. Führt auch das nicht zu einem Konsens, kann das Gericht angerufen werden, die Regelung des Umgangs vorzunehmen *(§ 1684 Abs. 3 BGB)*.

3.2.5 Trennungs- und Kindesunterhalt

Mit der Trennung der Eheleute ist an die Bewertung der unterhaltsrechtlichen Situation zu denken. Die Angaben des Mandanten dienen dazu, sich einen groben Überblick zu verschaffen, ob Trennungs- oder Kindesunterhaltsansprüche infrage kommen. Mit einem an den Unterhaltsverpflichteten gestellten Auskunftsverlangen können die Unterhaltsansprüche auch für die Vergangenheit gesichert werden *(§ 1613 Abs. 1 BGB)*, ohne dass der Unterhalt schon konkret beziffert werden muss.

Etwaige Anspruchsübergänge beim Bezug von Sozialleistungen sind zu beachten.

LF 13 Kap. 2.5.2

Der **Trennungsunterhaltsanspruch** eines Ehegatten ist ein „starker" Unterhaltsanspruch; in der Phase der Trennung sollen die ehelichen Lebensverhältnisse nach dem Willen des Gesetzgebers möglichst fortbestehen. Denn noch ist nicht klar, ob die Ehegatten tatsächlich für immer auseinandergehen oder ob sie sich nicht doch noch wieder versöhnen. Die Ehe ist während der Trennung noch nicht endgültig gescheitert, erst nach Ablauf einer gewissen Trennungszeit ist es beiden Eheleuten zuzumuten, ihre Lebensverhältnisse auf die neue Situation einzustellen.

Auf Trennungsunterhalt für die Zukunft kann nicht verzichtet werden, *§ 1614 BGB* ist entsprechend anwendbar.

Wenn Kinder minderjährig sind, ist es die Aufgabe des gesetzlichen Vertreters, deren **Kindesunterhaltsansprüche** geltend zu machen. Leben die Eltern voneinander getrennt und steht ihnen die elterliche Sorge gemeinsam zu, so kann derjenige Elternteil, bei dem das Kind lebt, Unterhaltsansprüche gegen den anderen Elternteil geltend machen *(§ 1629 Abs. 2 S. 2 BGB)*. Eine Sorgerechtsentscheidung muss also nicht schon deshalb herbeigeführt werden, weil sich die Eltern getrennt haben und einer gegen den anderen

Unterhaltsansprüche geltend machen will. Besteht noch eine Ehe der Eltern, kann eine Klage nur im Namen des Elternteils erhoben werden, nicht im Namen des Kindes (sogenannte Verfahrensstandschaft). Der *§ 1629 Abs. 3 BGB* modifiziert insofern *§ 1629 Abs. 2 S. 2 BGB*. Der Titel wirkt für und gegen das Kind.

Beispiel:
Ist ein Ehescheidungsverfahren anhängig, ist Antragstellerin im Kindesunterhaltsverfahren die Mutter. Wird erst nach Abschluss des Ehescheidungsverfahrens auf Unterhalt geklagt, ist das Kind Antragsteller, vertreten durch die Mutter als dessen gesetzliche Vertreterin.

Der Elternteil, in dessen Obhut sich nach einer Trennung das Kind befindet, hat auch die Möglichkeit, zur Realisierung der Kindesunterhaltsansprüche eine **Beistandschaft** des Jugendamtes für das Kind herbeizuführen *(§§ 1712 ff. BGB)*. Das Jugendamt muss sich in diesem Fall um die Durchsetzung der Unterhaltsansprüche kümmern. Der Elternteil kann, obwohl das Sorgerecht an sich durch die Beistandschaft nicht eingeschränkt wird, insoweit nicht mehr vertreten. Die Beistandschaft ist für den Elternteil kostenlos. Will der Elternteil seinem Rechtsanwalt das Mandat zur Durchsetzung der Kindesunterhaltsansprüche erteilen, muss darauf geachtet werden, dass die Beistandschaft zuvor beendet wird. Das ist auf Verlangen des Elternteils jederzeit möglich, da es sich bei der Beistandschaft um ein freiwilliges Hilfsangebot handelt.

Die Vertretungsberechtigung des Elternteils, bei dem das Kind lebt, endet mit der Volljährigkeit des Kindes.

 Ein volljähriges Kind muss seinen Unterhaltsanspruch selbst geltend machen.

Mit Eintritt der Volljährigkeit wird der zuvor das Kind betreuende Elternteil ebenfalls barunterhaltspflichtig. Das volljährige Kind kann sich bei der Geltendmachung seiner Unterhaltsansprüche deshalb nicht mehr vom selben Rechtsanwalt vertreten lassen wie einer der Elternteile. Denn der Anwalt würde sonst dem Verbot, widerstreitende Interessen zu vertreten, zuwiderhandeln *(§ 43a Abs. 4 BRAO)*.

Beispiel:
Moritz und Inga Bremer leben getrennt. Inga Bremer lebt mit der volljährigen Tochter Saskia in einem Haushalt. Saskia möchte Unterhalt von ihren Eltern. Tochter und Mutter haben gegensätzliche Interessen: Der Rechtsanwalt, der Inga Bremer vertritt, hat als Ziel, die Pflicht seiner Mandantin, sich am Barunterhalt für Saskia zu beteiligen, möglichst gering zu halten. Der Rechtsanwalt, der Saskia vertritt, möchte für seine Mandantin dagegen einen möglichst hohen Unterhalt sowohl vom Vater als auch von der Mutter realisieren.

3.2.6 Vermögensauseinandersetzung

Während einer intakten Ehe werden oftmals von beiden Eheleuten Geschäfte vorgenommen, die zu einer wirtschaftlichen Verflechtung führen.

Beispiele:

- *Unterhaltung eines gemeinsamen Girokontos*
- *Gemeinsamer Erwerb einer Immobilie*

- *Gemeinsame Darlehensaufnahme zur Finanzierung einer Immobilie oder von Haushaltsgegenständen*
- *Besparung eines gemeinsamen Bausparvertrages*
- *Gemeinsamer Abschluss eines Mietvertrages*

Grundsätzlich gelten auch zwischen Eheleuten in Bezug auf derartige Konstellationen die jeweils einschlägigen Vorschriften des Schuld- und Sachenrechts. Bei Gesamtschulden etwa der § 426 BGB, bei Erwerb von Grundbesitz als Miteigentümer die Regelungen der §§ 741 ff. BGB über die Bruchteilsgemeinschaft.

Während der Zeit, in der die Eheleute zusammenleben, werden diese Regelungen aber durch die besondere familiäre Beziehung und die tatsächliche Ausgestaltung der ehelichen Lebensverhältnisse überlagert. Aus diesem Grund kommt es nach einer Trennung nicht rückwirkend zu einer Aufrechnung der jeweiligen Leistungen eines Ehepartners, Ausgleichsansprüche kommen in der Regel nicht in Betracht.

Beispiel:
Hannes und Melitta Gerber waren 36 Jahre lang verheiratet. Während der Ehezeit wurde ein Haus je zur Hälfte Miteigentum erworben. Da Melitta Gerber während der Ehe die Kinder und den Haushalt versorgt hat, hat sie im Einverständnis mit ihrem Mann auf eine Erwerbstätigkeit verzichtet. Mangels Einkommen der Ehefrau hat also nur Hannes Gerber die Raten für das gemeinsame Hausdarlehen bezahlt. Hannes Gerber kann nach dem Scheitern der Ehe für die zurückliegende Zeit, in der die eheliche Lebensgemeinschaft bestand, keinen Anspruch auf Gesamtschuldnerausgleich für die von ihm an die Bank geleisteten Darlehensraten verlangen.

Nach einer endgültigen Trennung der Eheleute gibt es aber Regelungsbedarf. Die Überlagerung der Regelungen des Schul- und Sachenrechts durch die Besonderheiten der Ausgestaltung der ehelichen Lebensverhältnisse fällt weg. Auch die Eheleute sind daran interessiert, so bald als möglich in jeder Hinsicht nicht mehr mit dem anderen Ehegatten verbunden zu sein.

Der Anwalt wird nach Erörterung der individuellen Verhältnisse dem Mandanten helfen, noch bestehende wirtschaftliche Verflechtungen aufzulösen und mögliche Ausgleichsansprüche geltend zu machen. Überschneidungen zum Unterhaltsrecht sind zu beachten.

Beispiel:
Nach der Trennung bezahlt der Ehemann auf ein gemeinsam aufgenommenes Darlehen die monatliche Rate in Höhe von 150,00 € an die Bank weiter. Die Ehefrau erhält Trennungsunterhalt, bei der Unterhaltsberechnung wurde die Rate beim Einkommen des Ehemannes als Abzugsposten mindernd berücksichtigt. Der Ehemann kann nun keinen Anspruch auf Gesamtschuldnerausgleich mehr gegen die Ehefrau geltend machen. Denn diese trägt ihren Teil an den Darlehensraten schon durch die rechnerische Kürzung des Unterhaltsanspruchs.

3.2.7 Steuer

Eine Trennung hat auch steuerrechtliche Konsequenzen. Während des Zusammenlebens haben Eheleute die Wahlmöglichkeit zwischen Zusammenveranlagung und Einzelveranlagung. Ab dem Jahr, welches auf den Eintritt des Getrenntlebens folgt, haben die Eheleute dieses Wahlrecht nicht mehr. Im Folgejahr der Trennung kommt es also zwingend zur Einzelveranlagung.

Beispiel:
Anita und Jürgen Mayer trennen sich am 30. März 2016. Ab dem Jahr 2017 sind beide Eheleute einzeln zu veranlagen. Für 2016 kann noch – die meist günstigere – Zusammenveranlagung gewählt werden.

Die Trennung hat auch Auswirkungen auf die Steuerklassen der Eheleute und damit auf den Lohnsteuerabzug.

Steuerklasse I:	Ledige, Verwitwete, Geschiedene oder Verheiratete, die von ihrem Ehepartner dauernd getrennt leben
Steuerklasse II:	Alleinerziehende
Steuerklasse III:	Verheiratete, die nicht dauernd getrennt leben, wenn der andere Ehegatte keinen Arbeitslohn bezieht oder auf Antrag in Steuerklasse V eingruppiert ist
Steuerklasse IV:	Verheiratete, die nicht dauernd getrennt leben und nicht die Steuerklassenkombination III/V gewählt haben
Steuerklasse V:	Verheiratete, die nicht dauernd getrennt leben in Kombination mit Steuerklasse III des anderen Ehegatten

Verheiratete, die nicht dauernd voneinander getrennt leben, unterfallen entweder beide der Steuerklasse IV, oder sie wählen die Steuerklassenkombination III/V. Ab dem Jahr, welches auf den Eintritt des Getrenntlebens folgt, ist ein Steuerklassenwechsel vorzunehmen. Für Alleinerziehende kommt nun Steuerklasse II infrage, im Übrigen wird die Besteuerung dann nach Steuerklasse I erfolgen.

Der Steuerklassenwechsel ist insbesondere für die Unterhaltsberechnung von Bedeutung. Denn die Einkünfte eines Unterhaltsverpflichteten, der im Jahr des Eintritts der Trennung noch Steuerklasse III in Anspruch genommen hat, werden sich im Folgejahr durch die ungünstigere Steuerklasse I drastisch reduzieren.

Derjenige, der einem getrennt lebenden Ehegatten Unterhalt zahlt, kann diese Unterhaltsleistungen unter Umständen steuerlich geltend machen. Es gibt zwei Möglichkeiten, die mit dem Mandanten zu erörtern sind:

1. Das **begrenzte Realsplitting** bedeutet, dass Unterhaltsleistungen für getrennt lebende oder geschiedene Ehegatten (nicht Kindesunterhalt!) bis zu einem Betrag von jährlich 13 805,00 € (Stand: 2018) als Sonderausgaben vom Einkommen abgezogen werden können, während der Unterhaltsberechtigte die Unterhaltsleistungen dann als sonstige Einkünfte zu versteuern hat *(§§ 10 Abs. 1a Nr. 1, 22 Nr. 1a EStG)*. Der Antrag auf Durchführung des begrenzten Realsplittings bedarf der Zustimmung des Unterhaltsempfängers. Im Gegenzug hat der Unterhaltsempfänger Anspruch auf Ausgleich der Nachteile, die ihm dadurch entstehen, dass er den Unterhalt nun als Einkommen versteuern muss.

2. Alternativ kommt der Abzug von Unterhaltsleistungen an den getrennt lebenden oder geschiedenen Ehepartner als **außergewöhnliche Belastung** nach *§ 33a Abs. 1 EStG* in Betracht. Der Abzug ist begrenzt auf 9 000,00 € jährlich (Stand: 2018) und diese Schwelle vermindert sich weiter bei eigenen Einnahmen des Unterhaltsberechtigten.

Ob und welche Möglichkeit für den Mandanten aus wirtschaftlichen Gesichtspunkten in Betracht kommt, ist bei komplexen Sachverhalten gegebenenfalls unter Einbeziehung einer durch den Steuerberater des Mandanten zu erstellenden Vergleichsberechnung zu entscheiden.

Wenn absehbar ist, dass sich die Leistungsfähigkeit des Unterhaltspflichtigen durch die Inanspruchnahme einer der steuerlichen Abzugsmöglichkeiten erhöht, kann von diesem gefordert werden, die steuerlichen Möglichkeiten zur Einkommenserhöhung auch auszuschöpfen.

3.3 Scheidung

Die Scheidung einer Ehe kann nur durch richterliche Entscheidung erfolgen. Eine Ehe kann geschieden werden, wenn sie gescheitert ist. Eine Ehe ist gescheitert, wenn keine eheliche Lebensgemeinschaft mehr besteht und auch nicht erwartet werden kann, dass die Lebensgemeinschaft wiederhergestellt wird.

Das ist der Fall

- bei Trennung unter einem Jahr: Wenn die Fortsetzung der Ehe für den Antragsteller eine unzumutbare Härte bedeuten würde *(§ 1565 Abs. 2 BGB)*,
- bei Trennung zwischen einem und drei Jahren:

    1. einverständliche Scheidung: wenn beide Ehegatten den Scheidungsantrag stellen oder der Antragsgegner dem Scheidungsantrag seines Ehegatten zustimmt *(§ 1566 BGB)*,
    2. streitige Scheidung: wenn der Antragsgegner dem Scheidungsantrag nicht zustimmt, der antragstellende Ehegatte aber unter keinen Umständen bereit ist, die Ehe fortzusetzen *(§ 1565 Abs. 1 BGB)*,

- bei dreijährigem Getrenntleben *(§ 1566 Abs. 2 BGB)*.

3.3.1 Versorgungsausgleich

 Der **Versorgungsausgleich** ist die Auseinandersetzung der während einer Ehe erworbenen Anwartschaften, die zur Alterssicherung dienen.

Die Regelungen zur Durchführung des Versorgungsausgleichs finden sich nicht im BGB, sondern in einem eigenen Gesetz, dem **Versorgungsausgleichsgesetz (VersAusglG)**.

Der Versorgungsausgleich wird für alle Versorgungen durchgeführt, die für den Fall des Alters-, der Berufs- oder Erwerbsunfähigkeit gewährt werden.

Beispiele:
Gesetzliche Rentenanwartschaften, Betriebsrenten, private Rentenversicherungsverträge, Beamtenversorgungen, Riester-Verträge

Die Eheleute werden durch den Versorgungsausgleich so gestellt, als ob beide während der Ehezeit gleichmäßig in die Alterssicherung investiert hätten. Das geschieht dadurch, dass alle erworbenen Anrechte grundsätzlich wertmäßig hälftig geteilt werden.

Für Bagatellbeträge gibt es eine Ausnahmeregelung. Wegen Unwirtschaftlichkeit und des damit verbundenen hohen Verwaltungsaufwands sollen in der Regel Ausgleiche nicht durchgeführt werden, die eine gewisse Wertgrenze unterschreiten *(§ 18 VersAusglG)*.

Die **Wertgrenze** beträgt im Jahr 2019:

- Bezugsgröße (West):
    - bei einer Rente mtl. 31,15 € (1 % von 3 115,00 € = Bezugsgröße gemäß *§ 18 SGB IV*)
    - bei einem Kapitalwert 3 738,00 € (120 % von 3 115,00 € = Bezugsgröße gemäß *§ 18 SGB IV*)
- Bezugsgröße (Ost):
    - bei einer Rente mtl. 28,70 € (1 % von 2 870,00 € = Bezugsgröße gemäß *§ 18 SGB IV*)
    - bei einem Kapitalwert 3 444,00 € (120 % von 2 870,00 € = Bezugsgröße gemäß *§ 18 SGB IV*)

Die jeweiligen Bezugsgrößen werden jährlich von der Bundesregierung durch die Sozialversicherungs-Rechengrößenverordnung bekannt gegeben.

Bei einer kurzen Ehezeit bis zu drei Jahren findet ein Versorgungsausgleich nur auf Antrag statt *(§ 3 Abs. 3 VersAusglG)*.

Der *§ 6 VersAusglG* eröffnet den Ehegatten die Möglichkeit, Vereinbarungen über den Versorgungsausgleich zu treffen, wenn die Durchführung des Versorgungsausgleichs ganz oder zum Teil nicht gewünscht wird.

3.3.2 Zugewinnausgleich

Eheleute können in verschiedenen Güterständen leben (siehe Tabelle, S. 235).

Güterstände

Bezeichnung	Zugewinngemeinschaft	Gütertrennung	Gütergemeinschaft	Wahl-Zugewinngemeinschaft
§§	§§ 1363 ff. BGB	§ 1414 BGB	§§ 1415 ff. BGB	§ 1519 BGB in Verbindung mit dem bilateralen Abkommen zwischen der BRD und der französischen Republik (WZGA).
Zustandekommen	**Gesetzlicher Güterstand** Von Gesetzes wegen, falls nichts anderes vereinbart	**Außerordentlicher gesetzlicher Güterstand** Durch Vereinbarung; oder von Gesetzes wegen, wenn die Ehegatten - den gesetzlichen Güterstand ausschließen oder aufheben, - den Zugewinnausgleich ausschließen oder - die Gütergemeinschaft aufheben. Auch mit der Rechtskraft eines Urteils, das auf vorzeitigen Ausgleich des Zugewinns erkennt (§ 1388 BGB) und bei vorzeitiger Aufhebung der Gütergemeinschaft (§§ 1449, 1470 BGB) kommt es von Gesetzes wegen zur Gütertrennung.	**Wahlgüterstand** Durch Vereinbarung	**Wahlgüterstand** Durch Vereinbarung
Charakter	Trennung der Vermögensmassen, selbstständige Vermögensverwaltung; Einwilligung des anderen Ehegatten erforderlich für Verfügungen über - das Vermögen im Ganzen (§ 1365 BGB) und - Haushaltsgegenstände (§ 1369 BGB).	Fehlen jeglicher güterrechtlicher Beziehungen	Unterscheidung dreier Vermögensmassen: - Gesamtgut (§ 1416 BGB) - Vorbehaltsgut (§ 1418 BGB) - Sondergut (§ 1417 BGB)	Trennung der Vermögensmassen der Eheleute während der Ehe. Den Eheleuten sind Verfügungsbeschränkungen betreffend der Ehewohnung und der Haushaltsgegenstände auferlegt, die nach dem Vorbild des französischen Rechts ausgestaltet wurden.
Abwicklung bei Scheitern der Ehe	Ausgleich des beiderseitigen Wertzuwachses	entfällt	Auseinandersetzung des Gesamtgutes	Ausgleich des beiderseitigen Wertzuwachses

Durch Ehevertrag kann einer der genannten Güterstände insgesamt für die Ehe gewählt werden, es können aber auch modifizierende Vereinbarungen zu den einzelnen Güterständen getroffen werden.

Wenn Eheleute nichts anderes vereinbaren, leben sie im gesetzlichen Güterstand der **Zugewinngemeinschaft** *(§§ 1363 ff. BGB)*. Charakteristisch für diesen Güterstand ist es, dass die Vermögensmassen der Eheleute getrennt bleiben. Das gilt auch für das nach der Eheschließung erworbene Vermögen.

 Der **Zugewinn** eines Ehegatten ist der Betrag, um den sein Endvermögen das Anfangsvermögen übersteigt *(§ 1373 BGB)*.

Um die Höhe des Zugewinns feststellen zu können, muss die Vermögenssituation getrennt für jeden Ehegatten zu zwei Zeitpunkten verglichen werden, nämlich einmal zu Beginn und zum anderen zum Ende des Güterstandes.

Stichtag für die Berechnung des Anfangsvermögens ist der Tag, an dem der Güterstand begründet wurde.

Beispiel:
Jan und Julia Marx haben am 26. April 2000 geheiratet. Das Heiratsdatum ist zugleich Stichtag für die Berechnung des Anfangsvermögens.

Dem Anfangsvermögen eines Ehegatten hinzugerechnet wird Vermögen, welches dieser von Todes wegen oder mit Rücksicht auf ein künftiges Erbrecht, durch Schenkung oder als Ausstattung erwirbt *(§ 1374 Abs. 2 BGB)*. Durch diese Ausnahmeregelung sollen Vermögensbestandteile dem Ausgleich entzogen werden, die in keinem Zusammenhang mit der Ehe stehen, sondern einem Ehegatten nur aufgrund dessen persönlicher Beziehungen zugeflossen sind.

Beispiel:
Die Mutter von Anne Maier verstirbt und hinterlässt ihr ein Barvermögen von 200 000,00 €. Das Erbe wird dem Anfangsvermögen der Ehefrau hinzugerechnet.

Hinsichtlich des Wertes des dem Anfangsvermögen hinzuzurechnenden Vermögens kommt es auf den Zeitpunkt des Erwerbs dieses Vermögens an *(§ 1376 Abs. 1 BGB)*.

Die Eheleute können ein Verzeichnis des Anfangsvermögens und der diesem hinzuzurechnenden Gegenstände erstellen *(§ 1377 BGB)*. Jeder kann vom anderen die Mitwirkung an der Erstellung eines derartigen Verzeichnisses verlangen. Das Verzeichnis wirkt Beweisschwierigkeiten entgegen, da insbesondere nach einer langjährigen Ehe oftmals kaum oder nur noch lückenhaft nachvollzogen werden kann, welche Werte im Anfangsvermögen vorhanden waren.

Beim Stichtag für die Berechnung des Endvermögens kommt es darauf an, an welchem Tag dem anderen Ehegatten der Antrag auf Ehescheidung, Eheaufhebung oder auf vorzeitige Aufhebung der Zugewinngemeinschaft durch das Gericht zugestellt worden ist *(§ 1384 BGB)*. Bei einem Ende der Zugewinngemeinschaft durch vertragliche Vereinbarung ist die Abrede im Vertrag maßgeblich.

Beispiel:
Der Ehescheidungsantrag von Julia Marx wird ihrem Ehemann am 30. Mai 2016 zugestellt, dieses Datum ist der Stichtag für die Berechnung des Endvermögens beider Eheleute.

Insbesondere die Phase zwischen Trennung und Zustellung des Ehescheidungsantrages kann sehr konfliktträchtig sein. Manchmal kommt es aber auch schon während des Zusammenlebens zu Verfügungen, die nur vorgenommen werden, um die Ansprüche des anderen Ehegatten möglichst gering zu halten. Dem Endvermögen eines Ehegatten wird der Betrag wieder hinzugerechnet, den dieser nach Eintritt des Güterstandes nur deshalb ausgegeben hat, um den anderen zu benachteiligen *(§ 1375 Abs. 2 BGB)*. Ein Vergleich des Vermögens zum Zeitpunkt der Trennung und des Endvermögens kann Aufschluss darüber geben, ob derartige Handlungen in der Trennungsphase vorgenommen worden sind.

Beispiel:
Nach der Trennung von ihrem Ehemann verprasst Camilla Boyd ihr gesamtes Sparguthaben in Höhe von 20 000,00 € im Spielkasino und beim Pferderennen. Der Betrag wird, obwohl er zum Zeitpunkt der Zustellung des Ehescheidungsantrages nicht mehr vorhanden ist, dem Endvermögen von Camilla Boyd hinzugerechnet.

Sowohl das Anfangs- als auch das Endvermögen können negativ sein, Schulden mindern das Vermögen des betreffenden Ehegatten.

Beispiel:
Gustav Huber hatte sein Girokonto am Tag der Eheschließung um 20 000,00 € überzogen. Am Tag der Zustellung des Ehescheidungsantrages war er Eigentümer einer Wohnung im Wert von 100 000,00 €. Er hat in der Ehezeit einen Zugewinn in Höhe von 120 000,00 € erzielt.

Aber: Laut der gesetzlichen Definition, nachdem Zugewinn der Betrag ist, um den das Endvermögen eines Ehegatten das Anfangsvermögen übersteigt, kann der Zugewinn eines Ehegatten nicht negativ sein.

 Der Zugewinn eines Ehegatten kann nie negativ sein, er beträgt immer mindestens „0"!

Beispiel:
Miriam Lenzen ist zum Zeitpunkt der Eheschließung verschuldet. Ihr Girokonto ist mit 10 000,00 € überzogen. Während der Ehe bestellt sie Waren online bei verschiedenen Versandhäusern. Sie begleicht die Rechnungen nicht, sodass sie zum Zeitpunkt der Zustellung des Ehescheidungsantrages noch weitere Schulden angehäuft hat in Höhe von dann insgesamt 13 500,00 €. Der Zugewinn von Miriam Lenzen ist 0.

Es besteht eine **Auskunftspflicht** der Eheleute untereinander. Die Ehegatten müssen einander auf Verlangen über ihr Vermögen an den jeweiligen Stichtagen Auskunft geben *(§ 1379 BGB)*. Eine Auskunft kann auch über das Vermögen zum Zeitpunkt der Trennung verlangt werden *(§§ 1379 Abs. 1 Nr. 1, 1379 Abs. 2 BGB)*.

Scheidung

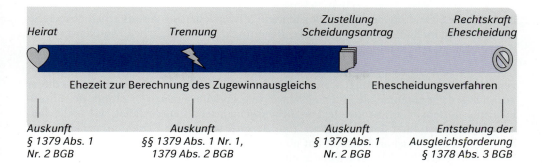

Übersteigt der Zugewinn eines Ehegatten den Zugewinn des anderen, so kann von diesem die Hälfte des Überschusses als Ausgleichsforderung geltend gemacht werden (§ 1378 BGB) (Schema Zugewinnausgleichsberechnung, siehe BuchPlusWeb).

Beispiel:

	Ehemann	Ehefrau
Anfangsvermögen	–10 000,00 €	10 000,00 €
Endvermögen	20 000,00 €	20 000,00 €
Zugewinn	30 000,00 €	10 000,00 €

Der Ehemann hat einen um 20 000,00 € höheren Zugewinn als die Ehefrau erzielt. Der Ausgleichsanspruch der Ehefrau beträgt 10 000,00 €.

Die Ausgleichsforderung entsteht mit der Beendigung des Güterstandes, sie ist ab dann fällig, vererblich, übertragbar und zu verzinsen. Die Ausgleichsforderung ist eine Geldforderung, nur im Ausnahmefall kann die Übertragung von Vermögensgegenständen verlangt werden *(§ 1383 BGB)*.

Nach den §§ 195, 199 BGB verjährt die Ausgleichsforderung nach drei Jahren. Die Verjährung beginnt mit dem Schluss des Jahres, in dem der Anspruch entstanden ist, zu laufen.

Beispiel:
Die Ehe der Eheleute Maren und Henning Will wurde am 12. März 2013 rechtskräftig geschieden. Die Ausgleichsforderung ist mit Ablauf des 31. Dezember 2016 verjährt.

3.3.3 Nachehelicher Unterhalt

Mit Rechtskraft der Ehescheidung erlischt der Trennungsunterhaltsanspruch. Ob Anspruch auf nachehelichen Unterhalt besteht, richtet sich nach *§§ 1569 ff. BGB*. Der Grundsatz der Eigenverantwortung enthält nun größeres Gewicht. Unterhaltsvereinbarungen, die in Bezug auf den Trennungsunterhalt getroffen wurden, wirken nicht fort. Gegebenenfalls muss der Unterhaltsschuldner also nach Rechtskraft des Scheidungsbeschlusses erneut in Verzug gesetzt werden.

Ist durch die Scheidung der Ehe die kostenfreie Mitversicherung des unterhaltsberechtigten Ehegatten im Rahmen der Familienversicherung in der gesetzlichen Krankenversicherung entfallen, erhöhen die nun anfallenden Krankenversicherungskosten den Bedarf.

Der Unterhaltsanspruch des geschiedenen Ehegatten kann zeitlich begrenzt, komplett versagt oder aber herabgesetzt werden *(§§ 1578b, 1579 BGB)*. Für die im Rahmen dieser Vorschriften vorzunehmende Billigkeitsabwägung sind die genauen Umstände des Einzelfalls zu ermitteln. Wie war die eheliche Lebensgemeinschaft ausgestaltet, wie lange dauerte die Ehe, hat einer der Ehepartner zum Beispiel wegen der Erziehung gemeinsamer Kinder und der Haushaltsführung auf eine Erwerbstätigkeit verzichtet, lebt der an sich Unterhaltsberechtigte bereits wieder in einer neuen Partnerschaft etc.?

Beispiel 1:
Hans Hamsik und Monika Hamsik leben nach ihrer Heirat nur sechs Monate zusammen. Monika Hamsik wendet sich sodann einem neuen Partner zu, zieht aus und reicht nach Ablauf von weiteren zwölf Monaten die Scheidung ein. Hier wäre der Ehefrau ein Unterhaltsanspruch schon deshalb zu versagen, weil die Ehe nur von kurzer Dauer war (§ 1579 Nr. 1 BGB).

Beispiel 2:
In der Einstiegssituation wird eine zeitliche Begrenzung oder Herabsetzung des Unterhaltsanspruchs von Ursula Ummenhofer nach der Ehescheidung wohl nicht in Betracht kommen: Ursula Ummenhofer hat keine Berufsausbildung, die Ehe dauerte mehr als 30 Jahre, sie war während der Ehe nicht erwerbstätig, hat drei gemeinsame Kinder großgezogen, den Haushalt geführt und nebenbei die Buchhaltung für den Betrieb des Ehemannes erledigt.

3.3.4 Ehewohnung und Haushaltsgegenstände nach Scheidung

Während der Trennungsphase hat eine Regelung zur Nutzung der Ehewohnung und der Haushaltsgegenstände nur vorläufigen Charakter. Für die Zeit nach der Ehescheidung ist nun eine endgültige Regelung zu treffen, die Anspruchsgrundlagen finden sich in *§§ 1568a und 1568b BGB*.

Die Entscheidung, welchem Ehegatten die vormalige Ehewohnung alleine überlassen wird, hat auch Auswirkungen auf das bisherige Mietverhältnis. Sind sich die geschiedenen Ehegatten einig, können sie dem Vermieter schlicht mitteilen, dass das Mietverhältnis nur noch mit dem in der Wohnung verbleibenden Ehegatten fortgeführt wird, auch dann, wenn dieser bislang gar nicht Mietvertragspartei war *(§ 1568a BGB)*.

Erfolgt die Zuweisung der Ehewohnung durch gerichtliche Entscheidung, wird das Mietverhältnis durch den in der Wohnung verbleibenden Ehegatten als alleinigem Mieter fortgeführt. Diese Wirkung tritt mit Rechtskraft der Endentscheidung im Wohnungszuweisungsverfahren ein *(§ 1568a Abs. 3 BGB)*.

Dem Vermieter steht gegebenenfalls nach *§§ 1568a Abs. 3, 563 Abs. 4 BGB* ein Sonderkündigungsrecht zu, wenn in der Person des in der Wohnung verbleibenden Ehegatten ein wichtiger Grund hierfür vorliegt.

Übungsaufgaben

1. In der *Einstiegssituation* wendet sich Ursula Ummenhofer nach acht Monaten wieder an ihre Anwältin und sagt, dass sie gerne in das gemeinsame Haus zurückkehren würde, da es in der Wohnung der Tochter doch relativ beengt sei. Sie habe das heute ihrem Ehemann mitgeteilt, dieser sei damit aber nicht einverstanden. Ursula Ummenhofer erklärt, sie habe gehört, dass man bei Gericht eine räumliche Aufteilung der Ehewohnung beantragen könne. Hätte ein derartiger Antrag Aussicht auf Erfolg?

2. Sie arbeiten am Empfang der Kanzlei Vollmer & Angele. Rechtsanwalt Jan Vollmer und Rechtsanwältin Alessia Angele haben folgende interne Absprache zur Mandatsverteilung:
   - Rechtsanwalt Jan Vollmer: Strafsachen, Mietsachen, Forderungsangelegenheiten,
   - Rechtsanwältin Alessia Angele: Familiensachen, steuerrechtliche Angelegenheiten.

   Stellen Sie sich vor, eine Mandantin ruft in der Kanzlei an, schildert kurz das nachfolgende Anliegen und bittet um einen Besprechungstermin. Zu wem vermitteln Sie den Kontakt?

   a Der geschiedene Ehemann habe ihr ein Formular mit der Bezeichnung „Anlage U" auf den Tisch gelegt und gesagt, das solle sie gefälligst unterschreiben. Dabei gehe es wohl um das Realsplitting. Genaueres könne sie sich darunter nicht vorstellen.

   b Sie werde in den letzten Wochen von ihrem getrennt lebenden Ehemann „gestalkt". Er schreibe ihr ständig SMS, tauche vor ihrer Wohnung auf, verfolge sie mit dem Pkw und schleiche tagsüber um das Büro, in dem sie beschäftigt sei, herum. Langsam werde ihr das Ganze unheimlich, sie fühle sich bedroht. Die Mandantin möchte Beratung, ob irgendwelche Maßnahmen ergriffen werden könnten zu ihrem Schutz. Bei der Polizei habe sie ihren Mann am Vortag schon angezeigt.

   c Sie berichtet, dass sie bei einem Streit mit ihrem getrennt lebenden Ehemann vor Wut zugeschlagen habe. Er habe sie daraufhin angezeigt. Nun habe sie eine polizeiliche Vorladung zur Vernehmung erhalten.

   d Sie sei Eigentümerin und Vermieterin eines Mehrparteienhauses. Sie sei irritiert, weil sie Post vom Gericht bekommen hat. Zwar sei ihr bekannt, dass es zwischen einem Mieterehepaar wohl eine Krise gegeben habe und dass diese seit Längerem getrennt seien. Was das Ganze nun mit ihr zu tun haben soll, könne sie sich aber nicht erklären.

   e Die Mandantin schildert, es gehe um eine Forderung, die sie gegen ihren geschiedenen Mann habe. Bei der Trennung sei das gemeinsame Konto mit 10 000,00 € überzogen gewesen und sie stottere nun seit Jahren die Forderung mit 100,00 € monatlich an die Bank ab, während sich ihr geschiedener Mann nicht beteilige. Dieser sitze faul zu Hause herum. Zwar wachse der gemeinsame Sohn bei ihm auf, aber sie meine, dass er doch trotzdem arbeiten und sich an der Rückführung der gemeinsamen Schulden beteiligen müsse.

- f Die Mandantin berichtet, dass sie Vermieterin sei. Es gehe um ein Mieterehepaar. Sie laufe ständig ihrer Miete hinterher und nun habe sie auch noch von den Nachbarn gehört, dass das Ehepaar die Wohnung habe total verwahrlosen lassen. Sie habe langsam die Nase voll.
- g Die Mandantin sagt, sie habe ein Aufforderungsschreiben bekommen, dass sie als Unterhalt für ihren Ex an das Jobcenter über 2 000,00 € zu zahlen hätte. Das könne ihrer Ansicht nach gar nicht sein, wie das Jobcenter auf eine derart hohe Forderung käme, sei ihr nicht nachvollziehbar.
- h Die Mandantin berichtet, sie habe von ihrem Ex-Freund noch 700,00 € zu bekommen. Er habe ihr vor einem Jahr die Waschmaschine und den Fernseher abgekauft, das habe sie sogar schriftlich. Geld habe sie aber bis heute keines gesehen.

3. Josef Hegele ruft bei Ihnen in der Kanzlei an und bittet um einen Termin in einer Familiensache. Er schildert kurz, dass er und seine Ehefrau sich einvernehmlich scheiden lassen möchten. Sie würden das gerne mit einem gemeinsamen Anwalt tun. Auch eine Regelung zum Unterhalt solle getroffen werden. Er bittet für sich und seine Ehefrau um einen ersten Besprechungstermin. Was erwidern Sie?

4. Sönke und Emma Mayer lebten im gesetzlichen Güterstand. Das Anfangsvermögen von Sönke Mayer betrug 20 000,00 €. Während der Ehe hat er von seiner Mutter eine Schenkung in Höhe von 50 000,00 € erhalten. Emma Mayer hatte kein Anfangsvermögen. Bei der Zustellung des Ehescheidungsantrages waren beide Eheleute je zur Hälfte Miteigentümer eines Hausanwesens im Wert von insgesamt 230 000,00 €, Emma Mayer war außerdem noch Eigentümerin eines Zuchtpferdes im Wert von 30 000,00 €.
   - a Berechnen Sie den Zugewinnausgleichsanspruch von Sönke Mayer.
   - b Würde sich die Berechnung ändern, wenn Emma Mayer kurz vor der Zustellung des Scheidungsantrages ihr Pferd an ihre beste Freundin verschenkt hätte? Begründen Sie.

4 Die Familie im staatlichen Kontext

Durch die Vorschriften des Familienrechts regelt der Staat als Gesetzgeber die rechtlichen Beziehungen der Familienmitglieder untereinander. Er gestaltet dadurch die Lebenswirklichkeit mit und unterstützt die Ehe und die Familie als Institutionen der Gesellschaft.

Art. 6 GG
(1) Ehe und Familie stehen unter dem besonderen Schutze der staatlichen Ordnung.
(2) Pflege und Erziehung der Kinder sind das natürliche Recht der Eltern und die zuvörderst ihnen obliegende Pflicht. Über ihre Betätigung wacht die staatliche Gemeinschaft.

> (3) Gegen den Willen der Erziehungsberechtigten dürfen Kinder nur aufgrund eines Gesetzes von der Familie getrennt werden, wenn die Erziehungsberechtigten versagen oder wenn die Kinder aus anderen Gründen zu verwahrlosen drohen.
> (4) Jede Mutter hat Anspruch auf den Schutz und die Fürsorge der Gemeinschaft.
> (5) Den unehelichen Kindern sind durch die Gesetzgebung die gleichen Bedingungen für ihre leibliche und seelische Entwicklung und ihre Stellung in der Gesellschaft zu schaffen wie den ehelichen Kindern.

4.1 Schutz und Förderung

Aus *Art. 6 Abs. 1 GG* resultiert die Pflicht des Staates, Ehe und Familie zu schützen. Dieser Schutz wird unter anderem durch die Prinzipien des Familienrechts, die in den vorangegangenen Kapiteln vorgestellt wurden, ausgestaltet und verwirklicht. Das Recht auf Eingehung und Fortführung einer Ehe ist grundgesetzlich garantiert. Das Familienrecht ist meist zwingendes Recht, es unterliegt der Vertragsfreiheit nur insofern, als es im Gesetz ausdrücklich anerkannt ist.

Der Schutz von Ehe und Familie kommt aber auch in anderen Rechtsgebieten zum Ausdruck.

Beispiele:
- *Ausländerrecht: Recht auf Familienasyl (§ 26 AsylG)*
- *Strafrecht: Strafbarkeit der Verletzung der Unterhaltspflicht (§ 170 StGB)*

Aus *Art. 6 Abs. 1 GG* wird auch die Pflicht des Staates hergeleitet, Ehe und Familie zu fördern. Dies geschieht vor allem durch finanzielle Leistungen.

Beispiele:
- *Kindergeld und steuerlicher Kinderfreibetrag, Ehegattensplitting*
- *Elterngeld*
- *höheres Arbeitslosengeld für Arbeitslose mit Kindern*
- *Unterhaltsvorschuss für Alleinerziehende*
- *Kindererziehungs- und Kinderberücksichtigungszeiten in der gesetzlichen Rentenversicherung*

4.2 Wächteramt

Die Pflege und Erziehung ihrer Kinder ist das Recht der Eltern. Der Staat wacht gemäß *Art. 6 Abs. 2 GG* über die Ausübung des Sorgerechts durch die Eltern.

Über die Jugendämter und die Gerichte muss der Staat in das Elternrecht eingreifen, wenn das zum Schutz der Kinder erforderlich wird. Die wichtigste Eingriffsnorm im Bereich des Familienrechts ist der *§ 1666 BGB*. Ist das körperliche, geistige oder seelische Wohl eines Kindes in Gefahr, hat das Gericht die Maßnahmen zu treffen, die erforderlich sind, die Gefahr abzuwenden *(§ 1666 Abs. 1 BGB)*. Notfalls ist in Extremfällen den Eltern die elterliche Sorge ganz oder teilweise zu entziehen.

Beispiel:
Ulla Krämer leidet an Schizophrenie. Sie fühlt sich vom Geheimdienst überwacht und von anderen Menschen verfolgt. Ihr Ehemann ist beruflich bedingt wochenlang von zu Hause weg und kümmert sich nicht. Das gemeinsame Kind Jonas verwahrlost. Ulla Krämer schafft es nicht mehr, Jonas zur Schule gehen zu lassen, sie verbarrikadiert sich mit dem Jungen in der Wohnung. Trotz Bemühungen des Jugendamtes kann eine Stabilisierung der Familie nicht erreicht werden. Verweigern die Eltern die Mitwirkungen an weiter gehenden Hilfeangeboten des Jugendamtes, muss eine gerichtliche Entziehung der elterlichen Sorge in Betracht gezogen werden, um das Kind zu schützen und beispielsweise gegen den Willen der Eltern in einer Pflegefamilie unterbringen zu können.

4.3 Vormundschaft, Ergänzungspflegschaft

Ist ein Kind aus irgendeinem Grund durch die Eltern nicht wirksam vertreten, sorgt der Staat durch die Gerichte dafür, dass eine dritte Person diese Aufgabe übernimmt. Am Ende des *4. Buchs BGB,* in den *§§ 1773 ff. BGB,* finden sich die Regelungen zu Vormundschaft und Ergänzungspflegschaft.

 Einen Vormund oder einen Ergänzungspfleger können nur minderjährige Personen erhalten.

Ein Kind erhält einen Vormund, wenn es nicht unter elterlicher Sorge steht oder wenn die Eltern nicht berechtigt sind, das Kind zu vertreten *(§ 1773 Abs. 1 BGB)*. Der Vormund hat dann das Sorgerecht für das Kind auszuüben, er ist fortan gesetzlicher Vertreter des Kindes *(§ 1793 Abs. 1 BGB)*.

Beispiel:
Die Eltern von Niklas kommen bei einem Verkehrsunfall ums Leben. Die Großmutter wird vom Familiengericht als Vormund eingesetzt.

Die **Vormundschaft** für ein minderjähriges Kind ist umfassend, sie betrifft die Personen- und die Vermögenssorge. Eine **Ergänzungspflegschaft** nach *§§ 1909 ff. BGB* bezieht sich dagegen nur auf einzelne Bereiche. Die Pflegschaft wird eingerichtet, wenn die Eltern oder der Vormund ganz konkrete Angelegenheiten nicht erledigen können oder dürfen.

Beispiel:
Marcel und Laura Kistner sind geschieden. Laura Kistner hat in ihrem Testament verfügt, dass Marcel Kistner das Vermögen, das sie dem gemeinsamen Sohn Danilo hinterlässt, nicht verwalten dürfen soll. Sie bestimmt testamentarisch insoweit ihren Bruder Max Reuter zum Pfleger. Laura Kistner verstirbt, als Danilo noch minderjährig ist. Bezogen auf die Verwaltung des Nachlasses wird das Gericht Ergänzungspflegschaft anordnen und den Onkel als Pfleger einsetzen. Der geschiedene Ehegatte ist nur insoweit dann durch die Pflegschaft von der Vertretung Danilos ausgeschlossen.

4.4 Betreuung

Eine Betreuung nach *§§ 1896 ff. BGB* kann durch das Gericht für volljährige Personen eingerichtet werden, die aufgrund einer Krankheit oder Behinderung nicht mehr in der Lage sind, ihre Angelegenheiten selbst zu regeln.

Die Vorschriften zur Betreuung finden sich ebenfalls im *4. Buch BGB „Familienrecht"*. Das hat historische und rechtstechnische Gründe. Bis zum 1. Januar 1992 konnte nämlich auch für volljährige Personen eine Vormundschaft oder Pflegschaft eingerichtet werden. Viele Vorschriften, die für die Vormundschaft gelten, sind auf die Betreuung entsprechend anwendbar. *§ 1908i BGB* enthält insofern zahlreiche Verweisungen.

Die Einrichtung einer Betreuung dient vornehmlich dem Schutz des Betreuten. Die Aufgabenkreise, in denen der Betreuer für den Betreuten tätig werden darf, sind je nach dem Hilfebedarf des Betreuten konkret festzulegen.

Beispiele:
Wohnungsangelegenheiten, Vermögensangelegenheiten, Verkehr mit Sozialleistungsträgern, Gesundheitsfürsorge

Als Betreuer können Familienangehörige bestellt werden, aber auch Personen, die diese Tätigkeit berufsmäßig oder ehrenamtlich ausüben. Innerhalb der festgelegten Aufgabenkreise vertritt der Betreuer den Betroffenen gerichtlich und außergerichtlich (*§ 1902 BGB*). Die Betreuung zieht aber nicht die Geschäftsunfähigkeit der betreuten Person nach sich. Diese ist nach wie vor nach den allgemeinen Vorschriften der *§§ 104 ff. BGB* zu beurteilen. Der Betreuer wird vom Betreuungsgericht beaufsichtigt, bestimmte Maßnahmen und Geschäfte darf er nur mit gerichtlicher Genehmigung vornehmen.

Eine Betreuungsverfügung enthält den Wunsch des Betroffenen, welche Person er als seinen Betreuer bestellt haben möchte, wenn einmal die Einrichtung einer Betreuung für ihn erforderlich sein sollte. Diesem Wunsch ist grundsätzlich zu entsprechen, wenn es dem Wohl des Betroffenen nicht zuwiderläuft (*§ 1897 Abs. 4 BGB*).

Für betreuungsgerichtliche Verfahren ist eine eigene Abteilung des Amtsgerichts zuständig, das Betreuungsgericht (*§ 23c GVG*). Das Verfahren richtet sich nach dem **Gesetz über das Verfahren in Familiensachen und in den Angelegenheiten der freiwilligen Gerichtsbarkeit (FamFG)**, es handelt sich um eine Angelegenheit der freiwilligen Gerichtsbarkeit. Das Verfahren ist in den *§§ 271 ff. FamFG* geregelt.

Eine Betreuung kann vermieden werden, wenn der Betroffene rechtzeitig eine sogenannte Vorsorgevollmacht erstellt hat. Darin wird eine Vertrauensperson ermächtigt, die Vertretung des Vollmachtgebers zu übernehmen, für ihn zu handeln und Entscheidungen für ihn zu treffen, wenn er selbst, z. B. krankheitsbedingt, dazu nicht mehr in der Lage sein sollte.

In einer Patientenverfügung legt der Betroffene fest, wie seine Haltung zu ärztlichen Eingriffen, Heilbehandlungsmaßnahmen und Untersuchungen ist (*§ 1901a BGB*). Die Patientenverfügung wird für den Fall des Eintritts der Einwilligungsunfähigkeit erstellt.

Der Betroffene kann seine Wertvorstellungen und seine ethischen und religiösen Überzeugungen in der Verfügung zum Ausdruck bringen. Der so niedergelegte Wille ist dann bei einer später erforderlich werdenden Entscheidung von den Ärzten, dem Betreuer oder dem Bevollmächtigten zu beachten.

Beispiel:
Valentin Hermann lehnt die „Apparatemedizin" grundsätzlich ab. Er möchte für sich ausschließen, dass er jemals in die Situation kommt, dass sein Sterbeprozess durch eine künstliche Ernährung hinausgezögert wird. Diesen Willen kann Valentin Hermann in einer Patientenverfügung niederlegen.

Übungsaufgaben

1. Droht eine Beeinträchtigung des Kindeswohls, muss der Staat in Ausübung seines Wächteramtes den Eltern Grenzen setzen und sie damit in ihrem Elternrecht des *Art. 6 Abs. 2 GG* beschränken. Immer wieder beschäftigen sich die Gerichte mit Fällen, in denen Eltern ihren Kindern ungewöhnliche Vornamen geben möchten.

   Ist nach Ihrer Meinung bei den Vornamen „Waldmeister", „Jesus", „Moewe", „Dschehad", „Anderson" oder „Verleihnix" eine Gefährdung des Kindeswohls zu befürchten? Begründen Sie Ihre persönliche Auffassung.

2. Nach Angaben des Statistischen Bundesamtes kamen im Jahr 2015 rund 42 300 Kinder und Jugendliche als Flüchtlinge ohne ihre Eltern nach Deutschland. Diese sogenannten „unbegleiteten Minderjährigen" werden zunächst vom Jugendamt in Obhut genommen.

   Warum beschäftigen sich anschließend auch die Familiengerichte mit den Kindern und Jugendlichen, die unbegleitet nach Deutschland eingereist sind?

3. Im Folgenden finden Sie Auszüge aus Schriftstücken. Welches Zitat stammt aus einer
   a Vorsorgevollmacht,
   b Betreuungsvollmacht,
   c Patientenverfügung?

   Ordnen Sie zu und begründen Sie Ihre Entscheidung.

> Mein Sohn Werner darf Krankenunterlagen einsehen. Alle mich behandelnden Ärzte und nicht ärztliches Personal entbinde ich hiermit gegenüber meinem Sohn von der Schweigepflicht. Werner darf in allen Angelegenheiten der Gesundheitsfürsorge für mich Entscheidungen treffen. Er darf in Untersuchungen und Heilbehandlungsmaßnahmen einwilligen oder solche ablehnen.

> Für den Fall, dass ich an Demenz erkranke, bestimme ich Folgendes: Wenn ich mich im Spätstadium dieser Krankheit befinde und nicht mehr in der Lage bin, mich zu äußern, selbstständig Nahrung zu mir zu nehmen und meine Angehörigen zu erkennen, möchte ich im Hospiz Sonnenschein in Kassel betreut werden. Erleide ich in diesem Stadium der Krankheit einen Kreislaufstillstand oder ein Atemversagen, sollen Wiederbelebungsmaßnahmen unterbleiben.

> Ich habe eine Vorsorgevollmacht erstellt. Sofern dennoch eine Betreuung notwendig werden sollte, bitte ich, meine Tochter Annegret zu meiner Betreuerin zu bestellen. Auf keinen Fall soll mein Sohn Franz mein Betreuer sein, wir unterhalten seit Jahren keinen Kontakt mehr. Ich habe zu meinem Sohn kein Vertrauen mehr.

5 Das familiengerichtliche Verfahren

Können außergerichtlich keine Lösungen in familienrechtlichen Auseinandersetzungen gefunden werden, kann der Rechtsweg beschritten werden. Es kommt zum familiengerichtlichen Verfahren.

5.1 Gerichtsaufbau

Der Gerichtsaufbau in Familiensachen ist dreistufig.

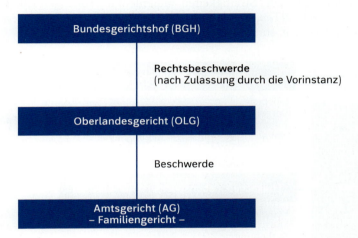

Die Familiensachen in erster Instanz werden streitwertunabhängig vor dem Familiengericht verhandelt. Das Familiengericht ist eine besondere Abteilung des Amtsgerichts. Nicht jedes Amtsgericht unterhält eine familiengerichtliche Abteilung. In manchen Orten ist deshalb die familiengerichtliche Abteilung eines Amtsgerichts für mehrere Amtsgerichtsbezirke zuständig.

5.2 Verfahrensvorschriften

Das Verfahren in Familiensachen regelt das **Gesetz über das Verfahren in Familiensachen und in den Angelegenheiten der freiwilligen Gerichtsbarkeit (FamFG).**

§ 111 FamFG enthält die Definition, welche Angelegenheiten zu den Familiensachen gehören.

 § 111 FamFG Familiensachen sind
1. Ehesachen,
2. Kindschaftssachen,
3. Abstammungssachen,
4. Adoptionssachen,

5. Ehewohnungs- und Haushaltssachen,
6. Gewaltschutzsachen,
7. Versorgungsausgleichssachen,
8. Unterhaltssachen,
9. Güterrechtssachen,
10. sonstige Familiensachen,
11. Lebenspartnerschaftssachen.

Eine besondere Verfahrensbehandlung innerhalb der Familiensachen erfahren Ehesachen, Lebenspartnerschaftssachen und Familienstreitsachen. Familienstreitsachen sind Unterhalts- und güterrechtliche Streitigkeiten, außerdem die sonstigen Familiensachen, § 112 FamFG. §§ 113 und 270 FamFG erklären teilweise für derartige Angelegenheiten das FamFG für nicht anwendbar, stattdessen wird auf die ZPO verwiesen.

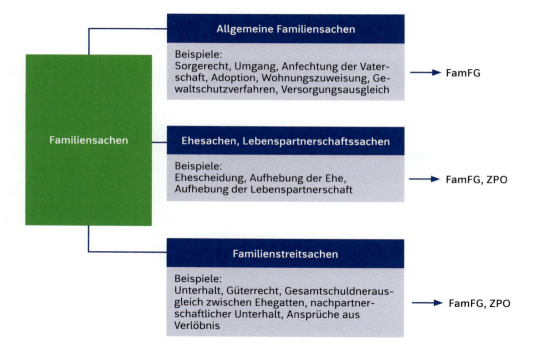

5.3 Besonderheiten

Im Vergleich zum Zivilprozess weist das Verfahren vor dem Familiengericht einige Besonderheiten auf.

5.3.1 Bezeichnung

Besonders auffallend ist die andere Bezeichnungsweise in Familiensachen. Im Anwendungsbereich des FamFG werden die Parteien eines Rechtsstreits als Beteiligte bzw. Antragsteller/Antragsgegner bezeichnet und es wird kein Rechtsstreit oder Prozess, sondern ein Verfahren geführt. Dies gilt auch für Ehesachen und in Familienstreitsachen, in denen das FamFG auf die ZPO verweist *(§ 113 Abs. 5 FamFG)*. Über den Verlauf einer Anhörung oder einer mündlichen Verhandlung wird ein Vermerk gefertigt. Die Entscheidung des angerufenen Gerichts heißt Beschluss. Das gegen einen Beschluss einzulegende Rechtsmittel ist die Beschwerde.

Begrifflichkeiten im Verfahren nach dem FamFG im Vergleich	
FamFG	**ZPO**
Verfahren	Prozess
Verfahrensfähigkeit	Prozessfähigkeit
Beteiligter	Partei
Beteiligtenfähigkeit	Parteifähigkeit
Verfahrensbevollmächtigter	Prozessbevollmächtigter
Verfahrensvollmacht	Prozessvollmacht
Antragsschrift	Klageschrift
Verfahrenseinleitender Antrag	Klageantrag
Antragsteller/Antragsgegner	Kläger/Beklagter
Antragserwiderung	Klageerwiderung
Vermerk	Protokoll
Beschluss	Urteil
Beschlussformel	Urteilsformel
Bekanntgabe	Verkündung
Einstweilige Anordnung	Einstweilige Verfügung
Beschwerde	Berufung
Verfahrenswert	Streitwert
Verfahrenskostenhilfe	Prozesskostenhilfe

5.3.2 Örtliche Zuständigkeit

Das FamFG enthält zu jeder Art der Familiensache in der Reihenfolge ihrer Aufzählung in *§ 111 FamFG* eigene Vorschriften zur örtlichen Zuständigkeit. Diese findet man zu Beginn des jeweiligen Abschnitts von Buch 2 des *FamFG*. Zunächst muss man also die Art der Familiensache und dann anhand der einschlägigen Vorschriften die Zuständigkeit bestimmen.

5.3.3 Öffentlichkeit

Die Verhandlungen, Erörterungen und Anhörungen in Familiensachen sind grundsätzlich nicht öffentlich *(§ 170 GVG)*.

5.3.4 Anwaltszwang

In einigen Familiensachen müssen sich die Beteiligten schon vor dem Amtsgericht durch einen Rechtsanwalt vertreten lassen. Geregelt ist das in *§ 114 FamFG*.
Anwaltszwang besteht in

- Ehesachen und Folgesachen,
- Lebenspartnerschaftssachen,
- Unterhaltssachen,
- Güterrechtssachen,
- sonstigen Familien- und sonstigen Lebenspartnerschaftssachen.

Ausnahmen: Möchte der Antragsgegner dem Ehescheidungsantrag des antragstellenden Ehegatten nur zustimmen und keine eigenen Anträge stellen, ist für ihn keine anwaltliche Vertretung erforderlich *(§ 114 Abs. 4 Nr. 3 FamFG)*.

Sobald ein Ehegatte aber in der Ehesache eigene Anträge stellen will, muss er dafür einen Anwalt beauftragen. Auch die Erklärung über einen Rechtsmittelverzicht oder die Protokollierung einer Vereinbarung im Rahmen des Ehescheidungsverfahrens unterliegen dem Anwaltszwang.

In den anderen Familiensachen können sich die Beteiligten selbst vertreten, selbst im Beschwerdeverfahren vor dem OLG. Nur im Falle einer Rechtsbeschwerde müssen sich die Beteiligten dann wieder anwaltlich durch einen beim BGH zugelassenen Rechtsanwalt vertreten lassen.

Der Anwaltszwang gilt nicht für Verfahren auf Erlass einer einstweiligen Anordnung *(§ 114 Abs. 4 Nr. 1 FamFG)*.

5.4 Allgemeine Familiensachen

Das Verfahren in den allgemeinen Familiensachen richtet sich ausschließlich nach den Verfahrensvorschriften des FamFG.

5.4.1 Antrags- und Amtsverfahren

Es ist zu unterscheiden zwischen Verfahren, die nur auf Antrag, und solchen, die von Amts wegen eingeleitet werden können.

Einige der allgemeinen Familiensachen können nur auf Antrag eingeleitet werden. Das gilt beispielsweise für Abstammungssachen *(§ 171 Abs. 1 FamFG)*, Ehewohnungs- und Haushaltssachen *(§ 203 Abs. 1 FamFG)* und das Umgangsvermittlungsverfahren *(§ 165 FamFG)*. Das Umgangsvermittlungsverfahren kann von einem Elternteil beantragt werden, wenn bereits eine Entscheidung über den Umgang oder ein gerichtlich gebilligter Vergleich darüber vorliegt, es aber bei der Ausübung des an sich geregelten Umgangs Probleme gibt.

Beispiel:
Mit gerichtlich gebilligtem Vergleich haben sich die Eltern von Anna im September des vergangenen Jahres geeinigt, dass Anna jede Woche die Zeit von Freitag, 15:00 Uhr, bis Samstag, 18:00 Uhr, beim Vater verbringt. Nachdem diese Umgangsregelung ein Jahr lang auch praktiziert worden ist, brechen die Kontakte plötzlich ab. Die Kindesmutter gibt vor, Anna habe nun plötzlich keine Lust mehr, jede Woche zum Vater zu gehen. Der Vater stellt Antrag auf Einleitung des gerichtlichen Vermittlungsverfahrens.

In anderen der allgemeinen Familiensachen kann oder muss das Amtsgericht von Amts wegen tätig werden. Das gilt beispielsweise für Kindschaftssachen wie die elterliche Sorge, Umgangsverfahren nach §§ 151 ff. FamFG und den im Rahmen einer Ehescheidung durchzuführenden Versorgungsausgleich.

Beispiel:
Helena Münzer hat zwei Kinder im Alter von 3 und 6 Jahren. Nach dem alljährlichen Stadtfest wird sie von der von Passanten herbeigerufenen Polizei mit 2,0 Promille im örtlichen Stadtpark auf einer Bank liegend aufgefunden. Die beiden Kinder waren währenddessen von ihr unbeaufsichtigt in der verwahrlosten Wohnung zurückgelassen worden. Trotz des sofortigen Einsatzes einer Familienhelferin des Jugendamtes zur Unterstützung der alleinerziehenden Mutter wiederholen sich derartige Vorfälle in den kommenden Wochen. Zu einer Therapie wegen ihres Alkoholproblems ist Helena Münzer nicht bereit. Das Jugendamt unterrichtet das Gericht über die Situation, welches ein Sorgerechtsverfahren nach § 1666 BGB einleitet.

Wenn das Gericht auch von Amts wegen das Verfahren einleiten kann oder muss, hat ein Antrag nur verfahrenseinleitende Wirkung. Das Gericht ist an den Antrag nicht gebunden, der Antrag wird als Anregung behandelt.

Beispiel:
Kevin Meister begehrt Umgang mit seinem Sohn Felix, ein Jahr alt. Er beantragt, ihm ein 14-tägiges Umgangsrecht mit Felix von Freitag, 18:00 Uhr, bis Sonntag, 18:00 Uhr, einzuräumen. Das Gericht gelangt im Verfahren zur Überzeugung, dass Felix für Übernachtungsbesuche beim Vater noch zu klein ist und diese momentan für ihn eine Überforderung darstellen würden. Es entscheidet, dem Vater ein Umgangsrecht wöchentlich am Samstag von 10:00 Uhr bis 18:00 Uhr zuzusprechen. An den Antrag des Vaters ist das Gericht bei seiner Entscheidung nicht gebunden.

5.4.2 Beteiligte

In den allgemeinen Familiensachen gibt es meist mehrere Beteiligte.

Beispiele:
- *In Kindschaftssachen kann das Jugendamt Beteiligter sein (§ 162 FamFG).*
- *In Versorgungsausgleichssachen ist der jeweilige Versorgungsträger Beteiligter (§ 219 Nr. 2 und 3 FamFG).*
- *Wenn es um die Zuweisung der Ehewohnung nach der Scheidung geht, ist der Vermieter der Wohnung zu beteiligen (§ 204 Abs. 1 FamFG).*

Einem minderjährigen Kind wird in Kindschaftssachen, die seine Person betreffen, vom Gericht ein Verfahrensbeistand bestellt, soweit dies zur Wahrnehmung seiner Interessen erforderlich ist *(§ 158 Abs. 1 FamFG)*. Der Verfahrensbeistand ist dann ebenfalls Verfahrensbeteiligter. Er hat die Aufgabe, das Interesse des Kindes festzustellen und im gerichtlichen Verfahren geltend zu machen. Er begleitet das Kind im Verfahren und soll an der Anhörung des Kindes durch das Gericht teilnehmen. Außerdem erklärt er dem Kind den Ablauf und den Ausgang des Verfahrens und kann in seinem Interesse Rechtsmittel einlegen. Eine entsprechende Vorschrift gibt es auch für Abstammungs- und Adoptionssachen.

Schriftsätze in allgemeinen Familiensachen sind immer entsprechend der Anzahl der Beteiligten mit einer ausreichenden Anzahl von Abschriften bei Gericht einzureichen.

5.4.3 Amtsermittlung und Freibeweis

Aus *§ 27 FamFG* ergibt sich die Mitwirkungspflicht der Beteiligten. Diese sollen bei der Ermittlung des Sachverhalts mitwirken, ihre Erklärungen über tatsächliche Umstände haben vollständig und wahrheitsgemäß zu sein.

In den allgemeinen Familiensachen gilt darüber hinaus der **Amtsermittlungsgrundsatz**. Das Gericht muss von Amts wegen die Ermittlungen durchführen, die zur Feststellung der entscheidungserheblichen Tatsachen erforderlich sind *(§ 26 FamFG)*.

Beispiele:

- *Im Versorgungsausgleichsverfahren holt das Gericht von den beteiligten Versorgungsträgern Auskünfte ein zu den erworbenen Anwartschaften.*
- *Im Sorgerechtsverfahren gibt das Gericht ein Sachverständigengutachten zur Frage der Erziehungsfähigkeit eines Elternteils in Auftrag.*

In Haushaltssachen ist der Amtsermittlungsgrundsatz eingeschränkt, das Gericht kann den Ehegatten aufgeben, sich darüber zu erklären, welche Haushaltsgegenstände vorhanden sind und welche davon sie zugeteilt haben möchten *(§ 206 Abs. 1 FamFG)*. Eine Einschränkung des Amtsermittlungsgrundsatzes gibt es auch in Abstammungsverfahren *(§ 177 Abs. 1 FamFG)*.

In allgemeinen Familiensachen kann das Gericht jede Art von Beweismittel benutzen, an Anträge der Beteiligten ist es nicht gebunden, der sogenannte **Freibeweis**. Das Gericht entscheidet im Einzelfall nach Ermessen, welche Beweise in welcher Form erhoben werden *(§§ 29 ff. FamFG)*.

5.4.4 Beschleunigungsgebot

Kindschaftssachen, die den Aufenthalt des Kindes, das Umgangsrecht oder die Herausgabe des Kindes betreffen, sowie Verfahren wegen Gefährdung des Kindeswohls sind vom Gericht vorrangig und beschleunigt durchzuführen *(§ 155 Abs. 1 FamFG)*. Der erste Erörterungstermin soll spätestens einen Monat nach Beginn des Verfahrens stattfinden. Die Verlegung des Termins ist nur aus zwingenden Gründen zulässig *(§ 155 Abs. 2 FamFG)*. Eine reine Terminskollision ist kein zwingender Grund im Sinne dieser Vorschrift.

Handelt es sich bei einer **Terminskollision** in einer Angelegenheit um eine in § 155 Abs. 1 FamFG genannte Kindschaftssache, ist in der kollidierenden anderen Sache der Verlegungsantrag zu stellen, dem dann wegen des Vorrangs der Kindschaftssache stattgegeben werden muss.

5.4.5 Kostenentscheidung in allgemeinen Familiensachen

Die Kostenentscheidung in allgemeinen Familiensachen richtet sich nach *§§ 80 ff. FamFG*. Das Gericht entscheidet über die Kostenpflicht nach billigem Ermessen.

5.5 Ehesachen

Die in Ehesachen und Lebenspartnerschaftssachen anzuwendenden Verfahrensvorschriften finden sich im FamFG und in der ZPO. Die *§§ 2–22, 23–37, 40–45, 46 S. 1 und 2, 47, 48 und 76–96 FamFG* sind nicht anwendbar *(§§ 113 Abs. 1 S. 1, 270 FamFG)*, stattdessen gelten die Vorschriften der ZPO.

In Ehesachen gilt die ausschließliche örtliche Zuständigkeit nach *§ 122 FamFG*.

§ 122 FamFG – Örtliche Zuständigkeit.
Ausschließlich zuständig ist in dieser Reihenfolge:
1. das Gericht, in dessen Bezirk einer der Ehegatten mit allen gemeinschaftlichen Kindern seinen gewöhnlichen Aufenthalt hat;
2. das Gericht, in dessen Bezirk einer der Ehegatten mit einem Teil der gemeinschaftlichen minderjährigen Kinder seinen gewöhnlichen Aufenthalt hat, sofern bei dem anderen Ehegatten keine gemeinschaftlichen Kinder ihren gewöhnlichen Aufenthalt haben;
3. das Gericht, in dessen Bezirk die Ehegatten ihren gemeinsamen gewöhnlichen Aufenthalt zuletzt gehabt haben, wenn einer der Ehegatten bei Eintritt der Rechtshängigkeit im Bezirk dieses Gerichts seinen gewöhnlichen Aufenthalt hat;
4. das Gericht, in dessen Bezirk der Antragsgegner seien gewöhnlichen Aufenthalt hat;
5. das Gericht, in dessen Bezirk der Antragsteller seinen gewöhnlichen Aufenthalt hat;
6. das Amtsgericht Schöneberg in Berlin.

Als **gewöhnlichen Aufenthalt** bezeichnet man einen Daseinsmittelpunkt von einer gewissen Dauer mit sozialer Einbindung an diesem Ort.

Beispiel:
Ann Christin Liebig lebt seit über einem Jahr innerhalb der Ehewohnung von Patrick Liebig getrennt. Die Ehefrau verlässt mit den gemeinsamen Kindern im Streit die Ehewohnung in Chemnitz und kommt vorübergehend bei ihren Eltern in Mannheim unter, die sich ohnehin gerade für zwei Wochen auf Teneriffa aufhalten. Ann Christin Liebig beabsichtigt, spätestens zum Ende der Schulferien der Kinder zurückzukehren. Ihr gewöhnlicher Aufenthalt ist nach wie vor Chemnitz.

Ein Verfahren in Ehesachen wird nur auf Antrag eingeleitet *(§ 124 FamFG)*. Der Rechtsanwalt benötigt für den Ehescheidungsantrag eine besondere auf das Ehescheidungsverfahren gerichtete Vollmacht *(§ 114 Abs. 5 FamFG)*.

Der Amtsermittlungsgrundsatz gilt nur eingeschränkt. Tatsachen, die von den Beteiligten nicht selbst vorgetragen wurden, sind nur zu berücksichtigen, wenn sie der Aufrechterhaltung der Ehe dienen oder der Antragsteller einer Berücksichtigung nicht widerspricht *(§ 127 Abs. 2 FamFG)*.

Nach Rechtshängigkeit einer Ehesache werden andere Verfahren, die die gleiche Familie betreffen, bei diesem Gericht konzentriert. Verfahren, die bei einem anderen Gericht anhängig sind, werden von Amts wegen an das Gericht der Ehesache abgegeben.

Eine Versäumnisentscheidung gegen den Antragsgegner kann nicht ergehen *(§ 130 Abs. 2 FamFG)*. Die Entscheidung über den Ehescheidungsantrag und die anhängigen Folgesachen ergehen durch Beschluss. Erst mit der Rechtskraft des Beschlusses ist die Ehe aufgelöst.

5.5.1 Ehescheidungsantrag

Der *§ 133 FamFG* fasst den Inhalt der Antragsschrift auf Ehescheidung zusammen. Der antragstellende Ehegatte muss die Namen und Geburtsdaten der gemeinsamen minderjährigen Kinder mitteilen und den Ort ihres gewöhnlichen Aufenthalts. Er hat sich ferner darüber zu erklären, ob Regelungen getroffen wurden über das Sorgerecht, den Umgang und den Unterhalt. Außerdem ist mitzuteilen, ob Absprachen gefunden werden konnten über die Ehewohnung und die Haushaltsgegenstände. Anzugeben ist auch, ob weitere Familiensachen zwischen den Beteiligten anhängig sind.

Sowohl Heiratsurkunde als auch die Geburtsurkunden der gemeinsamen minderjährigen Kinder sind dem Antrag im Original oder in durch das Standesamt beglaubigter Abschrift beizufügen.

Muster: Ehescheidungsantrag nach einjährigem Getrenntleben

An das
Amtsgericht
– Familiengericht –
Karlsruhe

Karlsruhe, den 19.03.20..

In Sachen Ullmann, Tanja ./. Ullmann, Lutz

Tanja Ullmann, geb. Geier, Hardtstr. 17, 76133 Karlsruhe

– Antragstellerin –

Verfahrensbevollmächtigte: Rechtsanwältin Maria Heilig, Hauptstraße 131, 76133 Karlsruhe

g e g e n

Lutz Ullmann, Alfred-Daimler-Straße 2 a, 06188 Landsberg

– Antragsgegner –

wegen Ehescheidung

zeige ich mit der beiliegenden besonderen Verfahrensvollmacht an, dass ich die Antragstellerin vertrete.

Namens und im Auftrag der Antragstellerin beantrage ich, wie folgt zu entscheiden:

> **Die am 2. Mai 2004 in Oberhausen-Rheinhausen zu Heiratseintragnummer 13/2004 geschlossene Ehe der Beteiligten wird geschieden.**

B e g r ü n d u n g :
===============
Die am 17. April 1976 geborene Antragstellerin und der am 17. März 1972 geborene Antragsgegner, beide deutsche Staatsangehörige, haben am 2. Mai 2004 vor dem Standesamt Oberhausen-Rheinhausen miteinander die Ehe geschlossen.

B e w e i s :   Heiratsurkunde des Standesamts Oberhausen-Rheinhausen vom 2. Mai 2004

Aus der Ehe der Beteiligten sind die Kinder
    Nadja, geboren 7. September 2004, und
    Timor, geboren 9. Dezember 2006,
hervorgegangen.

B e w e i s :   Geburtsurkunden von Nadja und Timor

Der letzte gewöhnliche Aufenthaltsort der Beteiligten war in Karlsruhe. Man lebte dort bis zur Trennung in der jetzt noch von der Antragstellerin gemeinsam mit den Kindern bewohnten Wohnung in der Hardtstr. 17.

Die örtliche Zuständigkeit des angerufenen Gerichts ergibt sich aus § 122 Nr. 1 FamFG.

Die Ehe der Beteiligten ist gescheitert und deshalb zu scheiden. Die Lebensgemeinschaft der Ehegatten besteht nicht mehr. Die Beteiligten leben seit Februar 20.. voneinander getrennt. Damals zog der Antragsgegner aus der vormals gemeinsam bewohnten Wohnung aus. Beide Beteiligten lehnen die Wiederaufnahme der ehelichen Lebensgemeinschaft ab.

B e w e i s :   Einvernahme der Beteiligten

Da die Beteiligten seit über einem Jahr voneinander getrennt leben, sind die Voraussetzungen für die Durchführung des Scheidungsverfahrens gegeben. Der Antragsgegner wird dem Ehescheidungsantrag seiner Ehefrau zustimmen.

Mit der Ausnahme des Versorgungsausgleichs sind keine Entscheidungen zu Folgesachen veranlasst.

Die Beteiligten werden das Sorgerecht für die Kinder weiterhin gemeinsam ausüben. Der Umgang des Kindesvaters mit Nadja und Timor ist geregelt, die Beteiligten haben insoweit in der Trennungszeit Gespräche beim Jugendamt geführt und eine Absprache getroffen.

Über die Höhe des vom Antragsgegner zu bezahlenden Kindesunterhaltes ist ebenfalls eine Regelung erfolgt, der Antragsgegner hat vollstreckbare Jugendamtsurkunden erstellen lassen.

> Keiner der Beteiligten beabsichtigt, Ehegattenunterhaltsansprüche gegen den anderen Ehegatten geltend zu machen.
>
> Die Beteiligten wurden sich bereits mit der Trennung darüber einig, dass die Antragstellerin mit den Kindern künftig die vormals gemeinsam bewohnte Ehewohnung alleine nutzen wird.
>
> Der Hausrat wurde mit dem Auszug des Antragsgegners einvernehmlich aufgeteilt.
>
> Es sind keine Familiensachen, an denen beide Ehegatten beteiligt wären, anderweitig anhängig.
>
> Der Verfahrenswert wird vorläufig mit 12 300,00 € angegeben. Die Antragstellerin ist Angestellte bei der Telekom und verdient derzeit monatlich netto rund 1 700,00 €, der Antragsgegner ist selbstständiger Handelsvertreter und gibt seinen Verdienst mit rund 2 400,00 € monatlich netto an. Der Gerichtskostenvorschuss in Höhe von 534,00 € wird mittels beiliegendem Verrechnungsscheck entrichtet.
>
> Maria Heilig
> Rechtsanwältin

5.5.2 Verbundverfahren Versorgungsausgleich

Auch ohne ausdrücklichen Antrag leitet das Gericht von Amts wegen nach dem Eingang eines Ehescheidungsantrages das Versorgungsausgleichsverfahren ein *(§ 137 Abs. 2 S. 2 FamFG).*

Über den Versorgungsausgleich wird gemeinsam mit der Ehesache verhandelt und entschieden. Es wird ein Verbundverfahren gebildet *(§ 137 FamFG).* Das Versorgungsausgleichsverfahren wird als Folgesache bezeichnet. Sowohl Ehesache als auch das Versorgungsausgleichsverfahren erhalten bei Gericht dasselbe Aktenzeichen.

Im Rahmen des von Amts wegen als Verbundverfahren geführten Versorgungsausgleichsverfahrens wird zunächst ermittelt, bei welchem Versorgungsträger die Ehegatten jeweils Anrechte während der Ehezeit erworben haben. Ehezeit ist dabei die Zeit vom Beginn des Monats, in dem die Ehe geschlossen wurde, bis zu dem Ende des Monats, der der Zustellung des Ehescheidungsantrags vorausgeht *(§ 3 Abs. 1 VersAusglG).*

Beispiel:
Die Heirat war am 10. Februar 1988, der Ehescheidungsantrag wurde zugestellt am 4. April 2019. Ehezeit zur Berechnung des Versorgungsausgleichs ist die Zeit zwischen dem 1. Februar 1988 und dem 31. März 2019.

Das Gericht übersendet zu diesem Zweck den Ehegatten bzw. den Verfahrensbevollmächtigten einen Fragebogen, der von jedem Ehegatten auszufüllen und zu unterzeichnen ist (siehe S. 256 – 257).

Muster: Fragebogen zum Versorgungsausgleich
Seite 1

Amtsgericht _____ Aktenzeichen _____

Fragebogen zum Versorgungsausgleich

Zu einer Ehescheidung gehört die Teilung aller während der Ehe erworbenen Ansprüche auf Alters- und Invaliditätsvorsorge (Versorgungsausgleich). Dieser Fragebogen dient der Ermittlung dieser Anrechte. Bitte füllen Sie ihn sorgfältig aus. Hierzu sind Sie gesetzlich verpflichtet.

1. Personalien

Familienname	Vornamen (Rufname unterstreichen)	Geburtsname
Staatsangehörigkeit	Geburtsdatum	Geburtsort
Geschlecht ☐ männlich ☐ weiblich	Derzeit ausgeübter Beruf	
Anschrift: Straße, Hausnummer		Telefonnummer tagsüber (für Rückfragen bitte unbedingt angeben)
Postleitzahl	Wohnort	

2. Haben Sie mit ihrem Ehegatten eine Vereinbarung zum Versorgungsausgleich abgeschlossen?
☐ Ja, abgeschlossen   ☐ Nein
ggf. Vereinbarung in Kopie beifügen

3. Haben Sie eine Versicherungsnummer in der gesetzlichen Rentenversicherung?

☐ Ja, bei   ☐ Nein

Name des Trägers der Rentenversicherung (genaue Angabe)	Rentenversicherungsnummer
☐ Deutsche Rentenversicherung Bund (früher BfA) ☐ Deutsche Rentenversicherung Knappschaft-Bahn-See ☐ Deutsche Rentenversicherung (früher LVA) _____ (genaue Bezeichnung des Regionalträgers)	

4. Bei welchem Arbeitgeber sind Sie derzeit, bei welchen Arbeitgebern waren Sie seit der Eheschließung beschäftigt? Sind Ihnen <u>betriebliche</u> Altersversorgungen <u>zugesagt</u> worden?
Bitte verwenden Sie ggf. ein <u>Zusatzblatt</u>.

Zeitraum	Arbeitgeber (die Angabe der Anschriften ist unbedingt erforderlich)	Betriebliche Altersversorgung zugesagt?	
		Ja	Nein
Jetziger Arbeitgeber (mit <u>Anschrift</u> und Angabe der Personalnummer)			
seit		☐	☐
Frühere Arbeitgeber seit der Eheschließung (mit <u>Anschrift</u> und Angabe der Personalnummer)			
		☐	☐
		☐	☐
		☐	☐

5. Haben Sie einen privaten Altersvorsorgevertrag abgeschlossen?
(Hier sind insbesondere aufzuführen: Verträge nach dem Altersvorsorgeverträge-Zertifizierungsgesetz (z. B. „Riester Rente", „Rürup-Rente"), private Rentenversicherungen und private Kapitallebensversicherungen, letztere nur bei bereits ausgeübtem Rentenwahlrecht. Anzugeben sind auch Verträge bei einer ausländischen Versicherung).
Bei mehr als zwei Versicherungen bitte Zusatzblatt verwenden.

☐ Ja   ☐ Nein

Seite 2

Zu Ziff. 5: Versicherung Nr. 1

Name des Versicherungsunternehmens	Versicherungsnummer
Anschrift des Versicherungsunternehmens	

Zu Ziff. 5: Versicherung Nr. 2

Name des Versicherungsunternehmens	Versicherungsnummer
Anschrift des Versicherungsunternehmens	

6. Beziehen Sie Leistungen wegen Invalidität (z. B aus einer privaten Berufsunfähigkeitsversicherung)? Bei mehreren Versicherungen bitte Zusatzblatt verwenden.

☐ Ja ☐ Nein

Name des Versicherungsunternehmens	Versicherungsnummer
Anschrift des Versicherungsunternehmens	

7. Sind oder waren Sie als Arbeitnehmer im öffentlichen Dienst (Bund, Länder, Gemeinden, Bahn, Post, kirchlicher Bereich) tätig und haben Sie damit Anrechte aus einer Zusatzversorgung des öffentlichen Dienstes oder bei kirchlichen Zusatzversorgungskassen erworben?

☐ Ja ☐ Nein

Name der Zusatzversorgungseinrichtung	Versicherungsnummer
Anschrift der Zusatzversorgungseinrichtung	

8. Sind oder waren Sie Beamter, Richter, Berufs- oder Zeitsoldat?

☐ Ja ☐ Nein

Name des Versorgungsträgers	Personalnummer
Anschrift des Versorgungsträgers	

9. Haben Sie Anrechte in einer berufsständischen Versorgungseinrichtung erworben (z.B. als Arzt, Apotheker, Architekt, Notar, Rechtsanwalt, Steuerberater oder Wirtschaftsprüfer)?

☐ Ja ☐ Nein

Name des Versorgungswerkes	Versorgungsnummer
Anschrift des Versorgungswerkes	

10. Haben Sie Anrechte auf eine sonstige Alters- bzw. Invaliditätsversorgung (z. B. Landwirtschaftliche Alterskasse, Abgeordnetenversorgung, ausländische Versorgungen)?

☐ Ja ☐ Nein

Name der Versorgungseinrichtung	Versorgungsnummer
Anschrift der Versorgungseinrichtung	

Ich versichere, dass ich die Angaben in diesem Fragebogen nach bestem Wissen und Gewissen richtig und vollständig gemacht habe.

_____ _____
Ort, Datum   Unterschrift

Nachdem die Fragebögen wieder dem Gericht zugeleitet wurden, leitet dieses eine Ausfertigung des Fragebogens zum Versorgungsausgleich dem anderen Ehegatten – zur Überprüfung auf dessen Vollständigkeit hin – zu. Außerdem holt das Gericht von den angegebenen Versorgungsträgern Auskünfte darüber ein, welche Anwartschaften in welcher Höhe konkret vom jeweiligen Ehegatten in der Ehezeit erworben worden sind. Das Versorgungsausgleichsverfahren bleibt auch als Verbundverfahren zur Ehesache allgemeine Familiensache, weshalb der Amtsermittlungsgrundsatz gilt *(§ 26 FamFG)*. Die Versorgungsträger werden zu Beteiligten des Verfahrens *(§ 219 FamFG)*.

Die Auskünfte der Versorgungsträger sind sodann von den Ehegatten wiederum auf ihre Richtigkeit und Vollständigkeit zu überprüfen. Werden keine Beanstandungen erhoben, wird das Gericht die mit den Auskünften mitgeteilten Werte der für den Fall der Ehescheidung zu treffenden Entscheidung über den Versorgungsausgleich zugrunde legen.

In der Akte kann nach folgendem Muster, welches an die individuellen Verhältnisse anzupassen ist, eine gesonderte Auflistung geführt werden, welche Versorgungsträger aufseiten welches Ehegatten beteiligt sind und ob und wann die angeforderten Auskünfte erteilt wurden.

Muster: Versorgungsträger

	Versorgungsträger	Auskunft erteilt am
Ehemann	Deutsche Rentenversicherung	
	Betriebliche Altersvorsorge Arbeitgeber	
	Riester-Vertrag, Versicherungsgesellschaft	
Ehefrau	Deutsche Rentenversicherung	
	Beamtenversorgung	
	Privater Rentenversicherungsvertrag, Versicherungsgesellschaft	
	Altersvorsorge-Bausparvertrag, Bausparkasse	

Im Laufe des Ehescheidungsverfahrens genügt dann ein Blick in die Auflistung, wenn man sich einen Überblick über den Stand des Versorgungsausgleichsverfahrens verschaffen will. Denn erst wenn alle Auskünfte vollständig vorliegen, wird das Gericht den Termin zur Anhörung bestimmen.

5.5.3 Andere Folgesachen

Es können noch weitere Folgesachen in ein Ehescheidungsverfahren einbezogen werden.

Wenn einer der Ehegatten für den Fall der Ehescheidung eine Entscheidung begehrt, die

- den Kindesunterhalt,
- den nachehelichen Unterhalt,
- Ehewohnungs- und Haushaltssachen,
- eine Güterrechtssache,
- das Sorgerecht,
- die Herausgabe eine Kindes oder
- das Umgangsrecht betrifft,

kann er einen entsprechenden Antrag stellen und dadurch erreichen, dass insoweit ein Verbund dieser Folgesachen mit der Ehesache gebildet wird *(§ 137 FamFG)*. Der Anwaltszwang für das Ehescheidungsverfahren erstreckt sich dann auch auf die Folgesache.

 Folgesachen wegen Unterhalt, Güterrecht und Ehewohnungs- und Haushaltssachen müssen spätestens zwei Wochen vor der mündlichen Verhandlung im ersten Rechtszug anhängig gemacht werden *(§ 137 Abs. 2 S. 1 FamFG)*, **wenn sie als Verbundverfahren zur Ehescheidung geführt werden sollen.**

5.5.4 Kostenentscheidung in Ehesachen und Verbundverfahren

Ob eine Folgesache als Verbundverfahren betrieben wird oder im Rahmen eines isolierten Verfahrens, ist eine taktische Entscheidung. Die Einbeziehung von Folgesachen verzögert das Ehescheidungsverfahren, denn grundsätzlich kann die Ehescheidung erst ausgesprochen werden, wenn auch alle im Verbund zu behandelnden Folgesachen entscheidungsreif sind. Sind beispielsweise in güterrechtlichen Streitigkeiten oder in Unterhaltssachen umfangreiche Beweisaufnahmen erforderlich, kann das Scheidungsverfahren dann durchaus einmal mehrere Monate oder gar Jahre dauern. Andererseits kann die Einbeziehung der Folgesachen in den Verbund für den Mandanten kostenrechtlich attraktiv sein, denn es gilt der Grundsatz der Kostenaufhebung sowohl der Kosten des Scheidungsverfahrens als auch in Bezug auf die Folgesachen *(§ 150 Abs. 1 FamFG)*. Außerdem richten sich die Rechtsanwaltsgebühren nach den zusammengerechneten Verfahrenswerten aller im Verbund geführten Verfahren.

Unter bestimmten Voraussetzungen kann das Gericht eine Folgesache im Laufe des Verfahrens abtrennen. Die Abtrennung hat je nach Gegenstand der Folgesache unterschiedliche Auswirkungen. Handelt es sich um eine Folgesache wegen Versorgungsausgleich, Unterhalt, Ehewohnung, Hausratsteilung oder um eine Güterrechtssache, bleiben die Verfahren trotz der Abtrennung Folgesache *(§ 137 Abs. 5 FamFG)*.

Abgetrennte Kindschaftssachen, die die Übertragung oder Entziehung der elterlichen Sorge, das Umgangsrecht oder die Herausgabe eines Kindes betreffen, werden nach der Abtrennung als selbstständige Verfahren fortgeführt *(§ 137 Abs. 5 FamFG)*. Die Kostenentscheidung richtet sich dann nicht mehr nach *§ 150 FamFG*, sondern nach *§§ 80 ff. FamFG*.

5.6 Familienstreitsachen

In Familienstreitsachen sind die *§§ 2–22, 23–37, 40–45, 46 S. 1* und *2, 47, 48* und *76–96 FamFG* nicht anwendbar *(§§ 113 Abs. 1 S. 1, 270 FamFG)*. An deren Stelle treten die entsprechenden Vorschriften der ZPO. Außerdem gelten die Vorschriften der ZPO über den Urkunden- und Wechselprozess und das Mahnverfahren entsprechend *(§ 113 Abs. 2 FamFG)*.

Familienstreitsachen werden nur auf Antrag eingeleitet. Der Antrag muss dem Bestimmtheitsgebot genügen *(§ 253 ZPO)*. Die Beweislast in Familienstreitsachen folgt den allgemeinen Grundsätzen, wonach der Antragsteller die für ihn günstigen Umstände beweisen muss. Es können Versäumnisentscheidungen ergehen.

Die Kostenentscheidung trifft das Gericht auf Grundlage der *§§ 91 ff. ZPO*, für Unterhaltssachen richtet sich die Kostenentscheidung nach *§ 243 FamFG*.

Die Entscheidungen in Familienstreitsachen werden erst mit Rechtskraft wirksam *(§ 116 Abs. 3 FamFG)*.

5.7 Einstweiliger Rechtsschutz

Das Familiengericht kann in dringenden Fällen vorläufige Regelungen im Rahmen einer einstweiligen Anordnung nach *§ 49 FamFG* erlassen. Das Verfahren wegen des Erlasses einer einstweiligen Anordnung ist ein selbstständiges Verfahren, auch wenn eine Hauptsache mit demselben Gegenstand anhängig ist *(§ 51 Abs. 3 FamFG)*.

Eine einstweilige Anordnung tritt außer Kraft, wenn eine anderweitige Regelung wirksam wird oder sich die Hauptsache anderweitig, z.B. durch Antragsrücknahme, erledigt hat *(§ 56 FamFG)*.

5.8 Übersicht über die Verfahrensgrundsätze in Familiensachen

Familiensachen			
Bezeichnung	Allgemeine Familiensachen	Ehesachen, Lebenspartnerschaftssachen	Familienstreitsachen
Beispiele	Sorgerecht, Umgang, Anfechtung der Vaterschaft, Adoption, Wohnungszuweisung, Gewaltschutzverfahren, Versorgungsausgleich	Ehescheidung, Aufhebung der Ehe, Aufhebung der Lebenspartnerschaft	Unterhalt, Güterrecht, Gesamtschuldnerausgleich zwischen Ehegatten, nachpartnerschaftlicher Unterhalt, Ansprüche aus Verlöbnis
Anzuwendende Verfahrensvorschriften	FamFG	FamFG, aber: *§§ 2–22, 23–37, 40–45, 46 S. 1 u. 2, 47, 48 u. 76–96 FamFG* sind nicht anwendbar *(§§ 113 Abs. 1 S. 1, 270 FamFG)*, stattdessen: Vorschriften der **ZPO**, **keine Versäumnisentscheidung** gegen den Antragsgegner möglich *(§ 130 Abs. 2 FamFG)*	FamFG, aber: *§§ 2–22, 23–37, 40–45, 46 S. 1 u. 2, 47, 48 u. 76–96 FamFG* sind nicht anwendbar *(§ 113 Abs. 1 S. 1, 270 FamFG)*, stattdessen: Vorschriften der ZPO; außerdem: Vorschriften der ZPO über den **Urkunden- und Wechselprozess** und das **Mahnverfahren** gelten entsprechend
Verfahrenseinleitung	Antrag, teilweise von Amts wegen	Antrag	Antrag
Verfahrensfähigkeit	Jugendliche nach Vollendung des 14. Lebensjahres sind verfahrensfähig, sofern sie in einem Verfahren, das ihre Person betrifft, ein ihnen nach bürgerlichem Recht zustehendes Recht geltend machen *(§ 9 Abs. 1 Nr. 3 FamFG)*.	Ein in der Geschäftsfähigkeit beschränkter Ehegatte ist in Ehesachen verfahrensfähig *(§ 125 Abs. 1 FamFG)*.	Wie Prozessfähigkeit ZPO

Das familiengerichtliche Verfahren

Familiensachen			
Bezeichnung	Allgemeine Familiensachen	Ehesachen, Lebenspartnerschaftssachen	Familienstreitsachen
Weitere Verfahrensbeteiligte	Ja, z. B. Jugendamt, Verfahrensbeistand, Vermieter, Versorgungsträger	Nein	Nein
Besonderheiten	Amtsermittlungsgrundsatz *(§ 26 FamFG)*; Einschränkung des Amtsermittlungsgrundsatzes in Haushaltssachen *(§ 206 Abs. 1 FamFG)* und Abstammungssachen *(§ 177 Abs. 1 FamFG)*; Vorrang- und Beschleunigungsgebot in Sorgerechts- und Umgangsverfahren und Verfahren auf Kindesherausgabe *(§ 155 Abs. 1 FamFG)*	Eingeschränkte Amtsermittlung *(§ 127 FamFG)*	Grundsatz: zivilprozessrechtlicher Beibringungsgrundsatz, aber: verfahrensrechtliche Auskunftspflichten der Beteiligten oder Dritter (Arbeitgeber, Finanzamt) in Unterhaltsverfahren *(§§ 235, 236 FamFG)*
Anwaltszwang *(§ 114 FamFG)*	Nein, Ausnahme: wenn Verfahren im Scheidungsverbund geführt wird	Ja, nicht: Antragsgegner für die Zustimmung zum Scheidungsantrag	Ja, nicht: in Verfahren auf Erlass einer einstweiligen Anordnung
Entscheidung durch	Beschluss, wirksam mit der Bekanntgabe an die Beteiligten *(§ 40 FamFG)*	Beschluss, wirksam mit Rechtskraft *(§ 116 FamFG)*	Beschluss, wirksam mit Rechtskraft *(§ 116 FamFG)*
Kosten	§§ 80 ff. FamFG: Entscheidung nach billigem Ermessen	Scheidungs- und Folgesachen: § 150 FamFG, Grundsatz: Kostenaufhebung	§§ 91 ff. ZPO: Verhältnis von Unterliegen und Obsiegen, Unterhaltssachen: § 243 FamFG

5.9 Rechtsmittel

Rechtsmittelverfahren gegen erstinstanzliche Entscheidungen werden vor dem Oberlandesgericht geführt.

 Die Beschwerde gegen eine erstinstanzliche Entscheidung ist bei dem Amtsgericht einzulegen, dessen Beschluss angefochten wird *(§ 64 Abs. 1 FamFG).*

Die Frist zur Beschwerdeeinlegung beträgt einen Monat *(§ 63 Abs. 1 FamFG)*. Die Frist beginnt mit der schriftlichen Bekanntgabe der Entscheidung an die Beteiligten.

Beispiel:
Der Ehescheidungsbeschluss des Familiengerichts wird dem Rechtsanwalt am 3. Mai 2017 zugestellt. Die Frist zur Einlegung der Beschwerde läuft am 3. Juni 2017 ab. Die Beschwerde ist beim Familiengericht einzulegen.

Das erstinstanzliche Gericht gibt das Verfahren an das Oberlandesgericht zur Entscheidung über die Beschwerde ab.

In allgemeinen Familiensachen kann das Beschwerdegericht dem Beschwerdeführer eine Frist zur Begründung der Beschwerde setzten, es gibt keine feste Beschwerdebegründungsfrist *(§ 65 Abs. 1 FamFG)*. In Ehe- und Familienstreitsachen gilt nach *§ 117 Abs. 1 FamFG* für die Einreichung der Beschwerdebegründung in Anlehnung an die Berufungsvorschriften der ZPO eine Frist von zwei Monaten.

Die Beschwerdebegründung ist direkt beim Rechtsmittelgericht einzureichen.

Entscheidungen in Verfahren der einstweiligen Anordnung in Familiensachen sind nur sehr begrenzt überhaupt anfechtbar. Eine Beschwerdeeinlegung ist nach § 57 FamFG nur möglich, wenn das Verfahren Folgendes betrifft:

- elterliche Sorge
- Kindesherausgabe
- Verbleibensanordnung
- Gewaltschutz nach dem Gewaltschutzgesetz (GewSchG)
- Zuweisung der Ehewohnung

Richtet sich die Beschwerde gegen eine Endentscheidung im Verfahren der einstweiligen Anordnung, beträgt die Beschwerdefrist zwei Wochen *(§ 63 Abs. 2 FamFG)*.

Außer in den vorstehend genannten Fällen sind einstweilige Anordnungen nicht mit einem Rechtsmittel anfechtbar.

Beispiel:
Das Gericht verpflichtet Leon Huber nach Durchführung einer mündlichen Verhandlung mit einer einstweiligen Anordnung, Trennungsunterhalt in Höhe von 350,00 € monatlich an seine Ehefrau zu bezahlen. Leon Huber ist der Auffassung, sein Einkommen sei unzutreffend ermittelt worden. Er möchte gegen den Beschluss vorgehen. Die Entscheidung ist gemäß § 57 FamFG nicht anfechtbar. Leon Huber muss seine Einwendungen im Hauptsacheverfahren vorbringen.

Gegen den Beschluss, mit dem das Familiengericht gemäß *§ 55 Abs. 2 des Gesetzes über Gerichtskosten in Familiensachen (FamGKG)* den Verfahrenswert festgesetzt hat, kann befristete Beschwerde zum OLG eingelegt werden *(§ 59 Abs. 1 FamFG)*. Die Frist endet sechs Monate nach Rechtskraft der Entscheidung in der Hauptsache *(§§ 59 Abs. 1, 55 Abs. 3 FamGKG)*.

Rechtsbeschwerde gegen die Entscheidungen des Oberlandesgerichts kann zum Bundesgerichtshof eingelegt werden, wenn das Ausgangsgericht die Rechtsbeschwerde zugelassen hat *(§ 70 Abs. 1 FamFG)*. Die Rechtsbeschwerde muss beim Bundesgerichtshof durch einen bei diesem zugelassenen Anwalt eingelegt werden, nicht beim Ausgangsgericht. Die Frist zur Einlegung und zur Begründung beträgt einheitlich einen Monat *(§ 71 Abs. 1 FamFG)*. Eine Nichtzulassungsbeschwerde gibt es in Familiensachen nicht.

Übungsaufgaben

1. Bewerten Sie, ob die folgenden Aussagen richtig oder falsch sind:

		Richtig	Falsch
a	Die Beteiligten eines Ehescheidungsverfahrens heißen Antragsteller und Antragsgegner.	☐	☐
b	In Familiensachen ist Beschwerde gegen eine Entscheidung des Familiengerichts beim Landgericht einzulegen.	☐	☐
c	Das Familiengericht ist eine besondere Abteilung des Amtsgerichts.	☐	☐
d	Das Familiengericht entscheidet durch Urteil.	☐	☐
e	Bei einer Ehescheidung entscheidet das Familiengericht von Amts wegen auch über den nachehelichen Unterhalt und das Sorgerecht für die gemeinsamen Kinder.	☐	☐
f	Eine Folgesache im Ehescheidungsverfahren muss spätestens zwei Wochen vor der mündlichen Verhandlung anhängig gemacht werden.	☐	☐
g	In einem Ehescheidungsverfahren muss der Antragsgegner anwaltlich vertreten sein, wenn er dem Scheidungsantrag des anderen Ehegatten entgegentreten will.	☐	☐
h	In einem isolierten Verfahren auf Trennungsunterhalt kann ein Versäumnisbeschluss ergehen.	☐	☐
i	Das Verfahren in einer Unterhaltssache wegen nachehelichem Unterhalt richtet sich ausschließlich nach dem FamFG.	☐	☐
j	Wenn der Antragsgegner im Scheidungsverfahren nicht reagiert, kann die Ehe durch einen Versäumnisbeschluss geschieden werden.	☐	☐
k	In einem Verfahren wegen Zugewinnausgleich brauchen die Ehegatten keinen Anwalt.	☐	☐
l	In einer Sorgerechtsstreitigkeit kann der Antragsgegner Beschwerde gegen den Beschluss des Familiengerichts einlegen, er kann sich in dem Verfahren vor dem OLG selbst vertreten und muss keinen Anwalt beauftragen.	☐	☐

2. Bestimmen Sie das für einen Ehescheidungsantrag zuständige Gericht in den folgenden Konstellationen:

   a Die Ehefrau lebt in Stuttgart gemeinsam mit den minderjährigen Kindern. Der Ehemann lebt seit der Trennung in Dresden.

b Letzter gemeinsamer Wohnsitz der Eheleute war Magdeburg. Beide sind zwischenzeitlich verzogen, der Ehemann nach Leipzig, die Ehefrau nach Wolfsburg. Die Ehefrau möchte den Scheidungsantrag stellen.

c Ehemann und Ehefrau lebten zuletzt gemeinsam in Köln. Die Ehefrau ist nach Saarbrücken verzogen, der Ehemann hat den Wohnsitz in Köln beibehalten. Die Ehe war kinderlos.

d Die Ehefrau lebt mit der gemeinsamen Tochter Tina, 6 Jahre, in Hannover, der Ehemann wohnt mit der gemeinsamen Tochter Sabrina, 20 Jahre, in Hamburg.

3. Rechtsanwalt Klaus Schneider erhält am 20. März 20.. in Sachen Berger/Schmidt wegen Forderung eine Ladung vom Amtsgericht zum Termin zur mündlichen Verhandlung am 28. April 20.., 10:00 Uhr. Am 29. März 20.. wird Rechtsanwalt Klaus Schneider eine Ladung zum Erörterungstermin im Umgangsverfahren Klein/Klein vom Familiengericht zugestellt. Terminiert ist ebenfalls auf den 28. April 20.., 10:00 Uhr. Rechtsanwalt Klaus Schneider bittet Sie, einen Verlegungsantrag vorzubereiten.

In welchem Verfahren beantragen Sie Verlegung des Termins und warum?

4. Ergänzen Sie im folgenden Text die fehlenden Wörter:

FamFG – Beschwerde – ZPO – Familiengericht – Zugewinnausgleich – Unterhalt – Verbund – Beschluss – Beteiligte – Scheidung

> Das Verfahren in Familiensachen ist im _____ geregelt. Es findet vor dem _____ statt, das ist eine besondere Abteilung des Amtsgerichts. Antragsteller und Antragsgegner heißen _____. In Familienstreitsachen und in Ehesachen ist teilweise die _____ anwendbar. Familienstreitsachen sind beispielsweise Streitigkeiten um den _____ und den _____. Das Verfahren auf _____ einer Ehe und das Versorgungsausgleichsverfahren bilden einen _____.
>
> Das Familiengericht entscheidet durch _____. Gegen diesen kann das Rechtsmittel der _____ eingelegt werden.

5. Von Amts wegen betreibt das Familiengericht nach Eingang eines Ehescheidungsantrages das Versorgungsausgleichsverfahren im Verbund. Die Fragebögen zum Versorgungsausgleich müssen an den Mandanten übersandt werden, damit dieser sie ausfüllt und anschließend an den Rechtsanwalt zur Weiterleitung an das Gericht zurückreicht.

Wie könnte das Anschreiben des Rechtsanwalts an den Mandanten in diesem Zusammenhang aussehen? Fertigen Sie einen Entwurf.

> 6. Im Sorgerechtsverfahren spricht das Familiengericht dem Kindesvater das alleinige Sorgerecht zu.
>   - a Welches Rechtsmittel kann die Kindesmutter einlegen, wenn sie mit der Entscheidung nicht einverstanden ist?
>   - b Welche Fristen gelten für die Einlegung und Begründung des Rechtsmittels?
>   - c Bei welchem Gericht ist das Rechtsmittel einzulegen?
>   - d Müssen die Kindeseltern sich vor dem Rechtsmittelgericht anwaltlich vertreten lassen?

6 Vergütung und Kosten in Familiensachen

Die Vergütung des Rechtsanwalts ist in erster Linie abhängig von dem ihm erteilten Auftrag. Im Familienrecht ändern sich die Aufträge häufig im Lauf der Zeit, sodass immer wieder eine Überprüfung zu erfolgen hat, worauf sich der genaue Auftrag des Mandanten aktuell bezieht.

Beispiel:
Ende des Jahres 20.. meldet sich ein Mandant. Er habe seiner Frau den Trennungsentschluss mitgeteilt und sei aus der Wohnung ausgezogen. Der Mandant bringt ein Schreiben des Anwalts der Ehefrau mit, in dem er zur Zahlung von Trennungsunterhalt aufgefordert wird. Der Anwalt wird beauftragt, insoweit außergerichtlich für ihn tätig zu werden. Ein Jahr später wiederum erteilt der Mandant Auftrag zur Einleitung des Ehescheidungsverfahrens. Der Rechtsanwalt der Ehefrau macht den nachehelichen Unterhalt als Folgesache zum Scheidungsverfahren anhängig. Nach der Rechtskraft des Scheidungsbeschlusses will der Mandant seinen Zugewinnausgleichsanspruch geltend machen und erteilt insoweit Auftrag zur außergerichtlichen Vertretung.

Wichtig in Familiensachen ist die Abgrenzung, wann gebührenrechtlich eine und wann mehrere Angelegenheiten vorliegen. **Besonderheiten** in dieser Hinsicht, die nur in Familiensachen, nicht aber in anderen Zivilsachen vorkommen, ergeben sich insbesondere für:

- **Verbundverfahren**: Scheidungs- und Folgesachen nach *§ 137 Abs. 1 FamFG* gelten gemäß *§ 16 Nr. 4 RVG* als dieselbe Angelegenheit. Der Verbund führt zur Wertaddition und gemeinsamen Abrechnung *(§ 44 Abs. 1 FamGKG)*.

- **Abtrennung von Folgesachen aus dem Verbund**: Entweder Fortführung als selbstständige Familiensache oder Abtrennung ohne Auflösung des Verbundes. Im ersten Fall wird wegen der Auflösung des Verbundes nach Abtrennung getrennt, im zweiten wegen des Fortbestandes des Verbundes gemeinsam abgerechnet.

 Praxistipp: Aus Gründen der Übersichtlichkeit sollte darauf geachtet werden, dass für unterschiedliche Angelegenheiten getrennte Akten geführt werden, das erleichtert die Abrechnung.

Beispiel:
Im oben beschriebenen Beispiel werden im Laufe der Zeit drei Akten angelegt: eine Akte wegen Trennungsunterhalt, eine wegen der Ehescheidung und der Folgesache nachehelicher Unterhalt und eine weitere wegen Zugewinnausgleich.

Verfahren auf Erlass einer einstweiligen Anordnung stellen gebührenrechtlich im Verhältnis zum Hauptsacheverfahren eine eigene Angelegenheit dar *(§ 17 Nr. 4b RVG)*.

Verschiedene Angelegenheiten sind auch das Umgangsvermittlungsverfahren und ein sich anschließendes gerichtliches Verfahren *(§ 17 Nr. 8 RVG)*.

6.1 Gegenstandswerte in Familiensachen

Die Verfahrenswerte in Familiensachen ergeben sich aus dem **Gesetz über Gerichtskosten in Familiensachen (FamGKG)**. Für die Bestimmung des Gegenstandswertes, der der Abrechnung der Rechtsanwaltsgebühren zugrunde zu legen ist, sind die dort enthaltenen Vorschriften entsprechend anzuwenden *(§ 23 Abs. 1 RVG)*.

6.1.1 Ehesachen und Verbundverfahren

In Ehesachen wird der Verfahrenswert unter Berücksichtigung aller Umstände des Einzelfalls festgesetzt *(§ 43 FamGKG)*. Hauptsächlich wird auf die Vermögens- und Einkommensverhältnisse der Ehegatten abgestellt, der Wert beträgt **mindestens 3 000,00 €**.

Für die Einkommensverhältnisse gemäß *§ 43 Abs. 2 FamGKG* ist maßgeblich das in **drei Monaten erzielte Nettoeinkommen** der Ehegatten zum Zeitpunkt der Einreichung des Ehescheidungsantrages.

Beispiel:
Die Ehefrau verdient 1 200,00 € netto, der Ehemann 1 400,00 € netto.

Verfahrenswert:

> Ehesache (1 200,00 € + 1 400,00 €) · 3 = 7 800,00 €

Einige Gerichte machen für den Unterhalt für Kinder Abzüge in Höhe von Beträgen zwischen 200,00 € und 300,00 € monatlich, wobei teilweise das Kindergeld dann wieder einkommenserhöhend hinzugerechnet wird.

Das Vermögen der Ehegatten wird ebenfalls berücksichtigt, hier gelten je nach OLG-Bezirk unterschiedliche Berechnungsweisen. Es wird nicht das reine Nettovermögen der Ehegatten hinzuaddiert, sondern lediglich eine Quote im Rahmen von 5 % bis 10 %, wobei vorab noch Abzüge gemacht werden in Form von Freibeträgen für die Ehegatten und die Kinder.

 Praxistipp: Erkundigen Sie sich jeweils nach der Handhabung in Ihrem OLG-Bezirk.

Exemplarisch sei hier eine Darstellung der Berücksichtigung von Vermögen nach der Berechnungsweise des OLG Zweibrücken *(FamRZ 2008, 2052)* angeführt:

	Vermögen der Ehegatten	90 000,00 €
–	Freibetrag Ehefrau	20 000,00 €
–	Freibetrag Ehemann	20 000,00 €
–	Freibetrag Kind	10 000,00 €
=	Restbetrag	40 000,00 €
	Davon 5 %	**2 000,00 €**

Beispiel:
Wie im vorherigen Beispiel verdient die Ehefrau 1 200,00 € netto, der Ehemann 1 400,00 € netto. Das gemeinsame Vermögen der Ehegatten beläuft sich auf 90 000,00 €. Die Ehegatten haben ein gemeinsames Kind. Das Verfahren wird im OLG Bezirk Zweibrücken geführt. Der Verfahrenswert beträgt 9 800,00 € (7 800,00 € + 2 000,00 €).

Die wichtigsten Verfahrenswerte in Verbundverfahren im Überblick			
Folgesache	**Regelwert**	**Vorschrift**	**Anmerkung**
Versorgungsausgleich	Je Anrecht 10 % des in drei Monaten erzielten Nettoeinkommens der Ehegatten, insgesamt mindestens 1 000,00 €	§ 50 Abs. 1 FamGKG	
Sorgerecht, Umgangsrecht	20 % des Wertes der Ehesache, höchstens 3 000,00 €	§ 44 Abs. 2 FamGKG	Auch dann, wenn mehrere Kinder betroffen sind.
Kindesunterhalt, nachehelicher Unterhalt	Geforderter Betrag der auf die Antragseinreichung folgenden zwölf Monate	§ 51 Abs. 1 FamGKG	Über Kindes- und nachehelichen Unterhalt im Verbundverfahren wird nur für die Zeit nach rechtskräftiger Scheidung entschieden. Folglich können Rückstände nicht geltend gemacht werden.
Zuweisung Ehewohnung	4 000,00 €	§ 48 Abs. 1 FamGKG	
Zuweisung Haushaltsgegenstände	3 000,00 €	§ 48 Abs. 2 FamGKG	
Zugewinnausgleich	Wert des verlangten Ausgleichsanspruchs	§ 35 FamGKG	Bei wechselseitigen Anträgen auf Zugewinn werden die Werte addiert.

Gegenstandswerte in Familiensachen

Die Verfahrenswerte der Ehesache und der Folgesachen werden addiert, da es sich gemäß § 16 Nr. 4 RVG um dieselbe Angelegenheit handelt (Tabelle Verfahrenswerte Verbundverfahren, siehe auch unter BuchPlusWeb).

Beispiel:
Der Verfahrenswert nach den Einkommensverhältnissen der Eheleute liegt bei 9 000,00 €. Der Versorgungsausgleich betrifft zwei Anrechte. Außerdem macht die Ehefrau ihren Anspruch auf nachehelichen Unterhalt in Höhe von 500,00 € monatlich im Verbund geltend.

Verfahrenswert:

	Ehesache	9 000,00 €
+	Versorgungsausgleich 10 % von 9 000,00 € · 2	1 800,00 €
+	Nachehelicher Unterhalt 500,00 € · 12	6 000,00 €
=	Verfahrenswert gesamt	16 800,00 €

6.1.2 Selbstständige Verfahren

Die wichtigsten Verfahrenswerte in selbstständigen familiengerichtlichen Verfahren			
Angelegenheit	**Regelwert**	**Vorschrift**	**Anmerkung**
Elterliche Sorge, Umgangsrecht, Kindesherausgabe	3 000,00 €	§ 45 Abs. 1 Nr. 1 FamGKG	Gemäß § 45 Abs. 2 FamGKG gilt der Regelwert auch, wenn mehrere Kinder betroffen sind.
Kindesunterhalt, Trennungsunterhalt, nachehelicher Unterhalt	Geforderter Betrag der auf die Antragseinreichung folgenden zwölf Monate, zzgl. Rückstände bis Antragseinreichung	§ 51 FamGKG	Gilt auch für Stufenantrag wg. Auskunft und Unterhalt (§ 38 FamGKG); bei Abänderungsantrag: Jahreswert der Erhöhung/Ermäßigung.
Zuweisung Ehewohnung (Getrenntleben)	3 000,00 €	§ 48 Abs. 1 FamGKG	
Zuweisung Ehewohnung (nach Scheidung)	4 000,00 €	§ 48 Abs. 1 FamGKG	
Zuweisung Haushaltsgegenstände (Getrenntleben)	2 000,00 €	§ 48 Abs. 2 FamGKG	
Zuweisung Haushaltsgegenstände (nach Scheidung)	3 000,00 €	§ 48 Abs. 2 FamGKG	

Die wichtigsten Verfahrenswerte in selbstständigen familiengerichtlichen Verfahren			
Angelegenheit	Regelwert	Vorschrift	Anmerkung
Zugewinnausgleich	Wert des verlangten Ausgleichsanspruchs	§ 35 FamGKG	Bei wechselseitigen Anträgen auf Zugewinn werden die Werte addiert.
Versorgungsausgleich, Ausgleichsansprüche nach Ehescheidung	Je Anrecht 20 % des in drei Monaten erzielten Nettoeinkommens der Ehegatten, mindestens 1 000,00 €	§ 50 Abs. 1 FamGKG	Betrifft nur Verfahren wegen schuldrechtlichem Versorgungsausgleich, nicht aber abgetrennte VA-Verfahren oder Abänderungsverfahren.
Feststellung/Anfechtung der Vaterschaft	2 000,00 €	§ 47 Abs. 1 FamGKG	
Gewaltschutzverfahren (§ 1 GewSchG)	2 000,00 €	§ 49 FamGKG	
Einstweilige Anordnungsverfahren	Die Hälfte des für die Hauptsache bestimmten Wertes		

Die Übersicht über die wichtigsten Verfahrenswerte in selbstständigen familiengerichtlichen Verfahren findet sich auch unter BuchPlusWeb, siehe Tabelle Verfahrenswerte selbstständige Verfahren.

6.2 Vergütung außergerichtlich – Beratungshilfe

Das Beratungsmandat ist ein häufiger Auftrag im Familienrecht.

Beispiel:
Die Ehegatten trennen sich, der Ehemann wendet sich an den Rechtsanwalt und wünscht ein Beratungsgespräch („Was kommt auf mich zu, wie soll ich mich verhalten?"). Je nach der individuellen Situation werden die Themen Trennung, Scheidungsvoraussetzungen, Ablauf des Scheidungsverfahrens, elterliche Sorge, Umgangsrecht, Versorgungsausgleich, Wohnungszuweisung, Vermögensauseinandersetzung, Verteilung des Hausstandes, Zugewinnausgleich, Kindesunterhalt, Trennungsunterhalt, nachehelicher Unterhalt etc. angesprochen und bei Bedarf detaillierter erörtert.

Auch wenn der Anwalt in einer sehr komplexen familienrechtlichen Angelegenheit umfassend mündlich berät, gilt, wenn keine andere Vereinbarung getroffen ist, für die Erstberatungsgebühr die Kappungsgrenze des *§ 34 RVG*. Mehr als 190,00 € netto können dann für das erste Beratungsgespräch nicht in Rechnung gestellt werden.

In der Regel wird im weiteren Verlauf nur in Bezug auf einige der erörterten Angelegenheiten eine außergerichtliche bzw. gerichtliche Tätigkeit entwickelt. Dann stellt sich das Problem, inwieweit die Gebühr für die Beratung auf die dann entstehenden Gebühren anzurechnen ist. Klar ist, dass eine Anrechnung nur stattfindet, soweit sich der Gegenstand der Tätigkeit deckt *(§ 34 Abs. 2 RVG).*

Wie anzurechnen ist, wird kontrovers diskutiert. Teils wird entsprechend der einzelnen Gegenstandswerte gequotelt, teils erfolgt eine verhältnismäßige Aufteilung in Relation der Höhe der fiktiv errechneten einzelnen Gebühren zueinander. Der in der Praxis gangbare Weg, dem im Verhältnis zum Ergebnis viel zu hohen Aufwand bei Anrechnung aus dem Weg zu gehen, ist der Abschluss einer Vergütungsvereinbarung. In Bezug auf die Anrechnung kann dann zum Beispiel vereinbart werden, dass die Gebühr für die erste Beratung dem Rechtsanwalt anrechnungsfrei verbleibt, dass nur eine bestimmte Teilsumme der Gebühr angerechnet wird, oder dass eine Anrechnung in vollem Umfang stattfindet.

Die außergerichtlichen Gebühren richten sich nach den Vorschriften des *Teil 2 Abschnitt 3 VV* (Vergütungsverzeichnis, Anlage 1 zum RVG) für außergerichtliche Tätigkeiten. Familiensachen nehmen im Vergleich zu anderen Zivilsachen gebührentechnisch keine Sonderstellung ein.

Beispiel:
Der Mandant erteilt Auftrag zur Regelung der Kindesunterhaltsansprüche. Es kann eine Einigung erzielt werden. Der Rechtsanwalt kann eine Geschäftsgebühr nach Nr. 2300 VV (0,5 bis 2,5) und eine Einigungsgebühr nach Nr. 1000 VV (1,5) in Rechnung stellen.

Für die im Rahmen gewährter Beratungshilfe nach dem BerHG anfallenden Gebühren gilt *Teil 2 Abschnitt 5 VV*. Beratungshilfe wird nur gewährt, wenn der Hilfesuchende keine Möglichkeit hat, anderweitige Hilfe in Anspruch zu nehmen. Wenn es um Ansprüche auf Kindesunterhalt geht oder Fragen des Sorge- und Umgangsrechts erörtert werden sollen, ist zu beachten: Der Ratsuchende ist zunächst gehalten, die kostenfreien Beratungsmöglichkeiten des Jugendamtes in Anspruch zu nehmen. Erst wenn ihm dort nicht zufriedenstellend weitergeholfen werden kann, darf er sich im Rahmen der Beratungshilfe an einen Anwalt wenden.

 Praxistipp: In Zweifelsfällen ist es sinnvoll, den Mandanten, der Beratungshilfe in Anspruch nehmen will, zu bitten, sich vor dem ersten Gespräch mit dem Anwalt den entsprechenden Berechtigungsschein beim Amtsgericht zu besorgen. Ansonsten besteht die Gefahr, dass ein Antrag auf nachträgliche Bewilligung von Beratungshilfe mit der Begründung, dass kostenfreie anderweitige Hilfemöglichkeiten bestanden hätten, zurückgewiesen wird.

Bei der nachträglichen Antragstellung ist darauf zu achten, dass die Angelegenheit, für die Beratungshilfe beantragt wird, möglichst genau bezeichnet wird. Für mehrere Angelegenheiten sind getrennte Anträge zu stellen (siehe auch Zusatztext Beratungshilfe unter BuchPlusWeb).

 Der Antrag auf nachträgliche Bewilligung von Beratungshilfe muss spätestens vier Wochen nach Beginn der Beratungstätigkeit gestellt sein (§ 6 Abs. 2 BerHG).

6.3 Vergütung gerichtlich – Verfahrenskostenhilfe

Ist ein Auftrag auf Einleitung eines gerichtlichen Verfahrens erteilt, richten sich die Rechtsanwaltsgebühren nach *Teil 3 VV*. Insbesondere können also Verfahrens- und Terminsgebühren anfallen. Ferner Einigungsgebühren nach *Teil 1 VV*.

Einigungsgebühren können auch in Kindschaftssachen entstehen *(Nr. 1003 Abs. 2 VV)*.

Beispiel:
Die Eltern beantragen jeweils die Übertragung der alleinigen elterlichen Sorge für ihr Kind auf sich. Im Anhörungstermin einigen sie sich darauf, dass das Aufenthaltsbestimmungsrecht nur durch die anwaltlich vertretene Mutter ausgeübt wird und im Übrigen die gemeinsame elterliche Sorge fortbestehen soll. Das Gericht folgt in seinem Beschluss dieser Einigung der Eltern. Der Rechtsanwalt der Kindesmutter kann abrechnen: Verfahrensgebühr Nr. 3100 VV (1,3), Terminsgebühr Nr. 3104 VV (1,2) und Einigungsgebühr Nr. 1003 VV (1,0).

Kommt durch die Mitwirkung des Rechtsanwalts eine Versöhnung der Ehegatten zustande, sodass die Eheleute von einer ursprünglich geplanten Trennung oder Scheidung absehen, kann die Aussöhnungsgebühr des *Nr. 1001 VV* entstehen.

Bei der Abrechnung sind wie in Zivilsachen eventuelle Anrechnungsvorschriften zu beachten. Eine besondere Vorschrift gilt für das Umgangsvermittlungsverfahren: Nach *Anmerkung 3 zu Nr. 3100 VV* wird die Verfahrensgebühr für ein Vermittlungsverfahren auf die Verfahrensgebühr für ein sich anschließendes Verfahren angerechnet.

Beispiel:
Ein Umgangsvermittlungsverfahren bleibt erfolglos, weil ein Elternteil seine blockierende Haltung nicht aufgibt. Im Verfahren tritt zutage, dass die bisher vereinbarte Umgangsregelung aber nicht mehr den aktuellen Bedürfnissen des Kindes entspricht. Das Gericht leitet von Amts wegen nach Abschluss des Vermittlungsverfahrens ein Umgangsverfahren ein. Die Verfahrensgebühr des Vermittlungsverfahrens wird auf diejenige des Umgangsverfahrens angerechnet.

Die Kürzungsvorschrift des *§ 15 Abs. 3 RVG* ist immer dann zu beachten, wenn in der gleichen Angelegenheit in verschiedenen Gebührensätzen Gebühren anfallen.

Beispiel:
Im Ehescheidungsverfahren wird eine Einigung über die bis dahin nicht rechtshängigen Zugewinnausgleichsansprüche protokolliert. Es fallen an die Verfahrensgebühr gemäß 3100 VV (1,3) aus dem Wert der Ehesache und die Verfahrensgebühr nach 3101 Nr. 2 VV (0,8) aus dem Wert des Zugewinnausgleichs, beide Verfahrensgebühren zusammen dürfen eine 1,3-Gebühr aus den zusammengerechneten Werten nicht übersteigen. Ansonsten ist nach § 15 Abs. 3 RVG eine Kürzung vorzunehmen.

In Familiensachen kann einem Beteiligten Verfahrenskostenhilfe gewährt werden *(§§ 76 ff. FamFG)*. Der *§ 76 Abs. 1 FamFG* verweist auf die entsprechende Anwendung der Vorschriften der ZPO über die Prozesskostenhilfe.

Die Beiordnung in der Ehesache erstreckt sich automatisch auch auf die Folgesache Versorgungsausgleich *(§ 145 FamFG)*.

Der *§ 48 Abs. 3 Satz 1 RVG* erweitert den Umfang der Beiordnung noch weiter.

§ 48 Abs. 3 S. 1 RVG Die Beiordnung des Rechtsanwalts in einer Ehesache erstreckt sich im Falle des Abschlusses eines Vertrags im Sinne der Nummer 1000 des Vergütungsverzeichnisses auf alle mit der Herbeiführung der Einigung erforderlichen Tätigkeiten, soweit der Vertrag
1. den gegenseitigen Unterhalt der Ehegatten,
2. den Unterhalt gegenüber Kindern im Verhältnis der Ehegatten zueinander,
3. die Sorge für die Person der gemeinschaftlichen minderjährigen Kinder,
4. die Regelung des Umgangs mit einem Kind,
5. die Rechtsverhältnisse an der Ehewohnung und den Haushaltsgegenständen oder
6. die Ansprüche aus dem ehelichen Güterrecht betrifft.

Das bedeutet, dass bei einem Abschluss einer Vereinbarung über nicht anhängige Folgesachen im Ehescheidungsverfahren alle in diesem Zusammenhang anfallenden Gebühren zu erstatten sind. Der Rechtsanwalt kann nicht nur die Erstattung der Einigungsgebühr, sondern auch die der Differenzverfahrens- und der Differenzterminsgebühr aus der Staatskasse verlangen.

Sinn der Regelung in *§ 48 Abs. 3 RVG* ist es, die Herbeiführung einer Vereinbarung zu den Scheidungsfolgen zu unterstützen.

6.4   Gerichtskosten

Die Gerichtsgebühr für das Verfahren im Allgemeinen nach *Gebührentatbestand Nr. 1110 des Kostenverzeichnisses zum FamGKG (Anlage 1)* in Ehesachen einschließlich der Folgesachen beträgt nur 2,0. Nach *§ 14 FamGKG* soll die Zustellung der Antragsschrift in Ehesachen erst erfolgen, wenn die Gerichtsgebühren bezahlt sind. Damit die Antragsschrift dem Antragsgegner zugestellt wird, sind also 2,0-Gerichtsgebühren nach dem Wert der Ehesache einzubezahlen. Eine Einzahlung nach dem Wert der Folgesachen ist nicht erforderlich, *§ 14 FamGKG* ist auf diese nicht anwendbar.

In selbstständigen Familienstreitsachen gilt dieser ermäßigte Gebührenansatz nicht. Die Gebühr für das Verfahren im Allgemeinen beträgt nach dem *Gebührentatbestand Nr. 1220 des Kostenverzeichnisses zum FamGKG (Anlage 1)* 3,0. In dieser Höhe ist der Gerichtskostenvorschuss bei Antragseinreichung einzubezahlen, damit zugestellt wird.

Im Übrigen gilt eine Vorauszahlungspflicht für die Gebühr für das Verfahren im Allgemeinen nur für Familiensachen, die nur auf Antrag eingeleitet werden können *(§§ 14 Abs. 3, 21 Abs. 1 FamGKG)*.

Beispiele:
Abstammungssachen, Volljährigenadoption, Ehewohnungs- und Haushaltssachen

Unter anderem für das erstinstanzliche Gewaltschutzverfahren und Verfahren, die von einem Minderjährigen eingeleitet werden, sofern sie seine Person betreffen, statuiert *§ 21 Abs. 1 FamGKG* wieder Ausnahmen von der Vorauszahlungspflicht.

Vergütung und Kosten in Familiensachen

6.5 Kostenfestsetzung

Das FamFG verweist sowohl für die allgemeinen Familiensachen als auch in Bezug auf die Ehe- und Familienstreitsachen hinsichtlich der Kostenfestsetzung auf die *§§ 103 ff. ZPO, §§ 85, 113 Abs. 1 FamFG.*

Übungsaufgaben

1. In der *Einstiegssituation* gelingt es Rechtsanwältin Ira Meier auftragsgemäß, mit Karl Ummenhofer eine außergerichtliche Einigung über den Trennungsunterhalt herbeizuführen. Welche Rechtsanwaltsgebühren kann Rechtsanwältin Ira Meier abrechnen?

2. Die Ehefrau stellt Ehescheidungsantrag. Das Einkommen des Ehemanns beträgt 2 500,00 €, das Einkommen der Ehefrau 2 200,00 €. Die Ehe war kinderlos. Im Versorgungsausgleich werden sechs Anrechte ausgeglichen. Die Ehefrau macht als Folgesache einen Zugewinnausgleichsanspruch in Höhe von 7 500,00 € geltend, der Ehemann stellt im Scheidungsverfahren ebenfalls Antrag auf Zugewinnausgleich und beantragt, ihm 13 400,00 € zuzusprechen.

    a Bestimmen Sie den Wert des Verfahrens.

    b Die Eheleute schließen im Termin zur mündlichen Verhandlung eine Vereinbarung über den Zugewinnausgleich, wonach ein wechselseitiger Verzicht auf etwaige Zugewinnausgleichsansprüche erklärt wird. Im Übrigen entscheidet das Gericht über die Ehescheidung und den Versorgungsausgleich durch Beschluss. Erstellen Sie die Abrechnung der gerichtlichen Gebühren des Rechtsanwalts auf Basis der in der Aufgabe beschriebenen Konstellation.

    c Wie würde sich die Abrechnung ändern, wenn sich die Eheleute im Termin nicht nur über den Zugewinnausgleich, sondern auch noch über die Zuordnung der Ehewohnung nach Ehescheidung vereinbart hätten?

    d Die Eheleute möchten schnell geschieden werden und verzichten deshalb zunächst darauf, ihre wechselseitigen Zugewinnausgleichsforderungen in den Verbund einzubeziehen. Nach Rechtskraft der Ehescheidung wird insoweit ein selbstständiges Verfahren geführt. Dieses endet mit einem gerichtlich protokollierten wechselseitigen Verzicht auf Zugewinnausgleichsansprüche.

    Erstellen Sie die Abrechnungen des Rechtsanwalts für das ursprüngliche Ehescheidungsverfahren und für das isolierte Zugewinnausgleichsverfahren. Vergleichen Sie die entstandenen Gebühren mit den Gebühren aus der Abrechnung zu Aufgabe 2 b. Was stellen Sie fest?

3. Olaf Dittmer wurde aufgefordert, ab Juli 2019 Ehegattenunterhalt für Araya Dittmer in Höhe von 250,00 € monatlich und ab Januar 2020 in Höhe von 150,00 € monatlich zu bezahlen. Olaf Dittmer bezahlt für Juli, August und September 2019 jeweils 100,00 €, danach stellt er seine Zahlungen ein. Der Unterhaltsanspruch wird gerichtlich geltend gemacht, der Antrag wird Ende Februar 2020 eingereicht. Es wird beantragt, Araya Dittmer rückständigen

Unterhalt für den Zeitraum Juli 2019 bis Februar 2020 zuzusprechen und ferner laufenden Unterhalt in Höhe von 150,00 € monatlich ab März 2020.
  a Berechnen Sie den Verfahrenswert.
  b Wie hoch ist der bei Antragseinreichung zu entrichtende Gerichtskostenvorschuss?
4. Rechtsanwältin Maria Heilig vertritt Luca Ernst in seiner Scheidungsangelegenheit. Er verdient 1 500,00 € monatlich, seine Frau Simone Ernst 1 000,00 €.
  a Wie hoch ist der bei Einreichung des Ehescheidungsantrages einzubezahlende Gerichtskostenvorschuss?
  b Das Ehescheidungsverfahren ist abgeschlossen. Das Gericht hat nach Anhörung der Beteiligten die Ehe geschieden, den Versorgungsausgleich bezogen auf vier Anrechte durchgeführt und durch Beschluss ausgesprochen, dass die Kosten des Verfahrens gegeneinander aufgehoben werden. Erstellen Sie die Abrechnung der Rechtsanwaltsgebühren von Rechtsanwältin Maria Heilig. Was veranlassen Sie hinsichtlich des von Luca Ernst bei Antragseinreichung einbezahlten Gerichtskostenvorschusses?
  c Würde sich in Bezug auf die Abrechnung etwas ändern, wenn die Folgesache Versorgungsausgleich von der Ehesache abgetrennt worden wäre? Begründen Sie Ihre Entscheidung.
  d Vor dem Gerichtstermin in der Ehesache bittet Luca Ernst Rechtsanwältin Maria Heilig, dass noch eine Einigung der Eheleute über den Zugewinnausgleich zu Protokoll genommen werden solle. Er habe sich mit seiner Ehefrau darüber verständigt, dass sie ihm zur Abgeltung seiner Zugewinnausgleichsansprüche 5 000,00 € bezahle. Außerdem solle der Versorgungsausgleich insgesamt ausgeschlossen werden. Im Termin wird eine entsprechende Vereinbarung protokolliert. Wie sieht nun die Abrechnung der Rechtsanwaltsgebühren von Rechtsanwältin Maria Heilig aus?
  e Noch bevor Rechtsanwältin Maria Heilig den Ehescheidungsantrag ans Gericht geschickt hat, überlegt Luca Ernst es sich anders. Er ruft bei Rechtsanwältin Maria Heilig an und bittet sie, alles zu stoppen. Welche Gebühren hat Rechtsanwältin Maria Heilig durch die Vorbereitung des Antrages verdient?

7 Erbfolge

Art. 14 Abs. 1 GG Das Eigentum und das Erbrecht werden gewährleistet. Inhalt und Schranken werden durch die Gesetze bestimmt.

Das Erbrecht befasst sich mit der Frage, was mit dem Vermögen und den Verbindlichkeiten einer Person nach deren Tod geschieht. Die Regelungen zum Erbrecht finden sich im *5. Buch BGB* in *§§ 1922 ff.* Der Rechtsanwalt hilft und berät den Mandanten bei der Nachfolgeplanung, er klärt über die gesetzliche Erbfolge auf und zeigt Alternativen auf, falls durch diese das vom Mandanten gewünschte Ergebnis nicht erzielt wird.

7.1 Gesetzliche Erbfolge

Ist von der verstorbenen Person nichts anderes geregelt worden, tritt die gesetzliche Erbfolge ein *(§§ 1924 ff. BGB)*. Neben das Erbrecht der Verwandten tritt ein Sondererbrecht des Ehegatten *(§ 1931 BGB)*.

7.1.1 Verwandtenerbrecht

Welcher Verwandte als Erbe berufen ist, richtet sich nach dem Grad der Verwandtschaft. Das Gesetz teilt die Verwandten dazu in Ordnungen ein *(§§ 1924 ff. BGB)*. Erbe werden kann auch schon der Nasciturus, also eine noch nicht geborene, aber zum Zeitpunkt des Erbfalls schon gezeugte Person, wenn diese lebend zur Welt kommt *(§ 1923 Abs. 2 BGB)*.

System der Erbordnungen		
1. Ordnung § 1924 BGB	2. Ordnung § 1925 BGB	3. Ordnung § 1926 BGB
Kinder	Eltern	Großeltern
Enkel	deren Kinder: Bruder/Schwester	deren Kinder: Onkel/Tante
Urenkel	deren Enkel: Nichte/Neffe	deren Kinder: Cousin/Cousine
weitere Abkömmlinge des Erblassers	– deren Urenkel: Großnichte/Großneffe – weitere Abkömmlinge der Eltern	– deren Kinder – weitere Abkömmlinge der Großeltern

Das Ordnungssystem endet nicht mit der dritten Ordnung, es wird auch für fernere Ordnungen (Urgroßeltern, Ururgroßeltern, ...) immer weiter fortgesetzt *(§§ 1928 ff. BGB)*.

Verwandte erben dann, wenn sie der dem Verstorbenen am nächsten stehenden Ordnung angehören *(§ 1930 BGB)*. Sind also Verwandte erster Ordnung vorhanden, gehen diejenigen der zweiten und aller weiteren Ordnungen leer aus.

Innerhalb einer Ordnung schließt derjenige, der dem Erblasser am nächsten steht, seinen eigenen Abkömmling von der Erbfolge aus (Grundsatz der Repräsentation).

Beispiel:
Iris Bergdoldt verstirbt, sie hinterlässt ihren Sohn Manfred und dessen Tochter Marie, ihre Enkelin. Iris Bergdoldt war nicht verheiratet. Zum Zeitpunkt des Todes leben noch eine Schwester von ihr und deren Tochter Annika.

Manfred erbt alleine. Seine Tochter Marie, die Schwester der Erblasserin und die Nichte Annika sind von der gesetzlichen Erbfolge ausgeschlossen.

Bei Wegfall eines gesetzlichen Erben treten wiederum dessen Abkömmlinge an seine Stelle *(§ 1924 Abs. 3 BGB)*.

Beispiel:
Wie oben mit folgender Abweichung: Manfred ist vorverstorben. Marie tritt an seine Stelle, sie erbt alleine und schließt die Schwester der Erblasserin und die Nichte von der Erbfolge aus.

Das Prinzip der Erbfolge nach Ordnungen wird innerhalb der ersten bis dritten Erbenordnung ergänzt durch den Grundsatz der Erbfolge nach Stämmen.

 Einen „Stamm" im Sinne des Erbrechts bilden diejenigen Abkömmlinge, die durch dieselbe Person mit dem Erblasser verwandt sind.

Sind innerhalb der ersten bis dritten Erbenordnung mehrere Erben einer Ordnung vorhanden, die sich gegenseitig nicht ausschließen, wird das Erbe nicht nach der Anzahl der Personen, sondern gleichmäßig nach der Anzahl der Stämme geteilt.

Beispiel:
Paul Meister verstirbt. Er hinterlässt seinen Sohn Tim. Seine Tochter Nastassja ist vorverstorben. Nastassja hat die Kinder Katja, Timor und Ludwig hinterlassen, die alle zum Zeitpunkt des Todes von Paul Meister noch leben.

Tim und Nastassja mit ihren Kindern bilden je einen Stamm. Tim wird gesetzlicher Erbe zu ein Halb. Den halben Erbteil des Stammes der vorverstorbenen Tochter Nastassja teilen sich deren Kinder Katja, Timor und Ludwig, von denen also jeder gesetzlicher Erbe zu ein Sechstel wird.

Ab der vierten Erbordnung (Urgroßeltern und deren Abkömmlinge) und für fernere Erbordnungen wird das Erbe nach der Anzahl der Personen aufgeteilt, wenn mehrere gleichnahe Verwandte vorhanden sind *(§ 1928 Abs. 2 BGB)*. Der Grundsatz der Erbfolge nach Stämmen gilt dann nicht mehr.

7.1.2 Ehegattenerbrecht

Neben den Verwandten hat auch der Ehegatte des Verstorbenen ein gesetzliches Erbrecht. Je nachdem, in welchem Güterstand die Eheleute verheiratet waren und welche Verwandten der Verstorbene hinterlassen hat, variiert die Höhe des gesetzlichen Erbteils des Ehegatten. Zentrale Norm ist der *§ 1931 BGB*.

Sind weder Verwandte der ersten Ordnung noch Verwandte der zweiten Ordnung noch Großeltern vorhanden, erbt der überlebende Ehegatte allein *(§ 1931 Abs. 2 BGB)*.

Beispiel:
Milena Popovic verstirbt. Sie hinterlässt außer ihrem Ehemann und ihrer Cousine Mathilda keine weiteren Verwandten. Der Ehemann wird Alleinerbe.

Das gesetzliche Ehegattenerbrecht ist ausgeschlossen, wenn im Todeszeitpunkt die Voraussetzungen für eine Ehescheidung gegeben waren und der Verstorbene die Ehescheidung beantragt hat oder ihr zugestimmt hat *(§ 1933 BGB)*.

Beispiel:
Abwandlung des vorherigen Beispiels: Milena Popovic und ihr Ehemann lebten zum Zeitpunkt des Todes von Milena Popovic schon über drei Jahre lang voneinander getrennt. Der Scheidungsantrag war im Auftrag von Milena Popovic eingereicht worden. Auf dem Weg zum Scheidungstermin wird sie vom Lastwagen erfasst und stirbt an den Folgen des Unfalls. Die Cousine Mathilda wird als gesetzliche Erbin dritter Ordnung Alleinerbin.

Erbfolge

Für das Ehegattenerbrecht gelten nach § 1931 Abs. 1 BGB zunächst einmal folgende Quoten:

- ein Viertel neben Verwandten der ersten Ordnung,
- ein Halb neben Verwandten der zweiten Ordnung,
- ein Halb neben Großeltern. Sind Großelternteile weggefallen, so erhält der Ehegatte, wenn Abkömmlinge der Großeltern vorhanden sind, die nach § 1926 BGB an der anderen Hälfte teilhaben würden, den auf diese Abkömmlinge entfallenden Anteil.

Je nach dem Güterstand, in dem die Ehegatten gelebt haben, verändern sich diese Quoten, es kommt gegebenenfalls zu einer Erbteilserhöhung.

Lebten die Ehegatten im gesetzlichen Güterstand der **Zugewinngemeinschaft**, kommt *§ 1371 Abs. 1 BGB* zur Anwendung, auf den *§ 1931 Abs. 3 BGB* ausdrücklich Bezug nimmt: Der gesetzliche Erbteil des Ehegatten erhöht sich um ein Viertel der Erbschaft.

Beispiel:
Hans Kauder stirbt und hinterlässt seine Ehefrau Michelle und zwei Kinder. Die Eheleute haben im gesetzlichen Güterstand gelebt. Die Ehefrau erbt in gesetzlicher Erbfolge den halben Anteil (ein Viertel nach § 1931 Abs. 1 BGB zuzüglich ein Viertel nach § 1371 Abs. 1 BGB), die Kinder je ein Viertel Anteil.

Lebten die Ehegatten im Güterstand der **Gütertrennung**, kann *§ 1931 Abs. 4 BGB* zu einer Erhöhung des Erbteils des Ehegatten führen.

Danach erben Ehegatte und Kinder nämlich zu gleichen Teilen, wenn nur ein oder zwei Kinder als gesetzliche Erben vorhanden sind. Bei drei oder mehr Kindern bleibt es wieder bei der Regel, dass der überlebende Ehegatte zu einem Viertel gesetzlicher Erbe wird. Der Ehegatte erbt also bei der Gütertrennung immer wenigstens so viel wie ein gemeinsames Kind.

Beispiel:
Abwandlung des vorherigen Beispiels: Hans und Michelle Kauder lebten im Güterstand der Gütertrennung. Die Ehefrau erbt nun neben den beiden gemeinsamen Kindern zu ein Drittel (ein Viertel nach § 1931 Abs. 1 BGB, Erhöhung auf ein Drittel nach § 1931 Abs. 4 BGB).

Lebten die Ehegatten im Güterstand der **Gütergemeinschaft**, bleibt es bei den Erbquoten des *§ 1931 Abs. 1 BGB*.

Lebten die Ehegatten im **deutsch-französischen Güterstand der Wahl-Zugewinngemeinschaft**, werden die Erbquoten ebenfalls durch den Güterstand nicht verändert. Hat der Überlebende aber den geringeren Zugewinn erzielt, steht ihm vorweg der Anspruch auf Zugewinnausgleich zu. Hat der Verstorbene den geringeren Zugewinn erzielt, fällt dessen Zugewinnausgleichsanspruch in den Nachlass.

Eingetragene Lebenspartner haben ein dem Ehegattenerbrecht entsprechendes Erbrecht (§ 10 LPartG).

7.2 Gewillkürte Erbfolge

In vielen Fällen führt die gesetzliche Erbfolge nicht zu den von den Beteiligten gewünschten Ergebnissen.

Beispiel:
Christian Bruch stirbt und hinterlässt seine Ehefrau Anke. Wesentliches Vermögen von Christian Bruch war dessen Eigentumswohnung, in der die Eheleute lebten. Die Ehe war kinderlos, die Eltern des Ehemanns leben nicht mehr, aber noch dessen Bruder Klaus. Für die Ehe galt der gesetzliche Güterstand. Die Ehefrau wurde durch die gesetzliche Erbfolge Erbin zu drei Viertel, der Schwager Klaus erhält ein Viertel Anteil am Erbe. Klaus Bruch verlangt von der ansonsten mittellosen Ehefrau im Rahmen der Erbauseinandersetzung den Verkauf der Eigentumswohnung, ein sicher ungewolltes Ergebnis.

Die gesetzliche Erbfolge tritt ein, wenn nicht etwas anderes bestimmt ist. Wenn von der gesetzlichen Erbfolge abgewichen werden soll, kann der Erblasser zu Lebzeiten dafür Vorsorge treffen. Er kann durch Testament *(§§ 2064 ff. BGB)* oder Erbvertrag *(§§ 2274 ff. BGB)* anderweitig verfügen, also beispielsweise nicht mit ihm verwandte oder verheiratete Personen als Erben einsetzen.

Beispiel:
Timo Brecht verstirbt. Überlebende Verwandte sind seine ihm verhasste Schwester Lioba Brecht und der Bruder Karsten Brecht, mit dem Timo schon vor 20 Jahren nach einem heftigen Streit den Kontakt abgebrochen hatte. Timo Brecht hatte kurz vor seinem Tod seine langjährige Lebensgefährtin Anja Kremer durch Testament zu seiner Alleinerbin eingesetzt, die gesetzliche Erbfolge tritt nicht ein.

7.3 Pflichtteil

Das Pflichtteilsrecht als Ausgestaltung der Erbrechtsgarantie des *Art. 14 Abs. 1 GG* garantiert einem bestimmten Personenkreis die Teilhabe am Vermögen des Erblassers.

Sind Abkömmlinge, Eltern oder Ehegatten bzw. Partner einer Eingetragenen Lebenspartnerschaft durch Verfügung von Todes wegen von der Erbfolge ausgeschlossen, steht diesen ein Pflichtteilsanspruch zu *(§§ 2303 ff. BGB, § 10 Abs. 6 LPartG)*. Kann ein näherer Abkömmling den Pflichtteil verlangen oder hat er eine den Pflichtteil deckende letztwillige Zuwendung angenommen, schließt dieser die entfernteren Verwandten aus *(§ 2309 BGB)*.

Der Pflichtteil entspricht dem hälftigen Wert des gesetzlichen Erbteils *(§ 2303 Abs. 1 BGB)*. Der Pflichtteilsanspruch ist ein Zahlungsanspruch, der sich gegen den Erben richtet. Dem Pflichtteilsberechtigten steht es frei, ob er den Anspruch geltend macht oder nicht. Dem Pflichtteilsberechtigten steht ein Auskunftsanspruch gegen den Erben zu *(§ 2314 BGB)*, denn zur Berechnung seines Anteils muss er zunächst Kenntnis über den Bestand des Nachlasses erlangen können.

Lebten die Eheleute in Zugewinngemeinschaft, wird der Pflichtteilsberechnung der nicht erhöhte gesetzliche Erbteil zugrunde gelegt (§ 1371 Abs. 2 BGB). Ein etwaiger Zugewinnausgleich kann daneben nach güterrechtlichen Vorschriften geltend gemacht werden.

Beispiel:
Der verheiratete Wladimir Schuch errichtet ein Testament und setzt seine Tochter zur Alleinerbin ein. Er hinterlässt seiner Tochter Barvermögen von 100 000,00 €. Die Ehefrau kann den Pflichtteil verlangen. Lebten die Eheleute im gesetzlichen Güterstand, beträgt der Pflichtteilsanspruch die Hälfte vom nicht erhöhten gesetzlichen Erbteil, also hier ein Achtel des Nachlasswertes, das entspricht 12 500,00 €. Diesen Betrag kann die Ehefrau von der Tochter verlangen. Ob ihr daneben noch ein Zugewinnausgleichsanspruch zusteht, ist nach den güterrechtlichen Vorschriften zu ermitteln.

 Die regelmäßige dreijährige Verjährungsfrist des *§ 195 BGB* für Pflichtteilsansprüche beginnt gemäß *§ 2332 Abs. 1 BGB* bereits mit dem Erbfall, nicht erst mit dem Schluss des Jahres, welches auf den Erbfall folgt!

Übungsaufgaben

1. Bestimmen Sie die gesetzlichen Erben und die jeweiligen Erbquoten:
   a Simon Herkenrath kommt ums Leben. Er hat keine Abkömmlinge. Seine Mutter Maria und die Schwestern Tilly und Sabine überleben ihn. Der Vater Franz ist vorverstorben.
   b Christian und Simone Rupp sind verheiratet und leben im gesetzlichen Güterstand. Sie haben drei gemeinsame Kinder: Nadine, Tyler und Anna-Lena. Simone verstirbt.
   c Wie in Aufgabe 1 b, aber: die Ehegatten lebten im Güterstand der Gütertrennung.
   d Lena Zielke verstirbt kinderlos. Einzige Verwandte sind ihr Bruder Achim und die zwei Söhne ihres vorverstorbenen Bruders Leon, Georgis und Meinhard.

2. Wie kann man verhindern, dass gesetzliche Erbfolge eintritt?

3. Mark Schmich ist entrüstet. Sein vermögender Bruder Karlheinz ist verstorben. Zur Alleinerbin seines gesamten Vermögens in Höhe von rund 1 000 000,00 € hatte er testamentarisch seine Nachbarin Viola Lazari eingesetzt. Weder Mark Schmich noch die gemeinsame Schwester Sabine, die sich treu sorgend um ihren Bruder gekümmert hatten, wurden im Testament bedacht. Mark Schmich fragt nun, ob er zumindest seinen Pflichtteil geltend machen könnte. Was meinen Sie?

4. Am 30. Oktober 2014 verstirbt Vasily Grieshaber. Seinen Sohn Kai hatte er testamentarisch enterbt und die Ehefrau als Alleinerbin eingesetzt. Kai zögert, ob er seinen Pflichtteilsanspruch gegen die Mutter geltend machen soll. Erst nach einem Streit mit der Mutter Ende November 2017 geht Kai schließlich zum Anwalt und erkundigt sich nach seinen Möglichkeiten. Worauf wird dieser ihn hinweisen?

> 5. Ian und Vera Schneider leben seit acht Monaten voneinander getrennt. Die Eheleute lebten im gesetzlichen Güterstand. Ein auszugleichender Zugewinn wurde nicht erzielt. Aus der Ehe sind die gemeinsamen Kinder Kai und Lina hervorgegangen. Ian Schneider hatte nach der Trennung eine Beziehung zu Silvia Sauter aufgenommen, die er testamentarisch zu seiner Alleinerbin eingesetzt hat. Silvia Sauter bringt kurz nach dem Tod von Ian Schneider die gemeinsame Tochter Luzie zur Welt.
>   a Wer beerbt Ian Schneider?
>   b Gibt es Pflichtteilsansprüche? Wer sind die Pflichtteilsberechtigten, welche Pflichtteilsquoten ermitteln Sie?

8 Das Testament

Jeder soll die Erbfolge nach seinem Tod weitgehend selbst regeln können, das ist Bestandteil der Erbrechtsgarantie des *Art. 14 Abs. 1 GG*.

Die Verfügungsbefugnis des Erblassers zu Lebzeiten wird durch sein Testament nicht berührt. Der künftige Erbe hat keinen Anspruch darauf, dass der Erblasser sich zu Lebzeiten so verhält, dass der Nachlass möglichst groß bleibt!

Beispiel:
Timor Toth setzt seinen Neffen Sven Huth testamentarisch zum Alleinerben ein und erzählt diesem davon. Sven freut sich zuerst, ist dann aber zunehmend genervt davon, dass sein Onkel zusammen mit seiner Freundin fortan die Welt bereist, teure Kreuzfahrten unternimmt und viel Geld in Spielcasinos und Feinschmeckerrestaurants ausgibt. Er hält diesen Lebenswandel für völlig unangemessen und sieht sein Erbe schwinden. Sven Huth muss das hinnehmen, es steht Timor frei, sein Geld so auszugeben, wie er das möchte.

8.1 Testierfähigkeit

Grundsätzlich können alle volljährigen Personen ein Testament errichten. Personen, die infolge krankhafter Störung der Geistestätigkeit, wegen Geistesschwäche oder wegen einer Bewusstseinsstörung nicht in der Lage sind, die Bedeutung ihrer Willenserklärungen zu erfassen, sind aber testierunfähig *(§ 2229 Abs. 4 BGB)*. Ein in diesem Zustand erstelltes Testament ist unwirksam und bleibt es auch.

Beispiel:
Gesa Jeschik ist Alkoholikerin. Der chronische Alkoholmissbrauch über Jahre hinweg hat dazu geführt, dass ihr Denk- und Urteilsvermögen infolge von Hirnabbauprozessen massiv reduziert ist. Eine selbstständige Lebensführung ist Gesa Jeschik schon lange nicht mehr möglich. Sie kann nicht mehr wirksam testieren.

Ein Minderjähriger darf auch ohne Zustimmung seines gesetzlichen Vertreters ab Vollendung des 16. Lebensjahres testieren *(§ 2229 BGB)*. Allerdings steht dem Minderjährigen nur eine bestimmte Form der Testamentserrichtung zur Verfügung, nämlich die durch öffentliches Testament.

Das Testament

8.2 Form

Testamente müssen, damit sie gültig sind, in einer der vom Gesetz vorgeschriebenen Formen erstellt werden.

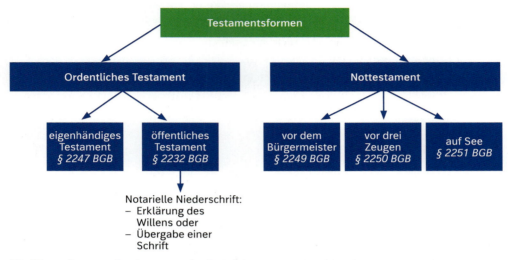

Ein Verstoß gegen die Formvorschriften führt zur Nichtigkeit des Testaments *(§ 125 BGB)*.

8.2.1 Eigenhändiges Testament

Das eigenhändige Testament muss komplett handschriftlich geschrieben und unterschrieben sein, es soll mit Angaben zum Ort der Niederschrift und dem Datum versehen sein *(§ 2247 Abs. 1 BGB)*.

Der Erblasser kann entscheiden, wie er das Testament verwahrt. Der sicherste Weg ist die amtliche Verwahrung beim Amtsgericht *(§ 344 Abs. 1 FamFG)*.

Ist ein anderer in Besitz eines Testamentes, ist dieser bei Bekanntwerden des Todes des Erblassers dazu verpflichtet, das Testament beim Nachlassgericht abzuliefern *(§ 2259 BGB)*.

8.2.2 Öffentliches Testament

Das öffentliche Testament wird beim Notar erstellt. Entweder der Notar protokolliert den ihm erklärten letzten Willen des Testierenden oder der Erblasser übergibt dem Notar eine offene oder eine verschlossene Schrift mit der Erklärung, dass diese seinen letzten Willen enthalte. Das übergebene Schriftstück muss dabei nicht vom Erblasser geschrieben sein *(§ 2232 BGB)*.

> **Ist der Erblasser noch minderjährig,** *muss* **die Schrift offen übergeben werden** *(§ 2233 Abs. 1 BGB)*.

Das notarielle Beurkundungsverfahren im Einzelnen ist im **Beurkundungsgesetz (BeurkG)** geregelt. Nach der Errichtung des öffentlichen Testaments veranlasst der Notar, dass das Testament beim dafür zuständigen Amtsgericht in amtliche Verwahrung genommen wird *(§ 344 Abs. 1 FamFG)*.

8.2.3 Nottestament

Befindet sich der Erblasser in naher Todesgefahr oder an einem Ort, an dem ein Notar infolge außerordentlicher Umstände nicht erreicht werden kann, kann ein Nottestament errichtet werden

- vor dem Bürgermeister bzw. dessen Vertreter unter Hinzuziehung von zwei Zeugen *(§ 2249 BGB)* oder, wenn auch das nicht möglich ist,
- vor drei Zeugen *(§ 2250 BGB)*.
- Auf See: Wer sich auf einer Seereise an Bord eines deutschen Schiffes befindet, kann ebenfalls ein Testament durch mündliche Erklärung vor drei Zeugen errichten *(§ 2251 BGB)*.

Die jeweils hinzugezogenen Personen haben über den ihnen mündlich erklärten Willen des Erblassers eine Niederschrift anzufertigen, wobei beim Nottestament vor dem Bürgermeister auch – wie beim öffentlichen Testament – eine offene oder verschlossene Schrift mit der Erklärung übergeben werden kann, dass es sich dabei um den letzten Willen handle. Die Niederschrift ist zu verlesen und dann durch die Unterschrift des Erblassers genehmigen zu lassen. Ist der Erblasser schreibunfähig, ersetzt die Feststellung dieser Tatsache durch die hinzugezogenen Personen die ihm praktisch unmögliche Unterschriftsleistung. Die Niederschrift ist außerdem durch alle hinzugezogenen Personen zu unterzeichnen.

Alle Nottestamente sind nur beschränkt gültig. Ein Nottestament gilt als nicht errichtet, wenn der Erblasser drei Monate nach Erstellung des Testaments noch lebt *(§ 2252 BGB)*.

8.3 Gemeinschaftliches Testament

Ehegatten und eingetragene Lebenspartner können ein gemeinschaftliches Testament errichten *(§§ 2265 BGB, 10 Abs. 4 LPartG)*. Im gemeinschaftlichen Testament werden also in einer Urkunde zwei Erbfälle geregelt. Das ist in allen der gesetzlich vorgesehenen Testamentsformen möglich.

Wollen die Ehegatten oder die eingetragenen Lebenspartner eigenhändig testieren, so muss nur einer der Ehegatten den Text handschriftlich schreiben. Es genügt, dass der andere dann unter Angabe des Ortes und des Datums mit unterzeichnet *(§ 2267 BGB)*.

 Sind in einem gemeinschaftlichen Testament Regelungen getroffen, von denen anzunehmen ist, dass die eine mit Rücksicht auf die andere getroffen wurde, so handelt es sich um *wechselbezügliche Verfügungen (§ 2270 BGB)*.

Beispiel:
Beide Ehegatten setzten sich wechselseitig als Alleinerben ein. Erben des Längstlebenden sollen die gemeinsamen Kinder der Ehegatten sein.

Sind wechselbezügliche Verfügungen getroffen, tritt dadurch eine Bindungswirkung ein. Zu Lebzeiten beider Ehegatten kann sich einer von den im Testament getroffenen wechselbezüglichen Verfügungen nur lösen, wenn er durch notarielle Urkunde seine Verfügung gegenüber dem anderen Ehegatten widerruft *(§ 2271 BGB)*. Nach dem Tod des Erstversterbenden erlischt das Recht zum Widerruf, der Letztversterbende ist an seine Verfügungen gebunden *(§ 2271 Abs. 2 BGB)*.

8.4 Anordnungen

In einem Testament kann der Erblasser verschiedene Anordnungen treffen, die für den Fall seines Versterbens gelten sollen.

8.4.1 Erbeinsetzung und Enterbung

Die wichtigste Anordnung ist die Erbeinsetzung eines oder mehrerer Erben (unter Angabe der Bruchteile) *(§ 1937 BGB)*.

Erbfähigkeit bezeichnet die Fähigkeit, den Nachlass des Erblassers als dessen erbrechtlicher Gesamtrechtsnachfolger zu erwerben. Die Erbfähigkeit ist ein Teil der mit Vollendung der Geburt beginnenden allgemeinen Rechtsfähigkeit *(§ 1 BGB)*. Jede natürliche, aber auch eine rechtsfähige juristische Person kann zum Erben eingesetzt werden.

Beispiele:
Verein „Bunter Hund Tierschutz e. V.", Stiftung Deutsche Kinderkrebshilfe, das Bundesland Rheinland-Pfalz

Für den Fall, dass der eingesetzte Erbe vor dem Erbfall wegfällt, kann ein Ersatzerbe eingesetzt werden. Dieser tritt dann an die Stelle des Erben *(§ 2096 BGB)*.

Der Erblasser kann Vor- und Nacherbschaft anordnen. Damit kann geregelt werden, dass der Nachlass zunächst an den Vorerben und später, z. B. nach dessen Tod, an einen Nacherben fällt *(§§ 2100 ff. BGB)*. Der Erblasser kann über mehrere Erbfälle hinweg damit Einfluss auf die Weitergabe seines Vermögens nehmen.

Im Testament kann auch die Enterbung eines zu gesetzlicher Erbfolge Berufenen erfolgen, ohne einen Erben einzusetzen *(§ 1938 BGB)*.

8.4.2 Vermächtnis

Mit der Anordnung eines Vermächtnisses kann der Erblasser erreichen, dass bestimmte Gegenstände aus dem Nachlass einzelnen Personen zukommen, ohne dass diese die Stellung eines Erben erhalten *(§§ 1939, 2147 ff. BGB)*. Der Vermächtnisnehmer hat dem Erben gegenüber einen Anspruch auf Leistung des vermachten Gegenstandes *(§ 2174 BGB)*.

Beispiel:
Hans Czyborra setzt seine beiden Kinder als Alleinerben ein. Seinem Patenkind Max Paulsen, mit dem ihn zeitlebens die Leidenschaft für das Musizieren verbunden hat, wendet er durch Vermächtnis seine E-Gitarren samt Verstärker zu.

8.4.3 Auflage

Mit der Anordnung einer Auflage kann der Erblasser den Erben oder auch einen Vermächtnisnehmer zu einer Leistung verpflichten, auf die der Begünstigte aber keinen eigenen Anspruch hat *(§§ 1940, 2192 ff. BGB)*.

Auflagen können auch anderen als rechtsfähigen Personen zugutekommen.

Beispiel:
Melitta Schmidt setzt ihre beste Freundin Tatjana Preiss zur Alleinerbin ein und ordnet testamentarisch an, dass diese nach ihrem Tod ihren Hund Valentino versorgen soll.

8.4.4 Weitere Anordnungen

Im Testament kann der Erblasser außerdem noch weitere Anordnungen treffen. Möchte er erreichen, dass bestimmte Gegenstände des Nachlasses bei der Auseinandersetzung bestimmten Erben zufallen, kann er eine Teilungsanordnung treffen *(§ 2048 BGB)*.

Bei der Anordnung einer Testamentsvollstreckung übernimmt ein vom Erblasser bestimmter Testamentsvollstrecker nach dem Erbfall die Verfügungsbefugnis über den Nachlass und sorgt, sofern der Erblasser das so bestimmt hat, für die Verwaltung des Nachlasses und dessen Auseinandersetzung *(§§ 2197 ff. BGB)*.

Beispiel:
Die ledige Sonja Tischler verstirbt kinderlos. Sie wird von ihren fünf Nichten und Neffen beerbt. Zwei der Neffen leben in den USA. Testamentarisch ordnet sie an, dass Rechtsanwalt Gunnar Meyer die Testamentsvollstreckung übernehmen soll. Dieser soll für den Verkauf des Hauses sorgen, den Nachlass auseinandersetzen und entsprechend der Erbquoten teilen. Unter Anrechnung auf ihren Erbteil soll die Nichte Marie die Münzsammlung und das Familienbesteck erhalten.

Eine im Rahmen der Testamentserstellung mögliche familienrechtliche Anordnung mit erbrechtlicher Wirkung ist die Einsetzung eines Vormundes für ein minderjähriges Kind, der anstelle des Sorgeberechtigten mit der Verwaltung des ererbten Vermögens betraut wird *(§ 1638 BGB)*.

Beispiel:
Carina Jobst, 12 Jahre, lebt in einer Pflegefamilie. Der Vater ist verstorben, die Mutter Carinas ist drogenabhängig und nicht in der Lage, das Kind zu versorgen. Sie hat aber nach wie vor das Sorgerecht inne. Die Großmutter väterlicherseits ordnet testamentarisch an, dass bei ihrem Tod die Mutter von Carina das Erbe nicht verwalten dürfen soll. Sie ordnet insoweit Vormundschaft an.

8.5 Widerruf

Der Widerruf eines Testaments ist jederzeit möglich *(§ 2253 BGB)*.

Arten des Widerrufs *(§§ 2254 ff., 2271 f. BGB)*:

- Beim eigenhändigen Testament:
  - durch Testament
  - durch Vernichtung oder Veränderung des Testaments
- Beim öffentlichen Testament:
  - durch Testament
  - durch Rücknahme des verwahrten Testaments aus der amtlichen Verwahrung

- Beim gemeinschaftlichen Testament:
  - falls amtlich verwahrt: durch gemeinschaftliche Rücknahme aus der amtlichen Verwahrung
  - einseitig in Bezug auf wechselbezügliche Verfügungen: durch notariell beurkundeten Widerruf
  - einseitig in Bezug auf nicht wechselbezügliche Verfügungen: durch Testament
  - beidseitig: durch Testament, durch gemeinsame Vernichtung oder Veränderung des Testaments

Beispiel:
Durch öffentliches Testament vom 23. Mai 20.. setzt Gerda Leier ihren Sohn Anton zum Alleinerben ein. Wenige Wochen später bereut sie diesen Entschluss. Sie entschließt sich nun, dass gesetzliche Erbfolge eintreten soll. Gerda Leier schreibt ein eigenhändiges Testament, in dem sie das Testament vom 23. Mai 20.. widerruft und anordnet, dass gesetzliche Erbfolge gelten soll. Oder: Sie lässt sich das öffentliche Testament aus der amtlichen Verwahrung zurückgeben. Damit ist es ebenfalls widerrufen. Der Eintritt der gesetzlichen Erbfolge erfolgt automatisch.

8.6 Unterscheidung: der Erbvertrag

Beim Erbvertrag nach *§ 2274 BGB* ist neben dem Erblasser mindestens noch ein weiterer Vertragspartner beteiligt. Ein Erbvertrag kann zwischen beliebigen Personen geschlossen werden. Verwandtschaft oder Ehe bzw. Eingetragene Lebenspartnerschaft ist keine Voraussetzung.

Ein Erbvertrag muss immer notariell beurkundet werden *(§ 2276 BGB)*. Die in einem Erbvertrag getroffenen Verfügungen von Todes wegen können grundsätzlich nur mit Zustimmung beider Vertragspartner geändert werden, nach dem Tode eines Vertragspartners überhaupt nicht mehr *(§§ 2290 ff. BGB)*. Der Erbvertrag entfaltet somit eine große Bindungswirkung.

Übungsaufgaben

1. Die reiche Tante Ihres besten Freundes Michael, Katharina Franzem, hat drei Kinder. Sie will ihren Lieblingsneffen Michael zum Alleinerben einsetzen. Sie schreibt ihr Testament mit dem PC, druckt es aus, versieht es mit Unterschrift und Datum und legt es zu ihren persönlichen Papieren. Nach dem Tod von Katharina Franzem läuft Michael freudig mit dem „Testament" zu Ihnen und berichtet voller Stolz von seinen erwarteten Reichtümern. Was sagen Sie ihm?

2. Nennen Sie fünf der möglichen Anordnungen, die ein Erblasser in seinem Testament treffen kann.

3. Beschreiben Sie drei Möglichkeiten, ein notarielles Testament zu errichten.

> **4. Das Testament von Egon Weber enthält folgende Passagen:**
>
> ...
> Zu meinen Erben bestimme ich meine Lebensgefährtin Tina Sauer und meinen Sohn Helmut Weber zu gleichen Teilen. Frau Sauer ist verpflichtet, meine Grabstätte für die Dauer der Liegezeit zu pflegen. Meine Tochter Annika Gerst geb. Weber erhält meine goldene Armbanduhr und 5 000,00 €. Tina Sauer erhält unter Anrechnung auf ihren Erbteil meine Eigentumswohnung, Helmut dagegen das Wertpapierdepot.
>
> **Ordnen Sie zu: Wobei handelt es sich um Erbeinsetzung, Teilungsanordnung, Vermächtnis und Auflage?**

9 Der Erbe

 Mit dem Erbfall geht das Vermögen des Erblassers samt dessen Verbindlichkeiten als Ganzes auf den Erben über *(§ 1922 BGB)*. Das nennt man Gesamtrechtsnachfolge oder auch **Universalsukzession**.

Ein auf die Annahme der Erbschaft gerichteter Wille des Erben ist für den Anfall der Erbschaft nicht erforderlich.

9.1 Ausschlagung

Der zunächst von Gesetzes wegen oder durch Verfügung von Todes wegen berufene Erbe kann die Erbschaft ausschlagen *(§§ 1942 ff. BGB)*. Die Ausschlagung hat zur Folge, dass die Erbschaft dem Nächstberufenen zufällt *(§ 1953 BGB)*. Die Ausschlagungserklärung ist zur Niederschrift des Nachlassgerichts oder in öffentlich beglaubigter Form abzugeben *(§ 1945 BGB)*. Ein Bevollmächtigter muss eine öffentlich beglaubigte Vollmacht vorlegen *(§ 1945 Abs. 3 BGB)*.

 Die Ausschlagung muss innerhalb der **Ausschlagungsfrist** von **sechs Wochen** nach dem Zeitpunkt erfolgen, zu dem der Erbe vom Anfall der Erbschaft Kenntnis erhalten hat *(§ 1944 BGB)*.

Hat der Erbe die Erbschaft ausdrücklich oder konkludent angenommen, ist eine Ausschlagung nicht mehr möglich *(§ 1943 BGB)*.

Damit der Erbe entscheiden kann, ob er die Erbschaft annehmen oder ausschlagen will, muss er also zunächst Feststellungen zur Höhe des Nachlasses und der eventuellen Verbindlichkeiten des Erblassers anstellen. Bestand zu Lebzeiten enger und vertrauter Kontakt zwischen dem Erblasser und dem Erben, weiß der Erbe in der Regel Bescheid darüber, was ihn in etwa erwartet. Anders kann das sein, wenn kein Kontakt gepflegt wurde und dem Erben über die persönlichen Verhältnisse des Erblassers nahezu keine Informationen vorliegen. Dann muss der Erbe nach dem Tod des Erblassers sich möglichst schnell Gewissheit darüber verschaffen, wie die Vermögensverhältnisse des Erblassers aussahen.

Denn nur dann wird er eine Entscheidung darüber treffen können, ob er das Erbe annehmen oder, wenn z.B. die Verbindlichkeiten die Vermögenswerte übersteigen, lieber ausschlagen soll.

 Praxistipp: Sucht ein Mandant in der Phase kurz nach dem Versterben des Erblassers anwaltliche Beratung, ist auf eine zügige Terminvergabe zu achten. Denn wegen der eventuell zu wahrenden Ausschlagungsfrist, die doch sehr kurz bemessen ist, drängt in der Regel die Zeit.

Ist die Ausschlagungsfrist verstrichen oder das Erbe ausdrücklich angenommen worden, kann der Erbe bei Vorliegen eines Anfechtungsgrundes wieder von der Erbenstellung loskommen. Auch die Ausschlagung eines Erbes kann entsprechend angefochten werden. Die Anfechtbarkeit an sich richtet sich nach den allgemeinen Vorschriften der *§§ 119 ff. BGB*. Für die Erklärung der Anfechtung gilt eine sechswöchige Frist *(§ 1954 Abs. 1 BGB)*.

Beispiel:
Der zum Alleinerbe berufene Timothy Diers schlägt die Erbschaft nach seinem Großvater innerhalb der Ausschlagungsfrist aus, da er davon ausgeht, dass der Nachlass überschuldet ist. Wenige Wochen später erfährt er, dass der Großvater noch unbelasteten Grundbesitz im Wert von 400 000,00 € hatte, den er zeit seines Lebens vor seinen Familienangehörigen geheim gehalten hatte. Timothy Diers erklärt sofort die Anfechtung seiner Ausschlagungserklärung wegen Irrtums sowohl über die Zusammensetzung des Nachlasses als auch über dessen Überschuldung.

Ist zur Zeit des Erbfalls kein Erbe vorhanden bzw. schlagen alle in Betracht kommenden Erben aus, tritt das gesetzliche Erbrecht des Staates ein *(§ 1936 BGB)*.

9.2 Erbenhaftung und Beschränkung

Der Erbe haftet gemäß *§ 1967 BGB* grundsätzlich zunächst einmal für alle Nachlassverbindlichkeiten und zwar nicht nur mit dem Nachlass, sondern auch mit seinem eigenen Vermögen. Die Schulden, die der Erblasser eingegangen ist, zählen ebenso wie Verbindlichkeiten, die erst mit dem Erbfall entstehen (z.B. Beerdigungskosten, Pflichtteilsansprüche, Vermächtnisse) zu den Passiva, mit denen sich der Erbe nun konfrontiert sieht.

Er wird nach der Annahme der Erbschaft also zu prüfen haben, wie der Nachlass sich konkret zusammensetzt und ob er zur Begleichung aller Verbindlichkeiten ausreicht. Es ist zunächst einmal seine Pflicht, den Nachlass für die Gläubiger zu erhalten. Die Unterlagen des Erblassers sind zu sichten, es ist Kontakt zu Banken, Vertragspartnern, Angehörigen aufzunehmen, um möglichst umfassende Informationen zu sammeln. Bei unübersichtlichen Verhältnissen kann der Erbe durch ein Aufgebotsverfahren die Gläubiger zur Anmeldung ihrer Forderungen auffordern *(§§ 1970 ff. BGB)*.

Stellt der Erbe fest, dass der Nachlass überschuldet oder zahlungsunfähig ist, weil die Verbindlichkeiten die Höhe der im Nachlass befindlichen Vermögenswerte übersteigen, ist er verpflichtet, unverzüglich einen Antrag auf Eröffnung eines Nachlassinsolvenzverfahrens zu stellen *(§ 1980 BGB)*. Die Verwaltung des Nachlasses wird dann vom Insolvenzgericht einem Insolvenzverwalter übertragen. Der Nachlass wird von diesem kraft seines Amtes liquidiert und verhältnismäßig auf die Gläubiger verteilt. Für den Erben hat die Eröffnung des Nachlassinsolvenzverfahrens zur Folge, dass er nicht mehr mit seinem eigenen Vermögen für die Nachlassverbindlichkeiten haftet, sondern nur noch mit dem Nachlass *(§ 1976 BGB)*. Die ursprünglich unbeschränkte Haftung kann so nachträglich doch noch beschränkt werden.

Ist der Nachlass nicht überschuldet, aber für den Erben unübersichtlich und verworren, gibt es mit der Nachlassverwaltung eine weitere Möglichkeit, die Haftung für Verbindlichkeiten auf den Nachlass zu beschränken und das eigene Vermögen außen vor zu lassen. Bei der Nachlassverwaltung wird ein Nachlassverwalter eingesetzt, auf den die Verfügungs- und Verwaltungsbefugnis in Bezug auf den Nachlass übergeht *(§ 1984 Abs. 1 BGB)*. Der Erbe kann insoweit dann nicht mehr handeln. Der Nachlass wird vom Verwalter kraft seines Amtes liquidiert, dieser setzt sich mit den Gläubigern auseinander und befriedigt deren Forderungen, sofern sie berechtigt sind. Ein Zugriff auf das eigene Vermögen des Erben ist mit Anordnung der Nachlassverwaltung nicht mehr möglich *(§ 1975 BGB)*. Sind alle Verbindlichkeiten bedient, gibt der Nachlassverwalter den verbleibenden Nachlass an den Erben heraus *(§ 1986 Abs. 1 BGB)*.

Die Tätigkeit des Insolvenz- oder Nachlassverwalters wird typischerweise von Rechtsanwälten ausgeübt, die dann im Einzelfall vom Gericht bestellt werden.

Können aus dem Nachlass nicht einmal die Kosten des Insolvenzverfahrens oder der Nachlassverwaltung gedeckt werden, kann der Erbe seine Haftung mit der Dürftigkeitseinrede beschränken *(§ 1990 BGB)*. Mit berechtigter Erhebung der Einrede kann der Erbe seinem Gläubiger entgegenhalten, dass der Nachlass unzureichend, überschuldet oder erschöpft ist. Der Erbe ist verpflichtet, den vorhandenen Nachlass dem Gläubiger im Wege der Zwangsvollstreckung herauszugeben.

9.3 Nachlasspflegschaft

Sind die Erben des Nachlasses zunächst einmal unbekannt, kann das Gericht, soweit dafür ein Bedürfnis besteht, Sicherungsmaßnahmen ergreifen *(§§ 1960 ff. BGB)*. Dazu gehört beispielsweise die Anordnung einer Nachlasspflegschaft.

Der Nachlasspfleger wird für einen bestimmten Aufgabenkreis bestellt. Ihm können zum Beispiel die Aufgaben übertragen werden, die unbekannten Erben zu ermitteln und den Nachlass solange zu sichern, zu erhalten und zu verwalten, bis er diesen den tatsächlichen Erben aushändigen kann.

Beispiel:
Im Nachlass der verstorbenen Gisela Schneider befindet sich ein Einfamilienhaus. Gisela Schneider war alkoholkrank. In den Jahren vor ihrem Tod testierte sie mehrfach sowohl eigenhändig als auch notariell mit widersprüchlichen Inhalten. Der Ehemann, der ehemalige Lebensgefährte und eine Tante der Erblasserin beanspruchen die Erbenstellung als Alleinerbe für sich. Es steht im Raum, dass Gisela Schneider zeitweise testierunfähig war, was durch Einholung von Gutachten geklärt wird. Zur Sicherung und Verwaltung des Nachlasses wird ein Nachlasspfleger bestellt, der sich um das Hausanwesen, die notwendigen Erhaltungsmaßnahmen, die Bezahlung der Grundsteuer, die Beheizung des Gebäudes etc. kümmert, bis der Erbe feststeht.

9.4 Erbengemeinschaft

Ist mehr als ein Erbe berufen, bilden die Erben zusammen eine Erbengemeinschaft. Für diese gelten bis zur Auseinandersetzung die Regeln des *§§ 2032 ff. BGB*. Der Nachlass wird Gesamthandsvermögen der Erbengemeinschaft, Verfügungen über Nachlassgegenstände oder deren Verwaltung sind nur gemeinschaftlich durch alle Miterben möglich. Sind noch Forderungen des Erblassers gegen andere offen, kann ein Miterbe nur Leistung zugunsten der Erbengemeinschaft verlangen.

Die Erbengemeinschaft ist auf Auseinandersetzung ausgerichtet *(§ 2043 BGB)*. Nach Bereinigung aller Nachlassverbindlichkeiten verbleibt das reine Vermögen, das die Erben dann endgültig untereinander aufteilen. In welcher Form die Auseinandersetzung stattzufinden hat, regelt das Gesetz nicht. Auseinandersetzungsverträge sind grundsätzlich formfrei. Werden jedoch beispielsweise im Rahmen der Auseinandersetzung Grundstücke übertragen, ergibt sich die Pflicht zur notariellen Beurkundung des Geschäfts aus *§ 311b Abs. 1 BGB*.

Können die Miterben sich nicht einigen, ist die Erhebung einer Teilungsklage möglich. Die gerichtliche Auseinandersetzung einer Erbengemeinschaft ist in der Regel schwierig, kostenintensiv und langwierig. Sie belastet zudem die Beziehung der Miterben untereinander in hohem Maße. Alternativen können in geeigneten Fällen sein

- das notarielle Vermittlungsverfahren *(§§ 363 ff. FamFG)*,
- die Durchführung einer Mediation, als freiwilliges außergerichtliches Streitbeilegungsverfahren,
- die Anrufung der Schiedsgerichtsbarkeit (z. B. Deutsche Schiedsgerichtsbarkeit für Erbstreitigkeiten e. V.).

Bei der Auseinandersetzung einer Erbengemeinschaft sind Interessenkonflikte der einzelnen Miterben untereinander vorprogrammiert. Derselbe Rechtsanwalt kann deshalb in der Regel nicht mehrere Mitglieder einer Erbengemeinschaft bei der Auseinandersetzung vertreten.

Immobilien, die zum Gesamthandsvermögen der Erbengemeinschaft gehören, können zwangsweise gegen den Willen anderer Miterben durch Teilungsversteigerung verwertet werden, *§ 180 des Gesetzes über die Zwangsversteigerung und Zwangsverwaltung (ZVG)*. Einen Vollstreckungstitel benötigt der antragstellende Miterbe nicht. Er kann jederzeit die Aufhebung der Gemeinschaft verlangen, das genügt als Anspruch im Sinne des *§ 16 Abs. 1 ZVG*.

Geben die Miterben dem Vollstreckungsgericht gegenüber keine übereinstimmende Erklärung ab, wie der Versteigerungserlös verteilt werden soll, wird das Geld hinterlegt.

9.5 Erbschein

Der Erbschein ist ein vom Nachlassgericht auf Antrag hin ausgestelltes Zeugnis über die Rechtsstellung als Erbe.

Der Erbschein trägt die Vermutung der Richtigkeit in sich *(§ 2365 BGB)*. Ein gutgläubiger Erwerber ist bei einem Erwerb eines Nachlassgegenstandes geschützt, wenn der Veräußerer im Erbschein als Erbe bezeichnet ist *(§ 2366 BGB)*. Der Erbschein erwächst aber nicht in materielle Rechtskraft, ein unrichtiger Erbschein ändert die materielle Rechtslage nicht zuungunsten des tatsächlichen Erben. Ergibt sich, dass ein Erbschein unrichtig ist, so ist er einzuziehen. Mit der Einziehung wird der Erbschein kraftlos *(§ 2361 Abs. 1 BGB)*.

Neben dem nationalen Erbschein wurde durch die **Europäische Erbrechtsverordnung (EuErbVO)** ein europäisches Nachlasszeugnis eingeführt. Gehören zum Nachlass beispielsweise Immobilien im Ausland, kann der europäische Erbschein ein Mittel sein, die grenzüberschreitende Abwicklung des Nachlasses zu beschleunigen.

Praxistipp: Die Formblätter, mit denen ein europäischer Erbschein beantragt werden kann, sind auf dem Europäischen Justizportal veröffentlicht (https://e-justice.europa.eu).

Übungsaufgaben

1. Achim Tänzer verstirbt am 12. März 2017. Sein lethargischer Sohn Alfred ist sein einziger naher Verwandter. Achim und Alfred Tänzer lebten bis zum Tod von Achim Tänzer in derselben Mietwohnung. Um das Zimmer seines Vaters untervermieten zu können, veräußert Alfred Tänzer das gesamte Mobiliar seines Vaters nach und nach auf dem Flohmarkt und über Zeitungsinserate. In den Wochen nach dem Tod seines Vaters trudeln viele an diesen adressierte Rechnungen und Mahnungen ein, die er zunächst ungeöffnet liegen lässt. Nach drei Monaten kommt Alfred Tänzer angesichts des Stapels von Briefen doch ins Grübeln und er fragt sich, ob ihn die Schulden seines verstorbenen Vaters vielleicht etwas angehen könnten.

   Was meinen Sie? Was sollte Alfred Tänzer tun?

2. Olga Meisel wurde von ihren Töchtern Annika, Anneliese und Samantha zu gleichen Teilen beerbt. Im Nachlass befinden sich ein Pkw der Marke Volvo, außerdem noch Kontoguthaben in Höhe von 30 000,00 € und diverse Schmuckstücke im Wert von 10 000,00 €. Annika stellt ohne Rücksprache mit Anneliese und Samantha den Pkw für 20 000,00 € auf einer Gebrauchtwagenbörse im Internet zum Verkauf ein. Sie plant, das Geld aus dem Verkauf zu behalten, da der Wert des Autos einem Drittel der Erbmasse, also ihrem Erbteil, entspricht.

   Wie beurteilen Sie den Plan Annikas?

10 Verfahren und Vergütung in erbrechtlichen Angelegenheiten

Im erbrechtlichen Mandat können verschiedene Gerichte zuständig sein und verschiedene Verfahrensordnungen zur Anwendung kommen. Nicht automatisch ist das Nachlassgericht zuständig, nur weil es sich um Auseinandersetzungen handelt, die mit einer Erbschaft zu tun haben.

10.1 Verfahren in erbrechtlichen Angelegenheiten

10.1.1 Verfahren der freiwilligen Gerichtsbarkeit

Das FamFG regelt in *§§ 342 ff. FamFG* die Verfahren in Nachlasssachen, die zur freiwilligen Gerichtsbarkeit gehören. Derartige Verfahren sind dem Amtsgericht als Nachlassgericht zugewiesen *(§ 23a GVG)*. Für Teilungssachen sind statt der Amtsgerichte die Notare zuständig *(§ 23 Abs. 3 GVG)*.

Der *§ 342 FamFG* bestimmt den Begriff der Nachlasssachen, die dem FamFG unterfallen, und zählt die jeweiligen Verfahren auf.

Nachlasssachen § 342 FamFG			
Anlass	**Von Amts wegen**	**Auf Antrag**	**Entgegennahme von Erklärungen**
Beispiele	– Sicherung des Nachlasses und Anordnung einer Nachlasspflegschaft – Testamentseröffnung – Einziehung eines unrichtigen Erbscheins	– Amtliche Verwahrung von Verfügungen von Todes wegen – Erteilung von Zeugnissen (Erbschein, Testamentsvollstreckerzeugnis) – Nachlassverwaltung – Vermittlung der Auseinandersetzung einer Erbengemeinschaft – Entlassung des Testamentsvollstreckers	– Ausschlagung einer Erbschaft – Anfechtung von Ausschlagungserklärung oder Annahme – Erklärung des Testamentsvollstreckers über Annahme des Amtes

Zu den Aufgaben des Nachlassgerichtes gehören nicht

- Ermittlungen über die Zusammensetzung des Nachlasses,
- die Abwicklung einer Erbschaft, z. B. die Überwachung der Erfüllung von Vermächtnissen oder Pflichtteilsansprüchen.

Örtlich zuständig ist grundsätzlich das Nachlassgericht, in dessen Bezirk der Erblasser zum Zeitpunkt seines Todes seinen Wohnsitz hatte *(§ 343 Abs. 1 FamFG)*. Für die amtliche Verwahrung von Testamenten gilt die besondere örtliche Zuständigkeit des *§ 344 FamFG*.

Ausschlagungserklärungen bzw. diese anfechtende Erklärungen können nicht nur vom Wohnsitzgericht des Erblassers entgegengenommen werden, sondern auch vom Gericht, in dessen Bezirk der Ausschlagende seinen Wohnsitz hat *(§ 344 Abs. 7 FamFG)*.

Für Vermittlungsverfahren in Bezug auf die Auseinandersetzung des Nachlasses ist jeder Notar zuständig, der seinen Amtssitz im Bezirk des Amtsgerichts hat, in dem der Erblasser seinen letzten Wohnsitz hatte *(§ 344 Abs. 4a FamFG)*.

Für das Verfahren selbst gelten die allgemeinen Verfahrensgrundsätze des FamFG, so insbesondere die Amtsermittlungspflicht *(§ 26 FamFG)*. Diese wird durch die Mitwirkungspflicht der Beteiligten ausgestaltet *(§ 27 FamFG)*. Im Erbscheinsverfahren gelten für den Antragsteller besondere Mitwirkungspflichten *(§§ 2354 ff. BGB)*. Es ist Sache des Antragstellers, das Verhältnis zum Erblasser, auf dem sein Erbrecht beruht, durch öffentliche Urkunden nachzuweisen und alle vorhandenen Testamente und Erbverträge vorzulegen.

Im Erbscheinsverfahren können als Beteiligte neben dem Antragsteller noch weitere Personen hinzugezogen werden, die am Ausgang des Erbscheinsverfahrens ein Interesse haben *(§§ 7, 345 FamFG)*.

Entscheidungen des Nachlassgerichts können mit der Beschwerde angefochten werden *(§ 58 FamFG)*. Rechtsmittelinstanz ist das Oberlandesgericht *(§ 119 Abs. 1 Nr. 1b GVG)*. Rechtsbeschwerde zum BGH gegen die Entscheidung des OLG ist unter den Voraussetzungen des *§ 70 Abs. 1, 2 FamFG*, also bei Zulassung durch das OLG, statthaft.

10.1.2 Zivilprozessuale Verfahren

Sollen Ansprüche gegen einen Erben oder die Miterbengemeinschaft geltend gemacht werden, sind diese Verfahren vor dem allgemeinen Prozessgericht zu führen.

Beispiele:

- *Klage eines Pflichtteilsberechtigten gegen eine Miterbengemeinschaft auf Auskunft über die Zusammensetzung und den Wert des Nachlasses*
- *Klage des Vermächtnisnehmers gegen einen Erben auf Zahlung des ihm vermachten Geldbetrages*
- *Klage des Bestattungsunternehmers gegen einen Erben auf Zahlung der Beerdigungskosten*
- *Klage eines Miterben gegen die übrigen Miterben auf Auseinandersetzung der Erbengemeinschaft*

Je nach Höhe des Streitwertes ist in erster Instanz das Amtsgericht (Streitwert bis 5 000,00 €) oder das Landgericht (Streitwert ab 5 000,01 €) zuständig *(§ 23 Abs. 1 GVG)*. Die anwendbare Verfahrensordnung ist die ZPO.

Neben dem allgemeinen Gerichtsstand am Wohnsitz der Person, gegen die Klage erhoben wird, gibt es in Erbsachen noch den besonderen oder den erweiterten Gerichtsstand der Erbschaft. Klagen können an dem Gericht, an dem der Erblasser zuletzt seinen Wohnsitz gehabt hat, erhoben werden, wenn Gegenstand der Auseinandersetzung die Feststellung des Erbrechts, Ansprüche des Erben gegen einen Erbschaftsbesitzer, Ansprüche aus Vermächtnissen oder sonstigen Verfügungen von Todes wegen, Pflichtteilsansprüche oder die Teilung der Erbschaft ist *(§ 27 ZPO)*. Auch wegen anderer Nachlassverbindlichkeiten können an diesem Gericht Klagen erhoben werden, solange sich der Nachlass noch ganz oder teilweise im Bezirk dieses Gerichts befindet oder mehrere Erben noch als Gesamtschuldner haften *(§ 28 ZPO)*.

10.1.3 Weitere Verfahren

Für Nachlassinsolvenzverfahren ist das Amtsgericht als Insolvenzgericht zuständig *(§ 2 InsO)*. Anwendbare Verfahrensordnung ist die **Insolvenzordnung (InsO)**. Teilungsversteigerungsverfahren werden nach dem ZVG vor dem Amtsgericht als Vollstreckungsgericht geführt.

10.2 Vergütung in erbrechtlichen Angelegenheiten

Grundlage der Abrechnung der Gebühren des Rechtsanwaltes ist das RVG, sofern keine Gebührenvereinbarung getroffen ist. Wie in anderen Zivilsachen auch, richten sich die außergerichtlichen Gebühren nach den Vorschriften des *Teil 2 VV*. Im gerichtlichen Verfahren entstehen die Gebühren nach *Teil 3 VV*.

Durch Urteil vom 22. Februar 2018 (IX ZR 115/17) hat der BGH nun eine lange schwelende Unsicherheit hinsichtlich der Abrechnung der Rechtsanwaltsgebühren für den Entwurf eines Einzeltestaments beseitigt. Nach der Entscheidung des BGH kann der Rechtsanwalt für den Entwurf eines Testaments keine Geschäftsgebühr, sondern nur eine Gebühr für die Beratung abrechnen. Ist der Mandant Verbraucher und kommt eine Gebührenvereinbarung nicht zustande, so ist die Gebühr auf 250,00 € begrenzt *(§ 34 Abs. 1 RVG)*. Dem Rechtsanwalt ist also dringend anzuraten, eine Gebührenvereinbarung abzuschließen, wenn der Mandant ihn mit dem Entwurf seines Testaments beauftragt, ansonsten muss er sich mit den niedrigen Beratungsgebühren zufrieden geben.

Die Verfahrenswerte für Nachlasssachen nach dem FamFG und für notarielle Beurkundungen finden sich im **Gesetz über Kosten der freiwilligen Gerichtsbarkeit für Gerichte und Notare (GNotKG)**. Die Wertvorschriften sind auch für die Bestimmung des Gegenstandswertes der anwaltlichen Tätigkeit heranzuziehen *(§ 23 Abs. 3 RVG)*.

Verfahrens- und Geschäftswerte (GNotKG)			
Angelegenheit	Wert	Vorschrift	Anmerkung
Verfahren auf Erteilung oder Einziehung eines Erbscheins	Wert des Reinnachlasses zum Zeitpunkt des Erbfalls (d. h. nach Abzug der Verbindlichkeiten)	§ 40 GNotKG	Bezieht sich das Verfahren nur auf den Anteil eines Miterben, dann: Wert seines Anteils
Notarielles Vermittlungsverfahren zur Auseinandersetzung einer Erbengemeinschaft	Wert des den Gegenstand der Auseinandersetzung bildenden Nachlasses	§ 118a GNotKG	
Verfahren auf Ernennung oder Entlassung des Testamentsvollstreckers	10 % des Wertes des Nachlasses im Zeitpunkt des Erbfalls, Nachlassverbindlichkeiten werden nicht abgezogen	§ 65 GNotKG	

Für die zivilprozessualen Verfahren sind die Wertvorschriften der ZPO heranzuziehen. Das Interesse des Mandanten an der geforderten Leistung ist zur Wertbestimmung maßgeblich.

Beispiel:
Gegenstandswerte für

- *die Auseinandersetzung einer Erbengemeinschaft: Höhe des Wertes des Erbanteils des Klägers,*
- *Geltendmachung des Pflichtteilsanspruchs gegen den Erben: Höhe des eingeforderten Betrages,*
- *Herausgabe von Nachlassgegenständen: Wert der Gegenstände.*

Übungsaufgaben

1. Rene Beuschel ist in seiner Wohnung in Baden-Baden verstorben. Durch Testament hatte er seine fünf Nichten und Neffen zu seinen Erben eingesetzt. Rene Beuschel hatte außerdem Testamentsvollstreckung angeordnet und verfügt, dass die Nichte Elisabeth Gut sowohl Miterbin als auch Testamentsvollstreckerin sein solle. Der Neffe Ernst Fuchs aus Hamburg wendet sich an seinen Rechtsanwalt, weil er mit der Bestellung von Elisabeth Gut als Testamentsvollstreckerin nicht einverstanden ist. Er hält seine Cousine nicht für fähig, das Amt ordnungsgemäß wahrzunehmen, und denkt, sie würde die Gelegenheit nutzen, um sich selbst bei der Auseinandersetzung des Nachlasses Vorteile zu verschaffen.
   a Bei welchem Gericht müsste ein Antrag auf Entlassung der Testamentsvollstreckerin gestellt werden?
   b Nach welcher Verfahrensordnung würde dieser Antrag behandelt?
   c Das Nachlassgericht beraumt einen Anhörungstermin an, in dem die Vorbehalte von Ernst Fuchs gegen seine Cousine ausgeräumt werden. Beschwichtigt nimmt der anwaltlich vertretene Ernst Fuchs seinen Antrag im Termin zurück. Erstellen Sie die Gebührenabrechnung des Rechtsanwalts. Der Nachlasswert beträgt 224 000,00 €.
   d Abwandlung: Ernst Fuchs entscheidet sich nach der Testamentseröffnung, den ihm zugedachten Erbteil nicht annehmen zu wollen. Wohin kann er sich wenden, um seine Ausschlagungserklärung abzugeben?

2. Titus Drexler und Rita Moser sind befreundet. Rita Moser bringt eines Abends ihre ererbte Münzsammlung zu Titus Drexler, der sich mit Münzen auskennt. Dieser verspricht ihr, sich die Münzen anzusehen und mithilfe seiner Kataloge eine Schätzung des Wertes der Sammlung abzugeben. Telefonisch teilt er seiner Freundin am nächsten Tag mit, dass er den Wert mit 15 000,00 € ermittelt habe. Noch in derselben Nacht verstirbt Titus Drexler plötzlich. Er wird beerbt von seinen beiden Kindern. Diese nehmen den Nachlass und auch die Münzsammlung von Rita Moser in Besitz, als sie die Wohnung ihres Vaters räumen.
Rita Moser beauftragt Rechtsanwältin Mia Steiner, die Erben zur Herausgabe der Münzsammlung außergerichtlich aufzufordern. Die Erben reagieren nicht. Sodann erteilt Rita Moser Rechtsanwältin Mia Steiner den Auftrag, Klage zu erheben.
   a Welches Gericht ist sachlich und örtlich zuständig?
   b Nach welcher Verfahrensordnung richtet sich das Verfahren?
   c Im Termin zur mündlichen Verhandlung erkennen die Erben den Herausgabeanspruch an. Erstellen Sie die Gebührenabrechnung von Frau Rechtsanwältin Mia Steiner.

3. Die Eheleute Schmidt beauftragen Rechtsanwalt Ralf Kistner mit dem Entwurf eines gemeinschaftlichen Testamentes. Sie geben ihr gemeinsames Vermögen mit 45 000,00 € an. Eine Gebührenvereinbarung ist nicht getroffen. Erstellen Sie die Abrechnung der entstandenen Rechtsanwaltsgebühren.

Lernfeld 14:
Besondere Verfahren bearbeiten

Situation

Lennart Moser ist Auszubildender der Kanzlei Adorf. Rechtsanwalt Kilian Adorf betreibt seine Kanzlei als Einzelanwalt. Es erscheint nach Terminsvereinbarung eine neue Mandantin, Maria Espinoza. Nach dem Besprechungstermin übergibt Rechtsanwalt Kilian Adorf dem Auszubildenden Lennart Moser einen Stapel mit Unterlagen, die ihm Maria Espinoza überlassen hat. Rechtsanwalt Kilian Adorf informiert Lennart, dass Maria Espinoza ihn mit ihrer Vertretung beauftragt hat, und bittet ihn, eine Akte anzulegen.

Bei den Unterlagen befindet sich ein Bescheid des Jobcenters über die Bewilligung von Leistungen zur Sicherung des Lebensunterhaltes nach dem Zweiten Buch des Sozialgesetzbuchs – Grundsicherung für Arbeitsuchende (SGB II). Der Bescheid ist unvollständig, Maria Espinoza hatte in ihrer Aufregung nur die ersten beiden Seiten des insgesamt drei Seiten umfassenden Bescheides zum Besprechungstermin mitgebracht. Sie erklärte im Gespräch mit Rechtsanwalt Kilian Adorf außerdem, dass sie nicht genau wisse, wann der Brief des Jobcenters bei ihr angekommen sei. Wegen einer Grippe habe sie die letzten Tage krank im Bett verbracht und deshalb den Briefkasten nicht wie gewohnt täglich geleert. Der Bescheid selbst trägt das Datum 1. März.

Die Anwaltssoftware, mit der die Kanzlei arbeitet, vergibt differenziert nach Rechtsgebieten eine Registernummer, sodass Lennart Moser schon zu diesem Zeitpunkt eine rechtliche Einordnung der Angelegenheit vornehmen muss. Außerdem ist es im Rahmen der Anlage der Akte seine Aufgabe, die Daten der Mandantin, der Gegenpartei und des zuständigen erstinstanzlichen Gerichts zu erfassen und eventuelle Fristen zu notieren.

Dazu ist es für Lennart Moser sinnvoll zu wissen, welche weiteren Arten der Gerichtsbarkeit es neben der ordentlichen Gerichtsbarkeit gibt, wie sich die Verfahren unterscheiden, welche Besonderheiten in der Bearbeitung besonderer Verfahren zu beachten sind und welche Fristen dabei gewahrt werden müssen.

1 Arten der Gerichtsbarkeit

> § **Art. 95 Abs. 1 GG** Für die Gebiete der ordentlichen, der Verwaltungs-, der Finanz-, der Arbeits- und der Sozialgerichtsbarkeit errichtet der Bund als oberste Gerichtshöfe den Bundesgerichtshof, das Bundesverwaltungsgericht, den Bundesfinanzhof, das Bundesarbeitsgericht und das Bundessozialgericht.

Das Grundgesetz unterscheidet verschiedene Fachgerichtsbarkeiten. *Art. 95 Abs. 1 GG* nennt fünf Gerichtsbarkeiten, nämlich

- die ordentliche Gerichtsbarkeit und daneben als
- besondere Gerichtsbarkeiten
  - die Verwaltungsgerichtsbarkeit,
  - die Finanzgerichtsbarkeit,
  - die Arbeitsgerichtsbarkeit,
  - die Sozialgerichtsbarkeit.

Unter den Begriff „ordentliche Gerichtsbarkeit" werden die Zivilgerichtsbarkeit, die Verfahren der freiwilligen Gerichtsbarkeit und die Strafgerichtsbarkeit zusammengefasst. Jede dieser Gerichtsbarkeiten hat ihre eigene Verfahrensordnung.

Die besonderen Gerichtsbarkeiten stehen selbstständig neben der ordentlichen Gerichtsbarkeit. Jede der besonderen Gerichtsbarkeiten hat ihre eigene Verfahrensordnung.

Arten der Gerichtsbarkeit

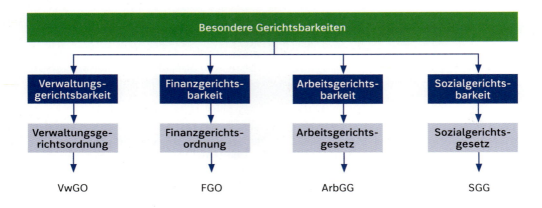

Verwaltungs-, Finanz- und Sozialgerichtsbarkeit befassen sich hauptsächlich mit Streitigkeiten zwischen Bürgern und Behörden.

Beispiele:
Streitigkeiten über
- Erteilung einer Baugenehmigung für ein Einfamilienhaus durch die Baurechtsbehörde,
- Festsetzung von Einkommensteuer durch das Finanzamt,
- Feststellung der Schwerbehinderteneigenschaft durch das Versorgungsamt.

In Angelegenheiten, die die Verwaltungs-, Finanz- und Sozialgerichtsbarkeit betreffen, gibt es nicht nur für das gerichtliche Verfahren eine Verfahrensordnung. Auch das behördliche Verfahren ist einer Verfahrensordnung unterworfen.

Vom Antrag bis zum Urteil

Behörde	Gericht
Verwaltungsbehörde – Verwaltungsverfahrensgesetz (VwVfG)	Verwaltungsgerichtsbarkeit – Verwaltungsgerichtsordnung (VwGO)
Sozialbehörde – 10. Buch Sozialgesetzbuch (SGB X)	Sozialgerichtsbarkeit – Sozialgerichtsgesetz (SGG)
Finanzbehörde – Abgabenordnung (AO)	Finanzgerichtsbarkeit – Finanzgerichtsordnung (FGO)

(Bescheid → Urteil)

Die Arbeitsgerichtsbarkeit ist zuständig für Streitigkeiten aus Arbeitsverhältnissen zwischen Arbeitnehmer und Arbeitgeber, betriebsverfassungsrechtliche Angelegenheiten oder für Streitigkeiten zwischen Tarifvertragsparteien.

Beispiel:
Ilona Austen erhält eine betriebsbedingte Kündigung. Sie möchte sich dagegen gerichtlich zur Wehr setzten, da sie denkt, dass die Kündigung nicht gerechtfertigt ist. Für die gerichtliche Auseinandersetzung mit dem Arbeitgeber ist die Arbeitsgerichtsbarkeit zuständig.

Arten der Gerichtsbarkeit

Die folgende Statistik des Statistischen Bundesamtes stellt dar, welche Relevanz die Verfahren der besonderen Gerichtsbarkeit im Verhältnis untereinander und zu den Verfahren der ordentlichen Gerichtsbarkeit in der Praxis haben:

Gerichtsverfahren				
Ordentliche Gerichtsbarkeit/Fachgerichtsbarkeit	Neuzugänge		Erledigte Verfahren	
	2015	2016	2015	2016
Eingangsinstanz				
Zivilgerichte	1 423 489	1 308 135	1 451 589	1 343 337
Amtsgerichte	1 093 454	986 139	1 119 504	1 020 966
Landgerichte	330 035	321 996	332 085	322 371
Familiengerichte (Amtsgerichte)	654 382	617 859	657 600	651 883
Strafgerichte[1]	677 682	683 304	683 596	675 372
Amtsgerichte	664 867	670 036	670 787	662 412
Landgerichte	12 783	13 222	12 786	12 934
Oberlandesgerichte	32	46	23	26
Verwaltungsgerichte	144 628	230 801	147 293	164 160
Finanzgerichte	35 016	35 169	37 777	36 675
Arbeitsgerichte	369 584	361 639	374 095	361 626
Sozialgerichte	361 816	356 562	372 291	367 760

[1] ohne Bußgeldverfahren

Quelle: Statistisches Bundesamt, Justiz- & Rechtspflege – Gerichtsverfahren 2015/2016 (gekürzt). In: www.destatis.de. URL: www.destatis.de/DE/ZahlenFakten/GesellschaftStaat/Rechtspflege/Tabellen/Gerichtsverfahren.html [Stand: 08.07.2018.]

Übungsaufgaben

1. Entscheiden Sie, ob es sich um eine Angelegenheit handelt, die der ordentlichen Gerichtsbarkeit (OG) oder einer der besonderen Gerichtsbarkeiten (BG) unterfällt:

    OG BG

    a   Frieda Ahrendt hat im Winter den Gehweg vor ihrem Grundstück nicht geräumt. Volker Beyl stürzt und möchte Frieda Ahrendt nun auf Schmerzensgeld in Anspruch nehmen. ☐ ☐

b	Dirk Vollmeyer verlangt von seinem Nachbarn Carsten Bungert die Beseitigung von Ästen, die auf sein Grundstück herüberwachsen.	☐ ☐
c	Clara Kleinschmidt hat geerbt, die Berechnung der gegen sie festgesetzten Erbschaftssteuer hält sie für falsch.	☐ ☐
d	Benjamin Schuster beleidigt Rita Brückner, ihm wird wenige Wochen später ein Strafbefehl zugestellt. Die dort gegen ihn festgesetzte Strafe findet er viel zu hoch, er möchte gegen den Strafbefehl vorgehen.	☐ ☐
e	Aura Maizac beantragt Asyl. Ihr Antrag wird abgelehnt.	☐ ☐
f	Torsten Albrecht erhält eine Aufforderung der Fahrerlaubnisbehörde, ein Gutachten über seine Fahrtauglichkeit vorzulegen, nachdem er zum wiederholten Male alkoholisiert in eine Polizeikontrolle geraten ist.	☐ ☐
g	Özer Ayhan und seine Ehefrau Aylin leben getrennt. Özer fordert Aylin auf, der gemeinsamen steuerlichen Veranlagung für das Vorjahr zuzustimmen. Aylin Ayhan weigert sich.	☐ ☐
h	Die Familienkasse hebt die Kindergeldfestsetzung für das Kind von Alex und Friderike Dur auf und fordert Alex Dur auf, zu viel bezahlte Beträge zurückzuerstatten.	☐ ☐
i	Das Familiengericht bestellt für den minderjährigen unbegleiteten Flüchtling einen Vormund, weil er auf der Flucht aus der Heimat von seinen Eltern getrennt wurde und sich nun alleine in Deutschland aufhält. Das Schicksal der Eltern ist unbekannt.	☐ ☐
j	Tom Zacharias wechselt seine Arbeitsstelle. Sein ehemaliger Arbeitgeber ärgert sich über die Kündigung von Tom Zacharias und erteilt ihm trotz mehrfacher Aufforderung kein Arbeitszeugnis.	☐ ☐
k	Mirko Keller wird vom Landratsamt – Sozialamt – aus übergegangenem Recht auf Elternunterhalt für seinen im Pflegeheim befindlichen Vater in Anspruch genommen.	☐ ☐

2. Schauen Sie sich die Statistik des Statistischen Bundesamtes (siehe S. 298) an. Ermitteln Sie, wie viel Prozent der erstinstanzlich geführten Verfahren im Jahr 2016 Verfahren der besonderen Gerichtsbarkeit waren. Welche beiden Zweige der besonderen Gerichtsbarkeit haben darunter verhältnismäßig den größten Anteil?

2 Die Verwaltungsgerichtsbarkeit

Der § 40 VwGO bestimmt, wann die Verwaltungsgerichte zur Entscheidung über einen Rechtsstreit berufen sind.

§ 40 VwGO Verwaltungsrechtsweg
(1) Der Verwaltungsrechtsweg ist in allen öffentlich-rechtlichen Streitigkeiten nichtverfassungsrechtlicher Art gegeben, soweit die Streitigkeiten nicht durch Bundesgesetz einem anderen Gericht ausdrücklich zugewiesen sind. Öffentlich-rechtliche Streitigkeiten auf dem Gebiet des Landesrechts können einem anderen Gericht auch durch Landesgesetz zugewiesen werden.
(2) Für vermögensrechtliche Ansprüche aus Aufopferung für das gemeine Wohl und aus öffentlich-rechtlicher Verwahrung sowie für Schadensersatzansprüche aus der Verletzung öffentlich-rechtlicher Pflichten, die nicht auf einem öffentlich-rechtlichen Vertrag beruhen, ist der ordentliche Rechtsweg gegeben; dies gilt nicht für Streitigkeiten über das Bestehen und die Höhe eines Ausgleichsanspruchs im Rahmen des Artikels 14 Abs. 1 Satz 2 des Grundgesetzes. Die besonderen Vorschriften des Beamtenrechts sowie über den Rechtsweg bei Ausgleich von Vermögensnachteilen wegen Rücknahme rechtswidriger Verwaltungsakte bleiben unberührt.

Sind Streitigkeiten auf dem Gebiet des öffentlich-rechtlichen Rechts nicht ausdrücklich durch ein Bundesgesetz einem anderen Gericht zugewiesen, greift die Zuständigkeit des Verwaltungsgerichts.

Beispiel 1:
Streitigkeiten auf dem Gebiet des

- *Polizeirechts,*
- *Baurechts,*
- *Schul- und Hochschulrechts,*
- *Straßenverkehrsrechts,*
- *Ausländer- und Asylrechts,*
- *Umweltrechts,*
- *Gewerberechts,*
- *Gaststättenrechts*

unterfallen der Verwaltungsgerichtsbarkeit.

Beispiel 2:
In der Einstiegssituation wendet sich Maria Espinoza mit ihrem ALG-II-Bescheid an die Kanzlei. Es handelt sich um Leistungen nach dem SGB II – Grundsicherung für Arbeitsuchende. Das Sozialgerichtsgesetz (SGG) weist derartige Streitigkeiten dem Sozialgericht zu (§ 51 Abs. 1 Nr. 4a SGG). Der Weg zu den Verwaltungsgerichten wäre im Beispielsfall also nicht eröffnet, ein Gerichtsverfahren wäre vor dem Sozialgericht zu führen.

2.1 Verwaltungsverfahren

Ein Mandant sucht in der Regel in verwaltungsrechtlichen Angelegenheiten einen Rechtsanwalt zu einem Zeitpunkt auf, zu dem das behördliche Verwaltungsverfahren schon begonnen hat.

 Das **Verwaltungsverfahren** ist die nach außen wirkende Tätigkeit der Behörden, die auf die Prüfung der Voraussetzungen, die Vorbereitung und den Erlass eines Verwaltungsaktes oder den Abschluss eines öffentlich-rechtlichen Vertrages gerichtet ist *(§ 9 VwVfG).*

Das Verwaltungsverfahren richtet sich nach dem **Verwaltungsverfahrensgesetz (VwVfG)** des Bundes bzw. nach den Landesvorschriften **(LVwVfG)**.

Das VwVfG gilt für den Vollzug von Bundesgesetzen durch Bundesbehörden, die Verwaltungsverfahrensgesetze der Länder dagegen für den Vollzug von Landesgesetzen oder von Bundesgesetzen durch Landesbehörden. Die Abgrenzung zwischen dem VwVfG und den Landesvorschriften ist für das Ergebnis meist nicht bedeutsam, da die Vorschriften weitestgehend inhaltsgleich sind.

Die Form, in der eine Behörde ihre abschließenden hoheitlichen Entscheidungen typischerweise trifft, ist der Verwaltungsakt.

> ✓ Ein **Verwaltungsakt** ist jede Verfügung, Entscheidung oder andere hoheitliche Maßnahme, die eine Behörde zur Regelung eines Einzelfalls auf dem Gebiet des öffentlichen Rechts trifft und die auf unmittelbare Rechtswirkung nach außen gerichtet ist *(§ 35 VwVfG)*.

Behörden können durch einseitiges Rechtsgeschäft der Verwaltung zugunsten oder zulasten des Bürgers verbindlich bestimmte Rechte begründen, aufheben, ändern oder feststellen. Sie können hoheitliche Anordnungen treffen, dem Bürger etwas gestatten, Leistungen gewähren, ihm Pflichten auferlegen oder ein Tun untersagen.

Beispiel:
Elisabeth Krämer ist in der Seniorenbewegung aktiv. Im Rahmen der Aktion „Altersarmut" möchte sie zusammen mit Gleichgesinnten in der Fußgängerzone einen Infostand aufstellen, Flugblätter verteilen und Unterschriften sammeln. Elisabeth Krämer muss dafür eine behördliche Sondernutzungserlaubnis beantragen. Nur mit einer derartigen Erlaubnis darf sie die geplante Aktion durchführen.

Das Verwaltungsverfahren ist ein nicht förmliches Verfahren, es kann entweder auf Antrag einer verfahrensfähigen Person oder auch von Amts wegen eingeleitet werden. Die Verfahrensfähigkeit korrespondiert mit der Geschäftsfähigkeit *(§ 12 Abs. 1 VwVfG)*.

Im Verwaltungsverfahren gilt der Untersuchungsgrundsatz, die Behörde hat von Amts wegen die Umstände, die für ihre Entscheidung erforderlich sind, zu ermitteln *(§ 24 Abs. 1 VwVfG)*.

Soll durch den Verwaltungsakt in die Rechte eines Beteiligten eingegriffen werden, ist dieser in der Regel vor Erlass zu den entscheidungserheblichen Tatsachen anzuhören *(§ 28 VwVfG)*.

Neben dem Erlass eines Verwaltungsaktes kommt als behördliches Handeln auch der Abschluss eines öffentlich-rechtlichen Vertrages in Betracht. Der Verwaltungsakt ist eine einseitige Maßnahme, während ein öffentlich-rechtlicher Vertrag das Einvernehmen des Bürgers als Vertragspartner der Behörde voraussetzt.

Beispiel:
Die Behörde verpflichtet sich zur Erteilung der Baugenehmigung für ein Geschäftsgebäude, obwohl der Bauherr nicht für die erforderliche Anzahl von Parkplätzen sorgen kann. Im Gegenzug verpflichtet sich der Bauherr, für die Errichtung eines nahe gelegenen Parkhauses die Summe X zur Verfügung zu stellen.

Die Verwaltung kann nicht nur Verwaltungsakte erlassen oder öffentlich-rechtliche Verträge schließen. Sie kann auch privatrechtliche Verträge schließen und daraus dieselben Rechte herleiten und für sich Pflichten begründen, wie es Privatpersonen auch tun können. Derartige Geschäfte unterliegen dann nicht den Vorschriften des Verwaltungsverfahrens.

Beispiel:
Die städtische Behörde schafft durch Kaufvertrag mit der Firma Peters Büroausstattungen eine neue Büroausstattung an. Bei Schlechtleistung stehen der Behörde genauso wie einer Privatperson die Gewährleistungsrechte des §§ 434 ff. BGB gegen den Büroausstatter zu. Im Streitfall wären Ansprüche vor den ordentlichen Gerichten zu verfolgen.

2.2 Widerspruchsverfahren

Ist der Bürger mit einem gegen ihn erlassenen Verwaltungsakt nicht einverstanden, kann er eine Überprüfung der Entscheidung verlangen. Der ihm dazu zur Verfügung stehende Rechtsbehelf ist der Widerspruch.

Das Widerspruchsverfahren steht als außergerichtlicher Rechtsbehelf zwischen dem Verwaltungsverfahren und dem verwaltungsgerichtlichen Prozess.

Das Widerspruchsverfahren ist in den *§§ 68 ff. der Verwaltungsgerichtsordnung (VwGO)* geregelt. Es ist außerdem das **Ausführungsgesetz zur VwGO (AGVwGO)** zu beachten. Weitere Regelungen zum Widerspruchsverfahren finden sich im VwVfG, insbesondere in den *§§ 79, 80 VwVfG*.

Ergeht ein Verwaltungsakt, enthält der schriftliche Bescheid grundsätzlich auch eine Rechtsbehelfsbelehrung über die zu wahrende Frist und die Behörde, bei der der Widerspruch einzulegen ist.

Der Widerspruch gegen einen Verwaltungsakt ist innerhalb eines Monats nach dessen Bekanntgabe bei der Behörde einzulegen, die den Verwaltungsakt erlassen hat *(§ 70 Abs. 1 VwGO).*

In einigen Rechtsgebieten gilt eine verkürzte Widerspruchsfrist von zwei Wochen.

Beispiel:
Wehrpflichtrecht: § 33 Wehrpflichtgesetz (WPflG)

Ist die Rechtsbehelfsbelehrung vergessen worden oder inhaltlich fehlerhaft oder ist sie nur mündlich erteilt worden, beträgt die Widerspruchsfrist ein Jahr (*§ 58 Abs. 2 VwGO*).

Zur Fristberechnung sind über *§ 79 VwVfG* und *§ 57 Abs. 2 VwGO* die Vorschriften der ZPO anzuwenden. *§ 222 Abs. 1 ZPO* wiederum verweist auf die Vorschriften des BGB. Die Frist zur Erhebung des Widerspruchs beginnt nach *§ 187 Abs. 1 BGB* einen Tag nach dem Tag zu laufen, an dem der Antragsteller den Bescheid zugestellt bekommen hat bzw. an dem ihm der Bescheid durch Niederlegen beim Postamt zugestellt wurde. Ist der Bescheid durch einfache Post verschickt worden, ist zur Berechnung der Frist auf die Zugangsfiktion des *§ 41 VwVfG* abzustellen.

§ **§ 41 Abs. 2 VwVfG – Bekanntgabe des Verwaltungsaktes** Ein schriftlicher Verwaltungsakt, der im Inland durch die Post übermittelt wird, gilt am dritten Tag nach der Aufgabe zur Post als bekannt gegeben. Ein Verwaltungsakt, der im Inland oder in das Ausland elektronisch übermittelt wird, gilt am dritten Tag nach der Absendung als bekannt gegeben. Dies gilt nicht, wenn der Verwaltungsakt nicht oder zu einem späteren Zeitpunkt zugegangen ist; im Zweifel hat die Behörde den Zugang des Verwaltungsaktes und den Zeitpunkt des Zugangs nachzuweisen.

Beispiel:
Student Marius Flieder beantragt Leistungen nach dem Bundesausbildungsförderungsgesetz (BAföG). Sein Antrag wird mit Bescheid vom 16. Juni abgelehnt, der Postausgang ist auf dem Schreiben der Behörde für diesen Tag vermerkt. Der 16. Juni ist ein Donnerstag. Marius Flieder erhält den Bescheid mit einfachem Brief, der Bescheid enthält eine ordnungsgemäße Rechtsmittelbelehrung. Der Bescheid gilt nach der Zugangsfiktion des § 41 Abs. 2 VwVfG am Sonntag, den 19. Juni als zugestellt. Fristbeginn ist nach § 187 Abs. 1 BGB 00:00 Uhr des Folgetages, also am 20. Juni. Fristende der einmonatigen Widerspruchsfrist ist nach § 188 Abs. 2 BGB der 19. Juli, 24:00 Uhr, sofern dieser Tag nicht auf einen Sonnabend, Sonntag oder gesetzlichen Feiertag fällt (§ 222 Abs. 2 ZPO).

Zur Fristwahrung reicht es aus, den Widerspruch einzulegen. Eine Begründung ist nicht erforderlich, aber natürlich sinnvoll. Die Begründung kann nachgereicht werden. Auch im Widerspruchsverfahren gilt der Untersuchungsgrundsatz des *§ 24 VwVfG*.

Im Widerspruchsverfahren kontrolliert die Verwaltungsbehörde ihre eigene Entscheidung nochmals auf deren Recht- und Zweckmäßigkeit hin.

In manchen Fällen sind Leistungsbehörde und Widerspruchsbehörde identisch. In diesem Fall erlässt die Ausgangsbehörde den Widerspruchsbescheid.

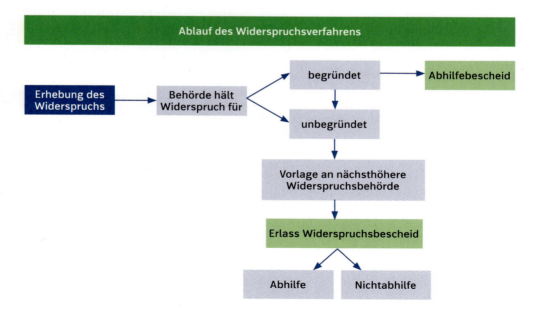

Das Widerspruchsverfahren hat mehrere Funktionen:

- **Rechtsschutzfunktion**: Die Verwaltungsentscheidung wird auf ihre Recht- und Zweckmäßigkeit hin nochmals kontrolliert.
- **Selbstkontrolle der Verwaltung**: Die Verwaltung überprüft ihre eigenen Entscheidungen und kann Fehler korrigieren.
- **Entlastung der Gerichte**: Unnötige Gerichtsverfahren werden vermieden.

Das Widerspruchsverfahren endet mit einem Widerspruchsbescheid. Wird der Widerspruch zurückgewiesen, ist Klageerhebung möglich.

Wurde die Widerspruchsfrist versäumt, ist der Verwaltungsakt bestandskräftig. Die Verwaltung darf einen an sich unanfechtbaren Verwaltungsakt aber unter bestimmten Voraussetzungen auch nachträglich noch aufheben, ändern oder widerrufen *(§§ 48 ff. VwVfG)*.

Beispiel:
Herbert Werner wird durch Verwaltungsakt der Baubehörde aufgegeben, seinen Schuppen wegen Baufälligkeit abzureißen. Die Behörde stellt nachträglich fest, dass ihre Entscheidung rechtswidrig war. Die öffentliche Verwaltung ist an Recht und Gesetz gebunden und insofern liegt es auch im Interesse der Behörde, einen rechtswidrigen Verwaltungsakt wieder zu beseitigen. Der § 48 Abs. 1 VwVfG erlaubt es der Baubehörde in diesem Fall, den rechtswidrigen Verwaltungsakt zurückzunehmen, auch wenn Herbert Werner selbst keinen Widerspruch gegen den Bescheid eingelegt hat.

Nur weil die Widerspruchsfrist verstrichen ist, ist ein weiteres Vorgehen gegen einen Bescheid also nicht schon von vorneherein aussichtslos. Der Rechtsanwalt wird einem Mandanten unter bestimmten Voraussetzungen dennoch weiterhelfen können.

In einigen Bundesländern wurde das Widerspruchsverfahren in verwaltungsrechtlichen Angelegenheiten in den letzten Jahren aus Gründen der Verwaltungsvereinfachung und im Zuge eines angestrebten Bürokratieabbaus für bestimmte Rechtsbereiche ganz abgeschafft. Teilweise stellen die Landesvorschriften dem Betroffenen frei, ob er das Widerspruchsverfahren durchführen will oder nicht. Die jeweiligen Landesvorschriften geben darüber Aufschluss.

Beispiele:
- *Bayern: Gesetz zur Ausführung der VwGO (BayAGVwGO)*
- *Niedersachsen: Niedersächsisches Ausführungsgesetz zur VwGO (NdsAGVwGO)*
- *Nordrhein-Westfalen: Gesetz über die Justiz im Land Nordrhein-Westfalen (JustGNRW)*

2.3 Gerichtsaufbau

Der Gerichtsaufbau der Verwaltungsgerichtsbarkeit ist dreistufig.

In der ersten Instanz ist grundsätzlich das Verwaltungsgericht (VG) zuständig *(§ 45 VwGO)*. Die Kammer des Verwaltungsgerichts entscheidet in der Besetzung von drei Richtern und zwei ehrenamtlichen Richtern, soweit der Rechtsstreit nicht einem Einzelrichter zur Entscheidung übertragen worden ist *(§ 5 Abs. 3 VwGO)*.

Berufungsinstanz ist das Oberverwaltungsgericht (OVG). In Baden-Württemberg, Bayern und Hessen trägt dieses die Bezeichnung Verwaltungsgerichtshof (VGH). Das Bundesverwaltungsgericht (BVerwG) in Leipzig ist die Revisionsinstanz.

Ausnahmen vom Grundsatz der erstinstanzlichen Zuständigkeit des VG ergeben sich aus *§§ 46 ff. VwGO*. Es gibt Fälle, in denen sowohl das OVG/der VGH als auch das BVerwG erstinstanzlich zuständig sind.

Vor dem OVG/VGH und vor dem BVerwG müssen sich die Parteien durch einen Anwalt vertreten lassen *(§ 67 Abs. 4 VwGO)*. Vor dem VG gibt es keinen Anwaltszwang *(§ 67 Abs. 1 VwGO)*.

2.4 Verfahrensablauf

Der Ablauf des gerichtlichen Verfahrens in Verwaltungssachen ist in *§§ 54 ff. VwGO* geregelt.

2.4.1 Hauptsacheverfahren

Man unterscheidet verschiedene **Klagearten**:

- **Anfechtungsklage**: Der Mandant begehrt die Aufhebung eines Verwaltungsaktes *(§ 42 Abs. 1 1. Alternative VwGO)*. Die den Mandanten belastende Wirkung eines Verwaltungsakts soll abgewehrt werden.
- **Verpflichtungsklage**: Die Behörde soll verpflichtet werden, einen abgelehnten oder unterlassenen Verwaltungsakt zu erlassen *(§ 42 Abs. 1 2. Alternative VwGO)*. Der Mandant will so den Erlass einer für ihn günstigen Regelung erreichen.

- **Untätigkeitsklage:** Die Untätigkeitsklage ist ein Unterfall der Verpflichtungsklage. Entscheidet eine Behörde ohne Grund monatelang nicht über einen Antrag, ist Ziel einer Untätigkeitsklage, die Behörde überhaupt zur Vornahme einer Entscheidung zu verpflichten. In der Regel sind nach Antragstellung auf Vornahme eines Verwaltungsaktes oder nach Widerspruchserhebung drei Monate abzuwarten *(§ 75 VwGO)*.
- **Allgemeine Leistungsklage:** Der Mandant begehrt eine Leistung, die nicht im Erlass eines Verwaltungsaktes besteht *(§ 43 Abs. 2 VwGO)*.
- **Feststellungsklage:** Das Interesse des Mandanten geht dahin, ein streitiges Rechtsverhältnis oder die Nichtigkeit eines belastenden Verwaltungsaktes feststellen zu lassen *(§ 43 Abs. 1 VwGO)*.
- **Fortsetzungsfeststellungsklage:** Hat sich im Verfahren ein angefochtener Verwaltungsakt erledigt, kann der Prozess durch Fortsetzungsfeststellungsklage fortgeführt werden. Begehr des Mandanten ist die Feststellung der Rechtswidrigkeit des erledigten Verwaltungsakts *(§ 113 Abs. 1 S. 4 VwGO)*. Für die Fortsetzung der Anfechtungsklage würde das Rechtsschutzbedürfnis fehlen.
- **Normenkontrollverfahren:** Der Mandant wendet sich gegen eine Norm, die keinen Gesetzesrang hat *(§ 47 VwGO)*.

Eine Anfechtungs- oder Verpflichtungsklage ist erst zulässig, wenn ein vorgeschriebenes Widerspruchsverfahren durchgeführt ist *(§ 68 VwGO)*.

Bei Anfechtungs- und Verpflichtungsklagen muss die Klage innerhalb eines Monats nach Zustellung des Widerspruchsbescheides oder – falls die Durchführung eines Widerspruchsverfahrens nicht erforderlich ist – nach Bekanntgabe des Verwaltungsaktes erhoben werden *(§ 74 VwGO)*.

 Achtung: In bestimmten Rechtsgebieten können kürzere Fristen gelten.

Beispiel:
§ 74 Abs. 1 Asylgesetz (AsylG): 2 Wochen

Eine Klage ist gegen den Rechtsträger der Behörde (das kann beispielsweise der Bund, das Land oder eine Körperschaft sein) oder die Behörde selbst zu richten, je nach landesgesetzlicher Regelung. Der *§ 78 VwGO* bestimmt für Anfechtungs- und Verpflichtungsklagen, dass zur Bezeichnung des Beklagten die Angabe der Behörde genügt. Eine Falschbezeichnung des Beklagten schadet also jedenfalls im Anwendungsbereich der Anfechtungs- und Verpflichtungsklage nicht.

Wird die Klage durch einen Rechtsanwalt eingereicht, ist die Vollmacht zu den Gerichtsakten zu reichen *(§ 67 Abs. 6 VwGO)*. Im Verwaltungsprozess gilt ebenso wie im Zivilprozess die Dispositionsmaxime. Die Verfahrensherrschaft liegt bei den Beteiligten. Das Gericht fordert nach dem Eingang der Klage von der Verwaltungsbehörde die Verwaltungsakte an und gibt dieser Gelegenheit zur Stellungnahme.

Im gerichtlichen Verfahren gilt der Amtsermittlungsgrundsatz. Das Gericht hat von Amts wegen den Sachverhalt umfassend und gründlich zu erforschen und alle zur Sachverhaltsaufklärung erforderlichen Maßnahmen zu veranlassen. Es hat außerdem auf die Stellung sachdienlicher Anträge hinzuwirken *(§§ 86, 87 VwGO)*.

Das Gericht ist im Rahmen der Amtsermittlung nicht verpflichtet, über den Sachvortrag der Parteien hinaus Nachforschungen zu betreiben, wenn es sich nicht gerade um sich aufdrängende Probleme handelt. Im Interesse des Klägers ist also genauso wie im Zivilverfahren so umfassend wie möglich vorzutragen.

Es gibt eine Mitwirkungspflicht der Beteiligten. Das Gericht kann die Beteiligten dazu auffordern, sich über Tatsachen zu erklären und Beweismittel vorzulegen. Es kann eine Frist setzen, nach deren Ablauf verspätet vorgebrachte Erklärungen und Beweismittel zurückgewiesen werden können *(§ 87b VwGO)*.

Das Gericht entscheidet über die Klage nach mündlicher Verhandlung durch Urteil *(§ 107 VwGO)*. Versäumnisurteile gibt es nicht. Auch wenn eine Partei nicht erschienen ist, wird durch streitiges Urteil entschieden *(§ 102 Abs. 2 VwGO)*.

Im Einverständnis der Parteien kann ohne mündliche Verhandlung entschieden werden *(§ 101 Abs. 2 VwGO)*. Ohne mündliche Verhandlung kann nach Anhörung der Parteien auch durch Gerichtsbescheid entschieden werden, wenn die Sache keine besonderen Schwierigkeiten tatsächlicher oder rechtlicher Art aufweist und der Sachverhalt geklärt ist *(§ 84 VwGO)*.

2.4.2 Eilverfahren

Vom Grundsatz her ist es so, dass Widerspruch und Anfechtungsklage aufschiebende Wirkung haben *(§ 80 Abs. 1 VwGO)*. Das nennt man Suspensiveffekt. Ein belastender Verwaltungsakt kann, wenn Rechtsmittel dagegen eingelegt wurden, zunächst einmal nicht vollzogen werden.

Beispiel:
Herbert Werner hat gegen die gegen ihn ergangene Abrissverfügung der Baubehörde Widerspruch eingelegt. Bis über diesen entschieden ist, entfaltet der Widerspruch aufschiebende Wirkung. Vorerst kann das betreffende Bauwerk also stehen bleiben.

Widerspruch und Anfechtungsklage haben nach § 80 Abs. 2 VwGO aber keine aufschiebende Wirkung, wenn

1. öffentliche Abgaben und Kosten angefordert werden,
2. es sich um unaufschiebbare Maßnahmen von Polizeivollzugsbeamten handelt,
3. ein Fall vorliegt, in dem der Ausschluss der aufschiebenden Wirkung durch Landes- oder Bundesgesetz angeordnet wird, oder
4. wenn die Behörde die sofortige Vollziehung des Verwaltungsaktes angeordnet hat.

Beispiel:
Am Regionalflughafen ist Isabel Dittrich als Sicherheitskraft eingesetzt. Sie ist für eine private Sicherheitsfirma tätig, hat in ihrer Funktion als Sicherheitskraft aber aufgrund amtlicher Beleihung hoheitliche Befugnisse von der Luftsicherheitsbehörde verliehen bekommen. Die Luftsicherheitsbehörde erhält Kenntnis davon, dass die Voraussetzungen für die Beleihung nie vorgelegen haben, weil Isabel Dittrich von Anfang an gefälschte Prüfungszeugnisse vorgelegt hat. Die Beleihung wird durch Verwaltungsakt entzogen, dessen sofortige Vollziehung wird behördlich angeordnet. Isabel Dittrich legt Widerspruch ein, dieser entfaltet keine aufschiebende Wirkung, sodass sie sofort ihre Tätigkeit einstellen muss.

In Fällen, in denen Widerspruch und Anfechtungsklage keine aufschiebende Wirkung entfalten, kann das Bedürfnis für einstweiligen Rechtsschutz gegeben sein. Schließt sich an ein erfolgloses Widerspruchsverfahren noch ein gerichtliches Verfahren an, das möglicherweise noch über mehrere Instanzen hinweg betrieben werden muss, können bis zu einer endgültigen gerichtlichen Entscheidung mehrere Jahre vergehen. Würden in der Zwischenzeit vollendete Fakten dadurch geschaffen, dass ein Verwaltungsakt vollzogen wird, wäre der Rechtsschutz für den Rechtssuchenden nicht mehr befriedigend zu gewährleisten.

Beispiel:
Anton Metzger wurde eine Baugenehmigung erteilt. Das Bauvorhaben von Anton Metzger beeinträchtigt den Nachbarn Friedhelm Ziegler in seinen Rechten. Nach § 212a Abs. 1 BauGB hat der Widerspruch des Nachbarn gegen die Anton Metzger erteilte Baugenehmigung keine aufschiebende Wirkung. Anton Metzger könnte also trotz der Anfechtung des den Nachbarn beeinträchtigenden Verwaltungsaktes durch diesen jederzeit mit dem Bau beginnen und damit Fakten schaffen, die den Nachbarn beeinträchtigen, obwohl noch nicht rechtskräftig über dessen Widerspruch entschieden ist.

Schon im Verwaltungsverfahren kann bei der Behörde, die den Verwaltungsakt erlassen hat, Antrag auf Aussetzung der Vollziehung nach *§ 80 Abs. 4 VwGO* gestellt werden.

Vom Gericht kann einstweiliger Rechtsschutz in verschiedenen Formen gewährt werden. Nach *§§ 80 Abs. 5, 80a Abs. 3, 123, 47 Abs. 6 VwGO* gibt es je nach Ausgangssituation verschiedene Arten von Anträgen auf einstweiligen Rechtsschutz, die bei Gericht gestellt werden können:

- **Anordnung der aufschiebenden Wirkung**: Sieht das Gesetz vor, dass Widerspruch und Anfechtungsklage keine aufschiebende Wirkung entfalten, kann Antrag auf Anordnung der aufschiebenden Wirkung gestellt werden.

- **Wiederherstellung der aufschiebenden Wirkung**: Hat die Behörde das Entfallen der aufschiebenden Wirkung angeordnet, kann Antrag auf Wiederherstellung der aufschiebenden Wirkung gestellt werden.

- **Aufhebung der Vollziehung**: Ist der Verwaltungsakt bereits vollzogen, lautet der Antrag auf Aufhebung der Vollziehung.

- **Anordnung der sofortigen Vollziehung**: Liegt ein Verwaltungsakt vor, der den einen begünstigt, aber einen anderen benachteiligt, kann der Erstere Antrag auf Anordnung der sofortigen Vollziehung stellen.

- **Erlass einer einstweiligen Anordnung**: Das Gericht soll die Behörde verpflichten, eine bestimmte Maßnahme zu treffen oder eine von ihr beabsichtigte Maßnahme zu unterlassen.

Beispiel:
Student Simon Rau ist ohne eigenes Einkommen. Auf die von ihm beantragten BAföG-Leistungen ist er dringend angewiesen, da er sonst weder seine Miete bezahlen noch Lebensmittel kaufen kann. Sein Antrag wird abgelehnt, auch der Widerspruch bleibt erfolglos.

Simon Rau beantragt beim Verwaltungsgericht den Erlass einer einstweiligen Anordnung mit dem Ziel, den Leistungsträger zu verpflichten, ihm vorläufig Leistungen nach dem BAföG zu gewähren.

Wird ein Antrag auf einstweiligen Rechtsschutz im Normenkontrollverfahren notwendig, wird das ebenfalls im Rahmen eines Antrages auf Erlass einer einstweiligen Anordnung begehrt.

Im Falle der Anforderung von öffentlichen Abgaben muss der Antrag auf Anordnung der aufschiebenden Wirkung erst bei der Behörde gestellt worden sein, bevor ein Eilantrag bei Gericht eingereicht werden kann *(§ 80 Abs. 6 VwGO)*. In allen anderen Fällen ist dieser behördliche Antrag nicht Voraussetzung für ein gerichtliches Eilverfahren.

Das Eilverfahren kann schon vor Anhängigkeit der Hauptsache eingeleitet werden. Im Eilverfahren entscheidet das Gericht ohne mündliche Verhandlung durch Beschluss. Das Gericht kann die Beschlüsse in Eilverfahren bei einer Veränderung der zugrunde gelegten Umstände jederzeit ändern oder aufheben, vgl. *§ 80 Abs. 7 VwGO*.

2.5 Rechtsmittel

Gegen Urteile des Verwaltungsgerichts kann Berufung eingelegt werden, wenn die Berufung zugelassen worden ist *(§ 124 Abs. 1 VwGO)*. Das VG lässt die Berufung zu bei grundsätzlicher Bedeutung der Rechtssache, schwieriger Sach- und Rechtslage oder wenn es beispielsweise mit seiner Entscheidung von der bisherigen Rechtsprechung eines übergeordneten Gerichts abweicht.

Die Berufung ist innerhalb von einem Monat nach Zustellung des vollständigen Urteils beim Verwaltungsgericht einzulegen, wenn sie von diesem in der erstinstanzlichen Entscheidung zugelassen worden ist *(§ 124a Abs. 2 VwGO)*. **Die Frist zur Begründung der Berufung beträgt zwei Monate ab Zustellung des Urteils. Die Begründung ist beim OVG/VGH einzureichen** *(§ 124a Abs. 3 VwGO)*.

Wurde in der erstinstanzlichen Entscheidung des VG die Berufung nicht zugelassen, kann die Zulassung der Berufung durch das OVG/den VGH beantragt werden. Dieser Antrag muss innerhalb eines Monats nach Zustellung des vollständigen Urteils beim VG eingereicht werden. Die Begründung des Antrags hat innerhalb von zwei Monaten nach Zustellung zu erfolgen, sie ist beim OVG/VGH einzureichen *(§ 124a Abs. 4 VwGO)*.

Der Antrag auf Zulassung der Berufung hemmt die Rechtskraft des erstinstanzlichen Urteils. Wird die Berufung zugelassen, wird das Antragsverfahren als Berufungsverfahren weitergeführt.

Die Berufung ist innerhalb von einem Monat ab Zustellung des Beschlusses, mit dem die Berufung vom OVG/VGH zugelassen worden ist, zu begründen *(§ 124a Abs. 6 VwGO)*.

Wird die Berufung auch vom OVG/VGH nicht zugelassen, wird das Urteil rechtskräftig.

Hat das erstinstanzliche Gericht ohne mündliche Verhandlung durch Gerichtsbescheid entschieden, kann gegen den Gerichtsbescheid Berufung eingelegt werden, wenn diese im Gerichtsbescheid zugelassen worden ist. Wurde die Berufung nicht zugelassen, kann die Zulassung der Berufung beantragt werden. Alternativ kann von der Möglichkeit Gebrauch gemacht werden, mündliche Verhandlung zu beantragen. Die vorgenannten Anträge müssen alle innerhalb eines Monats nach Zustellung des Gerichtsbescheides gestellt werden *(§ 84 Abs. 2 VwGO)*. Wird mündliche Verhandlung beantragt, gilt der Gerichtsbescheid als nicht ergangen. Das Gericht entscheidet dann nach der mündlichen Verhandlung durch Urteil.

Gegen das Berufungsurteil des OVG/VGH findet die Revision zum BVerwG statt, wenn sie zugelassen ist *(§ 132 Abs. 1 VwGO)*. Hat das Berufungsgericht die Revision nicht zugelassen, kann Nichtzulassungsbeschwerde beim Bundesverwaltungsgericht erhoben werden.

Revision und Nichtzulassungsbeschwerde müssen innerhalb eines Monats nach Zustellung der Entscheidung beim Ausgangsgericht eingereicht und innerhalb von zwei Monaten ab Zustellung der Entscheidung beim Revisionsgericht begründet werden.

Lässt das BVerwG die Revision zu, wird das Beschwerdeverfahren als Revisionsverfahren fortgesetzt. Die Begründung der Revision muss dann innerhalb eines Monats nach Zustellung des Beschlusses erfolgen.

Eine besondere Form der Revision ist die vom Verwaltungsgericht zugelassene Sprungrevision, mit der die Berufungsinstanz übergangen wird *(§ 134 VwGO)*.

Gegen eine ablehnende Entscheidung im Eilverfahren kann innerhalb von zwei Wochen nach Bekanntgabe der Entscheidung Beschwerde eingelegt werden *(§§ 146 ff. VwGO)*. Die Beschwerde muss beim VG als Ausgangsgericht oder beim OVG/VGH als Beschwerdegericht eingelegt werden, damit die Frist gewahrt ist *(§ 147 VwGO)*.

Innerhalb eines Monats nach Zustellung der erstinstanzlichen Entscheidung ist die Beschwerdebegründung beim OVG/VGH einzureichen *(§ 146 Abs. 4 VwGO)*.

2.6 Vergütung und Kosten

Wer sich mit der Abrechnung der Rechtsanwaltsvergütung befasst, sollte sich immer zuerst vor Augen führen, wie viele verschiedene Angelegenheiten im gebührenrechtlichen Sinn die Tätigkeit des Rechtsanwalts umfasst hat. Die *§§ 16 und 17 RVG* enthalten dazu allgemeine, aber auch speziell auf die Tätigkeit im Verwaltungsrecht zugeschnittene Regelungen.

§ 17 RVG – Verschiedene Angelegenheiten Verschiedene Angelegenheiten sind
1. das Verfahren über ein Rechtsmittel und der vorausgegangene Rechtszug,
1a. jeweils das Verwaltungsverfahren, das einem gerichtlichen Verfahren vorausgehende und der Nachprüfung des Verwaltungsakts dienende weitere Verwaltungsverfahren (Vorverfahren, Einspruchsverfahren, Beschwerdeverfahren, Abhilfeverfahren), das Verfahren über die Beschwerde und die weitere Beschwerde nach der Wehrbeschwerdeordnung, das Verwaltungsverfahren auf Aussetzung oder Anordnung der sofortigen Vollziehung sowie über einstweilige Maßnahmen zur Sicherung der Rechte Dritter und ein gerichtliches Verfahren,
(…)
4. das Verfahren in der Hauptsache und ein Verfahren
   a) auf Anordnung eines Arrests oder zur Erwirkung eines Europäischen Beschlusses zur vorläufigen Kontenpfändung,
   b) auf Erlass einer einstweiligen Verfügung oder einer einstweiligen Anordnung,
   c) über die Anordnung oder Wiederherstellung der aufschiebenden Wirkung, über die Aufhebung der Vollziehung oder über die Anordnung der sofortigen Vollziehung eines Verwaltungsakts sowie

> d) die Abänderung oder Aufhebung einer in einem Verfahren nach den Buchstaben a bis c ergangenen Entscheidung,
> (...)
> 9. das Verfahren über ein Rechtsmittel und das Verfahren über die Beschwerde gegen die Nichtzulassung des Rechtsmittels,
> (...)

Danach sind verschiedene Angelegenheiten

- das Verwaltungs- und Widerspruchsverfahren und das gerichtliche Verfahren,
- das Verwaltungs- bzw. Widerspruchsverfahren und das Verwaltungsverfahren auf Aussetzung oder Anordnung der sofortigen Vollziehung,
- das Hauptsacheverfahren und das gerichtliche Eilverfahren,
- das Rechtsmittelverfahren und der vorausgegangene Rechtszug,
- das Rechtsmittelverfahren und das Verfahren über die Nichtzulassungsbeschwerde (Revision).

Das gerichtliche Eilverfahren und das Verfahren auf Abänderung einer im Eilverfahren ergangenen Entscheidung bilden zusammen nach *§ 16 Nr. 5 RVG* dieselbe Angelegenheit.

Ein Antrag auf Zulassung der Berufung löst keine gesonderten Gebühren aus *(§ 16 Nr. 11 RVG)*.

2.6.1 Gegenstandswert

In verwaltungsrechtlichen Angelegenheiten erhält der Rechtsanwalt Wertgebühren. Die Höhe der Gebühren hängt maßgeblich vom Gegenstandswert der anwaltlichen Tätigkeit ab. Der Gegenstandswert im gerichtlichen Verfahren und für die außergerichtliche Tätigkeit bestimmt sich nach den Vorschriften, die auch für die Bestimmung des Streitwertes maßgeblich sind *(§ 23 Abs. 1 RVG)*. In Verwaltungsgerichtsverfahren ist das GKG anwendbar *(§ 1 Abs. 2 Nr. 1 GKG)*. Der Gegenstandswert in verwaltungsgerichtlichen Verfahren richtet sich nach *§ 52 GKG*, welcher unter anderem auf *§§ 40 ff. GKG* verweist. Auffangwert sind nach *§ 52 Abs. 2 GKG* 5 000,00 €.

Für verschiedene verwaltungsgerichtliche Verfahren hat eine aus Richtern der Verwaltungsgerichtsbarkeit zusammengesetzte Arbeitsgruppe einen **Streitwertkatalog** erarbeitet, der die gesetzlichen Regelungen weiter ausfüllt. Zweck des Streitwertkatalogs ist die Vereinheitlichung und Vorhersehbarkeit der Streitwertfestsetzung der deutschen Verwaltungsgerichte. Bei den Angaben im Streitwertkatalog handelt es sich um unverbindliche und das entscheidende Gericht nicht bindende Vorschläge (siehe Streitwertkatalog der Verwaltungsgerichtsbarkeit 2013 unter BuchPlusWeb).

Gegenstandswerte in typischen verwaltungsgerichtlichen Verfahren		
Geldleistung	geforderter Betrag	*§ 52 Abs. 1, 3 GKG*
Leistung wiederkehrend	3-Jahreswert	*§ 42 Abs. 1 GKG* Rückstände werden hinzugerechnet *(§ 42 Abs. 3 GKG)*

Gegenstandswerte in typischen verwaltungsgerichtlichen Verfahren		
Statusstreitigkeit	Jahresbetrag Bezüge bei Dienst-/Amtsverhältnis auf Lebenszeit	§ 52 Abs. 6 Nr. 1 GKG
	im Übrigen: Halbjahresbetrag Bezüge	§ 42 Abs. 2 GKG Abfindung wird nicht hinzugerechnet
Asylverfahren	5 000,00 €, Erhöhung um 1 000,00 € für jede weitere Person	§ 30 RVG
Auffangstreitwert	5 000,00 €	§ 52 Abs. 2 GKG falls keine Anhaltspunkte für andere Bewertung

Eilverfahren werden in der Regel mit einem Bruchteil des Streitwertes der Hauptsache bewertet.

2.6.2 Vergütung

Für die Gebühren, die bei einer Beratung anfallen, gelten keine Besonderheiten.

Vorgerichtlich

Im Verwaltungsverfahren fällt wie bei der zivilrechtlichen außergerichtlichen Vertretung die Geschäftsgebühr *Nr. 2300 VV* in dem Gebührenrahmen von 0,5 bis 2,5 an. Nur wenn die Tätigkeit umfangreich oder schwierig war, kann mehr als eine 1,3-Gebühr verlangt werden.

Wird der Anwalt anschließend im Widerspruchsverfahren tätig, erhält er wieder eine Geschäftsgebühr nach *Nr. 2300 VV* im Rahmen von 0,5 bis 2,5. Bei der Bestimmung des konkreten Gebührensatzes ist nicht zu berücksichtigen, dass der Umfang der Tätigkeit im Widerspruchsverfahren infolge der früheren Tätigkeit geringer ist. Es gibt jedoch eine Anrechnung.

Die Geschäftsgebühr des Verwaltungsverfahrens ist auf die Geschäftsgebühr des Widerspruchsverfahrens zur Hälfte anzurechnen, jedoch höchstens mit einem Satz von 0,75 *(Vorbemerkung 2.3 Abs. 4 VV).*

Wird der Anwalt erstmalig im Widerspruchsverfahren tätig, entsteht ebenfalls die Geschäftsgebühr der *Nr. 2300 VV.*

Bei einer Einigung im Verwaltungs- oder Widerspruchsverfahren kann eine Einigungsgebühr *Nr. 1000 VV* entstehen, soweit über die Ansprüche vertraglich verfügt werden kann, ansonsten eine Erledigungsgebühr *Nr. 1002 VV.*

Auch im verwaltungsgerichtlichen Verfahren auf Anordnung oder Aussetzung der sofortigen Vollziehung kann der Rechtsanwalt wie im Verwaltungsverfahren selbst eine

Geschäftsgebühr verdienen, denn es handelt sich dabei um verschiedene Angelegenheiten nach § 17 Nr. 1a RVG.

Gerichtlich

Im Rechtsstreit vor dem Verwaltungsgericht entstehen die Gebühren wie in bürgerlichen Rechtsstreitigkeiten vor einem ordentlichen Gericht.

 Die zuletzt entstandene Geschäftsgebühr wird auf die Verfahrensgebühr eines nachfolgenden gerichtlichen Verfahrens hälftig angerechnet, höchstens jedoch mit einem Gebührensatz von 0,75 *(Vorbemerkung 3 Abs. 4 VV).*

Beispiel 1:
Der Mandant wird für die Errichtung einer Grünanlage gemäß §§ 127 ff. Baugesetzbuch (BauGB) zu Erschließungskosten in Höhe von 20 000,00 € herangezogen. Erstmalig im Widerspruchsverfahren wird er von Rechtsanwalt Cornelius Riemann vertreten. Der Widerspruch wird zurückgewiesen, Rechtsanwalt Cornelius Riemann erhebt auftragsgemäß Anfechtungsklage. Diese wird nach mündlicher Verhandlung durch Urteil abgewiesen.

1. Widerspruchsverfahren

Rechtsanwaltsvergütungsberechnung
berechnet nach dem Rechtsanwaltsvergütungsgesetz (RVG)

1.	Geschäftsgebühr, Nr. 2300 VV (1,3)	
	Wert: 20 000,00 €	964,60 €
2.	Pauschale für Post- u. Telekommunikationsdienstleistungen, Nr. 7002 VV	20,00 €
	Zwischensumme	984,60 €
3.	19 % Umsatzsteuer, Nr. 7008 VV	187,07 €
	Gesamtbetrag	1 171,67 €

2. Verfahren vor dem Verwaltungsgericht

Rechtsanwaltsvergütungsberechnung
berechnet nach dem Rechtsanwaltsvergütungsgesetz (RVG)

1.	Verfahrensgebühr, Nr. 3100 VV (1,3)	
	Wert: 20 000,00 €	964,60 €
	Anrechnung Geschäftsgebühr (0,65) gemäß Vorbemerkung 3 Abs. 4 VV	– 482,30 €
	Wert: 20 000,00 €	
2.	Terminsgebühr, Nr. 3104 VV (1,2)	
	Wert: 20 000,00 €	890,40 €
3.	Pauschale für Post- u. Telekommunikationsdienstleistungen, Nr. 7002 VV	20,00 €
	Zwischensumme	1 392,70 €
4.	19 % Umsatzsteuer, Nr. 7008 VV	264,61 €
	Gesamtbetrag	1 657,31 €

Beispiel 2 (Abwandlung von Beispiel 1):
Rechtsanwalt Cornelius Riemann hat den Mandanten schon im Verwaltungsverfahren vertreten. Die Abrechnung würde dann wie folgt aussehen:

1. **Verwaltungsverfahren**

Rechtsanwaltsvergütungsberechnung
berechnet nach dem Rechtsanwaltsvergütungsgesetz (RVG)

1. Geschäftsgebühr, Nr. 2300 VV (1,3)	
Wert: 20 000,00 €	964,60 €
2. Pauschale für Post- u. Telekommunikationsdienstleistungen, Nr. 7002 VV	20,00 €
Zwischensumme	984,60 €
3. 19 % Umsatzsteuer, Nr. 7008 VV	187,07 €
Gesamtbetrag	1 171,67 €

2. **Widerspruchsverfahren**

Rechtsanwaltsvergütungsberechnung
berechnet nach dem Rechtsanwaltsvergütungsgesetz (RVG)

1. Geschäftsgebühr, Nr. 2300 VV (1,3)	
Wert: 20 000,00 €	964,60 €
Anrechnung Geschäftsgebühr (0,65) gemäß Vorbemerkung 2.3 Abs. 4 VV	– 482,30 €
Wert: 20 000,00 €	
2. Pauschale für Post- u. Telekommunikationsdienstleistungen, Nr. 7002 VV	20,00 €
Zwischensumme	502,30 €
3. 19 % Umsatzsteuer, Nr. 7008 VV	95,44 €
Gesamtbetrag	597,74 €

3. **Verfahren vor dem Verwaltungsgericht**

Rechtsanwaltsvergütungsberechnung
berechnet nach dem Rechtsanwaltsvergütungsgesetz (RVG)

1. Verfahrensgebühr, Nr. 3100 VV (1,3)	
Wert: 20 000,00 €	964,60 €
Anrechnung Geschäftsgebühr (0,65) gemäß Vorbemerkung 3 Abs. 4 VV	– 482,30 €
Wert: 20 000,00 €	
2. Terminsgebühr, Nr. 3104 VV (1,2)	
Wert: 20 000,00 €	890,40 €
3. Pauschale für Post- u. Telekommunikationsdienstleistungen, Nr. 7002 VV	20,00 €
Zwischensumme	1 392,70 €
4. 19 % Umsatzsteuer, Nr. 7008 VV	264,61 €
Gesamtbetrag	1 657,31 €

Entscheidet das Verwaltungsgericht ohne mündliche Verhandlung, kann der Rechtsanwalt unter den in *Nr. 3104 Abs. 1 VV* genannten Voraussetzungen dennoch eine Terminsgebühr verdienen.

Dazu sind in Bezug auf Entscheidungen durch Gerichtsbescheid die Einschränkungen zu beachten, die *Anmerkung Abs. 1 Ziff. 2* zu *Nr. 3104 VV* macht. Das Verwaltungsgericht kann ohne mündliche Verhandlung durch Gerichtsbescheid entscheiden. Der Rechtsanwalt kann dann dennoch eine Terminsgebühr abrechnen, wenn er theoretisch durch sein Verhalten eine mündliche Verhandlung erzwingen könnte. Nach *§ 84 Abs. 2 Nr. 5 VwGO* kann gegen einen Gerichtsbescheid mündliche Verhandlung beantragt werden, wenn ein Rechtsmittel nicht gegeben, die Berufung also nicht im Bescheid zugelassen ist. Nur in diesem Fall kann also der Rechtsanwalt eine Terminsgebühr abrechnen. Ist dagegen im Gerichtsbescheid die Berufung zugelassen, entsteht folglich keine Terminsgebühr.

Besteht eine erstinstanzliche Zuständigkeit des OVG/VGH oder des BVerwG, richten sich die Gebühren des Rechtsanwalts nach *Teil 3 Abschnitt 3 Unterabschnitt 1 VV*. Nach *Nr. 3300 Nr. 2 VV RVG* erhält der Rechtsanwalt eine 1,6-Verfahrensgebühr.

Gerichtliche Verfahren auf einstweiligen Rechtsschutz sind neben dem Hauptsacheverfahren eine eigene Angelegenheit *(§ 17 Nr. 4 RVG)*. Für diese Verfahren entstehen deshalb die Gebühren nach *Nr. 3100 ff. RVG* neben den Gebühren der Hauptsache gesondert.

Eine Anrechnung von im Verwaltungsverfahren entstandenen Gebühren auf die im gerichtlichen Eilverfahren entstandenen Gebühren kommt nur in Betracht, wenn Gegenstand des Verwaltungsverfahrens bei der Behörde ein Antrag auf Anordnung oder Aussetzung der sofortigen Vollziehung war. Denn nur dann sind der Gegenstand der außergerichtlichen Vertretung und der des nachfolgenden gerichtlichen Verfahrens identisch im Sinne der *Vorbemerkung 3 Abs. 4 S. 3 RVG*.

Im Berufungsverfahren entstehen Gebühren nach *Teil 3 Abschnitt 2 VV* wie in bürgerlichen Rechtsstreitigkeiten auch. Zu beachten ist insbesondere die Erhöhung der Verfahrensgebühr auf 1,6 nach *Nr. 3200 VV*.

Ein Antrag auf Zulassung der Berufung löst keine gesonderten Gebühren aus *(§ 16 Nr. 11 RVG)*. Nach *Vorbemerkung 3.2 Abs. 1 VV RVG* erhält der Rechtsanwalt die für das Berufungsverfahren bestimmten Gebühren.

Beispiel:
Dieter Rex scheitert mit seinem Anliegen vor dem Verwaltungsgericht, seine von ihm ohne anwaltliche Vertretung erhobene Klage wird abgewiesen. Die Berufung ist vom Verwaltungsgericht nicht zugelassen worden. Dieter Rex wendet sich nun an einen Rechtsanwalt. Im Auftrag des Mandanten stellt der Rechtsanwalt Antrag vor dem OVG auf Zulassung der Berufung. Der Antrag wird durch Beschluss zurückgewiesen. Für seine Tätigkeit kann der Rechtsanwalt nun eine 1,6-Verfahrensgebühr nach Nr. 3200 VV abrechnen.

In der Revisionsinstanz verhält es sich anders. Der *§ 17 Nr. 9 RVG* bestimmt, dass das Verfahren über die Nichtzulassungsbeschwerde und das Revisionsverfahren selbst verschiedene Angelegenheiten sind. Im Verfahren über die Nichtzulassungsbeschwerde fallen Gebühren nach den *Nr. 3506 ff. VV* an, der Rechtsanwalt kann also zum Beispiel eine 1,6-Verfahrensgebühr und eine 1,2-Terminsgebühr erhalten *(Nr. 3506, 3516 VV)*.

Im Revisionsverfahren fallen Gebühren nach der *Nr. 3206 ff. VV* an. Der Gebührensatz für die Verfahrensgebühr beträgt 1,6. Die Terminsgebühr fällt mit einem Satz von 1,5 an *(Nr. 3210 VV)*.

Ist ein Verfahren über die Nichtzulassungsbeschwerde vorausgegangen, ist nach *Anmerkung zu Nr. 3506 VV RVG* die 1,6-Verfahrensgebühr des Nichtzulassungsbeschwerdeverfahrens auf die Verfahrensgebühr des Revisionsverfahrens anzurechnen.

Einigungs- oder Erledigungsgebühren sowohl in der Berufungs- als auch in der Revisionsinstanz fallen nach *Nr. 1004 VV* mit einem Gebührensatz von 1,3 an.

Wird in der Berufungsinstanz ein Antrag im Eilverfahren gestellt, fallen nach *Vorbemerkung 3.2 Abs. 2 VV RVG* nur die Gebühren nach *Teil 3 Abschnitt 1 RVG* an, also die Gebühren der ersten Instanz.

2.6.3 Kostentragung und Kostenfestsetzung

Verwaltungsverfahren

Im Verwaltungsverfahren findet keine Kostenerstattung statt.

Widerspruchsverfahren

Im Widerspruchsverfahren ist auch über die Kosten zu entscheiden *(§§ 72, 73 Abs. 3 VwGO)*. Nach *§ 80 Abs. 2 VwGO* sind die Gebühren eines Rechtsanwalts im Widerspruchsverfahren erstattungsfähig, wenn dessen Zuziehung notwendig war. Das ist in der Regel der Fall.

Gerichtliches Verfahren

Im Urteil trifft das Gericht die Kostengrundentscheidung nach *§§ 154 ff. VwGO*. Die Kostentragungspflicht ist ähnlich den in der ZPO enthaltenen Vorschriften ausgestaltet. Grundsätzlich trägt die im Verfahren unterlegene Partei die Kosten *(§ 154 Abs. 1 VwGO)*. Die gesetzliche Vergütung des Rechtsanwalts ist stets erstattungsfähig *(§ 162 Abs. 2 VwGO)*.

Ist dem Klageverfahren ein Widerspruchsverfahren vorausgegangen, sind die Gebühren des Rechtsanwalts für das Vorverfahren erstattungsfähig, wenn das Verwaltungsgericht die Zuziehung des Rechtsanwalts insoweit für notwendig erklärt *(§ 162 Abs. 2 VwGO)*. Man sollte unbedingt daran denken, einen entsprechenden Antrag zu stellen, damit dieser Ausspruch nicht versehentlich unterbleibt.

Für das Kostenfestsetzungsverfahren gelten über *§ 173 VwGO* die Vorschriften der *§§ 103 ff. ZPO* entsprechend. Die Entscheidung über den Kostenfestsetzungsantrag trifft der Urkundsbeamte des erstinstanzlichen Gerichts *(§ 164 VwGO)*. Der Rechtsbehelf gegen dessen Entscheidung ist der Antrag auf Entscheidung durch das Gericht *(§§ 165, 151 VwGO)*. Dieser Antrag muss innerhalb von zwei Wochen nach Bekanntgabe des Kostenfestsetzungsbeschlusses gestellt werden *(§ 151 VwGO)*.

Beratungs- und Prozesskostenhilfe

Für die Tätigkeit des Rechtsanwalts im Widerspruchsverfahren kann Beratungshilfe beantragt werden.

Prozesskostenhilfe kommt für die gerichtlichen Verfahren in Betracht. In Verwaltungsgerichtsverfahren gelten über *§ 166 VwGO* die allgemeinen Vorschriften über die Prozesskostenhilfe nach *§§ 114 ff. ZPO* entsprechend.

2.6.4 Kosten des Vorverfahrens und Gerichtskosten

Die Behörde erhebt für ein erfolglos durchgeführtes Widerspruchsverfahren eine Widerspruchsgebühr, wenn das einschlägige Verwaltungskostenrecht für den Erlass eines Widerspruchsbescheides eine Gebührenpflicht vorschreibt.

Das Gerichtsverfahren vor den Verwaltungsgerichten ist teilweise kostenfrei.

Beispiel:
Kostenfreiheit in den Angelegenheiten des BAföG und des Kinder- und Jugendhilferechts ordnet § 188 VwGO an. Kostenfreiheit in Asylverfahren gilt nach § 83b Asylgesetz (AsylG).

Ist das Gerichtsverfahren nicht aufgrund besonderer Anordnung kostenfrei, sind die Gerichtsgebühren eines verwaltungsgerichtlichen Verfahrens in *Teil 5 des Kostenverzeichnisses (Anlage 1 zum GKG)* geregelt.

In Prozessverfahren vor den Verwaltungsgerichten werden dann wie im Zivilprozess Gerichtskosten bereits mit Klageerhebung fällig *(§ 6 Abs. 1 Nr. 5 GKG).*

Übungsaufgaben

1.
   a Am 16. Oktober (Freitag) erhält Bodo Anton mit einfachem Brief einen Bescheid vom 15. Oktober. Am Montag, den 18. November, sucht Bodo Anton seinen Rechtsanwalt auf. Kann dieser noch Frist wahrend gegen den mit ordnungsgemäßer Rechtsmittelbelehrung versehenen Bescheid Widerspruch einlegen?
   b Der Bescheid ist nicht mit einfachem Brief versandt worden, sondern per Einschreiben mit Rückschein. Bodo Anton hat das Einschreiben am 16. Oktober in Empfang genommen. Kann am Montag, den 18. November, noch Frist wahrend Widerspruch eingelegt werden?
2. Welche Funktionen erfüllt das Widerspruchsverfahren?
3. Recherchieren Sie im Internet, ob die für Ihr Bundesland geltenden landesrechtlichen Vorschriften die Durchführung des Widerspruchsverfahrens in verwaltungsrechtlichen Angelegenheiten nicht mehr oder nur noch mit Einschränkungen vorsehen oder ob das Widerspruchsverfahren ohne Einschränkungen durchzuführen ist.
4. Der Mandant kommt verzweifelt in die Kanzlei. Er möchte für sich und seine Familie ein Mehrgenerationenhaus bauen, und hat bereits ein passendes Grundstück gefunden und einen Architekten mit der Planung beauftragt. Seine Hausbank stehe hinter dem Vorhaben. Die Behörde habe nun überraschend seinem Antrag auf Erteilung der Baugenehmigung für das geplante Dreifamilienhaus nicht entsprochen. Einen ablehnenden Bescheid habe er gestern erhalten.
   a Erläutern Sie vor dem Hintergrund dieses Sachverhalts allgemein den Ablauf des verwaltungsrechtlichen Vorverfahrens. Welche Frist notieren Sie zunächst?

b Teilen Sie dem Mandanten mit, welche Rechtsanwaltsgebühren voraussichtlich im Vorverfahren entstehen werden. Orientieren Sie sich bei der Bestimmung des Gegenstandswertes an dem nachfolgend abgedruckten Auszug aus dem Streitwertkatalog 2013 für die Verwaltungsgerichtsbarkeit. Sind die entstehenden Rechtsanwaltsgebühren in jedem Fall vom Mandanten selbst zu tragen?

Auszug: Streitwertkatalog 2013 für die Verwaltungsgerichtsbarkeit

9. Bau- und Raumordnungsrecht

Es gelten grundsätzlich die nachstehend aufgeführten Werte. Soweit diese die Bedeutung der Genehmigung, des Vorbescheides oder der Anfechtung einer belastenden Maßnahme für den Kläger nicht angemessen erfassen, gilt stattdessen das geschätzte wirtschaftliche Interesse bzw. der Jahresnutzwert.

9.1	Klage auf Erteilung einer Baugenehmigung für	
9.1.1	Wohngebäude	
9.1.1.1	Einfamilienhaus	20 000,00 €
9.1.1.2	Doppelhaus	25 000,00 €
9.1.1.3	Mehrfamilienhaus	10 000,00 € je Wohnung
9.1.2	Gewerbliche und sonstige Bauten	
9.1.2.1	Einzelhandelsbetrieb	150,00 €/m² Verkaufsfläche
9.1.2.2	Spielhalle	600,00 €/m² Nutzfläche (ohne Nebenräume)
9.1.2.3	Werbeanlagen	
9.1.2.3.1	großflächige Werbetafel	5 000,00 €
9.1.2.3.2	Wechselwerbeanlage	250,00 €/m²
9.1.2.4	Imbissstand	6 000,00 €
9.1.2.5	Windkraftanlagen soweit nicht 19.1.2	10 % der geschätzten Herstellungskosten
9.1.2.6	sonstige Anlagen je nach Einzelfall:	Bruchteil der geschätzten Rohbaukosten oder Bodenwertsteigerung

Quelle: Streitwertkatalog für die Verwaltungsgerichtsbarkeit, 9.-9.1.2.6. In: www.bverwg.de, 2013. URL: www.bverwg.de/medien/pdf/streitwertkatalog.pdf [Stand: 17.09.2018.]

c Welche Klageart kommt in Betracht, wenn das Widerspruchsverfahren nicht zum Erfolg führt?

d Die gegen den ablehnenden Widerspruchsbescheid erhobene Klage hat in erster Instanz keinen Erfolg. Erst im Berufungsverfahren entscheidet das Oberverwaltungsgericht:

Unter Abänderung des Urteils des Verwaltungsgerichts .... vom 11. September 2019 wird die Beklagte unter Abänderung des Bescheids vom 8. Oktober 2018 und des Widerspruchsbescheides vom 9. November 2018 verpflichtet, dem Kläger die am 17. August 2018 beantragte Baugenehmigung zur Errichtung eines Mehrfamilienhauses auf dem Grundstück Flurstück Nr. ...., Gemarkung ...... zu erteilen.

Die Beklagte trägt die Kosten des Verfahrens beider Rechtszüge. Die Zuziehung eines Bevollmächtigten für das Vorverfahren wird für notwendig erklärt.

Das Urteil ist wegen der Kosten vorläufig vollstreckbar. Der jeweilige Vollstreckungsschuldner darf die Vollstreckung durch Sicherheitsleistung in Höhe des festzusetzenden Betrages abwenden, wenn nicht der Vollstreckungsgläubiger vor der Vollstreckung Sicherheit in gleicher Höhe leistet.

Die Revision wird nicht zugelassen.

Berechnen Sie die Rechtsanwaltsgebühren, die in den Kostenfestsetzungsantrag aufzunehmen sind.

5. Der Mandant Finn Müller ist Inhaber einer Fahrerlaubnis der Fahrerlaubnisklasse B. Er legt folgendes Schreiben des Straßenverkehrsamtes vor:

Auszug: Schreiben des Straßenverkehrsamtes

Sehr geehrter Herr Müller,

nach § 3 Straßenverkehrsgesetz (StVG) in Verbindung mit § 46 Fahrerlaubnis-Verordnung (FeV) ergeht folgende

Entscheidung:

1. Ihnen wird die Fahrerlaubnis entzogen.
2. Sie haben Ihren Führerschein unverzüglich nach Zustellung dieser Entscheidung beim Landratsamt Enzkreis – Straßenverkehrs- und Ordnungsamt – abzuliefern.
3. Gemäß § 80 Abs. 2 Nr. 4 Verwaltungsgerichtsordnung wird die sofortige Vollziehung der Ziffern 1 und 2 dieser Entscheidung angeordnet.
4. Für den Fall, dass Sie Ihren Führerschein nicht binnen einer Woche nach Zustellung dieser Entscheidung abliefern, wird Ihnen hiermit die Wegnahme durch Beamte des Polizeivollzugsdienstes im Wege des unmittelbaren Zwangs gemäß §§ 20, 26 Landesverwaltungsvollstreckungsgesetz angedroht. Die voraussichtlichen Kosten hierfür betragen 100,00 €.
5. Nach §§ 1 und 4 der Gebührenordnung für Maßnahmen im Straßenverkehr beträgt die Verwaltungsgebühr 100,00 € zuzüglich Auslagen. Die Festsetzung erfolgt mit gesondertem Bescheid.

> a Welchen Zweck verfolgt die Behörde mit Ziffer 3 der Entscheidung?
> b Gibt es einen Rechtsbehelf, den der Mandant ergreifen könnte, um die sofortige Vollziehung der Entscheidung abzuwenden? Welchen?
> c Welcher Gegenstandswert ist der Gebührenrechnung für die Tätigkeit des Rechtsanwalts im Hauptsacheverfahren wegen der Entziehung der Fahrerlaubnis zugrunde zu legen? Wie haben sie den Gegenstandswert ermittelt?

3 Die Sozialgerichtsbarkeit

Die Sozialgerichtsbarkeit wurde am 1. Januar 1954 eingeführt.

Sie ist eine besondere Verwaltungsgerichtsbarkeit. Der *§ 51 SGG* regelt, wann der Rechtsweg zu den Sozialgerichten eröffnet ist.

§ 51 SGG (1) Die Gerichte der Sozialgerichtsbarkeit entscheiden über öffentlich-rechtliche Streitigkeiten

1. in Angelegenheiten der gesetzlichen Rentenversicherung einschließlich der Alterssicherung der Landwirte,
2. in Angelegenheiten der gesetzlichen Krankenversicherung, der sozialen Pflegeversicherung und der privaten Pflegeversicherung (Elftes Buch Sozialgesetzbuch), auch soweit durch diese Angelegenheiten Dritte betroffen werden; dies gilt nicht für Streitigkeiten in Angelegenheiten nach § 110 des Fünften Buches Sozialgesetzbuch aufgrund einer Kündigung von Versorgungsverträgen, die für Hochschulkliniken oder Plankrankenhäuser (§ 108 Nr. 1 und 2 des Fünften Buches Sozialgesetzbuch) gelten,
3. in Angelegenheiten der gesetzlichen Unfallversicherung mit Ausnahme der Streitigkeiten aufgrund der Überwachung der Maßnahmen zur Prävention durch die Träger der gesetzlichen Unfallversicherung,
4. in Angelegenheiten der Arbeitsförderung einschließlich der übrigen Aufgaben der Bundesagentur für Arbeit,
4a. in Angelegenheiten der Grundsicherung für Arbeitsuchende,
5. in sonstigen Angelegenheiten der Sozialversicherung,
6. in Angelegenheiten des sozialen Entschädigungsrechts mit Ausnahme der Streitigkeiten aufgrund der §§ 25 bis 27j des Bundesversorgungsgesetzes (Kriegsopferfürsorge), auch soweit andere Gesetze die entsprechende Anwendung dieser Vorschriften vorsehen,
6a. in Angelegenheiten der Sozialhilfe und des Asylbewerberleistungsgesetzes,
7. bei der Feststellung von Behinderungen und ihrem Grad sowie weiterer gesundheitlicher Merkmale, ferner der Ausstellung, Verlängerung, Berichtigung und Einziehung von Ausweisen nach § 69 des Neunten Buches Sozialgesetzbuch,
8. die aufgrund des Aufwendungsausgleichsgesetzes entstehen,
9. (weggefallen)
10. für die durch Gesetz der Rechtsweg vor diesen Gerichten eröffnet wird.

(2) Die Gerichte der Sozialgerichtsbarkeit entscheiden auch über privatrechtliche Streitigkeiten in Angelegenheiten der Zulassung von Trägern und Maßnahmen durch fachkundige Stellen nach dem Fünften Kapitel des Dritten Buches Sozialgesetzbuch

> und in Angelegenheiten der gesetzlichen Krankenversicherung, auch soweit durch diese Angelegenheiten Dritte betroffen werden. Satz 1 gilt für die soziale Pflegeversicherung und die private Pflegeversicherung (Elftes Buch Sozialgesetzbuch) entsprechend.
>
> (3) Von der Zuständigkeit der Gerichte der Sozialgerichtsbarkeit nach den Absätzen 1 und 2 ausgenommen sind Streitigkeiten in Verfahren nach dem Gesetz gegen Wettbewerbsbeschränkungen, die Rechtsbeziehungen nach § 69 des Fünften Buches Sozialgesetzbuch betreffen.

Beispiel:
In der Einstiegssituation geht es um Leistungen nach dem SGB II – Grundsicherung für Arbeitsuchende. Nach § 51 Abs. 1 Nr. 4a SGG wäre für diese Angelegenheit der Rechtsweg zu den Sozialgerichten eröffnet.

Im **Sozialgesetzbuch (SGB)** sind die wesentlichen Bereiche des Sozialrechts zusammengefasst. Das Sozialgesetzbuch umfasst mehrere Bücher, die mit römischen Ziffern bezeichnet werden.

Sozialgesetzbuch		
SGB I Allgemeiner Teil	SGB V Gesetzliche Krankenversicherung	SGB IX Rehabilitation und Teilhabe behinderter Menschen
SGB II Grundsicherung für Arbeitsuchende	SGB VI Gesetzliche Rentenversicherung	SGB X Verwaltungsverfahren und Sozialdatenschutz
SGB III Arbeitsförderung	SGB VII Gesetzliche Unfallversicherung	SGB XI Soziale Pflegeversicherung
SGB IV Gemeinsame Vorschriften für die Sozialversicherung	SGB VIII Kinder- und Jugendhilfe	SGB XII Sozialhilfe

Einige andere Rechtsquellen des Sozialrechts findet man in Gesetzen, die (noch) nicht in das Sozialgesetzbuch eingegliedert worden sind. Diese Gesetze gelten nach *§ 68 SGB I* als besondere Teile des Sozialgesetzbuchs.

Beispiele:
Bundesausbildungsförderungsgesetz (BAföG), Bundesversorgungsgesetz (BVG), Wohngeldgesetz (WoGG), Unterhaltsvorschussgesetz (UhVorschG)

Die Sozialgerichte sind zwar für die meisten, nicht aber für alle sozialrechtlichen Angelegenheiten zuständig. Gegebenenfalls ist über die Auffangzuständigkeit des *§ 40 VwGO* die Verwaltungsgerichtsbarkeit zur Entscheidung über einen Rechtsstreit berufen.

Beispiel:
Streitigkeiten über Ansprüche nach dem Bundesausbildungsförderungsgesetz (BAföG) oder nach dem Wohngeldgesetz (WoGG) fallen – obwohl sie dem Sozialrecht zuzuordnen sind – nicht unter eine der in § 51 SGG genannten Alternativen. Es greift die Auffangzuständigkeit der allgemeinen Verwaltungsgerichtsbarkeit. Ein Rechtsstreit über derartige Ansprüche wäre also vor dem Verwaltungsgericht zu führen.

Gehört ein Rechtsgebiet zum materiellen Sozialrecht, heißt das nicht automatisch, dass für einen Rechtsstreit auch die Sozialgerichte zuständig sind. Deren Zuständigkeit ergibt sich alleine aus dem in *§ 51 SGG* aufgeführten Katalog.

Berührungspunkte zum Sozialrecht hat fast jeder Bürger. Besonders in Lebensphasen der Arbeitslosigkeit, Krankheit, im Alter oder bei Eintritt einer Behinderung müssen soziale Sicherungssysteme in Anspruch genommen werden. Treten Probleme bei der Durchsetzung von Ansprüchen auf, wird zielgerichtet anwaltliche Hilfe in Anspruch genommen.

Beispiel:
Klara Graumann wurde nach einem Hundebiss mehrfach gegen Tollwut geimpft. In der Folgezeit erlitt sie neurologische Ausfälle, die zur Arbeitsunfähigkeit führten. Ihre Arbeitsstelle hat sie dadurch verloren. Die gesundheitlichen Beschwerden bleiben, Klara Graumann leidet unter Sehstörungen, Taubheitsgefühlen und dauernder Müdigkeit. Sie denkt, dass ihre Beschwerden durch die behördlich empfohlenen Schutzimpfungen verursacht wurden, und möchte, dass das Versorgungsamt ihren Impfschaden anerkennt und Entschädigungsleistungen gewährt werden nach § 60 Abs. 1 Infektionsschutzgesetz (IfSG) in entsprechender Anwendung des Bundesversorgungsgesetzes (BVG). Sie sucht einen Anwalt auf, weil ihrem beim Versorgungsamt gestellten Antrag nicht entsprochen wurde.

Manchmal entwickelt sich ein sozialrechtliches Mandat aber auch sozusagen „beiläufig".

Beispiel:
Fred Dörr erhält aufstockende Leistungen nach dem SGB II. Er wird in einer zivilrechtlichen Forderungssache verklagt. Fred Dörr möchte Prozesskostenhilfe beantragen und legt seinem Rechtsanwalt deshalb eine Kopie seines Leistungsbescheides vor. Schon bei der ersten Durchsicht fällt dem Rechtsanwalt auf, dass der Bescheid einen Berechnungsfehler hinsichtlich der Wohnkosten enthält und dass das Einkommen des Mandanten aus seiner geringfügigen Beschäftigung nicht korrekt angerechnet wurde. Er meint, dass dem Mandanten eigentlich höhere Leistungen zustünden, und weist Fred Dörr im Rahmen der Besprechung darauf hin.

3.1 Verwaltungsverfahren

Das sozialrechtliche Verwaltungsverfahren ist im SGB X in den *§§ 1–66* geregelt. Die Regelungsmaterie entspricht der des VwVfG für das Verwaltungsverfahren auf dem Gebiet des Verwaltungsrechts. Teilweise wurde der Wortlaut der Vorschriften des VwVfG identisch in das SGB X übernommen.

Beispiel:
§ 24 VwVfG entspricht § 20 SGB X.

§ 24 VwVfG und § 20 SGB X – Untersuchungsgrundsatz
(1) Die Behörde ermittelt den Sachverhalt von Amts wegen. Sie bestimmt Art und Umfang der Ermittlungen; an das Vorbringen und an die Beweisanträge der Beteiligten ist sie nicht gebunden.
(2) Die Behörde hat alle für den Einzelfall bedeutsamen, auch die für die Beteiligten günstigen Umstände zu berücksichtigen.
(3) Die Behörde darf die Entgegennahme von Erklärungen oder Anträgen, die in ihren Zuständigkeitsbereich fallen, nicht deshalb verweigern, weil sie die Erklärung oder den Antrag in der Sache für unzulässig oder unbegründet hält.

Wer sich also mit den Grundsätzen des Verwaltungsverfahrens im Verwaltungsrecht vertraut gemacht hat, kann sein Wissen auf das Verwaltungsverfahren im Sozialrecht übertragen.

Das Verwaltungsverfahren endet in der Regel mit dem Erlass eines Verwaltungsaktes, der dem Antragsteller in Form eines Bescheides mit Rechtsbehelfsbelehrung bekannt gemacht wird.

3.2 Widerspruchsverfahren

Ist der Bürger mit einem gegen ihn erlassenen Verwaltungsakt nicht einverstanden, kann er eine Überprüfung der Entscheidung verlangen. Der ihm dazu zur Verfügung stehende Rechtsbehelf ist der Widerspruch *(§§ 83 ff. SGG)*.

 Der Widerspruch gegen einen Verwaltungsakt ist innerhalb eines Monats nach dessen Bekanntgabe bei der Behörde einzulegen, die den Verwaltungsakt erlassen hat *(§ 84 Abs. 1 SGG)*.

Enthält der Bescheid keine oder nur eine unvollständige Rechtsmittelbelehrung oder ist der Bescheid mündlich ergangen, beträgt die Frist ein Jahr *(§ 66 Abs. 2 SGG)*. Wurde der Verwaltungsakt zugestellt, ist bei der Fristberechnung für den Beginn der Frist auf das Zustellungsdatum abzuheben *(§ 64 SGG)*.

Ein durch einfache Post im Inland übermittelter Verwaltungsakt gilt nach *§ 37 Abs. 2 SGB X* mit dem dritten Tag der Aufgabe zur Post als bekannt gegeben. Die Vorschrift des *§ 37 Abs. 2 SGB X* entspricht wörtlich der des *§ 41 Abs. 2 VwVfG*. Die Frist beginnt dann einen Tag nach diesem Tag zu laufen, egal, ob der Brief tatsächlich schon vorher zugegangen war.

Regelungen zur Berechnung des Endes der Frist finden sich in *§ 64 SGG*. Die Vorschriften der ZPO oder des BGB müssen also nicht wie im verwaltungsrechtlichen Verfahren ergänzend herangezogen werden.

Zur Fristwahrung reicht es aus, den Widerspruch einzulegen, eine Begründung ist nicht erforderlich, aber natürlich sinnvoll. Die Begründung kann nachgereicht werden. Auch im Widerspruchsverfahren gilt der Untersuchungsgrundsatz des *§ 20 Abs. 1 S. 1 SGB X*.

Die Behörde, die den Verwaltungsakt erlassen hat, kann dem Widerspruch abhelfen und dem Begehren des Antragstellers damit entsprechen, sie erlässt dann einen sogenannten Abhilfebescheid. Tut sie das nicht, erlässt die nächsthöhere Behörde den Widerspruchsbescheid *(§ 85 SGG)*.

Damit endet das Widerspruchsverfahren. Wird der Widerspruch zurückgewiesen, ist Klageerhebung möglich.

Wird während des Vorverfahrens der Verwaltungsakt geändert, wird der neue Verwaltungsakt automatisch zum Gegenstand des Widerspruchsverfahrens *(§ 86 SGG)*.

Beispiel:
Familie Dörr erhält Leistungen nach dem SGB II. Für den Zeitraum vom 1. Juli 20.. bis 31. Dezember 20.. erhält die Bedarfsgemeinschaft einen Bewilligungsbescheid über Leistungen in Höhe von insgesamt 1 900,00 €. Dieser Bescheid wird mit dem Widerspruch angegriffen, weil nach Auffassung der Familie die Berechnung der Wohnkosten fehlerhaft ist. Wenig später erlässt die Behörde einen Änderungsbescheid für die Zeit ab dem 1. September 20.., weil der Sohn Markus eine Lehrstelle aufgenommen hat und nun eine Ausbildungsvergütung bezieht, die als Einkommen angerechnet wird. An der nur teilweisen Anerkennung der Wohnkosten ändert sich nichts. Der Änderungsbescheid wird nach § 86 SGG automatisch zum Gegenstand des Widerspruchsverfahrens, es muss nicht nochmals gesondert Widerspruch eingelegt werden.

Ist die Widerspruchsfrist verstrichen, ist der Bescheid grundsätzlich bestandskräftig. Das Gesetz sieht aber vor, dass falsche Bescheide unter bestimmten Voraussetzungen doch noch korrigiert werden müssen.

Beispiel:
Susanne Legat ist alleinerziehend. Sie bezieht Leistungen nach dem SGB II. Zu Unrecht wird ihr der Alleinerziehendenzuschlag nicht gewährt. Die Berechnung im Leistungsbescheid findet Susanne Legat so kompliziert, dass sie den Bescheid nach Erhalt abheftet und sich weiter nicht darum kümmert. Erst zwei Monate später erfährt sie in der Krabbelgruppe von einer Bekannten, dass es so etwas wie den Zuschlag für Alleinerziehung überhaupt gibt. Susanne Legat könnte einen Überprüfungsantrag nach § 44 SGB X stellen und erreichen, dass ihr rückwirkend noch Leistungen gewährt werden, obwohl die Widerspruchsfrist bereits verstrichen ist.

Ganz vereinzelt ist in Angelegenheiten, die der Sozialgerichtsbarkeit unterfallen, die Durchführung eines Widerspruchsverfahrens ausnahmsweise nicht erforderlich. Denn § 78 Abs. 1 Nr. 1 SGG erlaubt, dass durch Gesetz für besondere Fälle Ausnahmen von der verpflichtenden Durchführung des Widerspruchsverfahrens geschaffen werden können.

Beispiel:
Nach dem Niedersächsischen Ausführungsgesetz zum SGG (Nds. AG SGG) ist die Durchführung eines Vorverfahrens nicht erforderlich in Angelegenheiten des Erziehungs- und Blindengeldes.

3.3 Gerichtsaufbau

Der Gerichtsaufbau der Sozialgerichtsbarkeit ist dreistufig.

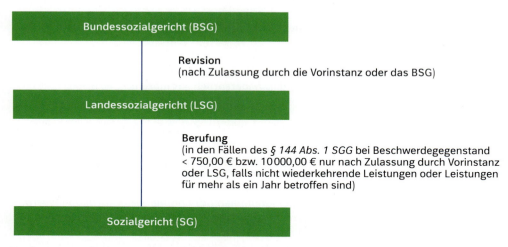

In der ersten Instanz ist grundsätzlich das Sozialgericht (SG) zuständig *(§ 8 SGG)*. Die Kammer des Sozialgerichts ist mit einem Berufsrichter und zwei ehrenamtlichen Richtern besetzt *(§ 12 Abs. 1 SGG)*.

Berufungsinstanz ist das Landessozialgericht (LSG). Das Bundessozialgericht (BSG) in Kassel ist die Revisionsinstanz. Für bestimmte Angelegenheiten gibt es auch eine erstinstanzliche Zuständigkeit des LSG oder des BSG *(§§ 29 Abs. 2, 39 Abs. 2 SGG)*.

Vor dem SG gibt es keinen Anwaltszwang. Anders als in der Verwaltungsgerichtsbarkeit gibt es auch in der Berufungsinstanz noch keinen Anwaltszwang. Die Beteiligten können also auch vor dem LSG ihren Rechtsstreit selbst führen *(§ 73 Abs. 1 SGG)*. Erst vor dem BSG müssen sich die Parteien durch einen Prozessbevollmächtigten vertreten lassen *(§ 73 Abs. 4 SGG)*.

3.4 Verfahrensablauf

Der Ablauf des gerichtlichen Verfahrens vor den Gerichten der Sozialgerichtsbarkeit ist in *§§ 60 ff. SGG* geregelt.

3.4.1 Hauptsacheverfahren

Man unterscheidet verschiedene **Klagearten**:

- **Anfechtungsklage:** Der Mandant begehrt die Aufhebung oder Änderung eines Verwaltungsakts *(§ 54 Abs. 1 S. 1 SGG)*. Die den Mandanten belastende Wirkung eines Verwaltungsakts soll abgewehrt werden.
- **Verpflichtungsklage:** Die Behörde soll verpflichtet werden, einen abgelehnten oder unterlassenen Verwaltungsakt zu erlassen *(§ 54 Abs. 1 S. 1 SGG)*. Der Mandant will so den Erlass einer für ihn günstigen Regelung erreichen.

- **Untätigkeitsklage**: Die Untätigkeitsklage ist ein Unterfall der Verpflichtungsklage. Entscheidet die Behörde ohne Grund monatelang nicht über einen Antrag, ist Ziel der Untätigkeitsklage, die Behörde überhaupt zur Vornahme einer Entscheidung zu verpflichten. Die Klage ist zulässig, wenn seit der Antragstellung sechs Monate vergangen sind, ohne dass ein Bescheid erteilt wurde *(§ 88 Abs. 1 SGG)*. Im Falle eines Widerspruchsverfahrens kann die Klage erhoben werden, wenn nach drei Monaten noch nicht über den Widerspruch entschieden ist *(§ 88 Abs. 2 SGG)*.
- **Allgemeine Leistungsklage**: Der Mandant begehrt eine Leistung, die nicht im Erlass eines Verwaltungsakts besteht *(§ 54 Abs. 5 SGG)*.
- **Feststellungsklage**: Das Interesse des Mandanten geht dahin, ein streitiges Rechtsverhältnis oder die Nichtigkeit eines belastenden Verwaltungsakts feststellen zu lassen. Außerdem kann die Feststellung begehrt werden, welcher Versicherungsträger der Sozialversicherung zuständig ist oder ob eine Gesundheitsstörung oder der Tod die Folge eines Arbeitsunfalls, einer Berufskrankheit oder einer Schädigung im Sinne des Bundesversorgungsgesetzes ist *(§ 55 SGG)*.
- **Fortsetzungsfeststellungsklage**: Hat sich im Verfahren ein angefochtener Verwaltungsakt erledigt, kann der Prozess durch Fortsetzungsfeststellungsklage fortgeführt werden. Begehr des Mandanten ist die Feststellung der Rechtswidrigkeit des erledigten Verwaltungsaktes. Für die Fortsetzung der Anfechtungsklage würde das Rechtsschutzbedürfnis fehlen *(§ 131 Abs. 1 S. 3 SGG)*.
- **Normenkontrollverfahren**: Der Mandant wendet sich gegen eine Satzung oder eine andere im Rang unter einem Landesgesetz stehende Rechtsvorschrift, die nach § 22a Abs. 1 SGB II erlassen worden ist *(§ 55a SGG)*. Nach § 22 a Abs. 1 SGB II können Kreise und kreisfreie Städte nach entsprechender Ermächtigung Satzungen erlassen, die regeln, in welcher Höhe Aufwendungen für Unterkunft und Heizung in ihrem Gebiet bei der Gewährung von Leistungen nach dem SGB II als angemessen anerkannt werden. Derartige Satzungen haben Auswirkungen auf eine Vielzahl von Leistungsbeziehern, weshalb im Jahr 2011 ein entsprechendes Verfahren zur Kontrolle der Satzungen in das SGG eingeführt worden ist.

Beispiel:
Ein Landkreis bestimmt durch Satzung, dass bei der Leistungsgewährung folgende Unterkunftskosten (Kaltmiete) als angemessen anerkannt werden:

Personen im Haushalt	Wohnfläche in m²	Kaltmiete
1	45	300,00 €
2	60	350,00 €
3	75	400,00 €
4	90	450,00 €

Personen, die in einer zu großen oder zu teuren Wohnung leben, werden vom Leistungsträger zur Senkung ihrer Unterkunftskosten, also gegebenenfalls zum Umzug aufgefordert. Durch die Einleitung eines Normenkontrollverfahrens ist die Überprüfung der Satzung unabhängig von einem konkreten Einzelfall dahin gehend möglich, ob diese das örtliche Mietniveau tatsächlich realitätsgerecht abbildet.

Je nach Klageziel sind auch Kombinationen von Klagearten möglich. Bei der kombinierten Anfechtungs- und Leistungsklage wird neben der Aufhebung eines Verwaltungsakts gleichzeitig die Verurteilung zu einer Leistung verlangt *(§ 54 Abs. 4 SGG)*. Auch eine Kombination von Anfechtungs- und Verpflichtungsklage ist möglich *(§ 54 Abs. 1 S. 1 SGG)*.

Beispiel:
Der Klageantrag einer kombinierten Anfechtungs- und Verpflichtungsklage lautet: „Die Beklagte wird verurteilt, über den Antrag des Klägers unter Aufhebung des Bescheids der Beklagten vom ... in der Gestalt des Widerspruchsbescheides vom ... unter Beachtung der Rechtsauffassung des Gerichts neu zu bescheiden."

Eine Anfechtungs- oder Verpflichtungsklage ist erst zulässig, wenn ein vorgeschriebenes Widerspruchsverfahren durchgeführt ist *(§ 78 SGG)*.

 Bei Anfechtungs- und Verpflichtungsklagen muss die Klage innerhalb eines Monats nach Zustellung des Widerspruchsbescheides oder Bekanntgabe des Verwaltungsakts erhoben werden *(§ 87 SGG)*.

In der Klageschrift genügt zur Bezeichnung des Beklagten die Angabe der Behörde *(§ 92 Abs. 1 SGG)*. Wird die Klage durch einen Rechtsanwalt eingereicht, ist die Vollmacht zu den Gerichtsakten zu reichen *(§ 73 Abs. 6 SGG)*. Im sozialgerichtlichen Verfahren gilt ebenso wie im Zivilprozess die Dispositionsmaxime, die Verfügungsbefugnis über den Streitgegenstand liegt also bei den Beteiligten.

Ein bestimmter Antrag ist zunächst einmal nicht zwingender Inhalt der Klageschrift *(§ 92 Abs. 1 SGG)*. Das Gericht soll auf eine angemessene und sachdienliche Antragstellung hinwirken *(§ 106 Abs. 1 SGG)*.

Ebenso wie im Verfahren vor dem Verwaltungsgericht gilt auch im Sozialgerichtsverfahren das Amtsermittlungsprinzip, welches aber auch durch die Mitwirkungspflicht der Beteiligten geprägt ist *(§ 103 SGG)*. Das Gericht kann eine Frist setzen, nach deren Ablauf verspätet vorgebrachte Erklärungen und Beweismittel zurückgewiesen werden können *(§ 106a SGG)*.

Eine Entscheidung ergeht grundsätzlich aufgrund mündlicher Verhandlung *(§ 124 Abs. 1 SGG)*. Das Gericht entscheidet schlussendlich gemäß § 123 SGG über die vom Kläger erhobenen Ansprüche, ohne an die Fassung seiner Anträge gebunden zu sein. Die Entscheidung erfolgt durch Urteil. Versäumnisurteile gibt es nicht. Auch wenn eine Partei nicht erschienen ist, wird durch streitiges Urteil entschieden.

Ohne mündliche Verhandlung kann nur mit vorherigem Einverständnis der Beteiligten gemäß *§ 124 Abs. 2 SGG* oder im Falle der Entscheidung nach Aktenlage entschieden werden *(§ 126 SGG)*. Weist die Sache keine besonderen Schwierigkeiten tatsächlicher oder rechtlicher Art auf und ist der Sachverhalt geklärt, kann das Gericht nach Anhörung der Beteiligten durch Gerichtsbescheid ohne mündliche Verhandlung entscheiden *(§ 105 Abs. 1 SGG)*.

Wird der streitige Verwaltungsakt während des Gerichtsverfahrens geändert oder ersetzt, wird der neue Bescheid Gegenstand des Verfahrens *(§ 96 Abs. 1 SGG)*.

3.4.2 Eilverfahren

Vom Gericht kann einstweiliger Rechtsschutz in verschiedenen Formen gewährt werden. In sozialrechtlichen Angelegenheiten geht es meist darum, dass der Antragsteller eine Leistung begehrt. Oft haben diese Leistungen existenzsichernden Charakter. Werden Leistungen dringend benötigt und ist dem Kläger nicht zumutbar, den Ausgang eines Hauptsacheverfahrens abzuwarten, ist ein Eilantrag möglich. Nach *§ 86b Abs. 2, 3 SGG* kann schon vor Klageerhebung ein Antrag auf Erlass einer einstweiligen Anordnung gestellt werden.

Liegt ein belastender Verwaltungsakt vor, ist es genau wie im allgemeinen Verwaltungsverfahren grundsätzlich so, dass Widerspruch und Anfechtungsklage aufschiebende Wirkung haben *(§ 86a Abs. 1 SGG)*. *§ 86a Abs. 2 und 4 SGG* regeln katalogmäßig, in welchen Fällen die aufschiebende Wirkung entfällt. Schon im Verwaltungsverfahren kann bei der Behörde, die den Verwaltungsakt erlassen hat, in solch einem Fall Antrag auf Aussetzung der Vollziehung nach *§ 86a Abs. 3 SGG* gestellt werden.

In Fällen, in denen Widerspruch und Anfechtungsklage keine aufschiebende Wirkung entfalten, kann das Bedürfnis für einstweiligen Rechtsschutz durch das Sozialgericht gegeben sein. Nach *§ 86b SGG* gibt es je nach Ausgangssituation verschiedene Arten von Anträgen auf einstweiligen Rechtsschutz, die bei Gericht gestellt werden können:

- Bei Leistungs- oder Verpflichtungsbegehren oder bei der Abwehr von Eingriffen, die durch Realakt erfolgen:

   Erlass einer einstweiligen Anordnung: Das Gericht soll die Behörde verpflichten, eine bestimmte Maßnahme zu treffen oder eine von ihr beabsichtigte Maßnahme zu unterlassen.

- Bei Abwehr von Eingriffen durch belastende Verwaltungsakte:
   - **Anordnung der sofortigen Vollziehung**: Liegt ein wegen des Widerspruchs oder der Anfechtungsklage nicht vollziehbarer Verwaltungsakt vor, kann Antrag auf Anordnung der sofortigen Vollziehung gestellt werden.
   - **Anordnung der aufschiebenden Wirkung**: Sofern Widerspruch und Anfechtungsklage keine aufschiebende Wirkung entfalten, kann Antrag auf Anordnung der aufschiebenden Wirkung gestellt werden.

   Beispiel:
   Das Jobcenter erlässt einen Sanktionsbescheid gegen die 21-jährige schwangere Karen West und stellt den vollständigen Wegfall der Grundsicherungsleistungen nach dem SGB II im Zeitraum 1. Mai bis 31. August 2017 fest. Die aufschiebende Wirkung des Widerspruchs von Karen West gegen den Bescheid entfällt, da es sich um einen der gesetzlich in § 86a Abs. 2 SGG geregelten Fälle handelt. Karen West kann bei Gericht Eilantrag stellen, mit dem sie beantragt, die aufschiebende Wirkung ihres Widerspruchs gegen den Sanktionsbescheid des Jobcenters anzuordnen.

   - **Wiederherstellung der sofortigen Vollziehung**: Hat die Behörde die sofortige Vollziehung ausgesetzt, kann das Gericht diese wieder herstellen.
   - **Aufhebung der Vollziehung**: Ist der Verwaltungsakt bereits vollzogen, lautet der Antrag auf Aufhebung der Vollziehung.

Im Eilverfahren entscheidet das Gericht ohne mündliche Verhandlung durch Beschluss *(§ 86b Abs. 4 SGG)*. Das Gericht kann die Beschlüsse in Eilverfahren jederzeit ändern oder aufheben *(§ 86b Abs. 1 S. 4 SGG)*.

3.5 Rechtsmittel

Die Berufung gegen ein Urteil des Sozialgerichts ist nach *§ 144 SGG* zulässig, wenn der Wert des Beschwerdegegenstandes folgende Grenzwerte übersteigt, sofern nicht wiederkehrende oder laufende Leistungen für mehr als ein Jahr betroffen sind:

- 750,00 € bei einer Klage, die eine Geld-, Dienst- oder Sachleistung zum Gegenstand hat
- 10 000,00 € bei einer Erstattungsstreitigkeit zwischen juristischen Personen des öffentlichen Rechts oder Behörden

Werden die Grenzwerte unterschritten, kann Berufung nur nach Zulassung eingelegt werden. Die Beschränkung der Berufungsmöglichkeit gilt nur für die in *§ 144 SGG* explizit genannten Klagearten. Darunter fällt beispielsweise nicht die Feststellungsklage.

Die Frist zur Einlegung der Berufung gegen ein sozialgerichtliches Urteil beträgt einen Monat nach Zustellung des Urteils. Die Berufung ist beim Landessozialgericht einzulegen *(§ 151 Abs. 1 SGG)*. **Eine Frist zur Einreichung einer Berufungsbegründung gibt es nicht.**

Wurde die Zulassung nicht bereits im Urteil des Sozialgerichts ausgesprochen, kann Nichtzulassungsbeschwerde erhoben werden *(§ 145 SGG)*.

Die Nichtzulassungsbeschwerde kann binnen eines Monats nach Zustellung des Urteils beim Landessozialgericht erhoben werden *(§ 145 SGG)*.

Lässt das Landessozialgericht die Berufung zu, wird das Beschwerdeverfahren als Berufungsverfahren fortgeführt. Hat das erstinstanzliche Gericht ohne mündliche Verhandlung durch Gerichtsbescheid entschieden, kann gegen den Gerichtsbescheid Berufung eingelegt werden, wenn diese bei einer Entscheidung durch Urteil zulässig wäre. Ist Berufung nicht gegeben, kann mündliche Verhandlung beantragt werden. Beide Anträge müssen innerhalb eines Monats nach Zustellung des Gerichtsbescheides gestellt werden *(§ 105 Abs. 2 SGG)*.

Ähnlich wie das Sozialgericht hat das Landessozialgericht nach Abschluss seiner Ermittlungen die Möglichkeit, in einfach gelagerten Fällen von einer Entscheidung durch Urteil nach mündlicher Verhandlung abzusehen. Die Berufung kann es im schriftlichen Verfahren durch Beschluss entweder als unbegründet oder als unzulässig verwerfen *(§§ 153 Abs. 4, 158 SGG)*.

Die Revision zum Bundessozialgericht ist nur dann möglich, wenn sie entweder vom Landessozialgericht in seinem Urteil oder vom Bundessozialgericht durch besonderen Beschluss im Einzelfall zugelassen wird *(§ 160 SGG)*.

Die Frist für die Einlegung der Revision beträgt einen Monat, die Frist für die Revisionsbegründung zwei Monate nach Zustellung des Urteils *(§ 164 SGG)*. **Die Revision ist beim Bundessozialgericht einzulegen** *(§ 164 Abs. 1 SGG)*.

Als Revisionsgründe kommen dabei nur die Klärungsbedürftigkeit grundsätzlicher Rechtsfragen oder erhebliche Verfahrensmängel in Betracht. Das Bundessozialgericht trifft im Revisionsverfahren keine eigenen Sachverhaltsfeststellungen. Es klärt gemäß *§ 163 SGG* die aufgeworfenen Rechtsfragen auf der Grundlage der tatsächlichen Feststellungen der Vorinstanzen und kann den Rechtsstreit an diese zurückverweisen, wenn die Sachverhaltsaufklärung sachlich lückenhaft oder verfahrensrechtlich fehlerhaft gewesen ist *(§ 170 Abs. 2 SGG)*.

Wurde die Revision nicht zugelassen, kann Nichtzulassungsbeschwerde erhoben werden *(§ 160a SGG)*.

Die Nichtzulassungsbeschwerde ist innerhalb einer Frist von einem Monat nach Zustellung des Urteils beim Bundessozialgericht einzulegen, sie ist innerhalb von zwei Monaten zu begründen *(§ 160a SGG)*.

Wird der Beschwerde stattgegeben, so beginnt der Lauf der Revisionsbegründungsfrist mit der Zustellung der Entscheidung über die Zulassung der Revision *(§ 160a Abs. 5 SGG)*. Eine besondere Form der Revision ist die vom Sozialgericht zugelassene Sprungrevision, mit der die Berufungsinstanz übergangen wird *(§ 161 SGG)*.

Gegen ablehnende Entscheidungen des Sozialgerichts in Eilverfahren ist Beschwerdeeinlegung möglich *(§ 172 Abs. 1 SGG)*. **Die Beschwerde ist beim Sozialgericht oder beim LSG einzulegen, die Beschwerdefrist beträgt einen Monat** *(§ 173 SGG)*.

Die Beschwerde ist ausgeschlossen, wenn in der Hauptsache die Berufung nicht zulässig wäre *(§ 172 Abs. 1 SGG)*. Gegen Beschlüsse des LSG ist keine Beschwerde vorgesehen *(§ 177 SGG)*.

3.6 Vergütung und Kosten

Verschiedene Angelegenheiten sind nach *§ 17 RVG*

- das Verwaltungs- und das Widerspruchsverfahren und das gerichtliche Verfahren,
- das Verwaltungs- bzw. Widerspruchsverfahren und das Verwaltungsverfahren auf Aussetzung oder Anordnung der sofortigen Vollziehung,
- das Hauptsacheverfahren und das gerichtliche Eilverfahren,
- das Rechtsmittelverfahren und der vorausgegangene Rechtszug,
- das Rechtsmittelverfahren und das Verfahren über die Nichtzulassungsbeschwerde (Berufung, Revision).

Das gerichtliche Eilverfahren und das Verfahren auf Abänderung einer im Eilverfahren ergangenen Entscheidung bilden zusammen nach *§ 16 Nr. 5 RVG* dieselbe Angelegenheit.

Was die Vergütung und die Kosten in Verfahren vor Gerichten der Sozialgerichtsbarkeit angeht, muss man zwei Konstellationen unterscheiden:

Die Sozialgerichtsbarkeit

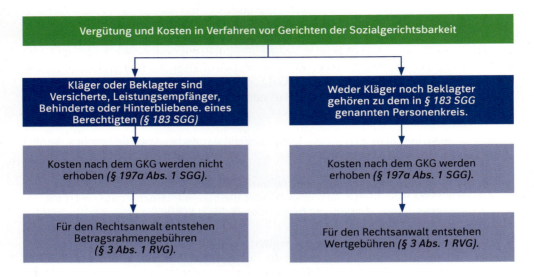

Beispiel 1:
Mit Bescheid des Versorgungsamtes wurde für Guido Kaltenbach ein Grad der Behinderung von 50 festgestellt. Nach erfolglos durchgeführtem Widerspruchsverfahren erhebt Rechtsanwalt Beat Kiefer Klage vor dem Sozialgericht mit dem Ziel, dass das Versorgungsamt seinem Mandanten einen Grad der Behinderung von 70 zuerkennt.

Rechtsanwalt Beat Kiefer hat Betragsrahmengebühren verdient. Das gilt sowohl für das gerichtliche als auch für das vorgerichtliche Verfahren (§ 3 Abs. 2 RVG).

Beispiel 2:
Helen Stiegeler ist psychologische Psychotherapeutin. Ihr Antrag auf Zulassung ihrer Praxis in Berlin-Steglitz zur vertragspsychotherapeutischen Versorgung wird vom Zulassungsausschuss der Ärzte wegen Überversorgung im betreffenden Stadtteil abgelehnt. Sie beauftragt Rechtsanwalt Beat Kiefer mit ihrer Vertretung im Widerspruchs- und dem sich anschließenden Klageverfahren.

Hier gehören weder Klägerin noch der Beklagte zu dem in § 183 SGG genannten Personenkreis. Rechtsanwalt Beat Kiefer hat also Gebühren verdient, die sich nach dem Gegenstandswert richten.

Die Mehrheit der vor den Sozialgerichten geführten Verfahren sind solche, in denen Betragsrahmengebühren entstehen.

3.6.1 Gegenstandswert

Richten sich die Gebühren nach dem Gegenstandswert, bestimmt sich dieser nach dem gerichtlichen Streitwert *(§ 23 Abs. 1 RVG)*. Für den gerichtlichen Streitwert in Verfahren vor Gerichten der Sozialgerichtsbarkeit gilt *§ 52 GKG*, der unter anderem auf *§§ 40 ff. GKG* verweist. Auffangwert sind nach *§ 52 Abs. 2 GKG* 5 000,00 €.

Zum Zwecke der Vereinheitlichung der Streitwertfestsetzung wurde für die Sozialgerichtsbarkeit, wie für die Verwaltungsgerichtsbarkeit auch, ein **Streitwertkatalog** errichtet. Bei den Angaben im Streitwertkatalog handelt es sich um unverbindliche und das entscheidende Gericht nicht bindende Vorschläge (siehe Streitwertkatalog der Sozialgerichtsbarkeit 2017 unter BuchPlusWeb).

3.6.2 Vergütung

Wertgebühren

Greifen keine Besonderheiten des sozialgerichtlichen Verfahrens und ist nach Wert abzurechnen, gelten die Ausführungen zu der Abrechnung in verwaltungsrechtlichen Angelegenheiten entsprechend.

Betragsrahmengebühren

Betragsrahmengebühren sind wertunabhängige Gebühren. Das Gesetz gibt den Rahmen vor, der Rechtsanwalt bestimmt innerhalb des Rahmens die konkret verdiente Gebühr nach den Kriterien des *§ 14 RVG*: Umfang und Schwierigkeit der Sache, die Bedeutung für den Mandanten, dessen Einkommens- und Vermögensverhältnisse und das Haftungsrisiko des Rechtsanwalts spielen bei der Bemessung eine Rolle.

Betragsrahmengebühren	Nr. VV	Rahmen/Bemessungsgrundlage	Mittelgebühr
Geschäftsgebühr	2302	50,00 €–640,00 € GKG	345,00 € Achtung: Kappungsgrenze 300,00 € beachten *(Anmerkung zu Nr. 2302 VV)*
Einigungsgebühr			
vorgerichtlich	1005	In Höhe der konkret angefallenen Geschäftsgebühr, ohne Erhöhung nach *Nr. 1008 VV*	
gerichtlich	1006	In Höhe der konkret angefallenen Verfahrensgebühr, ohne Erhöhung nach *Nr. 1008 VV*	
Verfahrensgebühr			
Erste Instanz	3102	50,00 €–550,00 €	300,00 €
Nichtzulassungsbeschwerde	3511	60,00 €–680,00 €	370,00 €
Berufung	3204	60,00 €–680,00 €	370,00 €

Betragsrahmengebühren	Nr. VV	Rahmen/Bemessungsgrundlage	Mittelgebühr
Nichtzulassungsbeschwerde	3512	80,00 €–880,00 €	480,00 €
Revision	3212	80,00 €–880,00 €	480,00 €
Terminsgebühr			
Erste Instanz	3106	50,00 €–510,00 €	280,00 €
Nichtzulassungsbeschwerde	3517	50,00 €–510,00 €	280,00 €
Berufung	3205	50,00 €–510,00 €	280,00 €
Nichtzulassungsbeschwerde	3518	60,00 €–660,00 €	360,00 €
Revision	3213	80,00 €–830,00 €	455,00 €

Eine Erhöhung des Gebührenrahmens kommt für die Geschäfts- und die Verfahrensgebühr bei mehreren Auftraggebern in Betracht. Sowohl die untere als auch die obere Gebühr erhöhen sich für jeden weiteren Auftraggeber nach *Nr. 1008 VV* um 30 %. Die gesamte Erhöhung darf maximal doppelt so hoch sein wie die jeweilige Rahmengebühr.

Für die Anrechnung gilt:

- Die Geschäftsgebühr aus dem Antragsverfahren wird hälftig auf die Geschäftsgebühr des Widerspruchsverfahrens abgerechnet, maximal in Höhe von 175,00 € *(Vorbemerkung 2.3 Abs. 4 VV)*.
- Die zuletzt entstandene Geschäftsgebühr wird auf die Verfahrensgebühr eines nachfolgenden gerichtlichen Verfahrens hälftig angerechnet, maximal in Höhe von 175,00 € *(Vorbemerkung 3 Abs. 4 VV)*.
- Die Verfahrensgebühr der Nichtzulassungsbeschwerde Berufung ist nach *Anmerkung zu Nr. 3511 VV* auf die Verfahrensgebühr des nachfolgenden Berufungsverfahrens anzurechnen.
- Die Verfahrensgebühr der Nichtzulassungsbeschwerde Revision ist nach *Anmerkung zu Nr. 3512 VV* auf die Verfahrensgebühr des nachfolgenden Revisionsverfahrens anzurechnen.

Beispiel 1:
Rechtsanwältin Pia Groß vertritt Klara Graumann sowohl im Widerspruchsverfahren als auch in einem anschließenden Klageverfahren vor dem Sozialgericht wegen der von dieser begehrten Anerkennung ihres Impfschadens. Die anwaltliche Tätigkeit ist vom Umfang und der Schwierigkeit durchschnittlich. Schlussendlich weist das Sozialgericht nach mündlicher Verhandlung die Klage ab, weil ein Ursachenzusammenhang zwischen den Impfungen und den gesundheitlichen Beeinträchtigungen von Klara Graumann nicht festgestellt werden kann. Rechtsanwältin Pia Groß kann abrechnen:

1. Widerspruchsverfahren

Rechtsanwaltsvergütungsberechnung berechnet nach dem Rechtsanwaltsvergütungsgesetz (RVG)	
1. Geschäftsgebühr, Nr. 2302 VV	300,00 €
2. Pauschale für Post- u. Telekommunikationsdienstleistungen, Nr. 7002 VV	20,00 €
Zwischensumme	320,00 €
3. 19 % Umsatzsteuer, Nr. 7008 VV	60,80 €
Gesamtbetrag	380,80 €

2. Verfahren vor dem Sozialgericht

Rechtsanwaltsvergütungsberechnung berechnet nach dem Rechtsanwaltsvergütungsgesetz (RVG)	
1. Verfahrensgebühr, Nr. 3102 VV	300,00 €
Anrechnung Geschäftsgebühr (50 %) gemäß Vorbemerkung 3 Abs. 4 VV	– 150,00 €
2. Terminsgebühr, Nr. 3106 VV	280,00 €
3. Pauschale für Post- u. Telekommunikationsdienstleistungen, Nr. 7002 VV	20,00 €
Zwischensumme	450,00 €
4. 19 % Umsatzsteuer, Nr. 7008 VV	85,50 €
Gesamtbetrag	535,50 €

Beispiel 2:
Mit der Wahrnehmung ihrer Interessen im Berufungsverfahren beauftragt Klara Graumann nun Rechtsanwalt Ole Singer, da die Mandantin das Vertrauen in Rechtsanwältin Pia Groß verloren hat. Rechtsanwalt Ole Singer führt das Berufungsverfahren durch. Es bleibt nach mündlicher Verhandlung erfolglos. Das Berufungsgericht lässt die Revision nicht zu. Rechtsanwalt Ole Singer erhebt deshalb Nichtzulassungsbeschwerde. Die Revision wird ohne Durchführung einer mündlichen Verhandlung zugelassen. Das Revisionsverfahren wird durchgeführt. Nach mündlicher Verhandlung wird die Revision als unbegründet zurückgewiesen. Rechtsanwalt Ole Singer kann abrechnen:

1. Berufung vor dem LSG

Rechtsanwaltsvergütungsberechnung berechnet nach dem Rechtsanwaltsvergütungsgesetz (RVG)	
1. Verfahrensgebühr, Nr. 3204 VV	370,00 €
2. Terminsgebühr, Nr. 3205 VV	280,00 €
3. Pauschale für Post- u. Telekommunikationsdienstleistungen, Nr. 7002 VV	20,00 €
Zwischensumme	670,00 €
4. 19 % Umsatzsteuer, Nr. 7008 VV	127,30 €
Gesamtbetrag	797,30 €

2. Nichtzulassungsbeschwerde

Rechtsanwaltsvergütungsberechnung berechnet nach dem Rechtsanwaltsvergütungsgesetz (RVG)	
1. Verfahrensgebühr, Nr. 3512 VV	480,00 €
2. Pauschale für Post- und Telekommunikationsdienstleistungen, Nr. 7002 VV	20,00 €
Zwischensumme	500,00 €
3. 19% Umsatzsteuer, Nr. 7008 VV	95,00 €
Gesamtbetrag	595,00 €

3. Revisionsverfahren

Rechtsanwaltsvergütungsberechnung berechnet nach dem Rechtsanwaltsvergütungsgesetz (RVG)	
1. Verfahrensgebühr, Nr. 3212 VV	480,00 €
Anrechnung Verfahrensgebühr Nichtzulassungsbeschwerde gemäß Anm. zu Nr. 3512 VV	– 480,00 €
2. Terminsgebühr, Nr. 3213 VV	455,00 €
3. Pauschale für Post- u. Telekommunikationsdienstleistungen, Nr. 7002 VV	20,00 €
Zwischensumme	475,00 €
4. 19% Umsatzsteuer, Nr. 7008 VV	90,25 €
Gesamtbetrag	565,25 €

Die Zusatzgebühr für besonders umfangreiche Beweisaufnahmen gemäß *Nr. 1010 VV* berechnet sich bei Betragsrahmengebühren wie folgt: Der Mindest- und Höchstbetrag der Terminsgebühr erhöht sich um 30%. Die Zusatzgebühr entsteht für den durch besonders umfangreiche Beweisaufnahmen anfallenden Mehraufwand. Es müssen mindestens drei gerichtliche Termine stattgefunden haben, in denen Sachverständige oder Zeugen vernommen worden sind.

Entscheidet das Sozialgericht ohne mündliche Verhandlung, kann der Rechtsanwalt unter den in *Nr. 3106 Abs. 1 VV* genannten Voraussetzungen dennoch eine Terminsgebühr verdienen.

Zu beachten sind die Einschränkung, die Anmerkung *Abs. 1 Ziff. 2 zu Nr. 3106 VV* für den Fall macht, dass durch Gerichtsbescheid entschieden wurde. Der Rechtsanwalt kann dann dennoch eine Terminsgebühr abrechnen, wenn er theoretisch durch sein Verhalten eine mündliche Verhandlung erzwingen könnte. Nach *§ 105 Abs. 2 SGG* kann gegen einen Gerichtsbescheid mündliche Verhandlung beantragt werden, wenn ein Rechtsmittel nicht gegeben ist. Das ist der Fall, wenn die Entscheidung nicht von Gesetzes wegen oder durch Zulassung berufungsfähig ist. Ist die Entscheidung dagegen berufungsfähig, fällt keine Terminsgebühr an.

Die Terminsgebühr beträgt bei einer Entscheidung ohne mündliche Verhandlung nach der *Anmerkung zu Nr. 3106 VV* 90% der dem Rechtsanwalt in derselben Angelegenheit zustehenden Verfahrensgebühr.

Entscheidet das Berufungsgericht ohne mündliche Verhandlung, beträgt die Terminsgebühr 75% der in derselben Angelegenheit dem Rechtsanwalt zustehenden Verfahrensgebühr *(Anmerkung zu Nr. 3205 VV)*.

Gerichtliche Verfahren auf einstweiligen Rechtsschutz sind neben dem Hauptsacheverfahren eine eigene Angelegenheit *(§ 17 Nr. 4 RVG)*. Für diese Verfahren entstehen deshalb die Gebühren nach *Nr. 3100 ff. RVG* neben den Gebühren der Hauptsache gesondert. Wird erst in der Berufungsinstanz ein Antrag im Eilverfahren gestellt, fallen wegen der Einschränkung in *Vorbemerkung 3.2 Abs. 2 VV RVG* nur die Gebühren der ersten Instanz an.

3.6.3 Kostentragung und Kostenfestsetzung

Verwaltungsverfahren

Im Verwaltungsverfahren findet keine Kostenerstattung statt.

Widerspruchsverfahren

Die Erstattung von Kosten im Widerspruchsverfahren ist abschließend in *§ 63 SGB X* geregelt. Hat der Widerspruch Erfolg, hat der Rechtsträger, dessen Behörde den angefochtenen Verwaltungsakt erlassen hat, auch die Gebühren des Rechtsanwalts zu erstatten, wenn dessen Zuziehung notwendig war. Das ist in der Regel der Fall.

Gerichtliches Verfahren

Im Urteil trifft das Gericht die Kostengrundentscheidung nach *§ 193 SGG* bzw. *§ 197a SGG*, der auf *§ 162 VwGO* verweist. Folgt dem Widerspruchsverfahren ein Klageverfahren, gehören die im Vorverfahren angefallenen Rechtsanwaltsgebühren zu den Kosten des gesamten Rechtsstreits, wenn das Gericht die Zuziehung des Rechtsanwalts für notwendig erklärt hat.

Die gesetzliche Vergütung des Rechtsanwalts im gerichtlichen Verfahren selbst ist stets erstattungsfähig *(§§ 193 Abs. 3 SGG, 162 Abs. 2 VwGO)*.

Muss der Gegner die Rechtsanwaltsrahmengebühren ersetzen, ist die vom Rechtsanwalt getroffene Bestimmung der Gebühr innerhalb des durch das Vergütungsverzeichnis vorgegebenen Gebührenrahmens verbindlich, wenn die Bestimmung nicht im Sinne von *§ 14 Abs. 1 S. 4 RVG* unbillig ist. Toleriert wird eine Abweichung von 20%.

Für das Kostenfestsetzungsverfahren gelten über *§ 202 SGG* die Vorschriften der ZPO entsprechend. Die Entscheidung über den Kostenfestsetzungsantrag trifft der Urkundsbeamte der Geschäftsstelle des erstinstanzlichen Gerichts *(§ 197 Abs. 1 SGG)*. Der Rechtsbehelf gegen dessen Entscheidung ist die Anrufung des Gerichts. Die Anrufung des Gerichts muss innerhalb eines Monats nach Bekanntgabe des Kostenfestsetzungsbeschlusses erfolgen *(§ 197 Abs. 2 SGG)*.

Beratungs- und Prozesskostenhilfe

Für die Tätigkeit des Rechtsanwalts im Widerspruchsverfahren kann Beratungshilfe beantragt werden.

Prozesskostenhilfe kommt für die gerichtlichen Verfahren in Betracht. In Sozialgerichtsverfahren gelten über *§ 73a SGG* die allgemeinen Vorschriften über die Prozesskostenhilfe nach *§§ 114 ff. ZPO* entsprechend.

3.6.4 Kosten des Vorverfahrens und Gerichtskosten

Das sozialrechtliche Widerspruchsverfahren ist kostenlos *(§ 64 Abs. 1 SGB X)*. Auch das Verfahren vor dem Sozialgericht ist für Sozialversicherte, Leistungsempfänger und Behinderte kostenfrei *(§ 183 SGG)*.

Gerichtskosten in Form von Pauschalen werden nur von Klägern und Beklagten erhoben, die nicht zu dem in *§ 183 SGG* genannten Personenkreis gehören *(§ 184 SGG)*.

Übungsaufgaben

1. Bei welchen Sozialversicherungsträgern haben Sie selbst den Status eines bzw. einer Versicherten? Haben Sie schon einmal Leistungen in Anspruch genommen? Welche?

2. Lukas Krämer arbeitet seit 1990 für die Firma Aufzug-Liftsysteme Roland GmbH in der Montage. Er ist an seinem Arbeitsplatz durchgehend starkem Lärm ausgesetzt. Lukas Krämer leidet zunehmend unter Schwerhörigkeit. Im Jahr 2016 beantragt er bei der zuständigen Berufsgenossenschaft, seine Schwerhörigkeit als Berufskrankheit anzuerkennen. Er weiß, dass auf eine derartige Feststellung Ansprüche auf Entschädigungsleistungen gestützt werden können. Momentan steht insbesondere die Anschaffung eines teuren Hörgerätes an, die Kosten werden sich auf rund 4 500,00 € belaufen. Die Berufsgenossenschaft lehnt den Antrag mit Bescheid vom 8. August 2016 ab. Auf dem Bescheid findet sich der Vermerk: „Zur Post gegeben am 9. August 2016".
   a Welchen Rechtsbehelf kann Lukas Krämer innerhalb welcher Frist einlegen, wenn er die Entscheidung der Berufsgenossenschaft nicht akzeptieren will?
   b Nach erfolgloser Durchführung des Rechtsbehelfsverfahrens durch Lukas Krämer selbst erhebt Rechtsanwalt Gregor Thimm Klage für den Mandanten. Nach Einholung eines ärztlichen Gutachtens gibt das Sozialgericht nach Durchführung einer mündlichen Verhandlung der Klage statt. Der Bescheid der Berufsgenossenschaft in Gestalt des Widerspruchsbescheides vom 8. August 2016 wird aufgehoben und es wird festgestellt, dass die Lärmschwerhörigkeit des Klägers eine Berufskrankheit ist. Die Kosten des Verfahrens werden der Beklagten auferlegt. Um welche Klageart hat es sich gehandelt? Welche Gebühren kann Rechtsanwalt Gregor Thimm für seine Tätigkeit im Klageverfahren abrechnen?
   c Abwandlung: Das Gericht hat durch Gerichtsbescheid ohne mündliche Verhandlung entschieden.
   Ändert sich nun etwas an der Gebührenabrechnung des Rechtsanwalts?

3. Ella Niersbach ist hochgradig sehbehindert. Sie bekommt eine Stelle als Bürokauffrau, für die sie als Arbeitsplatzausstattung ein spezielles Lesegerät benötigt. Die Bundesagentur für Arbeit als zuständiger Rehabilitationsträger lehnt ihren Antrag auf Übernahme der Kosten für die

> Ausstattung ab. Ohne das Lesegerät kann Ella Niersbach aber ihre Stelle, die zum 1. des nächsten Monats beginnen soll, nicht antreten. Ella Niersbach kommt zu Ihnen in die Kanzlei. Sie sagt entmutigt, sie habe gehört, dass sich Verfahren vor dem Sozialgericht oft monatelang hinziehen können. Sie erkundigt sich bei Ihnen, ob es vor diesem Hintergrund überhaupt Sinn macht, sich mit so einer Angelegenheit an einen Rechtsanwalt zu wenden. Außerdem hätte sie überhaupt kein Geld, um etwaige Rechtsanwalts- oder Gerichtskosten zu bezahlen, da sie momentan von Leistungen nach dem SGB II lebe. Was sagen Sie ihr?

4 Die Finanzgerichtsbarkeit

Die Finanzgerichtsbarkeit ist eine besondere Verwaltungsgerichtsbarkeit. *§ 33 Finanzgerichtsordnung (FGO)* regelt, wann der Rechtsweg zu den Finanzgerichten eröffnet ist.

§ 33 FGO (1) Der Finanzrechtsweg ist gegeben

1. in öffentlich-rechtlichen Streitigkeiten über Abgabenangelegenheiten, soweit die Abgaben der Gesetzgebung des Bundes unterliegen und durch Bundesfinanzbehörden oder Landesfinanzbehörden verwaltet werden,
2. in öffentlich-rechtlichen Streitigkeiten über die Vollziehung von Verwaltungsakten in anderen als den in Nummer 1 bezeichneten Angelegenheiten, soweit die Verwaltungsakte durch Bundesfinanzbehörden oder Landesfinanzbehörden nach den Vorschriften der Abgabenordnung zu vollziehen sind,
3. in öffentlich-rechtlichen und berufsrechtlichen Streitigkeiten über Angelegenheiten, die durch den Ersten Teil, den Zweiten und den Sechsten Abschnitt des Zweiten Teils und den Ersten Abschnitt des Dritten Teils des Steuerberatungsgesetzes geregelt werden,
4. in anderen als den in den Nummern 1 bis 3 bezeichneten öffentlich-rechtlichen Streitigkeiten, soweit für diese durch Bundesgesetz oder Landesgesetz der Finanzrechtsweg eröffnet ist.

(2) Abgabenangelegenheiten im Sinne dieses Gesetzes sind alle mit der Verwaltung der Abgaben einschließlich der Abgabenvergütungen oder sonst mit der Anwendung der abgabenrechtlichen Vorschriften durch die Finanzbehörden zusammenhängenden Angelegenheiten einschließlich der Maßnahmen der Bundesfinanzbehörden zur Beachtung der Verbote und Beschränkungen für den Warenverkehr über die Grenze; den Abgabenangelegenheiten stehen die Angelegenheiten der Verwaltung der Finanzmonopole gleich.

(3) Die Vorschriften dieses Gesetzes finden auf das Straf- und Bußgeldverfahren keine Anwendung.

4.1 Verwaltungsverfahren

Für das Verwaltungsverfahren vor der zuständigen Behörde gilt die **Abgabenordnung (AO)**. In der AO sind Regelungen zum allgemeinen Verfahrensablauf des finanzbehördlichen Verwaltungsverfahrens enthalten. Das Verwaltungsverfahren endet in der Regel mit dem Erlass eines Verwaltungsaktes, der in Form eines Bescheides mit Rechtsbehelfsbelehrung bekannt gemacht wird.

Beispiele:
Einkommensteuer- und Erbschaftssteuerbescheid, Bescheid über Festsetzung des Kindergeldes nach dem Einkommensteuergesetz (EStG), Bescheid über die Anordnung einer steuerlichen Außenprüfung.

4.2 Einspruchsverfahren

Ist der Steuerpflichtige mit einem gegen ihn erlassenen Bescheid des Finanzamtes nicht einverstanden, kann er eine Überprüfung der Entscheidung verlangen. Der ihm dazu zur Verfügung stehende Rechtsbehelf ist der Einspruch *(§ 347 Abs. 1 AO)*.

Der Einspruch ist nach *§ 355 Abs. 1 AO* innerhalb eines Monats nach Bekanntgabe des Verwaltungsaktes einzulegen.

Ist die Rechtsbehelfsbelehrung vergessen worden oder inhaltlich fehlerhaft, beträgt die Einspruchsfrist ein Jahr *(§ 356 Abs. 2 AO)*.

Die Zugangsfiktion bei Bekanntgabe durch einfachen Brief regelt *§ 122 Abs. 2 AO*. Danach gilt der mit einfachem Brief versandte Bescheid am dritten Tag nach Aufgabe zur Post als bekannt gegeben.

Die Entscheidung über den Einspruch trifft die Finanzbehörde, die den Verwaltungsakt erlassen hat *(§ 367 Abs. 1 AO)*. Die Finanzbehörde kann dem Steuerpflichtigen gemäß *§ 346b Abs. 1 AO* eine Frist setzen, um Erklärungen abzugeben und Beweismittel vorzulegen. Erklärungen und Beweismittel, die erst nach Ablauf der Frist vorgebracht werden, werden bei der Einspruchsentscheidung nicht mehr berücksichtigt *(§ 364b Abs. 2 AO)*. Die Finanzbehörde kann dem Einspruch ganz oder teilweise abhelfen. Tut sie das nicht, endet das Einspruchsverfahren mit einer ablehnenden Einspruchsentscheidung *(§ 367 Abs. 2 AO)*.

Wird während des Einspruchsverfahrens der angefochtene Verwaltungsakt geändert oder ersetzt, so wird der neue Verwaltungsakt automatisch Gegenstand des Einspruchsverfahrens *(§ 365 Abs. 3 AO)*. Ein zusätzlicher Einspruch ist also nicht erforderlich.

Wurde die Einspruchsfrist versäumt, ist der Verwaltungsakt bestandskräftig. In gesetzlich festgelegten Ausnahmefällen kann jedoch manchmal auch nach Ablauf der Einspruchsfrist noch eine Aufhebung oder Änderung von Steuerbescheiden erreicht werden *(§§ 129 ff., 164 f., 172 ff. AO)*.

Beispiel:
Der Bescheid enthält einen offensichtlichen Rechenfehler. Eine Korrektur ist nach § 129 AO dann auch noch nach Ablauf der Einspruchsfrist möglich.

4.3 Gerichtsaufbau

Die Finanzgerichtsbarkeit ist als einzige Gerichtsbarkeit nur zweistufig aufgebaut.

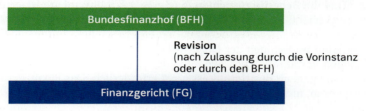

In der ersten Instanz sind die Finanzgerichte zuständig *(§ 35 FGO)*. Der Senat des Finanzgerichts ist mit drei Berufsrichtern und zwei ehrenamtlichen Richtern besetzt *(§ 5 Abs. 3 FGO)*. Revisionsinstanz ist der BFH mit Sitz in München *(§ 36 FGO)*. Eine Berufungsinstanz gibt es in der Finanzgerichtsbarkeit nicht.

Vor dem Finanzgericht gibt es keinen Anwaltszwang, die Beteiligten können den Rechtsstreit selbst führen *(§ 62 Abs. 1 FGO)*. Vor dem Bundesfinanzhof herrscht dagegen Vertretungszwang *(§ 62 Abs. 4 FGO)*. Prozessbevollmächtigte können aber nicht nur Rechtsanwälte sein, sondern zum Beispiel auch Steuerberater, Steuerbevollmächtigte, Wirtschaftsprüfer oder vereidigte Buchprüfer *(§ 62 Abs. 4 und Abs. 2 FGO)*.

4.4 Verfahrensablauf

Der Ablauf des gerichtlichen Verfahrens ist in *§§ 63 ff. FGO* geregelt.

4.4.1 Hauptsacheverfahren

Gemäß *§§ 40, 41 FGO* gibt es im Finanzgerichtsprozess verschiedene Klagearten: Anfechtungsklage, Verpflichtungsklage, Leistungs- und Feststellungsklage.

Da in der Praxis in den meisten Fällen die Aufhebung oder Änderung eines Steuerbescheids begehrt wird, ist die Anfechtungsklage im Finanzgerichtsprozess die häufigste Klageart. Geht es um eine Anfechtungsklage, ist Zulässigkeitsvoraussetzung der Klage ein erfolglos durchgeführtes Einspruchsverfahren *(§ 44 Abs. 1 FGO)*.

> **Die Anfechtungsklage muss innerhalb eines Monats nach Bekanntgabe der Einspruchsentscheidung erhoben werden** *(§ 47 Abs. 1 FGO)*.

Die Frist gilt auch als gewahrt, wenn die Klage bei der Behörde, deren Verwaltungsakt angefochten werden soll, angebracht wird. Die Finanzbehörde hat in diesem Fall die Klage dem Finanzgericht unverzüglich zu übersenden *(§ 47 Abs. 2 FGO)*.

Die Anfechtungsklage ist ausnahmsweise ohne die vorherige Durchführung des Vorverfahrens zulässig:

- Anfechtungsklage als „Sprungklage": Die Behörde stimmt der unmittelbaren Klageerhebung zu *(§ 45 Abs. 1 FGO)*.
- Anfechtungsklage als „Untätigkeitsklage": Die Finanzbehörde hat über den Einspruch ohne Angabe von Gründen in angemessener Frist nicht entschieden. In der Regel müssen

seit Einlegung des Einspruchs sechs Monate vergangen sein, bevor die Untätigkeitsklage zulässig ist *(§ 46 Abs. 1 FGO)*.

Die Klage ist gegen die Behörde zu richten *(§ 63 Abs. 1 FGO)*. Wird die Klage durch einen Rechtsanwalt eingereicht, ist die ihm erteilte Vollmacht vorzulegen *(§ 68 Abs. 6 FGO)*.

Der Kläger bestimmt im Rahmen der Dispositionsmaxime den Klagegegenstand auch im finanzgerichtlichen Verfahren. Die Klage muss das Klagebegehren deutlich erkennen lassen *(§ 65 FGO)*. Eine genaue Bezifferung ist nicht erforderlich. Das Finanzgericht ist zwar an das Klagebegehren, nicht aber an die Fassung der Anträge gebunden.

Ebenso wie im verwaltungsgerichtlichen Verfahren gilt der Amtsermittlungsgrundsatz *(§ 76 Abs. 1 FGO)*. Dennoch ist natürlich im Interesse des Mandanten so umfassend wie möglich unter Beweisantritt vorzutragen, denn das Gericht ermittelt nicht „ins Blaue hinein". Außerdem gibt es wie im Verwaltungsgerichtsprozess eine Mitwirkungspflicht der Parteien *(§ 76 FGO)*.

Das Gericht kann den Beteiligten zur Vorbereitung der mündlichen Verhandlung nach § 79b FGO eine Frist setzen zur Angabe von Tatsachen, Bezeichnung von Beweismitteln oder Vorlage von Urkunden. Erklärungen und Beweismittel, die erst nach Ablauf der Frist vorgebracht werden, können zurückgewiesen werden.

Das Gericht entscheidet grundsätzlich nach mündlicher Verhandlung durch Urteil *(§§ 90 Abs. 1, 95 FGO)*. Ein Versäumnisurteil kennt die FGO nicht.

Mit Einverständnis der Beteiligten kann auch ohne mündliche Verhandlung entschieden werden *(§ 90 Abs. 2 FGO)*. In geeigneten Fällen kann das Gericht ohne mündliche Verhandlung durch Gerichtsbescheid entscheiden, der wie ein Urteil wirkt *(§ 90a FGO)*.

Ein während des Verfahrens erlassener Änderungsbescheid wird automatisch Gegenstand des Verfahrens *(§ 68 FGO)*.

4.4.2 Eilverfahren

Die Einlegung des Einspruchs oder die Erhebung einer Anfechtungsklage haben keine aufschiebende Wirkung.

> **Die Vollziehung des angefochtenen Verwaltungsakts wird durch die Einspruchseinlegung oder die Erhebung einer Anfechtungsklage grundsätzlich nicht gehemmt** *(§§ 361 Abs. 1 AO, 69 Abs. 1 FGO)*.

Beispiel:
Rechtsanwalt Linus Klein erhält einen Bescheid des Finanzamts über die Festsetzung von Einkommensteuervorauszahlungen. Danach soll er jeweils am 10. März, 10. Juni, 10. September und 10. Dezember Einkommensteuervorauszahlungen in Höhe von 1 500,00 € erbringen. Rechtsanwalt Linus Klein hält die Festsetzung der Vorauszahlungen in dieser Höhe nicht für gerechtfertigt. Er legt Einspruch gegen den Bescheid des Finanzamtes ein. Dennoch sind die Zahlungen zu erbringen, ansonsten könnte das Finanzamt die Vollstreckung aus dem Bescheid betreiben.

Auf Antrag des Steuerpflichtigen kann die Behörde die Vollziehung eines angefochtenen Verwaltungsaktes während des Einspruchs- oder Klageverfahrens aber aussetzen *(§§ 361 Abs. 2 S. 2 AO, 69 Abs. 2 FGO)*.

Lehnt die Behörde einen Antrag auf Aussetzung der Vollziehung ab, kann das Gericht der Hauptsache die Vollziehung ganz oder teilweise aussetzen. Der Antrag kann bereits vor Erhebung der Klage im Hauptsacheverfahren gestellt werden. Der Antrag an das Gericht ist aber erst zulässig, wenn zuerst die Behörde angerufen wurde und der dort gestellte Antrag erfolglos geblieben ist *(§ 69 Abs. 4 FGO)*.

Nur in den in *§ 69 Abs. 4 S. 2 FGO* geregelten Fällen kann das Gericht unmittelbar angerufen werden:

1. Die Finanzbehörde hat über den Antrag auf Aussetzung der Vollziehung nicht in angemessener Frist entschieden oder

2. es droht die Vollstreckung.

Ist in der Hauptsache nicht die Anfechtungsklage die zulässige Klageart, also beispielsweise bei Verpflichtungs- oder Feststellungsklagen, kann Erlass einer einstweiligen Anordnung beantragt werden *(§ 114 FGO)*.

Im Eilverfahren entscheidet das Gericht ohne mündliche Verhandlung durch Beschluss. Es kann den Beschluss bei einer Veränderung der zugrunde gelegten Umstände jederzeit ändern oder aufheben, vgl. *§ 69 Abs. 6 FGO*.

4.5 Rechtsmittel

Eine Besonderheit des finanzgerichtlichen Verfahrens ist das komplette Fehlen einer Berufungsinstanz. Gegen erstinstanzliche Urteile kann Revision eingelegt werden. Die Revision zum Bundesfinanzhof ist nur dann möglich, wenn sie entweder vom Finanzgericht in seinem Urteil oder vom Bundesfinanzhof durch besonderen Beschluss im Einzelfall zugelassen wird *(§ 115 FGO)*.

Die Frist für die Einlegung der Revision beträgt einen Monat, die Frist für die Revisionsbegründung zwei Monate nach Zustellung des Urteils *(§ 120 FGO)*. Die Revision ist beim Bundesfinanzhof einzulegen *(§ 120 Abs. 1 FGO)*.

Wurde die Revision nicht zugelassen, kann Nichtzulassungsbeschwerde erhoben werden *(§ 116 FGO)*.

Die Nichtzulassungsbeschwerde ist innerhalb einer Frist von einem Monat nach Zustellung des Urteils beim Bundesfinanzhof einzulegen, sie ist innerhalb von zwei Monaten zu begründen *(§ 116 SGG)*.

Wird der Beschwerde stattgegeben, so wird das Beschwerdeverfahren als Revisionsverfahren fortgesetzt, der Lauf der Revisionsbegründungsfrist beginnt mit der Zustellung der Entscheidung über die Zulassung der Revision *(§ 116 Abs. 7 FGO)*. Der Bundesfinanzhof hat – sofern ein Verfahrensmangel vorliegt – im Nichtzulassungsverfahren aber auch die Möglichkeit, das angefochtene Urteil aufzuheben und den Rechtsstreit an das Ausgangsgericht zurückzuverweisen *(§ 116 Abs. 6 FGO)*.

Hat das erstinstanzliche Gericht ohne mündliche Verhandlung durch Gerichtsbescheid entschieden, kann von der Möglichkeit Gebrauch gemacht werden, mündliche Verhandlung zu beantragen *(§ 90a Abs. 2 FGO)*. Der Antrag muss innerhalb eines Monats nach Zustellung des Gerichtsbescheides gestellt werden. In diesem Fall gilt der Gerichtsbescheid als nicht ergangen *(§ 90a Abs. 3 FGO)*. Das Gericht entscheidet dann nach der mündlichen Verhandlung durch Urteil.

Alternativ kann gegen den Gerichtsbescheid Revision eingelegt werden, wenn diese im Gerichtsbescheid zugelassen worden ist *(§ 90a Abs. 2 FGO)*.

> Gegen ablehnende Entscheidungen im Eilverfahren steht den Beteiligten eine Beschwerde nur dann zu, wenn sie im Beschluss zugelassen worden ist *(§ 128 Abs. 3 FGO)*. Die Beschwerde muss dann binnen zwei Wochen beim Finanzgericht als Ausgangsgericht oder beim Bundesfinanzhof eingelegt werden *(§ 129 FGO)*.

4.6 Vergütung und Kosten

Verschiedene Angelegenheiten sind nach *§ 17 RVG*

- das Verwaltungs- und Einspruchsverfahren und das gerichtliche Verfahren,
- das Verwaltungs- bzw. Einspruchsverfahren und das Verwaltungsverfahren auf Aussetzung der sofortigen Vollziehung,
- das Hauptsacheverfahren und das gerichtliche Eilverfahren,
- das Verfahren über die Nichtzulassungsbeschwerde und das Revisionsverfahren,
- das Revisionsverfahren und der vorausgegangene Rechtszug.

4.6.1 Gegenstandswert

Der Gegenstandswert in finanzgerichtlichen Verfahren richtet sich nach *§ 52 GKG,* welcher unter anderem auf *§§ 40 ff. GKG* verweist. Geht es um eine Steuerfestsetzung, ist Streitwert der Unterschiedsbetrag zwischen der vom Finanzamt festgesetzten und der vom Steuerpflichtigen als gerechtfertigt anerkannten Steuer. Gemäß *§ 52 Abs. 4 GKG* darf der Streitwert nicht unter 1 500,00 € angenommen werden. Auffangwert sind nach *§ 52 Abs. 2 GKG* 5 000,00 €.

Zum Zwecke der Vereinheitlichung der Streitwertfestsetzung wurde für die Finanzgerichtsbarkeit wie für die Verwaltungs- und Sozialgerichtsbarkeit ein **Streitwertkatalog** errichtet. Bei den Angaben im Streitwertkatalog handelt es sich um unverbindliche und das entscheidende Gericht nicht bindende Vorschläge (siehe Streitwertkatalog der Finanzgerichtsbarkeit 2015 unter BuchPlusWeb).

4.6.2 Vergütung

Für die Gebühren, die bei einer Beratung anfallen, gelten keine Besonderheiten.

Vorgerichtlich

Erbringt der Rechtsanwalt geschäftsmäßige Hilfeleistung in Steuersachen, werden diese nach der **Steuerberatergebührenverordnung (StBGebV)** abgerechnet *(§ 35 RVG)*.

Beispiel:
Rita Kurz hat gemeinsam mit dem nicht ehelichen Sohn ihres verstorbenen Mannes geerbt. Rechtsanwältin Hannah Brandt kümmert sich in ihrem Auftrag um die Auseinandersetzung der Erbengemeinschaft. Als das Finanzamt auf Rita Kurz zukommt und zur Abgabe der Erbschaftssteuererklärung auffordert, beauftragt diese Rechtsanwältin Hannah Brandt mit der Vorbereitung der Erklärung. Für die Erstellung der Steuererklärung werden die Gebühren nach der StBGebV abgerechnet.

Fällt die Tätigkeit nicht in den Anwendungsbereich des § 35 RVG oder ist der Bescheid schon erlassen und der Rechtsanwalt ist im Einspruchsverfahren tätig, verdient der Rechtsanwalt Geschäftsgebühren nach *Nr. 2300 VV*.

Die Geschäftsgebühr des Verwaltungsverfahrens ist auf die Geschäftsgebühr des Einspruchsverfahrens zur Hälfte anzurechnen, jedoch höchstens mit einem Satz von 0,75 *(Vorbemerkung 2.3 Abs. 4 VV)*. **Das gilt auch für Gebühren nach der StBGebV** *(§ 35 Abs. 2 RVG)*.

Gerichtlich

Die Tätigkeit des Rechtsanwalts im Verfahren vor dem Finanzgericht wird genauso vergütet wie eine Tätigkeit im zivilprozessualen Berufungsverfahren *(Vorbemerkung 3.2.1 VV)*.

Das hängt damit zusammen, dass wegen des nur zweistufigen Aufbaus der Finanzgerichtsbarkeit die Ausgangsgerichte in Finanzsachen den Obergerichten gleichgestellt sind.

Beispiel:
Vertritt ein Rechtsanwalt vor dem Finanzgericht, entsteht die Verfahrensgebühr mit einem Gebührensatz von 1,6 nach Nr. 3200 VV wie sonst im Berufungsverfahren.

Die zuletzt entstandene Geschäftsgebühr wird auf die Verfahrensgebühr eines nachfolgenden gerichtlichen Verfahrens hälftig angerechnet, höchstens jedoch mit einem Gebührensatz von 0,75 *(Vorbemerkung 3 Abs. 4 VV)*. **Das gilt auch für Gebühren nach der StBGebV** *(§ 35 Abs. 2 RVG)*.

Die Terminsgebühr nach *Nr. 3202 VV* fällt auch dann an, wenn das Finanzgericht in den Fällen der §§ 79a Abs. 2, 90a oder 94a FGO ohne mündliche Verhandlung entschieden hat, z. B durch Gerichtsbescheid *(Anmerkung 2 zu Nr. 3202 VV)*.

Im Verfahren über die Nichtzulassungsbeschwerde fallen Gebühren nach den *Nr. 3506 ff. VV* an, der Rechtsanwalt kann also beispielsweise eine 1,6-Verfahrensgebühr und eine 1,2-Terminsgebühr erhalten *(Nr. 3506, 3516 VV)*.

Im Revisionsverfahren fallen Gebühren nach *Nr. 3206 ff. VV* an. Der Gebührensatz für die Verfahrensgebühr beträgt 1,6. Die Terminsgebühr fällt mit einem Satz von 1,5 an *(Nr. 3210 VV)*.

Ist ein Verfahren über die Nichtzulassungsbeschwerde vorausgegangen, ist nach *Anmerkung zu Nr. 3506 VV RVG* die 1,6-Verfahrensgebühr des Nichtzulassungsbeschwerdeverfahrens auf die Verfahrensgebühr des Revisionsverfahrens anzurechnen.

4.6.3 Kostentragung und Kostenfestsetzung

Verwaltungsverfahren

Im Verwaltungsverfahren findet keine Kostenerstattung statt.

Einspruchsverfahren

Die Erstattung von Kosten im Einspruchsverfahren ist vom Gesetz nicht vorgesehen. Es gibt keine Regelungen, die in dieser Hinsicht den Vorschriften entsprechen, die für das verwaltungs- oder sozialrechtliche Widerspruchsverfahren gelten. Eine Ausnahme gilt für das Einspruchsverfahren nach *§ 77 Abs. 1 EStG* im Kindergeldrecht.

Gerichtliches Verfahren

Derjenige, der im Rechtsstreit unterliegt, hat die Kosten zu tragen. Grundnorm für die Kostenentscheidung ist *§ 135 FGO*.

Im finanzgerichtlichen Verfahren umfassen die erstattungsfähigen Kosten auch die Aufwendungen eines Beteiligten im Vorverfahren *(§ 139 Abs. 1 FGO)*. Die Finanzbehörde trägt ihre im Rahmen eines Verfahrens vor dem Finanzgericht entstehenden Aufwendungen immer selbst *(§ 139 Abs. 2 FGO)*.

Für das Kostenfestsetzungsverfahren gelten über *§ 155 FGG* die Vorschriften der *§§ 103 ff. ZPO* entsprechend.

Die Entscheidung über den Kostenfestsetzungsantrag trifft der Urkundsbeamte der Geschäftsstelle des erstinstanzlichen Gerichts *(§ 149 Abs. 1 FGG)*. Der Rechtsbehelf gegen dessen Entscheidung ist die Erinnerung, die innerhalb von zwei Wochen nach Bekanntgabe des Kostenfestsetzungsbeschlusses erhoben werden muss *(§ 149 Abs. 2 FGG)*.

Beratungs- und Prozesskostenhilfe

Für die Tätigkeit des Rechtsanwalts im Einspruchsverfahren kann Beratungshilfe beantragt werden.

Prozesskostenhilfe kommt für die gerichtlichen Verfahren in Betracht. In Finanzgerichtsverfahren gelten über *§ 152 FGO* die allgemeinen Vorschriften über die Prozesskostenhilfe nach *§§ 114 ff. ZPO* entsprechend.

4.6.4 Kosten des Vorverfahrens und Gerichtskosten

Das finanzbehördliche Einspruchsverfahren ist kostenfrei.
Gerichtskosten werden nach dem GKG erhoben *(Kostenverzeichnis Nr. 6110 ff.)*. Gleich bei Einreichung der Klage werden Gerichtskosten fällig *(§ 6 Abs. 1 Nr. 5 GKG)*.

Übungsaufgabe

Vervollständigen Sie den Lückentext. Einzusetzen sind folgende Begriffe:

§ 139 Abs. 1 FGO – StBGebV – Instanzenzug – Berufungsverfahren – 1,6 – VV RVG – Berufungsinstanz – Rechtsanwaltsgebühren – Einspruch – aufschiebende Wirkung – Behörde

Gegen einen Steuerbescheid kann _____ eingelegt werden. Dieser entfaltet keine _____. Eine festgesetzte Steuer ist also trotz Einspruchseinlegung zunächst einmal zu bezahlen. Hat der Steuerpflichtige mit seinem Einspruch Erfolg, hat er aber grundsätzlich dennoch keinen Anspruch auf Erstattung der ihm entstandenen _____. Diese sind nach _____ erst dann zu erstatten, wenn das Finanzgericht mit der Angelegenheit befasst und die Klage erfolgreich war.

Eine Besonderheit des finanzgerichtlichen Verfahrens ist der lediglich zweistufige _____. Es gibt keine _____. Die Einreichung der Anfechtungsklage ist nicht nur beim Finanzgericht möglich, auch der Eingang der Klageschrift bei der _____ wahrt die Klagefrist.

Vertritt der Rechtsanwalt einen Mandanten vor dem Finanzgericht, entstehen Gebühren wie sonst in einem _____ in Zivilsachen. Der Rechtsanwalt verdient also zum Beispiel eine Verfahrensgebühr mit einem Gebührensatz von _____.

Der Rechtsanwalt darf, wenn er für einen Mandanten beispielsweise die Steuererklärung fertigt, nicht nach dem _____ abrechnen. Dann gilt nämlich die _____.

5 Die Arbeitsgerichtsbarkeit

Die Arbeitsgerichtsbarkeit ist wie die anderen besonderen Gerichtsbarkeiten eine eigenständige Gerichtsbarkeit. Ihr unterfallen beispielsweise bürgerliche Rechtsstreitigkeiten aus dem Arbeitsverhältnis zwischen Arbeitnehmer und Arbeitgeber, betriebsverfassungsrechtliche Angelegenheiten, Streitigkeiten zwischen Tarifvertragsparteien oder zwischen diesen und Dritten. Katalogmäßig aufgezählt sind die Konstellationen, die zur Zuständigkeit der Arbeitsgerichtsbarkeit führen, in den *§§ 2, 2a des Arbeitsgerichtsgesetzes (ArbGG)*.

Bereits dem Wortlaut der Vorschriften ist zu entnehmen, dass den Rechtsstreitigkeiten auf dem Gebiet des Arbeitsrechts viele verschiedene Rechtsquellen zugrunde liegen können. Das materielle Arbeitsrecht ist nicht in einem umfassenden Regelwerk einheitlich zusammengefasst.

Das BGB enthält in den *§§ 611 ff. BGB* einige arbeitsrechtliche Vorschriften, daneben gibt es aber viele Spezialgesetze.

Beispiele:
Betriebsverfassungsgesetz (BetrVG), Kündigungsschutzgesetz (KüSchG), Arbeitszeitgesetz (ArbZG)

Außerdem haben Tarifverträge eine wichtige Bedeutung. Es ist davon auszugehen, dass über die Hälfte aller Arbeitsverhältnisse tarifvertraglichen Regelungen unterliegen.

> ✓ **Ein Tarifvertrag** ist ein schriftlicher Vertrag zwischen einem Arbeitgeber oder einem Arbeitgeberverband und einer oder mehreren Gewerkschaften. Der Tarifvertrag wirkt unmittelbar und zwingend für die einzelnen im Geltungsbereich des Tarifvertrages abgeschlossenen Arbeitsverträge *(§ 4 Abs. 1 Tarifvertragsgesetz [TVG])*.

Tarifverträge haben verschiedene Funktionen:

- **Schutzfunktion**: Schützt den Arbeitnehmer davor, dass der Arbeitgeber aufgrund wirtschaftlicher Überlegenheit einseitig die Bedingungen des Arbeitsvertrages bestimmt.
- **Verteilungsfunktion**: Differenzierte Entlohnung der Arbeitnehmer, Herstellung von Einkommensgerechtigkeit
- **Ordnungsfunktion**: Verlässlichkeit der Mindestarbeitsbedingungen
- **Friedensfunktion**: Entschärfung sozialer Konflikte zwischen den Arbeitsvertragsparteien, ein Arbeitskampf darf während der Laufzeit eines Tarifvertrages nicht stattfinden.

Ein Tarifvertrag kann auch für allgemein verbindlich erklärt werden. Dann gilt er nicht nur für die tarifgebundenen Parteien, sondern für alle Arbeitsverhältnisse im Geltungsbereich des Tarifvertrages unabhängig vom Willen der Beteiligten.

Beispiele:
- *Tarifvertrag Mindestentgelt für die Textil- und Bekleidungsindustrie vom 19. August 2015*
- *Tarifvertrag Mindestbedingungen für die Fleischwirtschaft vom 13. Januar 2014*

Das Tarifregister, in dem Angaben über existierende Tarifverträge im Einzelnen und deren Anwendbarkeit verzeichnet sind, wird beim Bundesministerium für Arbeit und Soziales geführt. Am 1. Juli 2016 waren im Tarifregister 71 900 Tarifverträge als gültig eingetragen, 490 davon waren für allgemein verbindlich erklärt. Das Tarifregister gibt aber nur die Bezeichnung des Tarifvertrages wieder, nicht dessen Inhalt. Allgemein verbindliche Tarifverträge werden seit dem 16. August 2014 amtlich bekannt gemacht.

Rechte können auch aus einer Betriebsvereinbarung hergeleitet werden.

> ✓ Die **Betriebsvereinbarung** ist das Parallelinstitut zum Tarifvertrag auf Betriebsebene. Sie ist eine zwischen Arbeitgeber und Arbeitnehmer, vertreten durch den Betriebsrat, geschlossene Gesamtvereinbarung. Betriebsvereinbarungen gelten gemäß *§ 77 Abs. 4 BetrVG* unmittelbar für alle im Betrieb beschäftigten Arbeitnehmer unabhängig von einer Mitgliedschaft in einem Verband.

Regelungsinhalt einer Betriebsvereinbarung kann die betriebliche und betriebsverfassungsrechtliche Ordnung sein. Außerdem können Inhalt, Abschluss und Beendigung von Arbeitsverhältnissen geregelt sein.

Schließlich muss auf materiell-rechtlicher Ebene natürlich auch der individuell abgeschlossene Arbeitsvertrag als privatrechtlicher gegenseitiger Vertrag beachtet werden. In diesem verpflichtet sich neben weiteren Vereinbarungen in der Regel der Arbeitnehmer zur Arbeitsleistung, der Arbeitgeber zur Zahlung des vereinbarten Entgelts.

5.1 Gerichtsaufbau

Der Gerichtsaufbau der Arbeitsgerichtsbarkeit ist dreistufig.

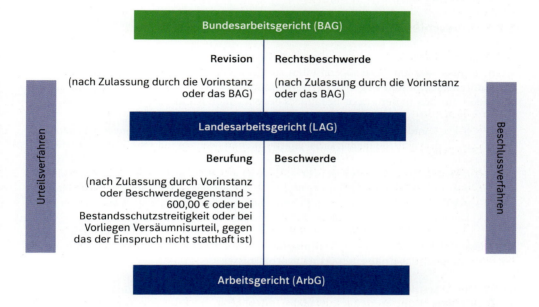

In der ersten Instanz ist grundsätzlich das Arbeitsgericht (ArbG) zuständig *(§ 8 ArbGG)*. Die Kammer des Arbeitsgerichts entscheidet in der Besetzung von einem Richter und zwei ehrenamtlichen Richtern, soweit der Rechtsstreit nicht gemäß *§ 55 ArbGG* alleine durch den Vorsitzenden entschieden werden kann.

Berufungs- oder Beschwerdeinstanz ist das Landesarbeitsgericht (LAG). Das Bundesarbeitsgericht (BAG) in Erfurt ist die Revisions- oder Rechtsbeschwerdeinstanz.

Vor den Arbeitsgerichten gibt es in der ersten Instanz weder im Urteils- noch im Beschlussverfahren einen Anwaltszwang *(§ 11 Abs. 1 ArbGG)*. Vor den Landesarbeitsgerichten und vor dem Bundesarbeitsgericht besteht im Urteilsverfahren Vertretungszwang *(§ 11 Abs. 4 ArbGG)*. Als Prozessbevollmächtigte sind Rechtsanwälte zugelassen oder auch Vertreter von Gewerkschaften, Arbeitgebervereinigungen, Zusammenschlüssen solcher Verbände oder einer besonderen Rechtsschutzorganisation *(§ 11 Abs. 2 Nr. 4 und 5 ArbGG)*.

Im Beschlussverfahren gilt für die Beschwerde- und für die Rechtsbeschwerdeinstanz, dass die schriftliche Einreichung der (Rechts-)Beschwerde, deren Begründung und Rücknahme von einem Rechtsanwalt oder einem Verbandsvertreter oder einem Vertreter einer besonderen Rechtsschutzorganisation unterzeichnet sein müssen *(§§ 89 Abs. 1 und 4, 94 Abs. 1 und 4 ArbGG)*. Im Übrigen können sich die Beteiligten selbst vertreten.

5.2 Verfahrensablauf

Das gerichtliche Verfahren in Arbeitssachen ist im ArbGG geregelt. Schon vor der Einleitung des Gerichtsverfahrens gibt es Besonderheiten zu beachten, die typisch sind für die Bearbeitung arbeitsrechtlicher Mandate. Dazu gehören die Ausschlussfristen und das obligatorische vorgerichtliche Verfahren.

5.2.1 Ausschlussfristen

In Arbeitssachen gibt es Fristen, innerhalb derer ein gerichtliches Verfahren eingeleitet werden muss. Werden diese sogenannten Ausschlussfristen nicht eingehalten, droht dem Mandanten allein schon wegen der Fristversäumnis der Verlust seiner Rechte. Das gilt insbesondere für den in der Praxis besonders bedeutsamen Kündigungsschutzprozess.

§ 4 S. 1 und 4 Kündigungsschutzgesetz (KSchG) Will ein Arbeitnehmer geltend machen, dass eine Kündigung sozial ungerechtfertigt oder aus anderen Gründen rechtsunwirksam ist, so muss er innerhalb von drei Wochen nach Zugang der schriftlichen Kündigung Klage beim Arbeitsgericht auf Feststellung erheben, dass das Arbeitsverhältnis durch die Kündigung nicht aufgelöst ist. (...) Soweit die Kündigung der Zustimmung einer Behörde bedarf, läuft die Frist zur Anrufung des Arbeitsgerichtes erst von der Bekanntgabe der Entscheidung der Behörde an den Arbeitnehmer ab.

Die Klagefrist soll dafür sorgen, dass möglichst schnell Klarheit geschaffen wird über den Fortbestand oder das Ende eines Arbeitsverhältnisses.

Der Arbeitnehmer muss die Rechtsunwirksamkeit der Kündigung durch Erhebung der Kündigungsschutzklage innerhalb einer Frist von drei Wochen nach Zugang der Kündigung durch Klageerhebung beim Arbeitsgericht geltend machen *(§ 4 KSchG)*. Ansonsten gilt die Kündigung von Anfang an als wirksam *(§ 7 KSchG)*.

Die dreiwöchige Klagefrist gilt auch für Kleinbetriebe, für die das KSchG mangels Überschreiten des Schwellenwertes des *§ 23 Abs. 1 KSchG* (Beschäftigung von fünf bzw. zehn oder weniger Arbeitnehmern, je nach Beginn des Arbeitsverhältnisses) grundsätzlich keine Anwendung findet. Denn *§ 23 Abs. 1 KSchG* nimmt den *§ 4 KSchG* ausdrücklich von der Regelung aus.

Praxistipp: Wendet sich ein Mandant wegen einer Kündigung seines Arbeitgebers an die Anwaltskanzlei, sollte schon beim ersten Kontakt danach gefragt werden, wann genau der Mandant die Kündigung erhalten hat. Sodann ist sicherzustellen, dass der Mandant so zügig einen Termin erhält, dass die Dreiwochenfrist zur Klageerhebung gewahrt werden kann.

Mit Ausnahme der Schriftform erfasst die dreiwöchige Frist alle Unwirksamkeitsgründe einer Kündigung, z. B. die Sozialwidrigkeit, die Unwirksamkeit wegen nicht ordnungsgemäßer Anhörung des Betriebsrates, wegen Verstoßes gegen das Kündigungsverbot des *§ 9 Mutterschutzgesetz (MuSchG)* etc.

Die Nichtbeachtung des Schriftformerfordernisses des *§ 623 BGB* hat dagegen die Nichtigkeit der Kündigung gemäß *§ 125 BGB* zur Folge, das Arbeitsverhältnis besteht also trotz der Kündigung weiter. Die Drei-Wochen-Frist, die nach dem Wortlaut der Vorschrift des *§ 4 KSchG* ausdrücklich erst nach Zugang der **schriftlichen** Kündigung zu laufen beginnt, ist in diesem Fall nicht zu beachten.

Beispiel:
Der Lagerarbeiter Bernd Lange hat Streit mit seinem Chef Stefan Dreesen. Tags darauf erscheint Bernd Lange nicht zur Arbeit und meldet sich krank. Wütend ruft Stefan Dreesen bei ihm an und sagt zu ihm, er brauche sich gar nicht mehr im Betrieb blicken lassen, wenn er jetzt auch noch blaumache. Er sei gefeuert.

Die Kündigung ist nichtig, da sie nicht in der Form des § 623 BGB erklärt wurde. Mangels schriftlicher Kündigung muss die Drei-Wochen-Frist zur Klageerhebung in diesem Fall ausnahmsweise nicht beachtet werden.

Gesetzliche Ausschlussfristen finden sich aber nicht nur im KSchG, sondern noch in weiteren Gesetzen, beispielsweise in *§ 61b Abs. 1 ArbGG* oder *§ 19 Abs. 2 BetrVG*.

 § 61b Abs. 1 ArbGG Eine Klage auf Entschädigung nach § 15 des Allgemeinen Gleichbehandlungsgesetzes muss innerhalb von drei Monaten, nachdem der Anspruch schriftlich geltend gemacht worden ist, erhoben werden.

 § 19 Abs. 2 BetrVG Zur Anfechtung berechtigt sind mindestens drei Wahlberechtigte, eine im Betrieb vertretene Gewerkschaft oder der Arbeitgeber. Die Wahlanfechtung ist nur binnen einer Frist von zwei Wochen, vom Tage der Bekanntgabe des Wahlergebnisses an gerechnet, zulässig.

Ausschlussfristen sind häufig auch in Tarifverträgen enthalten. Die Tarifvertragsparteien sind dadurch gezwungen, ihre Ansprüche innerhalb einer bestimmten Frist geltend zu machen. Damit sollen langwierige Streitigkeiten über das Bestehen oder Nichtbestehen tariflicher Ansprüche vermieden werden.

Beispiel:
Auszug aus dem Manteltarifvertrag 2013–2016 zwischen dem Interessenverband Deutscher Zeitarbeitsunternehmen (iGZ e. V.) und den unterzeichnenden Mitgliedsgewerkschaften des DGB: „§ 11 Ansprüche aus dem Arbeitsverhältnis entfallen, wenn sie nicht innerhalb einer Ausschlussfrist von drei Monaten nach Fälligkeit gegenüber der anderen Vertragspartei schriftlich geltend gemacht werden. Lehnt die Gegenpartei die Ansprüche schriftlich ab, sind die Ansprüche innerhalb einer weiteren Ausschlussfrist von drei Monaten ab Zugang der schriftlichen Ablehnung gerichtlich geltend zu machen. Ansprüche, die nicht innerhalb dieser Fristen geltend gemacht werden, sind ausgeschlossen."

 In Arbeitssachen gibt es Ausschlussfristen, innerhalb derer eine Klage erhoben werden muss, ansonsten droht dem Mandanten nur wegen einer nicht rechtzeitigen Klageerhebung Rechtsverlust.

5.2.2 Obligatorisches vorgerichtliches Verfahren

Handelt es sich um eine Streitigkeit zwischen einem Auszubildenden und dem Ausbildungsbetrieb, kann nicht sofort Klage erhoben werden, sondern es ist vorher nach Maßgabe des § 111 Abs. 2 ArbGG ein vorgerichtliches Verfahren vor dem zuständigen Ausschuss durchzuführen, falls ein solcher besteht. Kommt es im vorgerichtlichen Verfahren zu keiner Einigung, endet dieses Verfahren mit einer Entscheidung des Ausschusses, dem „Spruch". Gegen diesen kann dann binnen zwei Wochen Klage beim Arbeitsgericht erhoben werden.

Eine Klage über eine Streitigkeit aus einem Berufsausbildungsverhältnis, die ohne vorherige Durchführung eines nach § 111 Abs. 2 ArbGG zwingend vorzuschaltenden Güteverfahrens erhoben wird, ist unzulässig.

5.2.3 Urteils- und Beschlussverfahren

Die §§ 2 und 2a ArbGG geben Aufschluss darüber, ob eine Angelegenheit überhaupt der Arbeitsgerichtsbarkeit unterfällt. Die Vorschriften bestimmen gleichzeitig aber auch, in welcher Verfahrensart die Streitigkeit zu führen ist.

In der Arbeitsgerichtsbarkeit werden zwei Verfahrensarten unterschieden:
1. Urteilsverfahren *(§§ 2, 46 ff. ArbGG)* und
2. Beschlussverfahren *(§§ 2a, 80 ff. ArbGG)*.

Das ArbGG verweist in *§ 46 Abs. 2* für das Urteilsverfahren und über *§ 80 Abs. 2* für das Beschlussverfahren ergänzend auf die Vorschriften der ZPO.

Allgemein hebt sich das Verfahren in der Arbeitsgerichtsbarkeit von den Verfahren in allgemeinen Zivilsachen dadurch ab, dass es sich um ein beschleunigt durchzuführendes Verfahren handelt.

§ 9 Abs. 1 ArbGG Das Verfahren ist in allen Rechtszügen zu beschleunigen.

Eine besondere Beschleunigung ordnet das Gesetz darüber hinaus in Kündigungsverfahren an. Hier soll die Güteverhandlung innerhalb von zwei Wochen nach Klageerhebung stattfinden *(§ 61a Abs. 2 ArbGG)*.

Urteilsverfahren

Das Urteilsverfahren findet statt in Fallgestaltungen, in denen es sich um die Durchsetzung individueller Rechte handelt.

Beispiele:
Streitigkeiten um eine Kündigung, ausstehenden Lohn, eine Abmahnung des Arbeitgebers

Auch im arbeitsgerichtlichen Urteilsverfahren gilt wie im Zivilprozess der Dispositionsgrundsatz. Es ist Sache des Klägers, einen bestimmten Antrag zu stellen, an den das

Gericht gebunden ist. Der Kläger hat das Recht, das Verfahren zu beenden oder den Streitgegenstand des Verfahrens zu verändern. Die Vorschriften über die Klageänderung, die Rücknahme, den Verzicht, den Vergleich, das Anerkenntnis sowie die Erledigung der Hauptsache gelten über den Verweis auf die ZPO auch im arbeitsgerichtlichen Urteilsverfahren.

Charakteristisch für das Urteilsverfahren ist die besondere Betonung des Mündlichkeitsprinzips. Anders als im Zivilprozess gibt es kein schriftliches Vorverfahren und auch keinen frühen ersten Termin *(§ 46 Abs. 2 S. 2 ArbGG)*.

Nach *§ 46a ArbGG* können Ansprüche vor den Gerichten für Arbeitssachen auch im Rahmen eines Mahnverfahrens verfolgt werden. Das ArbGG verweist für die Durchführung des Mahnverfahrens auf die entsprechenden Vorschriften der ZPO. Die Widerspruchsfrist ist jedoch verkürzt.

Nach **§ 46a Abs. 3 ArbGG** beträgt die Widerspruchsfrist gegen einen im arbeitsgerichtlichen Mahnverfahren erlassenen Mahnbescheid nur eine Woche.

Auch die Einspruchsfrist gegen ein Versäumnisurteil ist im Vergleich zu den Regelungen im Zivilprozess verkürzt.

Ergeht im arbeitsgerichtlichen Urteilsverfahren ein Versäumnisurteil, beträgt die Einspruchsfrist nach **§ 59 Abs. 1 ArbGG** eine Woche.

Beschlussverfahren

Das Beschlussverfahren kommt zum Tragen, wenn Ziel des Rechtsstreits das Herbeiführen einer Entscheidung mit betriebsverfassungs- oder kollektivrechtlichem Bezug ist.

Beispiele:

- Der Arbeitnehmer begehrt die Feststellung, dass er bei der Betriebsratswahl wahlberechtigt ist.
- Eine Gewerkschaft nimmt einen Arbeitgeber auf Unterlassung tarifwidriger betrieblicher Regelungen in Anspruch.

An den Antrag, der den Streitgegenstand des Verfahrens bestimmt, ist das Gericht entsprechend *§ 308 ZPO* gebunden.

Der Charakter des Beschlussverfahrens ähnelt demjenigen des Verfahrens der freiwilligen Gerichtsbarkeit. Die Bezeichnungsweise ändert sich: Es handeln die Beteiligten, es werden Anträge und keine Klagen eingereicht, die Entscheidung ergeht durch Beschluss und nicht durch Urteil.

Es gilt der Amtsermittlungsgrundsatz, das Gericht hat den Sachverhalt im Rahmen der gestellten Anträge von Amts wegen zu erforschen *(§ 83 Abs. 1 ArbGG)*. Aus dieser Vorschrift ergibt sich auch die Mitwirkungspflicht der Beteiligten.

Verfahren vor dem Arbeitsgericht		
	Urteilsverfahren	**Beschlussverfahren**
Anwendungsbereich	Definiert in § 2 ArbGG: Gerichte für Arbeitssachen sind zuständig für bürgerliche Rechtsstreitigkeiten - über Tarifverträge, - wegen unerlaubter Handlungen im Zusammenhang mit Arbeitskampf oder Vereinigungsfreiheit, - zwischen Arbeitnehmern oder ihren Hinterbliebenen und Arbeitgebern aus dem Arbeitsverhältnis, - über Ansprüche auf Leistungen der Insolvenzsicherung, - zwischen Entwicklungshelfern und den Trägern des Entwicklungsdienstes, - zwischen Freiwilligen nach dem Bundes- oder Jugendfreiwilligendienstgesetz und den Trägern oder Einsatzstellen, - zwischen Arbeitnehmern untereinander und aus unerlaubten Handlungen, soweit diese mit dem Arbeitsverhältnis im Zusammenhang stehen, - zwischen behinderten Menschen im Arbeitsbereich von Werkstätten für behinderte Menschen und den Trägern der Werkstätten, - wegen Leistung einer Vergütung für eine Arbeitnehmererfindung oder für einen technischen Verbesserungsvorschlag oder aus Urheberrecht, - aufgrund Vereinbarung für Streitigkeiten zwischen einer juristischen Person des Privatrechts und Mitgliedern ihres Vertretungsorgans.	Definiert in § 2a ArbGG: Gerichte für Arbeitssachen sind zuständig für: 1. Angelegenheiten aus dem - Betriebsverfassungsgesetz, - Sprecherausschussgesetz, - Mitbestimmungs- oder Mitbestimmungsergänzungsgesetz und dem Drittelbeteiligungsgesetz, - Neunten Buch Sozialgesetzbuch §§ 94, 95, 139, - Gesetz über Europäische Betriebsräte, - § 51 Berufsbildungsgesetz, - § 10 Bundesfreiwilligendienstgesetz, - SE-Beteiligungsgesetz, - SCE-Beteiligungsgesetz, - Gesetz über die Mitbestimmung der Arbeitnehmer bei einer grenzüberschreitenden Verschmelzung, unter Beachtung der jeweils im Einzelnen in § 2a Abs. 1 ArbGG genannten Ausnahmen. 2. Entscheidungen über - die Tariffähigkeit und Tarifzuständigkeit einer Vereinigung, - die Wirksamkeit einer Allgemeinverbindlicherklärung, - den im Betrieb anwendbaren Tarifvertrag.
Verfahrensziel	Durchsetzung oder Abwehr individueller Rechte	Herbeiführen einer Entscheidung mit betriebsverfassungs- oder kollektivrechtlichem Bezug
Verfahrensvorschriften	§§ 46–79 ArbGG (§ 46 Abs. 2 ArbGG): Sofern ArbGG keine Regelung trifft, wird auf die ZPO verwiesen.	§§ 80–100 ArbGG, über § 80 Abs. 2 ArbGG subsidiäre Anwendung der ZPO, soweit die Besonderheiten des Beschlussverfahrens dem nicht entgegenstehen.

Verfahren vor dem Arbeitsgericht		
	Urteilsverfahren	Beschlussverfahren
Anwaltszwang	In erster Instanz kein Anwaltszwang; vor den Landesarbeitsgerichten und vor dem Bundesarbeitsgericht besteht im Urteilsverfahren Vertretungszwang *(§ 11 Abs. 4 ArbGG)*. Als Prozessbevollmächtigte sind Rechtsanwälte zugelassen oder auch Vertreter von Gewerkschaften, Arbeitgebervereinigungen, Zusammenschlüssen solcher Verbände oder einer besonderen Rechtsschutzorganisation *(§ 11 Abs. 2 Nr. 4 und 5 ArbGG)*.	In erster Instanz kein Anwaltszwang; für die Beschwerde- und Rechtsbeschwerdeinstanz gilt: Die schriftliche Einreichung der Beschwerde, deren Begründung und Rücknahme müssen von einem Rechtsanwalt oder einem Verbandsvertreter oder einem verbandsunabhängigen Vertretungsorgan unterzeichnet sein *(§ 89 Abs. 1 ArbGG)*.
Verfahrenscharakter	Beschleunigungsgrundsatz *(§ 9 Abs. 1 ArbGG)*; Gütetermin *(§ 54 Abs. 1 ArbGG)*; das dem üblichen Zivilprozess der ZPO angeglichene Verfahren: Verhandlungs- und Dispositionsmaxime, Unmittelbarkeit, Öffentlichkeit; besondere Betonung des Mündlichkeitsprinzips *(§§ 54, 47 Abs. 2 ArbGG)*; in erster Instanz keine Entscheidung ohne mündliche Verhandlung möglich; Urkundenprozess nicht statthaft; besondere Regelungen in Bezug auf das Mahnverfahren *(§§ 46a ArbGG)*	Beschleunigungsgrundsatz *(§ 9 Abs. 1 ArbGG)*; Gütetermin optional *(§ 80 Abs. 2 ArbGG)*; das dem Verfahren der freiwilligen Gerichtsbarkeit vergleichbare Verfahren: andere Bezeichnungsweise (Beteiligte, Antrag); Gericht hat Sachverhalt von Amts wegen zu erforschen *(§ 83 ArbGG)*; Mahnverfahren und Urkundenprozess nicht statthaft
Entscheidung durch	Urteil	Beschluss

5.2.4 Eilverfahren

Einstweiliger Rechtsschutz kann auch im arbeitsgerichtlichen Verfahren gewährt werden. Die Vorschriften der ZPO über Arrest und einstweilige Verfügung gemäß *§§ 916–945 ZPO* sind entsprechend anwendbar *(§§ 62 Abs. 2 und 85 Abs. 2 ArbGG)*.

Beispiel:
David Klein ist mit seinem Arbeitgeber im Streit über die Urlaubsplanung. Die von ihm und seiner Familie gebuchte Urlaubsreise soll in drei Wochen beginnen und es zeichnet sich immer noch keine Lösung ab. Den Ausgang eines Hauptsacheverfahrens kann Daniel Klein wegen des zeitlichen Drucks nicht abwarten. Er beantragt, seinen Arbeitgeber im Rahmen einer einstweiligen Verfügung zu verurteilen, ihn in der Zeit vom ... bis zum ... von der Arbeit freizustellen.

5.3 Rechtsmittel

Auch hinsichtlich der Rechtsmittel ist danach zu differenzieren, ob es sich um ein arbeitsgerichtliches Urteils- oder Beschlussverfahren handelt.

5.3.1 Rechtsmittel im Urteilsverfahren

Eine Berufung gegen ein Urteil des Arbeitsgerichts ist gemäß *§ 64 Abs. 2 ArbGG* möglich, wenn

- die Berufung durch Urteil des Arbeitsgerichts zugelassen worden ist,
- der Wert des Beschwerdegegenstands 600,00 € übersteigt,
- es sich um eine Bestandsschutzstreitigkeit handelt oder
- es sich um ein Versäumnisurteil handelt, gegen das der Einspruch an sich nicht statthaft ist, wenn die Berufung oder Anschlussberufung darauf gestützt wird, dass ein Fall der schuldhaften Säumnis nicht vorgelegen hat.

 Bestandsschutzstreitigkeiten sind Rechtsstreitigkeiten über das Bestehen, Nichtbestehen oder die Kündigung eines Arbeitsverhältnisses.

§ 66 Abs. 1 ArbGG regelt die Fristen zur Einlegung der Berufung, deren Begründung und deren Beantwortung.

 Die Frist zur Einlegung der Berufung gegen ein arbeitsgerichtliches Urteil beträgt einen Monat, die Frist zur Begründung beträgt zwei Monate nach Zustellung des in vollständiger Form abgefassten Urteils. Die Berufung ist beim Landesarbeitsgericht einzulegen *(§§ 64 Abs. 6 ArbGG, 519 Abs. 1 ZPO).*

 Der Berufungsbeklagte muss auf die Berufung innerhalb einer Frist von einem Monat nach Zustellung der Berufungsbegründung antworten.

Die Fristen zur Berufungsbegründung und zur Beantwortung der Berufung können nur einmal verlängert werden *(§ 66 Abs. 1 ArbGG).*

Gegen ein Urteil des Landesarbeitsgerichts kann Revision eingelegt werden, wenn diese durch das Landesarbeitsgericht in seinem Urteil zugelassen worden ist.

 Die Frist für die Einlegung der Revision beträgt einen Monat, die Frist für die Revisionsbegründung zwei Monate nach Zustellung des in vollständiger Form abgefassten Urteils *(§ 74 Abs. 1 ArbGG)*. Die Revision ist beim Bundesarbeitsgericht einzulegen *(§§ 72 Abs. 5 ArbGG, 549 Abs. 1 ZPO).*

Die Revisionsbegründungsfrist kann einmal bis zu einem weiteren Monat verlängert werden *(§ 74 Abs. 1 ArbGG).*

Wurde die Revision nicht zugelassen, kann Nichtzulassungsbeschwerde erhoben werden *(§ 72a ArbGG).*

 Die Nichtzulassungsbeschwerde ist innerhalb einer Frist von einem Monat beim Bundesarbeitsgericht einzulegen, sie ist innerhalb von zwei Monaten nach Zustellung des in vollständiger Form abgefassten Urteils zu begründen *(§ 72a ArbGG).*

Wird der Beschwerde stattgegeben, so wird das Verfahren als Revisionsverfahren fortgesetzt. Die Revisionsbegründungsfrist beginnt dann mit der Zustellung der Entscheidung über die Zulassung der Revision *(§ 72a Abs. 6 ArbGG)*.

5.3.2 Rechtsmittel im Beschlussverfahren

Gegen alle das Verfahren beendenden Beschlüsse des Arbeitsgerichts findet das Rechtsmittel der Beschwerde statt *(§ 87 Abs. 1 ArbGG)*. Die für das Berufungsverfahren im Urteilsverfahren maßgeblichen Vorschriften sind gemäß *§ 87 Abs. 2 ArbGG* entsprechend anwendbar, das gilt also insbesondere für die einzuhaltenden Fristen.

Die Rechtsbeschwerde gegen einen Beschluss des Landesarbeitsgerichts ist nach deren Zulassung möglich *(§ 92 Abs. 1 ArbGG)*. Gegen die Nichtzulassung kann Nichtzulassungsbeschwerde erhoben werden. Die für das Revisionsverfahren im Urteilsverfahren maßgeblichen Vorschriften sind gemäß *§ 92 Abs. 2 ArbGG* entsprechend anwendbar. Für die Nichtzulassungsbeschwerde erfolgt der Verweis auf die Vorschriften des Urteilsverfahrens in *§ 92a ArbGG*. Auch hier gelten also die Ausführungen zu den im Urteilsverfahren einzuhaltenden Fristen entsprechend.

5.4 Vergütung und Kosten

Verschiedene Angelegenheiten sind nach *§ 17 RVG*

- das Schlichtungsverfahren und das nachfolgende gerichtliche Verfahren,
- das Hauptsacheverfahren und das Eilverfahren,
- das Rechtsmittelverfahren und der vorausgegangene Rechtszug,
- das Rechtsmittelverfahren und das Verfahren über die Nichtzulassungsbeschwerde (Revision).

5.4.1 Gegenstandswert

In arbeitsrechtlichen Angelegenheiten erhält der Rechtsanwalt Wertgebühren. Die Höhe der Gebühren hängt also maßgeblich vom Gegenstandswert der anwaltlichen Tätigkeit ab. Der Streitwert des Gerichtsverfahrens ist auch für die Bestimmung des Gegenstandswertes der gerichtlichen oder außergerichtlichen anwaltlichen Tätigkeit heranzuziehen *(§ 23 Abs. 1 RVG)*. In Arbeitsgerichtsverfahren ist das GKG anwendbar *(§ 1 Abs. 2 Nr. 4 GKG)*.

Genauso wie für die Verwaltungs-, die Sozial- und die Finanzgerichtsbarkeit gibt es auch für die Arbeitsgerichtsbarkeit einen **Streitwertkatalog**. Der von einer Streitwertkommission erarbeitete Streitwertkatalog soll dazu dienen, die Wertrechtsprechung in Deutschland zu vereinheitlichen. Er ist aber dennoch unverbindlich und für die entscheidenden Gerichte nicht bindend. Die erste Fassung des Streitwertkatalogs stammte aus dem Jahr 2013. Zwischenzeitlich wurde eine überarbeitete Fassung vom 9. Februar 2018 veröffentlicht (siehe Streitwertkatalog Arbeitsgerichtsbarkeit 2018 unter BuchPlusWeb).

Gegenstandswerte in typischen arbeitsgerichtlichen Urteilsverfahren		
Abmahnung	eine Bruttomonatsvergütung	
Beschäftigungsanspruch	eine Bruttomonatsvergütung	
Kündigung	Vergütung für ein Vierteljahr (Jahreseinkommen zugrunde legen!)	§ 42 Abs. 2 GKG Abfindung wird nicht hinzugerechnet
Zahlung einmalig	geforderter Betrag	
Zahlung wiederkehrend	Dreijahreswert	§ 42 Abs. 1 GKG Rückstände werden nicht hinzugerechnet (§ 42 Abs. 3 GKG)
Zeugniserteilung	eine Bruttomonatsvergütung	

5.4.2 Vergütung

Für die Gebühren, die bei einer Beratung anfallen, gelten keine Besonderheiten.

Vorgerichtlich

In arbeitsrechtlichen Angelegenheiten entstehen die gleichen Vergütungsansprüche wie bei der außergerichtlichen Vertretung in allgemeinen Zivilsachen.

Beispiel:
Der Arbeitgeber Julian Siebert beauftragt den Rechtsanwalt, alle Möglichkeiten zu prüfen, wie der unliebsame Arbeitnehmer Xaver Riek gekündigt werden könnte. Der Rechtsanwalt nimmt eine umfassende rechtliche Prüfung vor und versendet schließlich im Auftrag von Julian Siebert ein Kündigungsschreiben. Er kann für seine Tätigkeit eine Geschäftsgebühr nach Nr. 2300 VV abrechnen.

Die Geschäftsgebühr für ein vorgerichtliche Schlichtungsverfahren entsteht nach *Nr. 2303 VV* mit einem Gebührensatz von 1,5.

Die Geschäftsgebühr der *Nr. 2300 VV* ist nach *Vorbemerkung 2.3 Abs. 6 VV* auf die anschließend im vorgerichtlichen Schlichtungsverfahren entstehende Geschäftsgebühr zur Hälfte, höchstens jedoch mit einem Gebührensatz von 0,75 anzurechnen.

Gerichtlich

Im Urteils- und im Beschlussverfahren entstehen Gebühren wie in bürgerlichen Rechtsstreitigkeiten vor einem ordentlichen Gericht nach *Teil 3 Abschnitt 1 VV*.

Die zuletzt entstandene Geschäftsgebühr wird auf die Verfahrensgebühr eines nachfolgenden gerichtlichen Verfahrens hälftig angerechnet, höchstens jedoch mit einem Gebührensatz von 0,75 *(Vorbemerkung 3 Abs. 4 VV)*.

5.4.3 Kostentragung und Kostenfestsetzung

Im Urteilsverfahren des ersten Rechtszuges besteht gemäß *§ 12a ArbGG* kein Anspruch der obsiegenden Partei auf Erstattung der Rechtsanwaltskosten. Jede Partei trägt also die Kosten der eigenen Vertretung selbst, unabhängig vom Ausgang des Verfahrens.

Beispiel:
Rechtsanwalt Henry Winter erhebt für seinen Mandanten Max Weber eine Kündigungsschutzklage gegen dessen Arbeitgeber. Das Gericht gibt der Klage statt, im Urteil wird festgestellt, dass das Arbeitsverhältnis durch die arbeitgeberseitige Kündigung nicht aufgelöst worden ist. Obwohl er den Rechtsstreit gewonnen hat, bleibt Max Weber auf den Kosten seines Rechtsanwalts sitzen.

 Der Mandant ist auf den Ausschluss der Kostenerstattung im erstinstanzlichen Urteilsverfahren vor dem Arbeitsgericht hinzuweisen *(§ 12a Abs. 1 ArbGG)*.

Besteht eine Rechtsschutzversicherung oder wird dem Mandanten über eine Mitgliedschaft in einer Gewerkschaft Rechtsschutz gewährt, verliert das Kriterium des Ausschlusses der Kostenerstattung für die Entscheidung des Mandanten, ob Klage erhoben werden soll, jedoch an Bedeutung.

Die Einschränkung der Erstattungspflicht gilt nur für die erste Instanz, nicht für die Rechtsmittelinstanzen. In der Berufungs- und Revisionsinstanz im Urteilsverfahren erfolgt eine den Vorschriften der ZPO entsprechende Kostenregelung, die auf das Verhältnis des Obsiegens und Unterliegens abstellt.

Für das Kostenfestsetzungsverfahren gelten über *§ 46 Abs. 2 S. 1 ArbGG* die Vorschriften der *§§ 103 ff. ZPO* entsprechend. Die Entscheidung über den Kostenfestsetzungsantrag trifft der Rechtspfleger *(§§ 9 Abs. 3 ArbGG, 21 RpflG)*. Der Rechtsbehelf gegen dessen Entscheidung ist entsprechend der Vorschriften der ZPO die sofortige Beschwerde *(§ 104 Abs. 3 ZPO)*. Die sofortige Beschwerde muss innerhalb von zwei Wochen nach Zustellung des Kostenfestsetzungsbeschlusses erhoben werden *(§ 569 Abs. 1 ZPO)*.

Für die außergerichtliche Tätigkeit des Rechtsanwalts in arbeitsrechtlichen Angelegenheiten kann Beratungshilfe beantragt werden.

Prozesskostenhilfe kommt für die gerichtlichen Verfahren in Betracht. In Verfahren vor dem Arbeitsgericht gelten über *§ 11a ArbGG* die Vorschriften der ZPO über die Prozesskostenhilfe entsprechend.

Kostenerstattungsansprüche im Beschlussverfahren sind im ArbGG nicht geregelt. Eine Kostenerstattung findet deshalb nicht statt.

5.4.4 Gerichtskosten

Ein Gerichtskostenvorschuss ist bei Einreichung der Klage nicht zu leisten, arbeitsgerichtliche Verfahren sind in *§ 6 Abs. 1 GKG* nicht genannt. Gerichtskosten in Arbeitssachen werden in der Regel erst mit Beendigung des Verfahrens fällig *(§ 9 Abs. 2 GKG).*

Im Urteilsverfahren werden Gebühren nach dem Kostenverzeichnis (Anlage 1 zum GKG) erhoben. Teil 8 des Kostenverzeichnisses (KV) regelt die in Verfahren vor den Gerichten der Arbeitsgerichtsbarkeit anfallenden Gerichtskosten. Die Gebühren liegen unter den Gebühren für ein Zivilverfahren.

Beispiel:
Die Gebühr für das Verfahren im Allgemeinen entsteht im Zivilprozess mit einem Satz von 3,0, Nr. 1210 KV, im arbeitsgerichtlichen Verfahren mit einem Satz von 2,0, Nr. 8210 KV.

Bei Beendigung des Verfahrens durch Vergleich werden keine Gerichtskosten erhoben *(Vorbemerkung 8 KV).*

Das Beschlussverfahren ist in allen Rechtszügen gerichtsgebührenfrei *(§ 2 Abs. 2 GKG).*

Übungsaufgaben

1. Bei Vorliegen einer Schwerbehinderung kann der Arbeitgeber nur mit behördlicher Zustimmung durch das Integrationsamt nach *§ 168 SGB IX* die Kündigung aussprechen. Das Integrationsamt entscheidet über den Antrag des Arbeitgebers durch Bescheid. Die Entscheidung des Integrationsamtes wird dem Arbeitgeber und dem schwerbehinderten Arbeitnehmer nach *§ 171 SGB IX* zugestellt. Erst mit Zustimmung des Integrationsamtes kann der Arbeitgeber die Kündigung aussprechen.

   In welchem Bereich bewegt sich die Angelegenheit also, wenn der schwerbehinderte Mandant sich wegen einer Kündigung an einen Rechtsanwalt wendet: Verwaltungsgerichtsbarkeit, Sozialgerichtsbarkeit und/oder Arbeitsgerichtsbarkeit?

2. Sina Pohl macht eine Ausbildung zur Rechtsanwaltsfachangestellten. Sie erhält dafür eine Ausbildungsvergütung in Höhe von 800,00 € monatlich. Nach der Trennung von ihrem Freund hat Sina Pohl Liebeskummer und kann sich nicht mehr auf ihre Arbeit konzentrieren. Aus Nachlässigkeit vergisst sie wiederholt, Fristen zu notieren. Anweisungen befolgt sie nur noch schleppend und nach mehrfacher Aufforderung. Sina Pohl erhält eine Abmahnung ihres Ausbildungsbetriebes. Das will sie nicht akzeptieren.

Sie hat Angst, dass sich die Abmahnung in ihrer Personalakte negativ auf ihr Abschlusszeugnis auswirken wird. Sowieso hält sie ihre Nachlässigkeiten für unbedeutend und ist der Auffassung, es habe sich nur um kleine „Flüchtigkeitsfehler" gehandelt.

a Sina Pohl fragt Sie um Ihre Meinung, wie sie vorgehen könnte. Ermitteln Sie die für ihr Anliegen in Ihrem Kammerbezirk zuständige Stelle und deren Besetzung.

b Das Verhältnis zwischen Sina Pohl und ihrem Ausbildungsbetrieb verschlechtert sich zusehends. Sina Pohl will das Ganze nicht alleine durchstehen und sucht anwaltlichen Beistand. Rechtsanwalt Leo Kruse vertritt Sina Pohl vor dem zuständigen Ausschuss. Das Verfahren endet durch eine Einigung zwischen ihr und dem Ausbildungsbetrieb. Welche Gebühren kann Rechtsanwalt Leo Kruse für seine Tätigkeit abrechnen?

3. Sie sind Mitarbeiter/-in einer Anwaltskanzlei. Sie werden gebeten, die Rechtsanwaltsgebühren zweier abgeschlossener Mandate abzurechnen.

a Aus der ersten Akte entnehmen Sie folgende Informationen: Der Mandant ist als Lagerarbeiter beschäftigt und als Chef des Warenlagers eingesetzt. Er hat einen Jahresbruttoverdienst von 33 880,32 €. Der Mandant hatte folgendes Schreiben seines Arbeitgebers erhalten:

> ... am 10. Dezember 2018 hatten Sie für die Zeit vom 28. Januar bis 10. Februar 2019 Urlaub beantragt, welcher Ihnen auch genehmigt wurde. Am Nachmittag des 27. Januar sprach Ihr Vorgesetzter mit Ihnen, Sie sagten ihm zu, dass für die freien Tage alles vorbereitet sei. Wie Sie wissen, gehört es zu Ihren Pflichten, die Monatsinventur durchzuführen, die am letzten Arbeitstag eines Monats erfolgen muss. Für eine Vertretung während Ihrer Urlaubsabwesenheit haben Sie nicht gesorgt, obwohl dies zu Ihren Aufgaben gehört. Kurzfristig musste ein anderer Mitarbeiter diese Aufgabe übernehmen. Dieser konnte deshalb seine eigene Arbeit nicht ausüben. Wir können Ihr Verhalten nicht tolerieren und erteilen Ihnen deshalb eine Abmahnung. ...

Der Rechtsanwalt forderte den Arbeitgeber des Mandanten auf, die Abmahnung aus der Personalakte zu entfernen und den Vorwurf nicht weiter aufrechtzuerhalten. Der Arbeitgeber kam dieser Aufforderung nach. Der Mandant ist rechtsschutzversichert und die Versicherung hat Deckungszusage für die Tätigkeit des Rechtsanwalts erteilt. Im Rechtsschutzversicherungsvertrag ist eine Selbstbeteiligung in Höhe von 150,00 € vereinbart.

Entwerfen Sie die Gebührenrechnung des Rechtsanwalts. Was ist in Bezug auf die Kostendeckungszusage der Rechtsschutzversicherung zu veranlassen?

b Bei der zweiten Angelegenheit ist der Mandant der vertretungsberechtigte Geschäftsführer der Schlosserei Weiss GmbH & Co. KG. Es handelte sich um einen Mitarbeiter, der seit neun Jahren als Metallbauer in der Firma angestellt war (Bruttojahresgehalt: 28 200,00 €). In letzter Zeit hatte er gehäuft Fehler bei der Montage gemacht. Nach wiederholten Abmahnungen wurde seitens des Arbeitgebers die verhaltensbedingte

> Kündigung ausgesprochen. Der Mitarbeiter erhob Kündigungsschutzklage und beantragte außerdem, die Schlosserei Weiss zu verurteilen, ihm ein wohlwollendes, qualifiziertes Zwischenzeugnis zu erteilen.
> Das Arbeitsgericht bestimmte mit Übersendung der Klageschrift den Termin zur Güteverhandlung vor dem Vorsitzenden. Sodann wurde dem Rechtsanwalt Mandat erteilt. Im Termin wurde ein Vergleich geschlossen mit folgendem Inhalt:
>
> > Das Arbeitsverhältnis endet aufgrund Kündigung aus betrieblichen Gründen zum 30. September 20.. . Bis dahin erfolgt eine Freistellung des Arbeitnehmers unter Anrechnung restlicher Urlaubsansprüche.
> >
> > Die Beklagte zahlt an den Kläger eine Sozialabfindung für den Verlust des Arbeitsplatzes gemäß §§ 9, 10 KSchG in Höhe von 17 000,00 € brutto.
> >
> > Die Beklagte verpflichtet sich zur Erteilung eines wohlwollend formulierten, qualifizierten Abschlusszeugnisses.
> >
> > Die Kosten werden gegeneinander aufgehoben.
>
> Nach welchem Gegenstandswert ist abzurechnen? Entwerfen Sie die Gebührenrechnung des Rechtsanwalts.

6 Das selbstständige Beweisverfahren

Das selbstständige Beweisverfahren ist ein in der Zivilprozessordnung verankertes besonderes Verfahren. Ziel des Verfahrens ist nicht die Entscheidung des Gerichts über einen Rechtsstreit, sondern die Sicherung von Beweisen oder die Feststellung von Tatsachen.

Beispiel
Der einzige Zeuge für die anspruchsbegründenden Tatsachen in einer Forderungssache ist lebensbedrohlich erkrankt. Die Vernehmung des Zeugen wird im Rahmen eines selbstständigen Beweisverfahrens zur Beweissicherung beantragt. Das Gericht wird dabei nicht mit der Entscheidung in der Sache selbst befasst.

In manchen Fällen kann der Mandant mangels eigener Sachkenntnis nicht sicher abschätzen, ob überhaupt ein Schaden vorliegt, welche Ursache der Schaden hat oder welcher Betrag als Schadensersatz verlangt werden kann. Auch hier kommt die Einleitung eines selbstständigen Beweisverfahrens infrage. Es kann die Einholung eines Sachverständigengutachtens beantragt werden, in dem Feststellungen zur Schadensursache und den voraussichtlichen Beseitigungskosten getroffen werden. Ein derartiges Gutachten kann dann einen nachfolgenden Hauptsacheprozess vorbereiten.

Beispiel
Familie Ofner lässt ihr Bad sanieren. Es sind verschiedene Handwerksfirmen beteiligt, da unter anderem eine neue Dämmung angebracht wird, alle Installationen neu verlegt werden und das Bad anschließend neu gefliest und verfugt wird. Nachdem alle Arbeiten abgeschlossen sind, stellt Familie Ofner fest, dass sich an den Wänden starke Feuchtigkeit

niederschlägt, die zur Bildung von Pfützen auf dem Boden führt. Das passiert nicht nur nach dem Duschen, sondern auch in Zeiten, in denen das Bad nicht genutzt wird. Die Familie weiß nicht, ob die Feuchtigkeit beispielsweise durch schadhafte Dämmung, undichte Leitungen oder mangelhafte Verfugung entsteht. Durch die Einholung eines Sachverständigengutachtens kann der Sache auf den Grund gegangen werden.

Ein eindeutiges und nachvollziehbares Beweisergebnis kann in vielen Fällen den Weg ebnen für eine außergerichtliche Lösung des Streits. Das selbstständige Beweisverfahren hat in diesem Fall streitvermeidenden Charakter. Ein Hauptsacheprozess wird entbehrlich.

Beispiel
Im vorgenannten Beispiel kommt der Sachverständige nach einer Besichtigung des Bades zu dem Schluss, dass die Silikonfugen in der Dusche rissig und damit undicht sind. Alle anderen Gewerke seien fehlerfrei. Die Kosten, die durch eine Neuverfugung entstehen, schätzt er auf 500,00 €. Auf Grundlage dieses schriftlichen Gutachtens ist der ausführende Handwerker zu einer Neuverfugung bereit. Ein Rechtsstreit braucht nicht mehr geführt zu werden.

Selbst wenn eine außergerichtliche Einigung nicht gelingt, wird ein späterer Hauptsacheprozess in der Regel dadurch beschleunigt, dass streitige Tatsachen schon im selbstständigen Beweisverfahren vorab geklärt wurden.

Die Einleitung eines selbstständigen Beweisverfahrens hemmt außerdem die Verjährung (§ 204 Abs. 1 Nr. 7 BGB).

6.1 Anwendungsbereich

Das selbstständige Beweisverfahren ist in der ZPO in den Vorschriften der §§ 485–494a ZPO geregelt. Über die Verweisungsnorm des § 113 Abs. 1 S. 2 FamFG ist die Durchführung eines selbstständigen Beweisverfahrens auch in Familienstreitsachen möglich.

Beispiel
Während der Ehe haben die Eheleute das dem Ehemann gehörende Zweifamilienhaus aufwendig modernisiert. Balkone und ein Wintergarten wurden angebaut, außerdem wurde im Keller ein Wellnessbereich mit Sauna und Swimmingpool eingerichtet. Die Eheleute streiten bislang außergerichtlich über die Höhe des Wertzuwachses, den das Haus durch diese Maßnahmen erfahren hat. Die Ehefrau kann vor dem Familiengericht ein selbstständiges

Beweisverfahren einleiten, um die Höhe des Wertzuwachses durch Gutachten feststellen zu lassen. Der Wertzuwachs ist nämlich maßgeblich dafür, in welcher Höhe die Ehefrau schließlich einen Anspruch auf Zugewinnausgleich hat.

Der Anwendungsbereich des selbstständigen Beweisverfahrens geht aber über die ordentliche Gerichtsbarkeit hinaus: *§ 98 VwGO* verweist ebenfalls auf die *§§ 485 ff. ZPO*. Auch im Verwaltungsprozess ist ein derartiges Verfahren möglich.

6.2 Zulässigkeit

Das selbstständige Beweisverfahren kann wie folgt eingeleitet werden:

- **Als einvernehmliches Verfahren**: Bei Zustimmung des Gegners können Einnahme des Augenscheins, Zeugenvernehmung oder Einholung eines Sachverständigengutachtens während oder außerhalb eines Streitverfahrens beantragt werden *(§ 485 Abs. 1 1. Halbsatz ZPO)*.
- **Als sicherndes Verfahren**: Bei möglichem Verlust des Beweismittels oder erschwerter Benutzbarkeit können Einnahme des Augenscheins, Zeugenvernehmung oder Einholung eines Sachverständigengutachtens während oder außerhalb eines Streitverfahrens beantragt werden *(§ 485 Abs. 1 2. Halbsatz ZPO)*.
- **Als feststellendes Verfahren**: Im Interesse einer Streitschlichtung kann der Antrag auf Einholung eines Sachverständigengutachtens gestellt werden außerhalb eines Rechtsstreits bei berechtigtem Interesse an der Feststellung des Zustandes einer Person oder des Zustandes oder des Wertes einer Sache, der Ursache eines Schadens oder Mangels bzw. des Aufwandes der Schadens- oder Mangelbeseitigung *(§ 485 Abs. 2 ZPO)*.

6.3 Verfahrensablauf

Das zuständige Gericht ist grundsätzlich das Gericht der Hauptsache *(§ 486 Abs. 2, 3 ZPO)*. In Eilfällen kann auch das Gericht angerufen werden, in dessen Bezirk sich die Sache oder die zu vernehmende Person befinden *(§ 486 Abs. 3 ZPO)*. Die Parteien eines selbstständigen Beweisverfahrens werden als Antragsteller und Antragsgegner bezeichnet.

§ 487 ZPO schreibt vor, welche Angaben der Antrag zu enthalten hat:

- die Bezeichnung des Gegners
- die Bezeichnung der Tatsachen, über die Beweis zu erheben ist
- die Benennung des Beweismittels
- eine Glaubhaftmachung der Tatsachen, die zur Zulässigkeit des selbstständigen Beweisverfahrens führen und die die Zuständigkeit des angerufenen Gerichts begründen sollen

Beispiel
Hannelore Kreifeld hat beim Autohändler Richard Steiz einen BMW 320d Touring gekauft. Die Kupplung des Fahrzeugs empfindet Hannelore Kreifeld als schwergängig, insbesondere das Einlegen des Rückwärtsganges gelingt ihr immer nur nach mehrfachen Versuchen und unter Einsatz eines ungewöhnlichen Kraftaufwandes. Der Autohändler nimmt das Fahrzeug zur Mängelbeseitigung zurück, dennoch treten die genannten Schwierigkeiten beim Schalten bereits wenige Tage nach der Reparatur wieder auf. Der Autohändler bestreitet nun, dass überhaupt Mängel bestehen, und weigert sich, das Fahrzeug gegen Erstattung des Kaufpreises zurückzunehmen.

Hannelore Kreifeld hofft auf eine gütliche Einigung und beauftragt Rechtsanwalt Matteo Rieder, ein selbstständiges Beweisverfahren einzuleiten.

Im Antrag schreibt Rechtsanwalt Matteo Rieder zur Bezeichnung der Tatsachen und des Beweismittels Folgendes:

> Im Namen und Auftrag der Antragstellerin beantrage ich, im Wege des
>
> **selbstständigen Beweisverfahrens**
>
> ohne vorherige mündliche Erörterung ein Gutachten eines Kfz-Sachverständigen zu folgenden Tatsachen einzuholen:
>
> 1. An dem von der Antragstellerin erworbenen Pkw BMW 320d Touring, amtl. Kennzeichen ....., Fahrzeug-Ident.-Nr. ....., sind folgende Mängel vorhanden:
>   a. die Kupplung des Fahrzeuges ist schwergängig und
>   b. das Einlegen des Rückwärtsganges erfordert ungewöhnlichen Kraftaufwand und gelingt erst nach mehreren Versuchen.
> 2. Sofern der Sachverständige das Vorliegen der beschriebenen Mängel bestätigt, sollen auch folgende Fragen beantwortet werden:
>   a. Welche Ursachen liegen den festgestellten Mängeln zugrunde?
>   b. Welche Nachbesserungs- und Mängelbeseitigungsarbeiten sind zur Herstellung eines mangelfreien Zustandes des Pkws der Antragstellerin erforderlich und welche Kosten werden hierfür voraussichtlich entstehen?

Die erforderliche Glaubhaftmachung erfolgt durch die Vorlage von Urkunden oder einer eidesstattlichen Versicherung.
Nach Anhörung des Gegners entscheidet das Gericht über den Antrag durch Beschluss, eine mündliche Erörterung findet in der Regel nicht statt.
Wird die Einholung eines Sachverständigengutachtens angeordnet, wird vom Antragsteller ein Vorschuss für die Kosten des Sachverständigen angefordert. Die Auswahl des Sachverständigen wird durch das Gericht vorgenommen.
Ist eine Einigung der Parteien zu erwarten, kann das Gericht zur mündlichen Erörterung laden. Im Erörterungstermin kann beispielsweise ein Vergleich protokolliert werden.
Das selbstständige Beweisverfahren endet durch sachliche Erledigung, also mit Vergleichsabschluss oder Bekanntgabe des Beweisergebnisses.

Die Beweiserhebung im selbstständigen Beweisverfahren steht einer Beweisaufnahme vor dem Prozessgericht gleich *(§ 493 Abs. 1 ZPO)*. Sie kann also in einen späteren Prozess eingeführt werden. Die Parteien des selbstständigen Beweisverfahrens und des Hauptsacheprozesses müssen dabei identisch sein. Im Hauptsacheprozess genügt es dann, wenn sich eine Partei auf die vom selbstständigen Beweisverfahren betroffenen Tatsachen beruft. Die Akten werden von Amts wegen beigezogen und das Gericht verwertet diese im Hauptsacheprozess, als wenn es die Beweise selbst erhoben hätte.

6.4 Rechtsmittel

 Merke: Der Beschluss, mit dem das Gericht dem Antrag im selbstständigen Beweisverfahren stattgibt, ist nicht anfechtbar *(§ 490 Abs. 2 S. 2 ZPO)*.

Wurde der Antrag durch ablehnenden Beschluss ganz oder zum Teil zurückgewiesen, kann sofortige Beschwerde eingelegt werden *(§§ 490, 567 Abs. 1 Nr. 2 ZPO)*.

Merke: Die Frist zur Einlegung der sofortigen Beschwerde gegen einen ablehnenden Beschluss im selbstständigen Beweisverfahren beträgt zwei Wochen *(§ 569 Abs. 1 ZPO).*

Gegen die Entscheidung der Landgerichte und Oberlandesgerichte als Beschwerdegerichte ist die Rechtsbeschwerde statthaft, falls diese zugelassen wurde *(§§ 574 Abs. 1 Nr. 2, Abs. 3 ZPO).*

 Merke: Die Frist zur Einlegung und Begründung der Rechtsbeschwerde gegen eine ablehnende Entscheidung des Rechtsmittelgerichts im selbstständigen Beweisverfahren beträgt einen Monat *(§ 575 Abs. 1, 2 ZPO).*

6.5 Vergütung und Kosten

Das selbstständige Beweisverfahren ist im Verhältnis zum Hauptsacheverfahren eine besondere Angelegenheit.

Gegenstandswert

Das Interesse des Antragstellers ist maßgeblich für die Höhe des Streitwertes bzw. des Gegenstandswertes. Das Interesse ist nach *§ 3 ZPO* zu schätzen.

Vergütung

Es entstehen die allgemeinen Gebühren der *Nr. 3100 ff. VV*.

 Merke: Die im selbstständigen Beweisverfahren verdiente Verfahrensgebühr ist anzurechnen auf die Verfahrensgebühr eines gleichzeitig anhängigen oder nachfolgenden Hauptsacheverfahrens *(Vorbemerkung 3 Abs. 5 VV).*

Bei Anberaumung eines Erörterungstermins ist auch die Entstehung einer Terminsgebühr möglich, ebenso, wenn der Rechtsanwalt bei einer Begutachtung an dem Ortstermin teilnimmt.

 Merke: Bei einer Einigung im selbstständigen Beweisverfahren kann eine 1,5-Einigungsgebühr nach *Nr. 1000 VV* entstehen. *Nr. 1003 VV* ordnet die Reduzierung der Einigungsgebühr auf den Satz von 1,0 nur an, wenn über den Gegenstand ein „anderes gerichtliches Verfahren als ein selbstständiges Beweisverfahren" anhängig ist.
Ist aber neben dem selbstständigen Beweisverfahren bereits ein Hauptsacheverfahren anhängig und es erfolgt eine Einigung, kann folglich nur eine 1,0-Einigungsgebühr abgerechnet werden.

Kostentragung, Kostenfestsetzung

Die Kosten des selbstständigen Beweisverfahrens gehören zu denen der Hauptsache, eine Kostenentscheidung ergeht also grundsätzlich erst im Hauptsacheverfahren.

Ausnahmen: Ist die Beweiserhebung beendet und ein Rechtsstreit nicht anhängig, ordnet das Gericht auf Antrag an, dass der Antragsteller innerhalb einer bestimmten Frist Klage zu erheben hat *(§ 494a Abs. 1 ZPO).* Tut er das nicht, spricht das Gericht auf Antrag durch

Beschluss aus, dass der Antragsteller die dem Gegner entstandenen Kosten des selbstständigen Beweisverfahrens zu tragen hat *(§ 494a Abs. 2 ZPO)*.

Gleiches gilt, wenn der Antrag als unzulässig zurückgewiesen wird. Auch dann ergeht eine Kostengrundentscheidung. Sodann kann die Kostenfestsetzung beantragt werden.

Für ein selbstständiges Beweisverfahren kann nach den allgemeinen Vorschriften Prozesskostenhilfe beantragt und bewilligt werden.

Gerichtskosten

Für ein selbstständiges Beweisverfahren fällt eine 1,0-Gerichtsgebühr an nach *Nr. 1610 KV*. Diese ist als Vorschuss bei Einleitung des Verfahrens einzubezahlen.

Übungsaufgaben

1. Friedhelm Münster ist Bauherr eines Einfamilienhauses. Er wirft dem Elektroinstallateur Jack Thomann vor, dass dieser „gepfuscht" habe. Verlegte Leitungen führten teilweise überhaupt keinen Strom, Steckdosen seien nur unzureichend angebracht worden. Er habe schon mit einem befreundeten Installateur gesprochen, der sich den Sachverhalt angeschaut habe. Dieser habe ihm gesagt, dass seiner Meinung nach nicht fachgerecht gearbeitet wurde. Wenn man alles neu mache, würde das ca. 15 000,00 € kosten. Friedhelm Münster leitet ein selbstständiges Beweisverfahren ein. Jack Thomann wendet sich an Rechtsanwältin Lina Reinecke und beauftragt diese, ihn zu vertreten.

    a Das Verfahren wird durchgeführt, das Sachverständigengutachten bestätigt den Vortrag des Bauherrn. Der Elektroinstallateur erklärt sich nach weiteren außergerichtlichen Verhandlungen bereit, Friedhelm Münster 14 000,00 € zu bezahlen, wenn er dann nichts mehr mit der Sache zu tun hätte. Friedhelm Münster akzeptiert diesen Vorschlag.
    Welche Gebühren hat Rechtsanwältin Lina Reinecke verdient?

    b Das Verfahren wird durchgeführt, der Sachverständige kommt zum Schluss, dass der Handwerker ordnungsgemäß und fachgerecht gearbeitet hat. Welche Rechtsanwaltsgebühren hat Rechtsanwältin Lina Reinecke verdient?

    Jack Thomann ruft nach Erhalt der Rechnung von Rechtsanwältin Lina Reinecke in der Kanzlei an und sagt, dass es doch nicht sein könne, dass er jetzt auf den Rechtsanwaltsgebühren sitzen bleibe. Er fragt Sie, wie man erreichen könne, dass Friedhelm Münster ihm die Rechtsanwaltsgebühren von Lina Reinecke erstatte. Mit einem Blick in die Akte stellen Sie fest, dass Rechtsanwältin Lina Reinecke bereits bei Gericht einen Antrag gestellt hat, dem Gegner eine Frist zur Klageerhebung zu setzen. Erläutern Sie dem Mandanten den weiteren Ablauf des Verfahrens.

2. Die Stadt Düsseldorf ist Eigentümerin eines Spaßbades. Um die Attraktivität ihres Bades zu steigern, beauftragt die Stadt die ortsansässige Firma Helmling GmbH mit dem Bau der Reifen-Wasserrutsche „Monster-Slide". Die Kosten der Rutsche betragen rund 500 000,00 €. Nach Inbetriebnahme kommt es zu mehreren Unfällen auf der Rutsche. Die betroffenen Nutzer berichten übereinstimmend, sie hätten sich im Bereich der letzten Kurve ohne ihr Zutun mit dem Reifen überschlagen, seien aus diesem herausgefallen und anschließend kopfüber im Landebecken gelandet. Alle gemeldeten Unfälle werden von den Bademeistern aufgezeichnet. Bereits am dritten Tag nach Inbetriebnahme kommt es zu einem schweren Unfall. Der betroffene Badegast wird durch den Aufprall im Landebecken bewusstlos und muss notfallmäßig ins Krankenhaus eingeliefert werden. Die Stadt entschließt sich zur Sperrung der Rutsche. Die Firma Helmling GmbH lehnt jede Verantwortung für die Unfälle ab und behauptet, die Badegäste wären nicht in der vorgeschriebenen sitzenden Rutschhaltung gerutscht und deshalb gestürzt, die Rutsche sei einwandfrei.

a Wäre die Einleitung eines selbstständigen Beweisverfahrens zulässig und sachdienlich?
b Welche sich aufdrängenden Fragen könnten durch ein selbstständiges Beweisverfahren geklärt werden? Formulieren Sie die Beweisfragen, die einem Sachverständigen gestellt werden sollten.
c Bei welchem Gericht wäre das Verfahren anhängig zu machen?

Sachwortverzeichnis

A

Abgabenordnung 338
Abstammung 190
Adoption 191
allgemeine Leistungsklage 305, 325
amtliche Verwahrung 280
Amtsermittlungsgrundsatz 250
Anfangsvermögen 235
Anfechtungsklage 304, 324
Anschlusspfändung 93, 98
Arbeitsgerichtsbarkeit 345
Arrest 158
Arrestbefehl 159
Aufenthalt, gewöhnlicher 251
Auflage 282
Auskunftsanspruch 216
Ausschlagung 285
Aussetzung der Vollziehung 307
Austauschpfändung 95

B

Bargebot 138
Bedarf 200, 201
Bedürftigkeit 200, 208
Beiordnung, Ehesache 270
Beistandschaft 229
Beschleunigungsgebot 250
Beschlussverfahren 350
besondere Angelegenheiten 175
Bestandsschutzstreitigkeit 354
Betragsrahmengebühr 330
Betreuung 243
Betreuungsbedarf 208
Betreuungsgericht 243
Betreuungsverfügung 243
Betriebsvereinbarung 346
Bietzeit 137
Blankettbeschluss 114
Bruttomethode 116

D

Deckungsprinzip 139
dinglicher Arrest 159
Drittschuldner 102, 103
Drittschuldnererklärung 106
Drittschuldnerklage 107

Drittwiderspruchsklage 156
Duldungen 148
Dürftigkeitseinrede 287
Düsseldorfer Tabelle 202

E

Ehe 192
Ehefähigkeit 194
Ehegattenerbrecht 275
Ehescheidungsantrag 252
Eheschließung 193
Ehewohnung 225, 238
Einspruch 338
einstweilige Verfügung 163
Einzelveranlagung 231
Elementarbedarf 201
Elternschaft 191
Endvermögen 235
Erbengemeinschaft 288
Erbenhaftung 286
Erbfähigkeit 282
Erbfolge 273
Erbordnung 274
Erbschein 288
Erbvertrag 284
Ergänzungspflegschaft 242
Erinnerung 150
Erklärungspflicht des Drittschuldners 106
Erwerbsobliegenheit 209
Erwirkung von Handlungen 146
Europäische Erbrechtsverordnung 289

F

Familiengericht 245
familiengerichtliches Verfahren 245
Familienrecht 190
Familiensachen 245
Familienstreitsachen 246
Familienunterhalt 199
Feststellungsklage 305, 325
Finanzgerichtsbarkeit 337
Folgesache 257
Forderungspfändung 102
Fortsetzungsfeststellungsklage 305, 325
Freibeweis 250
freihändiger Verkauf 97

Sachwortverzeichnis

G
Gerichtsbarkeit
– besondere 295
– ordentliche 295
geringstes Gebot 137
Gesamtrechtsnachfolger 282
Gewaltschutz 225
gleichzeitige Pfändung 99
Grundbuchamt 80
Grundstücke
– Herausgabe 146
– Räumung 146
Gütergemeinschaft 234
Güterstand 234
Gütertrennung 234

H
Haftbefehl 85, 147
Halbteilungsgrundsatz 206
Haushaltsgegenstände 226, 238
Herausgabeanspruch
– Pfändung 126
– Überweisung 126
Herausgabe von Sachen 144
Hilfspfändung 125
Hinterlegung des Erlöses 99

I
Insolvenzgründe 184
Insolvenzplanverfahren 184
Insolvenzverfahren 183

K
Kahlpfändung 94
Kindergeld 210
Kindesunterhalt 228
Kindeswohl 227
Kostenfestsetzung 177
Kündigungsschutzgesetz 348

L
Lebenspartnerschaft 196
Leistungsfähigkeit 200, 210
Leistungsverfügung 163

M
Mehrbedarf 208
Mindest-Bargebot 139
Mindestgebot 97

N
nachehelicher Unterhalt 199, 237
Nachlassgericht 290
Nachlassinsolvenz 286
Nachlasspflegschaft 287
Nachlassverwaltung 287
Nettomethode 116
Normenkontrollverfahren 305, 325
Nottestament 281

O
öffentliche Zustellung 72
öffentlich-rechtlicher Vertrag 300
Ordnungsgeld 148
Ordnungshaft 148

P
Patientenverfügung 243
persönlicher Sicherungsarrest 162
Pfandsiegel 90
Pfändungsbeschluss 102
Pfändungsfreigrenzen 111
Pfändungsfreigrenzenbekanntmachung 111
Pfändungspfandrecht 89, 126
Pfändungsprotokoll 95
Pfändungsschutz
– bei sonstigen Vergütungen 120
– für Kontoguthaben 120
Pfändungsschutzkonto 120
Pfändung von Arbeitseinkommen 110
Pflichtteil 277
Prozessgericht des ersten Rechtszuges 80

R
Ratenzahlungsvereinbarung 75, 83
Realsplitting 231
Regelungsverfügung 163
Restschuldbefreiung 186
richterliche Durchsuchungsanordnung 91

S
Sachpfändung 89
Scheidung 195, 221, 232
Schuldenbereinigungsverfahren 185
Schuldnerverzeichnis 86
selbständiges Beweisverfahren 360
Selbstbehalt 210
Sicherheitsleistung 66
Sicherungshypothek 132

Sicherungsverfügung 163
Sicherungsvollstreckung 67
sofortige Beschwerde 153
Sonderbedarf 208
Sorgerecht 192, 227
Sozialgesetzbuch 320
Sparbuch 125
Spareinlagen 124
 - Spareinlagen
 - Zwangsvollstreckung 124
Spruch 350
Sprungklage 339
Steuerklasse 231
Streitverkündung 107
Streitwertkatalog 310, 331, 342, 355
Subsidiaritätsprinzip 218
Suspensiveffekt 306

T

Tarifregister 346
Tarifvertrag 346
Taschenpfändung 94
Teilungsplan 110
Terminskollision 250
Testament 279
Testamentsvollstreckung 283
Testierfähigkeit 279
Titulierungsinteresse 213
Trennung 221, 224
Trennungsunterhalt 199, 228

U

Übernahmeprinzip 139
Überpfändung 93
Überweisung
 - an Zahlungs statt 105
 - zur Einziehung 105
Überweisungsbeschluss 102
Umgangsrecht 192, 228
Universalsukzession 285
unpfändbare Bezüge 115
Unpfändbarkeit 94
Untätigkeitsklage 305, 325, 339
Unterhalt 197
Unterhaltsansprüche 219
Unterlassungen 148
Untersuchungsgrundsatz 300

V

Vaterschaftsanfechtung 191
Verbraucherinsolvenzverfahren 184
Verbundverfahren 254
Verfahrensstandschaft 229
Verlöbnis 193
Vermächtnis 282
Vermögensauseinandersetzung 229
Vermögensauskunft 75, 83
Vermögensverzeichnis 84
Verpflichtungsklage 304, 324
Versorgungsausgleich 232
Versteigerungsplattform 96
Verstrickung 89, 90
Verteilung des Versteigerungserlöses 98
Verteilungsverfahren 99, 109
Verwaltungsakt 300
Verwaltungsgerichtsbarkeit 298
Verwaltungsverfahren 299, 321
Verwandtschaft 190
Verwertung 96
vollstreckbare Ausfertigung 69
vollstreckbare Jugendamtsurkunde 214
Vollstreckungsabwehrklage 154
Vollstreckungsgericht 79
Vollstreckungsklausel 69
Vollstreckungsportal der Länder 85
Vollstreckungsschutzantrag 157
vorläufiges Zahlungsverbot 108
vorläufige Vollstreckbarkeit 66
Vormundschaft 242
Vorpfändung 108
Vorsorgevollmacht 243
Vor- und Nacherbschaft 282
Vorwegpfändung 94
vorzugsweise Befriedigung 156

W

Wächteramt 241
Wahl-Zugewinngemeinschaft 234
Wartefrist 71
wechselbezügliche Verfügung 281
Wechselmodell 228
Widerspruchsbescheid 303
Widerspruchsverfahren 301
Willenserklärung 148

Sachwortverzeichnis

Z
Zeugnisverweigerungsrechte 192
Zugewinnausgleich 233
Zugewinngemeinschaft 234
Zusammenveranlagung 230
Zuschlag 97
Zustellung 71
Zwangsgeld 147
Zwangshaft 147
Zwangshypothek 132
Zwangsversteigerung 134
Zwangsverwaltung 141
Zwangsvollstreckung
　- andere Vermögensrechte 127
　- einstweilige Einstellung 155, 156
　- Gebühren 171
　- Verfahrensgrundsätze 64
zwecklose Pfändung 93

Bildquellenverzeichnis

|Amtsgericht Hagen, Hagen: 33. |Bundesministerium der Justiz und für Verbraucherschutz, Berlin: 74 1, 75 1, 76 1. |Caritasverband für die Erzdiözese Freiburg e.V., Freiburg: 122 1. |Dejure.org, Mannheim: 114 1. |Foto Stephan - Behrla Nöhrbaß GbR, Köln: 188 1. |fotolia.com, New York: Africa Studio 139 1; Bjoern Wylezich 90 1; contrastwerkstatt 294 1; Gina Sanders 11 1; s_l Titel. |iStockphoto.com, Calgary: AndreyPopov 227; Handemandaci 193; nd3000 62. |Jouve Germany GmbH & Co. KG, München: 199 1, 222 1, 237 1, 255 1, 256 1, 296 1. |wikipedia.org: 82 1.

Wir arbeiten sehr sorgfältig daran, für alle verwendeten Abbildungen die Rechteinhaberinnen und Rechteinhaber zu ermitteln. Sollte uns dies im Einzelfall nicht vollständig gelungen sein, werden berechtigte Ansprüche selbstverständlich im Rahmen der üblichen Vereinbarungen abgegolten.